Mémoires

D'Outre-Tombe

Livre II : Tomes III à IV

Édition intégrale et annotée

François-René de Chateaubriand

TOME 3	3
DEUXIEME PARTIE	3
LIVRE V	3
TROISIEME PARTIE	36
LIVRE PREMIER	36
LIVRE II	144
LIVRE III	216
LIVRE IV	261
TOME 4	298
LIVRE V	298
LIVRE VI	331
LIVRE VII	366
LIVRE VIII	393
LIVRE IX	421
LIVRE X	462
LIVRE XI	490

TOME 3

Deuxième Partie
LIVRE V[1]

Madame de Chateaubriand avait été très malade pendant mon voyage ; plusieurs fois mes amis m'avaient cru perdu. Dans quelques notes que M. de Clausel a écrites pour ses enfants et qu'il a bien voulu me permettre de parcourir, je trouve ce passage :

« M. de Chateaubriand partit pour le voyage de Jérusalem au mois de juillet 1806 : pendant son absence j'allais tous les jours chez Madame de Chateaubriand. Notre voyageur me fit l'amitié de m'écrire une lettre en plusieurs pages, de Constantinople, que vous trouverez dans le tiroir de notre bibliothèque, à Coussergues. Pendant l'hiver de 1806 à 1807, nous savions que M. de Chateaubriand était en mer pour revenir en Europe ; un jour, j'étais à me promener dans le jardin des Tuileries avec M. de Fontanes par un vent d'ouest affreux ; nous étions à l'abri de la terrasse du bord de l'eau. M. de Fontanes me dit : — Peut-être, dans ce moment-ci, un coup de cette horrible tempête va le faire naufrager. Nous avons su depuis que ce pressentiment faillit se réaliser. Je note ceci pour exprimer la vive amitié, l'intérêt pour la gloire littéraire de M. de Chateaubriand, qui devait s'accroître par ce voyage ; les nobles, les profonds et rares sentiments qui animaient M. de Fontanes, homme excellent dont j'ai reçu aussi de grands services, et dont je vous recommande de vous souvenir devant Dieu. »

Si je devais vivre et si je pouvais faire vivre dans mes ouvrages les personnes qui me sont chères, avec quel plaisir j'emmènerais avec moi tous mes amis !

Plein d'espérance, je rapportai sous mon toit ma poignée de glanes ; mon repos ne fut pas de longue durée.

Par une suite d'arrangements, j'étais devenu seul propriétaire du *Mercure*[2]. M. Alexandre de Laborde publia, vers la fin du mois de juin 1807, son voyage en Espagne ; au mois de juillet, je fis dans le *Mercure* l'article dont j'ai cité des passages en parlant de la mort du duc d'Enghien : *Lorsque dans le silence de l'abjection,* etc. Les prospérités de Bonaparte, loin de me soumettre, m'avaient révolté ; j'avais pris une énergie nouvelle dans mes sentiments et dans les tempêtes. Je ne portais

---

[1] Ce livre a été composé à Paris en 1839 et revu en juin 1847.
[2] Chateaubriand l'avait acheté de M. de Fontanes pour une somme de 20 000 francs (Préface des Mélanges littéraires, tome XVI des Œuvres complètes).

pas en vain un visage brûlé par le soleil, et je ne m'étais pas livré au courroux du ciel pour trembler avec un front noirci devant la colère d'un homme. Si Napoléon en avait fini avec les rois, il n'en avait pas fini avec moi. Mon article, tombant au milieu de ses prospérités et de ses merveilles, remua la France : on en répandit d'innombrables copies à la main ; plusieurs abonnés du *Mercure* détachèrent l'article et le firent relier à part ; on le lisait dans les salons, on le colportait de maison en maison. Il faut avoir vécu à cette époque pour se faire une idée de l'effet produit par une voix retentissant seule dans le silence du monde. Les nobles sentiments refoulés au fond des cœurs se réveillèrent. Napoléon s'emporta : on s'irrite moins en raison de l'offense reçue qu'en raison de l'idée que l'on s'est formée de soi. Comment ! mépriser jusqu'à sa gloire ; braver une seconde fois celui aux pieds duquel l'univers était prosterné ! « Chateaubriand croit-il que je suis un imbécile, que je ne le comprends pas ! je le ferai sabrer sur les marches des Tuileries. » Il donna l'ordre de supprimer le *Mercure* et de m'arrêter. Ma propriété périt ; ma personne échappa par miracle : Bonaparte eut à s'occuper du monde ; il m'oublia, mais je demeurai sous le poids de la menace[3].

C'était une déplorable position que la mienne ; quand je croyais devoir agir par les inspirations de mon honneur, je me trouvais chargé de ma responsabilité personnelle et des chagrins que je causais à ma femme. Son courage était grand, mais elle n'en souffrait pas moins, et ces orages, appelés successivement sur ma tête, troublaient sa vie. Elle avait tant souffert pour moi pendant la Révolution ; il était naturel qu'elle désirât un peu de repos. D'autant plus que madame de Chateaubriand admirait Bonaparte sans restriction : elle ne se faisait aucune illusion sur la légitimité : elle me prédisait sans cesse ce qui m'arriverait au retour des Bourbons.

Le premier livre de ces *Mémoires* est daté de la *Vallée-aux-Loups*, le 4 octobre 1811 : là se trouve la description de la petite retraite que j'achetai pour me cacher à cette époque[4]. Quittant notre appartement chez madame de Coislin, nous allâmes d'abord demeurer rue des Saints-Pères, hôtel de

---

[3] Voir l'Appendice no I : L'Article du Mercure.

[4] L'acquisition de la Vallée-aux-Loups est du mois d'août 1807. Joubert écrivait à Chênedollé le 1er septembre : « Chateaubriand viendra tard à Villeneuve, car il a acheté au delà de Sceaux un enclos de quinze arpents de terre et une petite maison. Il va être occupé à rendre la maison logeable, ce qui lui coûtera un mois de temps au moins et sans doute aussi beaucoup d'argent. Le prix de cette acquisition, contrat en main, monte déjà à plus de 30 000 francs. Préparez-vous à passer quelques jours d'hiver dans cette solitude, qui porte un nom charmant pour la sauvagerie. On l'appelle dans le pays : Maison de la Vallée-au-Loup. J'ai vu cette Vallée-au-Loup : cela forme un creux de taillis assez breton et même assez périgourdin. Un poète normand pourra aussi s'y plaire. Le nouveau possesseur en paraît enchanté, et, au fond, il n'y a point de retraite au monde où l'on puisse mieux pratiquer le précepte de Pythagore : Quand il tonne, adorez l'écho. »

Lavalette, qui tirait son nom de la maîtresse et du maître de l'hôtel.

M. de Lavalette, trapu, vêtu d'un habit prune de Monsieur, et marchant avec une canne à pomme d'or, devint mon homme d'affaires, si j'ai jamais eu des affaires. Il avait été officier du gobelet chez le roi, et ce que je ne mangeais pas, il le buvait[5].

Vers la fin de novembre, voyant que les réparations de ma chaumière n'avançaient pas, je pris le parti de les aller surveiller. Nous arrivâmes le soir à la vallée. Nous ne suivîmes pas la route ordinaire, nous entrâmes par la grille au bas du jardin. La terre des allées, détrempée par la pluie, empêchait les chevaux d'avancer ; la voiture versa. Le buste en plâtre d'Homère, placé auprès de madame de Chateaubriand, sauta par la portière et se cassa le cou : mauvais augure pour *les Martyrs,* dont je m'occupais alors.

La maison, pleine d'ouvriers qui riaient, chantaient, cognaient, était chauffée avec des copeaux et éclairée par des bouts de chandelle ; elle ressemblait à un ermitage illuminé la nuit par des pèlerins, dans les bois. Charmés de trouver deux chambres passablement arrangées et dans l'une desquelles on avait préparé le couvert, nous nous mîmes à table. Le lendemain, réveillé au bruit des marteaux et des chants des colons, je vis le soleil se lever avec moins de souci que le maître des Tuileries.

J'étais dans des enchantements sans fin ; sans être madame de Sévigné, j'allais, muni d'une paire de sabots, planter mes arbres dans la boue, passer et repasser dans les mêmes allées, voir et revoir tous les petits coins, me cacher partout où il y avait une broussaille, me représentant ce que serait mon parc dans l'avenir, car alors l'avenir ne manquait point. En cherchant à rouvrir aujourd'hui par ma mémoire l'horizon qui s'est fermé, je ne retrouve plus le même, mais j'en rencontre d'autres. Je m'égare dans mes pensées évanouies ; les illusions sur lesquelles je tombe sont peut-être aussi belles que les premières ; seulement elles ne sont plus si jeunes ; ce que je voyais dans la splendeur du midi, je l'aperçois à la lueur du

---

[5] « En attendant d'aller prendre possession de la Vallée-aux-Loups, nous prîmes un appartement dans un hôtel garni, rue des Saints-Pères. Cet hôtel, où depuis longtemps nous avions coutume de loger quand nous n'avions pas d'appartement, était tenu par un ancien officier du Gobelet de Louis XVI, coiffé à l'oiseau royal, et royaliste enragé. Sa chère femme était une demoiselle de très bonne maison, veuve d'un marquis de Béville pour lequel elle conservait un souvenir d'orgueil qui ne nuisait en rien à la tendresse qu'elle portait à son nouvel époux. Elle était sourde au point de ne rien entendre avec un cornet long d'une demi-aune et qui ne quittait jamais son oreille. M. de La Valette — c'est ainsi qu'il s'appelait — était le meilleur homme du monde ; il se serait mis au feu pour nous et même nous aurait donné sa bourse, si ce n'est qu'il prenait souvent la nôtre pour la sienne. Le pauvre homme, Dieu ait son âme ! ne pouvait aimer quelqu'un sans se mettre de suite en communauté de biens avec lui. Il était d'une obligeance extrême, et, pour être plus tôt prêt à se mettre en course pour rendre un service, il ne quittait jamais sa canne à pomme d'or. » Souvenirs de Mme de Chaleaubriand.

couchant. — Si je pouvais néanmoins cesser d'être harcelé par des songes ! Bayard sommé de rendre une place, répondit : « Attendez que j'aie fait un pont de corps morts, pour pouvoir passer avec ma garnison. » Je crains qu'il ne me faille, pour sortir, passer sur le ventre de mes chimères.

Mes arbres, étant encore petits, ne recueillaient pas les bruits des vents de l'automne ; mais, au printemps, les brises qui haleinaient les fleurs des prés voisins en gardaient le souffle, qu'elles reversaient sur ma vallée.

Je fis quelques additions à la chaumière ; j'embellis sa muraille de briques d'un portique soutenu par deux colonnes de marbre noir et deux cariatides de femmes de marbre blanc : je me souvenais d'avoir passé à Athènes. Mon projet était d'ajouter une tour au bout de mon pavillon ; en attendant, je simulai des créneaux sur le mur qui me séparait du chemin : je précédais ainsi la manie du moyen âge qui nous hébète à présent. La Vallée-aux-Loups, de toutes les choses qui me sont échappées, est la seule que je regrette ; il est écrit que rien ne me restera. Après ma Vallée perdue, j'avais planté l'*Infirmerie de Marie-Thérèse*[6], et je viens pareillement de la quitter. Je défie le sort de m'attacher à présent au moindre morceau de terre ; je n'aurai dorénavant pour jardin que ces avenues honorées de si beaux noms autour des Invalides, et où je me promène avec mes confrères manchots ou boiteux. Non loin de ces allées, s'élève le cyprès de madame de Beaumont ; dans ces espaces déserts, la grande et légère duchesse de Châtillon s'est jadis appuyée sur mon bras. Je ne donne plus le bras qu'au temps : il est bien lourd !

Je travaillais avec délices à mes *Mémoires,* et *les Martyrs* avançaient ; j'en avais déjà lu quelques livres à M. de Fontanes. Je m'étais établi au milieu de mes souvenirs comme dans une grande bibliothèque : je consultais celui-ci et puis celui-là, ensuite je fermais le registre en soupirant, car je m'apercevais que la lumière, en y pénétrant, en détruisait le mystère. Éclairez les jours de la vie, il ne seront plus ce qu'ils sont.

Au mois de juillet 1808, je tombai malade, et je fus obligé de revenir à Paris. Les médecins rendirent la maladie dangereuse[7]. Du vivant

---

[6] L'Infirmerie de Marie-Thérèse, située rue d'Enfer, au numéro 86 (aujourd'hui rue Denfert-Rochereau no 92), avait été fondée par M. et Mme de Chateaubriand, qui y consacrèrent des sommes considérables. Mme de Chateaubriand a été enterrée sous l'autel de la chapelle. Derrière l'autel, sur une tablette de marbre noir, on lit cette inscription :
Distinguée par l'exercice des bonnes œuvres qu'inspire la religion, elle a voulu faire bénir sa mémoire par la pieuse fondation de l'Infirmerie de Marie-Thérèse, faite de concert avec son époux.

[7] « Quand nous quittions le jardin, M. de Chateaubriand se mettait à travailler à ses Martyrs et à son Itinéraire, et nous passions ainsi très heureusement notre vie, quand, au mois d'avril 1808, M. de Chateaubriand fut atteint d'une fièvre lente, avant-coureur d'une grave maladie qu'il fit pendant l'été 1808. Vers le mois de juillet (ou juin) il tomba tout à fait malade. Nous revînmes loger à l'hôtel de Rivoli.

d'Hippocrate, il y avait disette de morts aux enfers, dit l'épigramme : grâce à nos Hippocrates modernes, il y a aujourd'hui abondance.

C'est peut-être le seul moment où, près de mourir, j'aie eu envie de vivre. Quand je me sentais tomber en faiblesse, ce qui m'arrivait souvent, je disais à madame de Chateaubriand : « Soyez tranquille ; je vais revenir. » Je perdais connaissance, mais avec une grande impatience intérieure, car je tenais. Dieu sait à quoi. J'avais aussi la passion d'achever ce que je croyais et ce que je crois encore être mon ouvrage le plus correct. Je payais le fruit des fatigues que j'avais éprouvées dans ma course au Levant.

Girodet[8] avait mis la dernière main à mon portrait. Il le fit noir comme j'étais alors ; mais il le remplit de son génie. M. Denon[9] reçut le chef-d'œuvre pour le Salon[10] ; en noble courtisan, il le mit prudemment à l'écart. Quand Bonaparte passa sa revue de la galerie après avoir regardé les tableaux, il dit : « Où est le portrait de Chateaubriand ? » Il savait qu'il devait y être : on fut obligé de tirer le proscrit de sa cachette. Bonaparte, dont la bouffée généreuse était exhalée, dit, en regardant le portrait : « Il a l'air d'un conspirateur qui descend par la cheminée. »

Étant un jour retourné seul à la vallée, Benjamin, le jardinier[11], m'avertit qu'un gros monsieur étranger m'était venu demander ; que, ne m'ayant point trouvé, il avait déclaré vouloir m'attendre ; qu'il s'était fait faire une omelette, et qu'ensuite il s'était jeté sur mon lit. Je monte, j'entre dans ma chambre, j'aperçois quelque chose d'énorme endormi ; secouant cette masse, je m'écrie : « Eh ! eh ! qui est là ? » La masse tressaillit et s'assit sur son séant. Elle avait la tête couverte d'un bonnet à poil, elle portait une casaque et un pantalon de laine mouchetée qui tenaient ensemble, son visage était barbouillé de tabac et sa langue tirée. C'était mon cousin Moreau ! Je ne l'avais pas revu depuis le camp de Thionville. Il revenait de Russie et voulait entrer dans la régie. Mon ancien *cicerone* à Paris est allé mourir à Nantes. Ainsi a disparu un des premiers personnages

---

Cette maladie fut longue et extrêmement douloureuse. » Souvenirs de Mme de Chateaubriand.

[8] Anne-Louis Girodet (1767-1824), le peintre d'Endymion, de la Scène du déluge, etc. Il avait exposé dans un précédent Salon les Funérailles d'Atala. Chateaubriand lui paya sa dette au premier chant des Martyrs, où, après avoir décrit le sommeil d'Eudore, il ajoute : « Tel, un successeur d'Apelles a représenté le sommeil d'Endymion. » Et, dans une note de son poème : « Il était bien juste, dit-il, que je rendisse ce faible hommage à l'auteur de l'admirable tableau d'Atala au tombeau. Malheureusement je n'ai pas l'art de M. Girodet, et tandis qu'il embellit mes peintures, j'ai bien peur de gâter les siennes. »

[9] Dominique Vivant, baron Denon (1745-1825). Il était, sous l'Empire, directeur général des Musées.

[10] Le portrait de Chateaubriand fut exposé au Salon de 1808.

[11] « Maître Benjamin, le plus fripon des jardiniers... » Souvenirs de Mme de Chateaubriand.

de ces *Mémoires*. J'espère qu'étendu sur une couche d'asphodèle, il parle encore de mes vers à madame de Chastenay, si cette ombre agréable est descendue aux champs Élysées.

Au printemps de 1809 parurent *les Martyrs*[12]. Le travail était de conscience : j'avais consulté des critiques de goût et de savoir, MM. de Fontanes, Bertin, Boissonade[13], Malte-Brun[14], et je m'étais soumis à leurs raisons. Cent et cent fois j'avais fait, défait et refait la même page. De tous mes écrits, c'est celui où la langue est la plus correcte.

Je ne m'étais pas trompé sur le plan : aujourd'hui que mes idées sont devenues vulgaires, personne ne nie que les combats de deux religions, l'une finissant, l'autre commençant, n'offrent aux Muses un des sujets les plus riches, les plus féconds et les plus dramatiques. Je croyais donc pouvoir un peu nourrir des espérances par trop folles ; mais j'oubliais la réussite de mon premier ouvrage : dans ce pays, ne comptez jamais sur deux succès rapprochés ; l'un détruit l'autre. Si vous avez quelque talent en prose, donnez-vous de garde d'en montrer en vers ; si vous êtes distingué dans les lettres, ne prétendez pas à la politique : tel est l'esprit français et sa misère. Les amours-propres alarmés, les envies surprises par le début heureux d'un auteur, se coalisent et guettent la seconde publication du poète, pour prendre une éclatante vengeance :

Tous, la main dans *l'encre*, jurent de se venger.

Je devais payer la sotte admiration que j'avais pipée lors de l'apparition du *Génie du christianisme* ; force m'était de rendre ce que j'avais volé. Hélas ! point ne se fallait donner tant de peine pour me ravir ce que je croyais moi-même ne pas mériter ! Si j'avais délivré la Rome chrétienne, je ne demandais qu'une couronne obsidionale, une tresse d'herbe cueillie dans la ville éternelle.

L'exécuteur de la justice des vanités fut M. Hoffman[15], à qui Dieu fasse paix ! Le *Journal des Débats* n'était plus libre ; ses propriétaires n'y

---

[12] « À la fin de l'été de 1808, M. de Chateaubriand ayant achevé ses Martyrs, voulut, pour en surveiller l'impression, passer l'hiver à Paris ; nous louâmes un appartement rue Saint-Honoré, au coin de la rue Saint-Florentin. » Souvenirs de Mme de Chateaubriand. — Les Martyrs parurent au mois de mars 1809.

[13] Jean-François Boissonade (1774-1857). Attaché au Journal des Débats depuis 1802, il y donna régulièrement jusqu'en 1813 des articles bibliographiques qui ont été recueillis par M. Colincamp, sous le titre de : Critique littéraire sous le premier Empire (1863, 2 vol. in-8o).

[14] Malte-Conrad Brun, dit Malte-Brun, né à Thisted (Jutland) le 12 août 1775, mort à Paris le 14 décembre 1826. Il écrivait, comme Boissonade, dans le Journal des Débats.

[15] François Benoît Hoffman (1760-1828). — Il avait débuté dans le Journal des Débats, en 1807, par des Lettres champenoises, où un soi-disant provincial, membre de l'Académie de Châlons, rend compte à un cousin de tout ce qu'il voit

avaient plus de pouvoir, et la censure y consigna ma condamnation. M. Hoffman fit pourtant grâce à la bataille des Francs et à quelques autres morceaux de l'ouvrage ; mais si Cymodocée lui parut gentille, il était trop excellent catholique pour ne pas s'indigner du rapprochement profane des vérités du christianisme et des fables de la mythologie. Velléda ne me sauvait pas. On m'imputa à crime d'avoir transformé la druidesse germaine de Tacite en gauloise, comme si j'avais voulu emprunter autre chose qu'un nom harmonieux ! et ne voilà-t-il pas que les chrétiens de France, à qui j'avais rendu de si grands services en relevant leurs autels, s'avisèrent bêtement de se scandaliser sur la parole évangélique de M. Hoffman ! Ce titre des *Martyrs* les avait trompés ; ils s'attendaient à lire un martyrologe, et le tigre, qui ne déchirait qu'une fille d'Homère, leur parut un sacrilège.

Le martyre réel du pape Pie VII, que Bonaparte avait amené prisonnier à Paris, ne les scandalisait pas, mais ils étaient tout émus de mes fictions, peu chrétiennes, disaient-ils. Et ce fut M. l'évêque de Chartres[16] qui se chargea de faire justice des horribles impiétés de l'auteur du *Génie du christianisme*. Hélas ! il doit s'apercevoir qu'aujourd'hui son zèle est appelé à bien d'autres combats.

M. l'évêque de Chartres est le frère de mon excellent ami, M. de Clausel, très grand chrétien, qui ne s'est pas laissé emporter par une vertu aussi sublime que le critique, son frère.

Je pensai devoir répondre à la censure, comme je l'avais fait à l'égard du *Génie du christianisme*. Montesquieu, par sa défense de *l'Esprit des lois*, m'encourageait. J'eus tort. Les auteurs attaqués diraient les meilleures choses du monde, qu'ils n'excitent que le sourire des esprits impartiaux et les moqueries de la foule. Ils se placent sur un mauvais terrain : la position défensive est antipathique au caractère français. Quand, pour répondre à des objections, je montrais qu'en stigmatisant tel passage, on avait attaqué quelque beau reste de l'antique ; battu sur le fait, on se tirait d'affaire en disant alors que *les Martyrs* n'étaient qu'un *pastiche*. Si je justifiais la présence simultanée des deux religions par l'autorité même des Pères de

---

de curieux à Paris. Elles obtinrent un très vif succès. Ses articles sur les Martyrs parurent dans les Débats. Ils ont été recueillis au tome IX des Œuvres complètes d'Hoffman, p. 125 et suiv.

[16] L'abbé Clausel de Montals qui devait devenir, sous la Restauration, évêque de Chartres. Mme de Chateaubriand qui était beaucoup moins bonne que son mari, a fait durement expier au pauvre abbé sa critique des Martyrs. « Nous vîmes, écrit-elle dans ses Souvenirs, des gens se disant royalistes, des prêtres mêmes, sous prétexte que les Martyrs n'étaient pas tout à fait exempts des censures ecclésiastiques, se mettre à en dire pis que pendre. C'était une manière un peu hypocrite de faire sa cour... Ce fut ensuite, je le dis à regret, M. l'abbé H. de Clausel, aujourd'hui évêque de Chartres et frère de notre meilleur ami : il était alors grand vicaire d'Amiens et il pensa avec raison que ses diatribes lui vaudraient la croix d'honneur : il reçut effectivement quelque temps après cette insigne faveur ». — Voir, au tome II, l'Appendice sur les Quatre Clausel.

l'Église, on répliquait qu'à l'époque où je plaçais l'action des *Martyrs,* le paganisme n'existait plus chez les grands esprits.

Je crus de bonne fois l'ouvrage tombé ; la violence de l'attaque avait ébranlé ma conviction d'auteur. Quelques amis me consolaient ; ils soutenaient que la proscription n'était pas justifiée, que le public, tôt ou tard, porterait un autre arrêt ; M. de Fontanes surtout était ferme : je n'étais pas Racine, mais il pouvait être Boileau, et il ne cessait de me dire : « Ils y reviendront » Sa persuasion à cet égard était si profonde, qu'elle lui inspira des stances charmantes :

Le Tasse, errant de ville en ville, etc., etc.,

sans crainte de compromettre son goût et l'autorité de son jugement.

En effet, *les Martyrs* se sont relevés ; ils ont obtenu l'honneur de quatre éditions consécutives ; ils ont même joui auprès des gens de lettres d'une faveur particulière : on m'a su gré d'un ouvrage qui témoigne d'études sérieuses, de quelque travail de style, d'un grand respect pour la langue et le goût.

La critique du fond a été promptement abandonnée. Dire que j'avais mêlé le profane au sacré, parce que j'avais peint deux cultes qui existaient ensemble, et dont chacun avait ses croyances, ses autels, ses prêtres, ses cérémonies, c'était dire que j'aurais dû renoncer à l'histoire. Pour qui mouraient les martyrs ? Pour Jésus-Christ. À qui les immolait-on ? Aux dieux de l'empire. Il y avait donc deux cultes.

La question philosophique, savoir si, sous Dioclétien, les Romains et les Grecs croyaient aux dieux d'Homère, et si le culte public avait subi des altérations, cette question, comme *poète,* ne me regardait pas ; comme *historien,* j'aurais eu beaucoup de choses à dire[17].

Il ne s'agit plus de tout cela. *Les Martyrs* sont restés, contre ma première attente, et je n'ai eu qu'à m'occuper du soin d'en revoir le texte.

Le défaut des *Martyrs* tient au merveilleux *direct* que, dans le reste de mes préjugés classiques, j'avais mal à propos employé. Effrayé de mes innovations, il m'avait paru impossible de me passer d'un *enfer* et d'un *ciel.* Les bons et les mauvais anges suffisaient cependant à la conduite de l'action, sans la livrer à des machines usées. Si la bataille des Francs, si Velléda, si Jérôme, Augustin, Eudore, Cymodocée ; si la description de Naples et de la Grèce n'obtiennent pas grâce pour *les Martyrs,* ce ne sont pas l'enfer et le ciel qui les sauveront. Un des endroits qui plaisaient le plus à M. de Fontanes était celui-ci :

« Cymodocée s'assit devant la fenêtre de la prison, et, reposant sur sa main sa tête embellie du voile des martyrs, elle soupira ces paroles harmonieuses :

---

[17] Voir l'Appendice, no II : Les Martyrs et M. Guizot.

« Légers vaisseaux de l'Ausonie, fendez la mer calme et brillante ; esclaves de Neptune, abandonnez la voile au souffle amoureux des vents, courbez-vous sur la rame agile. Reportez-moi sous la garde de mon époux et de mon père, aux rives fortunées du Pamisus.

« Volez, oiseaux de Libye, dont le cou flexible se courbe avec grâce, volez au sommet de l'Ithome, et dites que la fille d'Homère va revoir les lauriers de la Messénie !

« Quand retrouverai-je mon lit d'ivoire, la lumière du jour si chère aux mortels, les prairies émaillées de fleurs qu'une eau pure arrose, que la pudeur embellit de son souffle[18] ! »

Le *Génie du christianisme* restera mon grand ouvrage, parce qu'il a produit ou déterminé une révolution, et commencé la nouvelle ère du siècle littéraire. Il n'en est pas de même des *Martyrs* ; ils venaient après la révolution opérée, ils n'étaient qu'une preuve surabondante de mes doctrines ; mon style n'était plus une nouveauté, et même, excepté dans l'épisode de Velléda et dans la peinture des mœurs des Francs, mon poème se ressent des lieux qu'il a *fréquentés :* le classique y domine le romantique.

Enfin, les circonstances qui contribuèrent au succès du *Génie du christianisme* n'existaient plus ; le gouvernement, loin de m'être favorable, m'était contraire. *Les Martyrs* me valurent un redoublement de persécution : les allusions fréquentes dans le portrait de Galérius et dans la peinture de la cour de Dioclétien ne pouvaient échapper à la police impériale ; d'autant que le traducteur anglais, qui n'avait pas de ménagements à garder, et à qui il était fort égal de me compromettre, avait fait, dans sa préface, remarquer les allusions.

La publication des *Martyrs* coïncida avec un accident funeste. Il ne désarma pas les aristarques, grâce à l'ardeur dont nous sommes échauffés à l'endroit du pouvoir ; ils sentaient qu'une critique littéraire qui tendait à diminuer l'intérêt attaché à mon nom pouvait être agréable à Bonaparte. Celui-ci, comme les banquiers millionnaires qui donnent de larges festins et font payer les ports de lettres, ne négligeait pas les petits profits.

Armand de Chateaubriand, que vous avez vu compagnon de mon enfance, que vous avez retrouvé à l'armée des princes avec la sourde et muette Libba, était resté en Angleterre. Marié à Jersey[19], il était chargé de la correspondance des princes. Parti le 25 septembre 1808, il fut jeté sur les gisements de Bretagne, le même jour, à onze heures du soir, près de Saint-Cast. L'équipage du bateau était composé de onze hommes ; deux seuls étaient Français, Roussel et Quintal.

---

[18] Les Martyrs, livre XXIII.
[19] Il avait épousé, en 1795, à Jersey, où elle mourut en 1857, Jeanne Le Brun d'Anneville. Armorial of Jersey, I. 51).

Armand se rendit chez M. Delaunay-Boisé-Lucas, père, demeurant au village de Saint-Cast, où jadis les Anglais avaient été forcés de se rembarquer : son hôte lui conseilla de repartir ; mais le bateau avait déjà repris la route de Jersey. Armand, s'étant entendu avec le fils de M. Boisé-Lucas, lui remit les paquets dont il était chargé de la part de M. Henry-Larivière[20], agent des princes.

« Je me rendis le 29 septembre à la côte, dit-il dans un de ses interrogatoires, où je restai deux nuits sans voir mon bateau. La lune étant très forte, je me retirai, et je revins le 14 ou le 15 du mois. Je restai juqu'au 24 dudit. Je passai toutes les nuits dans les rochers, mais inutilement ; mon bateau ne vint pas, et, le jour, je me rendais au Boisé-Lucas. Le même bateau et le même équipage, dont Roussel et Quintal faisaient partie, devaient me reprendre. À l'égard des précautions prises avec Boisé-Lucas père, il n'y en avait pas d'autres que celles que je vous ai déjà détaillées. »

L'intrépide Armand, abordé à quelques pas de son champ paternel, comme à la côte inhospitalière de la Tauride, cherchait en vain des yeux sur les flots, à la clarté de la lune, la barque qui l'aurait pu sauver. Autrefois, ayant déjà quitté Combourg, prêt à passer aux Grandes-Indes, j'avais promené ma vue attristée sur ces flots. Des rochers de Saint-Cast où se couchait Armand, du cap de la Varde où j'étais assis, quelques lieues de la mer, parcourues par nos regards opposés, ont été témoins des ennuis et ont séparé les destinées de deux hommes unis par le nom et le sang. C'est aussi au milieu des mêmes vagues que je rencontrai Gesril pour la dernière fois. Il m'arrive assez souvent, dans mes rêves, d'apercevoir Gesril et Armand laver la blessure de leurs fronts dans l'abîme, en même temps que s'épand, rougie jusqu'à mes pieds, l'onde avec laquelle nous avions accoutumé de nous jouer dans notre enfance[21].

Armand parvint à s'embarquer sur un bateau acheté à Saint-Malo ; mais, repoussé par le nord-ouest, il fut encore obligé de caler. Enfin, le 6 janvier, aidé d'un matelot appelé Jean Brien, il mit à la mer un petit canot échoué, et s'empara d'un autre canot à flot. Il rend compte ainsi de sa navigation, qui tient de mon étoile et de mes aventures, dans son interrogatoire du 18 mars :

« Depuis les neuf heures du soir, que nous partîmes, jusque vers les deux heures après minuit, le temps nous fut favorable. Jugeant alors que

---

[20]   Pierre-François-Joachim Henry-Larivière (1761-1838), ancien député à l'Assemblée législative de 1791, à la Convention et au Conseil des Cinq-Cents, où il avait été envoyé par 63 départements. Proscrit après le 18 fructidor (septembre 1797), il ne cessa, depuis cette époque jusqu'à la Restauration, de travailler au rétablissement de la monarchie. Louis XVIII le nomma avocat général, puis conseiller à la Cour de cassation. Après la révolution de juillet, il refusa de prêter serment au nouveau roi.

[21] Les originaux du procès d'Armand m'ont été remis par une main ignorée et généreuse. — Ch.

nous n'étions pas éloignés des rochers appelés les *Mainquiers*, nous mîmes à l'ancre dans le dessein d'attendre le jour ; mais le vent ayant fraîchi et craignant qu'il n'augmentât davantage, nous continuâmes notre route. Peu de moments après, la mer devint très grosse, et notre compas ayant été brisé par une vague, nous restâmes dans l'incertitude de la route que nous faisions. La première terre dont nous eûmes connaissance le 7 (il pouvait être alors midi) fut la côte de Normandie, ce qui nous obligea à mettre à l'autre bord, et de nouveau nous revînmes mettre à l'ancre près des rochers appelés *Écreho*, situés entre la côte de Normandie et Jersey. Les vents contraires et forts nous obligèrent à rester dans cette situation tout le reste du jour et la journée du 8. Le 9 au matin, dès qu'il fit jour, je dis à Depagne qu'il me paraissait que le vent avait diminué, vu que notre bateau ne travaillait pas beaucoup, et de regarder d'où venait le vent. Il me dit qu'il ne voyait plus les rochers près desquels nous avions mis l'ancre. Je jugeai alors que nous allions en dérive et que nous avions perdu notre ancre. La violence de la tempête ne nous laissait d'autre ressource que de nous jeter à la côte. Comme nous ne voyions point la terre, j'ignorais à quelle distance nous pouvions en être. Ce fut à ce moment que je jetai à la mer mes papiers, auxquels j'avais pris la précaution d'attacher une pierre. Nous fîmes alors vent en arrière et fîmes côte, vers les neuf heures du matin, à Bretteville sur-Ay, en Normandie.

« Nous fûmes accueillis à la côte par les douaniers, qui me retirèrent de mon bateau presque mort, ayant les pieds et les jambes gelés. On nous déposa l'un et l'autre chez le lieutenant de la brigade de Bretteville. Deux jours après, Depagne fut conduit dans les prisons de Coutances, et, depuis cette époque, je ne l'ai pas revu. Quelques jours après, je fus moi-même transféré à la maison d'arrêt de cette ville ; le lendemain je fus conduit par le maréchal des logis à Saint-Lô, et je restai huit jours chez ce même maréchal des logis. J'ai paru une fois devant M. le préfet du département, et, le 26 janvier, je partis avec le capitaine et le maréchal des logis de gendarmerie, pour être amené à Paris, où j'arrivai le 28. On me conduisit au bureau de M. Desmarest, au ministère de la police générale, et de là à la prison de la Grande-Force. »

Armand eut contre lui les vents, les flots et la police impériale ; Bonaparte était de connivence avec les orages. Les dieux faisaient une bien grande dépense de courroux contre une existence chétive.

Le paquet jeté à la mer fut rejeté par elle sur la grève de Notre-Dame-d'Alloue, près Valognes. Les papiers renfermés dans ce paquet servirent de pièces de conviction : il y en avait trente-deux. Quintal, revenu avec son bateau aux plages de la Bretagne pour prendre Armand, avait aussi, par une fatalité obstinée, fait naufrage dans les eaux de Normandie, quelques jours avant mon cousin. L'équipage du bateau de Quintal avait parlé ; le préfet de Saint-Lô avait su que M. de Chateaubriand était le chef des entreprises des princes. Lorsqu'il apprit qu'une chaloupe montée seulement de deux hommes était atterrie, il ne douta point qu'Armand ne fût un des deux naufragés, car tous les pêcheurs parlaient de lui comme de l'homme le plus intrépide à la mer qu'on eût jamais vu.

Le 20 janvier 1809, le préfet de la Manche rendit compte à la police générale de l'arrestation d'Armand. Sa lettre commence ainsi :

« Mes conjectures sont complètement vérifiées : Chateaubriand est arrêté ; c'est lui qui a abordé sur la côte de Bretteville et qui avait pris le nom de *John Fall*.

« Inquiet de ce que, malgré des ordres très précis que j'avais donnés, John Fall n'arrivait point à Saint-Lô, je chargeai le maréchal des logis de gendarmerie Mauduit, homme sûr et plein d'activité, d'aller chercher ce John Fall partout où il serait, et de l'amener devant moi, dans quelque état qu'il fût. Il le trouva à Coutances, au moment où l'on se disposait à le transférer à l'hôpital, pour lui traiter les jambes, qui ont été gelées.

« Fall a paru aujourd'hui devant moi. J'avais fait mettre Lelièvre dans un appartement séparé, d'où il pouvait voir arriver John Fall sans être aperçu. Lorsque Lelièvre l'a vu monter les degrés d'un perron placé près de cet appartement, il s'est écrié, en frappant des mains et en changeant de couleur : — C'est Chateaubriand ! Comment donc l'a-t-on pris ?

« Lelièvre n'était prévenu de rien. Cette exclamation lui a été arrachée par la surprise. Il m'a prié ensuite de ne pas dire qu'il avait nommé Chateaubriand, parce qu'il serait perdu.

« J'ai laissé ignorer à John Fall que je susse qui il était. »

Armand, transporté à Paris, déposé à la Force, subit un interrogatoire secret à la maison d'arrêt militaire de l'Abbaye. Bertrand, capitaine à la première demi-brigade de vétérans, avait été nommé, par le général Hulin devenu commandant d'armes de Paris, juge-rapporteur de la commission militaire chargée, par décret du 25 février, de connaître l'affaire d'Armand.

Les personnes compromises étaient : M. de Goyon[22], envoyé à Brest par Armand, et M. de Boisé-Lucas fils, chargé de remettre des lettres de Henry-Larivière à MM. Laya et Sicard[23], à Paris.

Dans une lettre du 13 mars, écrite à Fouché, Armand lui disait : « Que l'empereur daigne rendre à la liberté des hommes qui languissent dans les prisons pour m'avoir témoigné trop d'intérêt. À tout événement, que la liberté leur soit également rendue. Je recommande ma malheureuse famille à la générosité de l'empereur. »

Ces méprises d'un homme à entrailles humaines qui s'adresse à une hyène font mal. Bonaparte aussi n'était pas le lion de Florence ; il ne se

---

[22] M. de Goyon-Vaurouault.

[23] Laya, l'auteur de l'Ami des lois, et l'abbé Sicard, l'apôtre des sourds-Muets. Henry-Larivière était homme d'esprit et ses lettres étaient pleines de railleries piquantes à l'adresse du gouvernement impérial. Sicard et Laya se tirèrent tous les deux à assez bon compte de cette périlleuse affaire.

dessaisissait pas de l'enfant aux larmes de la mère. J'avais écrit pour demander une audience à Fouché ; il me l'accorda, et m'assura, avec l'aplomb de la légèreté révolutionnaire, « qu'il avait vu Armand, que je pouvais être tranquille ; qu'Armand lui avait dit qu'il mourrait bien, et qu'en effet il avait l'air très résolu. » Si j'avais proposé à Fouché de mourir, eût-il conservé à l'égard de lui-même ce ton délibéré et cette superbe insouciance ?

Je m'adressai à madame de Rémusat, je la priai de remettre à l'impératrice une lettre de demande de justice ou de grâce à l'empereur. Madame la duchesse de Saint-Leu m'a raconté, à Arenenberg, le sort de ma lettre : Joséphine la donna à l'empereur ; il parut hésiter en la lisant, puis, rencontrant quelques mots qui le blessèrent, il la jeta au feu avec impatience. J'avais oublié qu'il ne faut être fier que pour soi.

M. de Goyon, condamné avec Armand, subit sa sentence. On avait pourtant intéressé en sa faveur madame la baronne-duchesse de Montmorency, fille de madame de Matignon, dont les Goyon étaient alliés. Une Montmorency domestique aurait dû tout obtenir, s'il suffisait de prostituer un nom pour apporter à un pouvoir nouveau une vieille monarchie. Madame de Goyon, qui ne put sauver son mari, sauva le jeune Boisé-Lucas. Tout se mêla de ce malheur qui ne frappait que des personnages inconnus ; on eût dit qu'il s'agissait de la chute d'un monde : tempêtes sur les flots, embûches sur la terre, Bonaparte, la mer, les meurtriers de Louis XVI, et peut-être quelque *passion*, âme mystérieuse des catastrophes du monde. On ne s'est pas même aperçu de toutes ces choses ; tout cela n'a frappé que moi et n'a vécu que dans ma mémoire. Qu'importaient à Napoléon des insectes écrasés par sa main sur sa couronne ?

Le jour de l'exécution[24], je voulus accompagner mon camarade sur son dernier de champ de bataille ; je ne trouvai point de voiture, je courus à pied à la plaine de Grenelle. J'arrivai, tout en sueur, une seconde trop tard : Armand était fusillé contre le mur d'enceinte de Paris. Sa tête était brisée ; un chien de boucher léchait son sang et sa cervelle. Je suivis la charrette qui conduisit le corps d'Armand et de ses deux compagnons, plébéien et noble, Quintal et Goyon, au cimetière de Vaugirard où j'avais enterré M. de La Harpe. Je retrouvai mon cousin pour la dernière fois, sans pouvoir le reconnaître : le plomb l'avait défiguré, il n'avait plus de visage ; je n'y pus remarquer le ravage des années, ni même y voir la mort au travers d'un orbe informe et sanglant ; il resta jeune dans mon souvenir comme au temps du siège de Thionville. Il fut fusillé le vendredi saint : le crucifié m'apparaît au bout de tous mes malheurs. Lorsque je me promène sur le boulevard de la plaine de Grenelle, je m'arrête à regarder l'empreinte du

---

[24] Elle eut lieu le jour du vendredi saint, 31 mars 1809.

tir, encore marquée sur la muraille. Si les balles de Bonaparte n'avaient laissé d'autres traces, on ne parlerait plus de lui[25].

Étrange enchaînement de destinées ! Le général Hulin, commandant d'armes de Paris, nomma la commission qui fit sauter la cervelle d'Armand ; il avait été, jadis, nommé président de la commission qui cassa la tête du duc d'Enghien. N'aurait-il pas dû s'abstenir, après sa première infortune, de tout rapport avec un conseil de guerre ? Et moi, j'ai parlé de la mort du fils du grand Condé sans rappeler au général Hulin la part qu'il avait eue dans l'exécution de l'obscur soldat, mon parent. Pour juger les juges du tribunal de Vincennes, j'avais sans doute, à mon tour, reçu ma commission du ciel.

L'année 1811 fut une des plus remarquables de ma carrière littéraire[26].

Je publiai l'*Itinéraire de Paris à Jérusalem*[27], je remplaçai M. de Chénier à l'Institut, et je commençai d'écrire les *Mémoires* que j'achève aujourd'hui.

Le succès de l'*Itinéraire* fut aussi complet[28] que celui des *Martyrs* avait été disputé. Il n'est si mince barbouilleur de papier qui, à l'apparition de son *farrago,* ne reçoive des lettres de félicitations. Parmi les nouveaux compliments qui me furent adressés, il ne m'est pas permis de faire disparaître la lettre d'un homme de vertu et de mérite qui a donné deux ouvrages dont l'autorité est reconnue, et qui ne laissent presque plus

---

[25] Voir l'Appendice no III : Armand de Chateaubriand.

[26] Chateaubriand ne dit rien du temps qui s'écoula d'avril 1809 à janvier 1811. Ces vingt mois ne furent, en effet, marqués pour lui par aucun événement politique ou littéraire. Mme de Chateaubriand, de son côté, se borne ici à ces quelques lignes : « À la fin de mai 1809 nous retournâmes à la campagne, où M. de Chateaubriand s'occupa de son Itinéraire. Dans le courant de l'été, nous fûmes, comme de coutume, passer quelques jours à Méréville, ensuite à Verneuil chez M. de Tocqueville, d'où nous allâmes au Ménil chez Mme de Rosanbo. Cette vie de château était fort agréable et fort à la mode sous Bonaparte : une partie de la société, celle qui n'allait point à la nouvelle cour, passait neuf mois de l'année à la campagne. »

[27] L'Itinéraire parut au mois de mars 1811.

[28] Le succès fut attesté, comme autrefois celui d'Atala, par plusieurs parodies, dont la plus spirituelle avait pour titre : Itinéraire de Pantin an Mont-Calvaire, en passant par la rue Mouffetard, le faubourg Saint-Marceau, le faubourg Saint-Jacques, le faubourg Saint-Germain, les quais, les Champs-Élysées, le bois de Boulogne, Auteuil et Chaillot, etc, ou Lettres inédites de Chactas à Atala ; ouvrage écrit en style brillant et traduit pour la première fois du breton sur la 9e édition par M. de Châteauterne (René Perrin). — Paris, Dentu, in-8o. — Une autre parodie, qui avait pour auteur Cadet de Gassicourt, était intitulée : Itinéraire de Lutèce au Mont Valérien, en suivant le fleuve Séquanien et en revenant par le mont des Martyrs. Cadet de Gassicourt avait déjà publié, en 1807, contre Chateaubriand, une brochure intitulée : Saint-Géran ou la nouvelle langue française, anecdote récente.

rien à dire sur Bossuet et Fénelon. L'évêque d'Alais, cardinal de Bausset[29], est l'historien de ces grands prélats. Il outre infiniment la louange à mon égard, c'est l'usage reçu quand on écrit à un auteur et cela ne compte pas ; mais le cardinal fait sentir du moins l'opinion générale du moment sur l'*Itinéraire* ; il entrevoit, relativement à Carthage, les objections dont mon sentiment géographique serait l'objet ; toutefois, ce sentiment a prévalu, et j'ai remis à leur place les ports de Didon. On aimera à retrouver dans cette lettre l'élocution d'une société choisie, ce style rendu grave et doux par la politesse, la religion et les mœurs ; excellence de ton dont nous sommes si loin aujourd'hui.

À Villemoisson, par Lonjumeau (Seine-et-Oise).
Ce 25 mars 1811.

« Vous avez dû recevoir, monsieur, et vous avez reçu le juste tribut de la reconnaissance et de la satisfaction publique ; mais je puis vous assurer qu'il n'est aucun de vos lecteurs qui ait joui avec un sentiment plus vrai de votre intéressant ouvrage. Vous êtes le premier et le seul voyageur qui n'ait pas eu besoin du secours de la gravure et du dessin pour mettre sous les yeux de ses lecteurs les lieux et les monuments qui rappellent de beaux souvenirs et de grandes images. Votre âme a tout senti, votre imagination a tout peint, et le lecteur sent avec votre âme et voit avec vos yeux.

« Je ne pourrais vous rendre que bien faiblement l'impression que j'ai éprouvée dès les premières pages, en longeant avec vous les côtes de l'île de Corcyre, et en voyant aborder tous ces hommes *éternels,* que des destins contraires y ont successivement conduits. Quelques lignes vous ont suffi pour graver à jamais les traces de leurs pas ; on les retrouvera toujours dans votre *Itinéraire,* qui les conservera plus fidèlement que tant de marbres qui n'ont pas su garder les grands noms qui leur ont été confiés.

« Je connais actuellement les monuments d'Athènes comme on aime à les connaître. Je les avais déjà vus dans de belles gravures, je les avais admirés, mais je ne les avais pas sentis. On oublie trop souvent que si les architectes ont besoin de la description exacte, des mesures et des proportions, les hommes ont besoin de retrouver l'âme et le génie qui ont conçu les pensées de ces grands monuments.

---

[29] Louis-François de Bausset (1748-1824). Il était évêque d'Alais depuis 1784, lorsque ce siège épiscopal fut supprimé par l'Assemblée constituante. Obligé d'abandonner son diocèse, il émigra en Suisse au commencement de 1791, mais ne tarda pas à rentrer en France. Il fut incarcéré pendant la Terreur et, après le 9 thermidor, se retira à Villemoisson, près de Longjumeau. Lors du Concordat, il donna sa démission à la demande du Pape et ne figura point parmi les nouveaux évêques, sa santé ne lui permettant pas d'accepter encore un ministère actif. Nommé pair de France en 1815 et cardinal en 1817, il fut, la même année, créé duc par Louis XVIII. Son Histoire de Fénelon avait paru en 1808 ; son Histoire de Bossuet parut en 1814.

« Vous avez rendu aux Pyramides cette noble et profonde intention, que de frivoles déclamateurs n'avaient pas même aperçue.

« Que je vous sais gré, monsieur, d'avoir voué à la juste exécration de tous les siècles ce peuple stupide et féroce, qui fait depuis douze cents ans la désolation des plus belles contrées de la terre ! On sourit avec vous à l'espérance de le voir rentrer dans le désert d'où il est sorti.

« Vous m'avez inspiré un sentiment passager d'indulgence pour les Arabes, en faveur du beau rapprochement que vous en avez fait avec les sauvages de l'Amérique septentrionale.

« La Providence semble vous avoir conduit à Jérusalem pour assister à la dernière représentation de la première scène du christianisme. S'il n'est plus donné aux yeux des hommes de revoir ce tombeau, *le seul qui n'aura rien à rendre au dernier jour,* les chrétiens le retrouveront toujours dans l'Évangile, et les âmes méditatives et sensibles dans vos tableaux.

« Les critiques ne manqueront pas de vous reprocher les hommes et les faits dont vous avez couvert les ruines de Carthage, que vous ne pouviez pas peindre puisqu'elles n'existent plus. Mais, je vous en conjure, monsieur, bornez-vous seulement à leur demander s'ils ne seraient pas eux-mêmes bien fâchés de ne pas les retrouver dans ces peintures si attachantes.

« Vous avez le droit de jouir, monsieur, d'un genre de gloire qui vous appartient exclusivement par une sorte de création ; mais il est une jouissance encore plus satisfaisante pour un caractère tel que le vôtre, c'est celle d'avoir donné aux créations de votre génie la noblesse de votre âme et l'élévation de vos sentiments. C'est ce qui assurera, dans tous les temps, à votre nom et à votre mémoire, l'estime, l'admiration et le respect de tous les amis de la religion, de la vertu et de l'honneur.

« C'est à ce titre que je vous supplie, monsieur, d'agréer l'hommage de tous mes sentiments.

† L.-F. DE BAUSSET, anc. év. d'Alais. »

M. de Chénier[30] mourut le 10 janvier 1811. Mes amis eurent la fatale idée de me presser de le remplacer à l'Institut. Ils prétendaient qu'exposé comme je l'étais aux inimitiés du chef du gouvernement, aux soupçons et aux tracasseries de la police, il m'était nécessaire d'entrer dans un corps alors puissant par sa renommée et par les hommes qui le composaient ; qu'à l'abri derrière ce bouclier, je pourrais travailler en paix.

J'avais une répugnance invincible à occuper une place, même en dehors du gouvernement ; il me souvenait trop de ce que m'avait coûté la première. L'héritage de Chénier me semblait périlleux ; je ne pourrais tout dire qu'en m'exposant ; je ne voulais point passer sous silence le régicide, quoique Cambacérès fût la seconde personne de l'État ; j'étais déterminé à faire entendre mes réclamations en faveur de la liberté et à élever ma voix

---

[30] Joseph-Marie-Blaise de Chénier (1764-1811).

contre la tyrannie ; je voulais m'expliquer sur les horreurs de 1793, exprimer mes regrets sur la famille tombée de nos rois, gémir sur les malheurs de ceux qui leur étaient restés fidèles. Mes amis me répondirent que je me trompais ; que quelques louanges du chef du gouvernement, obligées dans le discours académique, louanges dont, sous un rapport, je trouvais Bonaparte digne, lui feraient avaler toutes les vérités que je voudrais dire, que j'aurais à la fois l'honneur d'avoir maintenu mes opinions et le bonheur de faire cesser les terreurs de madame de Chateaubriand. À force de m'obséder, je me rendis, de guerre lasse ; mais je leur déclarai qu'ils se méprenaient ; que Bonaparte, lui, ne se méprendrait point à des lieux communs sur son fils, sa femme, sa gloire ; qu'il n'en sentirait que plus vivement la leçon ; qu'il reconnaîtrait le démissionnaire à la mort du duc d'Enghien, et l'auteur de l'article qui fit supprimer *le Mercure ;* qu'enfin, au lieu de m'assurer le repos, je ranimerais contre moi les persécutions. Ils furent bientôt obligés de reconnaître la vérité de mes paroles : il est vrai qu'ils n'avaient pas prévu la témérité de mon discours.

J'allai faire les visites d'usage aux membres de l'Académie[31]. Madame de Vintimille me conduisit chez l'abbé Morellet. Nous le trouvâmes assis dans un fauteuil devant son feu ; il s'était endormi, et l'*Itinéraire,* qu'il lisait, lui était tombé des mains. Réveillé en sursaut au bruit de mon nom annoncé par son domestique, il releva la tête et s'écria : « Il y a des longueurs, il y a des longueurs ! » Je lui dis en riant que je le voyais bien, et que j'abrégerais la nouvelle édition. Il fut bon homme et me promit sa voix, malgré *Atala*. Lorsque, dans la suite, *la Monarchie selon la Charte* parut, il ne revenait pas qu'un pareil ouvrage politique eût pour auteur le chantre de la *fille des Florides*. Grotius n'avait-il pas écrit la tragédie d'*Adam et Ève,* et Montesquieu *le Temple de Gnide ?* Il est vrai que je n'étais ni Grotius ni Montesquieu.

L'élection eut lieu ; je passai au scrutin à une assez forte majorité[32]. Je me mis de suite à travailler à mon discours ; je le fis et le refis vingt fois, n'étant jamais content de moi : tantôt, le voulant rendre possible à la

---

[31] Un contemporain, M. Auguis, qui fut député des Deux-Sèvres, raconte ainsi de quelle façon cavalière Chateaubriand fit ses visites : « Lorsque Chateaubriand alla faire ses visites d'Académie française, il se rendit à cheval chez ses futurs confrères. Aux renommés et aux puissants, il faisait la visite entière ; au fretin, il remettait sa carte et ne descendait point du fougueux coursier. Quand on en vint à la délibération, M*** vota pour le cheval du nouveau confrère, disant que c'était de lui seul qu'en bonne conscience il avait reçu visite. ». — Journal inédit de Ferdinand Denis, auteur des Scènes de la Nature sous les Tropiques et d'André le Voyageur.

[32] L'élection eut lieu le mercredi 20 février 1811, quarante jours révolus après la mort de Marie-Joseph Chénier. Il n'y avait que vingt-cinq membres présents. Chateaubriand obtint la presque unanimité. (Villemain, M. de Chateaubriand, p. 181.)

lecture, je le trouvais trop fort ; tantôt, la colère me revenant, je le trouvais trop faible. Je ne savais comment mesurer la dose de l'éloge académique. Si, malgré mon antipathie pour Napoléon, j'avais voulu rendre l'admiration que je sentais pour la partie publique de sa vie, j'aurais été bien au delà de la péroraison. Milton, que je cite au commencement du discours, me fournissait un modèle : dans sa *Seconde défense* du peuple anglais, il lit un éloge pompeux de Cromwell :

« Tu as non-seulement éclipsé les actions de tous nos rois, dit-il, mais celles qui ont été racontées de nos héros fabuleux. Réfléchis souvent au cher gage que la terre qui t'a donné la naissance a confié à tes soins ; la liberté qu'elle espéra autrefois de la fleur des talents et des vertus, elle l'attend maintenant de toi ; elle se flatte de l'obtenir de toi seul. Honore les vives espérances que nous avons conçues ; honore les sollicitudes de ta patrie inquiète ; respecte les regards et les blessures de tes braves compagnons, qui, sous ta bannière, ont hardiment combattu pour la liberté ; respecte les ombres de ceux qui périrent sur le champ de bataille ; enfin respecte-toi toi-même ; ne souffre pas, après avoir bravé tant de périls pour l'amour des libertés, qu'elles soient violées par toi-même, ou attaquées par d'autres mains. Tu ne peux être vraiment libre que nous ne le soyons nous-mêmes. Telle est la nature des choses : celui qui empiète sur la liberté de tous est le premier à perdre la sienne et à devenir esclave. »

Johnson n'a cité que les louanges données au Protecteur, afin de mettre en contradiction le républicain avec lui-même ; le beau passage que je viens de traduire montre ce qui faisait le contre-poids de ces louanges. La critique de Johnson est oubliée ; la défense de Milton est restée : tout ce qui tient aux entraînements des partis et aux passions du moment meurt comme eux et avec elles.

Mon discours étant prêt, je fus appelé à le lire devant la commission nommée pour l'entendre[33] : il fut repoussé par cette commission, à l'exception de deux ou trois membres. Il fallait voir la terreur des fiers républicains qui m'écoutaient et que l'indépendance de mes opinions épouvantait ; ils frémissaient d'indignation et de frayeur au seul mot de liberté. M. Daru porta à Saint-Cloud le discours. Bonaparte déclara que s'il eût été prononcé, il aurait fait fermer les portes de l'Institut et m'aurait jeté dans un cul de basse-fosse pour le reste de ma vie.

Je reçus ce billet de M. Daru :
Saint-Cloud, 28 avril 1811.

« J'ai l'honneur de prévenir monsieur de Chateaubriand que lorsqu'il aura le temps ou l'occasion de venir à Saint-Cloud, je pourrai lui rendre le discours qu'il a bien voulu me confier. Je saisis cette occasion pour lui renouveler l'assurance de la haute considération avec laquelle j'ai

---

[33] Elle était composé de MM. François de Neufchâteau, Regnaud de Saint-Jean d'Angély, Lacretelle aîné. Laujon, Legouvé.

l'honneur de le saluer.

« DARU. »

J'allai à Saint-Cloud. M. Daru me rendit le manuscrit, çà et là raturé, marqué *ab irato* de parenthèses et de traces au crayon par Bonaparte : l'ongle du lion était enfoncé partout, et j'avais une espèce de plaisir d'irritation à croire le sentir dans mon flanc. M. Daru ne me cacha point la colère de Napoléon[34] ; mais il me dit qu'en conservant la péroraison, sauf quelques mots, et en changeant presque tout le reste, je serais reçu avec de grands applaudissements. On avait copié le discours au château, en supprimant quelques passages et en interpolant quelques autres. Peu de temps après, il parut dans les provinces imprimé de la sorte.

Ce discours est un des meilleurs titres de l'indépendance de mes opinions et de la constance de mes principes. M. Suard, libre et ferme, disait que s'il avait été lu en pleine Académie, il aurait fait crouler les voûtes de la salle sous un tonnerre d'applaudissements. Se figure-t-on, en effet, le chaleureux éloge de la liberté prononcé au milieu de la servilité de l'Empire ?

J'avais conservé le manuscrit raturé avec un soin religieux ; le malheur a voulu qu'en quittant l'infirmerie de Marie-Thérèse il fût brûlé avec une foule de papiers. Néanmoins, les lecteurs de ces *Mémoires* n'en seront pas privés : un de mes collègues eut la générosité d'en prendre copie ; la voici :

« Lorsque Milton publia le *Paradis perdu*, aucune voix ne s'éleva dans les trois royaumes de la Grande-Bretagne pour louer un ouvrage qui, malgré ses nombreux défauts, n'en est pas moins un des plus beaux monuments de l'esprit humain. L'Homère anglais mourut oublié, et ses contemporains laissèrent à l'avenir le soin d'immortaliser le chantre d'Éden. Est-ce là une de ces grandes injustices littéraires dont presque tous les siècles offrent des exemples ? Non, messieurs ; à peine échappés aux guerres civiles, les Anglais ne purent se résoudre à célébrer la mémoire d'un homme qui se fit remarquer par l'ardeur de ses opinions dans un temps de calamités. Que réserverons-nous, dirent-ils, à la tombe du citoyen qui se dévoue au salut de son pays, si nous prodiguons les honneurs aux cendres de celui qui peut, tout au plus, nous demander une généreuse indulgence ? La postérité rendra justice à la mémoire de Milton ; mais nous, nous devons une leçon à nos fils ; nous devons leur apprendre, par notre silence, que les talents sont un présent funeste quand ils s'allient aux passions, et qu'il vaut mieux se condamner à l'obscurité que de se rendre célèbre par les malheurs de sa patrie.

« Imiterai-je, messieurs, ce mémorable exemple, ou vous parlerai-je de la personne et des ouvrages de M. Chénier ? Pour concilier vos usages

---

[34] Voir l'Appendice no IV : le Discours à l'Académie.

et mes opinions, je crois devoir prendre un juste milieu entre un silence absolu et un examen approfondi. Mais, quelles que soient mes paroles, aucun fiel n'empoisonnera ce discours. Si vous retrouvez en moi la franchise de Duclos, mon compatriote, j'espère vous prouver aussi que j'ai la même loyauté.

« Il eût été curieux sans doute de voir ce qu'un homme dans ma position, avec mes principes et mes opinions, pourrait dire de l'homme dont j'occupe aujourd'hui la place. Il serait intéressant d'examiner l'influence des révolutions sur les lettres, de montrer comment les systèmes peuvent égarer le talent, le jeter dans des routes trompeuses qui semblent conduire à la renommée, et qui n'aboutissent qu'à l'oubli. Si Milton, malgré ses égarements politiques, a laissé des ouvrages que la postérité admire, c'est que Milton, sans être revenu de ses erreurs, se retira d'une société qui se retirait de lui, pour chercher dans la religion l'adoucissement de ses maux et la source de sa gloire. Privé de la lumière du ciel, il se créa une nouvelle terre, un nouveau soleil, et sorti pour ainsi dire d'un monde où il n'avait vu que des malheurs et des crimes, il plaça dans les berceaux d'Éden cette innocence primitive, cette félicité sainte qui régnèrent sous les tentes de Jacob et de Rachel ; et il mit aux enfers les tourments, les passions et les remords de ces hommes dont il avait partagé les fureurs.

« Malheureusement, les ouvrages de M. Chénier, quoiqu'on y découvre le germe d'un talent remarquable, ne brillent ni par cette antique simplicité, ni par cette majesté sublime. L'auteur se distinguait par un esprit éminemment classique. Nul ne connaissait mieux les principes de la littérature ancienne et moderne : théâtre, éloquence, histoire, critique, satire, il a tout embrassé ; mais ses écrits portent l'empreinte des jours désastreux qui les ont vus naître. Trop souvent dictés par l'esprit de parti, ils ont été applaudis par les factions. Séparerai-je, dans les travaux de mon prédécesseur, ce qui est déjà passé comme nos discordes, et ce qui restera peut-être comme notre gloire ? Ici se trouvent confondus les intérêts de la société et les intérêts de la littérature. Je ne puis assez oublier les uns pour m'occuper uniquement des autres ; alors, messieurs, je suis obligé de me taire, ou d'agiter des questions politiques.

« Il y a des personnes qui voudraient faire de la littérature une chose abstraite, et l'isoler au milieu des affaires humaines. Ces personnes me diront : Pourquoi garder le silence ? ne considérez les ouvrages de M. Chénier que sous les rapports littéraires. C'est-à-dire, messieurs, qu'il faut que j'abuse de votre patience et de la mienne pour répéter des lieux communs que l'on trouve partout, et que vous connaissez mieux que moi. Autres temps, autres mœurs : héritiers d'une longue suite d'années paisibles, nos devanciers pouvaient se livrer à des discussions purement académiques, qui prouvaient encore moins leur talent que leur bonheur. Mais nous, restes infortunés d'un grand naufrage, nous n'avons plus ce qu'il faut pour goûter un calme si parfait. Nos idées, nos esprits, ont pris un cours différent. L'homme a remplacé en nous l'académicien : en dépouillant les lettres de ce qu'elles peuvent avoir de futile, nous ne les voyons plus qu'à travers nos puissants souvenirs et l'expérience de notre adversité. Quoi ! après une révolution qui nous a fait parcourir en quelques années les événements de plusieurs siècles, on interdira à l'écrivain toute considération élevée, on lui refusera d'examiner le côté sérieux des objets ! Il passera une vie frivole à s'occuper de chicanes grammaticales, de règles de goût, de petites sentences littéraires ! Il vieillira enchaîné dans les langes de son berceau ! Il ne montrera pas sur la fin de ses jours un front sillonné par ses longs travaux, par ses graves pensées, et souvent ces mâles douleurs qui ajoutent à la grandeur de l'homme ! Quels soins importants auront donc blanchi ses cheveux ? Les misérables peines de l'amour-propre et les jeux puérils de l'esprit.

« Certes, messieurs, ce serait nous traiter avec un mépris bien étrange ! Pour moi, je ne puis ainsi me rapetisser, ni me réduire à l'état d'enfance, dans l'âge de la force et de la raison. Je ne puis me renfermer dans le cercle étroit qu'on voudrait tracer autour de l'écrivain. Par exemple, messieurs, si je voulais faire l'éloge de l'homme de lettres, de l'homme de cour qui préside à cette assemblée[35], croyez-vous que je me contenterais de louer en lui cet esprit français, léger, ingénieux, qu'il a reçu de sa mère, et dont il offre parmi nous le dernier modèle ? Non sans doute : je voudrais encore faire briller dans tout son éclat le beau nom qu'il porte. Je citerais le duc de Boufflers qui fit lever aux Autrichiens le blocus de Gênes. Je parlerais du maréchal son père, de ce gouverneur qui disputa aux ennemis de la France les remparts de Lille, et consola par cette défense mémorable la vieillesse malheureuse d'un grand roi. C'est de ce compagnon de Turenne que Madame de Maintenon disait : En lui le cœur est mort le dernier. Enfin je passerais jusqu'à ce Louis de Boufflers, dit le *Robuste*, qui montrait dans les combats la vigueur et le courage d'Hercule. Ainsi je trouverais aux deux extrémités de cette famille la force et la grâce, le chevalier et le troubadour. On veut que les Français soient fils d'Hector : je croirais plutôt qu'ils descendent d'Achille, car ils manient, comme ce héros, la lyre et l'épée.

« Si je voulais, messieurs, vous entretenir du poète[36] célèbre qui chanta la nature d'une voix si brillante, pensez-vous que je me bornerais à vous faire remarquer l'admirable flexibilité d'un talent qui sut rendre avec un mérite égal les beautés régulières de Virgile et les beautés incorrectes de Milton ? Non : je vous montrerais aussi ce poète ne voulant pas se séparer de ses infortunés compatriotes, les suivant avec sa lyre aux rives étrangères, chantant leurs douleurs pour les consoler ; illustre banni au

---

[35] M. de Boufflers.
[36] L'abbé Delille.

milieu de cette foule d'exilés dont j'augmentais le nombre. Il est vrai que son âge et ses infirmités, ses talents et sa gloire, ne l'avaient pas mis dans sa patrie à l'abri des persécutions. On voulait lui faire acheter la paix par des vers indignes de sa muse, et sa muse ne put chanter que la redoutable immortalité du crime et la rassurante immortalité de la vertu : *Rassurez-vous, vous êtes immortels*[37].

« Si je voulais enfin, messieurs, vous parler d'un ami bien cher à mon cœur, d'un de ces amis[38] qui, selon Cicéron, rendent la prospérité plus éclatante et l'adversité plus légère, je vanterais la finesse et la pureté de son goût, l'élégance exquise de sa prose, la beauté, la force, l'harmonie de ses vers, qui, formés sur les grands modèles, se distinguent néanmoins par un caractère original. Je vanterais ce talent supérieur qui ne connut jamais les sentiments de l'envie, ce talent heureux de tous les succès qui ne sont pas les siens, ce talent qui depuis dix années ressent tout ce qui peut m'arriver d'honorable, avec cette joie naïve et profonde connue seulement des plus généreux caractères et de la plus vive amitié. Mais je n'omettrais pas la partie politique de mon ami. Je le peindrais à la tête d'un des premiers corps de l'État, prononçant ces discours qui sont des chefs-d'œuvre de bienséance, de mesure et de noblesse. Je le représenterais sacrifiant le doux commerce des Muses à des occupations qui seraient sans doute sans charmes, si l'on ne s'y livrait dans l'espoir de former des enfants capables de suivre un jour l'exemple de leurs pères et d'éviter nos erreurs.

« En parlant des hommes de talent dont se compose cette assemblée, je ne pourrais donc m'empêcher de les considérer sous le rapport de la morale et de la société. L'un se distingue au milieu de vous par un esprit fin, délicat et sage, par une urbanité si rare aujourd'hui, et par la constance la plus honorable dans ses opinions modérées[39]. L'autre, sous les glaces de l'âge, a retrouvé toute la chaleur de la jeunesse pour plaider la cause des malheureux[40]. Celui-ci, historien élégant et agréable poète, nous devient plus respectable et plus cher par le souvenir d'un père et d'un fils mutilés

---

[37] C'est un vers du Dithyrambe sur l'immortalité de l'âme, composé par l'abbé Delille pendant la Terreur. Voici les strophes auxquelles Chateaubriand faisait allusion :
Oui, vous qui, de l'Olympe usurpant le tonnerre,
Des éternelles lois renversez les autels ;
 Lâches oppresseurs de la terre,
 Tremblez, vous êtes immortels !
Et vous, vous du malheur victimes passagères,
Sur qui veillent d'un Dieu les regards paternels,
Voyageurs d'un moment aux terres étrangères,
 Consolez-vous, vous, êtes immortels !
[38] M. de Fontanes.
[39] M. Suard.
[40] l'abbé Morellet, qui avait publié en 1795 deux éloquents écrits en faveur des victimes de la Révolution, le Cri des familles et la Cause des pères.

au service de la patrie[41]. Celui-là, en rendant l'ouïe aux sourds et la parole aux muets, nous rappelle les miracles du culte évangélique auquel il s'est consacré[42]. N'est-il point parmi vous, messieurs, des témoins de vos anciens triomphes, qui puissent raconter au digne héritier du chancelier d'Aguesseau comment le nom de son aïeul fut jadis applaudi dans cette assemblée[43] ? Je passe aux nourrissons favoris des neuf Sœurs, et j'aperçois le vénérable auteur d'*Œdipe* retiré dans la solitude, et Sophocle oubliant à Colone la gloire qui le rappelle dans Athènes[44]. Combien nous devons aimer les autres fils de Melpomène, qui nous ont intéressés aux malheurs de nos pères ! Tous les cœurs français ont de nouveau tremblé au pressentiment de la mort d'Henri IV[45]. La muse tragique a rétabli l'honneur de ces preux chevaliers lâchement trahis par l'histoire, et noblement vengés par l'un de nos modernes Euripides[46].

« Descendant aux successeurs d'Anacréon, je m'arrêterais à cet homme aimable qui, semblable au vieillard de Téos, redit encore, après quinze lustres, ces chants amoureux que l'on fait entendre à quinze ans[47]. J'irais, messieurs, chercher votre renommée sur ces mers orageuses que gardait autrefois le géant Adamastor, et qui se sont apaisées aux noms charmants d'Éléonore[48] et de Virginie[49]. *Tibi rident æquora.*

« Hélas ! trop de talents parmi nous ont été errants et voyageurs ! La poésie n'a-t-elle pas chanté en vers harmonieux l'art de Neptune[50], cet art

---

[41] Le comte de Ségur, fils du maréchal de Ségur et père du général de Ségur. Ce dernier, le futur historien de la guerre de Russie, avait été criblé de balles, à la bataille de Sommo-Sierra, le 30 novembre 1808 ; il avait reçu en pleine poitrine un biscaïen qui lui avait mis le cœur à découvert. Mutilé, sanglant, de sa main crispée tenant toujours son sabre, il lui fallut faire retraite avec ses compagnons sous une pluie de fer et de feu, exposé sans cesse à recevoir le coup décisif ; il tomba enfin dans les bras de nos grenadiers du 96e. Pendant que le colonel de La Grange lui donnait les premiers soins, animé par la lutte, il criait encore : « En avant ! en avant ! que l'infanterie nous venge ! » L'empereur le vit de loin, et s'étant informé : « Ah ! pauvre Ségur ! s'écria-t-il. Yvan, allez vite et sauvez-le moi ! » (Le général Philippe de Ségur, par Saint-René Taillandier, p. 97.)

[42] L'abbé Sicard.

[43] Le comte d'Aguesseau.

[44] Ducis, — le vieux Ducis fut particulièrement sensible à ce que Chateaubriand disait de lui. Il écrivait à M. Odogharty de La Tour, le 20 juillet 1814 : « Dites bien, mon cher ami, à M. de Chateaubriand, combien je suis sensible à l'honneur de son estime. Ce qu'il a dit de moi dans son Discours de réception n'est point une chose vulgaire ni dite vulgairement. Il a le secret des mots puissants, et son suffrage est une puissance encore. »

[45] Gabriel Legouvé, auteur de la Mort d'Abel, d'Epicharis et Néron et de la Mort d'Henri IV.

[46] Raynouard, auteur de la tragédie des Templiers.

[47] Laujon.

[48] Parny, le chantre d'Éléonore, né à l'île Bourbon.

[49] Bernardin de Saint-Pierre.

[50] Esmenard, auteur d'un poème sur la Navigation.

si fatal qui la transporta sur des bords lointains ? Et l'éloquence française, après avoir défendu l'État et l'autel, ne se retire-t-elle pas comme à sa source dans la patrie de saint Ambroise[51] ? Que ne puis-je placer ici tous les membres de cette assemblée dans un tableau dont la flatterie n'a point embelli les couleurs ! Car, s'il est vrai que l'envie obscurcisse quelquefois les qualités estimables des gens de lettres, il est encore plus vrai que cette classe d'hommes se distingue par des sentiments élevés, par des vertus désintéressées, par la haine de l'oppression, le dévouement à l'amitié et la fidélité au malheur. C'est ainsi, messieurs, que j'aime à considérer un sujet sous toutes les faces, et que j'aime surtout à rendre les lettres sérieuses en les appliquant aux plus hauts sujets de la morale, de la philosophie et de l'histoire. Avec cette indépendance d'esprit, il faut donc que je m'abstienne de toucher à des ouvrages qu'il est impossible d'examiner sans irriter les passions. Si je parlais de la tragédie de *Charles IX,* pourrais-je m'empêcher de venger la mémoire du cardinal de Lorraine, et de discuter cette étrange leçon donnée aux rois ? Caius Gracchus, Calas, Henri VIII, Fénelon, m'offriraient sur plusieurs points cette altération de l'histoire pour appuyer les mêmes doctrines. Si je lis les satires, j'y trouve immolés des hommes placés aux premiers rangs de cette assemblée ; toutefois, écrites d'un style pur, élégant et facile, elles rappellent agréablement l'école de Voltaire, et j'aurais d'autant plus de plaisir à les louer, que mon nom n'a pas échappé à la malice de l'auteur[52]. Mais laissons là des ouvrages qui donneraient lieu à des récriminations pénibles : je ne troublerai point la mémoire d'un écrivain qui fut votre collègue et qui compte encore parmi vous des admirateurs et des amis ; il devra à cette religion, qui lui parut si méprisable dans les écrits de ceux qui la détendent, la paix que je souhaite à sa tombe. Mais ici même, messieurs, ne serai-je point assez malheureux pour trouver un écueil ? Car en portant à M. Chénier ce tribut de respect que tous les morts réclament, je crains de rencontrer sous mes pas des cendres bien autrement illustres. Si des interprétations peu généreuses voulaient me faire un crime de cette émotion involontaire, je me réfugierais au pied de ces autels expiatoires qu'un puissant monarque élève aux mânes des dynasties outragées. Ah ! qu'il eût été plus heureux pour M. Chénier de n'avoir point participé à ces calamités publiques, qui retombèrent enfin sur sa tête ! Il a su comme moi ce que c'est que de perdre dans les orages un frère tendrement chéri. Qu'auraient dit nos malheureux frères si Dieu les eût

---

[51] Le cardinal Maury, déjà nommé par l'Empereur archevêque de Paris (16 octobre 1810), mais dans lequel Chateaubriand ne voulait voir que l'évêque de Montefiascone, nommé par le pape Pie VI (21 février 1794).
[52] Allusion à une tirade de la satire de Marie-Joseph Chénier, intitulée les Nouveaux Saints et qui commence ainsi :
Ah ! vous parlez du diable ? il est bien poétique,
Dit le dévot Chactas, ce sauvage érotique.

appelés le même jour à son tribunal ? S'ils s'étaient rencontrés au moment suprême, avant de confondre leur sang, ils nous auraient crié sans doute : « Cessez vos guerres intestines, revenez à des sentiments d'amour et de paix ; la mort frappe également tous les partis, et vos cruelles divisions nous coûtent la jeunesse et la vie. » Tels auraient été leurs cris fraternels.

« Si mon prédécesseur pouvait entendre ces paroles qui ne consolent plus que son ombre, il serait sensible à l'hommage que je rends ici à son frère, car il était naturellement généreux ; ce fut même cette générosité de caractère qui l'entraîna dans des nouveautés bien séduisantes sans doute, puisqu'elles promettaient de nous rendre les vertus de Fabricius. Mais bientôt trompé dans son espérance, son humeur s'aigrit, son talent se dénatura. Transporté de la solitude du poète au milieu des factions, comment aurait-il pu se livrer à ces sentiments qui font le charme de la vie ? Heureux s'il n'eût vu d'autre ciel que le ciel de la Grèce, sous lequel il était né ! s'il n'eût contemplé d'autres ruines que celles de Sparte et d'Athènes ! Je l'aurais peut-être rencontré dans la belle patrie de sa mère, et nous nous serions juré amitié sur les bords du Permesse ; ou bien, puisqu'il devait revenir aux champs paternels, que ne me suivit-il dans les déserts où je fus jeté par nos tempêtes ! Le silence des forêts aurait calmé cette âme troublée, et les cabanes des sauvages l'eussent peut-être réconcilié avec les palais des rois. Vain souhait ! M. Chénier resta sur le théâtre de nos agitations et de nos douleurs. Atteint, jeune encore, d'une maladie mortelle, vous le vîtes, messieurs, s'incliner lentement vers le tombeau et quitter pour toujours… On ne m'a point raconté ses derniers moments.

« Nous tous, qui vécûmes dans les troubles et les agitations, nous n'échapperons pas aux regards de l'histoire. Qui peut se flatter d'être trouvé sans tache, dans un temps de délire où personne n'avait l'usage entier de sa raison ? Soyons donc pleins d'indulgence pour les autres ; excusons ce que nous ne pouvons approuver. Telle est la faiblesse humaine, que le talent, le génie, la vertu même, peuvent quelquefois franchir les bornes du devoir. M. Chénier adora la liberté ; pourrait-on lui en faire un crime ? Les chevaliers eux-mêmes, s'ils sortaient de leurs tombeaux, suivraient la lumière de notre siècle. On verrait se former cette illustre alliance entre l'honneur et la liberté, comme sous le règne des Valois les créneaux gothiques couronnaient avec une grâce infinie dans nos monuments les ordres empruntés des Grecs. La liberté n'est-elle pas le plus grand des biens et le premier des besoins de l'homme ? Elle enflamme le génie, elle élève le cœur, elle est nécessaire à l'ami des Muses comme l'air qu'il respire. Les arts peuvent, jusqu'à un certain point, vivre dans la dépendance parce qu'ils se servent d'une langue à part qui n'est pas entendue de la foule ; mais les lettres, qui parlent une langue universelle, languissent et meurent dans les fers. Comment tracera-t-on des pages dignes de l'avenir, s'il faut s'interdire, en écrivant, tout sentiment magnanime, toute pensée forte et grande ? La liberté est si naturellement l'amie des sciences et des lettres, qu'elle se réfugie auprès d'elles lorsqu'elle est bannie du milieu des peuples ; et c'est nous, messieurs, qu'elle charge d'écrire ses annales et de la venger de ses ennemis, de transmettre son nom et son culte à la dernière postérité. Pour qu'on ne se trompe pas dans l'interprétation de ma pensée, je déclare que je ne parle ici que de la liberté qui naît de l'ordre et enfante des lois, et non de cette liberté fille de la licence et mère de l'esclavage. Le tort de l'auteur de *Charles IX* ne fut donc pas d'avoir offert son encens à la première de ces divinités, mais d'avoir cru que les droits qu'elle nous donne sont incompatibles avec un gouvernement monarchique. C'est dans ses opinions qu'un Français met cette indépendance que d'autres peuples placent dans leurs lois. La liberté est pour lui un sentiment plutôt qu'un principe, et il est citoyen par instinct et sujet par choix. Si l'écrivain dont vous déplorez la perte avait fait cette réflexion, il n'aurait pas embrassé dans un même amour la liberté qui fonde et la liberté qui détruit.

« J'ai, messieurs, fini la tâche que les usages de l'Académie m'ont imposée. Près de terminer ce discours, je suis frappé d'une idée qui m'attriste ; il n'y a pas longtemps que M. Chénier prononçait sur mes ouvrages des arrêts qu'il se préparait à publier : et c'est moi qui juge aujourd'hui mon juge. Je le dis dans toute la sincérité de mon cœur, j'aimerais mieux encore être exposé aux satires d'un ennemi, et vivre en paix dans la solitude, que de vous faire remarquer, par ma présence au milieu de vous, la rapide succession des hommes sur la terre, la subite apparition de cette mort qui renverse nos projets et nos espérances, qui nous emporte tout à coup, et livre quelquefois notre mémoire à des hommes entièrement opposés à nos sentiments et à nos principes. Cette tribune est une espèce de champ de bataille où les talents viennent tour à tour briller et mourir. Que de génies divers elle a vus passer ! Corneille, Racine, Boileau, La Bruyère, Bossuet, Fénelon, Voltaire, Buffon, Montesquieu… Qui ne serait effrayé, messieurs, en pensant qu'il va former un anneau dans la chaîne de cette illustre lignée ? Accablé du poids de ces noms immortels, ne pouvant me faire reconnaître à mes talents pour héritier légitime, je tâcherai du moins de prouver ma descendance par mes sentiments.

« Quand mon tour sera venu de céder ma place à l'orateur qui doit parler sur ma tombe, il pourra traiter sévèrement mes ouvrages ; mais il sera forcé de dire que j'aimais avec transport ma patrie, que j'aurais souffert mille maux plutôt que de coûter une seule larme à mon pays, que j'aurais fait sans balancer le sacrifice de mes jours à ces nobles sentiments, qui seuls donnent du prix à la vie et de la dignité à la mort.

« Mais quel temps ai-je choisi, messieurs, pour vous parler de deuil et de funérailles ! Ne sommes-nous pas environnés de fêtes ? Voyageur solitaire, je méditais il y a quelques jours sur la ruine des empires détruits :

et je vois s'élever un nouvel empire. Je quitte à peine ces tombeaux où dorment les nations ensevelies, et j'aperçois un berceau chargé des destinées de l'avenir. De toutes parts retentissent les acclamations du soldat. César monte au Capitole ; les peuples racontent les merveilles, les monuments élevés, les cités embellies, les frontières de la patrie baignées par ces mers lointaines qui portaient les vaisseaux de Scipion, et par ces mers reculées que ne vit pas Germanicus.

« Tandis que le triomphateur s'avance entouré de ses légions, que feront les tranquilles enfants des Muses ? ils marcheront au-devant du char pour joindre l'olivier de la paix aux palmes de la victoire, pour présenter au vainqueur la troupe sacrée, pour mêler aux récits guerriers les touchantes images qui faisaient pleurer Paul-Émile sur les malheurs de Persée.

« Et vous, fille des Césars, sortez de votre palais avec votre jeune fils dans vos bras ; venez ajouter la grâce à la grandeur, venez attendrir la victoire et tempérer l'éclat des armes par la douce majesté d'une reine et d'une mère. »

Dans le manuscrit qui me fut rendu, le commencement du discours qui a rapport aux opinions de Milton était *barré* d'un bout à l'autre de la main de Bonaparte. Une partie de ma réclamation contre l'isolement des affaires dans lequel on voudrait tenir la littérature était également *stigmatisée* au crayon. L'éloge de l'abbé Delille, qui rappelait l'émigration, la fidélité du poète aux malheurs de la famille royale et aux souffrances de ses compagnons d'exil, était mis entre *parenthèses ;* l'éloge de M. de Fontanes avait une *croix*. Presque tout ce que je disais sur M. Chénier, sur son frère, sur le mien, sur les autels expiatoires que l'on préparait à Saint-Denis, était *haché* de traits. Le paragraphe commençant par ces mots : « M. de Chénier adora la liberté, etc., » avait une *double rature* longitudinale. Néanmoins les agents de l'Empire, en publiant ce discours, ont conservé assez correctement ce paragraphe.

Tout ne fut pas fini quand on m'eut rendu mon discours ; on voulait me contraindre à en faire un second. Je déclarai que je m'en tenais au premier et que je n'en ferais pas d'autre. La commission me déclara alors que je ne serais pas reçu à l'Académie.

Des personnes pleines de grâces, de générosité et de courage, que je ne connaissais pas, s'intéressaient à moi. Madame Lindsay, qui, lors de ma rentrée en France en 1800, m'avait ramené de Calais à Paris, parla à madame Gay[53] ; celle-ci s'adressa à madame Regnaud de Saint-Jean-

---

53 Marie-Françoise-Sophie Nichault de Lavalette, Mme Sophie Gay (1776-1852), auteur de romans qui ont eu du succès et dont les meilleurs sont : Léonie de Montbreuse, Anatole, les Malheurs d'un amant heureux, un Mariage sous l'Empire, la Duchesse de Châteauroux, le Comte de Guiche. Elle a eu pour fille Mlle Delphine Gay, qui devint Mme Émile de Girardin. — Mme Sophie Gay a publié, dans la Presse du 14 août 1849, la lettre que Chateaubriand lui avait écrite, au

d'Angély, laquelle invita le duc de Rovigo à me laisser à l'écart. Les femmes de ce temps-là interposaient leur beauté entre la puissance et la fortune.

Tout ce bruit se prolongea par les prix décennaux jusque dans l'année 1812. Bonaparte, qui me persécutait, fit demander à l'Académie, à propos de ces prix, pourquoi elle n'avait point mis sur les rangs le *Génie du christianisme*. L'Académie s'expliqua : plusieurs de mes confrères écrivirent leur jugement peu favorable à mon ouvrage[54]. J'aurais pu leur dire ce qu'un poète grec dit à un oiseau : « Fille de l'Attique, nourrie de miel, toi qui chantes si bien, tu enlèves une cigale, bonne chanteuse comme toi, et tu la portes pour nourriture à tes petits. Toutes deux ailées, toutes deux habitant ces lieux, toutes deux célébrant la naissance du printemps, ne lui rendras-tu pas la liberté ? Il n'est pas juste qu'une chanteuse périsse du bec d'une de ses semblables[55] »

---

mois d'avril 1811, pour la remercier du service qu'elle venait de lui rendre. En voici le texte :

« Vous êtes, Madame, si bonne et si douce pour moi que je ne sais comment vous remercier. J'irais à l'instant même mettre ma reconnaissance à vos pieds, si des affaires de toutes les sortes ne s'opposaient à l'extrême plaisir que j'aurais à vous voir. Je ne pourrai même aller vous présenter tous mes hommages que jeudi prochain, entre midi et une heure, si vous êtes assez bonne pour me recevoir. Je suis obligé d'aller à la campagne. Pardonnez, Madame, à cette écriture arabe. Songez que c'est une espèce de sauvage qui vous écrit, mais un sauvage qui n'oublie jamais les services qu'on lui a rendus et la bienveillance que l'on lui témoigne.

« Mardi.

« De Chateaubriand. »

[54] Voir l'Appendice no V : Le Génie du christianisme et les prix décennaux.

[55] C'est une épigramme de l'Anthologie. L'oiseau à qui s'adresse le poète grec, c'est l'hirondelle, « trop amie de l'auteur, selon la très fine remarque de M. de Marcellus (p. 189), pour qu'il ose le nommer quand il va en médire. » — Chateaubriand aimait beaucoup l'Anthologie grecque et se plaisait à la citer. Lui-même aurait pu, au besoin, lui fournir des modèles. J'en trouve la preuve à la date même où nous sommes. « À cette époque de perfection, dit Sainte-Beuve (Chateaubriand et son groupe littéraire sous l'Empire, II, 98), à cette époque de perfection où il était parvenu (1811-1813), il excellait même dans des bagatelles ; il portait de sa grandeur jusque dans les moindres élégances ; et j'ai trouvé sur un Album du temps (celui de Mme de Rémusat) cette admirable épigramme écrite de sa main ; elle serait célèbre si elle était traduite de l'Anthologie et ferait chef-d'œuvre entre les plus belles de l'antique recueil, entre celles d'un Antipater de Sidon ou d'un Léonidas de Tarente :

« La Gloire, l'Amour et l'Amitié descendirent un jour de l'Olympe pour visiter les peuples de la terre. Ces divinités résolurent d'écrire l'histoire de leur voyage et le nom des hommes qui leur donneraient l'hospitalité. La Gloire prit dans ce dessein un morceau de marbre, l'Amour des tablettes de cire, et l'Amitié un livre blanc. Les trois voyageurs parcoururent le monde, et se présentèrent un soir à ma porte : je m'empressai de les recevoir avec le respect que l'on doit aux Dieux. Le lendemain matin, à leur départ, la Gloire ne put parvenir à graver mon nom sur son marbre ;

Ce mélange de colère et d'attrait de Bonaparte contre et pour moi est constant et étrange : naguère il menace, et tout à coup il demande à l'Institut pourquoi il n'a pas parlé de moi à l'occasion des prix décennaux. Il fait plus, il déclare à Fontanes que, puisque l'Institut ne me trouve pas digne de concourir pour le prix, il m'en donnera un, qu'il me nommera surintendant général de toutes les bibliothèques de France ; surintendance appointée comme une ambassade de première classe. La première idée que Bonaparte avait eue de m'employer dans la carrière diplomatique ne lui passait pas : il n'admettait point, pour cause à lui bien connue, que j'eusse cessé de faire partie du ministère des relations extérieures. Et toutefois, malgré ces munificences projetées, son préfet de police m'invite quelque temps après à m'éloigner de Paris, et je vais continuer mes *Mémoires* à Dieppe[56].

Bonaparte descend au rôle d'écolier taquin ; il déterre l'*Essai sur les Révolutions* et il se réjouit de la guerre qu'il m'attire à ce sujet. Un M. Damaze de Raymond se fit mon champion : je l'allai remercier rue Vivienne[57]. Il avait sur sa cheminée avec ses breloques une tête de mort ; quelque temps après il fut tué en duel, et sa charmante figure alla rejoindre la face effroyable qui semblait l'appeler. Tout le monde se battait alors : un des mouchards chargés de l'arrestation de Georges reçut de lui une balle dans la tête.

Pour couper court à l'attaque de mauvaise foi de mon puissant adversaire, je m'adressai à ce M. de Pommereul dont je vous ai parlé lors de ma première arrivée à Paris : il était devenu directeur général de l'imprimerie et de la librairie : je lui demandai la permission de réimprimer l'*Essai* tout entier[58]. On peut voir ma correspondance et le résultat de cette correspondance dans la préface de l'*Essai sur les Révolutions*, édition de 1826, tome IIe des Œuvres complètes. Au surplus, le gouvernement impérial avait grandement raison de me refuser la réimpression de l'ouvrage en *entier ;* l'*Essai* n'était, ni par rapport aux libertés, ni par

---

l'Amour, après l'avoir tracé sur ses tablettes, l'effaça bientôt en riant ; l'Amitié seule me promit de le conserver dans son livre.
« De Chateaubriand. — 1813. »
[56] Le 4 septembre 1812, Chateaubriand reçut du préfet de police l'ordre de s'éloigner de Paris ; il se retira à Dieppe. (Voir le tome I des Mémoires, p.63. — Avant de quitter Paris, il adressa ce billet à Joubert, par manière d'adieu : « Mon cher ami, je voulais aller vous embrasser. Je pars cette nuit pour Dieppe ; j'ai grand besoin de respirer un peu l'air de ma nourrice, la mer. La Chatte (Mme de Chateaubriand) va se trouver bien seule, puisque vous partez aussi. Je vous embrasse donc tendrement, ainsi que le Loup (Mme Joubert). » — À la page 191 de son livre sur Chateaubriand, M. Villemain, qui brouille volontiers les dates, place en 1813, au lieu de 1812, l'exil à Dieppe.
[57] Voir, sur cet épisode, l'Appendice no VI : Petite guerre pendant la campagne de Russie.
[58] Voir la lettre de Chateaubriand à M. de Pommereul, à l'Appendice no VI.

rapport à la monarchie légitime, un livre qu'on dût publier lorsque régnaient le despotisme et l'usurpation. La police se donnait des airs d'impartialité en laissant dire quelque chose en ma faveur, et elle riait en m'empêchant de faire la seule chose qui me pût défendre. Au retour de Louis XVIII on exhuma de nouveau l'*Essai* ; comme on avait voulu s'en servir contre moi au temps de l'Empire, sous le rapport politique, on voulait me l'opposer, aux jours de la Restauration, sous le rapport religieux. J'ai fait une amende honorable si complète de mes erreurs dans les notes de la nouvelle édition de l'*Essai historique,* qu'il n'y a plus rien à me reprocher. La postérité viendra ; elle prononcera sur le *livre* et sur le *commentaire,* si ces vieilleries-là peuvent encore l'occuper. J'ose espérer qu'elle jugera l'*Essai* comme ma tête grise l'a jugé ; car, en avançant dans la vie, on prend de l'équité de cet avenir dont on approche. Le *livre* et les *notes* me mettent devant les hommes tel que j'ai été au début de ma carrière, tel que je suis au terme de cette carrière.

Au surplus, cet ouvrage que j'ai traité avec une rigueur impitoyable offre le *compendium* de mon existence comme poète, moraliste et homme politique futur. La sève du travail est surabondante, l'audace des opinions poussée aussi loin qu'elle peut aller. Force est de reconnaître que, dans les diverses routes où je me suis engagé, les préjugés ne m'ont jamais conduit, que je n'ai jamais été aveugle dans aucune cause, qu'aucun intérêt ne m'a guidé, que les partis que j'ai pris ont toujours été de mon choix.

Dans l'*Essai,* mon indépendance en religion et en politique est complète ; j'examine tout : *républicain,* je sers la monarchie ; *philosophe,* j'honore la religion. Ce ne sont point là des contradictions, ce sont des conséquences forcées de l'incertitude de la théorie et de la certitude de la pratique chez les hommes. Mon esprit, fait pour ne croire à rien, pas même à moi, fait pour dédaigner tout, grandeurs et misères, peuples et rois, a nonobstant été dominé par un instinct de raison qui lui commandait de se soumettre à ce qu'il y a de reconnu beau : religion, justice, humanité, égalité, liberté, gloire. Ce que l'on rêve aujourd'hui de l'avenir, ce que la génération actuelle s'imagine avoir découvert d'une société à naître, fondée sur des principes tout différents de ceux de la vieille société, se trouve positivement annoncé dans l'*Essai*. J'ai devancé de trente années ceux qui se disent les proclamateurs d'un monde inconnu. Mes actes ont été de l'ancienne cité, mes pensées de la nouvelle ; les premiers de mon devoir, les dernières de ma nature.

L'*Essai* n'était pas un livre impie ; c'était un livre de doute et de douleur. Je l'ai déjà dit[59].

Du reste, j'ai dû m'exagérer ma faute et racheter par des idées d'ordre tant d'idées passionnées répandues dans mes ouvrages. J'ai peur au début

---

[59] Au tome II des Mémoires, p. 180 (tome 2, Première partie, Livre IX).

de ma carrière d'avoir fait du mal à la jeunesse ; j'ai à réparer auprès d'elle, et je lui dois au moins d'autres leçons. Qu'elle sache qu'on peut lutter avec succès contre une nature troublée ; la beauté morale, la beauté divine, supérieure à tous les rêves de la terre, je l'ai vue ; il ne faut qu'un peu de courage pour l'atteindre et s'y tenir.

Afin d'achever ce que j'ai à dire sur ma carrière littéraire, je dois mentionner l'ouvrage qui la commença, et qui demeura en manuscrit jusqu'à l'année où je l'insérai dans mes *Œuvres complètes*.

À la tête des *Natchez*, la préface a raconté comment l'ouvrage fut retrouvé en Angleterre par les soins et les obligeantes recherches de MM. de Thuisy[60].

Un manuscrit dont j'ai pu tirer *Atala, René*, et plusieurs descriptions placées dans le *Génie du christianisme*, n'est pas tout à fait stérile[61]. Ce

---

[60] « Lorsqu'en 1800 je quittai l'Angleterre pour rentrer en France sous un nom supposé, je n'osai me charger d'un trop gros bagage : je laissai la plupart de mes manuscrits à Londres. Parmi ces manuscrits se trouvait celui des Natchez, dont je n'apportais à Paris que René, Atala et quelques descriptions de l'Amérique.
« Quatorze années s'écoulèrent avant que les communications avec la Grande-Bretagne se rouvrissent. Je ne songeai guère à mes papiers dans le premier moment de la Restauration ; et d'ailleurs comment les retrouver ? Ils étaient restés renfermés dans une malle, chez une Anglaise qui m'avait loué un petit appartement à Londres. J'avais oublié le nom de cette femme ; le nom de la rue et le numéro de la maison où j'avais demeuré, étaient également sortis de ma mémoire.
« Sur quelques renseignements vagues et même contradictoires, que je fis passer à Londres, MM. de Thuisy eurent la bonté de commencer des recherches ; ils les poursuivirent avec un zèle, une persévérance dont il y a très peu d'exemples...
« Ils découvrirent d'abord avec une peine infinie la maison que j'avais habitée dans la partie ouest de Londres, mais mon hôtesse était morte depuis plusieurs années, et l'on ne savait ce que ses enfants étaient devenus. D'indications en indications, de renseignements en renseignements, MM. de Thuisy, après bien des courses infructueuses, retrouvèrent enfin, dans un village à plusieurs milles de Londres, la famille de mon hôtesse.
« Avait-elle gardé la malle d'un émigré, une malle remplie de vieux papiers à peu près indéchiffrables ? N'avait-elle point jeté au feu cet inutile ramas de manuscrits français ?
« D'un autre côté, si mon nom sorti de son obscurité avait attiré dans les journaux de Londres l'attention des enfants de mon ancienne hôtesse, n'avaient-ils point voulu profiter de ces papiers, qui dès lors acquéraient une certaine valeur ?
« Rien de tout cela n'était arrivé : les manuscrits avaient été conservés ; la malle n'avait pas même été ouverte. Une religieuse fidélité, dans une famille malheureuse, avait été gardée à un enfant du malheur. J'avais confié avec simplicité le produit des travaux d'une partie de ma vie à la probité d'un dépositaire étranger, et mon trésor m'était rendu avec la même simplicité. Je ne connais rien qui m'ait plus touché dans ma vie que la bonne foi et la loyauté de cette pauvre famille anglaise. » Préface de 1826.
[61] Il se composait de deux mille trois cent quatre-vingt-trois pages in-folio. (Avertissement des Œuvres complètes.)

premier manuscrit était écrit de suite ; sans section ; tous les sujets y étaient confondus : voyages, histoire naturelle, partie dramatique, etc. ; mais auprès de ce manuscrit d'un seul jet il en existait un autre partagé en livres. Dans ce second travail, j'avais non seulement procédé à la division de la matière, mais j'avais encore changé le genre de la composition, en la faisant passer du roman à l'épopée.

Un jeune homme qui entasse pêle-mêle ses idées, ses inventions, ses études, ses lectures, doit produire le chaos ; mais aussi dans ce chaos il y a une certaine fécondité qui tient à la puissance de l'âge.

Il m'est arrivé ce qui n'est peut-être jamais arrivé à un auteur : c'est de relire après trente années un manuscrit que j'avais totalement oublié.

J'avais un danger à craindre. En repassant le pinceau sur le tableau, je pouvais éteindre les couleurs ; une main plus sûre, mais moins rapide, courait risque, en effaçant quelques traits incorrects, de faire disparaître les touches les plus vives de la jeunesse : il fallait conserver à la composition son indépendance, et pour ainsi dire sa fougue ; il fallait laisser l'écume au frein du jeune coursier. S'il y a dans les *Natchez* des choses que je ne hasarderais qu'en tremblant aujourd'hui, il y a aussi des choses que je ne voudrais plus écrire, notamment la lettre de René dans le second volume. Elle est de ma première manière, et reproduit tout *René :* je ne sais ce que les *René* qui m'ont suivi ont pu dire pour mieux approcher de la folie.

Les *Natchez* s'ouvrent par une invocation au désert et à l'astre des nuits, divinités suprêmes de ma jeunesse :

« À l'ombre des forêts américaines, je veux chanter des airs de la solitude, tels que n'en ont point encore entendu des oreilles mortelles ; je veux raconter vos malheurs, ô Natchez ! ô nation de la Louisiane dont il ne reste plus que les souvenirs ! Les infortunes d'un obscur habitant des bois auraient-elles moins de droits à nos pleurs que celles des autres hommes ? et les mausolées des rois dans nos temples sont-ils plus touchants que le tombeau d'un Indien sous le chêne de sa patrie ?

« Et toi, flambeau des méditations, astre des nuits, sois pour moi l'astre du Pinde ! Marche devant mes pas, à travers les régions inconnues du Nouveau Monde, pour me découvrir à ta lumière les secrets ravissants de ces déserts ! »

Mes deux natures sont confondues dans ce bizarre ouvrage, particulièrement dans l'original primitif. On y trouve des incidents politiques et des intrigues de roman ; mais à travers la narration on entend partout une voix qui chante, et qui semble venir d'une région inconnue.

De 1812 à 1814, il n'y a plus que deux années pour finir l'Empire[62], et ces deux années dont on a vu quelque chose par anticipation, je les

---

[62] Sauf en ce qui concerne les incidents de sa vie littéraire, les Mémoires de Chateaubriand ne nous fournissent presque aucun détail sur ces deux années de 1812 à 1814. Les Souvenirs de Mme de Chateaubriand nous permettent

employai à des recherches sur la France et à la rédaction de quelques livres de ces *Mémoires ;* mais je n'imprimai plus rien. Ma vie de poésie et d'érudition fut véritablement close par la publication de mes trois grands ouvrages, le *Génie du christianisme, les Martyrs* et l'*Itinéraire.* Mes écrits politiques commencèrent à la Restauration ; avec ces écrits également commença mon existence politique active. Ici donc se termine ma carrière littéraire proprement dite ; entraîné par le flot des jours, je l'avais omise ; ce n'est qu'en cette année 1839 que j'ai rappelé des temps laissés en arrière de 1800 à 1814.

Cette carrière littéraire, comme il vous a été loisible de vous en convaincre, ne fut pas moins troublée que ma carrière de *voyageur* et de *soldat ;* il y eut aussi des travaux, des rencontres et du sang dans

---

heureusement de combler cette lacune. En voici quelques extraits :

« Au commencement de l'hiver (1811-1812) nous louâmes un appartement appartenant à Alexandre de Laborde, dans la rue de Rivoli. Vers ce temps-là, M. de Chateaubriand commença à se sentir fort souffrant de palpitations et de douleurs au cœur, ce que plusieurs médecins qu'il consultait en secret, attribuèrent à un commencement d'anévrisme...

« Nous restâmes à Paris jusqu'au mois de mai (1812). De retour à la campagne, les palpitations de M. de Chateaubriand augmentèrent au point qu'il ne douta pas que ce ne fût vraiment un mal auquel il devait bientôt succomber. Comme il ne maigrissait pas et que son teint restait toujours le même, j'étais convaincue qu'il n'avait qu'une affection nerveuse. Cela ne m'empêchait pas d'être horriblement inquiète. Je ne cessais de le supplier de voir le docteur Laënnec, le seul médecin en qui j'eusse de la confiance. Enfin, un soir, Mme de Lévis, qui était venue passer la journée à la Vallée, le pressa tant qu'il consentit à profiter de sa voiture pour aller à Paris consulter Laënnec. Je le laissai partir ; mais mon inquiétude était si grande qu'il n'était pas à un quart de lieue que je partis de mon côté, et j'arrivai quelques minutes après lui. Je me cachai jusqu'au résultat de la consultation. Laënnec arriva. Je ne puis dire ce que je souffris jusqu'à son départ. Je le guettais au passage, et lui demandai ce qu'avait mon mari. « Rien du tout », me répondit-il. Et là-dessus il me souhaita le bonjour et s'en alla. En effet, cinq minutes après, j'entendis le malade qui descendait l'escalier en chantant, et quand il rentra, vers onze heures, il fut enchanté de me trouver là pour me raconter que Laënnec trouvait son mal si alarmant qu'il n'avait pas même voulu lui ordonner les sangsues ; il n'avait qu'une douleur rhumatismale. M. O... qu'il rencontrait chez Mme de Duras, avait un anévrisme des plus caractérisés ; et l'imagination s'en étant mêlée, une douleur à laquelle M. de Chateaubriand n'aurait pas fait attention dans un autre moment, pensa lui causer une maladie réelle...

« Nous passâmes l'hiver à Paris dans l'appartement que nous avions loué rue de Rivoli. Nos soirées étaient fort agréables : M. de Fontanes et M. de Humboldt étaient nos plus fidèles habitués. Nous voyions aussi beaucoup Pasquier et Molé...

« Dès le mois d'avril (1813), nous retournâmes dans notre chère Vallée. Nous continuions à voir nos amis de l'un et de l'autre bord. Quelquefois, cependant, nous trouvions insupportable d'entendre des préfets, des grands juges et des chambellans de Bonaparte se traiter de monarchiques, et appeler Jacobins tout ce qui ne pliait pas sous la royauté corse...

« Nous revînmes à Paris au mois d'octobre. L'étoile de Bonaparte commençait à pâlir... »

l'arène ; tout n'y fut pas muses et fontaine Castalie ; ma carrière politique fut encore plus orageuse.

Peut-être quelques débris marqueront-ils le lieu qu'occupèrent mes jardins d'Acadème. Le *Génie du christianisme* commence la révolution religieuse contre le philosophisme du XVIIIe siècle. Je préparais en même temps cette révolution qui menace notre langue, car il ne pouvait y avoir renouvellement dans l'idée qu'il n'eût innovation dans le style. Y aura-t-il après moi d'autres formes de l'art à présent inconnues ? Pourra-t-on partir de nos études actuelles afin d'avancer, comme nous sommes partis des études passées pour faire un pas ? Est-il des bornes qu'on ne saurait franchir, parce qu'on se vient heurter contre la nature des choses ? Ces bornes ne se trouvent-elles point dans la division des langues modernes, dans la caducité de ces mêmes langues, dans les vanités humaines telles que la société nouvelle les a faites ? Les langues ne suivent le mouvement de la civilisation qu'avant l'époque de leur perfectionnement ; parvenues à leur apogée, elles restent un moment stationnaires, puis elles descendent sans pouvoir remonter.

Maintenant, le récit que j'achève rejoint les premiers livres de ma vie politique, précédemment écrits à des dates diverses. Je me sens un peu plus de courage en rentrant dans les parties faites de mon édifice. Quand je me suis remis au travail, je tremblais que le vieux fils de Cœlus ne vît changer en truelle de plomb la truelle d'or du bâtisseur de Troie. Pourtant il me semble que ma mémoire, chargée de me verser mes souvenirs, ne m'a pas trop failli : avez-vous beaucoup senti la glace de l'hiver dans ma narration ? trouvez-vous une énorme différence entre les poussières éteintes que j'ai essayé de ranimer, et les personnages vivants que je vous ai fait voir en vous racontant ma première jeunesse ? Mes années sont mes secrétaires ; quand l'une d'entre elles vient à mourir, elle passe la plume à sa puînée, et je continue de dicter ; comme elles sont sœurs, elles ont à peu près la même main.

Troisième partie
CARRIÈRE POLITIQUE
1814-1830

Livre Premier
La jeunesse est une chose charmante : elle part au commencement de la vie couronnée de fleurs comme la flotte athénienne pour aller conquérir la Sicile et les délicieuses campagnes d'Enna. La prière est dite à haute voix par le prêtre de Neptune ; les libations sont faites avec des coupes d'or ; la foule, bordant la mer, unit ses invocations à celle du pilote ; le pæan est chanté, tandis que la voile se déploie aux rayons et au souffle de l'aurore. Alcibiade, vêtu de pourpre et beau comme l'Amour, se fait remarquer sur les trirèmes, fier des sept chars qu'il a lancés dans la carrière

d'Olympie. Mais à peine l'île d'Alcinoüs est-elle passée, l'illusion s'évanouit : Alcibiade banni va vieillir loin de sa patrie et mourir percé de flèches sur le sein de Timandra. Les compagnons de ses premières espérances, esclaves à Syracuse, n'ont pour alléger le poids de leurs chaînes que quelques vers d'Euripide.

Vous avez vu ma jeunesse quitter le rivage ; elle n'avait pas la beauté du pupille de Périclès, élevé sur les genoux d'Aspasie ; mais elle en avait les heures matineuses : et des désirs et des songes, Dieu sait ! Je vous les ai peints, ces songes : aujourd'hui, retournant à la terre après maint exil, je n'ai plus à vous raconter que des vérités tristes comme mon âge. Si parfois je fais entendre encore les accords de la lyre, ce sont les dernières harmonies du poète qui cherche à se guérir de la blessure des flèches du temps, ou à se consoler de la servitude des années.

Vous savez la mutabilité de ma vie dans mon état de voyageur et soldat ; vous connaissez mon existence littéraire depuis 1800 jusqu'à 1813, année où vous m'avez laissé à la Vallée-aux-Loups qui m'appartenait encore, lorsque ma *carrière politique* s'ouvrit. Nous entrons présentement dans cette carrière : avant d'y pénétrer, force m'est de revenir sur les faits généraux que j'ai sautés en ne m'occupant que de mes travaux et de mes propres aventures : ces faits sont de la façon de Napoléon. Passons donc à lui ; parlons du vaste édifice qui se construisait en dehors de mes songes. Je deviens maintenant historien sans cesser d'être écrivain de mémoires ; un intérêt public va soutenir mes confidences privées ; mes petits récits se grouperont autour de ma narration.

Lorsque la guerre de la Révolution éclata, les rois ne la comprirent point ; ils virent une révolte où ils auraient dû voir le changement des nations, la fin et le commencement d'un monde : ils se flattèrent qu'il ne s'agissait pour eux que d'agrandir leurs États de quelques provinces arrachées à la France ; ils croyaient à l'ancienne tactique militaire, aux anciens traités diplomatiques, aux négociations des cabinets ; et des conscrits allaient chasser les grenadiers de Frédéric, des monarques allaient venir solliciter la paix dans les antichambres de quelques démagogues obscurs, et la terrible opinion révolutionnaire allait dénouer sur les échafauds les intrigues de la vieille Europe. Cette vieille Europe pensait ne combattre que la France ; elle ne s'apercevait pas qu'un siècle nouveau marchait sur elle.

Bonaparte dans le cours de ses succès toujours croissants semblait appelé à changer les dynasties royales, à rendre la sienne la plus âgée de toutes. Il avait fait rois les électeurs de Bavière, de Wurtemberg et de Saxe ; il avait donné la couronne de Naples à Murat, celle d'Espagne à Joseph, celle de Hollande à Louis, celle de Westphalie à Jérôme ; sa sœur, Élisa Bacciochi, était princesse de Lucques ; il était, pour son propre compte, empereur des Français, roi d'Italie, dans lequel royaume se trouvaient compris Venise, la Toscane, Parme et Plaisance ; le Piémont était réuni à la France ; il avait consenti à laisser régner en Suède un de ses capitaines, Bernadotte ; par le traité de la confédération du Rhin, il exerçait les droits de la maison d'Autriche sur l'Allemagne ; il s'était déclaré médiateur de la confédération helvétique ; il avait jeté bas la Prusse ; sans posséder une barque, il avait déclaré les Îles Britanniques en état de blocus. L'Angleterre malgré ses flottes fut au moment de n'avoir pas un port en Europe pour y décharger un ballot de marchandises ou pour y mettre une lettre à la poste.

Les États du pape faisaient partie de l'empire français ; le Tibre était un département de la France. On voyait dans les rues de Paris des cardinaux demi-prisonniers qui, passant la tête à la portière de leur fiacre, demandaient : « Est-ce ici que demeure le roi de... ? — Non, répondait le commissionnaire interrogé, c'est plus haut. » L'Autriche ne s'était rachetée qu'en livrant sa fille : le *chevaucheur* du midi réclama Honoria de Valentinien, avec la moitié des provinces de l'empire.

Comment s'étaient opérés ces miracles ? Quelles qualités possédait l'homme qui les enfanta ? Quelles qualités lui manquèrent pour les achever ? Je vais suivre l'immense fortune de Bonaparte qui, nonobstant, a passé si vite que ses jours occupent une courte période du temps renfermé dans ces *Mémoires*. De fastidieuses productions de généalogies, de froides disquisitions sur les faits, d'insipides vérifications de dates sont les charges et les servitudes de l'écrivain.

Le premier Buonaparte (Bonaparte) dont il soit fait mention dans les annales modernes est Jacques Buonaparte, lequel, augure du conquérant futur, nous a laissé l'histoire du *sac de Rome* en 1527, dont il avait été témoin oculaire. Napoléon-Louis Bonaparte, fils aîné de la duchesse de Saint-Leu, mort après l'insurrection de la Romagne, a traduit en français ce document curieux ; à la tête de la traduction il a placé une généalogie des Buonaparte.

Le traducteur dit « qu'il se contentera de remplir les lacunes de la préface de l'éditeur de Cologne, en publiant sur la famille Bonaparte des détails authentiques ; lambeaux d'histoire, dit-il, presque entièrement oubliés, mais au moins intéressants pour ceux qui aiment à retrouver dans les annales des temps passés l'origine d'une illustration plus récente. »

Suit une généalogie où l'on voit un chevalier Nordille Buonaparte, lequel, le 2 avril 1266, cautionna le prince Conradin de Souabe (celui-là même à qui le duc d'Anjou fit trancher la tête) pour la valeur des droits de douane des effets dudit prince. Vers l'an 1255 commencèrent les proscriptions des familles trévisanes : une branche des Buonaparte alla s'établir en Toscane, où on les rencontre dans les hautes places de l'État. Louis-Marie-Fortuné Buonaparte, de la branche établie à Sarzane, passa en Corse en 1612, se fixa à Ajaccio et devint le chef de la branche des Bonaparte de Corse. Les Bonaparte portent de gueules à deux barres d'or accompagné de deux étoiles.

Il y a une autre généalogie que M. Panckoucke a placée à la tête du recueil des écrits de Bonaparte ; elle diffère en plusieurs points de celle qu'a donnée Napoléon-Louis. D'un autre côté, madame d'Abrantès veut que Bonaparte soit un Comnène, alléguant que le nom de Bonaparte est la traduction littérale du grec *Caloméros,* surnom des Comnène.[63]

Napoléon-Louis croit devoir terminer sa généalogie par ces paroles : « J'ai omis beaucoup de détails, car les titres de noblesse ne sont un objet de curiosité que pour un petit nombre de personnes, et d'ailleurs la famille Bonaparte n'en retirerait aucun lustre.

« Qui sert bien son pays n'a pas besoin d'aïeux. »

Nonobstant ce vers philosophique, la généalogie *subsiste,* Napoléon-Louis veut bien faire à son siècle la concession d'un apophthegme démocratique sans que cela tire à conséquence.

Tout ici est singulier : Jacques Buonaparte, historien du sac de Rome et de la détention du pape Clément VII par les soldats du connétable de Bourbon, est du même sang que Napoléon Buonaparte, destructeur de tant de villes, maître de Rome changée en préfecture, roi d'Italie, dominateur de la couronne des Bourbons et geôlier de Pie VII, après avoir été sacré empereur des Français par la main de ce pontife. Le traducteur de l'ouvrage de Jacques Buonaparte est Napoléon-Louis Buonaparte, neveu de Napoléon, et fils du roi de Hollande, frère de Napoléon ; et ce jeune homme vient de mourir dans la dernière insurrection de la Romagne, à quelque distance des deux villes où la mère et la veuve de Napoléon sont exilées, au moment où les Bourbons tombent du trône pour la troisième fois.

Comme il aurait été assez difficile de faire de Napoléon le fils de Jupiter Ammon par le serpent aimé d'Olympias, ou le petit-fils de Vénus par Anchise, de savants affranchis[64] trouvèrent une autre merveille à leur usage : ils démontrèrent à l'empereur qu'il descendait en ligne directe du Masque de fer. Le gouverneur des îles Sainte-Marguerite se nommait *Bonpart* ; il avait une fille ; le Masque de fer, frère jumeau de Louis XIV, devint amoureux de la fille de son geôlier et l'épousa secrètement, de l'aveu même de la cour. Les enfants qui naquirent de cette union furent clandestinement portés en Corse, sous le nom de leur mère ; les *Bonpart* se transformèrent en Bonaparte par la différence du langage. Ainsi le Masque de fer serait devenu le mystérieux aïeul, à face de bronze, du grand homme, rattaché de la sorte au grand roi.

---

[63] Mémoires de Mme la duchesse d'Abrantès, tome I, p. 32 et suiv. — D'après Mme d'Abrantès, « lorsque Constantin Comnène aborda en Corse, en 1676, à la tête de la colonie grecque, il avait avec lui plusieurs fils, dont l'un s'appelait Calomeros... Calomeros traduit littéralement, signifie bella parte ou buona parte. Le nom de ce Calomeros, qui s'établit ensuite en Toscane, a donc été italianisé. »
[64] Las Cases. Ch.

La branche des Franchini-Bonaparte porte sur son écu trois fleurs de lis d'or. Napoléon souriait d'un air d'incrédulité à cette généalogie, mais il souriait : c'était toujours un royaume revendiqué au profit de sa famille. Napoléon affectait une indifférence qu'il n'avait pas, car il avait lui-même fait venir sa généalogie de Toscane (Bourrienne). Précisément parce que la divinité de la naissance manque à Bonaparte, cette naissance est merveilleuse : « Je voyais, dit Démosthène, ce Philippe contre qui nous combattions pour la liberté de la Grèce et le salut de ses Républiques, l'œil crevé, l'épaule brisée, la main affaiblie, la cuisse retirée, offrir avec une fermeté inaltérable tous ses membres aux coups du sort, satisfait de vivre pour l'honneur et de se couronner des palmes de la victoire. »

Or, Philippe était père d'Alexandre ; Alexandre était donc fils de roi et d'un roi digne de l'être ; par ce double fait, il commanda l'obéissance. Alexandre, né sur le trône, n'eut pas, comme Bonaparte, une petite vie à traverser afin d'arriver à une grande vie. Alexandre n'offre pas la disparate de deux carrières ; son précepteur est Aristote ; dompter Bucéphale est un des passe-temps de son enfance. Napoléon pour s'instruire n'a qu'un maître vulgaire ; des coursiers ne sont point à sa disposition ; il est le moins riche de ses compagnons d'étude. Ce sous-lieutenant d'artillerie, sans serviteurs, va tout à l'heure obliger l'Europe à le reconnaître ; ce *petit caporal* mandera dans ses antichambres les plus grands souverains de l'Europe :

> Ils ne sont pas venus, nos deux rois ? Qu'on leur die
> Qu'ils se font trop attendre et qu'Attila s'ennuie.

Napoléon, qui s'écriait avec tant de sens : « Oh ! si j'étais mon petit-fils ! » ne trouvait point le pouvoir dans sa famille, il le créa : quelles facultés diverses cette création ne suppose-t-elle pas ! Veut-on que Napoléon n'ait été que le metteur en œuvre de l'intelligence sociale répandue autour de lui ; intelligence que des événements inouïs, des périls extraordinaires, avaient développée ? Cette supposition admise, il n'en serait pas moins étonnant : en effet, que serait-ce qu'un homme capable de diriger et de s'approprier tant de supériorités étrangères ?

Toutefois si Napoléon n'était pas né prince, il était, selon l'ancienne expression, fils de famille. M. de Marbeuf, gouverneur de l'île de Corse, fit entrer Napoléon dans un collège près d'Autun[65] ; il fut admis ensuite à l'école militaire de Brienne[66]. Élisa, madame Bacciochi, reçut son éducation à Saint-Cyr : Bonaparte réclama sa sœur quand la Révolution brisa les portes de ces retraites religieuses. Ainsi l'on trouve une sœur de

---

[65] Bonaparte est resté trois mois et demi au collège d'Autun, du 1er janvier au 12 mai 1779. (Napoléon inconnu, par Frédéric Masson, tome I, p. 47-52.)

[66] Bonaparte est resté à l'École militaire de Brienne du 19 mai 1779 au 30 octobre 1784. (Masson, tome I, p. 53-86.)

Napoléon pour dernière élève d'une institution dont Louis XIV avait entendu les premières jeunes filles chanter les chœurs de Racine.

Les preuves de noblesse exigées pour l'admission de Napoléon à une école militaire furent faites : elles contiennent l'extrait baptistaire de Charles Bonaparte, père de Napoléon, duquel Charles on remonte à François, dixième ascendant ; un certificat des nobles principaux de la ville d'Ajaccio, prouvant que la famille Bonaparte a toujours été au nombre des plus anciennes et des plus nobles ; un acte de reconnaissance de la famille Bonaparte de Toscane, jouissant du patriciat et déclarant que son origine est commune avec la famille Bonaparte de Corse, etc., etc.

« Lors de l'entrée de Bonaparte à Trévise, » dit M. de Las Cases, « on lui annonça que sa famille y avait été puissante ; à Bologne, qu'elle y avait été inscrite sur le livre d'or… À l'entrevue de Dresde, l'empereur François apprit à l'empereur Napoléon que sa famille avait été souveraine à Trévise, et qu'il s'en était fait représenter les documents : il ajouta qu'il était sans prix d'avoir été souverain, et qu'il fallait le dire à Marie-Louise, à qui cela ferait grand plaisir. »

Né d'une race de gentilshommes, laquelle avait des alliances avec les Orsini, les Lomelli, les Médicis, Napoléon, violenté par la Révolution, ne fut démocrate qu'un moment ; c'est ce qui ressort de tout ce qu'il dit et écrit : dominé par son rang, ses penchants étaient aristocratiques. Pascal Paoli ne fut point le parrain de Napoléon, comme on l'a dit : ce fut l'obscur Laurent Giubega, de Calvi ; on apprend cette particularité du registre de baptême tenu à Ajaccio par l'économe, le prêtre Diamante.

J'ai peur de compromettre Napoléon en le replaçant à son rang dans l'aristocratie. Cromwell, dans son discours prononcé au Parlement le 12 septembre 1654, déclare être né gentilhomme ; Mirabeau, La Fayette, Desaix et cent autres partisans de la Révolution étaient nobles aussi. Les Anglais ont prétendu que le prénom de l'empereur était Nicolas, d'où en dérision ils disaient *Nic*. Ce beau nom de Napoléon venait à l'empereur d'un de ses oncles qui maria sa fille avec un Ornano. Saint Napoléon est un martyr grec. D'après les commentateurs de Dante, le comte Orso était fils de *Napoléon* de Cerbaja. Personne autrefois, en lisant l'histoire, n'était arrêté par ce nom qu'ont porté plusieurs cardinaux ; il frappe aujourd'hui. La gloire d'un homme ne remonte pas, elle descend. Le Nil à sa source n'est connu que de quelques Éthiopiens ; à son embouchure, de quel peuple est-il ignoré ?

Il reste constaté que le vrai nom de Bonaparte est Buonaparte ; il l'a signé lui-même de la sorte dans toute sa campagne d'Italie et jusqu'à l'âge de trente-trois ans. Il le francisa ensuite, et ne signa plus que Bonaparte : je lui laisse le nom qu'il s'est donné et qu'il a gravé au pied de son indestructible statue[67].

Bonaparte s'est-il rajeuni d'un an afin de se trouver Français, c'est-à-dire afin que sa naissance ne précédât pas la date de la réunion de la Corse à la France ? Cette question est traitée à fond d'une manière courte, mais substantielle, par M. Eckard[68] : on peut lire sa brochure. Il en résulte que Bonaparte est né le 5 février 1768, et non pas le 15 août 1769, malgré l'assertion positive de M. Bourrienne. C'est pourquoi le sénat conservateur, dans sa proclamation du 3 avril 1814, traite Napoléon d'*étranger*.

L'acte de célébration du mariage de Bonaparte avec Marie-Josèphe-Rose de Tascher, inscrit au registre de l'état civil du deuxième arrondissement de Paris, 19 ventôse an IV (9 mars 1796), porte que Napoléon Buonaparte naquit à Ajaccio le 5 février 1768, et que son acte de naissance, visé par l'officier civil, constate cette date. Cette date s'accorde parfaitement avec ce qui est dit dans l'acte de mariage, que l'époux est âgé de vingt-huit ans.

L'acte de naissance de Napoléon, présenté à la mairie du deuxième arrondissement lors de la célébration de son mariage avec Joséphine, fut retiré par un des aides de camp de l'empereur au commencement de 1810, lorsqu'on procédait à l'annulation du mariage de Napoléon avec Joséphine. M. Duclos, n'osant résister à l'ordre impérial, écrivit au moment même sur une des pièces de la *liasse Bonaparte : Son acte de naissance lui a été remis, ne pouvant, à l'instant de sa demande, lui en délivrer copie.* La date de la naissance de Joséphine est altérée dans l'acte de mariage, grattée et surchargée, quoiqu'on en découvre à la loupe les premiers linéaments. L'impératrice s'est ôté quatre ans : les plaisanteries qu'on faisait sur ce sujet au château des Tuileries et à Sainte-Hélène sont mauvaises et ingrates.

L'acte de naissance de Bonaparte, enlevé par l'aide de camps en 1810, a disparu ; toutes les recherches pour le découvrir ont été infructueuses.

Ce sont là des faits irréfragables, et aussi je pense, d'après ces faits, que Napoléon est né à Ajaccio le 5 février 1768. Cependant je ne dissimule pas les embarras historiques qui se présentent à l'adoption de cette date.

Joseph frère aîné de Bonaparte, est né le 5 janvier 1768 ; son frère cadet, Napoléon, ne peut être né la même année, à moins que la date de la naissance de Joseph ne soit pareillement altérée : cela est supposable, car

---

[67] Ce nom de Buonaparte s'écrivait quelquefois avec le retranchement de l'u : l'économe d'Ajaccio qui signe au baptême de Napoléon a écrit trois fois Bonaparte sans employer la voyelle italienne u. Ch.

[68] La brochure d'Eckard, publiée en 1826, a pour titre : Question d'état civil et historique, Napoléon Buonaparte est-il né Français ?

tous les actes de l'état civil de Napoléon et de Joséphine sont soupçonnés d'être des faux. Nonobstant une juste suspicion de fraude, le comte de Beaumont, sous-préfet de Calvi, dans ses *Observations sur la Corse*, affirme que le registre de l'état civil d'Ajaccio marque la naissance de Napoléon au 15 août 1769. Enfin les papiers que m'avait prêtés M. Libri démontraient que Bonaparte lui-même se regardait comme étant né le 15 août 1769 à une époque où il ne pouvait avoir aucune raison pour désirer se rajeunir. Mais restent toujours la date *officielle* des pièces de son premier mariage et la suppression de son acte de naissance[69].

Quoi qu'il en soit, Bonaparte ne gagnerait rien à cette transposition de vie : si vous fixez sa nativité au 15 août 1769, force est de reporter sa conception vers le 15 novembre 1768 ; or, la Corse n'a été cédée à la France que par le traité du 15 mai 1769 ; les dernières soumissions des Pièves (cantons de la Corse) ne se sont même effectuées que le 14 juin 1769. D'après les calculs les plus indulgents, Napoléon ne serait encore Français que de quelques heures de nuit dans le sein de sa mère. Eh bien, s'il n'a été que le citoyen d'une patrie douteuse, cela classe à part sa nature : existence tombée d'en haut, pouvant appartenir à tous les temps et à tous les pays.

Toutefois Bonaparte a incliné vers la patrie italienne ; il détesta les Français jusqu'à l'époque où leur vaillance lui donna l'empire. Les preuves de cette aversion abondent dans les écrits de sa jeunesse. Dans une note que Napoléon a écrite sur le suicide, on trouve ce passage : « Mes compatriotes, chargés de chaînes, embrassent en tremblant la main qui les opprime... Français, non contents de nous avoir ravi tout ce que nous chérissons, vous avez encore corrompu nos mœurs. »

Une lettre écrite à Paoli en Angleterre, en 1789, lettre qui a été rendue publique, commence de la sorte :

---

[69] Depuis Eckard et Chateaubriand, cette question a été souvent agitée. Voir notamment, en faveur de la date de 1768, Th. Iung, Bonaparte et son temps, t. Ier, p. 39 et suiv. — Dr Fournier, Napoléon Ier (traduction Jaeglé, tome Ier, p. 5) ; — en faveur de la date de 1769, Jal, Dictionnaire critique de biographie et d'histoire, p. 898 et suiv., et surtout Frédéric Masson, Napoléon inconnu, t. Ier, p. 15-18. — Dans les Souvenirs intimes du baron Mounier, publiés en 1896, je trouve, sous la date du 22 février 1842, cette curieuse note : « J'avais cru que l'histoire de la naissance de Napoléon n'était qu'une petite invention en dénigrement ; mais, l'autre jour, M. Séguier m'a dit qu'ayant été présenté au premier consul et persuadé que celui-ci était né en 1768, il lui avait répondu, à la question habituelle de l'âge, — le premier Consul ayant l'air de le trouver trop jeune : « J'ai le même âge que Votre Majesté, je suis né en 1768 » ; et que le premier Consul s'était tourné vers Caulaincourt en lui disant avec humeur : « Comment donc sait-il mon âge ? » Quelques années après, M. Séguier en prit pied pour tenir un pari contre Hamelin (le mari de la célèbre), qui faisait naître Napoléon en 1769 ; M. Séguier gagna, au moyen de l'acte de naissance annexé à l'acte de mariage déposé aux archives des actes civils. »

« Général,

« Je naquis quand la patrie périssait. Trente mille Français vomis sur nos côtes, noyant le trône de la liberté dans des flots de sang, tel fut le spectacle odieux qui vint le premier frapper mes regards. »

Une autre lettre de Napoléon à M. Gubica, greffier en chef des États de la Corse, porte :

« Tandis que la France renaît, que deviendrons-nous, nous autres infortunés Corses ? Toujours vils, continuerons-nous à baiser la main insolente qui nous opprime ? continuerons-nous à voir tous les emplois que le droit naturel nous destinait occupés par des étrangers aussi méprisables par leurs mœurs et leur conduite que leur naissance est abjecte ? »

Enfin le brouillon d'une troisième lettre manuscrite de Bonaparte, touchant la reconnaissance par les Corses de l'Assemblée nationale de 1789, débute ainsi :

« Messieurs,

« Ce fut par le sang que les Français étaient parvenus à nous gouverner ; ce fut par le sang qu'ils voulurent assurer leur conquête. Le militaire, l'homme de loi, le financier, se réunirent pour nous opprimer, nous mépriser et nous faire avaler à longs traits la coupe de l'ignominie. Nous avons assez longtemps souffert leurs vexations ; mais puisque nous n'avons pas eu le courage de nous en affranchir de nous-mêmes, oublions-les à jamais ; qu'ils redescendent dans le mépris qu'ils méritent, ou du moins qu'ils aillent briguer dans leur patrie la confiance des peuples : certes, ils n'obtiendront jamais la nôtre. »

Les préventions de Napoléon contre la mère-patrie ne s'effacèrent pas entièrement : sur le trône, il parut nous oublier ; il ne parla plus que de lui, de son empire, de ses soldats, presque jamais des Français ; cette phrase lui échappait : « Vous autres Français. »

L'empereur, dans les papiers de Sainte-Hélène, raconte que sa mère, surprise par les douleurs, l'avait laissé tomber de ses entrailles sur un tapis à grand ramage, représentant les héros de l'*Iliade :* il n'en serait pas moins ce qu'il est, fût-il tombé dans du chaume.

Je viens de parler de papiers retrouvés ; lorsque j'étais ambassadeur à Rome, en 1828, le cardinal Fesch, en me montrant ses tableaux et ses livres, me dit avoir des manuscrits de la jeunesse de Napoléon ; il y attachait si peu d'importance qu'il me proposa de me les montrer ; je quittai Rome, et je n'eus pas le temps de compulser les documents. Au décès de Madame mère et du cardinal Fesch, divers objets de la succession ont été dispersés ; le carton qui renfermait les essais de Napoléon a été apporté à Lyon avec plusieurs autres ; il est tombé entre les mains de M. Libri[70]. M. Libri a inséré dans la *Revue des Deux Mondes* du 1er mars de

---

[70] Les papiers dont parle ici Chateaubriand avaient été, en 1815, enfermés par Napoléon lui-même dans un carton qu'il avait scellé de son cachet impérial et sur

cette année 1842 une notice détaillée des papiers du cardinal Fesch ; il a bien voulu depuis m'envoyer le carton. J'ai profité de la communication pour accroître l'ancien texte de mes *Mémoires* concernant Napoléon, toute réserve faite à un plus ample informé quant aux renseignements contradictoires et aux objections à survenir.

Benson, dans ses *Esquisses de la Corse* (Sketches of Corsica), parle de la maison de campagne qu'habitait la famille de Bonaparte :

« En allant le long du rivage de la mer d'Ajaccio, vers l'île Sanguinière, à environ un mille de la ville, on rencontre deux piliers de pierre, fragments d'une porte qui s'ouvrait sur le chemin ; elle conduisait à une villa en ruine, autrefois résidence du demi-frère utérin de madame Bonaparte, que Napoléon créa cardinal Fesch. Les restes d'un petit pavillon sont visibles au-dessous d'un rocher ; l'entrée en est quasi obstruée par un figuier touffu : c'était la retraite accoutumée de Bonaparte, quand les vacances de l'école dans laquelle il étudiait lui permettaient de revenir chez lui. »

L'amour du pays natal suivit chez Napoléon sa marche ordinaire. Bonaparte, en 1788, écrivait, à propos de M. de Sussy, que *la Corse offrait un printemps perpétuel ;* il ne parla plus de son île quand il fut heureux ; il avait même de l'antipathie pour elle ; elle lui rappelait un berceau trop étroit. Mais à Sainte-Hélène sa patrie lui revint en mémoire : « La Corse avait mille charmes pour Napoléon[71] ; il en détaillait les plus grands traits, la coupe hardie de sa structure physique. Tout y était meilleur, disait-il ; il n'y avait pas jusqu'à l'odeur du sol même : elle lui eût suffi pour le deviner les yeux fermés ; il ne l'avait retrouvée nulle part. Il s'y voyait dans ses premières années, à ses premières amours ; il s'y trouvait dans sa jeunesse au milieu des précipices, franchissant les sommets élevés, les vallées profondes. »

---

lequel il avait écrit ces mots : À remettre au cardinal Fesch seul. Ce carton fut emporté à Rome par Fesch, qui, dit-on, n'eut point la curiosité de l'ouvrir. À la mort du cardinal (13 mai 1839) son grand vicaire et futur biographe, l'abbé Lyonnet, rapporta à Dijon le carton impérial. Guillaume Libri, qui avait appris l'existence de ces papiers, décida leur détenteur à les lui vendre au profit des pauvres. La cession fut faite par acte notarié moyennant sept à huit mille francs. Après les avoir utilisés pour son travail de la Revue des Deux-Mondes : Souvenirs de la Jeunesse de Napoléon, manuscrits inédits, Libri les vendit très cher au comte d'Ashburnham. Le fils de ce dernier ayant mis en vente, en 1883, la collection paternelle, l'une des plus riches de l'Europe en documents de toutes sortes, le gouvernement italien s'est rendu acquéreur, l'année suivante, moyennant la somme de 23 000 livres sterling (675 000 francs), d'un lot d'environ dix-huit cents manuscrits, parmi lesquels figuraient les papiers de jeunesse de Napoléon. Ils se trouvent aujourd'hui à la Bibliothèque Laurentienne, à Florence. — Voir Frédéric Masson, Napoléon inconnu, tome Ier, Introduction.

[71] Mémorial de Sainte-Hélène.

Napoléon trouva le roman dans son berceau ; ce roman commence à Vanina, tuée par Sampietro, son mari[72]. Le baron de *Neuhof*, ou le roi Théodore, avait paru sur tous les rivages, demandant des secours à l'Angleterre, au pape, au Grand Turc, au bey de Tunis, après s'être fait couronner roi des Corses, qui ne savaient à qui se donner[73]. Voltaire en rit. Les deux Paoli, Hyacinthe et surtout Pascal, avaient rempli l'Europe du bruit de leur nom. Buttafuoco[74] pria J.-J. Rousseau d'être le législateur de la Corse[75] ; le philosophe de Genève songeait à s'établir dans la patrie de celui qui, en dérangeant les Alpes, emporta Genève sous son bras. « Il est encore en Europe, écrivait Rousseau, un pays capable de législation ; c'est l'ile de Corse. La valeur et la constance avec laquelle ce brave peuple a su recouvrer et défendre sa liberté mériteraient bien que quelque homme sage lui apprît à la conserver. J'ai quelque pressentiment qu'un jour cette petite île étonnera l'Europe[76]. »

Nourri au milieu de la Corse, Bonaparte fut élevé à cette école primaire des révolutions ; il ne nous apporta pas à son début le calme ou les passions du jeune âge, mais un esprit déjà empreint des passions politiques. Ceci change l'idée qu'on s'est formée de Napoléon.

Quand un homme est devenu fameux, on lui compose des antécédents : les enfants prédestinés, selon les biographes, sont fougueux, tapageurs, indomptables ; ils apprennent tout, ou n'apprennent rien ; le plus souvent aussi ce sont des enfants tristes, qui ne partagent point les jeux de

---

[72] Vanina d'Ornano, femme du corse Sampietro, fut étranglée par son mari, qui la tenait pour criminelle, parce que, voulant le sauver, elle avait imploré sa grâce auprès du sénat de Gênes, qui l'avait frappé de proscription (1567).

[73] Théodore, baron de Neuhof, né à Metz vers 1690, était parvenu, après d'étranges aventures, à se faire nommer roi de Corse en 1736 sous le nom de Théodore Ier, et à délivrer presque en entier son royaume de la tyrannie génoise. Obligé de quitter la Corse pour chercher de nouveaux secours sur le continent, il tenta d'y revenir en 1738 et en 1743 et, empêché de débarquer, se réfugia à Londres où ses créanciers le firent enfermer dans la prison pour dettes. En 1753, Horace Walpole ouvrit en sa faveur une souscription, dont le produit servit à adoucir les rigueurs de sa captivité, et plus tard il lui fit ériger un tombeau dans le cimetière de Sainte-Anne de Westminster.

[74] Mathieu, comte de Buttafuoco (1731-1806). Lors de la réunion de la Corse à la France, à laquelle les Génois venaient de céder leurs droits (1768), il devint un des principaux agents choisis par le ministre Choiseul pour traiter avec Pascal Paoli, qui ne consentait qu'au protectorat français ; Buttafuoco réussit à faire prévaloir l'annexion. Il fut élu en 1789, par la noblesse de l'île de Corse, député aux États-Généraux, et siégea dans les rangs de la minorité. Il émigra après la session, rentra en Corse avec les Anglais en 1794 et resta, à partir de ce moment, étranger à la vie politique.

[75] Le Projet de constitution pour les Corses, par J.-J. Rousseau a été publié pour la première fois en 1861 dans le volume de M. Streckeisen-Moulton, Œuvres et correspondance inédites de J.-J. Rousseau.

[76] Contrat social, livre II, chapitre X.

leurs compagnons, qui rêvent à l'écart et sont déjà poursuivis du nom qui les menace. Voilà qu'un enthousiaste a déterré des billets extrêmement communs (sans doute italiens) de Napoléon à ses grands parents ; il nous faut avaler ces puériles âneries. Les pronostics de notre futurition sont vains ; nous sommes ce que nous font les circonstances : qu'un enfant soit gai ou triste, silencieux ou bruyant, qu'il montre ou ne montre pas des aptitudes au travail, nul augure à en tirer. Arrêtez un écolier à seize ans ; tout intelligent que vous le fassiez, cet enfant prodige, fixé à trois lustres, restera un imbécile ; l'enfant manque même de la plus belle des grâces, le sourire : il rit, et ne sourit pas.

Napoléon était donc un petit garçon ni plus ni moins distingué que ses émules : « Je n'étais, dit-il, qu'un enfant obstiné et curieux. » Il aimait les renoncules et il mangeait des cerises avec mademoiselle Colombier. Quand il quitta la maison paternelle, il ne savait que l'italien ; son ignorance de la Langue de Turenne était presque complète. Comme le maréchal de Saxe Allemand, Bonaparte Italien ne mettait pas un mot d'orthographe ; Henri IV, Louis XIV et le maréchal de Richelieu, moins excusables, n'étaient guère plus corrects. C'est visiblement pour cacher la négligence de son instruction que Napoléon a rendu son écriture indéchiffrable. Sorti de la Corse à neuf ans, il ne revit son île que huit ans après. À l'école de Brienne, il n'avait rien d'extraordinaire ni dans sa manière d'étudier, ni dans son extérieur. Ses camarades le plaisantaient sur son nom de Napoléon et sur son pays ; il disait à son camarade Bourrienne : « Je ferai à tes Français tout le mal que je pourrai. » Dans un compte rendu au roi, en 1784, M. de Kéralio affirme que *le jeune Bonaparte serait un excellent marin*[77] ; la phrase est suspecte, car ce compte rendu n'a été retrouvé que quand Napoléon inspectait la flottille de Boulogne.

Sorti de Brienne le 14 octobre 1784[78], Bonaparte passa à l'École militaire de Paris[79]. La liste civile payait sa pension ; il s'affligeait d'être boursier. Cette pension lui fut conservée, témoin ce modèle de reçu trouvé dans le carton Fesch (carton de M. Libri) :

« Je soussigné reconnais avoir reçu de M. Biercourt la somme de 200

---

[77] Voici le texte complet de cette note, dont l'auteur, le chevalier de Kéralio, maréchal de camp, était chargé de l'inspection des treize écoles royales militaires créées en 1775 par Louis XVI : « M. de Buonaparte (Napoléon) né le 15 août 1769, de 4 pieds 10 pouces, a fait sa quatrième. Constitution, santé excellente, caractère soumis, doux, honnête, reconnaissant, conduite très régulière, s'est toujours distingué par son application aux mathématiques. Il sait très passablement son histoire et sa géographie. Il est très faible dans les arts d'agréments. Ce sera un excellent marin, digne d'entrer à l'école de Paris. »

[78] Dans une note de sa main, qu'il intitule : Époques de ma vie, Bonaparte a donné une date un peu différente. La note porte : Parti pour l'École de Paris le 30 octobre 1784.

[79] Napoléon est resté un an à l'École militaire de Paris, du 31 octobre ou du 1er novembre 1784 au 28 octobre 1785.

provenant de la pension que le roi m'a accordée sur les fonds de l'École militaire en qualité d'ancien cadet de l'école de Paris. »

Mademoiselle Permon-Comnène (madame d'Abrantès), fixée tour à tour chez sa mère à Montpellier, à Toulouse et à Paris, ne perdait point de vue son compatriote Bonaparte : « Quand je passe aujourd'hui sur le quai de Conti, écrit-elle, je ne puis m'empêcher de regarder la mansarde, à l'angle gauche de la maison au troisième étage : c'est là que logeait Napoléon toutes les fois qu'il venait chez mes parents. »

Bonaparte n'était pas aimé à son nouveau prytanée : morose et frondeur, il déplaisait à ses maîtres ; il blâmait tout sans ménagement, il adressa un mémoire au sous-principal sur les vices de l'éducation que l'on y recevait : « Ne vaudrait-il pas mieux les astreindre (les élèves) à se suffire à eux-mêmes, c'est-à-dire, moins leur petite cuisine qu'ils ne feraient pas, leur faire manger du pain de munition ou d'un qui en approcherait, les habituer à battre, brosser leurs habits, à nettoyer leurs souliers et leurs bottes ? » C'est ce qu'il ordonna depuis à Fontainebleau et à Saint-Germain.

Le rabroueur délivra l'école de sa présence et fut nommé lieutenant en second d'artillerie au régiment de La Fère[80].

Entre 1784 et 1793 s'étend la carrière littéraire de Napoléon, courte par l'espace, longue par les travaux. Errant avec les corps d'artillerie dont il faisait partie à Auxonne, à Dôle, à Seurres, à Lyon, Bonaparte était attiré à tout endroit de bruit comme l'oiseau appelé par le miroir ou accourant à l'appeau. Attentif aux questions académiques, il y répondait ; il s'adressait avec assurance aux personnes puissantes qu'il ne connaissait pas ; il se faisait l'égal de tous avant d'en devenir le maître. Tantôt il parlait sous un nom emprunté, tantôt il signait son nom qui ne trahissait point l'anonyme. Il écrivait à l'abbé Raynal, à M. Necker ; il envoyait aux ministres des mémoires sur l'organisation de la Corse, sur des projets de défense de Saint-Florent, de la Mortella, du golfe d'Ajaccio, sur la manière de disposer le canon pour jeter des bombes. On ne l'écoutait pas plus qu'on n'avait écouté Mirabeau lorsqu'il rédigeait à Berlin des projets relatifs à la Prusse et à la Hollande. Il étudiait la géographie. On a remarqué qu'en parlant de Sainte-Hélène il la signale par ces seuls mots : « Petite île. » Il s'occupait de la Chine, des Indes, des Arabes. Il travaillait sur les historiens, les philosophes, les économistes, Hérodote, Strabon, Diodore de Sicile, Filangieri, Mably, Smith ; il réfutait le Discours sur l'origine et les fondemants de l'égalité *de l'homme* et il écrivait : « *Je ne crois pas cela ;* je ne crois rien de cela. » Lucien Bonaparte raconte que lui, Lucien, avait fait deux copies d'une histoire esquissée par Napoléon. Le manuscrit

---

[80] La Note, déjà citée, de Napoléon porte : Parti pour le régiment de la Fère en qualité de lieutenant en second le 30 octobre 1785. Le régiment de la Fère était un régiment d'artillerie ; il était alors en garnison à Valence.

de cette esquisse s'est retrouvé en partie dans le carton du cardinal Fesch : les recherches sont peu curieuses, le style est commun, l'épisode de Vanina est reproduit sans effet. Le mot de Sampietro aux grands seigneurs de la cour de Henri II après l'assassinat de Vanina vaut tout le récit de Napoléon : « Qu'importent au roi de France les démêlés de Sampietro et de sa femme ! »

Bonaparte n'avait pas au début de sa vie le moindre pressentiment de son avenir ; ce n'était qu'à l'échelon atteint qu'il prenait l'idée de s'élever plus haut : mais s'il n'aspirait pas à monter, il ne voulait pas descendre ; on ne pouvait arracher son pied de l'endroit où il l'avait une fois posé. Trois cahiers de manuscrits (carton Fesch) sont consacrés à des recherches sur la Sorbonne et les libertés gallicanes ; il y a des correspondances avec Paoli, Saliceti, et surtout avec le P. Dupuy, minime, sous-principal à l'école de Brienne, homme de bon sens et de religion qui donnait des conseils à son jeune élève et qui appelle Napoléon son *cher ami*.

À ces ingrates études Bonaparte mêlait des pages d'imagination ; il parle des femmes ; il écrit *le Masque prophète, le Roman corse,* une nouvelle anglaise, *le Comte d'Essex ;* il a des dialogues sur l'amour qu'il traite avec mépris, et pourtant il adresse en brouillon une lettre de passion à une inconnue aimée ; il fait peu de cas de la gloire, et ne met au premier rang que l'amour de la patrie, et cette patrie était la Corse.

Tout le monde a pu voir à Genève une demande parvenue à un libraire : le romanesque lieutenant s'enquérait de *Mémoires* de madame de Warens. Napoléon était poète aussi, comme le furent César et Frédéric : il préférait Arioste au Tasse ; il y trouvait les portraits de ses capitaines futurs, et un cheval tout bridé pour son voyage aux astres. On attribue à Bonaparte le madrigal suivant adressé à madame Saint-Huberti jouant le rôle de Didon : le fond peut appartenir à l'empereur, la forme est d'une main plus savante que la sienne :

> Romains qui vous vantez d'une illustre origine.
> Voyez d'où dépendait votre empire naissant !
> Didon n'a pas assez d'attrait puissant
> Pour retarder la fuite où son amant s'obstine.
> Mais si l'autre Didon, ornement de ces lieux,
> Eût été reine de Carthage,
> Il eût, pour la servir, abandonné ses dieux,
> Et votre beau pays serait encor sauvage.

Vers ce temps-là Bonaparte semblerait avoir été tenté de se tuer. Mille béjaunes sont obsédés de l'idée du suicide, qu'ils pensent être la preuve de leur supériorité. Cette note manuscrite se trouve dans les papiers communiqués par M. Libri : « Toujours seul au milieu des hommes, je rentre pour rêver avec moi-même et me livrer à toute la vivacité de ma mélancolie. De quel côté est-elle tournée aujourd'hui ? du côté de la mort… Si j'avais passé soixante ans, je respecterais les préjugés de mes contemporains, et j'attendrais patiemment que la nature eût achevé son cours ; mais puisque je commence à éprouver des malheurs, que rien n'est plaisir pour moi, pourquoi supporterais-je des jours où rien ne me prospère ? »

Ce sont là les rêveries de tous les romans. Le fond et le tour de ces idées se trouvent dans Rousseau, dont Bonaparte aura altéré le texte par quelques phrases de sa façon.

Voici un essai d'un autre genre ; je le transcris lettre à lettre : l'éducation et le sang ne doivent pas rendre les princes trop dédaigneux à l'encontre : qu'ils se souviennent de leur empressement à faire queue à la porte d'un homme qui les chassait à volonté de la chambrée des rois.

« FORMULES, CERTIFICAS ET AUTRES CHOSES ESENCIELLES RELATIVES À MON ÉTAT ACTUELL.

« MANIÈRE DE DEMANDER UN CONGÉ.

« Lorsque l'on est en semestre et que l'on veut obtenir un congé d'été pour cause de maladie, l'on fait dresser par un médecin de la ville et un cherugien un certificat comme quoi avant l'époque que vous designé, votre senté ne vous permet pas de rejoindre à la garnison. Vous observeré que ce certificat soit sur papier timbré, qu'il soit visé par le juge et le commandant de la place.

« Vous dressez allors votre memoire au ministre de la guerre de la manière et formulle suivante :

« À Ajaccio, le 21 avril 1787.

« MÉMOIRE EN DEMANDE D'UN CONGÉ.

« CORPS ROYAL DE L'ARTILLERIE.

« Le sieur Napolione de Buonaparte, lieutenant en second au régiment de La Fère, artillerie.

« RÉGIMENT DE LA FÈRE

« Soupplie monseigneur le maréchal de Ségur de vouloir bien lui accorder un congé de 5 mois et demie à compter du 16 mai prochain dont il a besoin pour le retablissement de sa senté, suivant le certificat de médecin et cherugien ci-joint. Vu mon peu de fortune et une cure coûteuse, je demande la grace que le congé me soit accordé avec appointement.

« BUONAPARTE.

« L'on envoie le tout au colonel du régiment sur l'adresse du ministre ou du commissaire-ordonnateur, M. de Lance, soit que l'on lui écrive sur l'adresse de M. Sauquier, commissaire-ordonnateur des guerres à la cour. »

Que de détails pour enseigner à faire un faux ! On croit voir l'empereur travailler à régulariser les saisies des royaumes, les paperasses illicites dont son cabinet s'encombrait.

Le style du jeune Napoléon est déclamatoire ; il n'y a de digne d'observation que l'activité d'un vigoureux pionnier qui déblaye des sables. La vue de ces travaux précoces me rappelle mes fatras juvéniles, mes *Essais historiques*, mon manuscrit des *Natchez* de quatre mille pages in-folio, attachées avec des ficelles ; mais je ne faisais pas aux marges de *petites   maisons*, des *dessins   d'enfant*, des *barbouillages d'écolier*, comme on en voit aux marges des brouillons de Bonaparte ; parmi mes juvéniles ne roulait pas *une balle de pierre* qui pouvait avoir été le modèle d'un boulet d'étude.

Ainsi donc il y a une avant-scène à la vie de l'empereur ; un Bonaparte inconnu précède l'immense Napoléon ; la pensée de Bonaparte était dans le monde avant qu'il y fût de sa personne : elle agitait secrètement la terre ; on sentait en 1789, au moment où Bonaparte apparaissait, quelque chose de formidable, une inquiétude dont on ne pouvait se rendre compte. Quand le globe est menacé d'une catastrophe, on en est averti par des commotions latentes : on a peur ; on écoute pendant la nuit ; on reste les yeux attachés sur le ciel sans savoir ce que l'on a et ce qui va arriver.

Paoli avait été rappelé d'Angleterre sur une motion de Mirabeau, dans l'année 1789. Il fut présenté à Louis XVI par le marquis de La Fayette, nommé lieutenant général et commandant militaire de la Corse. Bonaparte suivit-il l'exilé dont il avait été le protégé, et avec lequel il était en correspondance ? on l'a présumé. Il ne tarda pas à se brouiller avec Paoli : les crimes de nos premiers troubles refroidirent le vieux général ; il livra la Corse à l'Angleterre, afin d'échapper à la Convention. Bonaparte, à Ajaccio, était devenu membre d'un club de Jacobins ; un club opposé s'éleva, et Napoléon fut obligé de s'enfuir. Madame Letizia et ses filles se réfugièrent dans la colonie grecque de Carghèse, d'où elles gagnèrent Marseille. Joseph épousa dans cette ville, le 1er août 1794, mademoiselle Clary, fille d'un riche négociant. En 1792, le ministre de la guerre, l'ignoré Lajard[81], destitua Napoléon, pour n'avoir pas assisté à une revue[82].

On retrouve Bonaparte à Paris avec Bourrienne dans cette année 1792. Privé de toute ressource, il s'était fait industriel : il prétendait louer

---

[81] Pierre-Auguste Lajard (1757-1837). Il fut ministre de la guerre du 16 juin au 24 juillet 1792. Décrété d'accusation après le 10 août, il passa en Angleterre et y resta jusqu'après le coup d'État de brumaire. Bonaparte ne lui accorda pas l'autorisation de reprendre son rang dans l'armée, mais sous l'Empire il lui donna une pension de 6 000 francs comme ancien ministre.

[82] Bonaparte fut, en effet, destitué un moment, à la fin de 1791, pour ne s'être point trouvé présent à la revue de rigueur du mois de décembre : il était alors lieutenant au 4e régiment d'artillerie. Le 10 juillet 1792, il fut réintégré dans son emploi. Ce fut le ministre Lajard qui le réintégra dans ses droits, mais ce n'était pas lui qui avait signé la mesure de révocation. Le ministre qui destitua le lieutenant Bonaparte, et qui était alors aussi fameux que Lajard était ignoré, devait devenir plus tard l'aide de camp particulier de Napoléon, l'accompagner pendant la campagne de Russie et être nommé, en 1813, son ambassadeur à Vienne : c'était le comte Louis de Narbonne.

des maisons en construction dans la rue Montholon, avec le dessein de les sous-louer. Pendant ce temps-là la Révolution allait son train ; le 20 juin sonna. Bonaparte, sortant avec Bourrienne de chez un restaurateur, rue Saint-Honoré, près le Palais-Royal, vit venir cinq à six mille déguenillés qui poussaient des hurlements et marchaient contre les Tuileries ; il dit à Bourrienne : « Suivons ces gueux-là ; » et il alla s'établir sur la terrasse du bord de l'eau. Lorsque le roi, dont la demeure était envahie, parut à l'une des fenêtres, coiffé du bonnet rouge, Bonaparte s'écria avec indignation : « *Che c... !* comment a-t-on laissé entrer cette canaille ? il fallait en balayer quatre ou cinq cents avec du canon, et le reste courrait encore. »

Le 20 juin 1792, j'étais bien près de Bonaparte : vous savez que je me promenais à Montmorency, tandis que Barère et Maret cherchaient, comme moi, mais par d'autres raisons, la solitude. Est-ce à cette époque que Bonaparte était obligé de vendre et de négocier de petits assignats appelés Corset[83] ? Après le décès d'un marchand de vin de la rue Sainte-Avoye, dans un inventaire fait par Dumay, notaire, et Chariot, commissaire-priseur, Bonaparte figure à l'appel d'une dette de loyer de quinze francs, qu'il ne put acquitter : cette misère augmente sa grandeur. Napoléon a dit à Saint-Hélène : « Au bruit de l'assaut aux Tuileries, le 10 août, je courus au Carrousel, chez Fauvelet, frère de Bourrienne, qui y tenait un magasin de meubles. » Le frère de Bourrienne avait fait une spéculation qu'il appelait *encan national ;* Bonaparte y avait déposé sa montre ; exemple dangereux : que de pauvres écoliers se croiront des Napoléons pour avoir mis leur montre en gage !

Bonaparte retourna dans le midi de la France le 2 janvier an II[84]; il s'y trouvait avant le siège de Toulon ; il y écrivait deux pamphlets : le premier est une *Lettre à Matteo Buttafuoco*[85]; il le traite indignement, et fait en même temps un crime à Paoli d'avoir remis le pouvoir entre les mains du peuple : « Étrange erreur, s'écrie-t-il, qui soumet à un brutal, à un

---

[83] Le corset était un petit assignat de 5 livres.

[84] Les termes dont se sert ici Chateaubriand sont de nature à donner lieu à une confusion de dates. L'an I va du 21 septembre 1792 au 21 septembre 1793 ; l'an II va du 22 septembre 1793 au 21 septembre 1794. Le mois de janvier an II appartient donc à l'année 1794. Or, ce n'est pas de l'année 1794 que veut parler ici Chateaubriand, puisque les divers incidents dont il va parler sont tous antérieurs à 1794. La Lettre à Matteo Buttafuoco est du mois de janvier 1791 ; le Souper de Beaucaire est du mois de juillet 1793 ; c'est dans la première quinzaine de septembre 1793 que Bonaparte arrive et est employé devant Toulon. L'erreur commise par Chateaubriand est venue de ce que Bonaparte a daté comme suit sa Lettre à Buttafuoco : « De mon cabinet de Milleli, le 23 janvier, l'an II. » Or, cette lettre, je l'ai dit, est du 23 janvier 1791. L'usage, à ce moment, était d'appeler l'année 1791 l'an deux de la liberté.

[85] Lettre de M. Buonaparte à M. Matteo Buttafuoco, député de la Corse à l'Assemblée nationale ; brochure de 21 pages in-8o, sans lieu ni nom d'imprimeur. D'après Quérard, elle fut imprimée de fait à Dôle chez Fr.-X. Joly.

mercenaire, l'homme qui, par son éducation, l'illustration de sa naissance, sa fortune, est seul fait pour gouverner ! »

Bien que révolutionnaire, Bonaparte se montrait partout ennemi du peuple ; il fut néanmoins complimenté sur sa brochure par Masseria, président du club patriotique d'Ajaccio.

Le 29 juillet 1793, il fit imprimer un autre pamphlet, *le Souper de Beaucaire*[86]. Bourrienne en produit un manuscrit revu par Bonaparte, mais abrégé et mis plus d'accord avec les opinions de l'empereur au moment qu'il revit son œuvre. C'est un dialogue entre un Marseillais, un Nimois, un militaire et un fabricant de Montpellier. Il est question de l'affaire du moment, de l'attaque d'Avignon par l'armée de Carteaux, dans laquelle Napoléon avait figuré en qualité d'officier d'artillerie. Il annonce au *Marseillais* que son parti sera battu, parce qu'il a cessé d'adhérer à la Révolution. Le *Marseillais* dit au *militaire,* c'est-à-dire à Bonaparte : « On se ressouvient toujours de ce monstre qui était cependant un des principaux du club ; il fit lanterner un citoyen, pilla sa maison et viola sa femme, après lui avoir fait boire un verre du sang de son époux. — Quelle horreur ! s'écrie le militaire ; mais ce fait est-il vrai ? Je m'en méfie, car vous savez que l'on ne croit plus au viol aujourd'hui. »

Légèreté du dernier siècle qui fructifiait dans le tempérament glacé de Bonaparte. Cette accusation d'avoir bu et fait boire du sang a souvent été reproduite. Quand le duc de Montmorency fut décapité à Toulouse, les hommes d'armes burent de son sang pour se communiquer la vertu d'un grand cœur.

Nous arrivons au siège de Toulon. Ici s'ouvre la carrière militaire de Bonaparte. Sur le rang que Napoléon occupait alors dans l'artillerie, le carton du cardinal Fesch renferme un étrange document : c'est un brevet de capitaine d'artillerie délivré le 30 août 1792 à Napoléon par Louis XVI[87], vingt jours après le détrônement réel, arrivé le 10 août. Le roi avait été renfermé au Temple le 13, surlendemain du massacre des Suisses. Dans ce brevet il est dit que la nomination du 30 août comptera à l'officier promu à partir du 6 février précédent.

Les infortunés sont souvent prophètes ; mais cette fois la prévision du martyr n'était pour rien dans la gloire future de Napoléon. Il existe encore dans les bureaux de la guerre des brevets en blanc, signés d'avance par Louis XVI ; il n'y reste à remplir que les vides d'attente ; de ce genre aura été la commission précitée. Louis XVI, renfermé au Temple, à la veille de

---

[86] Voici le titre complet de cette brochure qui fut imprimée à Avignon, où elle eut deux éditions : Souper de Beaucaire ou Dialogue entre un militaire de l'armée de Carteaux, un marseillais, un nimois et un fabricant de Montpellier sur les événements qui sont arrivés dans le ci-devant Comtat à l'arrivée des Marseillais.

[87] M. Frédéric Masson (Napoléon inconnu, tome II, p. 400) a donné un fac-similé de ce brevet du 30 août.

son procès, au milieu de sa famille captive, avait autre chose à faire que de s'occuper de l'avancement d'un inconnu.

L'époque du brevet se fixe par le contre-seing ; ce contre-seing est : *Servan*. Servan, nommé au département de la guerre le 8 mai 1792, fut révoqué le 13 juin même année ; Dumouriez eut le portefeuille jusqu'au 18 ; Lajard prit à son tour le ministère jusqu'au 23 juillet ; d'Abancourt lui succéda jusqu'au 10 août, jour que l'Assemblée nationale rappela Servan, lequel donna sa démission le 3 octobre. Nos ministères étaient alors aussi difficiles à compter que le furent depuis nos victoires.

Le brevet de Napoléon ne peut être du premier ministère de Servan, puisque la pièce porte la date du 30 août 1792 ; il doit être de son second ministère ; cependant il existe une lettre de Lajard, du 12 juillet, adressée au *capitaine d'artillerie Bonaparte*[88]. Expliquez cela si vous pouvez. Bonaparte a-t-il acquis le document en question de la corruption d'un commis, du désordre des temps, de la fraternité révolutionnaire ? Quel protecteur poussait les affaires de ce Corse ? Ce protecteur était le maître éternel ; la France, sous l'impulsion divine, délivra elle-même le brevet au premier capitaine de la terre ; ce brevet devint légal sans la signature de Louis, qui laissa sa tête, à condition qu'elle serait remplacée par celle de Napoléon : marchés de la Providence devant lesquels il ne reste qu'à lever les mains au ciel.

Toulon avait reconnu Louis XVII et ouvert ses ports aux flottes anglaises[89]. Carteaux d'un côté et le général Lapoype de l'autre, requis par les représentants Fréron, Barras, Ricord et Saliceti, s'approchèrent de Toulon. Napoléon, qui venait de servir sous Carteaux à Avignon, appelé au conseil militaire[90], soutint qu'il fallait s'emparer du fort. *Mulgrace,* bâti par les Anglais sur la hauteur du *Caire*, et placer sur les deux promontoires l'Éguillette et Balaguier des batteries qui, foudroyant la grande et la petite rade, contraindraient la flotte ennemie à l'abandonner. Tout arriva comme Napoléon l'avait prédit : on eut une première vue sur ses destinées.

Madame Bourrienne a inséré quelques notes dans les *Mémoires* de son mari ; j'en citerai un passage qui montre Bonaparte devant Toulon :

« Je remarquai, dit-elle, à cette époque (1795, à Paris), que son caractère était froid et souvent sombre ; son sourire était faux et souvent fort mal placé ; et, à propos de cette observation, je me rappelle qu'à cette même époque, peu de jours après notre retour, il eut un de ces moments d'hilarité farouche qui me fit mal et qui me disposa à peu l'aimer. Il nous raconta avec une gaieté charmante qu'étant devant Toulon où il

---

[88] Voir cette lettre de Lajard et les explications dont M. Frédéric Masson l'accompagne, au tome II, page 400, de Napoléon inconnu.
[89] Le 27 août 1793.
[90] Bonaparte, lors du siège de Toulon, était chef de bataillon au 2e régiment d'artillerie.

commandait l'artillerie, un officier qui se trouvait de son arme et sous ses ordres eut la visite de sa femme, à laquelle il était uni depuis peu, et qu'il aimait tendrement. Peu de jours après Bonaparte eut ordre de faire une nouvelle attaque sur la ville, et l'officier fut commandé. Sa femme vint trouver le général Bonaparte, et lui demanda, les larmes aux yeux, de dispenser son mari de service ce jour-là. Le général fut insensible, à ce qu'il nous disait lui-même avec une gaieté charmante et féroce. Le moment de l'attaque arriva, et cet officier, qui avait toujours été d'une bravoure extraordinaire, à ce que disait Bonaparte lui-même, eut le pressentiment de sa fin prochaine ; il devint pâle, il trembla. Il fut placé à côté du général, et, dans un moment où le feu de la ville devint très fort, Bonaparte lui dit : *Gare ! voilà une bombe qui nous arrive !* L'officier, ajouta-t-il, au lieu de s'effacer se courba et fut séparé en deux. Bonaparte riait aux éclats en citant la partie qui lui fut enlevée[91] ».

Toulon repris, les échafauds se dressèrent ; huit cents victimes furent réunies au Champ de Mars ; on les mitrailla. Les commissaires s'avancèrent en criant : « Que ceux qui ne sont pas morts se relèvent ; la

République leur fait grâce », et les blessés qui se relevaient furent massacrés. Cette scène était si belle qu'elle s'est reproduite à Lyon après le siège.

> Que dis-je ? aux premiers coups du foudroyant orage
> Quelque coupable encor peut-être est échappé :
> Annonce le pardon et, par l'espoir trompé,
> Si quelque malheureux en tremblant se relève,
> Que la foudre redouble et que le fer achève.

(L'abbé DELILLE[92].)

Bonaparte commandait-il en personne l'exécution en sa qualité de chef d'artillerie ? L'humanité ne l'aurait pas arrêté, bien que par goût il ne fût pas cruel.

On trouve ce billet aux commissaires de la Convention : « Citoyens représentants, c'est du champ de gloire, marchant dans le sang des traîtres, que je vous annonce avec joie que vos ordres sont exécutés et que la France est vengée : ni l'âge ni le sexe n'ont été épargnés. Ceux qui n'avaient été que blessés par le canon républicain ont été dépêchés par le glaive de la liberté et par la baïonnette de l'égalité. Salut et admiration.

« BRUTUS BUONAPARTE, citoyen sans-culotte. »

Cette lettre a été insérée pour la première fois, je pense, dans *la Semaine,* gazette publiée par Malte-Brun. La vicomtesse de Fors (pseudonyme) la donne dans ses *Mémoires sur la Révolution française ;* elle ajoute que ce billet fut écrit sur la caisse d'un tambour ;

---

91 Mémoires de M. de Bourrienne, tome I, p. 78.
92 Malheur et Pitié, par l'abbé Delille, chant III.

Fabry le reproduit, article *Bonaparte,* dans la *Biographie des hommes vivants ;* Royou, *Histoire de France,* déclare qu'on ne sait pas quelle bouche fit entendre le cri meurtrier ; Fabry, déjà cité, dit, dans *les Missionnaires de 93,* que les uns attribuent le cri à Fréron, les autres à Bonaparte. Les exécutions du Champ de Mars de Toulon sont racontées par Fréron dans une lettre à Moïse Bayle de la Convention et par Moltedo[93] et Barras au comité de salut public.

De qui en définitive est le premier bulletin des victoires napoléoniennes ? serait-il de Napoléon ou de son frère ? Lucien, en détestant ses erreurs, avoue, dans ses *Mémoires,* qu'il a été à son début ardent républicain. Placé à la tête du comité révolutionnaire à Saint-Maximin, en Provence, « nous ne nous faisions pas faute, dit-il, de paroles et d'adresses aux Jacobins de Paris. Comme la mode était de prendre des noms antiques, mon ex-moine prit, je crois, celui d'Epaminondas, et moi celui de Brutus. Un pamphlet a attribué à Napoléon cet emprunt du nom de Brutus, mais il n'appartient qu'à moi[94]. Napoléon pensait à élever son propre nom au-dessus de ceux de l'ancienne histoire, et s'il eût voulu figurer dans ces mascarades, je ne crois pas qu'il eût choisi celui de Brutus. »

Il y a courage dans cette confession. Bonaparte, dans le *Mémorial de Sainte-Hélène,* garde un silence profond sur cette partie de sa vie. Ce silence, selon madame la duchesse d'Abrantès, s'explique par ce qu'il y avait de scabreux dans sa position : « Bonaparte s'était mis plus en évidence, dit-elle, que Lucien, et quoique depuis il ait beaucoup cherché à mettre Lucien à sa place, alors on ne pouvait s'y tromper. Le *Mémorial de Sainte-Hélène,* aura-t-il pensé, sera lu par cent millions d'individus, parmi

---

[93] Jean-André-Antoine Moltedo, né à Vico (Corse) le 14 août 1751, grand-vicaire de l'évêque constitutionnel de la Corse, membre de l'administration de ce département, député de la Corse à la Convention nationale, puis au Conseil des Cinq-Cents, consul de France à Smyrne (1797-1798), directeur des Droits-réunis dans les Alpes-Maritimes (1804), conseiller à la Cour impériale d'Ajaccio (1811-1815), mort à Vico le 26 août 1829.

[94] Lucien Bonaparte, à l'époque du siège de Toulon, était garde-magasin des subsistances à Saint-Maximin (Var). « Bien que Saint-Maximin, dit M. Frédéric Masson (Napoléon et sa famille, I, 86), fût un médiocre théâtre pour un homme tel que lui, il n'avait point dédaigné de mettre les habitants à la hauteur. Grâce à lui et à Barras, Saint-Maximin était devenu Marathon ; lui-même ne se nommait plus Lucien mais Brutus. À la Société populaire, où il était l'unique orateur, il régnait sous le titre de président, et il cumulait, avec ce pouvoir délibératif, le pouvoir exécutif comme président du Comité révolutionnaire. Il en usait : plus de vingt habitants de la ville, des plus honorables et des plus respectés, étaient, par ses ordres, en prison comme suspects. « Des gens que j'aurais rougi d'approcher, a-t-il écrit plus tard, des galériens, des voleurs, étaient devenus mes camarades. » — Lorsqu'il se maria quelques mois plus tard, le 4 mai 1794 (15 floréal an II), avec Catherine Boyer, sœur de l'aubergiste chez qui il logeait, il prit, dans l'acte de mariage, la dénomination de Brutus Buonaparte.

lesquels peut-être en comptera-t-on à peine mille qui connaissent les faits qui me déplaisent. Ces mille personnes conserveront la mémoire de ces faits d'une manière peu inquiétante par la tradition orale : le *Mémorial* sera donc irréfutable[95] ».

Ainsi de lamentables doutes restent sur le billet que Lucien ou Napoléon a signé : comment Lucien, n'étant pas représentant de la Convention, se serait-il arrogé le droit de rendre compte du massacre ? Était-il député de la commune de Saint-Maximin pour assister au carnage ? Alors comment aurait-il assumé sur sa tête la responsabilité d'un procès-verbal lorsqu'il y avait *plus grand* que lui aux yeux de l'amphithéâtre, et des témoins de l'exécution accomplie par son frère ? Il en coûterait d'abaisser les regards si bas après les avoir élevés si haut.

Admettons que le narrateur des exploits de Napoléon soit Lucien, président du comité de Saint-Maximin : il en résulterait toujours qu'un des premiers coups de canon de Bonaparte aurait été tiré sur des Français ; il est sûr, du moins, que Napoléon fut encore appelé à verser leur sang le 13 vendémiaire ; il y rougit de nouveau ses mains à la mort du duc d'Enghien. La première fois, nos immolations auraient révélé Bonaparte : la seconde hécatombe le porta au rang qui le rendit maître de l'Italie ; et la troisième lui facilita l'entrée à l'empire.

Il a pris croissance dans notre chair ; il a brisé nos os, et s'est nourri de la moelle des lions. C'est une chose déplorable, mais il faut le reconnaître, si l'on ne veut ignorer les mystères de la nature humaine et le caractère des temps : une partie de la puissance de Napoléon vient d'avoir trempé dans la Terreur. La Révolution est à l'aise pour servir ceux qui ont passé à travers ses crimes ; une origine innocente est un obstacle.

Robespierre jeune avait pris Bonaparte en affection et voulait l'appeler au commandement de Paris à la place de Hanriot. La famille de Napoléon s'était établie au château de Sallé[96], près d'Antibes. « J'y étais venu de Saint-Maximin, dit Lucien, passer quelques jours avec ma famille et mon frère. Nous étions tous réunis, et le général nous donnait tous les instants dont il pouvait disposer. Il vint un jour plus préoccupé que de coutume, et, se promenant entre Joseph et moi, il nous annonça qu'il ne dépendait que de lui de partir pour Paris dès le lendemain, en position de nous y établir tous avantageusement. Pour ma part cette annonce m'enchantait : atteindre enfin la capitale me paraissait un bien que rien ne pouvait balancer. On m'offre, nous dit Napoléon, la place de Hanriot. Je dois donner ma réponse ce soir. Eh bien ! qu'en dites-vous ? Nous

---

[95] Mémoires de la duchesse d'Abrantès, tome I, p. 181.
[96] « Château-Sallé, une de ces bastides ensoleillées qui seraient ailleurs des maisons bourgeoises, mais qui, du paysage, de la végétation et de la lumière, prennent des airs pittoresques et reçoivent des apparences. » Frédéric Masson, Napoléon et sa famille, I, 85.

hésitâmes un moment. Eh ! eh ! reprit le général, cela vaut bien la peine d'y penser : il ne s'agirait pas de faire l'enthousiaste ; il n'est pas si facile de sauver sa tête à Paris qu'à Saint-Maximin. — Robespierre jeune est honnête, mais son frère ne badine pas. Il faudrait le servir. — Moi, soutenir cet homme ! non, jamais ! Je sais combien je lui serais utile en remplaçant son imbécile commandant de Paris ; mais *c'est ce que je ne veux pas être.* Il n'est pas temps. Aujourd'hui il n'y a de place honorable pour moi qu'à l'armée : prenez patience, *je commanderai Paris plus tard.* Telles furent les paroles de Napoléon. Il nous exprima ensuite son indignation contre le régime de la Terreur, dont il nous annonça la chute prochaine, et finit par répéter plusieurs fois, moitié sombre et moitié souriant : *Qu'irais-je faire dans cette galère ?* »

Bonaparte, après le siège de Toulon[97], se trouva engagé dans les mouvements militaires de notre armée des Alpes. Il reçut l'ordre de se rendre à Gênes : des instructions secrètes lui enjoignirent de reconnaître l'état de la forteresse de Savone, de recueillir des renseignements sur l'intention du gouvernement génois relativement à la coalition. Ces instructions, délivrées à Loano le 25 messidor an II de la République[98], sont signées *Ricord[99]*.

Bonaparte remplit sa mission. Le 9 thermidor arriva : les députés terroristes furent remplacés par Albitte, Saliceti et Laporte. Tout à coup ils déclarèrent, au nom du peuple français, que le général Bonaparte, commandant l'artillerie de l'armée d'Italie, avait totalement perdu leur confiance par la conduite la plus suspecte et surtout par le voyage qu'il

---

[97] Au cours du siège, Bonaparte avait été nommé par les représentants adjudant général chef de brigade le 27 octobre 1793, confirmé le 1er décembre. Le 22 décembre, après la prise de la ville, il est élevé au grade provisoire de général de brigade. Confirmé dans ce grade le 7 janvier 1794, il est chargé à la fois du commandement en chef de l'artillerie de l'armée d'Italie et de l'armement des côtes.

[98] 13 juillet 1794.

[99] Jean-François Ricord (1760-1818). Député du Gard à la Convention, il se signala par son ardeur montagnarde. Très lié avec Augustin Robespierre, il devint, comme lui, l'ami du jeune Bonaparte et le protégea puissamment. Après le 9 thermidor, Ricord fut dénoncé à la Convention et arrêté ; il fut rendu à la liberté par l'amnistie du 4 brumaire an IV (26 octobre 1795). Ressaisi bientôt comme complice de Babœuf, il fut traduit devant la haute cour de Vendôme, qui l'acquitta. Après le 18 brumaire, son ancien protégé, devenu tout puissant, ne parut guère se souvenir des services qu'il en avait autrefois reçus. En l'an IX, ordre lui fut donné de s'éloigner de Paris ; il refusa, fut arrêté le 19 novembre 1800, et relâché quelque temps après. Emprisonné de nouveau à la Force le 23 juillet 1806, il resta douze jours au secret, fut remis en liberté, mais fut placé en résidence à Saint-Benoist-sur-Loire, sous la surveillance de la police. Pendant les Cent-Jours, il obtint du gouvernement impérial les fonctions de lieutenant extraordinaire de police à Bayonne. Atteint par la loi du 12 janvier 1816 contre les régicides, il partit pour la Belgique en février suivant, et y mourut deux ans après.

avait dernièrement fait à Gênes.

L'arrêté de Barcelonnette, 19 thermidor an II de la République française, une, indivisible et démocratique (6 août 1794), porte « que le général Bonaparte sera mis en état d'arrestation et traduit au comité de salut public à Paris, sous bonne et sûre escorte » Saliceti examina les papiers de Bonaparte ; il répondait à ceux qui s'intéressaient au détenu qu'on était forcé d'agir avec rigueur d'après une accusation d'espionnage partie de Nice et de Corse. Cette accusation était la conséquence des instructions directes données par Ricord : il fut aisé d'insinuer qu'au lieu de servir la France, Napoléon avait servi l'étranger. L'empereur fit un grand abus d'accusations d'espionnage : il aurait dû se rappeler les périls auxquels pareilles accusations l'avaient exposé.

Napoléon, se débattant, disait aux représentants : « Saliceti, tu me connais… Albitte, tu ne me connais point ; mais tu connais cependant avec quelle adresse quelquefois la calomnie siffle. Entendez-moi ; restituez-moi l'estime des patriotes ; une heure après, si les méchants veulent ma vie… je l'estime si peu ! je l'ai si souvent méprisée ! »

Survint une sentence d'acquittement. Parmi les pièces qui, dans ces années, servirent d'attestation à la bonne conduite de Bonaparte, on remarque un certificat de Pozzo di Borgo. Bonaparte ne fut rendu que provisoirement à la liberté ; mais dans cet intervalle il eut le temps d'emprisonner le monde.

Saliceti[100], l'accusateur, ne tarda pas à s'attacher à l'accusé ; mais Bonaparte ne se confia jamais à son ancien ennemi. Il écrivit plus tard au général Dumas : « Qu'il reste à Naples (Saliceti) ; il doit s'y trouver heureux. Il y a contenu les lazzaroni ; je le crois bien ; il leur a fait peur ; il est plus méchant qu'eux. Qu'il sache que je n'ai pas assez de puissance pour défendre du mépris et de l'indignation publique les misérables qui ont voté la mort de Louis XVI[101]. »

Bonaparte, accouru à Paris, se logea rue du Mail, rue où je débarquai en arrivant de Bretagne avec madame Rose. Bourrienne le rejoignit, de même que Murat, soupçonné de terrorisme et ayant abandonné sa garnison

---

[100] Antoine-Christophe Saliceti (1757-1809). Il fut successivement membre de la Constituante, de la Convention et du Conseil des Cinq-Cents. Après le 18 brumaire, le Premier Consul lui confia diverses missions administratives en Corse, en Toscane et à Gênes. Nommé en 1806 ministre de la police générale à Naples, auprès du roi Joseph, il joignit bientôt à ces fonctions celles de ministre de la guerre, mais Joachim Murat se priva de ses services. Il revint en France et fut nommé par l'empereur membre de la Consulta qui devait prendre possession de Rome (1809). Il était dans cette ville quand une armée anglo-sicilienne débarqua en Calabre. Il se rendit aussitôt à Naples, que menaçait l'ennemi, rétablit l'ordre, et mourut subitement, empoisonné, a-t-on dit, à la suite d'un dîner que lui avait offert le génois Maghella, ministre de la police (23 décembre 1809).
[101] Souvenirs du lieutenant-général comte Dumas, (t. III, p. 317). — Ch.

d'Abbeville. Le gouvernement essaya de transformer Napoléon en général de brigade d'infanterie, et voulut l'envoyer dans la Vendée ; celui-ci déclina l'honneur, sous prétexte qu'il ne voulait pas changer d'arme. Le comité de salut public effaça le refusant de la liste des officiers généraux employés. Un des signataires de la radiation est Cambacérès, qui devint le second personnage de l'Empire[102].

Aigri par les persécutions, Napoléon songea à émigrer ; Volney l'en empêcha. S'il eût exécuté sa résolution, la cour fugitive l'eût méconnu ; il n'y avait pas d'ailleurs de ce côté de couronne à prendre ; j'aurais eu un énorme camarade, géant courbé à mes côtés dans l'exil.

L'idée de l'émigration abandonnée, Bonaparte se retourna vers l'Orient, doublement congénial à sa nature par le despotisme et l'éclat. Il s'occupa d'un mémoire pour offrir son épée au Grand Seigneur[103] : l'inaction et l'obscurité lui étaient mortelles. « Je serai utile à mon pays, s'écriait-il, si je puis rendre la force des Turcs plus redoutable à l'Europe. » Le gouvernement ne répondit point à cette note d'un fou, disait-on.

Trompé dans ses divers projets, Bonaparte vit s'accroître sa détresse ; il était difficile à secourir ; il acceptait mal les services, de même qu'il souffrait d'avoir été élevé par la munificence royale. Il en voulait à quiconque était plus favorisé que lui de la fortune : dans l'âme de l'homme pour qui les trésors des nations allaient s'épuiser, on surprenait des mouvements de haine que les communistes et les prolétaires manifestent à cette heure contre les riches. Quand on partage les souffrances du pauvre, on a le sentiment de l'inégalité sociale : on n'est pas plutôt monté en voiture que l'on méprise les gens à pied. Bonaparte avait surtout en horreur les *muscadins* et les *incroyables,* jeunes fats du moment dont les cheveux étaient peignés à la mode des têtes coupées : il aimait à décourager leur bonheur. Il eut des liaisons avec Baptiste aîné, et fit la connaissance de Talma. La famille Bonaparte professait le goût du théâtre : l'oisiveté des

---

[102] Le 29 fructidor an III (15 septembre 1795), le Comité de Salut public, dont Cambacérès est président, prend un arrêté par lequel « le général de brigade Buonaparte, ci-devant mis en réquisition prés du Comité, est rayé de la liste des officiers généraux employés, attendu son refus de se rendre au poste qui lui a été assigné ».

[103] Le Sultan venait de demander à la France des officiers et des ouvriers d'artillerie pour réorganiser son armée. Bonaparte songea sérieusement à répondre à cet appel. Il écrivit à son frère Joseph, qui déjà, trois mois auparavant, l'avait entretenu d'un projet d'établissement en Turquie : « Si je demande, j'obtiendrai d'aller en Turquie, comme général d'artillerie, envoyé par le gouvernement pour organiser l'armée du Grand Seigneur, avec un bon traitement et un titre d'envoyé très flatteur ; je te ferai nommer consul et ferai nommer Villeneulve ingénieur pour y aller avec moi ; tu m'as dit que M. Anthoine y était déjà : ainsi, avant un mois, je viendrais à Gènes ; nous irions à Livourne, d'où nous partirions. » Le 13 fructidor (30 août 1795), il formula sa demande, qui fut sérieusement examinée par le Comité de Salut, public.

garnisons conduisit souvent Napoléon dans les spectacles.

Quels que soient les efforts de la démocratie pour rehausser ses mœurs par le grand but qu'elle se propose, ses habitudes abaissent ses mœurs ; elle a le vif ressentiment de cette étroitesse : croyant la faire oublier, elle versa dans la Révolution des torrents de sang ; inutile remède, car elle ne put tout tuer, et, en fin de compte, elle se retrouva en face de l'insolence des cadavres. La nécessité de passer par les petites conditions donne quelque chose de commun à la vie ; une pensée rare est réduite à s'exprimer dans un langage vulgaire, le génie est emprisonné dans le patois, comme, dans l'aristocratie usée, des sentiments abjects sont renfermés dans de nobles mots. Lorsqu'on veut relever certain côté inférieur de Napoléon par des exemples tirés de l'antiquité, on ne rencontre que le fils d'Agrippine : et pourtant les légions adorèrent l'époux d'Octavie, et l'empire romain tressaillait à son souvenir !

Bonaparte avait retrouvé à Paris mademoiselle de Permon-Comnène, qui épousa Junot, avec lequel Napoléon s'était lié dans le Midi.

« À cette époque de sa vie, » dit la duchesse d'Abrantès, « Napoléon était laid. Depuis il s'est fait en lui un changement total. Je ne parle pas de l'auréole prestigieuse de sa gloire : je n'entends que le changement physique qui s'est opéré graduellement dans l'espace de sept années. Ainsi tout ce qui en lui était osseux, jaune, maladif même, s'est arrondi, éclairci, embelli. Ses traits, qui étaient presque tous anguleux et pointus, ont pris de la rondeur, parce qu'ils se sont revêtus de chair, dont il y avait presque absence. Son regard et son sourire demeurèrent toujours admirables ; sa personne tout entière subit aussi du changement. Sa coiffure, si singulière pour nous aujourd'hui dans les gravures du passage du pont d'Arcole, était alors toute simple, parce que ces mêmes muscadins, après lesquels il criait tant, en avaient encore de bien plus longues ; mais son teint était si jaune à cette époque, et puis il se soignait si peu, que ses cheveux mal peignés, mal poudrés, lui donnaient un aspect désagréable. Ses petites mains ont aussi subi la métamorphose ; alors elles étaient maigres, longues et noires. On sait à quel point il en était devenu vain avec juste raison depuis ce temps-là. Enfin lorsque je me représente Napoléon entrant en 1795 dans la cour de l'hôtel de la Tranquillité, rue des Filles-Saint-Thomas, la traversant d'un pas assez gauche et incertain, ayant un mauvais chapeau rond enfoncé sur ses yeux et laissant échapper ses deux *oreilles de chien* mal poudrées et tombant sur le collet de cette redingote gris de fer, devenue depuis bannière glorieuse, tout autant pour le moins que le panache blanc de Henri IV ; sans gants, parce que, disait-il, c'était une dépense inutile ; portant des bottes mal faites, mal cirées, et puis tout cet ensemble maladif résultant de sa maigreur, de son teint jaune ; enfin, quand j'évoque son souvenir de cette époque, et que je le revois plus tard, je ne puis voir le même homme dans ces deux portraits[104]. »

La mort de Robespierre n'avait pas tout fini : les prisons ne se rouvraient que lentement ; la veille du jour où le tribun expirant fut porté à l'échafaud, quatre-vingts victimes furent immolées, tant les meurtres étaient bien organisés ! tant la mort procédait avec ordre et obéissance ! Les deux bourreaux *Sanson* furent mis en jugement ; plus heureux que *Roseau,* exécuteur de Tardif sous le duc de Mayenne, ils furent acquittés : le sang de Louis XVI les avait lavés.

Les condamnés rendus à la liberté ne savaient à quoi employer leur vie, les Jacobins désœuvrés à quoi amuser leurs jours ; de là des bals et des regrets de la Terreur. Ce n'était que goutte à goutte qu'on parvenait à arracher la justice aux conventionnels ; ils ne voulaient pas lâcher le crime, de peur de perdre la puissance. Le tribunal révolutionnaire fut aboli.

André Dumont avait fait la proposition de poursuivre les continuateurs de Robespierre ; la Convention, poussée malgré elle, décréta à contre-cœur, sur un rapport de Saladin, qu'il y avait lieu de mettre en arrestation Barère, Billaud-Varenne et Collot d'Herbois, les deux derniers amis de Robespierre, et qui pourtant avaient contribué à sa chute. Carrier, Fouquier-Tinville, Joseph Le Bon, furent jugés ; des attentats, des crimes inouïs furent révélés, notamment les *mariages républicains* et la noyade de six cents enfants à Nantes. Les sections, entre lesquelles se trouvaient divisées les gardes nationales, accusaient la Convention des maux passés et craignaient de les voir renaître. La société des Jacobins combattait encore ; elle ne pouvait renifler sur la mort. Legendre, jadis violent, revenu à l'humanité, était entré au comité de sûreté générale. La nuit même du supplice de Robespierre, il avait fermé le repaire ; mais huit jours après les Jacobins s'étaient rétablis sous le nom de Jacobins *régénérés.* Les tricoteuses s'y retrouvèrent. Fréron publiait son journal ressuscité *l'Orateur du peuple,* et, tout en applaudissant à la chute de Robespierre, il se rangeait au pouvoir de la Convention. Le buste de Marat restait exposé ; les divers comités, seulement changés de formes, existaient.

Un froid rigoureux et une famine, mêlés aux souffrances politiques, compliquaient les calamités ; des groupes armés, remblayés de femmes, criant : « Du pain ! du pain ! » se formaient. Enfin le 1er prairial[105] (20 mai 1795) la porte de la Convention fut forcée, Féraud assassiné et sa tête déposée sur le bureau du président. On raconte l'impassibilité stoïque de Boissy d'Anglas : malheur à qui contesterait un acte de vertu[106] !

---

[104] Mémoires de la duchesse d'Abrantès, tome I, p. 195.
[105] Le 1er prairial an III.
[106] Boissy d'Anglas, qui présidait la séance du 1er prairial, salua religieusement la tête sanglante de son collègue. Dans un article du Journal des Débats (22 août 1862), M. Saint-Marc Girardin a donné sur cet épisode de curieux détails qui ne diminuent en rien l'héroïsme déployé par Boissy d'Anglas en cette occasion : « Quelque temps après cette terrible séance, dit-il, Boissy d'Anglas montrait à M.

Cette végétation révolutionnaire poussait vigoureusement sur la couche de fumier arrosé de sang humain qui lui servait de base. Rossignol, Huchet, Grignon, Moïse Bayle, Amar, Choudieu, Hentz, Granet, Léonard Bourdon, tous les hommes qui s'étaient distingués par leurs excès, s'étaient parqués entre les barrières ; et cependant notre renom croissait au dehors. Lorsque l'opinion s'élevait contre les conventionnels, nos triomphes sur les étrangers étouffaient la clameur publique. Il y avait deux Frances : l'une horrible à l'intérieur, l'autre admirable à l'extérieur ; on opposait la gloire à nos crimes, comme Bonaparte l'opposa à nos libertés. Nous avons toujours rencontré pour écueil devant nous nos victoires.

Il est utile de faire remarquer l'anachronisme que l'on commet en attribuant nos succès à nos énormités : ils furent obtenus avant et après le règne de la Terreur ; donc la Terreur ne fut pour rien dans la domination de nos armes. Mais ces succès eurent un inconvénient : ils produisirent une auréole autour de la tête des spectres révolutionnaires. On crut sans examiner la date que cette lumière leur appartenait. La prise de la Hollande, le passage du Rhin, semblèrent être la conquête de la hache, non de l'épée. Dans cette confusion on ne devinait pas comment la France parviendrait à se débarrasser des entraves qui, malgré la catastrophe des premiers coupables, continuaient de la presser : le libérateur était là pourtant.

Bonaparte avait conservé la plupart et la plus mauvaise part des amis avec lesquels il s'était lié dans le Midi ; comme lui, ils s'étaient réfugiés dans la capitale. Saliceti, demeuré puissant par la fraternité jacobine, s'était rapproché de Napoléon ; Fréron[107], désirant épouser Pauline Bonaparte (la princesse Borghèse), prêtait son appui au jeune général.

Pasquier et à quelques amis la salle de la Convention et leur expliquait sur les lieux la scène du 1er prairial. « Étant monté avec lui sur l'estrade du fauteuil du président, disait M. Pasquier, j'aperçus au fond de cette estrade une porte que je n'y avais pas encore vue : — Qu'est-ce donc que cette porte nouvelle ? lui dis-je. — Oui, vous avez raison, dit tout haut M. Boissy d'Anglas, elle n'est percée et ouverte que depuis peu de jours, et bien heureusement peut-être pour ma gloire. Car, qui peut savoir ce que j'aurais fait, si j'avais eu derrière moi cette porte prête à s'ouvrir pour ma retraite ? Peut-être aurais-je cédé à la tentation. » Voilà bien, ajoutait M. Pasquier, le mot d'un vrai brave ! Il avoue sans rougir que la peur est possible à l'homme. Il n'y a que ceux qui se croient capables d'être faibles qui ne le sont pas, et il n'y a aussi que ceux-là qui sont indulgents pour les faibles. »

[107] Louis-Marie-Stanislas Fréron (1754-1802), fils du célèbre critique de l'Année littéraire et neveu de l'abbé Royou, le rédacteur de l'Ami du roi. Député de Paris à la Convention, et l'un des membres les plus exaltés de la Montagne, il fut, après le 31 mai, désigné avec Barras, Saliceti et Robespierre le jeune, comme commissaire auprès de l'armée chargée de reprendre Marseille sur les insurgés. À Marseille, et plus tard à Toulon, il se signala par d'abominables cruautés. Après la chute de Robespierre, il revendiqua le titre de Thermidorien et quitta la Montagne pour aller siéger au côté droit. Autrefois, dans l'Orateur du peuple, il avait rivalisé de fureur révolutionnaire avec Marat ; il devient maintenant, toujours dans l'Orateur du

Loin des criailleries du forum et de la tribune, Bonaparte se promenait le soir au Jardin des Plantes avec Junot. Junot[108] lui racontait sa passion pour Paulette, Napoléon lui confiait son penchant pour madame de Beauharnais : l'incubation des événements allait faire éclore un grand homme. Madame de Beauharnais avait des rapports d'amitié avec Barras : il est probable que cette liaison aida le souvenir du commissaire de la Convention, lorsque les journées décisives arrivèrent.

La liberté de la presse momentanément rendue travaillait dans le sens de la délivrance ; mais comme les démocrates n'avaient jamais aimé cette liberté et qu'elle attaquait leurs erreurs, ils l'accusaient d'être royaliste. L'abbé Morellet, La Harpe, lançaient des brochures qui se mêlaient à celles de l'Espagnol Marchena[109], immonde savant et spirituel avorton. La jeunesse portait l'habit gris à revers et à collet noir, réputé l'uniforme des

peuple, le défenseur des contre-révolutionnaires. À la tête d'une bande de jeunes aristocrates, parés d'habits élégants, coiffés en cadenettes et la tête ornée de poudre — la Jeunesse dorée de Fréron, — il parcourt la ville en insultant et en malmenant « les patriotes » aux accents du Réveil du peuple, chanson royaliste à la mode. Puis voici qu'après le 13 vendémiaire, quand les royalistes sont vaincus, il revient à la Montagne. Tel est l'homme qui faillit épouser Pauline Bonaparte, et devenir le beau-frère du futur Empereur. On lira, dans Napoléon et sa famille (tome I, p. 150-163) les curieux détails que donne M. Frédéric Masson sur les amours de Paulette et de Fréron. Bonaparte, après le 18 brumaire, donna à son beau-frère manqué une place modeste dans l'administration des hospices, puis, en 1802, le nomma sous-préfet de l'un des arrondissements de Saint-Domingue. Fréron, pour se rendre à son poste, partit avec le général Leclerc, — et avec Paulette, devenue Mme Leclerc, en attendant d'être la princesse Borghèse. À peine arrivé à destination, il succomba victime des rigueurs du climat.

[108] Andoche Junot, duc d'Abrantès (1771-1813). Ami du général Bonaparte, qu'il avait connu au siège de Toulon, il fut emmené par lui en Égypte ; général de division en 1801, il devint commandant et gouverneur de Paris (1804). Mis en 1807 à la tête de l'armée dirigée contre le Portugal, il s'empara facilement de ce royaume et fut créé duc d'Abrantès ; mais, l'année suivante, à la suite de la défaite de Vimeiro, il dut signer la capitulation de Cintra et abandonner sa conquête. Cet insuccès lui valut la disgrâce de Napoléon ; il fut cependant admis à prendre part à la guerre d'Espagne (1810) et à la campagne de Russie. En 1813, il fut nommé gouverneur des provinces illyriennes. Tomber gouverneur à Trieste, après avoir été à la veille — il le croyait du moins — d'être roi à Lisbonne, le coup était rude. Le malheureux perdit la raison. Ramené en France, il mourut à Montbard le 27 juillet 1813. — Voir sur lui les Mémoires de sa femme et surtout les Mémoires du général Thiébault, tomes II, III, IV et V.

[109] José Marchena (1768-1821). Poursuivi en Espagne par l'Inquisition pour des écrits clandestins, il se réfugia en France, fut accueilli par Marat et collabora à l'Ami du peuple. De Marat il passa aux Girondins, en attendant de passer aux royalistes sous le Directoire. Ses écrits contre-révolutionnaires le firent expulser de France en 1797. En 1800, secrétaire de Moreau à l'armée du Rhin, il s'amusa à composer en latin un morceau érotique qu'il attribua à Pétrone. Un grand nombre de savants se laissèrent prendre à cette supercherie, qu'il renouvela du reste en 1806 à propos de Catulle. Il a traduit en espagnol les Lettres persanes de Montesquieu, les Contes de Voltaire et la Nouvelle Héloïse de Rousseau.

chouans. La réunion de la nouvelle législature était le prétexte des rassemblements des sections. La section Lepelletier, connue naguère sous le nom de section des Filles-Saint-Thomas, était la plus animée ; elle parut plusieurs fois à la barre de la Convention pour se plaindre ; Lacretelle le jeune[110] lui prêta sa voix avec le même courage qu'il montra le jour où Bonaparte mitrailla les Parisiens sur les degrés de Saint-Roch. Les sections, prévoyant que le moment du combat approchait, firent venir de Rouen le général Danican[111] pour le mettre à leur tête. On peut juger de la peur et des sentiments de la Convention par les défenseurs qu'elle convoqua autour d'elle : « À la tête de ces républicains, dit Réal dans son *Essai sur les journées de vendémiaire*, que l'on appela le *bataillon sacré des patriotes de 89*, et dans leurs rangs, on appelait ces vétérans de la Révolution qui en avaient fait les six campagnes, qui s'étaient battus sous les murs de la Bastille, qui avaient terrassé la tyrannie et qui s'armaient aujourd'hui pour défendre le même château qu'ils avaient foudroyé au 10 août. Là je retrouvai les restes précieux de ces vieux bataillons de Liégeois et de Belges, sous les ordres de leur ancien général Fyon. »

Réal finit ce dénombrement par cette apostrophe : « Ô toi par qui nous avons vaincu l'Europe avec un gouvernement sans gouvernants et des armées sans paye, génie de la liberté, tu veillais encore sur nous ! » Ces fiers champions de la liberté vécurent trop de quelques jours ; ils allèrent achever leurs hymnes à l'indépendance dans les bureaux de la police d'un tyran. Ce temps n'est aujourd'hui qu'un degré rompu sur lequel a passé la Révolution : que d'hommes ont parlé et agi avec énergie, se sont passionnés pour des faits dont on ne s'occupe plus ! Les vivants recueillent le fruit des existences oubliées qui se sont consumées pour eux.

On touchait au renouvellement de la Convention ; les assemblées primaires étaient convoquées : comités, clubs, sections, faisaient un tribouil effroyable.

La Convention, menacée par l'aversion générale, vit qu'il se fallait défendre : à Danican elle opposa Barras, nommé chef de la force armée de Paris et de l'intérieur. Ayant rencontré Bonaparte à Toulon, et remémoré

---

[110] Charles-Jean-Dominique de Lacretelle, dit le Jeune (1766-1855). Membre de l'Académie française, auteur de nombreuses publications historiques sur les Guerres de Religion, le XVIIIe siècle, la Révolution, le Consulat, l'Empire et la Restauration. On lui doit en outre de très intéressants Mémoires, parus en 1842 sous ce titre : Dix années d'épreuves pendant la Révolution.

[111] Auguste Danican (1763-1848). Après avoir servi contre les Vendéens en 1793 et 1794, et s'être fait battre en maintes rencontres, il fut destitué, pour être bientôt replacé et envoyé à Rouen. Après le 13 vendémiaire, il se réfugia en Angleterre, où il publia contre les hommes de la Révolution un très curieux écrit intitulé : les Brigands démasqués (1796). À la chute de l'Empire, il rentra en France, mais n'ayant pu obtenir d'être réintégré dans les cadres de l'armée, il retourna à Londres et finit par se fixer dans le Holstein, où il termina obscurément ses jours au mois de décembre 1848.

de lui par madame de Beauharnais, Barras fut frappé du secours dont lui pourrait être un pareil homme : il se l'adjoignit pour commandant en second[112]. Le futur directeur, entretenant la Convention des journées de vendémiaire, déclara que c'était aux dispositions savantes et promptes de Bonaparte que l'on devait le salut de l'enceinte, autour de laquelle il avait distribué les postes avec beaucoup d'habileté. Napoléon foudroya les sections et dit : « J'ai mis mon cachet sur la France. » Attila avait dit : « Je suis le marteau de l'univers, *ego malleus orbis.* »

Après le succès, Napoléon craignit de s'être rendu impopulaire, et il assura qu'il donnerait plusieurs années de sa vie pour effacer cette page de notre histoire.

Il existe un récit des journées de vendémiaire de la main de Napoléon : il s'efforce de prouver que ce furent les sections qui commencèrent le feu. Dans leur rencontre il put se figurer être encore à Toulon : le général Carteaux était à la tête d'une colonne sur le Pont-Neuf ; une compagnie de Marseillais marchait sur Saint-Roch ; les postes occupés par les gardes nationales furent successivement emportés. Réal, de la narration duquel je vous ai déjà entretenu, finit son exposition par ces niaiseries que croient ferme les Parisiens : c'est un blessé qui, traversant le salon des Victoires, reconnaît un drapeau qu'il a pris : « N'allons pas plus loin, dit-il d'une voix expirante, je veux mourir ici ; » c'est la femme du général Dufraisse qui coupe sa chemise pour en faire des bandes ; ce sont les deux filles de Durocher qui administrent le vinaigre et l'eau-de-vie. Réal attribue tout à Barras : flagornerie de réticence ; elle prouve qu'en l'an IV Napoléon, vainqueur au profit d'un autre, n'était pas encore compté.

Il paraît que Bonaparte n'espérait pas tirer un grand avantage de sa victoire sur les sections, car il écrivait à Bourrienne : « Cherche un petit bien dans ta belle vallée de l'Yonne ; je l'achèterai dès que j'aurai de l'argent ; mais n'oublie pas que je ne veux pas de bien national[113]. » Bonaparte s'est ravisé sous l'Empire : il a fait grand cas des biens nationaux.

Ces émeutes de vendémiaire terminent l'époque des émeutes : elles ne se sont renouvelées qu'en 1830, pour mettre fin à la monarchie.

Quatre mois après les journées de vendémiaire[114], le 19 ventôse (9 mars) an IV, Bonaparte épousa Marie-Josèphe-Rose de Tascher. L'acte ne fait aucune mention de la veuve du comte de Beauharnais. Tallien et Barras

---

[112] Le 13 vendémiaire an IV (5 octobre 1795). — Au 13 vendémiaire, Bonaparte est encore général de brigade ; dix jours après, le 24 vendémiaire (16 octobre), il est général de division dans l'arme de l'artillerie ; encore dix jours, et le 4 brumaire (26 octobre) il est général en chef de l'Armée de l'Intérieur, il a vingt-six ans.
[113] Mémoires de M. de Bourrienne, tome I, p. 103.
[114] Plus exactement cinq mois.

sont témoins au contrat. Au mois de juin Bonaparte est appelé au généralat des troupes cantonnées dans les Alpes maritimes ; Carnot réclame contre Barras l'honneur de cette nomination. On appelait le commandement de l'armée d'Italie *la dot de madame Beauharnais*. Napoléon, racontant à Sainte-Hélène, avec dédain, avoir cru s'allier à une grande dame, manquait de reconnaissance.

Napoléon entre en plein dans ses destinées : il avait eu besoin des hommes, les hommes vont avoir besoin de lui ; les événements l'avaient fait, il va faire les événements. Il a maintenant traversé ces malheurs auxquels sont condamnées les natures supérieures avant d'être reconnues, contraintes de s'humilier sous les médiocrités dont le patronage leur est nécessaire : le germe du plus haut palmier est d'abord abrité par l'Arabe sous un vase d'argile.

Arrivé à Nice, au quartier général de l'armée d'Italie, Bonaparte trouve les soldats manquant de tout, nus, sans souliers, sans pain, sans discipline. Il avait vingt-huit ans ; sous ses ordres Masséna commandait trente-six mille hommes. C'était l'an 1796. Il ouvre sa première campagne le 20 mars, date fameuse qui devait se graver plusieurs fois dans sa vie. Il bat Beaulieu à Montenotte[115] ; deux jours après, à Millesimo[116], il sépare les deux armées autrichienne et sarde. À Ceva, à Mondovi[117], à Fossano, à Cherasco[118], les succès continuent ; le génie de la guerre même est descendu. Cette proclamation fait entendre une voix nouvelle, comme les combats avaient annoncé un homme nouveau :

« Soldats ! vous avez remporté, en quinze jours, six victoires, pris vingt et un drapeaux, cinquante-cinq pièces de canon, quinze mille prisonniers, tué ou blessé plus de dix mille hommes. Vous avez gagné des batailles sans canon, passé des rivières sans ponts, fait des marches forcées sans souliers, bivouaqué sans eau-de-vie et souvent sans pain. Les phalanges républicaines, les soldats de la liberté, étaient seuls capables de souffrir ce que vous avez souffert ; grâces vous soient rendues, soldats !…

« Peuples d'Italie ! l'armée française vient rompre vos chaines ; le peuple français est l'ami de tous les peuples. Nous n'en voulons qu'aux tyrans qui vous asservissent. »

Dès le 15 mai la paix est conclue entre la République française et le roi de Sardaigne ; la Savoie est cédée à la France avec Nice et Tende. Napoléon avance toujours, et il écrit à Carnot :

« Du quartier général, à Plaisance, 9 mai 1796.

---

[115] Le 12 avril 1796.
[116] Le 14 avril.
[117] Le 22 avril.
[118] Le 25 avril.

« Nous avons enfin passé le Pô : la seconde campagne est commencée ; Beaulieu est déconcerté ; il calcule assez mal, et donne constamment dans les pièges qu'on lui tend. Peut-être voudra-t-il donner une bataille, car cet homme-là a l'audace de la fureur, et non celle du génie. Encore une victoire, et nous sommes maîtres de l'Italie. Dès l'instant que nous arrêterons nos mouvements, nous ferons habiller l'armée à neuf. Elle est toujours à faire peur ; mais tout engraisse ; le soldat ne mange que du pain de Gonesse, bonne viande et en quantité, etc. La discipline se rétablit tous les jours ; mais il faut souvent fusiller, car il est des hommes intraitables qui ne peuvent se commander. Ce que nous avons pris à l'ennemi est incalculable. Plus vous m'enverrez d'hommes, plus je les nourrirai facilement. Je vous fais passer vingt tableaux des premiers maîtres, du Corrége et de Michel-Ange. Je vous dois des remercîments particuliers pour les attentions que vous voulez bien avoir pour ma femme. Je vous la recommande : elle est patriote sincère, et je l'aime à la folie. J'espère que les choses vont bien, pouvant vous envoyer une douzaine de millions à Paris ; cela ne vous fera pas de mal pour l'armée du Rhin. Envoyez-moi quatre mille cavaliers démontés, je chercherai ici à les remonter. Je ne vous cache pas que, depuis la mort de Stengel, je n'ai plus un officier supérieur de cavalerie qui se batte. Je désirerais que vous me pussiez envoyer deux ou trois adjudants généraux qui aient du feu et une ferme résolution de ne jamais faire de savantes retraites. »

C'est une des lettres remarquables de Napoléon. Quelle vivacité ! quelle diversité de génie ! Avec les intelligences du héros se trouve jetée pêle-mêle, dans la profusion triomphale des tableaux de Michel-Ange, une raillerie piquante contre un rival, à propos de ces adjudants généraux ayant *une ferme résolution de ne jamais faire de savantes retraites*. Le même jour Bonaparte écrivait au Directoire pour lui donner avis de la suspension d'armes accordée au duc de Parme et de l'envoi du *Saint Jérôme* du Corrége. Le 11 mai, il annonce à Carnot le passage du pont de Lodi qui nous rend possesseurs de la Lombardie. S'il ne va pas tout de suite à Milan, c'est qu'il veut suivre Beaulieu et l'achever. — « Si j'enlève Mantoue, rien ne m'arrête plus pour pénétrer dans la Bavière ; dans deux décades je puis être dans le cœur de l'Allemagne. Si les deux armées du Rhin entrent en campagne, je vous prie de me faire part de leur position. Il serait digne de la République d'aller signer le traité de paix des trois armées réunies dans le cœur de la Bavière et de l'Autriche étonnées. »

L'aigle ne marche pas, il vole, chargé des banderoles de victoires suspendues à son cou et à ses ailes.

Il se plaint de ce qu'on veut lui donner pour adjoint Kellermann : « Je ne puis pas servir volontiers avec un homme qui se croit le premier général de l'Europe, et je crois qu'un mauvais général vaut mieux que deux bons. »

Le 1er juin 1796 les Autrichiens sont entièrement expulsés d'Italie, et nos avant-postes éclairent les monts de l'Allemagne : « Nos grenadiers et nos carabiniers », écrit Bonaparte au Directoire, « jouent et rient avec la mort. Rien n'égale leur intrépidité, si ce n'est la gaieté avec laquelle ils font les marches les plus forcées. Vous croiriez qu'arrivés au bivouac ils doivent au moins dormir ; pas du tout : chacun fait son conte ou son plan d'opération du lendemain, et souvent on en voit qui rencontrent très juste. L'autre jour je voyais défiler une demi-brigade ; un chasseur s'approcha de mon cheval : Général, me dit-il, il faut faire cela. — Malheureux, lui dis-je, veux-tu bien te taire ! Il disparaît à l'instant ; je l'ai fait en vain chercher : c'était justement ce que j'avais ordonné que l'on fît. »

Les soldats gradèrent leur commandant : à Lodi[119] ils le firent caporal, à Castiglione[120] sergent.

Le 15 de novembre on débouche sur Arcole : le jeune général passe le pont qui l'a rendu fameux : dix mille hommes restent sur la place. « C'était un chant de l'*Iliade !* » s'écriait Bonaparte au seul souvenir de cette action.

En Allemagne, Moreau accomplissait la célèbre retraite[121] que Napoléon appelait une *retraite de sergent.* Celui-ci se préparait à dire à son rival, en battant l'archiduc Charles :

Je suivrai d'assez près votre illustre retraite
Pour traiter avec lui sans besoin d'interprète.

Le 14 janvier 1797, les hostilités se renouèrent par la bataille de Rivoli. Deux combats contre Wurmser, à Saint-Georges et à la Favorite, entraînent pour l'ennemi la perte de cinq mille tués et de vingt mille prisonniers ; le demeurant se barricade dans Mantoue ; la ville bloquée capitule[122]; Wurmser, avec les douze mille hommes qui lui restent, se rend.

Bientôt la Marche d'Ancône est envahie ; plus tard le traité de Tolentino[123] nous livre des perles, des diamants, des manuscrits précieux, la *Transfiguration,* le *Laocoon,* l'*Apollon du Belvédère,* et termine cette suite d'opérations par lesquelles en moins d'un an quatre armées autrichiennes ont été détruites, la haute Italie soumise et le Tyrol entamé ; on n'a pas le temps de se reconnaître : l'éclair et le coup partent à la fois.

L'archiduc Charles, accouru pour défendre l'Autriche antérieure avec une nouvelle armée, est forcé au passage du Tagliamento[124] ; Gradisca tombe[125] ; Trieste est pris[126] ; les préliminaires de la paix entre la France et l'Autriche sont signés à Léoben[127].

---

[119] Le 10 mai 1796.
[120] Le 5 août 1796.
[121] Septembre-octobre 1796. Les généraux de division Reynier, Desaix, Gouvion-Saint-Cyr, et le général Dessoles, chef de l'état-major, partagent avec Moreau l'honneur de cette admirable retraite.
[122] Le 2 février 1797.
[123] Le 19 février.
[124] Le 16 mars.
[125] Forteresse importante, contiguë au Frioul ; elle est emportée de vive force, le 19

Venise, formée au milieu de la chute de l'empire romain, trahie et troublée, nous avait ouvert ses lagunes et ses palais ; une révolution s'accomplit le 31 mai 1797 dans Gènes sa rivale : la République ligurienne prend naissance. Bonaparte aurait été bien étonné si, du milieu de ses conquêtes, il eût pu voir qu'il s'emparait de Venise pour l'Autriche, des Légations pour Rome, de Naples pour les Bourbons, de Gènes pour le Piémont, de l'Espagne pour l'Angleterre, de la Westphalie pour la Prusse, de la Pologne pour la Russie, semblable à ces soldats qui, dans le sac d'une ville, se gorgent d'un butin qu'ils sont obligés de jeter, faute de le pouvoir emporter, tandis qu'au même moment ils perdent leur patrie.

Le 9 juillet, la République cisalpine[128] proclame son existence. Dans la correspondance de Bonaparte on voit courir la navette à travers la chaîne des révolutions attachées à la nôtre : comme Mahomet avec le glaive et le Coran, nous allions l'épée dans une main, les droits de l'homme dans l'autre.

Dans l'ensemble de ses mouvements généraux, Bonaparte ne laisse échapper aucun détail : tantôt il craint que les *vieillards* des grands peintres de Venise, de Bologne, de Milan, ne soient bien mouillés en passant le Mont-Cenis ; tantôt il est inquiet qu'un manuscrit sur papyrus de la bibliothèque ambrosienne ne soit perdu ; il prie le ministre de l'intérieur de lui apprendre s'il est arrivé à la Bibliothèque nationale. Il donne au Directoire exécutif son opinion sur ses généraux :

« Berthier : talents, activité, courage, caractère, tout pour lui.

« Augereau : beaucoup de caractère, de courage, de fermeté, d'activité ; est aimé du soldat, heureux dans ses opérations.

« Masséna : actif, infatigable, a de l'audace, du coup d'œil et de la promptitude à se décider.

« Sérurier : se bat en soldat, ne prend rien sur lui ; ferme ; n'a pas assez bonne opinion de ses troupes ; est malade.

« Despinois : mou, sans activité, sans audace, n'a pas l'état de la guerre, n'est pas aimé du soldat, ne se bat pas à sa tête ; a d'ailleurs de la hauteur, de l'esprit et des principes politiques sains ; bon à commander dans l'intérieur.

« Sauret : bon, très bon soldat, pas assez éclairé pour être général ; peu heureux.

« Abbatucci : pas bon à commander cinquante hommes, etc., etc. »

---

mars, par le général Bernadotte, soutenu du général Sérurier.
[126] Le 24 mars.
[127] Le 15 avril.
[128] Elle était formée de la Lombardie autrichienne, du Bergamasque, du Bressan, du Crémasque et d'autres contrées de l'État de Venise, de Mantoue, du Modénais, de Massa et Carrara, du Bolonais, du Ferrarais et de la Romagne.

Bonaparte écrit au chef des Maïnottes : « Les Français estiment le petit, mais brave peuple qui, seul de l'ancienne Grèce, a conservé sa vertu, les dignes descendants de Sparte, auxquels il n'a manqué pour être aussi renommés que leurs ancêtres que de se trouver sur un plus vaste théâtre. » Il instruit l'autorité de la prise de possession de Corfou : « L'île de Corcyre », remarque-t-il, « était, selon Homère, la patrie de la princesse Nausicaa. » Il envoie le traité de paix conclu avec Venise. « Notre marine y gagnera quatre ou cinq vaisseaux de guerre, trois ou quatre frégates, plus trois ou quatre millions de cordages. — Qu'on me fasse passer des matelots français ou corses, mande-t-il ; je prendrai ceux de Mantoue et de Guarda. — Un million pour Toulon, que je vous ai annoncé, part demain ; deux millions, etc., formeront la somme de cinq millions que l'armée d'Italie aura fournie depuis la nouvelle campagne. — J'ai chargé… de se rendre à Sion pour chercher à ouvrir une négociation avec le Valais. — J'ai envoyé un excellent ingénieur pour savoir ce que coûterait cette route à établir (le Simplon)… J'ai chargé le même ingénieur de voir ce qu'il faudrait pour faire sauter le rocher dans lequel s'enfuit le Rhône, et par là rendre possible l'exploitation des bois du Valais et de la Savoie. » Il donne avis qu'il fait partir de Trieste un chargement de blé et d'aciers pour Gènes. Il fait présent au pacha de Scutari de quatre caisses de fusils, comme une marque de son amitié. Il ordonne de renvoyer de Milan quelques hommes suspects et d'en arrêter quelques autres. Il écrit au citoyen Grogniard, ordonnateur de la marine à Toulon : « Je ne suis pas votre juge, mais si vous étiez sous mes ordres, je vous mettrais aux arrêts pour avoir obtempéré à une réquisition ridicule. » Une note remise au ministre du pape dit : « Le pape pensera peut-être qu'il est digne de sa sagesse, de la plus sainte des religions, de faire une bulle ou mandement qui ordonne aux prêtres obéissance au gouvernement. »

Tout cela est mêlé de négociations avec les républiques nouvelles, des détails des fêtes pour Virgile et Arioste, des bordereaux explicatifs des vingt tableaux et des cinq cents manuscrits de Venise ; tout cela a lieu à travers l'Italie assourdie du bruit des combats, à travers l'Italie devenue une fournaise où nos grenadiers vivaient dans le feu comme des salamandres.

Pendant ces tourbillons d'affaires et de succès advint le 18 fructidor[129], favorisé par les proclamations de Bonaparte et les délibérations de son armée, en jalousie de l'armée de la Meuse. Alors disparut celui qui, peut-être à tort, avait passé pour l'auteur des plans des victoires républicaines ; on assure que Danissy, Lafitte, d'Arçon, trois génies militaires supérieurs, dirigeaient ces plans : Carnot se trouva proscrit par l'influence de Bonaparte.

---

[129] Coup d'État du 18 fructidor an V (4 septembre 1797).

Le 17 octobre, celui-ci signe le traité de paix de Campo-Formio[130] ; la première guerre continentale de la Révolution finit à trente lieues de Vienne.

Un congrès étant rassemblé à Rastadt, et Bonaparte ayant été nommé par le Directoire représentant à ce congrès[131], il prit congé de l'armée d'Italie. « Je ne serai consolé, lui dit-il, que par l'espoir de me revoir bientôt avec vous, luttant contre de nouveaux dangers. » Le 16 novembre 1797, son ordre du jour annonce qu'il a quitté Milan pour présider la légation française au congrès et qu'il a envoyé au Directoire le drapeau de l'armée d'Italie.

Sur un des côtés de ce drapeau Bonaparte avait fait broder le résumé de ses conquêtes : « Cent cinquante mille prisonniers, dix-sept mille chevaux, cinq cent cinquante pièces de siège, six cents pièces de campagne, cinq équipages de ponts, neuf vaisseaux de cinquante-quatre canons, douze frégates de trente-deux, douze corvettes, dix-huit galères ; armistice avec le roi de Sardaigne, convention avec Gênes ; armistice avec le duc de Parme, avec le duc de Modène, avec le roi de Naples, avec le pape ; préliminaires de Léoben ; convention de Montebello avec la République de Gênes ; traité de paix avec l'empereur à Campo-Formio ; donné la liberté aux peuples de Bologne, Ferrare, Modène, Massa-Carrara, de la Romagne, de la Lombardie, de Brescia, de Bergame, de Mantoue, de Crème, d'une partie du Véronais, de Chiavenna, Bormio, et de la Valteline ; au peuple de Gênes, aux fiefs impériaux, au peuple des départements de Corcyre, de la mer Égée et d'Ithaque.

« Envoyé à Paris tous les chefs-d'œuvre de Michel-Ange, de Guerchin, du Titien, de Paul Véronèse, Corrége, Albane, des Carrache, Raphaël, Léonard de Vinci, etc., etc. »

« Ce monument de l'armée d'Italie, dit l'ordre du jour, sera suspendu aux voûtes de la salle des séances publiques du Directoire, et il attestera les exploits de nos guerriers quand la génération présente aura disparu. »

Après une convention purement militaire, qui stipulait la remise de Mayence aux troupes de la République et la remise de Venise aux troupes autrichiennes, Bonaparte quitta Rastadt et laissa la suite des affaires du

---

[130] Campo-Formio est un hameau du Frioul, près d'Udine. L'Autriche cédait à la France les Pays-Bas autrichiens, ainsi que les pays d'Empire jusqu'au Rhin ; elle reconnaissait la République cisalpine, à laquelle elle cédait Milan, Mantoue et Modène. L'État de Venise était abandonné à l'empereur, à la réserve des îles Ioniennes, que la France retenait.

[131] Bonaparte avait été nommé par le Directoire premier plénipotentiaire ; Treilhard et Bonnier d'Arco lui étaient adjoints. Les trois plénipotentiaires de l'Autriche étaient le comte de Metternich, père du futur chancelier, qui représentait Empereur ; le comte Lehrbach, député de l'Autriche ; le comte Cobenzl, envoyé du roi de Hongrie et de Bohème. La Prusse était représentée par le comte de Goërz, le baron Jacobi Klœst et le baron Dohm.

congrès aux mains de Treilhard et de Bonnier.

Dans les derniers temps de la campagne d'Italie, Bonaparte eut beaucoup à souffrir de l'envie de divers généraux et du Directoire : deux fois il avait offert sa démission ; les membres du gouvernement la désiraient et n'osaient l'accepter. Les sentiments de Bonaparte ne suivaient pas le penchant du siècle ; il cédait à contre-cœur aux intérêts nés de la Révolution : de là les contradictions de ses actes et de ses idées.

De retour à Paris[132], il descendit dans sa maison, rue Chantereine, qui prit et porte encore le nom de *rue de la Victoire*[133]. Le conseil des Anciens voulut faire à Napoléon le don de Chambord, ouvrage de François Ier, qui ne rappelle plus que l'exil du dernier fils de saint Louis. Bonaparte fut présenté au Directoire, le 10 décembre 1797, dans la cour du palais du Luxembourg. Au milieu de cette cour s'élevait un autel de la Patrie, surmonté des statues de la Liberté, de l'Égalité et de la Paix. Les drapeaux conquis formaient un dais au-dessus des cinq directeurs habillés à l'antique ; l'ombre de la Victoire descendait de ces drapeaux sous lesquels la France faisait halte un moment. Bonaparte était vêtu de l'uniforme qu'il portait à Arcole et à Lodi. M. de Talleyrand reçut le vainqueur auprès de l'autel, se souvenant d'avoir naguère dit la messe sur un autre autel. Fuyard revenu des États-Unis, chargé par la protection de Chénier du ministère des relations extérieures, l'évêque d'Autun, le sabre au côté, était coiffé d'un chapeau à la Henri IV : les événements forçaient de prendre au sérieux ces travestissements.

Le prélat fit l'éloge du conquérant de l'Italie : « Il aime, dit-il, mélancoliquement, il aime les chants d'Ossian, surtout parce qu'ils détachent de la terre. Loin de redouter ce qu'on appelle son ambition, il nous faudra peut-être le solliciter un jour pour l'arracher aux douceurs de sa studieuse retraite. La France entière sera libre, peut-être lui ne le sera jamais : telle est sa destinée. »

Merveilleusement deviné !

Le frère de saint Louis à Grandella, Charles VIII à Fornoue, Louis XII à Agnadel, François Ier à Marignan, Lautrec à Ravenne, Catinat à Turin, demeurent loin du nouveau général. Les succès de Napoléon n'eurent point de pairs.

Les directeurs, redoutant un despotisme supérieur qui menaçait tous les despotismes, avaient vu avec inquiétude les hommages que l'on rendait à Napoléon ; ils songeaient à se débarrasser de sa présence. Ils favorisèrent la passion qu'il montrait pour une expédition dans l'Orient. Il disait : « L'Europe est une taupinière ; il n'y a jamais eu de grands empires et de

---

[132] Il arriva à Paris le 5 décembre 1797.

[133] Un arrêté du département de la Seine donne à la rue Chantereine, où demeure Bonaparte, le nom de rue de la Victoire (Moniteur du 20 nivôse au VI, 9 janvier 1798).

grandes révolutions qu'en Orient ; je n'ai déjà plus de gloire : cette petite Europe n'en fournit pas assez. » Napoléon, comme un enfant, était charmé d'avoir été élu membre de l'Institut[134]. Il ne demandait que six ans pour aller aux Indes et pour en revenir : « Nous n'avons que vingt-neuf ans, » remarquait-il en songeant à lui ; « ce n'est pas un âge : j'en aurai trente-cinq à mon retour. »

Nommé général d'une armée dite de l'Angleterre[135], dont les corps étaient dispersés de Brest à Anvers. Bonaparte passa son temps à des inspections, à des visites aux autorités civiles et scientifiques, tandis qu'on assemblait les troupes qui devaient composer l'armée d'Égypte. Survint l'échauffourée du drapeau tricolore et du bonnet rouge, que notre ambassadeur à Vienne, le général Bernadotte, avait planté sur la porte de son palais[136]. Le Directoire se disposait à retenir Napoléon pour l'opposer à

---

[134] Le Directoire, au lendemain du Coup d'État du 18 fructidor, avait notifié officiellement à l'Institut la loi de déportation, qui lui enlevait, dans la classe des Sciences mathématiques, le directeur Carnot ; dans la classe des Sciences morales, Pastoret, du Conseil des Cinq-Cents, et le directeur Barthélémy ; dans la classe de Littérature, Sicard et Fontanes. Bonaparte fut élu à la place de Carnot, le 26 décembre 1797. Dix jours après l'élection, le 5 janvier 1798, il parut pour la première fois à une séance publique. L'affluence fut extraordinaire. Le jeune général entra sans faste, vêtu d'un petit frac gris, et prit place entre Lagrange et Laplace. Garat définit son nouveau collègue « un philosophe qui avait paru un moment à la tête des armées. » Chénier lut son Vieillard d'Ancenis, poème sur la mort du général Hoche, dont les derniers vers annonçaient la défaite prochaine de l'Angleterre :
Quels rochers, quels remparts deviendront leur asile,
Quand Neptune irrité lancera dans leur île
D'Arcole et de Lodi les terribles soldats,
Tous ces jeunes héros vieux dans l'art des combats,
La grande nation à vaincre accoutumée
Et le grand général guidant la grande armée.
L'auditoire tout entier se leva et salua de ses acclamations le poète et le grand général.
[135] Arrêté du Directoire (13 germinal, 2 avril 1798), portant que le général Bonaparte se rendra à Brest dans le courant de la décade, pour y prendre le commandement de l'armée d'Angleterre.
[136] Le 18 avril 1798, vers six heures du soir, Bernadotte, alors ambassadeur à Vienne, fit suspendre au balcon du premier étage de son hôtel un drapeau tricolore d'environ quatre aunes, attaché à une hampe extrêmement longue avec cette inscription : « République française ». Jamais à Vienne les ambassadeurs n'arboraient le drapeau de leur pays. Aussi des groupes se formèrent très vite devant l'hôtel, et le peuple viennois vit une provocation véritable dans le fait d'avoir arboré ce grand drapeau contre tous les usages ; l'ambassadeur, disait-on, avait voulu déclarer ainsi qu'il regardait Vienne comme une ville conquise. Bientôt une foule immense se rassembla devant l'ambassade. Un aide de camp de Bernadotte vint à la porte du palais et, la main sur la poignée de son sabre, il harangua les Viennois avec mépris et déclama avec rage contre la police. La foule lança alors des pierres contre les fenêtres ; un serrurier grimpe au balcon et en arrache le drapeau qui fut immédiatement brûlé. La police arrivait, mais elle n'était pas encore

la nouvelle guerre possible, lorsque M. de Cobentzel prévint la rupture, et Bonaparte reçut l'ordre de partir. L'Italie devenue républicaine, la Hollande transformée en république, la paix laissant à la France, étendue jusqu'au Rhin, des soldats inutiles, dans sa prévoyance peureuse le Directoire s'empressa d'écarter le vainqueur. Cette aventure d'Égypte change à la fois la fortune et le génie de Napoléon, en surdorant ce génie, déjà trop éclatant, d'un rayon du soleil qui frappa la colonne de nuée et de feu.

Toulon, 19 mai 1798.

PROCLAMATION.

Soldats,

« Vous êtes une des ailes de l'armée d'Angleterre.

« Vous avez fait la guerre de montagnes, de plaines, de sièges ; il vous reste à faire la guerre maritime.

« Les légions romaines, que vous avez quelquefois imitées, mais pas encore égalées, combattaient Carthage tour à tour sur cette même mer, et aux plaines de Zama. La victoire ne les abandonna jamais, parce que constamment elles furent braves, patientes à supporter la fatigue, disciplinées et unies entre elles.

« Soldats, l'Europe a les yeux sur vous ! vous avez de grandes destinées à remplir, des batailles à livrer, des dangers, des fatigues à vaincre ; vous ferez plus que vous n'avez fait pour la prospérité de la patrie, le bonheur des hommes et votre propre gloire.»

Après cette proclamation de souvenirs, Napoléon s'embarque : on dirait d'Homère ou du héros qui enfermait les chants du Méonide dans une cassette d'or. Cet homme ne chemine pas tout doucement : à peine a-t-il mis l'Italie sous ses pieds, qu'il parait en Égypte ; épisode romanesque dont il agrandit sa vie réelle. Comme Charlemagne, il attache une épopée à son histoire. Dans la bibliothèque qu'il emporta se trouvaient *Ossian, Werther, la Nouvelle Héloïse* et *le Vieux Testament :* indication du chaos

---

assez forte pour dissiper un attroupement aussi nombreux. La porte du palais fut enfoncée, et une foule furieuse pénétra dans l'intérieur, et se trouva en face de l'ambassadeur, de ses secrétaires et de ses aides de camp armés de sabres et de pistolets. Bernadotte brandissait son sabre et criait avec fureur : « Qu'ose donc cette canaille ? J'en tuerai au moins six ». et menaçait de venir châtier ce peuple à coups de canons. Un de ses domestiques tira deux coups de pistolet, dont fort heureusement les envahisseurs ne parurent pas s'émouvoir beaucoup. Ils pénétrèrent dans la cuisine et les écuries, et brisèrent les voitures de l'ambassadeur. Les troupes étaient casernées dans les faubourgs, à une grande distance de l'ambassade. Ce fut seulement à minuit qu'une division d'infanterie et un régiment de cavalerie arrivé de Schœnbrünn vinrent mettre fin à l'émeute. (Ludovic Sciout, Le Directoire, tome IV, p. 421.)

de la tête de Napoléon. Il mêlait les idées positives et les sentiments romanesques, les systèmes et les chimères, les études sérieuses et les emportements de l'imagination, la sagesse et la folie. De ces productions incohérentes du siècle il tira l'Empire ; songe immense, mais rapide comme la nuit désordonnée qui l'avait enfanté.

Entré dans Toulon le 9 mai 1798, Napoléon descend à l'hôtel de la Marine ; dix jours après il monte sur le vaisseau amiral *l'Orient ;* le 19 mai il met à la voile ; il part de la borne où la première fois il avait répandu le sang, et un sang français : les massacres de Toulon l'avaient préparé aux massacres de Jaffa. Il menait avec lui les généraux premiers-nés de sa gloire : Berthier, Caffarelli, Kléber, Desaix, Lannes, Murat, Menou. Treize vaisseaux de ligne, quatorze frégates, quatre cents bâtiments de transport, l'accompagnent.

Nelson le laissa échapper du port et le manqua sur les flots, bien qu'une fois nos navires ne fussent qu'à six lieues de distance des vaisseaux anglais. De la mer de Sicile, Napoléon aperçut le sommet des Apennins ; il dit : « Je ne puis voir sans émotion la terre d'Italie ; voilà l'Orient : j'y vais. » À l'aspect de l'Ida, explosion d'admiration sur Minos et la sagesse antique. Dans la traversée, Bonaparte se plaisait à réunir les savants et provoquait leurs disputes ; il se rangeait ordinairement à l'avis du plus absurde ou du plus audacieux ; il s'enquérait si les planètes étaient habitées, quand elles seraient détruites par l'eau ou par le feu, comme s'il eût été chargé de l'inspection de l'armée céleste.

Il aborde à Malte, déniche la vieille chevalerie retirée dans le trou d'un rocher marin[137] ; puis il descend parmi les ruines de la cité d'Alexandre[138]. Il voit à la pointe du jour cette colonne de Pompée que j'apercevais du bord de mon vaisseau en m'éloignant de la Libye. Du pied du monument, immortalisé d'un grand et triste nom, il s'élance ; il escalade les murailles derrière lesquelles se trouvait jadis *le dépôt des remèdes de l'âme,* et les aiguilles de Cléopâtre, maintenant couchées à terre parmi des chiens maigres. La porte de Rosette est forcée ; nos troupes se ruent dans les deux havres et dans le phare. Égorgement effroyable ! L'adjudant général Boyer écrit à ses parents : « Les Turcs, repoussés de tous côtés, se réfugient chez leur Dieu et leur prophète ; ils remplissent leurs mosquées ; hommes, femmes, vieillards, jeunes et enfants, tous sont massacrés. »

---

[137] Le grand-maître de l'Ordre de Malte, le comte Ferdinand de Hompesch, bailli de Brandebourg, capitula le 11 juin 1798. Malte et les îles voisines furent cédées au Directoire. La ville fut rendue dans la journée du 12 juin. Le 13, au matin, Bonaparte y fit son entrée ; il trouva quinze cents pièces de canon, trente-cinq mille fusils, douze cents barils de poudre, une infinité d'armes de toute espèce, et de grandes richesses.

[138] La flotte française arriva le 1er juillet près d'Alexandrie. Le lendemain, les Français s'emparèrent de la ville. Kléber, qui commandait l'assaut, fut blessé d'une balle au front.

Bonaparte avait dit à l'évêque de Malte : « Vous pouvez assurer vos diocésains que la religion catholique, apostolique et romaine sera non seulement respectée, mais ses ministres spécialement protégés. » Il dit, en arrivant en Égypte : « Peuples d'Égypte, je respecte plus que les mameloucks Dieu, son Prophète et le Coran. Les Français sont amis des musulmans. Naguère ils ont marché sur Rome et renversé le trône du pape, qui aigrissait les chrétiens contre ceux qui professent l'islamisme ; bientôt après ils ont dirigé leur course vers Malte, et en ont chassé les incrédules qui se croyaient appelés de Dieu pour faire la guerre aux musulmans… Si l'Égypte est la ferme des mamelouks, qu'ils montrent le bail que Dieu leur en a fait[139]. »

Napoléon marche aux Pyramides[140]; il crie à ses soldats : « Songez que du haut de ces monuments quarante siècles ont les yeux fixés sur vous, » Il entre au Caire[141], sa flotte saute en l'air à Aboukir[142]; l'armée d'Orient est séparée de l'Europe. Jullien (de la Drôme), fils de Jullien le conventionnel, témoin du désastre, le note minute par minute :

« Il est sept heures ; la nuit se fait et le feu redouble encore. À neuf heures et quelques minutes le vaisseau a sauté. Il est dix heures, le feu se ralentit et la lune se lève à droite du lieu où vient de s'élever l'explosion du vaisseau. »

Bonaparte au Caire déclare au chef de la loi qu'il sera le restaurateur des mosquées ; il envoie son nom à l'Arabie, à l'Éthiopie, aux Indes. Le Caire se révolte[143] ; il le bombarde au milieu d'un orage ; l'inspiré dit aux croyants : « Je pourrais demander à chacun de vous compte des sentiments les plus secrets de son cœur, car je sais tout, même ce que vous n'avez dit à personne. » Le grand schérif de la Mecque le nomme, dans une lettre, le *protecteur de la Kaaba ;* le pape, dans une missive, l'appelle *mon très cher fils*.

Par une infirmité de nature, Bonaparte préférait souvent son côté petit à son grand côté. La partie qu'il pouvait gagner d'un seul coup ne l'amusait pas. La main qui brisait le monde se plaisait au jeu des gobelets ; sûr, quand il usait de ses facultés, de se dédommager de ses pertes ; son génie était le réparateur de son caractère. Que ne se présenta-t-il tout d'abord comme l'héritier des chevaliers ? Par une position double, il n'était, aux yeux de la multitude musulmane, qu'un faux chrétien et qu'un faux mahométan. Admirer des impiétés de système, ne pas reconnaître ce qu'elles avaient de misérable, c'est se tromper misérablement : il faut pleurer quand le géant se réduit à l'emploi du grimacier. Les infidèles

---

[139] Proclamation du 2 juillet 1798.
[140] 21 juillet.
[141] 23 juillet.
[142] 1er août.
[143] 21 octobre.

proposèrent à saint Louis dans les fers la couronne d'Égypte, parce qu'il était resté, disent les historiens arabes, le plus fier chrétien qu'on eût jamais vu.

Quand je passai au Caire, cette ville conservait des traces des Français : un jardin public, notre ouvrage, était planté de palmiers ; des établissements de restaurateurs l'avaient jadis entouré. Malheureusement, de même que les anciens Égyptiens, nos soldats avaient promené un cercueil autour de leurs festins.

Quelle scène mémorable, si l'on pouvait y croire ! Bonaparte assis dans l'intérieur de la pyramide de Chéops sur le sarcophage d'un Pharaon dont la momie avait disparu, et causant avec les muphtis et les imans ! Toutefois, prenons le récit du *Moniteur* comme le travail de la muse. Si ce n'est pas l'histoire matérielle de Napoléon, c'est l'histoire de son intelligence ; cela en vaut encore la peine. Écoutons dans les entrailles d'un sépulcre cette voix que tous les siècles entendront.
(*Moniteur*, 27 novembre 1798.)

« Ce jourd'hui, 25 thermidor de l'an VI de la République française une et indivisible, répondant au 28 de la lune de Mucharim, l'an de l'hégire 1213, le général en chef, accompagné de plusieurs officiers de l'état-major de l'armée et de plusieurs membres de l'Institut national, s'est transporté à la grande pyramide, dite de Chéops, dans l'intérieur de laquelle il était attendu par plusieurs muphtis et imans, chargés de lui en montrer la construction intérieure.

« La dernière salle à laquelle le général en chef est parvenu est à voûte plate, et longue de trente-deux pieds sur seize de large et dix-neuf de haut. Il n'y a trouvé qu'une caisse de granit d'environ huit pieds de long sur quatre d'épaisseur, qui renfermait la momie d'un Pharaon. Il s'est assis sur le bloc de granit, a fait asseoir à ses côtés les muphtis et les imans, *Saleiman, Ibrahim* et *Muhamed,* et il a eu avec eux, en présence de sa suite, la conversation suivante :

Bonaparte : « Dieu est grand et ses œuvres sont merveilleuses. Voici un grand ouvrage de main d'homme ! Quel était le but de celui qui fit construire cette pyramide ? »

Saleiman : « C'était un puissant roi d'Égypte, dont on croit que le nom était Chéops. Il voulait empêcher que des sacrilèges ne vinssent troubler le repos de sa cendre. »

Bonaparte : « Le grand Cyrus se fit enterrer en plein air, pour que son corps retournât aux éléments : penses-tu qu'il ne fît pas mieux ? le penses-tu ? »

Saleiman (s'inclinant) : « Gloire à Dieu, à qui toute gloire est due ! »

Bonaparte : « Gloire à Allah ! Il n'y a point d'autre Dieu que Dieu ; Mohamed est son prophète et je suis de ses amis. »

Ibrahim : « Que les anges de la victoire balayent la poussière sur ton chemin et te couvrent de leurs ailes ! Le mamelouck a mérité la mort. »

Bonaparte : « Il a été livré aux anges noirs Moukir et Quarkir. »

Saleiman : « Il étendit les mains de la rapine sur les terres, les moissons, les chevaux de l'Égypte. »

Bonaparte : « Les trésors, l'industrie et l'amitié des Francs seront votre partage, en attendant que vous montiez au septième ciel et qu'assis aux côtés des houris aux yeux noirs, toujours jeunes et toujours vierges, vous vous reposiez à l'ombre du laba, dont les branches offriront d'elles-mêmes aux vrais musulmans tout ce qu'ils pourront désirer. »

De telles parades ne changent rien à la gravité des Pyramides :

> Vingt siècles, descendus dans l'éternelle nuit,
> Y sont sans mouvement, sans lumière et sans bruit[144].

Bonaparte, en remplaçant Chéops dans la crypte séculaire, en aurait augmenté l'immensité ; mais il ne s'est jamais traîné dans ce vestibule de la mort[145].

« Pendant le reste de notre navigation sur le Nil », dis-je dans l'*Itinéraire,* « je demeurai sur le pont à contempler ces tombeaux. . . . . Les grands monuments font une partie essentielle de la gloire de toute société humaine : ils portent la mémoire d'un peuple au delà de sa propre existence, et le font vivre contemporain des générations qui viennent s'établir dans ses champs abandonnés. »

Remercions Bonaparte, aux Pyramides, de nous avoir si bien justifiés, nous autres petits hommes d'État entachés de poésie, qui maraudons de chétifs mensonges sur des ruines.

D'après les proclamations, les ordres du jour, les discours de Bonaparte, il est évident qu'il visait à se faire passer pour l'envoyé du ciel, à l'instar d'Alexandre. Callisthène[146], à qui le Macédonien infligea dans la suite un si rude traitement, en punition sans doute de la flatterie du

---

[144] Vers du P. Lemoyne, dans son poème épique, Saint Louis, ou la Sainte couronne reconquise sur les infidèles, 1653.

[145] « Bonaparte n'est pas entré dans la grande pyramide ; il n'en a pas même eu la volonté, ni la pensée. Certes, je l'y aurais suivi. Je ne l'ai pas quitté une seconde dans le désert. Il fit entrer quelques personnes dans l'une des grandes pyramides. Il se tenait devant, et en sortant on lui rendait compte de ce que l'on voyait dans l'intérieur, c'est-à-dire qu'on lui annonçait que l'on n'avait rien vu. Toute cette conversation avec le muphti, les ulémas, est une mauvaise plaisanterie ; il n'y en avait pas plus que de pape et d'archevêques… Cet entretien de Bonaparte dans l'une des pyramides avec plusieurs imans et muphtis, est de pure invention. » Mémoires de M. de Bourrienne, t. II, p. 300.

[146] Callisthène, disciple et petit-neveu d'Aristote, né vers 365 av. J.-C. Il suivit Alexandre dans ses expéditions. De mœurs sévères, il blâma les excès auxquels se livrait le Macédonien ; impliqué dans la conspiration d'Hermolaus, il fut, dit-on, enfermé dans une cage de fer, puis mis à mort à Cariate en Bactriane, l'an 328 av. J.-C.

philosophe, fut chargé de prouver que le fils de Philippe était fils de Jupiter ; c'est ce que l'on voit dans un fragment de Callisthène conservé par Strabon. *Le pourparler d'Alexandre,* de Pasquier[147], est un dialogue des morts entre Alexandre le grand conquérant et Rabelais le grand moqueur : « Cours-moi de l'œil », dit Alexandre à Rabelais, toutes ces contrées que tu vois être en ces bas lieux, tu ne trouveras aucun personnage d'étoffe qui, pour autoriser ses pensées, n'ait voulu donner à entendre qu'il eût familiarité avec les dieux. » Rabelais répond : « Alexandre, pour te dire le vrai, je ne m'amusai jamais à reprendre tes petites particularités, mêmement en ce qui appartient au vin. Mais quel profit sens-tu de ta grandeur maintenant ? en es-tu autre que moi ? Le regret que tu as te doit causer telle fâcherie qu'il te seroit beaucoup plus expédient qu'avec ton corps tu eusses perdu la mémoire. »

Et pourtant, en s'occupant d'Alexandre, Bonaparte se méprenait et sur lui-même et sur l'époque du monde et sur la religion : aujourd'hui, on ne peut se faire passer pour un dieu. Quant aux exploits de Napoléon dans le Levant, ils n'étaient pas encore mêlés à la conquête de l'Europe ; ils n'avaient pas obtenu d'assez hauts résultats pour imposer à la foule islamiste, quoiqu'on le surnommât le *sultan de feu.* « Alexandre, à l'âge de trente-trois ans », dit Montaigne, « avoit passé victorieux toute la terre habitable, et, dans une demi-vie, avoit atteint tout l'effort de l'humaine nature. Plus de rois et de princes ont écrit ses gestes que d'autres historiens n'ont écrit les gestes d'autre roi. »

Du Caire, Bonaparte se rendit à Suez : il vit la mer qu'ouvrit Moïse et qui retomba sur Pharaon. Il reconnut les traces d'un canal que commença Sésostris, qu'élargirent les Perses, que continua le second des Ptolémées, que réentreprirent les soudans dans le dessein de porter à la Méditerranée le commerce de la mer Rouge. Il projeta d'amener une branche du Nil dans le golfe Arabique : au fond de ce golfe son imagination traça l'emplacement d'un nouvel Ophir, où se tiendrait tous les ans une foire pour les marchands de parfums, d'aromates, d'étoffes de soie, pour tous les objets précieux de Mascate, de la Chine, de Ceylan, de Sumatra, des Philippines et des Indes. Les cénobites descendent du Sinaï, et le prient d'inscrire son nom auprès de celui de Saladin, dans le livre de leurs *garanties*

Revenu au Caire, Bonaparte célèbre la fête anniversaire de la fondation de la République, en adressant ces paroles à ses soldats : « Il y a cinq ans l'indépendance du peuple français était menacée ; mais vous prîtes Toulon : ce fut le présage de la ruine de vos ennemis. Un an après, vous battiez les Autrichiens à Dego ; l'année suivante, vous étiez sur le sommet des Alpes ; vous luttiez contre Mantoue, il y a deux ans, et vous remportiez

---

[147] Étienne Pasquier (1529-1615).

la célèbre victoire de Saint-Georges ; l'an passé, vous étiez aux sources de la Drave et de l'Isonzo, de retour de l'Allemagne. Qui eût dit alors que vous seriez aujourd'hui sur les bords du Nil, au centre de l'ancien continent ! »

Mais Bonaparte, au milieu des soins dont il était occupé et des projets qu'il avait conçus, était-il réellement fixé dans ces idées ? Tandis qu'il avait l'air de vouloir rester en Égypte, la fiction ne l'aveuglait pas sur la réalité, et il écrivait à Joseph, son frère : « Je pense être en France dans deux mois ; fais en sorte que j'aie une campagne à mon arrivée, soit près de Paris ou en Bourgogne : je compte y passer l'hiver. » Bonaparte ne calculait point ce qui pouvait s'opposer à son retour : sa volonté était sa destinée et sa fortune. Cette correspondance tombée aux mains de l'Amirauté[148], les Anglais ont osé avancer que Napoléon n'avait eu d'autre mission que de faire périr son armée. Une des lettres de Bonaparte contient des plaintes sur la coquetterie de sa femme.

Les Français, en Égypte, étaient d'autant plus héroïques qu'ils sentaient vivement leurs maux. Un maréchal des logis écrit à l'un de ses amis : « Dis à Ledoux qu'il n'ait jamais la faiblesse de s'embarquer pour venir dans ce maudit pays. »

Avrieury : « Tous ceux qui viennent de l'intérieur disent qu'Alexandrie est la plus belle ville ; hélas ! que doit donc être le reste ? Figurez-vous un amas confus de maisons mal bâties, à un étage ; les belles avec terrasse, petite porte en bois, serrure *idem ;* point de fenêtres, mais un grillage en bois si rapproché qu'il est impossible de voir quelqu'un au travers. Rues étroites, hormis le quartier des Francs et le côté des grands. Les habitants pauvres, qui forment le plus grand nombre, au naturel, hormis une chemise bleue jusqu'à mi-cuisse, qu'ils retroussent la moitié du temps dans leurs mouvements, une ceinture et un turban de guenilles. J'ai de ce charmant pays jusque par-dessus la tête. Je m'enrage d'y être. La maudite Égypte ! Sable partout ! Que de gens attrapés, cher ami ! Tous ces faiseurs de fortune, ou bien tous ces voleurs, ont le nez bas ; ils voudraient retourner d'où ils sont partis : je le crois bien ! »

Rozis, capitaine : « Nous sommes très réduits ; avec cela il existe un mécontentement général dans l'armée ; le despotisme n'a jamais été au point qu'il l'est aujourd'hui ; nous avons des soldats qui se sont donné la mort en présence du général en chef, en lui disant : Voilà ton ouvrage[149] ! »

---

[148] Elle fut publiée à Londres, et bientôt après à Paris, sous le titre : Correspondance de l'Armée française en Égypte, interceptée par l'escadre de Nelson ; publiée à Londres avec une introduction et des notes de la Chancellerie anglaise, traduites en français ; suivies d'Observations, par E.-T. Simon. Un vol. in-8o, an VII.

[149] « Sur les suicides dans l'armée d'Égypte, et en particulier sur celui du général Mireur, voir les Mémoires du général Baron Desvernois, p. 111. — De son côté, l'adjudant général Boyer dit expressément dans une lettre adressée à son père.

Le nom de Tallien terminera la liste de ces noms aujourd'hui presque inconnus :

TALLIEN À MADAME TALLIEN[150].

« Quant à moi, ma chère amie, je suis ici, comme tu le sais, bien contre mon gré ; ma position devient chaque jour plus désagréable, puisque, séparé de mon pays, de tout ce qui m'est cher, je ne prévois pas le moment où je pourrai m'en rapprocher.

« Je te l'avoue bien franchement, je préférerais mille fois être avec toi et la fille retiré dans un coin de terre, loin de toutes les passions, de toutes les intrigues, et je t'assure que si j'ai le bonheur de retoucher le sol de mon pays, ce sera pour ne le quitter jamais. *Parmi les quarante mille Français qui sont ici, il n'y en a pas quatre qui pensent autrement.*

« Rien de plus triste que la vie que nous menons ici ! Nous manquons de tout. Depuis cinq jours je n'ai pas fermé l'œil ; je suis couché sur le carreau ; les mouches, les punaises, les fourmis, les cousins, tous les insectes nous dévorent, et vingt fois chaque jour je regrette notre charmante *chaumière*[151]. Je t'en prie, ma chère amie, ne t'en défais pas.

« Adieu, ma bonne Thérésia, les larmes inondent mon papier. Les souvenirs les plus doux de ta bonté, de notre amour, l'espoir de te retrouver toujours aimable, toujours fidèle, d'embrasser ma chère fille, soutiennent seuls l'infortuné[152]. »

La fidélité n'était pour rien dans tout cela.

Cette unanimité de plaintes est l'exagération naturelle d'hommes tombés de la hauteur de leurs illusions : de tout temps les Français ont rêvé l'Orient ; la chevalerie leur en avait tracé la route ; s'ils n'avaient plus la foi qui les menait à la délivrance du saint tombeau, ils avaient l'intrépidité des croisés, la croyance des royaumes et des beautés qu'avaient créées, autour de Godefroi, les chroniqueurs et les troubadours. Les soldats vainqueurs de l'Italie avaient vu un riche pays à prendre, des caravanes à détrousser, des chevaux, des armes et des sérails à conquérir ; les romanciers avaient aperçu la princesse d'Antioche, et les savants ajoutaient

---

(Correspondance de l'armée française en Égypte interceptée par l'escadre de Nelson, p. 174) : « D'autres, voyant les souffrances de leurs camarades, se brûlent la cervelle. » — Napoléon avoue que « l'armée était atteinte du spleen ; plusieurs soldats se jetèrent dans le Nil pour y trouver une mort prompte. » Mémoires, t. II, p. 153.

[150] Jeanne-Marie-Ignace-Thérésia Cabarrus (1773-1835). Elle fut mariée : 1o en 1788, à Jean-Jacques Devin ou Davin de Fontenay, avec lequel elle divorça en 1793 ; 2o en 1794, au conventionnel Tallien, avec lequel elle divorça en 1802 ; 3o en 1805, au comte de Caraman, plus tard prince de Chimay.

[151] Tallien avait donné ce nom à l'opulente maison de campagne qu'il possédait dans le voisinage de Paris.

[152] Cette lettre est datée de Rosette, le 17 thermidor an IV (4 août 1798). Voir Correspondance de l'armée française en Égypte, pages 197 et suiv.

leurs songes à l'enthousiasme des poètes. Il n'y a pas jusqu'au *Voyage d'Anténor*[153] qui ne passât au début pour une docte réalité : on allait pénétrer la mystérieuse Égypte, descendre dans les catacombes, fouiller les Pyramides, retrouver des manuscrits ignorés, déchiffrer des hiéroglyphes et réveiller Thermosiris. Quand, au lieu de tout cela, l'institut en s'abattant sur les Pyramides, les soldats en ne rencontrant que des fellahs nus, des cahutes de boue desséchée, se trouvèrent en face de la peste, des Bédouins et des mameloucks, le mécompte fut énorme. Mais l'injustice de la souffrance aveugla sur le résultat définitif. Les Français semèrent en Égypte ces germes de civilisation que Méhémet a cultivés : la gloire de Bonaparte s'accrut, un rayon de lumière se glissa dans les ténèbres de l'islamisme, et une brèche fut faite à la barbarie.

Pour prévenir les hostilités des pachas de la Syrie et poursuivre quelques mameloucks, Bonaparte entra le 22 février[154] dans cette partie du monde à laquelle le commandant d'Aboukir l'avait légué. Napoléon trompait ; c'était un de ses rêves de puissance qu'il poursuivait. Plus heureux que Cambyse, il franchit les sables sans rencontrer le vent du midi ; il campe parmi les tombeaux ; il escalade El-Arisch, et triomphe à Gaza[155] : « Nous étions, » écrit-il le 6[156], « aux colonnes placées sur les limites de l'Afrique et de l'Asie ; nous couchâmes le soir en Asie. » Cet homme marchait à la conquête du monde ; c'était un conquérant pour des climats qui n'étaient pas à conquérir.

Jaffa est emporté[157]. Après l'assaut, une partie de la garnison, estimée par Bonaparte à douze cents hommes et portée par d'autres à deux ou trois mille, se rendit et fut reçue à merci : deux jours après, Bonaparte ordonna de la passer par les armes[158].

---

[153] Le Voyage d'Anténor en Grèce et en Asie, par Étienne Lantier, parut en 1798, l'année même de l'expédition d'Égypte. Il eut un succès prodigieux et fut traduit dans presque toutes les langues. Dans cet ouvrage, imité du Voyage du jeune Anacharsis, l'auteur s'est attaché surtout à peindre le côté galant et licencieux des mœurs grecques, ce qui lui valut d'être surnommé l'Anacharsis des boudoirs.

[154] Le 22 février 1799 (4 ventôse an VII).

[155] Le 24 février.

[156] Le 6 ventôse an VII (24 février 1799).

[157] Le 7 mars.

[158] « Le 7 mars, les Français prirent la ville d'assaut, et pendant trente heures massacrèrent sans distinction soldats et habitants. Il restait à peu près trois mille hommes de la garnison qui s'étaient réfugiés dans les mosquées et avaient mis bas les armes. Bonaparte les fit fusiller en masse, bien que son armée désapprouvât cet égorgement décrété de sang-froid. Pour justifier cette boucherie, on prétendit qu'il aurait été impossible de nourrir un si grand nombre de prisonniers, et que parmi eux se trouvaient les soldats de la garnison d'El-Arisch qui avaient violé leur serment de ne plus servir contre les Français. Mais, d'après les rapports de Bonaparte, on avait trouvé à Jaffa, et précédemment à Gaza et à Ramla, des quantités de vivres plus que suffisantes pour nourrir, avec tous les captifs, une armée bien plus nombreuse que la sienne. Comme les soldats de la

Walter Scott[159] et sir Robert Wilson[160] ont raconté ces massacres ; Bonaparte, à Sainte-Hélène, n'a fait aucune difficulté de les avouer à lord Ebrington et au docteur O'Meara. Mais il en rejetait l'odieux sur la position dans laquelle il se trouvait : il ne *pouvait nourrir les prisonniers ;* il ne *les pouvait renvoyer en Égypte sous escorte.* Leur laisser la liberté sur parole ? *ils ne comprendraient* même pas ce point d'honneur et ces procédés européens. « Wellington dans ma place, disait-il, *aurait agi comme moi.* »

« Napoléon se décida, dit M. Thiers, à une mesure terrible et qui est le seul acte cruel de sa vie ; il fit passer au fil de l'épée les prisonniers qui lui restaient : l'armée consomma avec obéissance, mais avec une espèce d'effroi, l'exécution qui lui était commandée. »

Le seul acte cruel de sa vie, c'est beaucoup affirmer après les massacres de Toulon, après tant de campagnes où Napoléon compta à néant la vie des hommes. Il est glorieux pour la France que nos soldats aient protesté par *une espèce d'effroi* contre la cruauté de leur général.

Mais les massacres de Jaffa sauvaient-ils notre armée ? Bonaparte ne vit-il pas avec quelle facilité une poignée de Français renversa les forces du pacha de Damas ? À Aboukir, ne détruisit-il pas avec quelques chevaux treize mille Osmanlis ? Kléber, plus tard, ne fit-il pas disparaître le grand vizir et ses myriades de mahométans ? S'il s'agissait de droit, quel droit les Français avaient-ils eu d'envahir l'Égypte ? Pourquoi égorgeaient-ils des hommes qui n'usaient que du droit de la défense ? Enfin Bonaparte ne pouvait invoquer les lois de la guerre, puisque les prisonniers de la garnison de Jaffa avaient *mis bas les armes* et que leur *soumission avait été acceptée.* Le fait que le conquérant s'efforçait de justifier le gênait : ce fait est passé sous silence ou indiqué vaguement dans les dépêches officielles et dans les récits des hommes attachés à Bonaparte. « Je me dispenserai, dit

---

garnison d'El-Arisch ne formaient pas le tiers des prisonniers de Jaffa, Bonaparte commettait évidemment un acte de barbarie atroce en faisant égorger avec eux deux mille malheureux qui n'avaient fait que leur devoir. » Ludovic Sciout, le Directoire, tome IV, page 621.

[159] Vie de Napoléon, par Walter Scott (1827), tome II.

[160] Sir Robert-Thomas Wilson (1777-1849). Il avait combattu les Français en Égypte, avec le régiment formé par le baron de Hompesch. Après son retour en Angleterre, il publia une Relation historique de l'expédition anglaise en Égypte (2 vol. in-8, Londres, 1802). En 1811, il fit paraître la Relation des campagnes de Pologne en 1806 et 1807, avec des remarques sur le caractère et la composition de l'armée russe. Lors de la campagne de 1812, il fut attaché au quartier général de l'armée russe et y joua un rôle des plus importants. On le retrouve en 1815 à Paris, où avec deux autres officiers anglais, MM. Bruce et Hutchinson, il favorise l'évasion de Lavallette, et, en 1823, en Espagne, où il met son épée au service des Cortès. Après l'avènement de Guillaume IV (1830), il fut élevé au grade de lieutenant général. Nommé en 1842 gouverneur de Gibraltar, il quitta ce poste quelques semaines seulement avant sa mort.

le docteur Larrey, de parler des suites horribles qu'entraîne ordinairement l'assaut d'une place : j'ai été le triste témoin de celui de Jaffa. » Bourrienne s'écrie : « Cette scène atroce me fait encore frémir, lorsque j'y pense, comme le jour où je la vis, et j'aimerais mieux qu'il me fût possible de l'oublier que d'être forcé de la décrire. Tout ce qu'on peut se figurer d'affreux dans un jour de sang serait encore au-dessous de la réalité[161]. » Bonaparte écrit au Directoire que : « Jaffa fut livré au pillage et à toutes les horreurs de la guerre, qui jamais ne lui a paru si hideuse. » Ces horreurs, qui les avait commandées ?

Berthier, compagnon de Napoléon en Égypte, étant au quartier général de l'Ens, en Allemagne, adressa, le 5 mai 1809, au major général de l'armée autrichienne une dépêche foudroyante contre une prétendue fusillade exécutée dans le Tyrol où commandait Chasteller : « Il a laissé égorger (Chasteller) sept cents prisonniers français et dix-huit à dix-neuf cents Bavarois ; crime inouï dans l'histoire des nations, qui eût pu exciter une terrible représaille, si S. M. ne regardait *les prisonniers comme placés sous sa foi et sous son honneur.* »

Bonaparte dit ici tout ce que l'on peut dire contre l'exécution des prisonniers de Jaffa. Que lui importaient de telles contradictions ? Il connaissait la vérité et il s'en jouait ; il en faisait le même usage que du mensonge ; il n'appréciait que le résultat, le moyen lui était égal ; le nombre des prisonniers l'embarrassait, il les tua.

Il y a toujours eu deux Bonaparte : l'un grand, l'autre petit. Lorsque vous croyez être en sûreté dans la vie de Napoléon, il rend cette vie affreuse.

Miot[162], dans la première édition de ses *Mémoires* (1804), se tait sur les massacres ; on ne les lit que dans l'édition de 1814. Cette édition a presque disparu ; j'ai eu de la peine à la retrouver. Pour affirmer une aussi douloureuse vérité, il ne me fallait rien moins que le récit d'un témoin oculaire. Autre est de savoir en gros l'existence d'une chose, autre d'en

---

[161] Mémoires de M. de Bourrienne, tome II, p. 226.

[162] François Miot, né à Versailles en 1779. Il fit la campagne d'Égypte en qualité de commissaire-adjoint des guerres. Entré dans l'armée comme capitaine en 1803, il passa en 1806 au service du roi Joseph à Naples, et le suivit en Espagne, où il devint son écuyer, avec le grade de colonel (1809) ; il ne revint en France qu'après la bataille de Vittoria (1813). Sous la Restauration, il fut réintégré dans l'armée comme colonel, grade qu'il n'avait eu jusque là qu'à titre espagnol, et il fut nommé chef du bureau de recrutement, au ministère de la Guerre. En 1804, il avait publié ses Mémoires pour servir à l'histoire des expéditions en Égypte et en Syrie pendant les années VI à VIII de la République française. Une seconde édition, plus complète, parut en 1814. — François Miot était le frère d'André Miot, comte de Melito (1762-1841), auteur des Mémoires sur le Consulat, l'Empire et le roi Joseph, publiés en 1858, avec un grand et légitime succès. Ces Mémoires sont considérés, à juste titre, comme un document de premier ordre pour l'histoire de la période napoléonienne.

connaître les particularités : la vérité morale d'une action ne se décèle que dans les détails de cette action ; les voici d'après Miot :

« Le 20 ventôse (10 mars), dans l'après-midi, les prisonniers de Jaffa furent mis en mouvement au milieu d'un vaste bataillon carré formé par les troupes du général Bon. Un bruit sourd du sort qu'on leur préparait me détermina, ainsi que beaucoup d'autres personnes, à monter à cheval et à suivre cette colonne silencieuse de victimes, pour m'assurer si ce qu'on m'avait dit était fondé. Les Turcs, marchant pêle-mêle, prévoyaient déjà leur destinée ; ils ne versaient point de larmes ; ils ne poussaient point de cris : ils étaient résignés. Quelques-uns blessés, ne pouvant suivre aussi promptement, furent tués en route à coups de baïonnette. Quelques autres circulaient dans la foule, et semblaient donner des avis salutaires dans un danger aussi imminent. Peut-être les plus hardis pensaient-ils qu'il ne leur était pas impossible d'enfoncer le bataillon qui les enveloppait ; peut-être espéraient-ils qu'en se disséminant dans les champs qu'ils traversaient, un certain nombre échapperait à la mort. Toutes les mesures avaient été prises à cet égard, et les Turcs ne firent aucune tentative d'évasion.

« Arrivés enfin dans les dunes de sable au sud-ouest de Jaffa, on les arrêta auprès d'une mare d'eau jaunâtre. Alors l'officier qui commandait les troupes fit diviser la masse par petites portions, et ces pelotons, conduits sur plusieurs points différents, y furent fusillés. Cette horrible opération demanda beaucoup de temps, malgré le nombre des troupes réservées pour ce funeste sacrifice, et qui, je dois le déclarer, ne se prêtaient qu'avec une extrême répugnance au ministère abominable qu'on exigeait de leurs bras victorieux, il y avait près de la mare d'eau un groupe de prisonniers, parmi lesquels étaient quelques vieux chefs au regard noble et assuré, et un jeune homme dont le moral était fort ébranlé. Dans un âge si tendre, il devait se croire innocent, et ce sentiment le porta à une action qui parut choquer ceux qui l'entouraient. Il se précipita dans les jambes du cheval que montait le chef des troupes françaises ; il embrassa les genoux de cet officier, en implorant grâce de la vie. Il s'écriait : « De quoi suis-je coupable ? quel mal ai-je fait ? » Les larmes qu'il versait, ses cris touchants, furent inutiles ; ils ne purent changer le fatal arrêt prononcé sur son sort. À l'exception de ce jeune homme, tous les autres Turcs firent avec calme leur ablution dans cette eau stagnante dont j'ai parlé, puis, se prenant la main, après l'avoir portée sur le cœur et à la bouche, ainsi que se saluent les musulmans, ils donnaient et recevaient un éternel adieu. Leurs âmes courageuses paraissaient défier la mort ; on voyait dans leur tranquillité la confiance que leur inspirait, à ces derniers moments, leur religion et l'espérance d'un avenir heureux. Ils semblaient se dire : « Je quitte ce monde pour aller jouir auprès de Mahomet d'un bonheur durable. » Ainsi ce bien-être après la vie, que lui promet le Coran, soutenait le musulman vaincu, mais fier de son malheur.

« Je vis un vieillard respectable, dont le ton et les manières annonçaient un grade supérieur, je le vis… faire creuser froidement devant lui, dans le sable mouvant, un trou assez profond pour s'y enterrer vivant : sans doute il ne voulut mourir que par la main des siens. Il s'étendit sur le dos dans cette tombe tutélaire et douloureuse, et ses camarades en adressant à Dieu des prières suppliantes, le couvrirent bientôt de sable, et trépignèrent ensuite sur la terre qui lui servait de linceul, probablement dans l'idée d'avancer le terme de ses souffrances.

« Ce spectacle, qui fait palpiter mon cœur et que je peins encore trop faiblement, eut lieu pendant l'exécution des pelotons répartis dans les dunes. Enfin il ne restait plus de tous les prisonniers que ceux placés près de la mare d'eau. Nos soldats avaient épuisé leurs cartouches ; il fallut frapper ceux-ci à la baïonnette et à l'arme blanche. Je ne pus soutenir cette horrible vue ; je m'enfuis, pâle et prêt à défaillir. Quelques officiers me rapportèrent le soir que ces infortunés, cédant à ce mouvement irrésistible de la nature qui nous fait éviter le trépas, même quand nous n'avons plus l'espérance de lui échapper, s'élançaient les uns dessus les autres, et recevaient dans les membres les coups dirigés au cœur et qui devaient sur-le-champ terminer leur triste vie. Il se forma, puisqu'il faut le dire, une pyramide effroyable de morts et de mourants dégouttant de sang, et il fallut retirer les corps déjà expirés pour achever les malheureux qui, à l'abri de ce rempart affreux, épouvantable, n'avaient point encore été frappés. Ce tableau est exact et fidèle, et le souvenir fait trembler ma main qui n'en rend point toute l'horreur. »

La vie de Napoléon opposée à de telles pages explique l'éloignement que l'on ressent pour lui.

Conduit par les religieux du couvent de Jaffa dans les sables au sud-ouest de la ville, j'ai fait le tour de la tombe, jadis monceau de cadavres, aujourd'hui pyramide d'ossements ; je me suis promené dans des vergers de grenadiers chargés de pommes vermeilles, tandis qu'autour de moi la première hirondelle arrivée d'Europe rasait la terre funèbre.

Le ciel punit la violation des droits de l'humanité : il envoya la peste ; elle ne fit pas d'abord de grands ravages. Bourrienne relève l'erreur des historiens qui placent la scène des *Pestiférés de Jaffa* au premier passage des Français dans cette ville ; elle n'eut lieu qu'à leur retour de Saint-Jean-d'Acre. Plusieurs personnes de notre armée m'avaient déjà assuré que cette scène était une pure fable ; Bourrienne confirme ces renseignements :

« Les lits des pestiférés », raconte le secrétaire de Napoléon, « étaient à droite en entrant dans la première salle. Je marchais à côté du général ; j'affirme ne l'avoir pas vu toucher à un pestiféré. Il traversa rapidement les salles, frappant légèrement le revers jaune de sa botte avec la cravache qu'il tenait à la main. Il répétait en marchant à grands pas ces paroles : « Il faut que je retourne en Égypte pour la préserver des ennemis qui vont arriver[163]. »

Dans le rapport officiel du major général, 29 mai, il n'est pas dit un mot des pestiférés, de la visite à l'hôpital et de l'attouchement des pestiférés.

Que devient le beau tableau de Gros ? Il reste comme un chef-d'œuvre de l'art[164].

Saint Louis, moins favorisé par la peinture, fut plus héroïque dans l'action : « Le bon roi, doux et débonnaire, quand il vit ce, eut grand pitié à son cœur, et fit tantost toutes autres choses laisser, et faire fosses emmi les champs et dédier là un cimetière par le légat... Le roi Louis aida de ses propres mains à enterrer les morts. À peine trouvoit-on aucun qui voulust mettre la main. Le roi venoit tous les matins, de cinq jours qu'on mit à enterrer les morts, après sa messe, au lieu, et disoit à sa gent : « Allons ensevelir les martyrs, qui ont souffert pour Notre-Seigneur, et ne soyez pas lassés de ce faire, car ils ont plus souffert que nous n'avons. » Là, étoient présens, en habits de cérémonie, l'archevêque de Tyr et l'évêque de Damiette et leur clergé qui disoient le service des morts. Mais ils estoupoient leur nez pour la puanteur ; mais oncques ne fut vu au bon roi Louis estouper le sien, tant le faisoit fermement et dévotement. »

Bonaparte met le siège devant Saint-Jean-d'Acre[165]. On verse le sang à Cana, qui fut témoin de la guérison du fils du centenier par le Christ ; à Nazareth[166], qui cacha la pacifique enfance du Sauveur ; au Thabor, qui vit la transfiguration et où Pierre dit : « Maître, nous sommes bien sur cette montagne ; dressons-y trois tentes. » Ce fut du mont Thabor[167] que fut expédié l'ordre du jour à toutes les troupes qui occupaient *Sour, l'ancienne Tyr, Césarée, les cataractes du Nil, les bouches Pélusiaques, Alexandrie* et

---

[163] Mémoires de M. de Bourrienne, tome II, p. 256.

[164] Antoine-Jean, baron Gros (1771-1835). Ce fut le roi Louis XVIII qui, en 1824, lorsqu'il eut achevé de peindre la coupole de Sainte-Geneviève (le Panthéon), lui donna le titre de baron. Son tableau des Pestiférés de Jaffa est un chef-d'œuvre. D'autres toiles, également admirables, lui ont été inspirées par la campagne d'Égypte et de Syrie, la bataille d'Aboukir, la bataille de Nazareth et Bonaparte aux Pyramides. — « Le tableau de Gros — représentant Bonaparte visitant et consolant les pestiférés de Jaffa — reste comme un chef-d'œuvre de l'art, » dit très bien Chateaubriand ; mais la vérité reste aussi, et la vérité c'est que Bonaparte a fait empoisonner les pestiférés qui se trouvaient dans l'hôpital de Jaffa. Ce fut le pharmacien Royer qui, au refus de l'honnête Desgenettes, se chargea d'exécuter l'ordre du général en chef. Marmont, dans ses Mémoires, ne conteste ni l'ordre, ni son exécution. Il essaie seulement de justifier Bonaparte en disant que ce fut là, après tout, un acte d'humanité. « La guerre, ajoute-il, est un jeu d'enfants, et malheur aux vaincus ! » (Mémoires du maréchal Marmont, duc de Raguse, tome II, p. 12 et suiv.)

[165] Le 18 mars 1799.

[166] Le 4 avril, Junot, qui n'avait avec lui que cinq cents hommes, rencontra l'avant-garde turque à Nazareth et la mit en déroute.

[167] La victoire du Mont-Thabor, remportée par Bonaparte et Kléber, est du 16 avril.

les rives de la *mer Rouge,* qui porte les ruines de *Kolsun* et d'*Arsinoé.* Bonaparte était charmé de ces noms qu'il se plaisait à réunir.

Dans ce lieu des miracles, Kléber et Murat renouvelèrent les faits d'armes de Tancrède et de Renaud : ils dispersèrent les populations de la Syrie, s'emparèrent du camp du pacha de Damas, jetèrent un regard sur le Jourdain, sur la mer de Galilée, et prirent possession de Scafet, l'ancienne Béthulie. — Bonaparte remarque que les habitants montrent l'endroit où Judith tua Holopherne.

Les enfants arabes des montagnes de la Judée m'ont appris des traditions plus certaines lorsqu'ils me criaient en français : « En avant, marche ! » « Ces mêmes déserts », ai-je dit dans *les Martyrs*, « ont vu marcher les armées de Sésostris, de Cambyse, d'Alexandre, de César : siècles à venir, vous y ramènerez des armées non moins nombreuses, des guerriers non moins célèbres[168]. »

Après m'être guidé sur les traces encore récentes de Bonaparte en Orient, je suis ramené quand il n'est plus à repasser sur sa course.

Saint-Jean était défendu par Djezzar le *Boucher*. Bonaparte lui avait écrit de Jaffa, le 9 mars 1799 : « Depuis mon entrée en Égypte, je vous ai fait connaître plusieurs fois que mon intention n'était pas de vous faire la guerre, que mon seul but était de chasser les mameloucks… Je marcherai sous peu de jours sur Saint-Jean-d'Acre. Mais quelle raison ai-je d'ôter quelques années de vie à un vieillard que je ne connais pas ? Que font quelques lieues de plus à côté des pays que j'ai conquis ? »

Djezzar ne se laissa pas prendre à ces caresses : le vieux tigre se défiait de l'ongle de son jeune confrère. Il était environné de domestiques mutilés de sa propre main. « On raconte que Djezzar est un Bosnien cruel, disait-il de lui-même *(récit du général Sébastiani),* un homme de rien ; mais en attendant je n'ai besoin de personne et l'on me recherche. Je suis né pauvre ; mon père ne m'a légué que son courage. Je me suis élevé à force de travaux ; mais cela ne me donne pas d'orgueil : car tout finit, et aujourd'hui peut-être, ou demain, Djezzar finira, non pas qu'il soit vieux, comme le disent ses ennemis, mais parce que Dieu l'a ainsi ordonné. Le roi de France, qui était puissant, a péri ; Nabuchodonosor a été tué par un moucheron, etc. »

Au bout de soixante-un jours de tranchée, Napoléon fut obligé de lever le siège de Saint-Jean-d'Acre. Nos soldats, sortant de leurs huttes de terre, couraient après les boulets de l'ennemi que nos canons lui renvoyaient. Nos troupes, ayant à se défendre contre la ville et contre les vaisseaux embossés des Anglais, livrèrent neuf assauts et montèrent cinq fois sur les remparts. Du temps des croisés, il y avait à Saint-Jean-d'Acre,

---

[168] Les Martyrs, livre XI.

au rapport de Rigord[169], une tour appelée *maudite*. Cette tour avait peut-être été remplacée par la grosse tour qui avait fait échouer l'attaque de Bonaparte. Nos soldats sautèrent dans les rues, où l'on se battit corps à corps pendant la nuit. Le général Lannes[170] fut blessé à la tête, Colbert à la cuisse : parmi les morts on compta Boyer, Venoux et le général Bon, exécuteur du massacre des prisonniers de Jaffa. Kléber disait de ce siège : « Les Turcs se défendent comme des chrétiens, les Français attaquent comme des Turcs. » Critique d'un soldat qui n'aimait pas Napoléon. Bonaparte s'en alla proclamant qu'il avait rasé le palais de Djezzar et bombardé la ville de manière qu'il n'y restait pas pierre sur pierre, que Djezzar s'était retiré avec ses gens dans un des forts de la côte, qu'il était grièvement blessé, et que les frégates aux ordres de Napoléon s'étaient emparées de trente bâtiments syriens chargés de troupes.

Sir Sidney Smith[171] et Phélippeaux[172], officier d'artillerie émigré, assistaient Djezzar : l'un avait été prisonnier au Temple, l'autre compagnon d'études de Napoléon.

Autrefois périt devant Saint-Jean-d'Acre la fleur de la chevalerie, sous Philippe-Auguste. Mon compatriote, Guillaume le Breton, chante ainsi en vers latins du XIIe siècle : « Dans tout le royaume à peine trouvait-on un lieu dans lequel quelqu'un n'eût quelque sujet de pleurer, tant était

---

[169] Rigord, moine de l'Abbaye de Saint-Denis, mort vers 1207, a laissé une Histoire de Philippe-Auguste (en latin), continuée par Guillaume le Breton. Elle a été traduite en français dans la Collection Guizot.

[170] Jean Lannes, né en 1769 à Lectoure (Gers). Il s'enrôla en 1792 comme volontaire. Colonel dès 1795, général de brigade en 1797, il avait accompagné Bonaparte en Égypte. En 1800, il se couvrit de gloire à Montebello et, quelques jours après, contribua puissamment à la victoire de Marengo. Napoléon le créa maréchal d'Empire et duc de Montebello. En Allemagne, à Austerlitz, à Iéna, à Eylau, à Friedland, il ajouta de nouveaux lauriers à ses lauriers d'Italie, mais à Essling (22 mai 1809), il fut blessé mortellement et mourut quelques jours plus tard, après avoir été amputé des deux jambes.

[171] Sir W. Sidney Smith (1764-1840). Marin intrépide et audacieux, il avait été pris, le 17 mars 1796, par un bâtiment français à l'embouchure de la Seine. Le Directoire refusa de le comprendre dans un cartel d'échange, sous le prétexte déloyal qu'il n'était pas un prisonnier de guerre, mais un conspirateur qui avait voulu incendier le Havre. Il fut enfermé au Temple : le 21 avril 1798, on le fit évader au moyen d'un faux ordre de translation à Fontainebleau, porté par un faux officier, escorté de faux gendarmes. Ce fut lui qui signa en 1800 avec Kléber la Convention d'El-Arisch. Contre-amiral depuis 1805, il fut fait amiral en 1821.

[172] A. le Picard de Phélippeaux (1768-1799). Ancien camarade de Bonaparte à Brienne, et comme lui officier d'artillerie, il émigra en 1791, fit la campagne de 1792 dans l'armée des princes, rentra en France en 1795, pour tenter d'organiser une insurrection royaliste dans les départements du Centre, s'empara de Sancerre, fut pris et enfermé à Bourges, s'échappa, osa venir à Paris, réussit à faire évader du Temple sir Sidney Smith, qu'il suivit à Londres, puis en Syrie. Ce fut lui qui dirigea la défense de Saint-Jean d'Acre. Il mourut de la peste peu de jours après la levée du siège.

grand le désastre qui précipita nos héros dans la tombe, lorsqu'ils furent frappés par la mort dans la ville d'Ascaron (Ascalon, près de Saint-Jean-d'Acre). »

Bonaparte était un grand magicien, mais il n'avait pas le pouvoir de transformer le général Bon, tué à Ptolémaïs[173] en Raoul, sire de Coucy, qui, expirant au pied des remparts de cette ville, écrivait à la dame de Fayel : *Mort por loïalement amer son amie.*

Napoléon n'aurait pas été bien reçu à rejeter la chanson des *canteors,* lui qui se nourrissait à Saint-Jean-d'Acre de bien d'autres fables. Dans les derniers jours de sa vie, sous un ciel que nous ne voyons pas, il s'est plu à divulguer ce qu'il méditait en Syrie, si toutefois il n'a pas inventé des projets d'après des faits accomplis et ne s'est pas amusé à bâtir avec un passé réel l'avenir fabuleux qu'il voulait que l'on crût. « Maître de Ptolémaïs », nous racontent les révélations de Sainte-Hélène, « Napoléon fondait en Orient un empire, et la France était laissée à d'autres destinées. Il volait à Damas, à Alep, sur l'Euphrate. Les chrétiens de la Syrie, ceux même de l'Arménie, l'eussent renforcé. Les populations allaient être ébranlées. Les débris des mameloucks, les Arabes du désert de l'Égypte, les Druses du Liban, les Mutualis ou mahométans opprimés de la secte d'Ali, pouvaient se réunir à l'armée maîtresse de la Syrie, et la commotion se communiquait à toute l'Arabie. Les provinces de l'empire ottoman qui parlent arabe appelaient un grand changement et attendaient un homme avec des chances heureuses ; il pouvait se trouver sur l'Euphrate, au milieu de l'été, avec cent mille auxiliaires et une réserve de vingt-cinq mille Français qu'il eût successivement fait venir d'Égypte. Il aurait atteint Constantinople et les Indes et changé la face du monde. »

Avant de se retirer de Saint-Jean-d'Acre, l'armée française avait touché Tyr : désertée des flottes de Salomon et de la phalange du Macédonien, Tyrne gardait plus que la solitude imperturbable d'Isaïe ; solitude dans laquelle *les chiens muets refusent d'aboyer.*

Le siège de Saint-Jean-d'Acre fut levé le 20 mai 1799. Arrivé à Jaffa le 24, Bonaparte fut obligé de continuer sa retraite. Il y avait environ trente à quarante pestiférés, nombre que Napoléon réduit à sept, qu'on ne pouvait transporter ; ne voulant pas les laisser derrière lui, dans la crainte, disait-il, de les exposer à la cruauté des Turcs, il proposa à Desgenettes[174] de leur administrer une forte dose d'opium. Desgenettes lui fit la réponse si connue : « Mon métier est de guérir les hommes, non de les tuer. » « On ne

---

[173] Saint-Jean-d'Acre était l'ancienne Ptolémaïs.

[174] René-Nicolas Dufriche, baron Desgenettes (1762-1837). Médecin en chef de l'armée d'Égypte, lors de la peste de Jaffa, il ne craignit point, pour relever le courage du soldat, de s'inoculer le virus pestilentiel. Devenu en 1804 inspecteur général du service de santé, il fit en cette qualité toutes les campagnes de l'Empire. On lui doit une Histoire médicale de l'armée d'Orient, publiée en 1812.

leur administra point d'opium, dit M. Thiers, et ce fait servit à propager une calomnie indigne et aujourd'hui détruite. »

Est-ce une calomnie ? est-elle détruite ? C'est ce que je ne saurais affirmer aussi péremptoirement que le brillant historien ; son raisonnement équivaut à ceci : Bonaparte n'a point empoisonné les pestiférés par la raison qu'il proposait de les empoisonner.

Desgenettes, d'une pauvre famille de gentilshommes normands, est encore en vénération parmi les Arabes de la Syrie, et Wilson dit que son nom ne devrait être écrit qu'en lettres d'or.

Bourrienne écrit dix pages entières pour soutenir l'empoisonnement contre ceux qui le nient : « Je ne puis pas dire que j'aie vu donner la potion, dit-il, je mentirais ; mais je sais bien positivement que la décision a été prise et a dû être prise après délibération, que l'ordre en a été donné et que les pestiférés sont morts. Quoi ! ce dont s'entretenait, dès le lendemain du départ de Jaffa, tout le quartier général comme d'une chose positive, ce dont nous parlions comme d'un épouvantable malheur, serait devenu une atroce invention pour nuire à la réputation d'un héros[175] ? »

Napoléon n'abandonna jamais une de ses fautes ; comme un père tendre, il préfère celui de ses enfants qui est le plus disgracié. L'armée française fut moins indulgente que les historiens admiratifs ; elle croyait à la mesure de l'empoisonnement, non seulement contre une poignée de malades, mais contre plusieurs centaines d'hommes. Robert Wilson, dans son *Histoire de l'expédition des Anglais en Égypte,* avance le premier la grande accusation ; il affirme qu'elle était appuyée de l'opinion des officiers français prisonniers des Anglais en Syrie. Bonaparte donna le démenti à Wilson, qui répliqua n'avoir dit que la vérité. Wilson est le même major général qui fut commissaire de la Grande-Bretagne auprès de l'armée russe pendant la retraite de Moscou ; il eut le bonheur de contribuer depuis à l'évasion de M. de Lavallette. Il leva une légion contre la légitimité lors de la guerre d'Espagne en 1823, défendit Bilbao et renvoya à M. de Villèle son beau-frère, M. Desbassyns, contraint de relâcher dans le port. Le récit de Robert Wilson a donc, sous divers points de vue, un grand poids. La plupart des relations sont uniformes sur le fait de l'empoisonnement. M. de Las Cases admet que le bruit de l'empoisonnement était cru dans l'armée. Bonaparte, devenu plus sincère dans sa captivité, a dit à M. Warnen et au docteur O'Meara que, dans le cas où se trouvaient les pestiférés, il aurait cherché pour lui-même dans l'opium l'oubli de ses maux, et qu'il aurait fait administrer le poison à son propre fils. Walter Scott rapporte tout ce qui s'est débité à ce sujet ; mais il rejette la version du grand nombre des malades condamnés, soutenant qu'un empoisonnement ne pourrait s'exécuter avec succès sur une

---

[175] Mémoires de M. de Bourrienne, T. II, p. 262.

multitude ; il ajoute que sir Sidney rencontra dans l'hôpital de Jaffa les *sept* Français mentionnés par Bonaparte. Walter Scott est de la plus grande impartialité ; il défend Napoléon comme il aurait défendu Alexandre contre les reproches dont on peut charger sa mémoire.

C'est pour ainsi dire la première fois que je parle de Walter Scott comme historien de Napoléon, et je le citerai encore : c'est donc ici que je dois dire qu'on s'est trompé prodigieusement en accusant l'illustre Écossais de prévention contre un grand homme[176]. La vie de Napoléon (*Life of Napoleon*) n'occupe pas moins de onze volumes. Elle n'a pas eu le succès qu'on en pouvait espérer, parce que, excepté dans deux ou trois endroits, l'imagination de l'auteur de tant d'ouvrages si brillants lui a failli : il est ébloui par les succès fabuleux qu'il décrit, et comme écrasé par le merveilleux de la gloire. La Vie entière manque aussi des grandes vues que les Anglais ouvrent rarement dans l'histoire, parce qu'il ne conçoivent pas l'histoire comme nous. Du reste, cette vie est exacte, sauf quelques erreurs de chronologie ; toute la partie qui a rapport à la détention de Bonaparte à Sainte-Hélène est excellente : les Anglais étaient mieux placés que nous pour connaître cette partie. En rencontrant une vie si prodigieuse, le romancier a été vaincu par la vérité. La raison domine dans le travail de Walter Scott : il est en garde contre lui-même. La modération de ses jugements est si grande qu'elle dégénère en apologie. Le narrateur pousse la débonnaireté jusqu'à recevoir des excuses sophistiquées par Napoléon et qui ne sont pas admissibles. Il est évident que ceux qui parlent de l'ouvrage de Walter Scott comme d'un livre écrit sous l'influence des préjugés nationaux anglais et dans un intérêt privé ne l'ont jamais lu : on ne lit plus en France. Loin de rien exagérer contre Bonaparte, l'auteur est effrayé par l'opinion : ses concessions sont innombrables ; il capitule partout ; s'il aventure d'abord un jugement ferme, il le reprend ensuite par des considérations subséquentes qu'il croit devoir à l'impartialité ; il n'ose tenir tête à son héros, ni le regarder en face. Malgré cette sorte de pusillanimité devant l'infatuation populaire, Walter Scott a perdu le mérite de ses condescendances pour avoir, dans son avertissement, fait entendre cette simple vérité : « Si le système général de Napoléon, dit-il, a reposé sur la violence et la fraude, ce n'est ni la grandeur de ses talents, ni le succès de ses entreprises qui doit étouffer la voix ou éblouir les yeux de celui qui s'aventure à devenir son historien. « *If the general system of Napoleon has rested upon force or fraud, it is neither the greatness of his talents, nor the success of his undertakings, that ought to stifle the voice or*

---

[176] Chateaubriand est le premier en France qui se soit refusé à voir dans l'ouvrage de Walter Scott un pamphlet, — et il a eu pleinement raison. Combien d'historiens français, depuis M. Lanfrey jusqu'à M. Michelet et à M. Taine, ont jugé Napoléon avec plus de rigueur et, il faut bien le dire, avec moins de justice, que l'historien anglais !

dazzle the eyes of him who adventures to be his historian. »

L'humble audace qui essuie, comme Madeleine, la poussière des pieds du Dieu avec sa chevelure passe aujourd'hui pour un sacrilège.

La retraite sous le soleil de la Syrie fut marquée par des malheurs qui rappellent les misères de nos soldats dans la retraite de Moscou au milieu des frimas : « Il y avait encore, dit Miot, dans les cabanes, sur les bords de la mer, quelques malheureux qui attendaient qu'on les transportât. Parmi eux, un soldat était attaqué de la peste, et, dans le délire qui accompagne quelquefois l'agonie, il supposa sans doute, en voyant l'armée marcher au bruit du tambour, qu'il allait être abandonné ; son imagination lui fit entrevoir l'étendue de son malheur s'il tombait entre les mains des Arabes. On peut supposer que ce fut cette crainte qui le mit dans une si grande agitation et qui lui suggéra l'idée de suivre les troupes : il prit son havresac, sur lequel reposait sa tête, et, le plaçant sur ses épaules, il fit l'effort de se lever. Le venin de l'affreuse épidémie qui coulait dans ses veines lui ôtait ses forces, et au bout de trois pas il retomba sur le sable en donnant de la tête. Cette chute augmenta sa frayeur, et, après avoir passé quelques moments à regarder avec des yeux égarés la queue des colonnes en marche, il se leva une seconde fois et ne fut pas plus heureux ; à sa troisième tentative il succomba et, tombant plus près de la mer, il resta à la place que les destins lui avaient choisie pour tombeau. La vue de ce soldat était épouvantable ; le désordre qui régnait dans ses discours insignifiants, sa figure qui peignait la douleur, ses yeux ouverts et fixes, ses habits en lambeaux, offraient tout ce que la mort a de plus hideux. L'œil attaché sur les troupes en marche, il n'avait point eu l'idée, toute simple pour quelqu'un de sang-froid, de tourner la tête d'un autre côté : il aurait aperçu la division Kléber et celle de cavalerie qui quittèrent Tentoura après les autres, et l'espoir de se sauver aurait peut-être conservé ses jours. »

Quand nos soldats, devenus impassibles, voyaient un de leurs infortunés camarades les suivre comme un homme dans l'ivresse, trébuchant, tombant, se relevant et retombant pour toujours, ils disaient : « Il a pris ses quartiers. »

Une page de Bourrienne achèvera le tableau :

« Une soif dévorante, disent les *Mémoires*, le manque total d'eau, une chaleur excessive, une marche fatigante dans des dunes brûlantes, démoralisèrent les hommes, et firent succéder à tous les sentiments généreux le plus cruel égoïsme, la plus affligeante indifférence. J'ai vu jeter de dessus les brancards des officiers amputés dont le transport était ordonné, et qui avaient même remis de l'argent pour récompense de la fatigue. J'ai vu abandonner dans les orges des amputés, des blessés, des pestiférés, ou soupçonnés seulement de l'être. La marche était éclairée par des torches allumées pour incendier les petites villes, les bourgades, les villages, les hameaux, les riches moissons dont la terre était couverte. Le pays était tout en feu. Ceux qui avaient l'ordre de présider à ces désastres semblaient, en répandant partout la désolation, vouloir venger leurs revers et trouver un soulagement à leurs souffrances. Nous n'étions entourés que de mourants, de pillards et d'incendiaires. Des mourants jetés sur les bords du chemin disaient d'une voix faible : *Je ne suis pas pestiféré, je ne suis que blessé ;* et, pour convaincre les passants, on en voyait rouvrir leur blessure ou s'en faire une nouvelle. Personne n'y croyait ; on disait : *Son affaire est faite ;* on passait, on se tâtait, et tout était oublié. Le soleil, dans tout son éclat sous ce beau ciel, était obscurci par la fumée de nos continuels incendies. Nous avions la mer à notre droite ; à notre gauche et derrière nous le désert que nous faisions ; devant nous les privations et les souffrances qui nous attendaient[177]. »

« Il est parti ; il est arrivé ; il a dissipé tous les orages ; son retour les a fait repasser dans le désert. » Ainsi chantait et se louait le triomphateur repoussé, en rentrant au Caire[178] : il emportait le monde dans des hymnes.

Pendant son absence, Desaix avait achevé de soumettre la Haute-Égypte. On rencontre en remontant le Nil des débris à qui le langage de Bossuet laisse toute leur grandeur et l'augmente. « On a, » dit l'auteur de l'*Histoire universelle,* « découvert dans le Saïde des temples et des palais presque encore entiers, où ces colonnes et ces statues sont innombrables. On y admire surtout un palais dont les restes semblent n'avoir subsisté que pour effacer la gloire de tous les plus grands ouvrages. Quatre allées à perte de vue, et bordées de part et d'autre par des sphinx d'une matière aussi rare que leur grandeur est remarquable, servent d'avenues à quatre portiques dont la hauteur étonne les yeux. Quelle magnificence et quelle étendue ! Encore ceux qui nous ont décrit ce prodigieux édifice n'ont-ils pas eu le temps d'en faire le tour, et ne sont pas même assurés d'en avoir vu la moitié ; mais tout ce qu'ils ont vu était surprenant. Une salle, qui apparemment faisait le milieu de ce superbe palais, était soutenue de six-vingt colonnes de six brassées de grosseur, grandes à proportion, et entremêlées d'obélisques que tant de siècles n'ont pu abattre. Les couleurs mêmes, c'est-à-dire ce qui éprouve le plus tôt le pouvoir du temps, se soutiennent encore parmi les ruines de cet admirable édifice et y conservent leur vivacité : tant l'Égypte savait imprimer le caractère d'immortalité à tous ses ouvrages ! Maintenant que le nom du roi Louis XIV pénètre aux parties du monde les plus inconnues, ne serait-ce pas un digne objet de cette noble curiosité de découvrir les beautés que la Thébaïde renferme dans ses déserts ? Quelles beautés ne trouverait-on pas si on pouvait aborder la ville royale, puisque si loin d'elle on découvre des choses si merveilleuses ! La puissance romaine, désespérant d'égaler les Égyptiens, a cru faire assez pour sa grandeur d'emprunter les monuments de leurs rois. »

---

[177] Mémoires de M. de Bourrienne, T. II, p. 250.
[178] Le 14 juin 1799.

Napoléon se chargea d'exécuter les conseils que Bossuet donnait à Louis XIV. « Thèbes, » dit M. Denon, qui suivait l'expédition de Desaix, « cette cité reléguée que l'imagination n'entrevoit plus qu'à travers l'obscurité des temps, était encore un fantôme si gigantesque qu'à son aspect l'armée s'arrêta d'elle-même et battit des mains. Dans le complaisant enthousiasme des soldats, je trouvai des genoux pour me servir de table, des corps pour me donner de l'ombre... Parvenus aux cataractes du Nil, nos soldats, toujours combattant contre les beys et éprouvant des fatigues incroyables, s'amusaient à établir dans le village de Syène des boutiques de tailleurs, d'orfèvres, de barbiers, de traiteurs à prix fixe. Sous une allée d'arbres alignés, ils plantèrent une colonne milliaire avec l'inscription : *Route de Paris*... En redescendant le Nil, l'armée eut souvent affaire aux Mecquains. On mettait le feu aux retranchements des Arabes : ils manquaient d'eau ; ils éteignaient le feu avec les pieds et les mains ; ils l'étouffaient avec leurs corps. Noirs et nus, dit encore M. Denon, on les voyait courir à travers les flammes : c'était l'image des diables dans l'enfer. Je ne les regardais point sans un sentiment d'horreur et d'admiration. Il y avait des moments de silence dans lesquels une voix se faisait entendre ; on lui répondait par des hymnes sacrés et des cris de combat. »

Ces Arabes chantaient et dansaient comme les soldats et les moines espagnols dans Saragosse embrasée ; les Russes brûlèrent Moscou : la sorte de sublime démence qui agitait Bonaparte, il la communiquait à ses victimes.

Napoléon rentré au Caire écrivait au général Dugua : « Vous ferez, citoyen général, trancher la tête à Abdalla-Aga, ancien gouverneur de Jaffa. D'après ce que m'ont dit les habitants de Syrie, c'est un monstre dont il faut délivrer la terre... Vous ferez fusiller les nommés Hassan, Joussef, Ibrahim, Saleh, Mahamet, Bekir, Hadj-Saleh, Mustapha, Mahamed, tous mameloucks. » Il renouvelle souvent ces ordres contre des Égyptiens qui ont *mal parlé des Français* : tel était le cas que Bonaparte faisait des lois ; le droit même de la guerre permettait-il de sacrifier tant de vies sur ce simple ordre d'un chef : *vous ferez fusiller ?* Au sultan du Darfour il écrit : « Je désire que vous me fassiez passer *deux mille esclaves* mâles, ayant plus de seize ans. » Il aimait les esclaves.

Une flotte ottomane de cent voiles mouille à Aboukir et débarque une armée : Murat, appuyé du général Lannes, la jette dans la mer ; Bonaparte instruit le Directoire de ses succès : « Le rivage où l'année dernière les courants ont porté les cadavres anglais et français est aujourd'hui couvert de ceux de nos ennemis[179]. » On se fatigue à marcher dans ces monceaux de victoires comme dans les sables étincelants de ces déserts.

---

[179] La victoire d'Aboukir eut lieu le 25 juillet 1799.

Le billet suivant frappe tristement l'esprit : « J'ai été peu satisfait, citoyen général, de toutes vos opérations pendant le mouvement qui vient d'avoir lieu. Vous avez reçu l'ordre de vous porter au Caire, et vous n'en avez rien fait. Tous les évènements qui peuvent survenir ne doivent jamais empêcher un militaire d'obéir, et le talent à la guerre consiste à lever les difficultés qui peuvent rendre difficile une opération, et non pas à la faire manquer. Je vous dis ceci pour l'avenir. »

Ingrat d'avance, cette rude instruction de Bonaparte est adressée à Desaix qui offrait à la tête des braves, dans la Haute-Égypte, autant d'exemples d'humanité que de courage, marchant au pas de son cheval, causant de ruines, regrettant sa patrie, sauvant des femmes et des enfants, aimé des populations qui l'appelaient le *Sultan juste,* enfin à ce Desaix tué depuis à Marengo dans la charge par laquelle le premier consul devint le maître de l'Europe. Le caractère de l'homme perce dans le billet de Napoléon : domination et jalousie ; on pressent celui que toute renommée afflige, le prédestinateur auquel est donné la parole qui reste et qui contraint ; mais sans cet esprit de commandement Bonaparte aurait-il pu tout abattre devant lui ?

Prêt à quitter le sol antique où l'homme d'autrefois s'écriait en expirant : « Puissances qui dispensez la vie aux hommes, recevez-moi et accordez-moi une demeure parmi les dieux immortels ! » Bonaparte ne songe qu'à son avenir de la terre : il fait avertir par la mer Rouge les gouverneurs de l'île de France et de l'île de Bourbon : il envoie ses salutations au sultan du Maroc et au bey de Tripoli ; il leur fait part de ses affectueuses sollicitudes pour les caravanes et les pèlerins de la Mecque ; Napoléon cherche en même temps à détourner le grand vizir de l'invasion que la Porte médite, assurant qu'il est prêt à tout vaincre, comme à entrer dans toute négociation.

Une chose ferait peu d'honneur à notre caractère, si notre imagination et notre amour de nouveauté n'étaient plus coupables que notre équité nationale ; les Français s'extasient sur l'expédition d'Égypte, et ils ne remarquent pas qu'elle blessait autant la probité que le droit politique ; en pleine paix avec la plus vieille alliée de la France, nous l'attaquons, nous lui ravissons sa féconde province du Nil, sans déclaration de guerre, comme des Algériens qui, dans une de leurs *algarades,* se seraient emparés de Marseille et de la Provence. Quand la Porte arme pour sa défense légitime, fiers de notre illustre guet-apens, nous lui demandons ce qu'elle a, et pourquoi elle se fâche ; nous lui déclarons que nous n'avons pris les armes que pour faire la police chez elle, que pour la débarrasser de ces brigands de mameloucks qui tenaient son pacha prisonnier. Bonaparte mande au grand vizir : « Comment Votre Excellence ne sentirait-elle pas qu'il n'y a pas un Français de tué qui ne soit un appui de moins pour la Porte ? Quant à moi, je tiendrai pour le plus beau jour de ma vie celui où je pourrai contribuer à faire terminer une guerre à la fois *impolitique et sans objet.* » Bonaparte voulait s'en aller : la guerre alors était sans objet et impolitique ! L'ancienne Monarchie fut du reste aussi coupable que la République : les archives des affaires étrangères conservent plusieurs plans de colonies françaises à établir en Égypte ; Leibnitz lui-même avait conseillé la colonie égyptienne à Louis XIV. Les Anglais n'estiment que la politique positive, celle des intérêts ; la fidélité aux traités et les scrupules moraux leur semblent puérils.

Enfin l'heure était sonnée ; arrêté aux frontières orientales de l'Asie, Bonaparte va saisir d'abord le sceptre de l'Europe, pour chercher ensuite au nord, par un autre chemin, les portes de l'Himalaya et les splendeurs de Cachemire. Sa dernière lettre à Kléber, datée d'Alexandrie, 22 août 1799, est de toute excellence et réunit la raison, l'expérience et l'autorité. La fin de cette lettre s'élève à un pathétique sérieux et pénétrant.

« Vous trouverez ci-joint, citoyen général, un ordre pour prendre le commandement en chef de l'armée. La crainte que la croisière anglaise ne reparaisse d'un moment à l'autre me fait précipiter mon voyage de deux ou trois jours.

« J'emmène avec moi les généraux Berthier, Andréossy, Murat, Lannes et Marmont, et les citoyens Monge et Berthollet.

« Vous trouverez ci-joints les papiers anglais et de Francfort jusqu'au 10 juin. Vous y verrez que nous avons perdu l'Italie, que Mantoue, Turin et Tortone sont bloqués. J'ai lieu d'espérer que la première tiendra jusqu'à la fin de novembre. J'ai l'espérance, si la fortune me sourit, d'arriver en Europe avant le commencement d'octobre. »

Suivent des instructions particulières.

« Vous savez apprécier aussi bien que moi combien la possession de l'Égypte est importante à la France : cet empire turc, qui menace ruine de tous côtés, s'écroule aujourd'hui, et l'évacuation de l'Égypte serait un malheur d'autant plus grand, que nous verrions de nos jours cette belle province passer en d'autres mains européennes.

« Les nouvelles des succès et des revers qu'aura la République doivent aussi entrer puissamment dans vos calculs.

« Vous connaissez, citoyen général, quelle est ma manière de voir sur la politique intérieure de Égypte : quelque chose que vous fassiez, les chrétiens seront toujours nos amis. Il faut les empêcher d'être trop insolents, afin que les Turcs n'aient pas contre nous le même fanatisme que contre les chrétiens, ce qui nous les rendrait irréconciliables.

« J'avais déjà demandé plusieurs fois une troupe de comédiens ; je prendrai un soin particulier de vous en envoyer. Cet article est très important pour l'armée et pour commencer à changer les mœurs du pays.

« La place importante que vous allez occuper en chef va vous mettre à même enfin de déployer les talents que la nature vous a donnés. L'intérêt de ce qui se passera ici est vif, et les résultats en seront immenses pour le commerce, pour la civilisation ; ce sera l'époque d'où dateront les grandes révolutions.

« Accoutumé à voir la récompense des peines et des travaux de la vie dans l'opinion de la postérité, j'abandonne avec le plus grand regret l'Égypte. L'intérêt de la patrie, sa gloire, l'obéissance, les événements extraordinaires qui viennent de se passer, me décident seuls à passer au milieu des escadres ennemies pour me rendre en Europe. Je serai d'esprit et de cœur avec vous. Vos succès me seront aussi chers que ceux où je me trouverais en personne, et je regarderai comme mal employés tous les jours de ma vie où je ne ferai pas quelque chose pour l'armée, dont je vous laisse le commandement, et pour consolider le magnifique établissement dont les fondements viennent d'être jetés.

« L'armée que je vous confie est toute composée de mes enfants ; j'ai eu dans tous les temps, même dans les plus grandes peines, des marques de leur attachement. Entretenez-les dans ces sentiments ; vous le devez à l'estime et à l'amitié toute particulière que j'ai pour vous et à l'attachement vrai que je leur porte.

« BONAPARTE. »

Jamais le guerrier n'a retrouvé d'accents pareils ; c'est Napoléon qui finit ; l'empereur, qui suivra, sera sans doute plus étonnant encore ; mais combien aussi plus haïssable ! Sa voix n'aura plus le son des jeunes années : le temps, le despotisme, l'ivresse de la prospérité, l'auront altérée.

Bonaparte aurait été bien à plaindre s'il eût été contraint, en vertu de l'ancienne loi égyptienne, à tenir trois jours embrassés les *enfants* qu'il avait fait mourir. Il avait songé, pour les soldats qu'il laissait exposés à l'ardeur du soleil, à ces distractions que le capitaine Parry[180] employa trente-deux ans après pour ses matelots dans les nuits glacées du pôle. Il envoie le testament de l'Égypte à son brave successeur, qui sera bientôt assassiné[181], et il se dérobe furtivement[182], comme César se sauva à la nage dans le port d'Alexandrie. Cette reine que le poète appelait un *fatal prodige*, Cléopâtre, ne l'attendait pas ; il allait au rendez-vous secret que lui avait donné le destin, autre puissance infidèle. Après s'être plongé dans l'Orient, source des renommées merveilleuses, il nous revient, sans toutefois être monté à Jérusalem, de même qu'il n'entra jamais dans Rome. Le Juif qui criait : Malheur ! malheur ! rôda autour de la ville sainte, sans pénétrer dans ses habitacles éternels. Un poète, s'échappant d'Alexandrie, monte le dernier sur la frégate aventureuse. Tout imprégné des miracles de

---

[180] Sir William Parry (1790-1856), navigateur anglais. Il s'est illustré par quatre périlleux voyages au pôle Nord (1819-1826). Il a publié lui-même le récit de ses quatre expéditions.

[181] Kléber fut assassiné au Caire, le 14 juin 1800, par un jeune fanatique appelé Soliman, qui le frappa de quatre coups de poignard. Kléber disparaissait le jour même où Bonaparte triomphait à Marengo.

[182] Bonaparte s'embarqua secrètement le 22 août 1799, avec Berthier, Lannes, Murat, Andréossy, Marmont, Berthollet et Monge.

la Judée et des souvenirs de la tombe aux Pyramides, Bonaparte franchit les mers, insouciant de leurs vaisseaux et de leurs abîmes : tout était guéable pour ce géant, événements et flots.

Napoléon prend la route que j'ai suivie : il longe l'Afrique par des vents contraires ; au bout de vingt et un jours, il double le cap Bon ; il gagne les côtes de Sardaigne, est forcé de relâcher à Ajaccio[183], promène ses regards sur les lieux de sa naissance, reçoit quelque argent du cardinal Fesch, et se rembarque ; il découvre une flotte anglaise qui ne le poursuit pas. Le 8 octobre, il rentre dans la rade de Fréjus, non loin de ce golfe Juan où il se devait manifester une terrible et dernière fois. Il aborde à terre, part, arrive à Lyon, prend la route du Bourbonnais, entre à Paris le 16 octobre. Tout parait disposé contre lui, Barras, Sieyès, Bernadotte, Moreau ; et tous ces opposants le servent comme par miracle. La conspiration s'ourdit ; le gouvernement est transféré à Saint-Cloud. Bonaparte veut haranguer le conseil des Anciens : il se trouble, il balbutie les mots de frères d'armes, de volcan, de victoire, de César ; on le traite de Cromwell, de tyran, d'hypocrite : il veut accuser et on l'accuse : il se dit accompagné du dieu de la guerre et du dieu de la fortune ; il se retire en s'écriant : « Qui m'aime me suive ! » On demande sa mise en accusation ; Lucien, président du conseil des Cinq-Cents, descend de son fauteuil pour ne pas mettre Napoléon hors la loi. Il tire son épée et jure de percer le sein de son frère si jamais il essaye de porter atteinte à la liberté. On parlait de faire fusiller le soldat déserteur, l'infracteur des lois sanitaires, le porteur de la peste, et on le couronne. Murat fait sauter par les fenêtres les représentants : le 18 brumaire s'accomplit[184] ; le gouvernement consulaire naît, et la liberté meurt.

Alors s'opère dans le monde un changement absolu : l'homme du dernier siècle descend de la scène, l'homme du nouveau siècle y monte ; Washington, au bout de ses prodiges, cède la place à Bonaparte[185], qui recommence les siens. Le 9 novembre, le président des États-Unis ferme l'année 1799 ; le premier consul de la République française ouvre l'année 1800 :

Un grand destin commence, un grand destin s'achève.
(CORNEILLE.)

C'est sur ces événements immenses qu'est écrite la partie de mes *Mémoire* que vous avez vue, ainsi qu'un texte moderne profanant d'antiques manuscrits. Je comptais mes abattements et mes obscurités à Londres sur les élévations et l'éclat de Napoléon ; le bruit de ses pas se mêlait au silence des miens dans mes promenades solitaires ; son nom me

---

[183] Le 30 septembre 1799.
[184] 9 novembre 1799.
[185] Washington mourut le 9 novembre 1799.

poursuivait jusque dans les réduits où se rencontraient les tristes indigences de mes compagnons d'infortune, et les joyeuses détresses, ou, comme aurait dit notre vieille langue, les misères *hilareuses* de Peltier. Napoléon était de mon âge : partis tous les deux du sein de l'armée, il avait gagné cent batailles que je languissais encore dans l'ombre de ces émigrations qui furent le piédestal de sa fortune. Resté si loin derrière lui, le pouvais-je jamais rejoindre ? Et néanmoins quand il dictait des lois aux monarques, quand il les écrasait de ses armées et faisait jaillir leur sang sous ses pieds, quand, le drapeau à la main, il traversait les ponts d'Arcole et de Lodi, quand il triomphait aux Pyramides, aurais-je donné pour toutes ces victoires une seule de ces heures oubliées qui s'écoulaient en Angleterre dans une petite ville inconnue ? Oh ! magie de la jeunesse !

Je quittai l'Angleterre quelques mois après que Napoléon eut quitté l'Égypte ; nous revînmes en France presque en même temps, lui de Memphis, moi de Londres : il avait saisi des villes et des royaumes, ses mains étaient pleines de puissantes réalités ; je n'avais encore pris que des chimères.

Que s'était-il passé en Europe pendant l'absence de Napoléon ?

La guerre recommencée en Italie, au royaume de Naples et dans les États de Sardaigne ; Rome et Naples momentanément occupées ; Pie VI prisonnier, amené pour mourir en France ; un traité d'alliance est conclu entre les cabinets de Pétersbourg et de Londres.

Deuxième coalition continentale contre la France. Le 8 avril 1799, le congrès de Rastadt est rompu, les plénipotentiaires français sont assassinés. Suwaroff, arrivé en Italie, bat les Français à Cassano. La citadelle de Milan se rend au général russe. Une de nos armées, forcée d'évacuer Naples, se soutient à peine, commandée par le général Macdonald. Masséna défend la Suisse.

Mantoue succombe après un blocus de soixante-douze jours et un siège de vingt. Le 15 octobre 1799, le général Joubert, tué à Novi, laisse le champ libre à Bonaparte ; il était destiné à jouer le rôle de celui-ci : malheur à qui barrait une fortune fatale, témoin Hoche, Moreau et Joubert ! Vingt mille Anglais descendus au Helder y restent inutiles ; leur flotte en partie est bloquée par les glaces ; notre cavalerie charge sur des vaisseaux et les prend. Dix-huit mille Russes, auxquels les combats et les fatigues ont réduit l'armée de Suwaroff, ayant passé le Saint-Gothard le 24 septembre, se sont engagés dans la vallée de la Reuss. Masséna sauve la France à la bataille de Zurich[186]. Suwaroff, rentré en Allemagne, accuse les Autrichiens et se retire en Pologne. Telle était la position de la France, lorsque Bonaparte reparaît, renverse le Directoire et établit le Consulat.

---

[186] 25 septembre 1799.

Avant de m'engager plus loin, je rappellerai une chose dont on doit déjà être convaincu : je ne m'occupe pas d'une vie particulière de Bonaparte ; je trace l'abrégé et le résumé de ses actions ; je peins ses batailles, je ne les décris pas ; on les trouve partout, depuis Pommereul, qui a donné les *Campagnes d'Italie*[187], jusqu'à nos généraux, critiques et censeurs des combats où ils assistèrent, jusqu'aux tacticiens étrangers, anglais, russes, allemands, italiens, espagnols. Les bulletins publics de Napoléon et ses dépêches secrètes forment le fil très peu sûr de ces narrations. Les travaux du lieutenant général Jomini[188] fournissent la meilleure source d'instruction : l'auteur est d'autant plus croyable, qu'il a fait preuve d'études dans son *Traité de la grande tactique* et dans son *Traité des grandes opérations militaires*. Admirateur de Napoléon jusqu'à l'injustice, attaché à l'état-major du maréchal Ney, on a de lui l'histoire critique et militaire des campagnes de la Révolution ; il a vu de ses propres yeux la guerre en Allemagne, en Prusse, en Pologne et en Russie jusqu'à la prise de Smolensk ; il était présent en Saxe aux combats de 1813 ; de là il passa aux alliés ; il fut condamné à mort par un conseil de guerre de Bonaparte, et nommé au même moment aide de camp de l'empereur Alexandre. Attaqué par le général Sarrazin[189], dans son *Histoire de la guerre de Russie et d'Allemagne,* Jomini lui répliqua. Jomini a eu à sa disposition les matériaux déposés au ministère de la guerre et aux autres archives de royaume ; il a contemplé à l'envers la marche rétrograde de nos armées, après avoir servi à les guider en avant. Son récit est lucide et entremêlé de quelques réflexions fines et judicieuses. On lui a souvent emprunté des pages entières sans le dire ; mais je n'ai point la vocation de

---

[187] Campagnes du général Bonaparte en Italie, pendant les année IV et V de la République française, par un officier général (M. de Pommereul). An VI.

[188] Henri, baron de Jomini, né à Payerne (canton de Vaud) le 6 mars 1779, décédé à Passy le 22 mars 1869. D'abord au service de la France, il passa, en 1813, à celui de la Russie. Ses principaux écrits, également importants au point de vue de l'histoire militaire de son temps et de la science stratégique, sont : le Traité des grandes opérations militaires (1803) ; l'Histoire critique et militaire des guerres de la Révolution, de 1792 à 1801 (1805 : la 3e édition, celle de 1819-1824, n'a pas moins de 15 vol. in-8o) ; la Vie politique et militaire de l'empereur Napoléon, racontée par lui-même au tribunal de César, d'Alexandre et de Frédéric (1827).

[189] Jean Sarrazin (1770-1840). À la suite de négociations secrètes avec les Anglais, en 1809, le général Sarrazin fut condamné à mort par contumace et passa à l'étranger. Il servit en Espagne contre les Français. À l'époque des Cent Jours, il eut l'audace d'offrir ses services à Napoléon, qui le fit arrêter. En 1814, il avait recouvré son grade de maréchal de camp ; mais en 1817, une ordonnance royale lui retira son grade et sa pension. L'année suivante, il fut traduit devant la cour d'assises de la Seine sous l'inculpation de trigamie et condamné à dix ans de travaux forcés et au carcan. Au bout de trois ans, il fut gracié par Louis XVIII et s'embarqua pour Lisbonne : il n'a plus reparu en France. En 1815, il avait publié une Histoire de la guerre de Russie et d'Allemagne, bientôt suivie d'un autre écrit intitulé : Correspondance entre le général Jomini et le général Sarrazin.

copiste et je n'ambitionne point le renom suspect d'un césar méconnu, auquel il n'a manqué qu'un casque pour soumettre de nouveau la terre. Si j'avais voulu venir au secours de la mémoire des vétérans, en manœuvrant sur des cartes, en courant autour des champs de bataille couverts de paisibles moissons, en extrayant tant et tant de documents, en entassant descriptions sur descriptions toujours les mêmes, j'aurais accumulé volumes sur volumes, je me serais fait une réputation de capacité, au risque d'ensevelir sous mes labeurs moi, mon lecteur et mon héros. N'étant qu'un petit soldat, je m'humilie devant la science des Végèce : je n'ai point pris pour mon public les officiers à demi-solde ; le moindre caporal en sait plus que moi.

Pour s'assurer de la place où il s'était assis, Napoléon avait besoin de se surpasser en miracles.

Le 25 et le 30 avril 1800, les Français franchissent le Rhin, Moreau à leur tête. L'armée autrichienne, battue quatre fois en huit jours, recule d'un côté jusqu'au Voralberg, de l'autre jusqu'à Ulm. Bonaparte passe le Grand Saint-Bernard le 16 mai ; et le 20, le Petit Saint-Bernard, le Simplon, le Saint-Gothard, le Mont-Cenis, le Mont-Genèvre, sont escaladés et emportés ; nous pénétrons en Italie par trois débouchés réputés imprenables, caverne des ours, rochers des aigles. L'armée s'empare de Milan le 2 juin, et la République cisalpine se réorganise ; mais Gênes est obligée de se rendre après un siège mémorable, soutenu par Masséna[190].

L'occupation de Pavie[191] et l'affaire heureuse de Montebello[192] précèdent la victoire de Marengo[193].

Une défaite commence cette victoire : les corps de Lannes et de Victor épuisés cessent de combattre et abandonnent le terrain ; la bataille se renouvelle avec quatre mille hommes d'infanterie que conduit Desaix et qu'appuie la brigade de cavalerie de Kellermann[194] : Desaix est tué. Une charge de Kellermann décide le succès de la journée qu'achèvera de compléter la stupidité du général Mélas.

Desaix, gentilhomme d'Auvergne, sous-lieutenant dans le régiment de Bretagne, aide de camp du général Victor de Broglie, commanda en 1796 une division de l'armée de Moreau, et passa en Orient avec Bonaparte. Son caractère était désintéressé, naïf et facile. Lorsque le traité

---

[190] La reddition de Gênes eut lieu le 5 juin 1800.

[191] Le général Lannes occupa la ville de Pavie le 7 juin.

[192] Le 9 juin.

[193] La victoire de Marengo est du 14 juin. À quinze ans de là, presque jour pour jour, le 18 juin 1815, aura lieu la défaite de Waterloo.

[194] François-Étienne Kellermann, duc de Valmy (1770-1835). Fils du maréchal Kellermann, le vainqueur de Valmy, il fut admis à siéger à la Chambre des pairs, par droit héréditaire, le 28 décembre 1820, en remplacement de son père. Il a publié en 1828 la Réfutation du duc de Rovigo ou la Vérité sur la bataille de Marengo.

d'El-Arisch l'eut rendu libre, il fut retenu par lord Keith au lazaret de Livourne. « Quand les lumières étaient éteintes, dit Miot, son compagnon de voyage, notre général nous faisait conter des histoires de voleurs et de revenants ; il partageait nos plaisirs et apaisait nos querelles ; il aimait beaucoup les femmes et n'aurait voulu mériter leur amour que par son amour pour la gloire. » À son débarquement en Europe, il reçut une lettre du premier consul qui l'appelait auprès de lui ; elle l'attendrit, et Desaix disait : « Ce pauvre Bonaparte est couvert de gloire, et il n'est pas heureux. » Lisant dans les journaux la marche de l'armée de réserve, il s'écriait : « Il ne nous laissera rien à faire. » Il lui laissait à lui donner la victoire et à mourir.

Desaix fut inhumé sur le haut des Alpes, à l'hospice du Mont-Saint-Bernard, comme Napoléon sur les mornes de Sainte-Hélène.

Kléber assassiné trouva la mort en Égypte, de même que Desaix la rencontra en Italie. Après le départ du commandant en chef, Kléber avec onze mille hommes défait cent mille Turcs sous les ordres du grand vizir, à Héliopolis[195], exploit auquel Napoléon n'a rien à comparer.

Le 16 juin, convention d'Alexandrie. Les Autrichiens se retirent sur la rive gauche du bas Pô. Le sort de l'Italie est décidé dans cette campagne appelée de *trente jours*.

Le triomphe d'Hochstedt obtenu par Moreau[196] console l'ombre de Louis XIV[197]. Cependant l'armistice entre l'Allemagne et l'Italie, conclu après la bataille de Marengo, était dénoncé le 20 octobre 1800.

Le 3 décembre amena la victoire de Hohenlinden au milieu d'une tempête de neige ; victoire encore obtenue par Moreau, grand général sur qui dominait un autre grand génie. Le compatriote de Du Guesclin marche sur Vienne. À vingt-cinq lieues de cette capitale, il conclut la suspension d'armes de Steyer[198] avec l'archiduc Charles. Après la bataille de Pozzolo, le passage du Mincio, de l'Adige et de la Brenta, survient, le 9 février 1801, le traité de paix de Lunéville.

Et il n'y avait pas neuf mois que Napoléon était au bord du Nil ! Neuf mois lui avaient suffi pour renverser la révolution populaire en France et pour écraser les monarchies absolues en Europe.

Je ne sais plus si c'est à cette époque qu'il faut placer une anecdote que l'on trouve dans des mémoires familiers, et si cette anecdote mérite la

---

[195] La victoire d'Héliopolis est du 20 mars.
[196] Le 19 juin 1800.
[197] Comme Moreau, Villars, le 20 septembre 1702, avait remporté à Hochstedt une glorieuse victoire ; mais, le 13 août 1704, les Français et les Bavarois, commandés par le maréchal de Tallart et l'Électeur de Bavière, avaient été entièrement défaits par le prince Eugène de Savoie et le duc de Marlborough. Les Anglais ont donné à cette dernière bataille le nom de Blenheim, village situé dans la même plaine qu'Hochstedt.
[198] Le 25 décembre 1800.

peine d'être rappelée ; mais il ne manque pas d'historiettes sur César ; la vie n'est pas toute en plaine, on monte quelquefois, on descend souvent : Napoléon avait reçu dans son lit, à Milan, une Italienne de seize années, belle comme le jour ; au milieu de la nuit il la renvoya, de même qu'il aurait fait jeter par la fenêtre un bouquet de fleurs.

Une autre fois, une de ces belles printanières s'était glissée dans le palais qu'il habitait ; elle y pénétrait à trois heures du matin, faisait le sabbat et roulait ses jeunes années sur la tête du lion, ce jour-là plus patient.

Ces plaisirs, loin d'être l'amour, n'avaient même pas une vraie puissance sur un homme de la mort : il aurait incendié Persépolis pour son propre compte, non pour les joies d'une courtisane. « François Ier, dit Tavannes, voit les affaires quand il n'a plus de femmes ; Alexandre voit les femmes quand il n'a plus d'affaires. »

Les femmes, en général, détestaient Bonaparte comme mères ; elles l'aimaient peu comme femmes, parce qu'elles n'en étaient pas aimées : sans délicatesse, il les insultait[199], ou ne les recherchait que pour un moment[200]. Il a inspiré quelques passions d'imagination après sa chute : en ce temps-ci, et pour un cœur de femme, la poésie de la fortune est moins séduisante que celle du malheur ; il y a des fleurs de ruines.

À l'instar de l'ordre des chevaliers de Saint-Louis, la Légion d'honneur est créée : par cette institution passe un rayon de la vieille

---

[199] « Il n'est jamais sorti de sa bouche un seul mot gracieux ou seulement bien tourné vis-à-vis d'une femme... Il ne leur parle que de leur toilette, de laquelle il se déclare juge minutieux et sévère, et sur laquelle il leur fait des plaisanteries peu délicates, ou bien du nombre de leurs enfants, leur demandant en termes crus si elles les ont nourris elle-mêmes, ou les admonestant sur leurs relations de société. » C'est pourquoi « il n'y en a pas une qui ne soit charmée de le voir s'éloigner de la place où elle est. » (Mme de Rémusat, Mémoires, II, 77, 179.) — Quelquefois, ajoute M. Taine (Le Régime moderne, I, 92), il s'amuse à les déconcerter ; il est médisant et railleur avec elles, en face, à bout portant comme un colonel avec ses cantinières : « Oui, mesdames, leur dit-il, vous occupez les bons habitants du faubourg Saint-Germain ; ils disent, par exemple, que vous, Madame A... vous avez telle liaison avec M. B... ; vous, Madame C, avec M. D... » Si, par des rapports de police, il découvre une intrigue, « il ne tarde guère à mettre le mari au courant de ce qui se passe ». — Thibaudeau, Mémoires sur le Consulat, p. 18 : « Il leur faisait quelquefois de mauvais compliments sur leur toilette ou leurs aventures, c'était sa manière de censurer les mœurs. » — Le comte Chaptal, Mes Souvenirs sur Napoléon, p. 321 : « Souvent même, il était malhonnête et grossier. Dans une fête de l'Hôtel de Ville, il répondit à Mme ***, qui venait de lui dire son nom : « Ah ! bon Dieu ! on m'avait dit que vous étiez jolie... » ; à une autre : « C'est un beau temps pour vous que les campagnes de votre mari » ; à de jeunes personnes : « Avez-vous des enfants ? »

[200] « Sur ses propres fantaisies, dit M. Taine, p. 93, il n'est pas moins indiscret ; ayant brusqué le dénouement, il divulgue le fait et dit le nom : bien mieux, il avertit Joséphine, lui donne des détails intimes et ne tolère pas qu'elle se plaigne : « J'ai le droit de répondre à toutes vos plaintes par un éternel moi. »

monarchie, et s'introduit un obstacle à la nouvelle égalité[201]. La translation des cendres de Turenne aux Invalides fit estimer Napoléon[202], l'expédition du capitaine Baudin portait sa renommée autour du monde[203]. Tout ce qui pouvait nuire au premier consul échoue : il se débarrasse du complot des prévenus du 18 vendémiaire[204], et échappe le 3 nivôse à la machine infernale[205] ; Pitt se retire[206] ; Paul meurt[207] ; Alexandre lui succède ; on

---

[201] La loi portant création de la Légion d'honneur (19 mai 1802) avait rencontré au Tribunat et au Corps législatif une opposition à laquelle on n'était plus habitué. Les tribuns Savoye-Rollin et Chauvelin lui reprochèrent de relever une institution de l'ancien régime, de porter une atteinte réelle à l'égalité, en rétablissant la noblesse par voie détournée. Ils signalaient (et en cela ils ne se trompaient point) le germe d'une nouvelle aristocratie qui ne se contenterait pas longtemps d'être viagère. Au Corps législatif, malgré les efforts de Rœderer et de Lucien, la loi eut contre elle une puissante minorité.

[202] La translation du corps de Turenne à l'église des Invalides avait eu lieu, avec un grand appareil, le 22 septembre 1800.

[203] Le capitaine Nicolas Baudin avait appareillé du Havre, le 19 octobre 1800, avec les corvettes le Géographe, le Naturaliste et la goélette la Cazuarina, commandant Louis Freycinet, pour une expédition autour du globe, et spécialement aux terres australes. Interrompue au bout de trois ans par la mort de son chef, l'expédition rentra à Lorient, en 1804, après avoir découvert et reconnu une portion considérable des côtes ouest et sud de la Nouvelle-Hollande, et enrichi la science de travaux hydrographiques estimés. Le naturaliste Péron, qui avait été attaché comme médecin à l'expédition, en a écrit la relation, qui fut publiée, de 1811 à 1816, sous ce titre : Voyage de découverte aux Terres australes. — L'amiral Charles Baudin (1784-1854), le vainqueur de Saint-Jean d'Ulloa (1838), n'avait aucun lien de parenté avec le capitaine Nicolas Baudin.

[204] Le complot du 18 vendémiaire an IX (10 octobre 1800) avait pour objet l'assassinat du Premier Consul à l'Opéra, pendant une représentation extraordinaire à laquelle il devait assister. Il était l'œuvre de quelques jacobins exaltés : le sculpteur Ceracchi, le peintre Topino-Lebrun, un ancien secrétaire de Barère, appelé Demerville, et le corse Aréna, frère d'un ancien député aux Cinq-Cents. Tous les quatre furent condamnés à mort et exécutés le 31 janvier 1801.

[205] Le 24 décembre 1800 (3 nivôse an IX), comme le Premier Consul, se rendant à l'Opéra, passait dans sa voiture avec Berthier, Lannes et Charles Lebrun, par l'étroite rue Saint-Nicaise, qui, du Carrousel, aboutissait à la rue de Richelieu, un baril de poudre, placé en travers sur une charrette, fit explosion. Sept ou huit personnes furent tuées sur le coup et vingt-cinq furent plus ou moins grièvement blessées ; mais la voiture consulaire ne fut pas atteinte : le feu avait été mis quelques secondes trop tard. Bonaparte parut à l'Opéra, où il fut salué par des transports d'enthousiasme. Le complot, cette fois, était l'œuvre des royalistes. Deux des coupables, Carbon et Saint-Régeant, purent être saisis ; traduits devant le Tribunal criminel du département de la Seine, ils furent guillotinés le 20 avril 1801. Le troisième. Picot de Limoëlan, qui avait été le camarade de collège de Chateaubriand, réussit à s'échapper et à gagner l'Amérique. — Sur Limoëlan, voir la note 2 de la page 110 (Note 50 du Livre II) du tome I des Mémoires.

[206] William Pitt, après avoir occupé le pouvoir sans interruption pendant dix-sept ans, donna sa démission le 5 février 1801. Ce fut son successeur, Henri Addington, vicomte Sidmouth, qui signa la paix d'Amiens. Redevenu chef du cabinet au mois de mai 1804, il mourut le 23 janvier 1806, à l'âge de 47 ans.

n'apercevait point encore Wellington. Mais l'Inde s'ébranle pour nous enlever notre conquête du Nil ; l'Égypte est attaquée par la mer Rouge, tandis que le Capitan-Pacha l'aborde par la Méditerranée[208]. Napoléon agite les empires ; toute la terre se mêlait de lui.

Les préliminaires de la paix entre la France et l'Angleterre, arrêtés à Londres le 1er octobre 1801, sont convertis en traité à Amiens[209]. Le monde napoléonien n'était point encore fixé ; ses limites changeaient avec la crue ou la décroissance des marées de nos victoires.

C'est à peu près alors que le premier consul nommait Toussaint-Louverture gouverneur à vie à Saint-Domingue, et incorporait l'île d'Elbe à la France[210], mais Toussaint, traîtreusement enlevé, devait mourir dans un château-fort du Jura[211] et Bonaparte se nantissait d'une prison à Porto-Ferrajo[212], afin de subvenir à l'empire du monde quand il n'y aurait plus de place.

Le 6 mai 1802, Napoléon est élu consul pour dix ans, et bientôt consul à vie[213]. Il se trouve à l'étroit dans la vaste domination que la paix avec l'Angleterre lui avait laissée : sans s'embarrasser du traité d'Amiens, sans songer aux guerres nouvelles où sa résolution va le plonger, sous prétexte de la non-évacuation de Malte, il réunit les provinces du Piémont aux États français[214], et, en raison des troubles survenus en Suisse, il l'occupe[215]. L'Angleterre rompt avec nous : cette rupture a lieu du 13 au 20 mai 1803, et le 22 mai paraît le décret sauvage qui enjoint d'arrêter tous les Anglais commerçant ou voyageant en France.

Bonaparte envahit le 3 juin l'électorat de Hanovre : à Rome, je fermais alors les yeux d'une femme ignorée.

Le 21 mars 1804 amène la mort du duc d'Enghien : je vous l'ai racontée. Le même jour, le Code civil ou le Code Napoléon est décrété

---

[207] L'empereur Paul Ier fut assassiné le 23 mars 1801.
[208] Le 25 mars 1801, le Capitan-Pacha débarqua à Aboukir, avec un corps nombreux de Turcs ; le 23 mai suivant, le général Baird débarquait à Kosséir, port d'Égypte, sur la mer Rouge, amenant de l'Inde 1 000 Anglais et 10 000 Cipayes.
[209] Le traité de paix d'Amiens entre les républiques française et batave et l'Espagne, d'une part ; l'Angleterre, d'autre part ; fut signé le 25 mars 1802. Il terminait une guerre de neuf années.
[210] Le 26 août 1802, l'île d'Elbe fut réunie au territoire français.
[211] Toussaint-Louverture, que Chateaubriand appelle ailleurs le Bonaparte noir, mourut au fort de Joux le 27 avril 1803.
[212] Porto-Ferrajo était la capitale de l'île d'Elbe. Napoléon y résidera du 4 mai 1814 au 26 février 1815 ; c'est de là qu'il appareillera pour débarquer au golfe Jouan et pour aller aux Tuileries, à Waterloo, à Sainte-Hélène.
[213] Le Sénatus-Consulte proclamant Napoléon Bonaparte consul à vie est du 2 août 1802.
[214] Le 11 septembre 1802.
[215] Le 21 octobre 1802.

pour nous apprendre à respecter les lois[216].

Quarante jours après la mort du duc d'Enghien, un membre du Tribunat, nommé Curée, fait, le 30 avril 1804, la motion d'élever Bonaparte au suprême pouvoir, apparemment parce qu'on avait juré la liberté : jamais maître plus éclatant n'est sorti de la proposition d'un esclave plus obscur[217].

Le Sénat conservateur change en décret la proposition du Tribunat[218]. Bonaparte n'imite ni César ni Cromwell : plus assuré devant la couronne, il l'accepte. Le 18 mai il est proclamé empereur à Saint-Cloud[219], dans les salles dont lui-même chassa le peuple, dans les lieux où Henri III fut assassiné, Henriette d'Angleterre empoisonnée, Marie-Antoinette accueillie de quelques joies fugitives qui la conduisirent à l'échafaud, et d'où Charles X est parti pour son dernier exil.

---

[216] Ce fut, en effet, la loi du 30 ventôse an XII (21 mars 1804), qui réunit sous le titre de Code civil des Français toutes lois sur les matières civiles précédemment votées par le Corps législatif.

[217] Jean-François Curée (1756-1835), avait fait successivement partie de l'Assemblée législative, de la Convention, du Conseil des Cinq-Cents et du Tribunat. Son nom pourtant était resté ignoré. Ce fut sans doute en raison de son obscurité même qu'il fut choisi pour déposer sur le bureau du Tribunat une motion demandant l'établissement de l'Empire en faveur de Napoléon Bonaparte et de sa famille : « Avec lui, disait-il, le peuple français sera assuré de conserver sa dignité, son indépendance et son territoire... » Le tribun Curée n'était pas prophète. Si ses prévisions ne se réalisèrent pas, ses espérances du moins ne furent pas déçues. Six semaines après sa motion, le 14 juin 1804, il était nommé commandeur de la Légion d'honneur. Le 14 août 1807, après la suppression du Tribunat, l'Empereur le fit entrer au Sénat conservateur. Le 15 juin 1808, il était créé comte de la Bédissière.

[218] Le 4 mai 1804, le Sénat conservateur, sur le rapport de Lacépède, émit à son tour le vœu que Napoléon fût empereur, que l'Empire fût héréditaire. Il y eut seulement trois opposants, dont deux connus : Grégoire et Lambrechts. Sieyès et Lanjuinais étaient absents. — Au Tribunat, il n'y avait eu qu'un seul vote négatif.

[219] Le sénatus-consulte voté le 18 mai, portait que l'Empire serait héréditaire de mâle en mâle ; que l'Empereur aurait la faculté d'adopter un successeur ou de transmettre son pouvoir en ligne collatérale à ses frères Joseph et Louis, et à leurs descendants ; qu'il exercerait une autorité absolue sur tous les princes de sa famille ; qu'il jouirait d'une liste civile de vingt-cinq millions, outre les palais royaux ; qu'une dotation d'un million serait affectée à chacun des princes. — Lucien et Jérôme étaient privés de l'hérédité pour avoir contracté des mariages peu en rapport avec leur rang, et sans autorisation du chef de leur famille.

Le même jour, 18 mai, les sénateurs se précipitèrent sur la route de Saint-Cloud pour aller porter leurs hommages au nouvel empereur. Celui, qui le premier, le salua du nom de Majesté, fut le régicide Cambacérès, qui, dans la nuit du 19 au 20 janvier, avait dit : « Citoyens représentants, en prononçant la mort du dernier roi des Français, vous avez fait un acte dont la mémoire ne passera jamais, et qui sera gravé par le burin de l'immortalité, dans les fastes des nations... Qu'une expédition du décret de mort soit envoyée, à l'instant, au Conseil exécutif, pour le faire exécuter dans les 24 heures de la notification. »

Les adresses de congratulation débordent. Mirabeau en 1790 avait dit : « Nous donnons un nouvel exemple de cette aveugle et mobile inconsidération qui nous a conduits d'âge en âge à toutes les crises qui nous ont successivement affligés. Il semble que nos yeux ne puissent être dessillés et que nous ayons résolu d'être, jusqu'à la consommation des siècles, des enfants quelquefois mutins et toujours esclaves. »

Le plébiscite du 1er décembre 1804 est présenté à Napoléon[220]; l'empereur répond : *Mes descendants conserveront longtemps ce trône.* Quand on voit les illusions dont la Providence environne le pouvoir, on est consolé par leur courte durée.

Le 2 décembre 1804 eurent lieu le sacre et le couronnement de l'empereur à Notre-Dame de Paris. Le pape prononça cette prière : « Dieu tout-puissant et éternel, qui avez établi Hazaël pour gouverner la Syrie, et Jéhu roi d'Israël, en leur manifestant vos volontés par l'organe du prophète Élie ; qui avez également répandu l'onction sainte des rois sur la tête de Saül et de David, par le ministère du prophète Samuel, répandez par mes mains le trésor de vos grâces et de vos bénédictions sur votre serviteur Napoléon, que, malgré notre indignité personnelle, nous consacrons aujourd'hui empereur en votre nom. » Pie VII n'étant encore qu'évêque d'Imola avait dit en 1797 : « Oui, mes très chers frères, *siate buoni christiani, e sarete ottimi democratici.* Les vertus morales rendent bons démocrates. Les premiers chrétiens étaient animés de l'esprit de démocratie : Dieu favorisa les travaux de Caton d'Utique et des illustres républicains de Rome. » *Quo turbine fertur vita hominum ?*

Le 18 mars 1805, l'empereur déclare au Sénat qu'il accepte la couronne de fer que lui sont venus offrir les collèges électoraux de la République cisalpine[221] : il était à la fois l'inspirateur secret du vœu et l'objet public du vœu. Peu à peu l'Italie entière se range sous ses lois ; il l'attache à son diadème, comme au XVIe siècle les chefs de guerre mettaient un diamant en guise de bouton à leur chapeau.

---

[220] L'établissement de l'Empire avait été soumis à la sanction du peuple. Le résultat de 60 000 registres ouverts dans les 108 départements constata 3 572 329 votes affirmatifs et 2 569 négatifs. Ce fut le 1er décembre 1804 que le Sénat présenta à Napoléon les résultats de ce plébiscite.

[221] Napoléon, dans ce discours du 18 mars, prononça des paroles que sa conduite devait singulièrement démentir : « … Le génie du mal cherchera en vain des prétextes pour mettre le continent en guerre. Ce qui a été réuni à notre empire, par les lois constitutionnelles de l'État, y restera réuni. Aucune nouvelle province ne sera incorporée dans l'Empire… Dans toutes les circonstances et dans toutes les occasions, nous montrerons la même modération ; et nous espérons que notre peuple n'aura plus besoin de déployer ce courage et cette énergie qu'il a toujours montrés pour défendre ses légitimes droits. »

L'Europe blessée voulut mettre un appareil à sa blessure : l'Autriche adhère au traité de Pétersbourg[222] conclu entre la Grande-Bretagne et la Russie. Alexandre et le roi de Prusse ont une entrevue à Potsdam, ce qui fournit à Napoléon un sujet d'ignobles moqueries[223]. La troisième coalition continentale s'ourdit. Ces coalitions renaissaient sans cesse de la défiance et de la terreur ; Napoléon s'éjouissait dans les tempêtes : il profite de celle-ci.

Du rivage de Boulogne où il décrétait une colonne et menaçait Albion avec des chaloupes, il s'élance. Une armée organisée par Davout se transporte comme un nuage à la rive du Rhin. Le 1er octobre 1805, l'empereur harangue ses cent soixante mille soldats : la rapidité de son mouvement déconcerte l'Autriche. Combat du Lech, combat de Werthingen, combat de Guntzbourg. Le 17 octobre, Napoléon paraît devant Ulm ; il fait à Mack le commandement : *Armes bas !* Mack obéit avec ses trente mille hommes. Munich se rend ; l'Inn est passé, Salzbourg pris, la Traun franchie. Le 13 novembre, Napoléon pénètre dans une de ces capitales qu'il visitera tour à tour : Il traverse Vienne ; enchaîné à ses propres triomphes, il est emmené à leur suite jusqu'au centre de la Moravie à la rencontre des Russes. À gauche, la Bohème s'insurge ; à droite les Hongrois se lèvent ; l'archiduc Charles accourt d'Italie. La Prusse, entrée clandestinement dans la coalition et ne s'étant pas encore déclarée, envoie le ministre Haugwitz porteur d'un ultimatum.

Arrive le deux décembre 1805, la journée d'Austerlitz. Les alliés attendaient un troisième corps russe qui n'était plus qu'à huit marches de

---

[222] Aux termes du traité de Saint-Pétersbourg, entre la Grande-Bretagne et la Russie, signé le 11 avril 1805, les deux puissances contractantes s'engageaient à aider dans la mesure de leurs forces à la formation d'une grande ligue européenne, destinée à assurer l'évacuation du Hanovre et du nord de l'Allemagne, l'indépendance effective de la Hollande et de la Suisse, le rétablissement du roi de Sardaigne en Italie, la consolidation du royaume de Naples, enfin la complète évacuation de l'Italie, y comprise l'île d'Elbe. — L'Autriche accéda, le 9 août 1805, au traité de Saint-Pétersbourg. — Dans toutes les éditions des Mémoires, on a imprimé par erreur, au lieu de traité de Pétersbourg, traité de Presbourg.

[223] Une entrevue eut lieu à Potsdam, entre l'empereur Alexandre et le roi Frédéric-Guillaume III, le 1er octobre 1805. Les deux souverains se promirent, sur le tombeau de Frédéric II, d'unir leurs efforts pour réprimer l'ambition de Napoléon. — Les « moqueries » auxquelles Chateaubriand fait ici allusion se trouvent dans le 17e bulletin de la Grande-Armée (campagne de Prusse), daté par Napoléon de Potsdam, 25 octobre 1806 : « Le résultat du célèbre serment fait sur le tombeau du grand Frédéric a été la bataille d'Austerlitz… On fit quarante-huit heures après sur ce sujet une gravure qu'on trouve dans toutes les boutiques et qui excite le rire même des paysans. On y voit le bel empereur de Russie, près de lui la reine, et, de l'autre côté le roi qui lève la main sur le tombeau du grand Frédéric. La reine elle-même, drapée d'un schall, à peu près comme les gravures de Londres représentent lady Hamilton, appuie la main sur son cœur et a l'air de regarder l'empereur de Russie. »

distance. Kutuzof soutenait qu'on devait éviter de risquer une bataille ; Napoléon par ses manœuvres force les Russes d'accepter le combat : ils sont défaits. En moins de deux mois les Français, partis de la mer du Nord, ont, par delà la capitale de l'Autriche, écrasé les légions de Catherine. Le ministre de Prusse vient féliciter Napoléon à son quartier général : « Voilà, lui dit le vainqueur, un compliment dont la fortune a changé l'adresse. »

François II se présente à son tour au bivouac du soldat heureux : « Je vous reçois, lui dit Napoléon, dans le seul palais que j'habite depuis deux mois. — Vous savez si bien tirer parti de cette habitation, répondit François, qu'elle doit vous plaire. » De pareils souverains valaient-ils la peine d'être abattus ? Un armistice est accordé. Les Russes se retirent en trois colonnes à journée d'étape dans un ordre déterminé par Napoléon. Depuis la bataille d'Austerlitz, Bonaparte ne fait presque plus que des fautes.

Le traité de Presbourg est signé le 26 décembre 1805. Napoléon fabrique deux rois, l'électeur de Bavière et l'électeur de Wurtemberg. Les républiques que Bonaparte avait créées, il les dévorait pour les transformer en monarchies ; et, contradictoirement à ce système, le 27 décembre 1805, au château de Schœnbrünn, il déclare que *la dynastie de Naples a cessé de régner* ; mais c'était pour la remplacer par la sienne : à sa voix, les rois entraient ou sautaient par les fenêtres. Les desseins de la Providence ne s'accomplissaient pas moins avec ceux de Napoléon : on voit marcher à la fois Dieu et l'homme. Bonaparte après sa victoire ordonne de bâtir le pont d'Austerlitz à Paris, et le ciel ordonne à Alexandre d'y passer.

La guerre commencée dans le Tyrol s'était poursuivie tandis qu'elle continuait en Moravie. Au milieu des prosternations, quand on trouve un homme debout, on respire : Hofer le Tyrolien ne capitula pas comme son maître ; mais la magnanimité ne touchait point Napoléon ; elle lui semblait stupidité ou folie. L'empereur d'Autriche abandonna Hofer. Lorsque je traversai le lac de Garde, qu'immortalisèrent Catulle et Virgile, on me montra l'endroit où fut fusillé le chasseur : c'est ce que j'ai su personnellement du courage du sujet et de la lâcheté du prince[224].

---

[224] André Hofer — le glorieux aubergiste, le Cathelineau du Tyrol, celui que M. Thiers appelle le nommé Hofer, absolument comme on dit, dans un procès-verbal de police dressé contre un cabaretier : le nommé un tel, — André Hofer ne périt point à ce moment, mais cinq ans plus tard, en 1810. Lors de la guerre de 1809, il défendit héroïquement l'indépendance de sa patrie. Après le traité de paix signé à Vienne entre la France et l'Autriche (14 octobre 1809), il mit bas les armes avec les paysans qu'il avait soulevés. Accusé de conserver des intelligences avec les Autrichiens, il fut arrêté et conduit à Mantoue. Le conseil de guerre, devant lequel il fut traduit, n'osa pas le condamner à mort ; deux voix se prononcèrent même pour l'acquittement ; la majorité vota la détention dans une forteresse. Napoléon ne l'entendait point ainsi, et, le 10 février 1810, il écrivit au prince Eugène : « Mon fils, je vous avais mandé de faire venir Hofer à Paris ; mais puisqu'il est à Mantoue, envoyez l'ordre de former, sur le champ, une commission militaire pour le juger et

Le prince Eugène, le 14 janvier 1806, épousa la fille du nouveau roi de Bavière[225] : les trônes s'abattaient de toute part dans la famille d'un soldat de la Corse. Le 20 février l'empereur décrète la restauration de l'église de Saint-Denis ; il consacre les caveaux reconstruits à la sépulture des princes de sa race, et Napoléon n'y sera jamais enseveli : l'homme creuse la tombe ; Dieu en dispose.

Berg et Clèves sont dévolus à Murat[226], les Deux-Siciles à Joseph[227]. Un souvenir de Charlemagne traverse la cervelle de Napoléon et l'Université est érigée[228].

La République batave, contrainte à aimer les princes, envoie le 5 juin 1806 implorer Napoléon, afin qu'il daignât lui accorder son frère Louis pour roi[229].

L'idée de l'association de la Batavie à la France par une union plus ou moins déguisée ne provenait que d'une convoitise sans règle et sans raison : c'était préférer une petite province à fromage aux avantages qui résulteraient de l'alliance d'un grand royaume ami, en augmentant sans profit les frayeurs et les jalousies de l'Europe ; c'était confirmer aux Anglais la position de l'Inde, en les obligeant, pour leur sûreté, de garder le cap de Bonne-Espérance et Ceylan dont il s'étaient emparés à notre première invasion de la Hollande. La scène de l'octroiement des Provinces-Unies au prince Louis était préparée : on donna au château des Tuileries une seconde représentation de Louis XIV faisant paraître au château de

---

faire exécuter à l'endroit où votre ordre arrivera. Que tout cela soit l'affaire de vingt-quatre heures. » (Mémoires du prince Eugène, tome VI). — À peine le vice-roi eut-il reçu cet ordre, qu'il s'empressa de le faire exécuter. Hofer marcha au supplice avec une fermeté calme et sereine : il refusa de se laisser bander les yeux, et lorsqu'on voulut qu'il se mît à genoux : « Je suis debout, dit-il, devant Celui qui m'a créé, et c'est debout que je lui veux rendre mon âme. » Il donna lui-même l'ordre de faire feu ; il ne fut tué qu'à la seconde décharge.

[225] La princesse Augusta-Amélie, née le 21 juin 1788, fille de Maximilien-Joseph, électeur de Bavière, et de Frédérique-Guillelmine-Caroline, princesse de Bade. Le traité de Presbourg (26 décembre 1805) avait fait de l'électorat de Bavière un royaume auquel avait été annexé le Tyrol. La princesse Augusta-Amélie mourut en 1851.

[226] Le 15 mars 1806, Joachim Murat, beau-frère de Napoléon par son mariage avec Caroline Bonaparte (20 janvier 1800), est déclaré grand-duc de Clèves et de Berg.

[227] Le 30 mars 1806, Joseph Bonaparte est déclaré roi des Deux-Siciles.

[228] Elle fut instituée par la loi du 10 mai 1806. Aucune école, aucun établissement quelconque d'instruction ne pouvait être formé hors de l'Université impériale sans l'autorisation de son chef. C'était la centralisation et le despotisme appliqués à l'instruction publique. Les esprits eux-mêmes étaient enrégimentés, si bien que le grand-maitre de l'Université put s'écrier un jour en tirant sa montre : « Voici que l'on commence à dicter un thème latin dans tous les lycées de l'Empire ! »

[229] Le 5 juin 1806, Louis Bonaparte est proclamé roi de Hollande, conformément à un traité conclu le 24 mai avec le gouvernement de la république batave.

Versailles son petit-fils Philippe V. Le lendemain il y eut déjeuner en grand gala, dans le salon de Diane. Un des enfants de la reine Hortense entre ; Bonaparte lui dit : « Chouchou, répète-nous la fable que tu as apprise. » L'enfant aussitôt : *Les grenouilles qui demandent un roi*. Et il continue :

Les grenouilles, se lassant
De l'état démocratique,
Par leurs clameurs firent tant
Que Jupin leur envoie un roi tout pacifique.

Assis derrière la récente souveraine de Hollande, l'empereur, selon une de ses familiarités, lui pinçait les oreilles : s'il était de grande société, il n'était pas toujours de bonne compagnie[230].

Le 12 de juillet 1806 a lieu le traité de la confédération des États du Rhin ; quatorze princes allemands se séparent de l'Empire, s'unissent entre eux et avec la France : Napoléon prend le titre de protecteur de cette confédération[231].

Le 20 juillet la paix de la France avec la Russie étant signée[232], François II, par suite de la confédération du Rhin, renonce le 6 août à la dignité d'empereur électif d'Allemagne et devient empereur héréditaire d'Autriche : le Saint-Empire romain croule[233]. Cet immense événement fut à peine remarqué ; après la Révolution française, tout était petit ; après la

---

[230] « Napoléon avait le ton d'un jeune lieutenant mal élevé. » Mes Souvenirs sur Napoléon, par le comte Chaptal, p, 322.

[231] Aux termes du Traité de la Confédération des États du Rhin, entre l'empereur Napoléon et quatorze princes du midi et de l'ouest de l'Allemagne, les intérêts communs des États confédérés devaient être traités dans une Diète siégeant à Francfort-sur-le-Mein et divisée en deux collèges, celui des rois et celui des princes. Dans le premier, siégeraient les représentants des rois de Bavière et de Wurtemberg, des grands-ducs de Bade, de Berg et de Darmstadt, et du Prince-primat, archevêque de Mayence. Dans le second collège, siégeraient huit petits princes portant des titres inférieurs. Les contingents de troupes étaient fixés, comme suit : pour la France, 200 000 hommes ; la Bavière, 30 000 ; le Wurtemberg, 12 000 ; Bade, 8 000 ; les autres États, 23 000 ; en tout, 273 000 hommes.

Dans les six années suivantes, la Confédération du Rhin s'augmentera de tous les souverains allemands, anciens ou nouveaux, à l'exception de l'empereur d'Autriche, du roi de Prusse, des ducs de Brunswick, d'Oldenbourg, du roi de Suède en sa qualité de duc de Poméranie et du roi de Danemark comme duc de Holstein.

Cet acte fédératif ne sera d'ailleurs jamais exécuté par Napoléon que sous le rapport des levées d'hommes et des subsides. Il ne servira qu'à resserrer le joug imposé aux Allemands.

[232] L'empereur Alexandre refusa de ratifier ce traité, conclu à Paris et signé seulement à titre provisoire par le représentant de la Russie, M. d'Oubril.

[233] À partir de ce moment, François II se désigna comme empereur héréditaire d'Autriche, sous le nom de François Ier.

chute du trône de Clovis, on entendait à peine le bruit de la chute du trône germanique.

Au commencement de notre Révolution, l'Allemagne comptait une multitude de souverains. Deux principales monarchies tendaient à attirer vers elles les différents pouvoirs : l'Autriche créée par le temps, la Prusse par un homme. Deux religions divisaient le pays et s'asseyaient tant bien que mal sur les bases du traité de Westphalie. L'Allemagne rêvait d'unité politique ; mais il manquait à l'Allemagne, pour arriver à la liberté, l'éducation politique, comme pour arriver à la même liberté l'éducation militaire manque à l'Italie. L'Allemagne, avec ses anciennes traditions, ressemblait à ces basiliques aux clochetons multiples, lesquelles pèchent contre les règles de l'art, mais n'en représentent pas moins la majesté de la religion et la puissance des siècles.

La confédération du Rhin est un grand ouvrage inachevé, qui demandait beaucoup de temps, une connaissance spéciale des droits et des intérêts des peuples ; il dégénéra subitement dans l'esprit de celui qui l'avait conçu : d'une combinaison profonde, il ne resta qu'une machine fiscale et militaire. Bonaparte, sa première visée de génie passée, n'apercevait plus que de l'argent et des soldats ; l'exacteur et le recruteur prenaient la place du grand homme. Michel-Ange de la politique et de la guerre, il a laissé des cartons remplis d'immenses ébauches.

Remueur de tout, Napoléon imagina vers cette époque le grand Sanhédrin[234] : cette assemblée ne lui adjugea pas Jérusalem ; mais, de conséquence en conséquence, elle a fait tomber les finances du monde aux échoppes des Juifs, et produit par là dans l'économie sociale une fatale subversion.

Le marquis de Lauderdale[235] vint à Paris remplacer M. Fox dans les négociations pendantes entre la France et l'Angleterre, pourparlers diplomatiques qui se réduisirent à ce mot de l'ambassadeur anglais sur M. de Talleyrand : « C'est de la boue[236] dans un bas de suie. »

---

[234] À partir de ce moment, François II se désigna comme empereur héréditaire d'Autriche, sous le nom de François Ier.

[235] Lord Lauderdale (1759-1839), ami de Fox et l'un des chefs du parti whig. Après la chute de Napoléon, il soutint énergiquement lord Holland dans toutes les propositions que fit ce dernier en faveur du captif de Sainte-Hélène. — À la mort de Pitt, Fox avait été appelé au ministère. Il ouvrit presqu'aussitôt des négociations avec la France, et y apporta un grand désir de les voir aboutir ; mais lui-même ne tarda pas à suivre dans la tombe son glorieux rival. Il mourut le 13 septembre 1806. Après lui, les négociations commencées se poursuivirent, mais sans entrain, sans conviction d'aucun côté. Moins d'un mois après la mort de Fox, les conférences étaient tout à coup rompues, et lord Lauderdale, chargé de les suivre à Paris, retournait en Angleterre.

[236] J'affaiblis l'expression Ch. — D'après Sainte-Beuve, le mot aurait été dit, non par l'ambassadeur anglais, mais par un général français, — ce n'est pas Cambronne, — ou peut-être même par Napoléon. « Selon les uns, écrit-il dans ses

Dans le courant de 1806, la quatrième coalition éclate. Napoléon part de Saint-Cloud[237], arrive à Mayence, enlève à Saalbourg les magasins de l'ennemi. À Saalfeldt, le prince Ferdinand de Prusse est tué[238]. À Auërstaedt et à Iéna, le 14 octobre, la Prusse disparaît dans cette double bataille[239] ; je ne la retrouvai plus à mon retour de Jérusalem.

Le bulletin prussien peint tout dans une ligne : « *L'armée du roi a été battue. Le roi et ses frères sont en vie.* » Le duc de Brunswick survécut peu à ses blessures[240] : en 1792, sa proclamation avait soulevé la France ; il m'avait salué sur le chemin lorsque, pauvre soldat, j'allai rejoindre les frères de Louis XVI.

Le prince d'Orange[241] et Mœllendorf[242], avec plusieurs officiers

---

Nouveaux Lundis, t. XII, p. 30, ce serait Lannes ou Lasalle qui, voyant Talleyrand dans son costume de cour et faisant la belle jambe, autant qu'il le pouvait, aurait dit : « Dans de si beaux bas de soie, f… de la m… ! » Mais, selon une autre version qui m'est affirmée, le général Bertrand racontant une scène terrible dont il aurait été témoin, et dans laquelle Napoléon lança à Talleyrand les plus sanglants reproches, ajoutait que les derniers mots de cette explosion furent : « Tenez, monsieur, vous n'êtes que de la m… dans un bas de soie. » Le mot, sous cette dernière forme, sent tout à fait la vérité. »

[237] Napoléon quitta Saint-Cloud le 25 septembre 1806.

[238] Le combat de Saalfeldt, entre la division du général Suchet, appartenant au corps du maréchal Lannes, et le prince Louis de Prusse, commandant l'avant-garde du corps de Hohenlohe, eut lieu le 10 octobre. Le prince Louis-Ferdinand de Prusse (et non simplement le prince Ferdinand ; l'histoire ne l'appelle jamais que le prince Louis) y fut tué. Âgé de vingt-quatre ans, fils du prince Auguste-Ferdinand, frère du grand Frédéric, il était l'idole de l'armée. L'épée à la main, il cherchait à rallier ses régiments, lorsqu'il fut attaqué corps à corps par un maréchal-des-logis du 10e de hussards, nommé Guindé. « Rendez-vous, colonel, lui dit le sous-officier, ou vous êtes mort. » Le prince lui répondit par un coup de sabre ; le maréchal-des-logis riposta par un coup de pointe, et le prince tomba mort.

[239] Des deux batailles qui eurent lieu le 14 octobre, la plus importante est celle d'Auërstaedt, où le maréchal Davout eut sur les bras la plus grande partie de l'armée prussienne, commandée par le roi de Prusse en personne et par le duc de Brunswick. À Iéna, Napoléon n'eût affaire, avec des forces supérieures, qu'à la plus faible partie de l'armée ennemie. Davout avait devant lui soixante mille hommes, et Napoléon quarante mille seulement. L'Empereur intervertit complètement les rôles dans son cinquième bulletin. Tandis qu'il réduisait à cinquante mille — au lieu de soixante — l'armée contre laquelle avait eu à lutter Davout, il portait à quatre-vingt mille — au lieu de quarante — celle qu'il avait eu à combattre. Il ne fit de la bataille d'Auërstaedt qu'un épisode très secondaire de la bataille d'Iéna, tandis qu'elle en était l'événement capital et décisif. Et c'est ainsi que l'admirable victoire d'Auërstaedt s'est presque effacée et a comme disparu dans le rayonnement de celle d'Iéna.

[240] C'est à Auërstaedt que le duc de Brunswick fut mortellement blessé. Il était âgé de 72 ans.

[241] Le prince d'Orange, né en 1772, à la Haye, était fils de Guillaume V, stathouder de Hollande, dépossédé par les Français en 1794, et mort à Brunswick en 1806. Il rentra en Hollande dès 1813, après la bataille de Leipsick, prit dès lors le titre de

généraux renfermés dans Halle, ont la permission de se retirer en vertu de la capitulation de la place.

Mœllendorf, âgé de plus de quatre-vingts ans, avait été le compagnon de Frédéric, qui en fait l'éloge dans l'*Histoire de son temps,* de même que Mirabeau dans ses *Mémoires secrets.* Il assista à nos désastres de Rosbach et fut témoin de nos triomphes d'Iéna : le duc de Brunswick vit à Clostercamp immoler d'Assas, et tomber à Auërstaedt Ferdinand de Prusse[243], coupable seulement de haine généreuse contre le meurtre du duc d'Enghien. Ces spectres des vieilles guerres de Hanovre et de Silésie ont touché les boulets de nos deux empires : les ombres impuissantes du passé ne pouvaient arrêter la marche de l'avenir ; entre les fumées de nos anciennes tentes et de nos bivouacs nouveaux, elles parurent et s'évanouirent.

Erfurt capitule[244] ; Leipsick est saisi par Davout[245] ; les passages de l'Elbe sont forcés[246] ; Spandau cède ; Bonaparte fait prisonnière à Potsdam l'épée de Frédéric[247]. Le 27 octobre 1806, le grand roi de Prusse, dans sa poussière autour de ses palais vides à Berlin, entend porter les armes d'une façon qui lui révèle des grenadiers étrangers : Napoléon est arrivé. Pendant que le monument de la philosophie s'écroulait au bord de la Sprée, je visitais à Jérusalem le monument impérissable de la religion.

Stettin, Custrin se rendent[248] ; à Lubeck nouvelle victoire ; la capitale de la Wagrie est emportée d'assaut[249] ; Blücher, destiné à pénétrer deux

---

prince souverain, reçut des Alliés on 1815 celui de roi des Pays-Bas, et réunit sous son sceptre la Belgique et la Hollande, qu'il gouverna sous le nom de Guillaume Ier. Réduit, après la révolution de Belgique en 1830, à ne plus régner que sur la Hollande, il abdiqua en 1840, et se retira à Berlin, où il mourut subitement en 1843.

[242] Richard-Joachim-Henri, comte de Mœllendorf (1725-1816), feld-maréchal prussien. Il fut blessé à Auërstaedt et fait prisonnier à Erfurt ; Napoléon le rendit aussitôt à la liberté.

[243] Il faut lire : « Le duc de Brunswick vit à Clostercamp immoler d'Assas, et tomber à Saalfeldt, Louis-Ferdinand de Prusse. »

[244] Le 16 octobre 1806.

[245] Le 18 octobre.

[246] Le 20 octobre, les maréchaux Davout et Lannes forcent le passage de l'Elbe à Wittembourg et à Dessau.

[247] Le 25 octobre.

[248] Le 29 octobre, le général Lasalle, à la tête de 1 200 hussards, fait capituler Stettin, place très forte sur l'Oder, et capitale de la Poméranie prussienne. On y prend 5 000 hommes, 150 canons, d'immenses magasins. — Le 1er novembre, la place de Custrin, située au milieu d'un vaste marais, bien approvisionnée, défendue par près de 4 000 hommes et 90 pièces d'artillerie, se rend sans coup férir au maréchal Davout. Par son occupation, l'armée française est maîtresse du bas Oder.

[249] La prise de Lubeck est du 6 novembre. Le général Blücher, le duc de Brunswick-Œlls, fils du vaincu d'Auërstaedt, dix autres généraux, 12 à 13 000 officiers ou soldats, tombent au pouvoir des Français. — Deux jours après, le 8 novembre, avait lieu la reddition de Magdebourg, la plus forte place de la

fois dans Paris, demeure entre nos mains. C'est l'histoire de la Hollande et de ses quarante-six villes emportées dans un voyage en 1672 par Louis XIV.

Le 21 novembre paraît le décret de Berlin sur le système continental, décret gigantesque qui mit l'Angleterre au ban du monde, et fut au moment de s'accomplir ; ce décret paraissait fou, il n'était qu'immense. Nonobstant, si le blocus continental créa d'un côté les manufactures de la France, de l'Allemagne, de la Suisse et de l'Italie, de l'autre il étendit le commerce anglais sur le reste du globe : en gênant les gouvernements de notre alliance, il révolta des intérêts industriels, fomenta des haines, et contribua à la rupture entre le cabinet des Tuileries et le cabinet de Saint-Pétersbourg. Le blocus fut donc un acte douteux : Richelieu ne l'aurait pas entrepris[250].

Bientôt, à la suite des autres États de Frédéric, la Silésie est parcourue. La guerre avait commencé le 9 octobre entre la France et la Prusse : en dix-sept jours nos soldats, comme une volée d'oiseaux de proie, ont plané sur les défilés de la Franconie, sur les eaux de la Saale et de l'Elbe ; le 6 décembre les trouve au delà de la Vistule[251]. Murat, depuis le 29 novembre, tenait garnison à Varsovie, d'où s'étaient retirés les Russes, venus trop tard au secours des Prussiens. L'électeur de Saxe, enflé en roi napoléonien, accède à la confédération du Rhin, et s'engage à fournir en

---

monarchie prussienne. Le maréchal Ney y prend vingt généraux, 18 000 officiers ou soldats, plus de 700 canons et d'immenses magasins en tous genres.

[250] M. P. Lanfrey, dans son Histoire de Napoléon Ier (tome III, p. 511), juge en ces termes le décret de Berlin : « Une chose lui manqua radicalement dès son origine, c'est de pouvoir être exécuté ; car son exécution supposait non plus la docilité, mais le zèle et le concours des populations qui devaient en être victimes ! Aussi produisit-il beaucoup de maux et de vexations, mais il ne fut jamais une loi que sur le papier, et l'on doit moins y voir un acte que le défi d'une colère impuissante. Ce roi des rois, qui ne pouvait pas, en réunissant toutes ses forces et tous ses moyens, parvenir à mettre une barque à la mer, il décrétait avec un sang-froid superbe « que les îles britanniques seraient désormais en état de blocus ! » Il interdisait tout commerce et toute correspondance avec elles, il décidait que « tout individu, sujet de l'Angleterre, trouvé dans les pays occupés par nos troupes, serait fait prisonnier de guerre, » que les marchandises d'origine anglaise seraient saisies partout où on les découvrirait ; que « toute propriété quelconque, appartenant à un sujet anglais, serait déclarée de bonne prise »... Le décret fut envoyé au Sénat avec un message dans lequel Napoléon disait en substance que son extrême modération ayant seule amené le renouvellement de la guerre, il avait dû en venir à des dispositions « qui répugnaient à son cœur ; car il lui en coûtait de faire dépendre les intérêts des particuliers de la querelle des rois, et de revenir, après tant d'années de civilisation, aux principes qui caractérisent la barbarie des premiers actes des nations. » On ne pouvait mieux qualifier ce monument de folie et d'orgueil. »

[251] Le 6 décembre, le maréchal Ney enleva aux Prussiens la place forte de Thorn, située sur la rive droite de la Vistule.

cas de guerre un contingent de vingt mille hommes[252].

L'hiver de 1807 suspend les hostilités entre les deux empires de France et de Russie ; mais ces empires se sont abordés, et une altération s'observe dans les destinées. Toutefois, l'astre de Bonaparte monte encore malgré ses aberrations. En 1807, le 8 février, il garde le champ de bataille à Eylau : il reste de ce lieu de carnage un des plus beaux tableaux de Gros, orné de la tête idéalisée de Napoléon[253]. Après cinquante et un jours de tranchée, Dantzick ouvre ses portes au maréchal Lefebvre[254], qui n'avait cessé de dire aux artilleurs pendant le siège : « Je n'y entends rien ; mais fichez-moi un trou et j'y passerai. » L'ancien sergent aux gardes françaises devint duc de Dantzick[255].

Le 14 juin 1807, Friedland coûte aux Russes dix-sept mille morts et blessés, autant de prisonniers et soixante-dix canons ; nous payâmes trop cher cette victoire : nous avions changé d'ennemi ; nous n'obtenions plus de succès sans que la veine française ne fût largement ouverte. Kœnigsberg

---

[252] Un traité de paix et d'alliance fut signé à Posen, le 11 décembre, entre l'empereur Napoléon et l'Électeur de Saxe. Napoléon donnait à l'Électeur le titre de roi, moyennant l'accession du prince à la Confédération du Rhin, le payement de vingt-cinq millions, l'engagement de fournir un contingent militaire et de livrer en tout temps aux troupes de l'Empereur le passage de l'Elbe.

[253] « La nuit était venue, dit Lanfrey (t. IV, p. 55) mais il n'était pas de ténèbres assez épaisses pour voiler les horreurs de ce champ de carnage où gisaient près de quarante mille hommes morts, mourants et blessés... La moitié au moins des victimes de cette tuerie était tombée de nos rangs, car si la canonnade du commencement de l'action avait été plus meurtrière pour les Russes que pour nous, nos attaques avaient été repoussées à plusieurs reprises, et rien à la guerre n'entraine plus de pertes qu'une attaque qui échoue. » — Dans ses Souvenirs militaires de 1804 à 1814, page 148, le général de Fezensac, qui faisait partie du 6e corps (celui du maréchal Ney), raconte en ces termes sa visite au champ de bataille : « Le 9, au matin, l'ennemi s'était retiré. Le 6e corps devait occuper Eylau et les environs. Avant de rentrer, nous allâmes voir le champ de bataille. Il était horrible et littéralement couvert de morts. Le célèbre tableau de Gros n'en peut donner qu'une bien faible idée. Il peint du moins avec une effrayante vérité l'effet de ces torrents de sang répandus sur la neige. Le maréchal, que nous accompagnions, parcourut le terrain en silence, sa figure trahissait son émotion ; et il finit par dire en se détournant de cet affreux spectacle : « Quel massacre, et sans résultat ! » Nous rentrâmes à Eylau, dont le lugubre aspect ne pouvait pas adoucir l'impression que nous avait laissée le champ de bataille. Les maisons étaient remplies de blessés auxquels on ne pouvait donner aucun secours, les rues pleines de morts, les habitants en fuite... »

[254] Le 24 mai 1807.

[255] François-Joseph Lefebvre (1755-1820). Il s'engagea aux gardes-françaises le 10 septembre 1773 et y devint premier sergent le 9 avril 1788. Général de brigade le 2 décembre 1793, général de division le 10 janvier 1794, maréchal de France le 20 mai 1804, il fut créé duc de Dantzick le 28 mai 1807, quatre jours après la prise de cette ville. Louis XVIII le fit pair de France le 4 juin 1814. Il eut de sa femme, la célèbre Madame Sans-Gêne, 14 enfants, dont 12 fils, qui moururent tous avant leur père.

est emporté[256] ; à Tilsit un armistice est conclu[257].

Napoléon et Alexandre ont une entrevue dans un pavillon, sur un radeau[258]. Alexandre menait en laisse le roi de Prusse qu'on apercevait à peine : le sort du monde flottait sur le Niémen, où plus tard il devait s'accomplir. À Tilsit on s'entretint d'un traité secret en dix articles. Par ce traité, la Turquie européenne était dévolue à la Russie, ainsi que les conquêtes que les armées moscovites pourraient faire en Asie. De son côté, Bonaparte devenait maître de l'Espagne et du Portugal, réunissait Rome et ses dépendances au royaume d'Italie, passait en Afrique, s'emparait de Tunis et d'Alger, possédait Malte, envahissait l'Égypte, ouvrant la Méditerranée aux seules voiles françaises, russes, espagnoles et italiennes : c'étaient des cantates sans fin dans la tête de Napoléon. Un projet d'invasion de l'Inde par terre avait déjà été concerté en 1800 entre Napoléon et l'empereur Paul Ier.

La paix est conclue le 7 juillet. Napoléon, odieux dès le début pour la reine de Prusse[259], ne voulut rien accorder à ses intercessions. Elle habitait

---

[256] Le maréchal Soult l'occupa deux jours après la victoire de Friedland, le 16 juin. Kœnigsberg était la seconde capitale de la Prusse. Cette place servait d'entrepôt général aux armées ennemies. Soult lui imposa une contribution de huit millions de francs, s'y empara d'une quantité énorme de magasins, de munitions, de fusils anglais, et se rendit maître du fort de Pillau, qui assure la navigation de la Baltique.

[257] Le 21 juin.

[258] La première entrevue des empereurs Napoléon et Alexandre eut lieu le 25 juin.

[259] Depuis le début de la campagne, et jusqu'à la fin, Napoléon, dans ses Bulletins, n'avait cessé de cribler d'épigrammes la reine de Prusse ; il n'avait pas rougi de descendre contre elle jusqu'à l'insulte :

1er bulletin de la Grande-Armée, 8 octobre 1806 : — « Maréchal, dit l'Empereur au maréchal Berthier, on nous donne un rendez-vous d'honneur pour le 8 ; jamais un Français n'y a manqué ; mais comme on dit qu'il y a une belle reine qui veut être témoin des combats, soyons courtois, et marchons sans nous coucher pour la Saxe. » L'Empereur avait raison de parler ainsi, car la reine de Prusse est à l'armée, habillée en amazone, portant l'uniforme de son régiment de dragons, écrivant vingt lettres par jour pour exciter de toutes parts l'incendie. Il semble voir Armide dans son égarement, mettant le feu à son propre palais. »

8e bulletin, Weimar, 16 octobre. — « La reine de Prusse a été plusieurs fois en vue de nos postes ; elle est dans des transes et dans des alarmes continuelles. La veille, elle avait passé son régiment en revue. Elle excite sans cesse le roi et les généraux. Elle voulait du sang : le sang le plus précieux a coulé. »

9e bulletin, 16 octobre. — « La reine de Prusse était ici pour souffler le feu de la guerre. C'est une femme d'une jolie figure, mais de peu d'esprit. »

17e bulletin, Postdam, 25 octobre. — « C'est de ce moment que la reine a quitté le soin de ses affaires intérieures et les graves occupations de sa toilette, pour se mêler des affaires d'État, influencer le roi et susciter partout ce feu dont elle était possédée… (Vient ici le passage déjà cité à la note 2 de la page 195 (note 160 de ce livre), sur la gravure où la reine de Prusse est représentée appuyant la main sur son cœur et ayant l'air de regarder l'empereur de Russie.)

une petite maison esseulée sur la rive droite du Niémen, et on lui fit l'honneur de la prier deux fois aux festins des empereurs[260]. La Silésie, jadis injustement envahie par Frédéric, fut rendue à la Prusse : on respectait le droit de l'ancienne injustice ; ce qui venait de la violence était sacré. Une partie des territoires polonais passa en souveraineté à la Saxe ; Dantzick fut rétabli dans son indépendance ; on compta pour rien les hommes tués dans

---

19e bulletin, Charlottembourg, 27 octobre 1806. — « La reine, à son retour de ses ridicules et tristes voyages à Erfurth et à Weimar, a passé la nuit à Berlin sans voir personne… Tout le monde avoue que la reine est l'auteur des maux que souffre la nation prussienne… On a trouvé dans l'appartement que la reine occupait à Postdam le portrait de l'empereur de Russie, dont ce prince lui avait fait présent… On a trouvé à Charlottembourg sa correspondance avec le roi pendant trois ans… Ces pièces démontreraient, si cela avait besoin d'une démonstration, combien sont malheureux les princes qui laissent prendre aux femmes l'influence sur les affaires politiques. Les notes, les rapports, les papiers d'État étaient musqués et se trouvaient mêlés avec les chiffres et d'autres objets de toilette de la reine. Cette princesse avait exalté les têtes de toutes les femmes de Berlin, mais aujourd'hui elles ont bien changé… »

23e bulletin, 30 octobre. — « Jusqu'à cette heure, nous avons 150 drapeaux, parmi lesquels sont ceux brodés des mains de la belle reine, beauté aussi funeste aux peuples de Prusse que le fut Hélène aux Troyens. »

[260] Napoléon lui-même a raconté avec des insinuations peu délicates les inutiles efforts que la reine fit pour le fléchir. Pour toute concession il lui offrit une rose : « — Au moins avec Magdebourg ? lui dit la reine suppliante. — Je ferai observer à Votre Majesté, lui répondit-il durement, que c'est moi qui l'offre, et vous qui la recevez. » — Louise-Auguste-Wilhelmine-Amélie, fille du duc de Mecklembourg-Strélitz, et de Caroline de Hesse-Darmstadt, née en 1776, avait épousé en 1793 le prince héréditaire de Prusse, devenu en 1797 Frédéric-Guillaume III. Elle mourut en 1810. Elle laissait deux fils, dont l'un sera le roi Frédéric-Guillaume IV, dont l'autre sera l'empereur Guillaume Ier, qui recevra, le 2 septembre 1870, à Sedan, l'épée du neveu de Napoléon. — La reine Louise fut enterrée dans le parc de Charlottembourg. Ambassadeur à Berlin, en 1821, Chateaubriand composa sur son tombeau une pièce de vers, dont voici la fin :

LE VOYAGEUR
Qui pour elle, à ces murs de marbre revêtus.
A suspendu ces couronnes fanées ?
LE GARDIEN
Les beaux enfants dont ses vertus
Ici-bas furent couronnées.
LE VOYAGEUR
On vient.
LE GARDIEN
C'est un époux : il porte ici ses pas
Pour nourrir en secret un souvenir funeste.
LE VOYAGEUR
Il a donc tout perdu ?
LE GARDIEN
Non : un trône lui reste.
LE VOYAGEUR
Un trône ne console pas.

ses rues et dans ses fossés : ridicules et inutiles meurtres de la guerre ! Alexandre reconnut la confédération du Rhin et les trois frères de Napoléon, Joseph, Louis et Jérôme, comme rois de Naples, de Hollande et de Westphalie.

Cette fatalité dont Bonaparte menaçait les rois le menaçait lui-même ; presque simultanément il attaque la Russie, l'Espagne et Rome : trois entreprises qui l'ont perdu. Vous avez vu dans le *Congrès de Vérone*[261], dont la publication a devancé celle de ces *Mémoires*, l'histoire de l'envahissement de l'Espagne. Le traité de Fontainebleau fut signé le 27 octobre 1807[262]. Junot arrivé en Portugal avait déclaré, d'après le décret de Bonaparte, que la maison de Bragance *avait cessé de régner* ; protocole adopté : vous savez qu'elle règne encore. On était si bien instruit à Lisbonne de ce qui se passait sur la terre, que Jean VI[263] ne connut ce décret que par un numéro du *Moniteur* apporté par hasard, et déjà l'armée française était à trois marches de la capitale de la Lusitanie[264]. Il ne restait à la cour qu'à fuir sur ces mers qui saluèrent les voiles de Gama et

---

[261] Congrès de Vérone, guerre d'Espagne, négociations, colonies espagnoles, par M. de Chateaubriand. Deux volumes in-8o, 1838.

[262] Le traité entre la France et l'Espagne, signé à Fontainebleau, était destiné à demeurer secret. Il était fait trois parts du Portugal, — qui pourtant n'était pas encore conquis et ne devait jamais l'être entièrement. La partie nord, — sous le titre de Lusitanie septentrionale, était attribuée à la princesse Marie-Louise-Joséphine de Bourbon, et à son jeune fils, Charles-Louis de Bourbon, roi d'Étrurie, dont le royaume (l'ancien grand-duché de Toscane) était cédé à la France. — La partie sud (les Algarves et l'Alentejo) était donnée en souveraineté à Godoï (prince de la Paix), favori de la reine et du roi d'Espagne. — La partie centrale (les provinces de Beira, Tras os Montès, Estrémadure) devait être occupée par les troupes de Napoléon, mais s'il gardait ainsi en dépôt le centre et le cœur du Portugal, c'était uniquement, disait le traité, « pour en disposer à la paix générale ». On promettait au roi d'Espagne la moitié des colonies portugaises, et on lui donnait le titre pompeux d'Empereur des deux Amériques. Puis venait un petit article, jeté négligemment à la fin d'un annexe et qui était, en réalité, tout le traité. Cet article stipulait « qu'un nouveau corps de 40 000 hommes serait réuni à Bayonne, pour être prêt à entrer en Espagne et à se porter en Portugal dans le cas où les Anglais enverraient des renforts et menaceraient de l'attaquer. »

[263] Jean VI (1767-1826), fils de Pierre III et de la reine Marie Ire, avait été nommé régent du royaume en 1792, lorsque sa mère fut tombée en enfance. En 1807, à la suite de l'invasion française, il se retira avec la famille royale au Brésil, colonie portugaise, et y prit le titre d'Empereur. Il fut proclamé roi du Portugal en 1816 à la mort de sa mère, mais il ne revint dans ce pays qu'en 1821.

[264] Une armée d'environ 25 000 hommes, sous les ordres de Junot, s'était mise en mouvement de Bayonne, le 17 octobre 1807, et s'était portée en Portugal. Moins de dix jours après, le 26 octobre, son avant-garde était à Abrantès, à vingt lieues de la capitale, et le conseil du Régent ignorait encore son approche. Ce prince n'avait connu la gravité de sa position qu'en recevant, le 25, le numéro du Moniteur, en date du 13, apporté à Lisbonne par un bâtiment extraordinairement expédié de Londres à l'ambassadeur anglais, — numéro renfermant cette sentence impériale : La maison de Bragance a cessé de régner en Europe.

entendirent les chants de Camoëns.

En même temps que pour son malheur Bonaparte avait au nord touché la Russie, le rideau se leva au midi ; on vit d'autres régions et d'autres scènes, le soleil de l'Andalousie, les palmiers du Guadalquivir que nos grenadiers saluèrent en portant les armes. Dans l'arène on aperçut des taureaux combattant, dans les montagnes des guérillas demi-nues, dans les cloîtres des moines priant.

Par l'envahissement de l'Espagne, l'esprit de la guerre changea ; Napoléon se trouva en contact avec l'Angleterre, son génie funeste, et il lui apprit la guerre : l'Angleterre détruisit la flotte de Napoléon à Aboukir, l'arrêta à Saint-Jean-d'Acre, lui enleva ses derniers vaisseaux à Trafalgar, le contraignit d'évacuer l'Ibérie, s'empara du midi de la France jusqu'à la Garonne, et l'attendit à Waterloo : elle garde aujourd'hui sa tombe à Sainte-Hélène de même qu'elle occupa son berceau en Corse.

Le 5 mai 1808, le traité de Bayonne cède à Napoléon, au nom de Charles IV, tous les droits de ce monarque : le rapt des Espagnes ne fait plus de Bonaparte qu'un prince d'Italie, à la façon de Machiavel, sauf l'énormité du vol. L'occupation de la Péninsule diminue ses forces contre la Russie dont il est encore ostensiblement l'ami et l'allié, mais dont il porte au cœur la haine cachée. Dans sa proclamation, Napoléon avait dit aux Espagnols : « Votre nation périssait : j'ai vu vos maux, je vais y porter remède ; je veux que vos derniers neveux conservent mon souvenir et disent : *Il fut le régénérateur de notre patrie*[265]. » Oui, il a été le régénérateur de l'Espagne, mais il prononçait des paroles qu'il comprenait mal. Un catéchisme d'alors, composé par des Espagnols, explique le sens véritable de la prophétie :

« Dis-moi, mon enfant, qui es-tu ? — Espagnol par la grâce de Dieu. — Quel est l'ennemi de notre félicité ? — L'empereur des Français. — Qui est-ce ? — Un méchant. — Combien a-t-il de natures ? — Deux, la nature humaine et la nature diabolique. — De qui dérive Napoléon ? — Du péché. — Quel supplice mérite l'Espagnol qui manque à ses devoirs ? — La mort et l'infamie des traîtres. — Que sont les Français ? — D'anciens chrétiens devenus hérétiques[266]. »

---

[265] Proclamation de Napoléon aux Espagnols, en date du 24 mai 1808.

[266] Ce Catéchisme renfermait encore d'autres questions et d'autres réponses. En voici quelques-unes :
« Combien y a-t-il d'empereurs des Français ? — Un véritable en trois personnes trompeuses. — Comment les nomme-t-on ? — Napoléon, Murat et Manuel Godoï (le prince de la Paix). — Lequel des trois est le plus méchant ? — Ils le sont tous trois également. — De qui dérive Napoléon ? — Du péché. — Murat ? — De Napoléon. — Et Godoï ? — De la fornication des deux. — Quel est l'esprit du premier ? — L'orgueil et le despotisme. — Du second ? — La rapine et la cruauté. — Du troisième ? — La cupidité, la trahison et l'ignorance. — Comment les Espagnols doivent-ils se conduire ? — D'après les maximes de N.-S.-J.-C. — Qui

Bonaparte tombé a condamné en termes non équivoques son entreprise d'Espagne : « J'embarquai, dit-il, fort mal toute cette affaire. *L'immoralité dut se montrer par trop patente, l'injustice par trop cynique,* et le tout demeure fort vilain, puisque j'ai succombé ; car l'*attentat* ne se présente plus que dans sa honteuse nudité, privé de tout le grandiose et des nombreux bienfaits qui remplissaient mon intention. La postérité l'eût préconisé pourtant si j'avais réussi, et avec raison peut-être, à cause de ses grands et heureux résultats. Cette combinaison m'a perdu. Elle a perdu ma moralité en Europe, ouvert une école aux soldats anglais. Cette malheureuse guerre d'Espagne a été une véritable plaie, la cause première des malheurs de la France. »

Cet aveu, pour réemployer la phrase de Napoléon, *est par trop cynique ;* mais ne nous y trompons pas : en s'accusant, le but de Bonaparte est de chasser dans le désert, chargé de malédictions, un attentat-émissaire, afin d'appeler sans réserve l'admiration sur toutes ses autres actions.

L'affaire de Baylen perdue[267], les cabinets de l'Europe, étonnés du succès des Espagnols, rougissent de leur pusillanimité. Wellington[268] se lève pour la première fois sur l'horizon, au point où le soleil se couche ; une armée anglaise débarque le 31 juillet 1808 près de Lisbonne, et le 30 août les troupes françaises évacuent la Lusitanie[269]. Soult avait en portefeuille des proclamations où il s'intitulait Nicolas Ier, roi de Portugal[270]. Napoléon rappela de Madrid le grand-duc de Berg. Entre Joseph, son frère, et Joachim, son beau-frère, il lui plut d'opérer une transmutation : il prit la couronne de Naples sur la tête du premier et la

---

nous délivrera de nos ennemis ? — La confiance entre nous autres et les armes. — Est-ce un péché de mettre un Français à mort ? — Non, mon père, on gagne le ciel en tuant un de ces chiens d'hérétiques. » (Mignet, Histoire de la Révolution française, t. II, p. 336.)

[267] Le 22 juillet 1808, le général Dupont, vaincu et cerné à Baylen (Andalousie), signait la capitulation en vertu de laquelle tout son corps d'armée était prisonnier de guerre. D'après le Rapport de Regnaud de Saint-Jean-d'Angely sur la capitulation, le corps de Dupont avant le combat de Baylen comptait en présence sous les armes, 22 830 hommes, et en effectif, 27 067.

[268] Lorsqu'il débarqua en Portugal, le 31 juillet 1808, avec dix mille hommes, renforcés de quatre mille quelques jours après, Wellington ne portait encore que le nom de sir Arthur Wellesley. Ce fut seulement après la bataille de Talaveyra (27 juillet 1809), qu'il reçut la pairie et le titre de vicomte de Wellington. Il fut fait duc à la bataille de Vittoria (21 juin 1813).

[269] Le 30 août 1808, Junot, battu le 21 à Vimeiro, dut signer la convention de Cintra, aux termes de laquelle l'armée française devait évacuer entièrement le territoire portugais, mais avec armes et bagages et sans être prisonnière de guerre. Le gouvernement anglais se chargeait de la transporter par mer à Lorient et à Rochefort.

[270] Sur cette tentative du maréchal Soult et sur les moyens dont il usa pour essayer de se faire roi de Portugal, le général Thiébault a donné, dans ses Mémoires, tome IV, pages 337 et suivantes, les détails les plus curieux.

posa sur la tête du second ; il enfonça d'un coup de main ces coiffures sur le front des deux nouveaux rois, et ils s'en allèrent, chacun de son côté, comme deux conscrits qui ont changé de shako[271].

Le 22 septembre, à Erfurt[272], Bonaparte donna une des dernières représentations de sa gloire ; il croyait s'être joué d'Alexandre et l'avoir enivré d'éloges. Un général écrivait : « Nous venons de faire avaler un verre d'opium au czar, et, pendant qu'il dormira, nous irons nous occuper d'ailleurs. »

Un hangar avait été transformé en salle de spectacle ; deux fauteuils à bras étaient placés devant l'orchestre pour les deux potentats ; à gauche et à droite, des chaises garnies pour les monarques ; derrière étaient des banquettes pour les princes : Talma, roi de la scène, joua devant un parterre de rois. À ce vers :

L'amitié d'un grand homme est un bienfait des dieux,

Alexandre serra la main de son *grand ami,* s'inclina et dit : « Je ne l'ai jamais mieux senti. »

Aux yeux de Bonaparte, Alexandre était alors un niais ; il en faisait des risées ; il l'admira quand il le supposa fourbe : « C'est un Grec du Bas-Empire, disait-il, il faut s'en défier. » À Erfurt, Napoléon affectait la fausseté effrontée d'un soldat vainqueur ; Alexandre dissimulait comme un prince vaincu : la ruse luttait contre le mensonge, la politique de l'Occident et la politique de l'Orient gardaient leurs caractères.

Londres éluda les ouvertures de paix qui lui furent faites, et le cabinet de Vienne se déterminait sournoisement à la guerre. Livré de nouveau à son imagination, Bonaparte, le 26 octobre, fit au Corps législatif cette déclaration : « L'empereur de Russie et moi nous nous sommes vus à Erfurt ; nous sommes d'accord et invariablement unis pour la paix comme pour la guerre. » il ajouta : Lorsque je paraîtrai *au delà* des Pyrénées, le

---

[271] Le 6 juin 1808, décret impérial, daté de Bayonne, par lequel Napoléon proclame roi des Espagnes et des Indes son frère Joseph, transféré de Naples à Madrid. — Le 15 juillet 1808, autre décret, déclarant roi de Naples, sous le nom de Joachim-Napoléon, le maréchal Murat, grand-duc de Berg.

[272] Chateaubriand commet ici une petite erreur de date. C'est seulement le 27 septembre 1808 que Napoléon arriva à Erfurt et qu'il eut avec Alexandre sa première entrevue. Les deux empereurs se séparèrent le 14 octobre. Ce fut le 4 octobre qu'eut lieu la représentation dans laquelle on joua l'Œdipe de Voltaire et où Talma dit le vers, si célèbre depuis :
L'amitié d'un grand homme est un bienfait des dieux.
Ce soir-là « le parterre des rois » se composait des princes suivants : le roi de Bavière, le roi de Saxe, le roi de Wurtemberg, le roi de Westphalie, le duc de Weimar, le duc d'Oldenbourg, le duc de Mecklembourg-Schwérin, le duc de Mecklembourg-Strélitz, le duc Alexandre de Wurtemberg, le prince de la Tour-et-Taxis. (Voir le beau livre de M. Albert Vandal sur Napoléon et Alexandre Ier, tome I, pages 415 et 441.)

Léopard épouvanté cherchera l'Océan pour éviter la honte, la défaite ou la mort » : et le Léopard a paru *en deçà* des Pyrénées[273].

Napoléon, qui croit toujours ce qu'il désire, pense qu'il reviendra sur la Russie, après avoir achevé de soumettre l'Espagne en quatre mois, comme il arriva depuis à la légitimité ; conséquemment il retire quatre-vingt mille vieux soldats de la Saxe, de la Pologne et de la Prusse ; il marche lui-même en Espagne[274] ; il dit à la députation de la ville de Madrid : « Il n'est aucun obstacle capable de retarder longtemps l'exécution de mes volontés. Les Bourbons ne peuvent plus régner en Europe ; aucune puissance ne peut exister sur le continent influencée par l'Angleterre.[275] »

Il y a trente-deux ans que cet oracle est rendu, et la prise de Saragosse, dès le 21 février 1809, annonça la délivrance de l'univers.

Toute la vaillance des Français leur fut inutile : les forêts s'armèrent, les buissons devinrent ennemis. Les représailles n'arrêtèrent rien, parce que dans ce pays les représailles sont naturelles. L'affaire de Baylen, la défense de Girone et de Ciudad-Rodrigo, signalèrent la résurrection d'un peuple. La Romana, du fond de la Baltique, ramène ses régiments en Espagne, comme autrefois les Francs, échappés de la mer Noire, débarquèrent triomphants aux bouches du Rhin[276]. Vainqueurs des meilleurs soldats de

---

[273] L'Empereur, dans ce même discours au Corps législatif, annonçait solennellement « qu'il allait couronner dans Madrid le roi d'Espagne et planter ses aigles sur les forts de Lisbonne, » engagement théâtral qui n'empêchait pas nos troupes, à ce même moment, d'évacuer le Portugal.

[274] Napoléon quitta Paris le 29 octobre 1808. Le 3 novembre, il était à Bayonne, et le lendemain il entrait en Espagne.

[275] Réponse de Napoléon, le 15 décembre, à une députation de la municipalité et des principaux membres du clergé de la ville de Madrid. Dans cette réponse, il disait encore qu'il lui serait facile de gouverner l'Espagne, en y établissant autant de vice-rois qu'il y avait de provinces ; que cependant il ne se refusait pas de céder au roi ses droits de conquête et de l'établir dans Madrid si les habitants voulaient manifester leurs sentiments de fidélité et donner l'exemple aux provinces. Qu'ils se hâtassent donc de prouver la sincérité de leur soumission en prêtant devant le Saint-Sacrement un serment qui sortît non-seulement de la bouche mais du cœur.
— En arrivant en Égypte, Bonaparte avait dit : « Peuples d'Égypte, je respecte plus que les mameloucks Dieu, son prophète et le Coran. » À Madrid, Napoléon respecte plus le Saint-Sacrement, que le catholique peuple d'Espagne !

[276] Le marquis de La Romana (1761-1811). En juin 1807, Napoléon avait obtenu du faible et imprévoyant Charles IV que 25 000 soldats espagnols fussent envoyés en Allemagne pour se joindre à l'armée française. Ces troupes ne tardèrent pas à être dirigées sur le Danemarck, pour s'opposer aux entreprises de l'Angleterre. Une division très considérable, commandée par le général La Romana, avait ses quartiers dans les îles de Fionie ou de Funen et de Langeland, à huit cents lieues des Pyrénées. À la nouvelle des malheurs de sa patrie, le marquis de La Romana résolut de lui porter secours, et, déjouant la surveillance dont il était l'objet, il s'embarqua sur des bâtiments anglais avec la majeure partie de sa division. Le 17

l'Europe, nous versions le sang des moines avec cette rage impie que la France tenait des bouffonneries de Voltaire et de la démence athée de la Terreur. Ce furent pourtant ces milices du cloître qui mirent un terme aux succès de nos vieux soldats : ils ne s'attendaient guère à rencontrer ces enfroqués, à cheval, comme des dragons de feu, sur les poutres embrasées des édifices de Saragosse, chargeant leurs escopettes parmi les flammes au son des mandolines, au chant des *boleros* et au *requiem* de la messe des morts : les ruines de Sagonte applaudirent.

Mais néanmoins le secret des palais des Maures, changés en basiliques chrétiennes, fut pénétré ; les églises dépouillées perdirent les chefs-d'œuvre de Velasquez et de Murillo ; une partie des os de Rodrigue à Burgos fut enlevée ; on avait tant de gloire qu'on ne craignit pas de soulever contre soi les restes du Cid, comme on n'avait pas craint d'irriter l'ombre de Condé.

Lorsque, sortant des débris de Carthage, je traversai l'Hespérie avant l'invasion des Français, j'aperçus les Espagnes encore protégées de leurs antiques mœurs. L'Escurial me montra dans un seul site et dans un seul monument la sévérité de la Castille : caserne de cénobites, bâtie par Philippe II dans la forme d'un gril de martyre, en mémoire de l'un de nos désastres, l'Escurial s'élevait sur un sol concret entre des mornes noirs. Il renfermait des tombes royales remplies ou à remplir, une bibliothèque à laquelle les araignées avaient apposé leur sceau, et des chefs-d'œuvre de Raphaël moisissant dans une sacristie vide. Ses onze cent quarante fenêtres, aux trois quarts brisées, s'ouvraient sur les espaces muets du ciel et de la terre : la cour et les hiéronymites y rassemblaient autrefois le siècle et le dégoût du siècle.

Auprès du redoutable édifice à face d'Inquisition chassée au désert, étaient un parc strié de genêts et un village dont les foyers enfumés révélaient l'ancien passage de l'homme. Le Versailles des steppes n'avait d'habitants que pendant le séjour intermittent des rois. J'ai vu le mauvis, alouette de bruyère, perché sur la toiture à jour. Rien n'était plus imposant que ces architectures saintes et sombres, à croyance invincible, à mine haute, à taciturne expérience ; une insurmontable force attachait mes yeux aux dosserets secrets, ermites de pierre qui portaient la religion sur leur tête.

Adieu, monastères, à qui j'ai jeté un regard aux vallées de la Sierra-Nevada et aux grèves des mers de Murcie ! Là, au glas d'une cloche qui ne tintera bientôt plus, sous des arcades tombantes, parmi des laures sans anachorètes, des sépulcres sans voix, des morts sans mânes ; là, dans des réfectoires vides, dans des préaux abandonnés où Bruno laissa son silence, François ses sandales, Dominique sa torche, Charles sa couronne, Ignace

août 1808, il débarquait en Espagne, où son arrivée n'allait pas peu contribuer à enflammer encore davantage le patriotisme et l'enthousiasme de ses compatriotes.

son épée, Rancé son cilice ; à l'autel d'une foi qui s'éteint, on s'accoutumait à mépriser le temps et la vie : si l'on rêvait encore de passions, votre solitude leur prêtait quelque chose qui allait bien à la vanité des songes.

À travers ces constructions funèbres on voyait passer l'ombre d'un homme noir : c'était l'ombre de Philippe II, leur inventeur.

Bonaparte était entré dans l'orbite de ce que les astrologues appelaient *la planète traversière :* la même politique qui le jetait dans l'Espagne vassale agitait l'Italie soumise. Que lui revenait-il des chicanes faites au clergé ? Le souverain pontife, les évêques, les prêtres, le catéchisme même[277], ne surabondaient-ils pas en éloges de son pouvoir ? ne prêchaient-ils pas assez l'obéissance ? Les faibles États-Romains, diminués d'une moitié, lui faisaient-ils obstacle ? n'en disposait-il pas à sa volonté ? Rome même n'avait-elle pas été dépouillée de ses chefs-d'œuvre et de ses trésors ? il ne lui restait que ses ruines.

Était-ce la puissance morale et religieuse du saint-siège dont Napoléon avait peur ? Mais, en persécutant la papauté, n'augmentait-il pas cette puissance ? Le successeur de saint Pierre, soumis comme il l'était, ne lui devenait-il pas plus utile en marchant de concert avec le maître qu'en se trouvant forcé de se défendre contre l'oppresseur ? Qui poussait donc Bonaparte ? la partie mauvaise de son génie, son impossibilité de rester en

---

[277] Voici un fragment du Catéchisme en usage dans tous les diocèses de l'Empire Français :

« Suite du 4e commandement (Tes père et mère honoreras, etc.).

« Demande. Quels sont les devoirs des chrétiens à l'égard des princes qui les gouvernent, et quels sont en particulier nos devoirs envers Napoléon Ier, notre Empereur ?

« Réponse. Les chrétiens doivent aux princes qui les gouvernent, et nous devons en particulier à Napoléon Ier, notre Empereur, l'amour, le respect, l'obéissance, la fidélité, le service militaire, les tributs ordonnés pour la conservation et la défense de son Empire et de son trône ; nous lui devons encore des prières ferventes pour son salut et pour la prospérité spirituelle et temporelle de l'État.

« Demande. Pourquoi sommes-nous tenus de tous ces devoirs envers notre Empereur ?

« Réponse. C'est premièrement parce que Dieu, qui crée les empires et les distribue selon sa volonté, en comblant notre Empereur de dons, soit dans la paix, soit dans la guerre, l'a établi notre souverain, l'a rendu le ministre de sa puissance et son image sur la terre. Secondement, parce que Notre-Seigneur Jésus-Christ, tant par sa doctrine que par ses exemples, nous a enseigné lui-même ce que nous devons à notre souverain : il est né en obéissant à l'édit de César-Auguste ; il a payé l'impôt prescrit, et de même qu'il a ordonné de rendre à Dieu ce qui appartient à Dieu, il a aussi ordonné de rendre à César ce qui appartient à César.

« Demande. Que doit-on penser de ceux qui manqueraient à leur devoir envers notre Empereur ?

« Réponse. Selon l'apôtre Saint-Paul, ils résisteraient à l'ordre établi de Dieu même, et se rendraient dignes de la damnation éternelle. » (Catéchisme à l'usage de toutes les églises de l'Empire français, p. 55 et 56. Paris, Mame frères, 1811.)

repos : joueur éternel, quand il ne mettait pas des empires sur une carte, il y mettait une fantaisie.

Il est probable qu'au fond de ces tracasseries il y avait quelque cupidité de domination, quelques souvenirs historiques entrés de travers dans ses idées et inapplicables au siècle. Toute autorité (même celle du temps et de la foi) qui n'était pas attachée à sa personne semblait à l'empereur une usurpation. La Russie et l'Angleterre accroissaient sa soif de prépondérance, l'une par son autocratie, l'autre par sa suprématie spirituelle. Il se rappelait les temps du séjour des papes à Avignon, quand la France renfermait dans ses limites la source de la domination religieuse : un pape payé sur sa liste civile l'aurait charmé. Il ne voyait pas qu'en persécutant Pie VII, en se rendant coupable d'une ingratitude sans fruit, il perdait auprès des populations catholiques l'avantage de passer pour le restaurateur de la religion : il gagnait à sa convoitise le dernier vêtement du prêtre caduc qui l'avait couronné, et l'honneur de devenir le geôlier d'un vieillard mourant. Mais enfin il fallait à Napoléon un *département du Tibre ;* on dirait qu'il ne peut y avoir de conquête complète que par la prise de la ville éternelle : Rome est toujours la grande dépouille de l'univers.

Pie VII avait sacré Napoléon. Prêt à retourner à Rome, on fit entendre au pape qu'on le pourrait retenir à Paris : « Tout est prévu, répondit le pontife ; avant de quitter l'Italie, j'ai signé une abdication régulière ; elle est entre les mains du cardinal Pignatelli à Palerme, hors de la portée du pouvoir des Français. Au lieu d'un pape, il ne restera entre vos mains qu'un moine appelé Barnabé Chiaramonti. »

Le premier prétexte de la querelle du chercheur de querelles fut la permission accordée par le pape aux Anglais (avec lesquels lui souverain pontife était en paix) de venir à Rome comme les autres étrangers. Ensuite Jérôme Bonaparte ayant épousé aux États-Unis mademoiselle Patterson, Napoléon désapprouva cette alliance : madame Jérôme Bonaparte, prête d'accoucher, ne put débarquer en France et fut obligée d'aborder en Angleterre. Bonaparte veut faire casser le mariage à Rome ; Pie VII s'y refuse, ne trouvant à l'engagement aucune cause de nullité, bien qu'il fût contracté entre un catholique et une protestante[278]. Qui défendait les droits

---

[278] Le 24 décembre 1803, Jérôme Bonaparte avait épousé à Baltimore Mlle Elisabeth Patterson, fille de M. William Patterson, écuyer, président de la Banque de Baltimore et l'un des hommes les plus riches des États-Unis. Au mois de mars 1805, les deux époux vinrent en Europe et débarquèrent à Lisbonne, d'où, le 5 avril, Jérôme partit pour Paris, engageant sa femme, déjà fort avancée dans sa grossesse, à l'aller attendre en Hollande. Ce jour fut le dernier où Mme Jérôme Bonaparte ait vu son mari. Celle-ci se rendit, non en Hollande, mais en Angleterre, ainsi que le dit Chateaubriand, et, le 7 juillet 1805, elle accoucha d'un fils, qui fut baptisé sous le nom de Jérôme-Napoléon Bonaparte. Dès le 24 mai précédent, l'Empereur avait écrit au pape pour lui demander d'annuler le mariage. Pie VII répondit, le 27 juin, qu'il n'était pas en son pouvoir de prononcer une invalidation

de la justice, de la liberté et de la religion, du pape ou de l'empereur ? Celui-ci s'écriait : « Je trouve dans mon siècle un prêtre plus puissant que moi ; il règne sur les esprits, et je ne règne que sur la matière : les prêtres gardent l'âme et me jettent le cadavre[279]. » Ôtez la mauvaise foi de Napoléon dans cette correspondance entre ces deux hommes, l'un debout sur des ruines nouvelles, l'autre assis sur de vieilles ruines, il reste un fonds extraordinaire de grandeur.

Une lettre datée de Benavente en Espagne, du théâtre de la destruction, vient mêler le comique au tragique ; on croit assister à une scène de Shakspeare : le maître du monde prescrit à son ministre des affaires étrangères d'écrire à Rome pour déclarer au pape que lui, Napoléon, n'acceptera pas les cierges de la Chandeleur, que le roi d'Espagne, Joseph, n'en veut pas non plus ; les rois de Naples et de Hollande, Joachim et Louis, doivent également refuser lesdits cierges.

Le consul de France eut ordre de dire à Pie VII « que ce n'était ni la pourpre ni la puissance qui donnent de la valeur à ces choses (la pourpre et la puissance d'un vieillard prisonnier !), qu'il peut y avoir en enfer des papes et des curés, et qu'un cierge bénit par un curé peut être une chose aussi sainte que celui d'un pape.[280] » Misérables outrages d'une philosophie de club.

Puis Bonaparte, ayant fait une enjambée de Madrid à Vienne, reprenant son rôle d'exterminateur, par un décret daté du 17 mai 1809, réunit les États de l'Église à l'empire français, déclare Rome ville impériale libre, et nomme une *consulte* pour en prendre possession[281].

---

qui serait contraire aux lois de l'Église. « Si nous usurpions, disait-il en terminant, une autorité que nous n'avons pas, nous nous rendrions coupable d'un abus le plus abominable devant le tribunal de Dieu et devant l'Église entière. Votre Majesté même, dans sa justice, n'aimerait pas que nous prononçassions un jugement contraire au témoignage de notre conscience et aux principes invariables de l'Église. » — Au mois de novembre 1805, Mme Jérôme Bonaparte retourna avec son fils aux États-Unis. Moins de deux ans après, bien qu'elle ne fût pas morte, et qu'elle dût même survivre à son mari, celui-ci épousait, le 12 août 1807, la princesse Frédérique-Catherine de Wurtemberg. Le 8 décembre de la même année, il était déclaré roi de Westphalie.

[279] C'est à M. de Fontanes que Napoléon dit un jour ces paroles. En voici le texte complet : « Moi, je ne suis pas né à temps ; voyez Alexandre, il a pu se dire le fils de Jupiter sans être contredit. Moi, je trouve dans mon siècle un prêtre plus puissant que moi, car il règne sur les esprits et je ne règne que sur la matière : les prêtres gardent l'âme et me jettent le cadavre. » Histoire du pape Pie VII, par le chevalier Artaud de Montor.

[280] Lettre de Napoléon au comte de Champagny, ministre des relations extérieures, datée de Benavente, 1er janvier 1809. — Correspondance de Napoléon Ier, t. XVIII, p. 193.

[281] Dès le mois d'août 1807, afin, disait-il, d'assurer ses communications avec Naples, Napoléon avait chargé le général Lemarrois d'occuper une partie des États de l'Église, les provinces d'Ancône, de Macerata, de Fermo et d'Urbin, et d'en

Le pape dépossédé résidait encore au Quirinal ; il commandait encore à quelques autorités dévouées, à quelques Suisses de sa garde ; c'était trop : il fallait un prétexte à une dernière violence ; on le trouva dans un incident ridicule, qui pourtant offrait une preuve naïve d'affection : des pécheurs du Tibre avaient pris un esturgeon ; ils le veulent porter à leur nouveau saint Pierre aux Liens ; aussitôt les agents français crient à l'*émeute !* et ce qui restait du gouvernement papal est dispersé. Le bruit du canon du château Saint-Ange annonce la chute de la souveraineté temporelle du pontife[282]. Le drapeau pontifical abaissé fait place à ce drapeau tricolore qui dans toutes les parties du monde annonçait la gloire et les ruines. Rome avait vu passer et s'évanouir bien d'autres orages : ils n'ont fait qu'enlever la poussière dont sa vieille tête est couverte.

Le cardinal Pacca[283], un des successeurs de Consalvi qui s'était retiré, courut auprès du saint-père. Tous les deux s'écrient : *Consummatum est !* Le neveu du cardinal, Tibère Pacca, apporte un exemplaire imprimé du décret de Napoléon ; le cardinal prend le décret, s'approche d'une fenêtre dont les volets fermés ne laissaient entrer qu'une lumière insuffisante, et veut lire le papier ; il n'y parvient qu'avec peine, en voyant à quelques pas de lui son infortuné souverain et entendant les coups de canon du triomphe impérial. Deux vieillards dans la nuit d'un palais romain luttaient seuls contre une puissance qui écrasait le monde ; ils tiraient leur vigueur de leur âge : prêt à mourir on est invincible.

Le pape signa d'abord une protestation solennelle ; mais, avant de signer la bulle d'excommunication depuis longtemps préparée, il interrogea le cardinal Pacca : « Que feriez-vous ? lui dit-il. — Levez les yeux au ciel, répondit le serviteur, ensuite donnez vos ordres : ce qui sortira de votre bouche sera ce que veut le ciel. » Le pape leva les yeux, signa et s'écria : « Donnez cours à la bulle. »

Megacci posa les premières affiches de la bulle aux portes des trois

---

percevoir les revenus. Le 2 février 1808, les troupes françaises étaient entrées à Rome, l'Empereur, cette fois, invoquant la nécessité de mettre fin aux intrigues de la cour papale, intrigues dirigées contre sa personne et son autorité. Le 2 avril suivant, un décret impérial avait annexé au royaume d'Italie les légations d'Ancône, d'Urbin, de Macerata et de Camerino. Le décret du 17 mai 1809 portant réunion des États romains à l'Empire français n'était donc que la suite et le couronnement d'une politique depuis longtemps conçue et dont le dernier terme devait être fatalement l'enlèvement et la captivité du pape.

[282] Le 10 juin 1809.

[283] Barthélemy Pacca (1756-1844), cardinal-doyen du Sacré-Collège. Il devint en 1808 le principal ministre de Pie VII, rédigea et fit afficher la bulle d'excommunication lancée contre Napoléon en 1809, fut enlevé de Rome en même temps que le Souverain Pontife, et enfermé au fort de Fénestrelle. Il rejoignit le Pape à Fontainebleau en 1813, le détermina à rétracter les concessions qu'il venait de faire par le Concordat du 25 janvier et rentra avec lui à Rome en 1814. Il a laissé d'intéressants Mémoires.

basiliques, de Saint-Pierre, de Sainte-Marie-Majeure et de Saint-Jean-de-Latran[284]. Le placard fut arraché ; le général Miollis[285] l'expédia à l'empereur.

Si quelque chose pouvait rendre à l'excommunication un peu de son ancienne force, c'était la vertu de Pie VII : chez les anciens, la foudre qui éclatait dans un ciel serein passait pour la plus menaçante. Mais la bulle conservait encore un caractère de faiblesse : Napoléon, compris parmi les *spoliateurs* de l'Église, n'était pas *expressément* nommé. Le temps était aux frayeurs ; les timides se réfugièrent en sûreté de conscience dans cette absence d'excommunication nominale. Il fallait combattre à coups de tonnerre ; il fallait rendre foudre pour foudre, puisqu'on n'avait pas pris le parti de se défendre ; il fallait faire cesser le culte, fermer les portes des temples, mettre les églises en interdit, ordonner aux prêtres de ne plus administrer les sacrements. Que le siècle fût propre ou non à cette haute aventure, utile était de la tenter : Grégoire VII n'y eût pas manqué. Si d'une part il n'y avait pas assez de foi pour soutenir une excommunication, de l'autre il n'y en avait plus assez pour que Bonaparte, devenant un Henri VIII, se fît chef d'une Église séparée. L'empereur, par l'excommunication complète, se fût trouvé dans des difficultés inextricables : la violence peut fermer les églises, mais elle ne les peut ouvrir ; on ne saurait ni forcer le peuple à prier, ni contraindre le prêtre à offrir le saint sacrifice. Jamais on n'a joué contre Napoléon toute la partie qu'on pouvait jouer.

Un prêtre de soixante et onze ans, sans un soldat, tenait en échec l'empire. Murat dépêcha sept cents Napolitains à Miollis, l'inaugurateur de la fête de Virgile à Mantoue. Radet[286], général de gendarmerie qui se trouvait à Rome, fut chargé d'enlever le pape et le cardinal Pacca. Les précautions militaires furent prises, les ordres donnés dans le plus grand secret et tout juste comme dans la nuit de la Saint-Barthélémy : lorsqu'une heure après minuit frapperait à l'horloge du Quirinal, les troupes rassemblées en silence devaient monter intrépidement à l'escalade de la

---

[284] La bulle d'excommunication fut affichée dans la nuit du 10 au 11 juin.

[285] Sextius-Alexandre-François, comte Miollis (1759-1828), fit ses premières armes en Amérique, fut général de brigade en 1795, divisionnaire en 1799. Il était en 1809 commandant militaire des États-Romains. Ami des lettres, il avait, en 1797, à Mantoue, établi une fête en l'honneur de Virgile. Plus tard, il fit élever une colonne à l'Arioste dans la ville de Ferrare. Son frère, Charles-François-Melchior-Bienvenu de Miollis, évêque de Digne, de 1805 à 1838, a servi de modèle à Victor Hugo, lorsqu'il a peint, dans les Misérables, avec de si admirables couleurs, le portrait de M. Charles-François-Bienvenu Myriel, évêque de D.

[286] Étienne Radet (1762-1825). Il était l'homme des missions pénibles. Pendant les Cent-Jours, l'Empereur le chargea de conduire à Cette le duc d'Angoulême qui devait s'y embarquer pour l'Espagne. Cette nouvelle besogne accomplie, il fut nommé inspecteur général de gendarmerie et grand prévôt de l'armée. Arrêté en 1816 et condamné par un conseil de guerre à neuf ans de détention, il fut rendu à la liberté par une ordonnance royale du mois de mars 1818.

geôle de deux prêtres décrépits.

À l'heure attendue[287], le général Radet pénétra dans la cour du Quirinal par la grande entrée ; le colonel Siry, qui s'était glissé dans le palais, lui en ouvrit en dedans les portes. Le général monte aux appartements : arrivé dans la salle des sanctifications, il y trouve la garde suisse, forte de quarante hommes ; elle ne fit aucune résistance, ayant reçu l'ordre de s'abstenir : le pape ne voulait avoir devant lui que Dieu.

Les fenêtres du palais donnant sur la rue qui va à la Porta Pia avaient été brisées à coups de hache. Le pape, levé à la hâte, se tenait en rochet et en mosette dans la salle de ses audiences ordinaires avec le cardinal Pacca, le cardinal Despuig, quelques prélats et des employés de la secrétairerie. Il était assis devant une table entre les deux cardinaux. Radet entre ; on reste de part et d'autre en silence. Radet pâle et déconcerté prit enfin la parole : il déclare à Pie VII qu'il doit renoncer à la souveraineté temporelle de Rome, et que si Sa Sainteté refuse d'obéir, il a ordre de la conduire au général Miollis.

Le pape répondit que si les serments de fidélité obligeaient Radet d'obéir aux injonctions de Bonaparte, à plus forte raison lui, Pie VII, devait tenir les serments qu'il avait faits en recevant la tiare ; il ne pouvait ni céder ni abandonner le domaine de l'Église qui ne lui appartenait pas, et dont il n'était que l'administrateur.

Le pape ayant demandé s'il devait partir seul : « Votre Sainteté, répondit le général, peut emmener avec elle son ministre. » Pacca courut se revêtir dans une chambre voisine de ses habits de cardinal.

Dans la nuit de Noël, Grégoire VII, célébrant l'office à Sainte-Marie-Majeure, fut arraché de l'autel, blessé à la tête, dépouillé de ses ornements et conduit dans une tour par ordre du préfet Cencius. Le peuple prit les armes ; Cencius effrayé tomba aux pieds de son captif ; Grégoire apaisa le peuple, fut ramené à Sainte-Marie-Majeure, et acheva l'office.

Le 8 septembre 1303, Nogaret et Colonne entrèrent la nuit dans Agnani, forcèrent la maison de Boniface VIII qui les attendait le manteau pontifical sur les épaules, la tête ceinte de la tiare, les mains armées des clefs et de la croix. Colonne le frappa au visage : Boniface en mourut de rage et de douleur.

Pie VII, humble et digne, ne montra ni la même audace humaine, ni le même orgueil du monde ; les exemples étaient plus près de lui ; ses épreuves ressemblaient à celles de Pie VI. Deux papes du même nom, successeurs l'un de l'autre, ont été victimes de nos révolutions : tous deux furent traînés en France par la *voie douloureuse !* l'un, âgé de quatre-vingt-deux ans, est venu expirer à Valence ; l'autre, septuagénaire, a subi la prison à Fontainebleau. Pie VII semblait être le fantôme de Pie VI,

---

[287] C'était dans la nuit du 5 au 6 juillet 1809.

repassant sur le même chemin.

Lorsque Pacca dans sa robe de cardinal revint, il trouva son auguste maître déjà entre les mains des sbires et des gendarmes qui le forçaient de descendre les escaliers sur les débris des portes jetées à terre. Pie VI, enlevé du Vatican le 20 février 1798[288], trois heures avant le lever du soleil, abandonna le monde de chefs-d'œuvre qui semblait le pleurer et sortit de Rome, au murmure des fontaines de la place Saint-Pierre, par la porte Angélique. Pie VII, enlevé du Quirinal le 6 juillet au point du jour, sortit par la Porte Pia ; il fit le tour des murailles jusqu'à la porte du Peuple. Cette Porte Pia, où tant de fois je me suis promené seul, fut celle par laquelle Alaric entra dans Rome. En suivant le chemin de ronde, où Pie VII avait passé, je ne voyais du côté de la villa Borghèse que la retraite de Raphaël, et du côté du Mont-Pincio que les refuges de Claude Lorrain et du Poussin ; merveilleux souvenirs de la beauté des femmes et de la lumière de Rome ; souvenirs du génie des arts que protégea la puissance pontificale, et qui pouvaient suivre et consoler un prince captif et dépouillé.

Quand Pie VII partit de Rome, il avait dans sa poche un *papetto* de vingt-deux sous comme un soldat à cinq sous par étape : il a recouvré le Vatican. Bonaparte, au moment des exploits du général Radet, avait les mains pleines de royaumes : que lui en est-il resté ? Radet a imprimé le récit de ses exploits ; il en a fait faire un tableau qu'il a laissé à sa famille : tant les notions de la justice et de l'honneur sont brouillées dans les esprits.

Dans la cour du Quirinal le pape avait rencontré les Napolitains ses oppresseurs ; il les bénit ainsi que la ville : cette bénédiction apostolique se mêlant à tout, dans le malheur comme dans la prospérité, donne un caractère particulier aux événements de la vie de ces rois-pontifes qui ne ressemblent point aux autres rois.

Des chevaux de poste attendaient en dehors de la porte du Peuple. Les persiennes de la voiture où monta Pie VII étaient clouées du côté où il s'assit ; le pape entré, les portières furent fermées à double tour, et Radet mit les clefs dans sa poche ; le chef des gendarmes devait accompagner le pape jusqu'à la Chartreuse de Florence.

À Monterossi il y avait sur le seuil des portes des femmes qui pleuraient : le général pria Sa Sainteté de baisser les rideaux de la voiture pour se cacher. La chaleur était accablante. Vers le soir Pie VII demanda à boire ; le maréchal des logis Cardigny remplit une bouteille d'une eau

---

[288] Dans toutes les éditions des Mémoires, on a imprimé jusqu'ici : « le 20 février 1800 ». C'est le 20 février 1798 que le Directoire fit enlever le pape Pie VI. Le général Berthier, le futur major-général de Napoléon, commandait alors à Rome. « Ici, je voudrais pouvoir me taire, dit l'historien Botta, mais l'amour de la vérité l'emporte, et je dirai que dans l'état d'abaissement où était tombé le vénérable Pontife, il eut à supporter de la part des républicains français des insultes telles, que ce n'eût pas été une faute beaucoup plus grave de lui ôter la vie. » (Botta, Histoire d'Italie de 1789 à 1814, t. 3, p. 134.)

sauvage qui coulait sur le chemin ; Pie VII but avec grand plaisir. Sur la montagne de Radicofani le pape descendit à une pauvre auberge ; ses habits étaient trempés de sueur, et il n'avait pas de quoi se changer ; Pacca aida la servante à faire le lit de Sa Sainteté. Le lendemain le pape rencontra des paysans ; il leur dit : « Courage et prières ! » On traversa Sienne ; on entra dans Florence, une des roues de la voiture se brisa ; le peuple ému s'écriait : « *Santo padre ! santo padre !* » Le pape fut tiré hors de la voiture renversée par une portière. Les uns se prosternaient, les autres touchaient les vêtements de Sa Sainteté, comme le peuple de Jérusalem la robe du Christ.

Le pape put enfin se remettre en route pour la Chartreuse ; il hérita dans cette solitude de la couche que dix ans auparavant avait occupée Pie VI, lorsque deux palefreniers hissaient celui-ci dans la voiture et qu'il poussait des gémissements de souffrance. La Chartreuse appartenait au site de Vallombrosa ; par une succession de forêts de pins on arrivait aux Camaldules, et de là, de rocher en rocher, à ce sommet de l'Apennin qui voit les deux mers. Un ordre subit contraignit Pie VII de repartir pour Alexandrie ; il n'eut que le temps de demander un bréviaire au prieur ; Pacca fut séparé du souverain pontife.

De la Chartreuse à Alexandrie la foule accourut de toutes parts ; on jetait des fleurs au captif, on lui donnait de l'eau, on lui présentait des fruits ; des gens de la campagne prétendaient le délivrer et lui disaient : « *Vuole ? dica.* » Un pieux larron lui déroba une épingle, relique qui devait ouvrir au ravisseur les portes du ciel.

À trois mille de Gênes une litière conduisit le pape au bord de la mer ; une felouque le transporta de l'autre côté de la ville à Saint-Pierre d'Arena. Par la route d'Alexandrie et de Mondovi, Pie VII gagna le premier village français ; il y fut accueilli avec des effusions de tendresse religieuse ; il disait : « Dieu pourrait-il nous ordonner de paraître insensible à ces marques d'affection ? »

Les Espagnols faits prisonniers à Saragosse étaient détenus à Grenoble : de même que ces garnisons d'Européens oubliées sur quelques montagnes des Indes, ils chantaient la nuit et faisaient retentir ces climats étrangers des airs de la patrie. Tout à coup le pape descend ; il semblait avoir entendu ces voix chrétiennes. Les captifs volent au-devant du nouvel opprimé ; ils tombent à genoux ; Pie VII jette presque tout son corps hors de la portière ; il étend ses mains amaigries et tremblantes sur ces guerriers qui avaient défendu la liberté de l'Italie avec l'épée, comme il avait défendu la liberté de l'Espagne avec la foi ; les deux glaives se croisent sur des têtes héroïques.

De Grenoble Pie VII atteignit Valence. Là, Pie VI avait expiré[289] ; là, il s'était écrié quand on le montra au peuple : « *Ecce homo !* » Là, Pie VI se sépara de Pie VII ; le mort, rencontrant sa tombe, y rentra ; il fit cesser la double apparition, car jusqu'alors on avait vu comme deux papes marchant ensemble, ainsi que l'ombre accompagne le corps. Pie VII portait l'anneau que Pie VI avait au doigt lorsqu'il expira : signe qu'il avait accepté les misères et les destinées de son devancier.

À deux lieues de Comana, saint Chrysostome logea aux établissements de saint Basilisque ; ce martyr lui apparut pendant la nuit et lui dit : « Courage, mon frère Jean ! demain nous serons ensemble. » Jean répliqua : « Dieu soit loué de tout ! » Il s'étendit à terre et mourut.

À Valence, Bonaparte commença la carrière d'où il s'élança sur Rome. On ne laissa pas le temps à Pie VII de visiter les cendres de Pie VI ; on le poussa précipitamment à Avignon : c'était le faire rentrer dans la petite Rome ; il y put voir la glacière dans les souterrains du palais d'une autre lignée de pontifes, et entendre la voix de l'ancien poète couronné[290], qui rappelait les successeurs de Saint Pierre au Capitole.

Conduit au hasard, il rentra dans les Alpes maritimes ; au pont du Var, il le voulut traverser à pied ; il rencontra la population divisée en ordres de métiers, les ecclésiastiques vêtus de leurs habits sacerdotaux, et dix mille personnes à genoux dans un profond silence. La reine d'Étrurie avec ses deux enfants, à genoux aussi, attendait le saint-père au bout du pont. À Nice, les rues de la ville étaient jonchées de fleurs. Le commandant, qui menait le pape à Savone, prit la nuit un chemin infréquenté par les bois ; à son grand étonnement, il tomba au milieu d'une illumination solitaire ; un lampion avait été attaché à chaque arbre. Le long de la mer, la Corniche était pareillement illuminée ; les vaisseaux aperçurent de loin ces phares que le respect, l'attendrissement et la piété allumaient pour le naufrage d'un moine captif. Napoléon revint-il ainsi de Moscou ? Était-ce du bulletin de ses bienfaits et des bénédictions des peuples qu'il était précédé ?

Durant ce long voyage la bataille de Wagram avait été gagnée[291], le mariage de Napoléon avec Marie-Louise arrêté. Treize des cardinaux

---

[289] Pie VI, traîné par le Directoire de prison en prison, avait été amené à Valence le 11 juillet 1799 ; il mourut dans cette ville le 29 août de la même année, en pardonnant à ceux qui depuis dix-huit mois l'avaient traité avec tant de lâcheté et de barbarie : « Recommandez surtout à mon successeur de pardonner aux Français comme je leur pardonne de tout mon cœur. » Comme lui, son successeur sera odieusement persécuté, et il pardonnera comme lui.

[290] Le poète Pétrarque, solennellement couronné au Capitole, le jour de Pâques, 8 avril 1341, de lauriers qu'il consacra sur le grand autel de Saint-Pierre. Il vécut longtemps à Avignon, qui était alors la résidence des papes.

[291] 6 juillet 1809.

mandés à Paris furent exilés[292], et la consulte romaine formée par la France avait de nouveau prononcé la réunion du saint-siège à l'empire[293].

Le pape, détenu à Savone, fatigué et assiégé par les créatures de Napoléon, émit un bref dont le cardinal Roverella fut le principal auteur, et qui permettait d'envoyer des bulles de confirmation à différents évêques nommés[294]. L'empereur n'avait pas compté sur tant de complaisance ; il rejeta le bref parce qu'il lui eût fallu mettre le souverain pontife en liberté. Dans un accès de colère il avait ordonné que les cardinaux opposants quittassent la pourpre ; quelques-uns furent enfermés à Vincennes.

Le préfet de Nice écrivit à Pie VII que « défense lui était faite de communiquer avec aucune église de l'empire, sous peine de désobéissance ; que lui, Pie VII, a cessé d'être l'organe de l'Église parce qu'il prêche la rébellion et que *son âme est toute de fiel* ; que, puisque rien ne peut le rendre sage, il verra que Sa Majesté est assez puissante pour déposer un pape. »

Était-ce bien le vainqueur de Marengo qui avait dicté la minute d'une pareille lettre ?

Enfin, après trois ans de captivité à Savone, le 9 de juin 1812, le pape fut mandé en France. On lui enjoignit de changer d'habits : dirigé sur Turin, il arriva à l'hospice du Mont-Cenis au milieu de la nuit. Là, près d'expirer, il reçut l'extrême-onction. On ne lui permit de s'arrêter que le temps nécessaire à l'administration du dernier sacrement ; on ne souffrit pas qu'il séjournât près du ciel. Il ne se plaignit point ; il renouvelait l'exemple de la mansuétude de la martyre de Verceil. Au bas de la montagne, au moment qu'elle allait être décollée, voyant tomber l'agrafe de la chlamyde du bourreau, elle dit à cet homme : « Voilà une agrafe d'or qui vient de tomber de ton épaule ; ramasse-la, de crainte de perdre ce que tu n'as gagné qu'avec beaucoup de travail. »

Pendant sa traversée de la France, on ne permit pas à Pie VII de descendre de voiture. S'il prenait quelque nourriture, c'était dans cette

---

[292] Ils avaient refusé d'assister au mariage de Napoléon et de Marie-Louise. Après avoir juré de maintenir dans leur intégrité les droits du Saint-Siège, et les voyant lésés par l'annulation du mariage de l'Empereur, ils ne s'étaient pas cru permis de légitimer par leur présence une seconde union. Napoléon les exila, confisqua leurs biens, saisit leurs revenus, supprima leurs traitements, et leur interdit de porter les marques de la dignité cardinalice. Au lieu de la soutane, du chapeau, de la barrette et des bas rouges, ils durent porter des vêtements noirs. De là l'appellation que les contemporains leur donnèrent et qui devait rester pour eux un titre d'honneur : les Cardinaux noirs. Voici leurs noms : Consalvi, di Pietro, Mattei, Litta, Pignatelli, Scotti, della Somaglia, Brancadoro, Saluzzo, Galeffi, Ruffo-Scilla, Oppizoni et Gabrielli.

[293] Le Sénatus-consulte organique du 17 février 1810 sanctionna le décret du 17 mai 1809, qui avait ordonné la réunion à l'Empire français de Rome et des États du pape.

[294] Bref du 20 septembre 1811.

voiture même, que l'on enfermait dans les remises de la poste. Le 20 juin au matin, il arriva à Fontainebleau ; Bonaparte trois jours après franchissait le Niémen pour commencer son expiation. Le concierge refusa de recevoir le captif, parce qu'aucun ordre ne lui était encore parvenu. L'ordre envoyé de Paris, le pape entra dans le château ; il y fit entrer avec lui la justice céleste : sur la même table où Pie VII appuyait sa main défaillante, Napoléon signa son abdication.

Si l'inique invasion de l'Espagne souleva contre Bonaparte le monde politique, l'ingrate occupation de Rome lui rendit contraire le monde moral : sans la moindre utilité, il s'aliéna comme à plaisir les peuples et les autels, l'homme et Dieu. Entre les deux précipices qu'il avait creusés aux deux bords de sa vie, il alla, par une étroite chaussée, chercher sa destruction au fond de l'Europe, comme sur ce pont que la Mort, aidée du mal, avait jeté à travers le chaos.

Pie VII n'est point étranger à ces *Mémoires :* c'est le premier souverain auprès duquel j'aie rempli une mission dans ma carrière politique, commencée et subitement interrompue sous le Consulat. Je le vois encore me recevant au Vatican, le *Génie du christianisme* ouvert sur sa table, dans le même cabinet où j'ai été admis aux pieds de Léon XII et de Pie VIII. J'aime à rappeler ce qu'il a souffert : les douleurs qu'il a bénies à Rome en 1803 payeront aux siennes par mon souvenir une dette de reconnaissance.

Le 9 avril 1809, entre l'Angleterre, l'Autriche et l'Espagne, se déclara la cinquième coalition, sourdement appuyée par le mécontentement des autres souverains. Les Autrichiens, se plaignant de l'infraction de traités, passent tout à coup l'Inn à Braunau : on leur avait reproché leur lenteur, ils voulurent faire les Napoléon ; cette allure ne leur allait pas. Heureux de quitter l'Espagne, Bonaparte accourt en Bavière ; il se met à la tête des Bavarois sans attendre les Français ; tout soldat lui était bon. Il défait à Abensberg l'archiduc Louis[295], à Eckmühl l'archiduc Charles[296] ; il scie en deux l'armée autrichienne, il effectue le passage de la Salza[297].

Il entre à Vienne[298]. Le 21 et le 22 mai a lieu la terrible affaire d'Essling. La relation de l'archiduc Charles porte que, le premier jour, deux cent quatre-vingt-huit pièces autrichiennes tirèrent cinquante et un mille coups de canon, et que le lendemain plus de quatre cents pièces jouèrent de part et d'autre. Le maréchal Lannes y fut blessé mortellement. Bonaparte lui dit un mot et puis l'oublia ; l'attachement des hommes se refroidit aussi vite que le boulet qui les frappe.

---

[295] 20 avril 1809.
[296] 22 avril.
[297] 28, 29, 30 avril.
[298] Le 13 mai.

La bataille de Wagram (6 juillet 1809) résume les différents combats livrés en Allemagne : Bonaparte y déploie tout son génie. Le colonel César de Laville, chargé de l'aller prévenir d'un désastre qu'éprouve l'aile gauche, le trouve à l'aile droite dirigeant l'attaque du maréchal Davout. Napoléon revient sur-le-champ à la gauche et répare l'échec essuyé par Masséna. Ce fut alors, au moment où l'on croyait la bataille perdue, que, jugeant seul du contraire par les manœuvres de l'ennemi, il s'écria : « La bataille est gagnée ! » Il oppose sa volonté à la victoire hésitante ; il la ramène au feu comme César ramenait par la barbe au combat ses vétérans étonnés. Neuf cents bouches de bronze rugissent ; la plaine et les moissons sont en flammes ; de grands villages disparaissent ; l'action dure douze heures. Dans une seule charge, Lauriston[299] marche au trot à l'ennemi, à la tête de cent pièces de canon. Quatre jours après on ramassait au milieu des blés des militaires qui achevaient de mourir aux rayons du soleil sur des épis piétinés, couchés et collés par du sang : les vers s'attachaient déjà aux plaies des cadavres avancés.

Dans ma jeunesse, on s'occupait de lire les commentaires de Folard[300] et de Guischardt[301], de Tempelhoff[302] et de Lloyd[303] ; on étudiait

---

[299]   Jacques-Alexandre-Bernard Law, comte puis marquis de Lauriston, né à Pondichéry le 1er février 1768. Il était le petit-neveu du célèbre contrôleur John Law et le fils d'un maréchal de camp gouverneur des possessions françaises dans l'Inde. Camarade de Bonaparte à Briennne, il devint son aide de camp et assista à ses côtés à la bataille de Marengo. Général de division d'artillerie et comte de l'Empire (29 juin 1808), il se signala sur les champs de bataille, particulièrement à Raah, à Wagram, à la Moskowa, à Lutzen, à Weissig, à Bautzen et à Wurtschen ; très apprécié de l'Empereur, il se vit chargé par lui de plusieurs missions diplomatiques, notamment de l'ambassade de Pétersbourg en 1811. Louis XVIII le nomma grand-cordon de la Légion d'honneur (29 juillet 1814), et capitaine-lieutenant aux mousquetaires gris (20 février 1815). Pendant les Cent-Jours, il resta fidèle au roi, qui le fit pair de France (17 août 1815) et le créa marquis (20 décembre 1817). Il entra dans le cabinet du duc de Richelieu comme ministre de la Maison du roi, le 1er novembre 1820. Maréchal de France le 6 juin 1823, il prit part à la guerre d'Espagne, assiégea et prit Pampelune et devint, le 9 octobre 1823, chevalier du Saint-Esprit. Le 4 août de l'année suivante, il abandonna ses fonctions de ministre de la Maison du roi pour celles de grand veneur et de ministre d'État. Il mourut d'une attaque d'apoplexie foudroyante dans la nuit du 10 au 11 juin 1828.
[300]   Le chevalier de Folard (1669-1752), auteur des Nouvelles découvertes sur la guerre et du Commentaire, formant un corps de science militaire. Ses écrits sur la tactique lui valurent le nom de Végèce français.
[301]   Karl-Gotlieb Guischardt (1724-1775), écrivain militaire allemand, auteur des Mémoires militaires sur les Grecs et les Romains et de Mémoires critiques et historiques sur plusieurs points d'antiquités militaires.
[302]   Georges-Frédéric de Tempelhoff (1737-1807), général et écrivain militaire prussien. Son principal ouvrage est une Histoire de la guerre de Sept ans en Allemagne.
[303]   Henri Lloyd (1729-1783), écrivain militaire anglais, auteur de l'Introduction à l'histoire de la guerre en Allemagne, de Mémoires politiques et militaires et de la Philosophie de la guerre.

l'ordre *profond* et l'ordre *mince* ; j'ai fait manœuvrer sur ma table de sous-lieutenant bien des petits carrés de bois. La science militaire a changé comme tout le reste par la Révolution ; Bonaparte a inventé la grande guerre, dont les conquêtes de la République lui avaient fourni l'idée par les masses réquisitionnaires. Il méprisa les places fortes qu'il se contenta de masquer, s'aventura dans le pays envahi et gagna tout à coups de batailles. Il ne s'occupait point de retraites ; il allait droit devant lui comme ces voies romaines qui traversent sans se détourner les précipices et les montagnes. Il portait toutes ses forces sur un point, puis ramassait au demi-cercle les corps isolés dont il avait rompu la ligne. Cette manœuvre, qui lui fut propre, était d'accord avec la *furie française* ; mais elle n'eût point réussi avec des soldats moins impétueux et moins agiles. Il faisait aussi, vers la fin de sa carrière, charger l'artillerie et emporter les redoutes par la cavalerie. Qu'en est-il résulté ? En menant la France à la guerre, on a appris à l'Europe à marcher : il ne s'est plus agi que de multiplier les moyens ; les masses ont équipollé les masses. Au lieu de cent mille hommes on en a pris six cent mille ; au lieu de cent pièces de canon on en a traîné cinq cents : la science ne s'est point accrue ; l'échelle seulement s'est élargie. Turenne en savait autant que Bonaparte, mais il n'était pas maître absolu et ne disposait pas de quarante millions d'hommes. Tôt ou tard il faudra rentrer dans la guerre civilisée que savait encore Moreau, guerre qui laisse les peuples en repos tandis qu'un petit nombre de soldats font leur devoir ; il faudra en revenir à l'art des retraites, à la défense d'un pays au moyen des places fortes, aux manœuvres patientes qui ne coûtent que des heures en épargnant des hommes. Ces énormes batailles de Napoléon sont au delà de la gloire ; l'œil ne peut embrasser ces champs de carnage qui, en définitive, n'amènent aucun résultat proportionné à leurs calamités. L'Europe, à moins d'événements imprévus, est pour longtemps dégoûtée de combats. Napoléon a tué la guerre en l'exagérant : notre guerre d'Afrique n'est qu'une école expérimentale ouverte à nos soldats.

Au milieu des morts, sur le champ de bataille de Wagram, Napoléon montra l'impassibilité qui lui était propre et qu'il affectait afin de paraître au-dessus des autres hommes ; il dit froidement ou plutôt il répéta son mot habituel dans de telles circonstances : « Voilà une grande consommation ! »

Lorsqu'on lui recommandait des officiers blessés, il répondait : « Ils sont absents. » Si la vertu militaire enseigne quelques vertus, elle en affaiblit plusieurs : le soldat trop humain ne pourrait accomplir son œuvre ; la vue du sang et des larmes, les souffrances, les cris de douleur, l'arrêtant à chaque pas, détruiraient en lui ce qui fait les Césars, race dont, après tout, on se passerait volontiers.

Après la bataille de Wagram, un armistice est convenu à Znaïm[304]. Les Autrichiens, quoi qu'en disent nos bulletins, s'étaient retirés en bon ordre et n'avaient pas laissé derrière eux un seul canon monté. Bonaparte, en possession de Schœnbrünn, y travaillait à la paix. « Le 13 octobre, dit le duc de Cadore[305], j'étais venu de Vienne pour travailler avec l'empereur. Après quelques moments d'entretien, il me dit : « Je vais passer la revue ; restez dans mon cabinet ; vous rédigerez cette note que je verrai après la revue. » Je restai dans son cabinet avec M. de Méneval, son secrétaire intime ; il rentra bientôt. — « Le prince de Lichtenstein, me dit Napoléon, ne vous a-t-il pas fait connaître qu'on lui faisait souvent la proposition de m'assassiner ? — Oui, sire ; il m'a exprimé l'horreur avec lequel il rejetait ces propositions. — Eh bien ! on vient d'en faire la tentative. Suivez-moi. » J'entrai avec lui dans le salon. Là étaient quelques personnes qui paraissaient très agitées et qui entouraient un jeune homme de dix-huit à vingt ans, d'une figure agréable, très douce, annonçant une sorte de candeur, et qui seul paraissait conserver un grand calme. C'était l'assassin. Il fut interrogé avec une grande douceur par Napoléon lui-même, le général Rapp servant d'interprète. Je ne rapporterai que quelques-unes de ses réponses, qui me frappèrent davantage.

« Pourquoi vouliez-vous m'assassiner ? — Parce qu'il n'y aura jamais de paix pour l'Allemagne tant que vous serez au monde. — Qui vous a inspiré ce projet ? — L'amour de mon pays. — Ne l'avez-vous concerté avec personne ? — Je l'ai trouvé dans ma conscience. — Ne saviez-vous pas à quels dangers vous vous exposiez ? — Je le savais ; mais je serais heureux de mourir pour mon pays. — Vous avez des principes religieux ; croyez-vous que Dieu autorise l'assassinat ? — J'espère que Dieu me pardonnera en faveur de mes motifs. — Est-ce que, dans les écoles que vous avez suivies, on enseigne cette doctrine ? — Un grand nombre de ceux qui les ont suivies avec moi sont animés de ces sentiments

---

[304] Le 12 juillet 1809.

[305] M. de Champagny. Il avait été fait duc de Cadore le 15 août 1809. Ancien membre de l'Assemblée constituante, emprisonné sous la Terreur, conseiller d'État après le 18 brumaire, ambassadeur à Vienne en 1801, il avait pris le portefeuille de l'Intérieur (8 août 1804) en remplacement de Chaptal. Trois ans après, le 8 août 1807, la disgrâce de Talleyrand l'avait fait passer du ministère de l'Intérieur à celui des Relations extérieures. Il quitta ce dernier ministère le 16 avril 1811 et devint ministre d'État, intendant des domaines de la couronne et sénateur. En 1814, il adhéra des premiers aux Bourbons, qui le firent pair de France. Pendant les Cent-Jours, Napoléon lui rendit l'intendance des domaines de la couronne et le nomma pair de l'Empire. La seconde Restauration le rendit à la vie privée ; mais, en 1819, M. Decazes le comprit dans la fournée des soixante nouveaux pairs destinée à rendre la majorité au ministère. M. de Champagny vécut encore assez pour prêter serment au gouvernement de Juillet, et continua de siéger dans la Chambre des pairs jusqu'à sa mort, arrivée le 3 juillet 1834.

et disposés à dévouer leur vie au salut de la patrie. — Que feriez-vous si je vous mettais en liberté ? — Je vous tuerais. »

« La terrible naïveté de ces réponses, la froide et inébranlable résolution qu'elles annonçaient, et ce fanatisme, si fort au-dessus de toutes les craintes humaines, firent sur Napoléon une impression que je jugeai d'autant plus profonde qu'il montrait plus de sang-froid. Il fit retirer tout le monde, et je restai seul avec lui. Après quelques mots sur un fanatisme aussi aveugle et aussi réfléchi, il me dit : « Il faut faire la paix. » Ce récit du duc de Cadore méritait d'être cité en entier[306].

Les nations commençaient leur levée ; elles annonçaient à Bonaparte des ennemis plus puissants que les rois ; la résolution d'un seul homme du peuple sauvait alors l'Autriche. Cependant la fortune de Napoléon ne voulait pas encore tourner la tête. Le 14 août 1809, dans le palais même de l'empereur d'Autriche, il fait la paix[307] ; cette fois la fille des Césars est la palme remportée ; mais Joséphine avait été sacrée, et Marie-Louise ne le fut pas : avec sa première femme, la vertu de l'onction divine sembla se retirer du triomphateur. J'aurais pu voir dans Notre-Dame de Paris la même cérémonie que j'ai vue dans la cathédrale de Reims ; à l'exception

---

[306] M. de Champagny. Il avait été fait duc de Cadore le 15 août 1809. Ancien membre de l'Assemblée constituante, emprisonné sous la Terreur, conseiller d'État après le 18 brumaire, ambassadeur à Vienne en 1801, il avait pris le portefeuille de l'Intérieur (8 août 1804) en remplacement de Chaptal. Trois ans après, le 8 août 1807, la disgrâce de Talleyrand l'avait fait passer du ministère de l'Intérieur à celui des Relations extérieures. Il quitta ce dernier ministère le 16 avril 1811 et devint ministre d'État, intendant des domaines de la couronne et sénateur. En 1814, il adhéra des premiers aux Bourbons, qui le firent pair de France. Pendant les Cent-Jours, Napoléon lui rendit l'intendance des domaines de la couronne et le nomma pair de l'Empire. La seconde Restauration le rendit à la vie privée ; mais, en 1819, M. Decazes le comprit dans la fournée des soixante nouveaux pairs destinée à rendre la majorité au ministère. M. de Champagny vécut encore assez pour prêter serment au gouvernement de Juillet, et continua de siéger dans la Chambre des pairs jusqu'à sa mort, arrivée le 3 juillet 1834.

[307] Ce traité est appelé dans l'histoire la paix de Vienne. L'Autriche abandonnait quatre cent mille âmes sur la frontière de Bavière, qui fut déterminée par une ligne entre Linz et Passau, couvrant cette dernière ville ; plus d'un million sur la frontière d'Italie, Villach en Corinthie, Laybach et la rive droite de la Save ; enfin dix-sept cent mille en Galicie. Les territoires détachés de la Haute-Autriche furent donnés à la Bavière ; les autres cédés à la France sous le nom de provinces Illyriennes. Les territoires Galiciens furent donnés au roi de Saxe, comme duc de Varsovie, sauf les deux cercles de Solkiew et de Zloczow, livrés à la Russie. L'empereur d'Autriche reconnaissait tous les changements survenus ou qui pourraient survenir en Espagne, en Portugal, en Italie ; il adhérait au système prohibitif adopté par la France et la Russie à l'égard de l'Angleterre et s'engageait à cesser toute relation commerciale avec cette dernière puissance. Ce traité, qui démantelait entièrement la monarchie autrichienne, ouvrant ses provinces polonaises, lui ôtant ses défenses de l'Inn et des Alpes Carniques, était fait moins en vue de la paix qu'en prévision d'une guerre future : la paix de Vienne devait durer quatre ans.

de Napoléon, les mêmes hommes y figuraient.

Un des acteurs secrets qui eut le plus de part dans la conduite intérieure de cette affaire fut mon ami Alexandre de Laborde, blessé dans les rangs des émigrés, et honoré de la croix de Marie-Thérèse pour ses blessures[308].

Le 11 mars, le prince de Neuchâtel[309] épousa à Vienne, par procuration, l'archiduchesse Marie-Louise. Celle-ci partit pour la France, accompagnée de la princesse Murat : Marie-Louise était parée sur la route des emblèmes de la souveraine. Elle arriva à Strasbourg le 22 mars, et le 28 au château de Compiègne, où Bonaparte l'attendait[310]. Le mariage civil eut lieu à Saint-Cloud le 1er avril ; le 2, le cardinal Fesch donna dans le Louvre la bénédiction nuptiale aux deux époux. Bonaparte apprit à cette seconde femme à lui devenir infidèle, ainsi que l'avait été la première, en trompant lui-même son propre lit par son intimité avec Marie-Louise avant la célébration du mariage religieux : mépris de la majesté des mœurs royales et des lois saintes qui n'était pas d'un heureux augure[311].

---

[308] Le comte Alexandre de Laborde avait servi pendant la Révolution dans un régiment de hussards autrichiens. Nommé auditeur au Conseil d'État en 1808, il avait accompagné Napoléon pendant la campagne de 1809, et il venait de jouer un rôle actif dans la pacification avec l'Autriche. Après la signature du traité et le départ de l'armée française, il était demeuré à Vienne avec la mission tout officieuse d'aplanir certaines difficultés de détail, surtout d'observer et de rendre compte : il était particulièrement propre à cette tâche, ayant ses entrées chez les ministres, de nombreuses relations dans le monde de la cour et du gouvernement. Ce fut à lui que Metternich fit la première ouverture sur la possibilité d'un mariage de l'empereur Napoléon avec une princesse de la maison d'Autriche. (Voir Napoléon et Alexandre Ier, par. Albert Vandal, tome II, chapitre VI.)

[309] Le maréchal Berthier, prince de Neuchâtel.

[310] Napoléon n'avait point attendu Marie-Louise à Compiègne. « Profitant, dit Norvins (Mémorial, t. III, p. 279), du trouble du palais, de l'obscurité et du mauvais temps, l'Empereur s'était esquivé par un escalier dérobé et était sorti par une petite porte du parc. Il y avait trouvé une simple calèche bien attelée où, précédé d'un seul courrier, il se jeta avec Murat, enveloppés l'un et l'autre dans de grands manteaux, et à toutes brides il alla s'embusquer à deux lieues de Soissons, au village de Courcelles, sous le porche de l'église, pour y guetter l'arrivée de Marie-Louise... Enfin parut la voiture si désirée ; à l'instant, comme un sous-lieutenant qui revoit sa cousine, Napoléon s'élança de la calèche, ouvrit brusquement la portière de la berline impériale, mit sa sœur Caroline sur le devant, prit sa place et embrassa l'Impératrice. Tout cela se fit si rapidement qu'il avait embrassé dix fois la jeune archiduchesse, qu'elle savait à peine à qui elle devait cet impromptu. Ce fut une affaire d'avant-postes, conçue et exécutée militairement : Marie-Louise fut surprise et conquise. »

[311] « Un courrier vint tout à coup annoncer le cortège. Il pleuvait à verse... Tout Compiègne se précipita dans les cours, et surtout dans la cour d'honneur... Enfin à dix heures, par une pluie battante, le canon annonça l'entrée dans la ville de l'auguste couple. À l'instant toutes nos royautés des deux sexes vinrent s'étager sur les marches du perron et se trouvèrent à la descente de la voiture impériale. L'Empereur en sortit, donnant la main à l'Impératrice, et lui présenta rapidement

Tout paraît achevé ; Bonaparte a obtenu la seule chose qui lui manquait : comme Philippe-Auguste s'alliant à Isabelle de Hainaut, il confond la dernière race avec la *race des grands rois ;* le passé se réunit à l'avenir. En arrière comme en avant, il est désormais le maître des siècles s'il se veut enfin fixer au sommet ; mais il a la puissance d'arrêter le monde et n'a pas celle de s'arrêter : il ira jusqu'à ce qu'il ait conquis la dernière couronne qui donne du prix à toutes les autres, la couronne du malheur.

L'archiduchesse Marie-Louise, le 20 mars 1811, accouche d'un fils[312] : sanction supposée des félicités précédentes. De ce fils éclos, comme les oiseaux du pôle, au soleil de minuit, il ne restera qu'une valse triste, composée par lui-même à Schœnbrünn, et jouée sur des orgues dans les rues de Paris, autour du palais de son père.

---

toute sa famille. Ainsi fit-il dans la galerie, comme au pas de course… Le souper fut servi dans l'appartement de Marie-Louise. Il n'y eut en tiers que la reine de Naples, qui, mourant de sommeil, se congédia en sortant de table. Or, qui de trois ôte un, reste deux… Le lendemain, à midi, l'Empereur déjeunait auprès du lit de l'impératrice… Ce fut la chancellerie qui resta vierge, et Napoléon un simple mortel. » Norvins, Mémorial, t. III, p. 280. — Voir aussi les Mémoires de M. de Bausset.

[312] Le Moniteur du 21 mars contenait, à la date du 20, cet avis solennel : « Aujourd'hui, 20 mars, à neuf heures du matin, l'espoir de la France a été rempli. Sa Majesté l'Impératrice est heureusement accouchée d'un prince. Le Roi de Rome et son auguste Mère sont en parfaite santé. » — Le 17 février 1810, trois jours après l'adhésion officielle de l'empereur d'Autriche au mariage de l'archiduchesse Marie-Louise avec Napoléon, le ministre d'État, comte Regnaud de Saint-Jean d'Angély, avait lu aux sénateurs réunis en séance solennelle l'exposé des motifs du sénatus-consulte qui réunissait l'État de Rome à l'Empire. Après avoir félicité Napoléon de placer une seconde fois sur sa tête la couronne de Charlemagne, le ministre, dévoilant la pensée maîtresse de son souverain, avait ajouté : « Il veut que l'héritier de cette couronne porte le titre de Roi de Rome ; qu'un prince y tienne la cour impériale, y exerce un pouvoir protecteur, y répande ses bienfaits en renouvelant les splendeurs des arts. » L'article du 7 Sénatus-consulte, que le Sénat s'empressa de voter, était ainsi libellé : « Le prince impérial porte le titre et reçoit les honneurs de roi de Rome. » L'article 10 stipulait que les Empereurs, après avoir été couronnés à Notre-Dame de Paris, le seraient à Saint-Pierre de Rome avant la dixième année de leur règne. » Et trois ans après sa naissance, le prince impérial, le roi de Rome n'aura déjà plus de couronne et ne sera plus pour l'Europe qu'un prince autrichien ! La parole du Psalmiste sera devenue une prophétie : « Cogitaverunt consilia quæ non potuerunt stabilire » ; et la menace qu'elle contient sera en voie d'accomplissement : « Fructum corum de terra perdes et semen corum a filiis hominum. » Voir le Roi de Rome, par Henri Welschinger, p. 6.

Livre II

Bonaparte ne voyait plus d'ennemis ; ne sachant où prendre des empires, faute de mieux il avait pris le royaume de Hollande à son frère. Mais une inimitié secrète, qui remontait à l'époque de la mort du duc d'Enghien, était restée au fond du cœur de Napoléon contre Alexandre. Une rivalité de puissance l'animait ; il savait ce que la Russie pouvait faire et à quel prix il avait acheté les victoires de Friedland et d'Eylau. Les entrevues de Tilsit et d'Erfurt, des suspensions d'armes forcées, une paix que le caractère de Bonaparte ne pouvait supporter, des déclarations d'amitié, des serrements de main, des embrassades, des projets fantastiques de conquêtes communes, tout cela n'était que des ajournements de haine. Il restait sur le continent un pays et des capitales où Napoléon n'était point entré, un empire debout en face de l'empire français : les deux colosses se devaient mesurer. À force d'étendre la France, Bonaparte avait rencontré les Russes, comme Trajan, en passant le Danube, avait rencontré les Goths.

Un calme naturel, soutenu d'une piété sincère depuis qu'il était revenu à la religion, inclinait Alexandre à la paix : il ne l'aurait jamais rompue si l'on n'était venu le chercher. Toute l'année 1811 se passa en préparatifs. La Russie invitait l'Autriche domptée et la Prusse pantelante à se réunir à elle dans le cas où elle serait attaquée ; l'Angleterre arrivait avec sa bourse. L'exemple des Espagnols avait soulevé les sympathies des peuples : déjà commençait à se former le lien de la vertu (Tugendbund) qui enserrait peu à peu la jeune Allemagne.

Bonaparte négociait, il faisait des promesses : il laissait espérer au roi de Prusse la possession des provinces russes allemandes ; le roi de Saxe et l'Autriche se flattaient d'obtenir des agrandissements dans ce qui restait encore de la Pologne ; des princes de la Confédération du Rhin rêvaient des changements de territoire à leur convenance ; il n'y avait pas jusqu'à la France que Napoléon ne méditât d'élargir, quoiqu'elle débordât déjà sur l'Europe ; il prétendait l'augmenter nominativement de l'Espagne. Le général Sébastiani lui dit : « Et votre frère ? » Napoléon répliqua : « Qu'importe mon frère ! est-ce qu'on donne un royaume comme l'Espagne ? » Le maître disposait par un mot du royaume qui avait coûté tant de malheurs et de sacrifices à Louis XIV ; mais il ne l'a pas gardé si longtemps. Quant aux peuples, jamais homme n'en a moins tenu compte et ne les a plus méprisés que Bonaparte : il en jetait des lambeaux à la meute de rois qu'il conduisait à la chasse, le fouet à la main : « Attila, » dit Jornandès, « menait avec lui une foule de princes tributaires qui attendaient avec crainte et tremblement un signe du maître des monarques pour exécuter ce qui leur serait ordonné. »

Avant de marcher en Russie avec ses alliées l'Autriche et la Prusse, avec la Confédération du Rhin composée de rois et de princes, Napoléon avait voulu assurer ses deux flancs qui touchaient aux deux bords de l'Europe : il négociait deux traités, l'un au midi avec Constantinople, l'autre au nord avec Stockholm. Ces traités manquèrent.

Napoléon, à l'époque de son consulat, avait renoué des intelligences avec la Porte : Sélim[313] et Bonaparte avaient échangé leurs portraits ; ils entretenaient une correspondance mystérieuse. Napoléon écrivait à son compère, en date d'Osterode[314], 3 avril 1807 : « Tu t'es montré le digne descendant des Sélim et des Soliman. Confie-moi tous tes besoins : je suis assez puissant et assez intéressé à tes succès, tant par amitié que par politique, pour n'avoir rien à te refuser. » Charmante effusion de tendresse entre deux sultans causant bec à bec, comme aurait dit Saint-Simon.

Sélim renversé. Napoléon revient au système russe et songe à partager la Turquie avec Alexandre ; puis, bouleversé encore par un nouveau cataclysme d'idées, il se détermine à l'invasion de l'empire moscovite. Mais ce n'est que le 21 mars 1812 qu'il demande à Mahmoud son alliance, requérant soudain de lui cent mille Turcs au bord du Danube. Pour cette armée, il offre à la Porte la Valachie et la Moldavie. Les Russes l'avaient devancé : leur traité était au moment de se conclure, et il fut signé le 28 mai 1812[315].

Au nord, les événements trompèrent également Bonaparte. Les Suédois auraient pu envahir la Finlande, comme les Turcs menacer la Crimée : par cette combinaison la Russie, ayant deux guerres sur les bras, eût été dans l'impossibilité de réunir ses forces contre la France ; ce serait de la politique sur une vaste échelle, si le monde n'était aujourd'hui rapetissé au moral comme au physique par la communication des idées et

---

[313] Le sultan Sélim III. Il était monté sur le trône en 1789. Lorsque Bonaparte avait envahi l'Égypte, Sélim avait fait cause commune avec l'Angleterre, mais il avait conclu la paix avec la France en 1802. Il fut étranglé en 1808.

[314] Dans les précédentes éditions des Mémoires, on a imprimé à tort Ostende, au lieu d'Osterode. Après la campagne de Prusse et de Pologne, Napoléon alla s'établir à Osterode (Hanovre) pour y passer la saison froide, qui, ayant commencé fort tard, cette année, dura plus que de coutume. Il s'y occupa d'amasser des vivres, en les faisant venir par la basse Vistule, de dissoudre le corps décimé d'Augereau, de réorganiser ses troupes, et d'y rétablir la discipline, altérée par les marches, les souffrances et les habitudes de maraude. — Le texte complet de la lettre du 3 avril a été donné par Ségur dans son Histoire de Napoléon et de la Grande-Armée, livre I, chapitre III.

[315] Le traité du 28 mai, signé à Bucharest, n'était pas un traité d'alliance entre la Porte et la Russie, mais un traité de paix, mettant fin à la querelle qui depuis longtemps divisait les deux puissances. Le traité rendait à la Turquie la Moldavie et la Valachie, après en avoir détaché cependant la Bessarabie, qu'il incorporait à l'empire russe ; il consacrait vaguement l'autonomie des Serbes sous la suzeraineté du sultan et renouvelait implicitement le protectorat mal défini du tsar sur les principautés roumaines et même sur l'ensemble de la chrétienté orthodoxe du Levant. La paix de Bucharest assurait à la Russie l'entière disponibilité de ses forces. Le traité du 28 mai resta ignoré de Napoléon, et ce fut seulement à la fin d'octobre qu'il apprit que l'armée russe de Moldavie s'avançait vers la Lithuanie.

des chemins de fer. Stockholm, se renfermant dans une politique nationale, s'arrangea avec Pétersbourg.

Après avoir perdu en 1807 la Poméranie envahie par les Français, et en 1808 la Finlande envahie par la Russie, Gustave IV avait été déposé. Gustave, loyal et fou, a augmenté le nombre des rois errants sur la terre, et moi, je lui ai donné une lettre de recommandation pour les Pères de Terre sainte ; c'est au tombeau de Jésus-Christ qu'il se faut consoler. L'oncle de Gustave fut mis en place de son neveu détrôné. Bernadotte, ayant commandé le corps d'armée français en Poméranie, s'était attiré l'estime des Suédois ; ils jetèrent les yeux sur lui ; Bernadette fut choisi pour combler le vide que laissait le prince de Holstein-Augustenbourg, prince héréditaire de Suède, nouvellement élu et mort. Napoléon vit avec déplaisir l'élection de son ancien compagnon[316].

L'inimitié de Bonaparte et de Bernadotte remontait haut : Bernadotte s'était opposé au 18 brumaire ; ensuite il contribua, par des conversations animées et par l'ascendant qu'il exerçait sur les esprits, à ces brouillements qui amenèrent Moreau devant une cour de justice. Bonaparte se vengea à sa façon, en cherchant à ravaler un caractère. Après le jugement de Moreau il fit présent à Bernadotte d'une maison, rue d'Anjou, dépouille du général condamné ; par une faiblesse alors trop commune, le beau-frère de Joseph Bonaparte[317] n'osa refuser cette munificence peu honorable. Grosbois[318] fut donné à Berthier. La fortune ayant mis le sceptre de Charles XII aux mains d'un compatriote de Henri IV, Charles-Jean se refusa à l'ambition de Napoléon ; il pensa qu'il lui était plus sûr d'avoir pour allié Alexandre, son voisin, que Napoléon, ennemi éloigné ; il se déclara neutre, conseilla la paix et se proposa pour médiateur entre la Russie et la France.

Bonaparte entre en fureur ; il s'écrie : « Lui, le misérable, il me donne des conseils ! il veut me faire la loi ! un homme qui tient tout de ma bonté !

---

[316] À la suite de la déposition de Gustave IV en 1809, son oncle, le duc de Sudermanie, avait été proclamé roi sous le nom de Charles XIII. Ce prince n'ayant pas d'enfants, les États, le 14 juin 1809, choisirent pour héritier de la couronne le prince de Holstein-Augustenbourg, beau-frère du roi de Danemarck. Moins d'un an après, le 28 mai 1810, pendant une revue, le prince d'Augustenbourg tomba de cheval, frappé d'un mal subit, et mourut sur la place. Dans ces circonstances, quelques officiers suédois, quelques professeurs de l'Université d'Upsal, admirateurs passionnés de la France et de son armée, se mirent en tête de chercher dans l'état-major impérial, chez l'un des maréchaux, l'héritier de la couronne. Leurs préférences allèrent à Bernadotte, dont ils avaient apprécié la conduite et les talents militaires dans la Poméranie suédoise. Le 21 août 1810, Les États l'élisaient comme héritier du trône sous le nom de Charles-Jean.

[317] Joseph Bonaparte et Bernadotte avaient épousé les deux sœurs, Marie-Julie Clary et Eugénie-Bernardine-Désirée Clary, filles d'un négociant de Marseille. La première devint reine de Naples, puis d'Espagne ; la seconde, reine de Suède.

[318] Comme la maison de la rue d'Anjou, la terre de Grosbois était une dépouille de Moreau.

quelle ingratitude ! Je saurai bien le forcer de suivre mon impulsion souveraine ! » À la suite de ces violences, Bernadotte signa le 24 mars 1812 le traité de Saint-Pétersbourg[319].

Ne demandez pas de quel droit Bonaparte traitait Bernadotte de *misérable,* oubliant qu'il ne sortait, lui Bonaparte, ni d'une source plus élevée, ni d'une autre origine : la Révolution et les armes. Ce langage insultant n'annonçait ni la hauteur héréditaire du rang, ni la grandeur de l'âme. Bernadotte n'était point ingrat, il ne devait rien à la bonté de Bonaparte.

L'empereur s'était transformé en un monarque de vieille race qui s'attribue tout, qui ne parle que de lui, qui croit récompenser ou punir en disant qu'il est satisfait ou mécontent. Beaucoup de siècles passés sous la couronne, une longue suite de tombeaux à Saint-Denis, n'excuseraient pas même ces arrogances.

La fortune ramena des États-Unis et du nord de l'Europe deux généraux français sur le même champ de bataille, pour faire la guerre à un homme contre lequel ils s'étaient d'abord réunis et qui les avait séparés. Soldat ou roi, nul ne songeait alors qu'il y eût crime à vouloir renverser l'oppresseur des libertés. Bernadotte triompha, Moreau succomba. Les hommes disparus jeunes sont de vigoureux voyageurs ; ils font vite une route que des hommes plus débiles achèvent à pas lents.

Ce ne fut pas faute d'avertissements que Bonaparte s'obstina à la guerre de Russie : le duc de Frioul[320], le comte de Ségur[321], le duc de Vicence, consultés, opposèrent à cette entreprise une foule d'objections : « Il ne faut pas, » disait courageusement le dernier (*Histoire de la Grande-Armée*), « en s'emparant du continent et même des États de la famille de

---

[319] Bernadotte s'engageait à entrer en campagne avec trente mille hommes. La Norwège était promise à la Suède. Le 3 mai 1812, l'Angleterre accéda au traité du 24 mars, qui fut le préliminaire de la sixième coalition.

[320] Gérard-Christophe-Michel Duroc (1772-1813). Aide de camp du général Bonaparte dès 1796, il ne cessa de jouir auprès de lui de la plus entière confiance. Après le 18 brumaire, le premier Consul lui confia les missions les plus délicates, successivement près des cours de Berlin, de Vienne, de Stockholm et de Saint-Pétersbourg. Lors de la formation de la cour impériale en 1805, il fut créé grand maréchal du palais et spécialement chargé de veiller à la sûreté de la personne de Napoléon, qui le fit duc de Frioul, le 16 mars 1808. Le 22 mai 1813, pendant la campagne de Saxe, il fut tué, d'un boulet de canon, à côté de l'Empereur.

[321] Louis-Philippe, comte de Ségur (1753-1830). Il était le fils aîné du maréchal de Ségur. Ambassadeur en Russie sous Louis XVI (1784-1789), il fut, sous Napoléon, conseiller d'État, sénateur et grand maître des cérémonies, ce qui fut à son frère, le très spirituel vicomte de Ségur, l'occasion de s'écrier chez ses amis : Ségur sans cérémonies. Pair de France pendant les Cent-Jours, il fut rappelé à la Chambre haute le 19 novembre 1819. Il était membre de l'Académie française depuis 1803. On lui doit un grand nombre d'ouvrages, et en particulier de très intéressants Mémoires. Il était le père du général Philippe de Ségur, l'historien de Napoléon et la Grande-Armée pendant l'année 1812.

son allié, accuser cet allié de manquer au système continental. Quand les armées françaises couvraient l'Europe, comment reprocher aux Russes leur armée ? Fallait-il donc se jeter par delà tous ces peuples de l'Allemagne, dont les plaies faites par nous n'étaient point encore cicatrisées ? Les Français ne se reconnaissaient déjà plus au milieu d'une patrie qu'aucune frontière naturelle ne limitait. Qui donc défendra la véritable France abandonnée ? — Ma renommée, répliqua l'empereur[322]. » Médée avait fourni cette réponse : Napoléon faisait descendre à lui la tragédie.

Il annonçait le dessein d'organiser l'empire en cohortes de ban et d'arrière-ban : sa mémoire était une confusion de temps et de souvenirs. À l'objection des divers partis existants encore dans l'empire, il répondait : « Les royalistes redoutent plus ma perte qu'ils ne la désirent. Ce que j'ai fait de plus utile et de plus difficile a été d'arrêter le torrent révolutionnaire : il aurait tout englouti. Vous craignez la guerre pour mes jours ? Me tuer, moi, c'est impossible : ai-je donc accompli les volontés du Destin ? Je me sens poussé vers un but que je ne connais pas. Quand je l'aurai atteint, un atome suffira pour m'abattre[323]. » C'était encore une copie : les Vandales en Afrique, Alaric en Italie, disaient ne céder qu'à une impulsion surnaturelle : *divino jussu perurgeri.*

L'absurde et honteuse querelle avec le pape augmentant les dangers de la position de Bonaparte, le cardinal Fesch le conjurait de ne pas s'attirer à la fois l'inimitié du ciel et de la terre : Napoléon prit son oncle par la main, le mena à une fenêtre (c'était la nuit) et lui dit : « Voyez-vous cette étoile ? — Non, sire. — Regardez bien. — Sire, je ne la vois pas. — Eh bien, moi, je la vois[324]. »

« Vous aussi, disait Bonaparte à M. de Caulaincourt, vous êtes devenu Russe. »

« Souvent, assure M. de Ségur, on le voyait (Napoléon) à demi renversé sur un sofa, plongé dans une méditation profonde ; puis il en sort tout à coup comme en sursaut, convulsivement et par des exclamations ; il croit s'entendre nommer et s'écrie : Qui m'appelle ? Alors il se lève, marche avec agitation[325]. » Quand le Balafré touchait à sa catastrophe, il monta sur la terrasse du château de Blois, appelée *le Perche aux Bretons :* sous un ciel d'automne, une campagne déserte s'étendant au loin, on le vit se promener à grands pas avec des mouvements furieux. Bonaparte, dans ses hésitations salutaires, dit : « Rien n'est assez établi autour de moi pour une guerre aussi lointaine ; il faut la retarder de trois ans. » Il offrait de déclarer au czar qu'il ne contribuerait ni directement, ni

[322] Histoire de Napoléon et de la Grande-Armée pendant l'année 1812, par le général comte de Ségur, livre II, chap. II.
[323] Ségur, livre II, chap. II.
[324] Ségur, livre II, chap. III.
[325] Ségur, livre II, chap. IV.

indirectement, au rétablissement d'un royaume de Pologne : l'ancienne et la nouvelle France ont également abandonné ce fidèle et malheureux pays.

Cet abandon, entre toutes les fautes politiques commises par Bonaparte, est une des plus graves. Il a déclaré, depuis cette faute, que s'il n'avait pas procédé à un rétablissement hautement indiqué, c'est qu'il avait craint de déplaire à son beau-père. Bonaparte était bien homme à être retenu par des considérations de famille ! L'excuse est si faible qu'elle ne le mène, en la donnant, qu'à maudire son mariage avec Marie-Louise. Loin d'avoir senti ce mariage de la même manière, l'empereur de Russie s'était écrié : « Me voilà renvoyé au fond de mes forêts. » Bonaparte fut tout simplement aveuglé par l'antipathie qu'il avait pour la liberté des peuples.

Le prince Poniatowski[326], lors de la première invasion de l'armée française, avait organisé des troupes polonaises ; des corps politiques s'étaient assemblés ; la France maintint deux ambassadeurs successifs à Varsovie, l'archevêque de Malines[327] et M. Bignon[328]. Français du Nord,

---

[326] Joseph, prince Poniatowski (1762-1813). Après avoir, dans la campagne de Russie, commandé le cinquième corps de la grande armée, composé des divisions polonaises Dombrowski, Zayouschek et Ficher, il commanda, pendant la campagne de Saxe, le 8e corps (Polonais).

[327] Dominique-Georges-Frédéric Dufour de Pradt (1759-1837). Député du clergé du bailliage de Caux à l'Assemblée constituante, il siégea au côté droit, émigra dès la fin de la session et s'établit à Hambourg, où il publia, en 1798, sous le voile de l'anonyme, un premier ouvrage, l'Antidote au Congrès de Rastadt, qui a été longtemps attribué à Joseph de Maistre. Après le 18 brumaire, son parent, le général Duroc, le présenta au premier Consul, dont il fit si bien la conquête qu'il devint bientôt évêque de Poitiers, archevêque de Malines, premier aumônier de l'Empereur, « l'aumônier du dieu Mars », comme il s'appelait lui-même. En 1812, quand la guerre de Russie fut décidée, Napoléon l'envoya comme ambassadeur dans le grand-duché de Varsovie. En 1814, il prit une part très active au rétablissement du gouvernement royal et fut un moment chancelier de la Légion d'honneur. Sous la seconde Restauration, il se jeta dans l'opposition et composa force brochures, dont l'une même lui valut d'être traduit en cour d'assises. Après la révolution de juillet, l'abbé de Pradt revint à ses premières opinions royalistes, et il s'occupait à réunir les matériaux d'une histoire de la Restauration, lorsqu'il succomba à une attaque d'apoplexie. Sainte-Beuve, qui pourtant ne l'aime guère, a dit de lui : « L'abbé de Pradt était actif, délié, infiniment spirituel en conversation ; et, la plume à la main, un écrivain plein de verve et pittoresque ». Son Histoire de l'ambassade dans le grand duché de Varsovie en 1812 est un pamphlet, mais qui renferme des parties dont l'histoire devra faire son profit.

[328] Louis-Pierre-Édouard, baron Bignon (1771-1841). Il remplaça l'abbé de Pradt à Varsovie. Sous la Restauration, il fut, à la Chambre des députés, de 1817 à 1830, un des chefs de l'opposition libérale. Après 1830, il fut un instant ministre des Affaires étrangères, puis ministre de l'Instruction publique. Une Ordonnance royale du 3 octobre 1837 l'appela à la Chambre des pairs. Il a publié une Histoire de France depuis le dix-huit brumaire jusqu'à la paix de Tilsitt (1829 1830, 6 vol. in-8o) et une Histoire de France sous Napoléon, depuis la paix de Tilsitt jusqu'en 1812 (1838, 4 vol. in-8o). Ces deux ouvrages furent composés en exécution du

les Polonais, braves et légers comme nous, parlaient notre langue ; ils nous aimaient comme des frères ; ils se faisaient tuer pour nous avec une fidélité où respirait leur aversion de la Russie. La France les avait jadis perdus ; il lui appartenait de leur rendre la vie : ne devait-on rien à ce peuple sauveur de la chrétienté ? Je l'ai dit à Alexandre à Vérone : « Si Votre Majesté ne rétablit pas la Pologne, elle sera obligée de l'exterminer. » Prétendre ce royaume condamné à l'oppression par sa position géographique, c'est trop accorder aux collines et aux rivières : vingt peuples entourés de leur seul courage ont gardé leur indépendance, et l'Italie, remparée des Alpes, est tombée sous le joug de quiconque les a voulu franchir. Il serait plus juste de reconnaître une autre fatalité, savoir : que les peuples belliqueux, habitants des plaines, sont condamnés à la conquête : des plaines sont accourus les divers envahisseurs de l'Europe.

Loin de favoriser la Pologne, on voulut que ses soldats prissent la cocarde nationale ; pauvre qu'elle était, on la chargeait d'entretenir une armée française de quatre-vingt mille hommes ; le grand-duché de Varsovie était promis au roi de Saxe[329]. Si la Pologne eût été reformée en royaume, la race slave depuis la Baltique jusqu'à la mer Noire reprenait son indépendance. Même dans l'abandon où Napoléon laissait les Polonais, tout en se servant d'eux, ils demandaient qu'on les jetât en avant ; ils se vantaient de pouvoir seuls entrer sans nous à Moscou : proposition inopportune ! Le poète armé, Bonaparte avait reparu ; il voulait monter au Kremlin pour y chanter et pour signer un décret sur les théâtres.

Quoi qu'on publie aujourd'hui à la louange de Bonaparte, ce grand démocrate, sa haine des gouvernements constitutionnels était invincible ; elle ne l'abandonna point alors même qu'il était entré dans les déserts menaçants de la Russie. Le sénateur Wibicki lui apporta jusqu'à Wilna les

---

testament de Napoléon, qui portait : « Je lègue au baron Bignon 100 000 francs ; je l'engage à écrire l'histoire de la diplomatie française de 1792 à 1815. »

[329] Napoléon n'a jamais sérieusement songé, quelque favorables que fussent les circonstances et quelque avantage qu'il y dût trouver lui-même, à relever la nation polonaise, qui versait son sang pour lui sur tous les champs de bataille de l'Europe. Sur les vrais sentiments de Napoléon à l'égard de la Pologne et des Polonais, voir les lettres publiées par la Correspondance générale, et en particulier ces deux notes : Au citoyen Talleyrand, Paris, 17 octobre 1801 : « J'ai oublié, citoyen ministre, dans la lettre que j'ai eu l'honneur de vous écrire au sujet de l'Almanach national, de vous parler de la Pologne dont le Premier Consul désire qu'il ne soit pas question dans l'état des puissances. Cela est d'une inutilité absolue ». — Notes sur un projet d'exposé de la situation de l'Europe (Finkenstein, 18 mai 1807) : « Ne pas parler de l'indépendance de la Pologne et supprimer tout ce qui tend à montrer l'Empereur comme le libérateur, attendu qu'il ne s'est pas expliqué à ce sujet. Napoléon ». — Enfin, dans des instructions au général Bertrand (Eylau, 13 février 1807) on lit : « Il (le général Bertrand) laissera entrevoir (à M. de Zartrow) que quant à la Pologne, depuis que l'Empereur la connaît, il n'y attache plus aucune importance ». — Napoléon Ier peint par lui-même, par Raudot, p. 192-201.

résolutions de la Diète de Varsovie[330] : « C'est à vous, disait-il dans son exagération sacrilège, c'est à vous qui dictez au siècle son histoire, et en qui la force de la Providence réside, c'est à vous d'appuyer des efforts que vous devez approuver. » Il venait, lui, Wibicki, demander à Napoléon le Grand de prononcer ces seules paroles : « Que le royaume de Pologne existe, » et le royaume de Pologne existera. « Les Polonais se dévoueront aux ordres du chef devant qui les siècles ne sont qu'un moment, et l'espace qu'un point. »

Napoléon répondit :

« Gentilshommes, députés de la Confédération de Pologne, j'ai entendu avec intérêt ce que vous venez de me dire. Polonais, je *penserais et agirais* comme vous ; j'aurais voté comme vous dans l'assemblée de Varsovie. L'amour de son pays est le premier devoir de l'homme civilisé.

« *Dans ma situation, j'ai beaucoup d'intérêts à concilier et beaucoup de devoirs à remplir.* Si j'avais régné pendant le premier, le second, ou le troisième partage de la Pologne, j'aurais armé *mes peuples* pour la défendre.

« J'aime votre nation ! Pendant seize ans j'ai vu vos soldats à mes côtés, dans les champs d'Italie et dans ceux de l'Espagne. J'applaudis à ce que vous avez fait ; j'autorise les efforts que vous voulez faire : je ferai tout ce qui dépendra de moi pour seconder vos résolutions.

« Je vous ai tenu le même langage dès ma première entrée en Pologne. Je dois y ajouter *que j'ai garanti à l'empereur d'Autriche l'intégrité de ses domaines, et que je ne puis sanctionner aucune manœuvre, ou aucun mouvement qui tende à troubler la paisible possession de ce qui lui reste des provinces de la Pologne.*

« Je récompenserai ce dévouement de vos contrées, qui vous rend si intéressants et vous acquiert tant de titres à mon estime et à ma protection, par tout ce qui *pourra dépendre de moi dans les circonstances.* »

Ainsi crucifiée pour le rachat des nations, la Pologne a été abandonnée ; on a lâchement insulté sa passion ; on lui a présenté l'éponge pleine de vinaigre, lorsque sur la croix de la liberté elle a dit : « J'ai soif, *sitio.* » « Quand la liberté, s'écrie Mickiewicz, s'assiéra sur le trône du monde, elle jugera les nations. Elle dira à la France : Je t'ai appelée, tu ne m'as pas écoutée : va donc à l'esclavage. »

« Tant de sacrifices, tant de travaux, » dit l'abbé de Lamennais,

---

[330] Le 28 juin 1812, la Diète de Varsovie s'était constituée en confédération générale ; elle avait déclaré le royaume de Pologne rétabli ; convoqué les diétines, invité toute la Pologne à se confédérer, sommé tous les Polonais de l'armée russe d'abandonner la Russie. Elle avait décidé en même temps qu'une députation se rendrait auprès de l'empereur des Français, pour l'engager à couvrir de sa puissante protection le berceau de la Pologne renaissante. Napoléon était alors à Wilna, et c'est dans cette ville que, le 11 juillet, il donna audience à la députation polonaise.

« doivent-ils être stériles ? Les sacrés martyrs n'auraient-ils semé dans les champs de la patrie qu'un esclavage éternel ? Qu'entendez-vous dans ces forêts ? Le murmure triste des vents. Que voyez-vous passer sur ces plaines ? L'oiseau voyageur qui cherche un lieu pour se reposer. »

Le 9 mai 1812, Napoléon partit pour l'armée et se rendit à Dresde[331]. C'est à Dresde qu'il rassembla les ressorts épars de la Confédération du Rhin, et que, pour la première et la dernière fois, il mit en mouvement cette machine qu'il avait fabriquée.

Parmi les chefs-d'œuvre exilés qui regrettent le soleil de l'Italie, a lieu une réunion de l'empereur Napoléon et de l'impératrice Marie-Louise, de l'empereur et de l'impératrice d'Autriche, d'une cohue de souverains grands et petits[332]. Ces souverains aspirent à former de leurs diverses cours les cercles subordonnés de la cour première : ils se disputent le vasselage ; l'un veut être l'échanson du sous-lieutenant de Brienne, l'autre son pannetier. L'histoire de Charlemagne est mise à contribution par l'érudition des chancelleries allemandes : plus on était élevé, plus on était rampant : « Une dame de Montmorency, dit Bonaparte dans Las Cases, se serait précipitée pour renouer les souliers de l'impératrice. »

Lorsque Bonaparte traversait le palais de Dresde pour se rendre à un gala préparé, il marchait le premier et en avant, le chapeau sur la tête ; François II suivait, chapeau bas, accompagnant sa fille, l'impératrice Marie-Louise ; la tourbe des princes venait pêle-mêle derrière, dans un respectueux silence. L'impératrice d'Autriche manquait au cortège ; elle se disait souffrante, ne sortait de ses appartements qu'en chaise à porteurs, pour éviter de donner le bras à Napoléon, qu'elle détestait. Ce qui restait de sentiments nobles s'était retiré au cœur des femmes.

Un seul roi, le roi de Prusse, fut d'abord tenu à l'écart : « Que me veut ce prince ? » s'écriait Bonaparte avec impatience. « N'est-ce pas assez de l'importunité de ses lettres ? Pourquoi veut-il me persécuter encore de sa présence ? Je n'ai pas besoin de lui. »

Le grand crime de Frédéric-Guillaume auprès du *républicain* Bonaparte était d'*avoir abandonné la cause des rois.* Les négociations de la cour de Berlin avec le Directoire *décelaient en ce prince,* disait Bonaparte, *une politique timide, intéressée, sans noblesse, qui sacrifiait sa dignité et la cause générale des trônes à de petits agrandissements.* Quand il regardait sur une carte la nouvelle Prusse, il s'écriait : « Se peut-il que j'aie laissé à cet homme tant de pays ! « Des trois commissaires des alliés qui le conduisirent à Fréjus, le commissaire prussien fut le seul que Bonaparte reçut mal et avec lequel il ne voulut

---

[331] Il y arriva le 16 mai.
[332] Les princes de Weimar, de Cobourg, de Mecklembourg ; le grand-duc de Wurtzbourg, primat de la Confédération du Rhin, la reine Catherine de Westphalie, le roi de Prusse et son fils le prince royal.

avoir aucun rapport. On a cherché la cause secrète de cette aversion de l'empereur pour Guillaume ; on l'a cru trouver dans telle et telle circonstance particulière : en parlant de la mort du duc d'Enghien, je pense avoir touché de plus près la vérité.

Bonaparte attendit à Dresde les progrès des colonnes de ses armées : Marlborough, dans cette même ville, allant saluer Charles XII, aperçut sur une carte un tracé aboutissant à Moscou ; il devina que le monarque prendrait cette route, et ne se mêlerait pas de la guerre de l'Occident. En n'avouant pas tout haut son projet d'invasion, Bonaparte ne pouvait néanmoins le cacher ; avec les diplomates il mettait en avant trois griefs : l'ukase du 31 décembre 1810, prohibant certaines importations en Russie, et détruisant, par cette prohibition, le *système continental* ; la protestation d'Alexandre contre la réunion du duché d'Oldenbourg ; les armements de la Russie. Si l'on n'était accoutumé à l'abus des mots, on s'étonnerait de voir donner pour cause légitime de guerre les règlements de douanes d'un État indépendant et la violation d'un système que cet État n'a pas adopté. Quant à la réunion du duché d'Oldenbourg et aux armements de la Russie, vous venez de voir que le duc de Vicence avait osé montrer à Napoléon l'outrecuidance de ces reproches. La justice est si sacrée, elle semble si nécessaire au succès des affaires, que ceux-là mêmes qui la foulent aux pieds prétendent n'agir que d'après ses principes. Cependant le général Lauriston fut envoyé à Saint-Pétersbourg et le comte de Narbonne au quartier général d'Alexandre : messagers de paroles suspectes de paix et de bon vouloir. L'abbé de Pradt avait été dépêché à la Diète polonaise ; il en revint surnommant son maître *Jupiter-Scapin*. Le comte de Narbonne rapporta qu'Alexandre, sans abattement et sans jactance, préférait la guerre à une paix honteuse. Le czar professait toujours pour Napoléon un enthousiasme naïf ; mais il disait que la cause des Russes était juste, et que son ambitieux ami avait tort. Cette vérité, exprimée dans les bulletins moscovites, prit l'empreinte du génie national : Bonaparte devint l'*Antéchrist*.

Napoléon quitte Dresde le 29 mai 1812, passe à Posen et à Thorn ; il y vit piller les Polonais par ses autres alliés. Il descend la Vistule, s'arrête à Dantzick, Kœnigsberg et Gumbinnen.

Chemin faisant, il passe en revue ses différentes troupes : aux vieux soldats il parle des Pyramides, de Marengo, d'Austerlitz, d'Iéna, de Friedland ; avec les jeunes gens il s'occupe de leur besoins, de leurs équipements, de leur solde, de leurs capitaines : il jouait dans ce moment à la bonté.

Lorsque Bonaparte franchit le Niémen, quatre-vingt-cinq millions cinq cent mille âmes reconnaissaient sa domination ou celle de sa famille ; la moitié de la population de la chrétienté lui obéissait ; ses ordres étaient exécutés dans un espace qui comprenait dix-neuf degrés de latitude et trente degrés de longitude. Jamais expédition plus gigantesque ne s'était vue, ne se reverra.

Le 22 juin, à son quartier général de Wilkowisky, Napoléon proclame la guerre : « Soldats, la seconde guerre de la Pologne est commencée ; la première s'est terminée à Tilsit ; la Russie est entraînée par la fatalité : ses *destins* doivent s'accomplir. »

Moscou répond à cette voix jeune encore par la bouche de son métropolitain, âgé de cent dix ans : « La ville de Moscou reçoit Alexandre, son Christ, comme une mère dans les bras de ses fils zélés, et chante Hosanna ! Béni soit celui qui arrive ! » Bonaparte s'adressait au Destin, Alexandre à la Providence.

Le 23 juin 1812, Bonaparte reconnut de nuit le Niémen ; il ordonna d'y jeter trois ponts. À la chute du jour suivant, quelques sapeurs passent le fleuve dans un bateau ; ils ne trouvent personne sur l'autre rive. Un officier de Cosaques, commandant une patrouille, vient à eux et leur demande qui ils sont, « Français. — Pourquoi venez-vous en Russie ? — Pour vous faire la guerre[333]. » Le Cosaque disparaît dans le bois ; trois sapeurs tirent sur la forêt ; on ne leur répond point : silence universel.

Bonaparte était demeuré toute une journée étendu sans force et pourtant sans repos : il sentait quelque chose se retirer de lui. Les colonnes de nos armées s'avancèrent à travers la forêt de Pilwisky, à la faveur de l'obscurité, comme les Huns conduits par une biche dans les Palus-Méotides. On ne voyait pas le Niémen ; pour le reconnaître, il en fallut toucher les bords.

Au milieu du jour, au lieu des bataillons moscovites, ou des populations lithuaniennes, s'avançant au-devant de leurs libérateurs, on ne vit que des sables nus et des forêts désertes : « À trois cents pas du fleuve, sur la hauteur la plus élevée, on apercevait la tente de l'empereur. Autour d'elle toutes les collines, leurs pentes, les vallées, étaient couvertes d'hommes et de chevaux. » (Ségur[334].)

L'ensemble des forces obéissant à Napoléon se montait à six cent quatre-vingt-mille trois cents fantassins, à cent soixante-seize mille huit cent cinquante chevaux. Dans la guerre de la succession, Louis XIV avait sous les armes six cent mille hommes, tous Français. L'infanterie active, sous les ordres immédiats de Bonaparte, était répartie en dix corps. Ces corps se composaient de vingt mille Italiens, de quatre vingt-mille hommes de la Confédération du Rhin, de trente mille Polonais, de trente mille Autrichiens, de vingt mille Prussiens et de deux cent soixante-dix mille Français.

L'armée franchit le Niémen ; Bonaparte passe lui-même le pont fatal et pose le pied sur la terre russe. Il s'arrête et voit défiler ses soldats, puis il échappe à la vue et galope au hasard dans une forêt, comme appelé au

---

[333] Ségur, livre IV, ch. II.
[334] Ségur, livre IV, ch. II.

conseil des esprits sur la bruyère. Il revient ; il écoute ; l'armée écoutait : on se figure entendre gronder le canon lointain ; on était plein de joie : ce n'était qu'un orage ; les combats reculaient. Bonaparte s'abrita dans un couvent abandonné : double asile de paix.

On a raconté que le cheval de Napoléon s'abattit et qu'on entendit murmurer : « c'est un mauvais présage ; un Romain reculerait[335]. » Vieille histoire de Scipion, de Guillaume le Bâtard, d'Édouard III, et de Malesherbes partant pour le tribunal révolutionnaire.

Trois jours furent employés au passage des troupes[336] ; elles prenaient rang et s'avançaient. Napoléon s'empressait sur la route ; le temps lui criait : « Marche ! marche ! » comme parle Bossuet.

À Wilna, Bonaparte reçut le sénateur Wibicki, de la Diète de Varsovie : un parlementaire russe, Balachof, se présente à son tour ; il déclare qu'on pouvait encore traiter, qu'Alexandre n'était point l'agresseur, que les Français se trouvaient en Russie sans aucune déclaration de guerre. Napoléon répond qu'Alexandre n'est qu'un général à la parade ; qu'Alexandre n'a que trois généraux : Kutuzof, dont lui, Bonaparte, ne se soucie pas parce qu'il est Russe ; Benningsen, déjà trop vieux il y a six ans, et maintenant en enfance ; Barclay, général de retraite. Le duc de Vicence, s'étant cru insulté par Bonaparte dans la conversation, l'interrompit d'une voix irritée : « Je suis bon Français ; je l'ai prouvé : je le prouverai encore, en répétant que cette guerre est impolitique, dangereuse, qu'elle perdra l'armée, la France et l'empereur. »

Bonaparte avait dit à l'envoyé russe : « Croyez-vous que je me soucie de vos jacobins de Polonais ? » Madame de Staël rapporte ce dernier propos ; ses hautes liaisons la tenaient bien informée : elle affirme qu'il existait une lettre écrite à M. de Romanzof par un ministre de Bonaparte, lequel proposait de rayer des actes européens le nom de Pologne et de Polonais : preuve surabondante du dégoût de Napoléon pour ses braves suppliants.

Bonaparte s'enquit devant Balachof du nombre des églises de Moscou ; sur la réponse, il s'écrie : « Comment, tant d'églises à une époque où l'on n'est plus chrétien ? — Pardon, sire, reprit le Moscovite, les Russes et les Espagnols le sont encore. »

Balachof renvoyé avec des propositions inadmissibles, la dernière lueur de paix s'évanouit. Les bulletins disaient : « Le voilà donc, cet empire de Russie, de loin si redoutable ! c'est un désert. Il faut plus de temps à Alexandre pour rassembler ses recrues qu'à Napoléon pour arriver

---

[335] Ibid.

[336] Les 24, 25 et 26 juin. « Il en passa pendant quarante-huit heures, le 24 et le 25, jour et nuit. Le 26, on voyait encore arriver au fleuve les cuirassiers et les dragons de Grouchy, complétant l'ensemble des effectifs déversés sur la rive droite par l'Empereur lui-même. » Albert Vandal, tome III, p. 487.

à Moscou. »

Bonaparte, parvenu à Witepsk[337], eut un moment l'idée de s'y arrêter. Rentrant à son quartier général, après avoir vu Barclay se retirer encore, il jeta son épée sur des cartes et s'écria : « Je m'arrête ici ! ma campagne de 1812 est finie : celle de 1813 fera le reste. » Heureux s'il eût tenu à cette résolution que tous ses généraux lui conseillaient ! Il s'était flatté de recevoir de nouvelles propositions de paix : ne voyant rien venir, il s'ennuya ; il n'était qu'à vingt journées de Moscou. « Moscou la ville sainte ! » répétait-il. Son regard devenait étincelant, son air farouche : l'ordre de partir est donné. On lui fait des observations ; il les dédaigne ; Daru, interrogé, lui répond : « qu'il ne conçoit ni le but ni la nécessité d'une pareille guerre ». L'empereur réplique : « Me prend-on pour un insensé ? Pense-t-on que je fais la guerre par goût ? » Ne lui avait-on pas entendu dire à lui, empereur, « que la guerre d'Espagne et celle de Russie étaient deux chancres qui rongeaient la France ? » Mais pour faire la paix il fallait être deux, et l'on ne recevait pas une seule lettre d'Alexandre.

Et ces *chancres* de qui venaient-ils ? Ces inconséquences passent inaperçues et se changent même au besoin en preuves de la candide sincérité de Napoléon.

Bonaparte se croirait dégradé s'il s'arrêtait dans une faute qu'il reconnaît. Ses soldats se plaignent de ne plus le voir qu'aux moments des combats, toujours pour les faire mourir, jamais pour les faire vivre ; il est sourd à ces plaintes. La nouvelle de la paix entre les Russes et les Turcs le frappe et ne le retient pas : il se précipite à Smolensk. Les proclamations des Russes disaient : « Il vient (Napoléon), la trahison dans le cœur et la loyauté sur les lèvres, il vient nous enchaîner avec ses légions d'esclaves. Portons la croix dans nos cœurs et le fer dans nos mains ; arrachons les dents à ce lion ; renversons le tyran qui renverse la terre. »

Sur les hauteurs de Smolensk, Napoléon retrouve l'armée russe, composée de cent vingt mille hommes : « Je les tiens ! » s'écrie-t-il. Le 17, au point du jour[338], Belliard poursuit une bande de Cosaques et la jette dans le Dniéper ; le rideau replié, on aperçoit l'armée ennemie sur la route de Moscou : elle se retirait. Le rêve de Bonaparte lui échappe encore. Murat, qui avait trop contribué à la vaine poursuite, dans son désespoir voulait mourir. Il refusait de quitter une de nos batteries écrasée par le feu de la citadelle de Smolensk non encore évacuée : « Retirez-vous tous ; laissez-moi seul ici ! » s'écriait-il. Une attaque effroyable avait lieu contre cette citadelle : rangée sur des hauteurs qui s'élèvent en amphithéâtre, notre armée contemplait le combat au-dessous : quand elle vit les assaillants s'élancer à travers le feu et la mitraille, elle battit des mains comme elle avait fait à l'aspect des ruines de Thèbes.

---

[337] Le 28 juillet 1812.
[338] Le 17 août.

Pendant la nuit un incendie attire les regards. Un sous-officier de Davout escalade les murs, parvient dans la citadelle au milieu de la fumée ; le son de quelques voix lointaines arrive à son oreille ; le pistolet à la main, il se dirige de ce côté et, à son grand étonnement, il tombe dans une patrouille d'amis. Les Russes avaient abandonné la ville, et les Polonais de Poniatowski l'avaient occupée.

Murat, par son costume extraordinaire, par le caractère de sa vaillance qui ressemblait à la leur, excitait l'enthousiasme des Cosaques. Un jour qu'il faisait sur leurs bandes une charge furieuse, il s'emporte contre elles, les gourmande et leur commande : les Cosaques ne comprennent pas, mais ils devinent, tournent bride et obéissent à l'ordre du général ennemi.

Lorsque nous vîmes à Paris l'hetman Platof, nous ignorions ses affections paternelles : en 1812 il avait un fils beau comme l'Orient ; ce fils montait un superbe cheval blanc de l'Ukraine ; le guerrier de dix-sept ans combattait avec l'intrépidité de l'âge qui fleurit et espère : un hulan polonais le tua. Étendu sur une peau d'ours, les Cosaques vinrent respectueusement baiser sa main. Ils prononcent des prières funèbres, l'enterrent sur une butte couverte de pins ; ensuite, tenant en main leurs chevaux, ils défilent autour de la tombe, la pointe de leur lance renversée contre terre : on croyait voir les funérailles décrites par l'historien des Goths, ou les cohortes prétoriennes renversant leurs faisceaux devant les cendres de Germanicus, *versi fasces*. « Le vent fait tomber les flocons de neige que le printemps du nord porte dans ses cheveux. » (Edda de Sœmund.)

Bonaparte écrivit de Smolensk en France qu'il était maître des salines russes et que son ministre du Trésor pouvait compter sur quatre-vingts millions de plus.

La Russie fuyait vers le pôle : les seigneurs, désertant leurs châteaux de bois, s'en allaient avec leurs familles, leurs serfs et leurs troupeaux. Le *Dniéper,* ou l'ancien *Borysthène,* dont les eaux avaient jadis été déclarées saintes par Wladimir, était franchi : ce fleuve avait envoyé aux peuples civilisés des invasions de Barbares ; il subissait maintenant les invasions des peuples civilisés. Sauvage déguisé sous un nom grec, il ne se rappelait même plus les premières migrations des Slaves ; il continuait de couler inconnu parmi ses forêts, portant dans ses barques, au lieu des enfants d'Odin, des châles et des parfums aux femmes de Saint-Pétersbourg et de Varsovie. Son histoire pour le monde ne commence qu'à l'orient des montagnes où sont les *autels d'Alexandre.*

De Smolensk on pouvait également conduire une armée à Saint-Pétersbourg et à Moscou. Smolensk aurait dû avertir le vainqueur de s'arrêter ; il en eut un moment l'envie : « L'empereur, dit M.

Fain[339], découragé, parla du projet de s'arrêter à Smolensk. » Aux ambulances on commençait déjà à manquer de tout. Le général Gourgaud[340] raconte que le général Lariboisière[341] fut obligé de délivrer l'étoupe de ses canons pour panser les blessés. Mais Bonaparte était entraîné ; il se délectait à contempler aux deux bouts de l'Europe les deux aurores qui éclairaient ses armées dans des plaines brûlantes et sur des plateaux glacés.

Roland, dans son cercle étroit de chevalerie, courait après Angélique ; les conquérants de première race poursuivent une plus haute souveraine : point de repos pour eux qu'ils n'aient pressé dans leurs bras cette divinité couronnée de tours, épouse du Temps, fille du Ciel et mère des dieux. Possédé de sa propre existence, Bonaparte avait tout réduit à sa personne ; Napoléon s'était emparé de Napoléon ; il n'y avait plus que lui en lui. Jusqu'alors il n'avait exploré que des lieux célèbres ; maintenant il parcourait une voie sans nom le long de laquelle Pierre avait à peine ébauché les villes futures d'un empire qui ne comptait pas un siècle. Si les exemples instruisaient, Bonaparte aurait pu s'inquiéter au souvenir de Charles XII qui traversa Smolensk en cherchant Moscou. À Kolodrina il y eut une affaire meurtrière : on avait enterré à la hâte les cadavres des

---

[339] Manuscrit de 1812, contenant le précis des événements de cette année, pour servir à l'histoire de Napoléon. — Agathon-Jean-François, baron Fain (1778-1837) fut successivement attaché au secrétariat du Comité de Salut public, du Directoire et du Consulat. Il devint, en 1806, secrétaire-archiviste et, en 1809, secrétaire au cabinet de l'empereur. Il le suivit dès lors dans toutes ses campagnes et ne le quitta qu'après l'abdication de Fontainebleau. Il reprit son poste auprès de Napoléon le 20 mars 1815. Après la révolution de 1830, il fut nommé premier secrétaire du cabinet du roi Louis-Philippe. — Outre le Manuscrit de 1812, le baron Fain a publié le Manuscrit de l'an III, le Manuscrit de 1813 et le Manuscrit de 1814.
[340] Gaspard, baron Gourgaud (1783-1852). Officier d'ordonnance de l'empereur pendant la guerre de Russie, il fut blessé à Smolensk, et, entré le premier au Kremlin, y découvrit une mine de 400 000 livres de poudre qui devait faire sauter la citadelle. Ce service lui valut le titre de baron de l'Empire. En 1814, à Brienne, il sauva la vie à l'empereur en tuant un cosaque dont la lance allait le frapper. À la première Restauration, il entra dans les gardes du corps du roi, mais, aux Cent-Jours, il reprit ses fonctions auprès de Napoléon, qui le nomma général de brigade et son premier aide de camp. Il accompagna l'empereur déchu à Sainte-Hélène, où il resta jusqu'en 1818. Il a publié, en 1822-1823, avec le comte de Montholon, les huit volumes des Mémoires pour servir à l'histoire de France sous Napoléon, et, en 1825, Napoléon et la Grande-Armée en Russie, ou Examen critique de l'ouvrage de M. le comte Philippe de Ségur. Aide de camp de Louis-Philippe (1832), lieutenant général (1835), pair de France (1841), il fut élu, le 13 mai 1849, représentant des Deux-Sèvres à l'Assemblée législative et soutint la politique personnelle du prince-président.
[341] Jean-Ambroise Baston, comte de Lariboisière (1759-1814), lieutenant d'artillerie en 1781, général de brigade en l'an XI, général de division en 1807, comte de l'Empire en 1808, commandant l'artillerie de la garde impériale, premier inspecteur de l'artillerie en 1811.

Français, de sorte que Napoléon ne put juger de la grandeur de sa perte. À Dorogobouj, rencontre d'un Russe avec une barbe éblouissante de blancheur descendant sur sa poitrine : trop vieux pour suivre sa famille, resté seul à son foyer, il avait vu les prodiges de la fin du règne de Pierre le Grand, et il assistait, dans une silencieuse indignation, à la dévastation de son pays.

Une suite de batailles présentées et refusées amenèrent les Français sur le champ de la Moskowa. À chaque bivouac, l'empereur allait discutant avec ses généraux, écoutant leurs contentions, tandis qu'il était assis sur des branches de sapin ou se jouait avec quelque boulet russe qu'il poussait du pied.

Barclay, pasteur de Livonie, et puis général, était l'auteur de ce système de retraite qui laissait à l'automne le temps de le rejoindre : une intrigue de cour le renversa[342]. Le vieux Kutuzof[343], battu à Austerlitz parce qu'on n'avait pas suivi son opinion, laquelle était de refuser le combat jusqu'à l'arrivée du prince Charles, remplaça Barclay. Les Russes voyaient dans Kutuzof un général de leur nation, l'élève de Suwarof, le vainqueur du grand vizir en 1811, et l'auteur de la paix avec la Porte, alors si nécessaire à la Russie. Sur ces entrefaites, un officier moscovite se présente aux avant-postes de Davout ; il n'était chargé que de propositions vagues ; sa mission réelle semblait être de regarder et d'examiner : on lui montra tout. La curiosité française, insouciante et sans frayeur, lui demanda ce qu'on trouverait de Viazma à Moscou : « Pultava, » répondit-il.

Arrivé sur les hauteurs de Borodino, Bonaparte voit enfin l'armée russe arrêtée et formidablement retranchée. Elle comptait cent vingt mille hommes et six cents pièces de canon ; du côté des Français, égale force. La gauche des Russes examinée, le maréchal Davout propose à Napoléon de tourner l'ennemi : « Cela me ferait perdre trop de temps, » répond l'empereur. Davout insiste ; il s'engage à avoir accompli sa manœuvre avant six heures du matin ; Napoléon l'interrompt brusquement : « Ah ! vous êtes toujours pour tourner l'ennemi. »

On avait remarqué un grand mouvement dans le camp moscovite : les troupes étaient sous les armes ; Kutuzof, entouré des popes et des archimandrites, précédé des emblèmes de la religion et d'une image sacrée sauvée des ruines de Smolensk, parle à ses soldats du ciel et de la patrie : il nomme Napoléon le despote universel.

---

[342] Michel Barclay de Tolly, né en 1759, en Livonie, d'une famille originaire d'Écosse ; mort en 1818. Replacé à la tête des troupes russes en 1813, après la bataille de Bautzen, il battit Vandamme à Kulm, contribua puissamment au gain de la bataille de Leipzig et fit capituler Paris (30 mars 1814). En récompense de ses services, il fut nommé feld-maréchal et fait prince.

[343] Michel Kutusof était né en 1745. Il avait donc 67 ans en 1812. Il mourut en 1813 à Bunzlau, en Silésie, étant encore à la tête de ses troupes.

Au milieu de ces chants de guerre, de ces chœurs de triomphe mêlés à des cris de douleur, on entend aussi dans le camp français une voix chrétienne ; elle se distingue de toutes les autres ; c'est l'hymne saint qui monte seul sous les voûtes du temple. Le soldat dont la voix tranquille, et pourtant émue, retentit la dernière, est l'aide de camp du maréchal qui commandait la cavalerie de la garde. Cet aide de camp s'est mêlé à tous les combats de la campagne de Russie ; il parle de Napoléon comme ses plus grands admirateurs ; mais il lui reconnaît des infirmités ; il redresse des récits menteurs et déclare que les fautes commises sont venues de l'orgueil du chef et de l'oubli de Dieu dans les capitaines. « Dans le camp russe, » dit le lieutenant-colonel de Baudus[344], « on sanctifia cette vigile d'un jour qui devait être le dernier pour tant de braves. . . . .
. . . . « Le spectacle offert à mes yeux par la piété de l'ennemi, ainsi que les plaisanteries qu'il dicta à un trop grand nombre d'officiers placés dans nos rangs, me rappela que le plus grand de nos rois, Charlemagne, se disposa, lui aussi à commencer la plus périlleuse de ses entreprises par des cérémonies religieuses . . . .
. . . .

Ah ! sans doute, parmi ces chrétiens égarés, il s'en trouva un grand nombre dont la bonne foi sanctifia les prières ; car si les Russes furent vaincus à la Moskowa, notre entier anéantissement, dont ils ne peuvent se glorifier en aucune façon, puisqu'il fut l'œuvre manifeste de la Providence, vint prouver quelques mois plus tard que leur demande n'avait été que trop favorablement écoutée[345]. »

Mais où était le czar ? Il venait de dire modestement à madame de Staël fugitive qu'il regrettait *de n'être pas un grand général*. Dans ce moment paraissait à nos bivouacs M. de Bausset[346], officier du palais : sorti des bois tranquilles de Saint-Cloud, et suivant les traces horribles de notre armée, il arrivait la veille des funérailles à la Moskowa ; il était chargé du portrait du roi de Rome que Marie-Louise envoyait à l'empereur. M. Fain[347] et M. de Ségur[348] peignent les sentiments dont Bonaparte fut saisi à

---

[344] Études sur Napoléon, par le lieutenant-colonel de Baudus, ancien aide de camp de Bessières et de Soult ; deux volumes in-8o ; Paris, 1841. Cet ouvrage est peut-être le meilleur qui ait été écrit sur Napoléon ; c'est à coup sûr le plus impartial, et il mériterait d'être réimprimé.
[345] Baudus, t. II, p. 76.
[346] Louis-François-Joseph de Bausset (1770-1835). Il était depuis 1805 préfet du palais et chambellan de l'empereur. Il a laissé des Mémoires anecdotiques sur l'intérieur du palais et sur quelques événements de l'Empire depuis 1805 jusqu'au 1er mai 1814, pour servir à l'histoire de Napoléon. Quatre volumes in-8o, 1827-1828.
[347] Manuscrit de 1812.
[348] Ségur, livre VII, chap. VIII.

cette vue ; selon le général Gourgaud, Bonaparte s'écria après avoir regardé le portrait : « Retirez-le, il voit de trop bonne heure un champ de bataille. »

Le jour qui précéda l'orage fut extrêmement calme : « Cette espèce de sagesse que l'on met, » dit M. de Baudus, « à préparer de si cruelles folies, a quelque chose d'humiliant pour la raison humaine quand on y pense de sang-froid à l'âge où je suis arrivé : car, dans ma jeunesse, je trouvais cela bien beau. »

Vers le soir du 6[349], Bonaparte dicta cette proclamation ; elle ne fut connue de la plupart des soldats qu'après la victoire :

« Soldats, voilà la bataille que vous avez tant désirée. Désormais la victoire dépend de vous ; elle nous est nécessaire, elle nous donnera l'abondance et un prompt retour dans la patrie. Conduisez-vous comme à Austerlitz, à Friedland, à Witepsk et à Smolensk, et que la postérité la plus reculée cite votre conduite dans cette journée ; que l'on dise de vous : Il était à cette grande bataille sous les murs de Moscou. »

Bonaparte passa la nuit dans l'anxiété : tantôt il croyait que les ennemis se retiraient, tantôt il redoutait le dénûment de ses soldats et la lassitude de ses officiers. Il savait que l'on disait autour de lui. « Dans quel but nous a-t-on fait faire huit cents lieues pour ne trouver que de l'eau marécageuse, la famine et des bivouacs sur des cendres ? Chaque année la guerre s'aggrave ; de nouvelles conquêtes forcent d'aller chercher de nouveaux ennemis. Bientôt l'Europe ne lui suffira plus ; il lui faudra l'Asie. » Bonaparte, en effet, n'avait pas vu avec indifférence les cours d'eau qui se jettent dans le Volga ; né pour Babylone, il l'avait déjà tentée par une autre route. Arrêté à Jaffa à l'entrée occidentale de l'Asie, arrêté à Moscou à la porte septentrionale de cette même Asie, il vint mourir dans les mers qui bordent cette partie du monde d'où se levèrent l'homme et le soleil.

Napoléon, au milieu de la nuit, fit appeler un de ses aides de camp ; celui-ci le trouva la tête appuyée dans ses deux mains : « Qu'est-ce que la guerre ? » disait-il ; « un métier de barbares où tout l'art consiste à être le plus fort sur un point donné[350] ». Il se plaint de l'inconstance de la fortune ; il envoie examiner la position de l'ennemi ; on lui rapporte que les feux brillent du même éclat et en égal nombre ; il se tranquillise. À cinq heures du matin, Ney lui envoie demander l'ordre d'attaque ; Bonaparte sort et s'écrie : « Allons ouvrir les portes de Moscou. » Le jour paraît ; Napoléon montrant l'Orient qui commençait à rougir : « Voilà le soleil d'Austerlitz ! » s'écria-t-il.

---

[349] 6 septembre 1812.
[350] Ségur, livre VII, chap. VIII.

« Le 6, à deux heures du matin, l'empereur parcourut les avant-postes ennemis : on passa la journée à se reconnaître. L'ennemi avait une position très resserrée.

« Cette position parut belle et forte. *Il était facile de manœuvrer et d'obliger l'ennemi à l'évacuer ; mais cela aurait remis la partie*

« Le 7, à six heures du matin, le général comte Sorbier, qui avait armé la batterie droite avec l'artillerie de la réserve de la garde, commença le feu.

« À six heures et demie, le général Compans est blessé. À sept heures, le prince d'Eckmühl a son cheval tué.

« À sept heures, le maréchal duc d'Elchingen se remet en mouvement et, sous la protection de soixante pièces de canon que le général Foucher avait placées la veille contre le centre de l'ennemi, se porte sur le centre. Mille pièces de canon vomissent de part et d'autre la mort.

« À huit heures, les positions de l'ennemi sont enlevées, ses redoutes prises, et notre artillerie couronne ses mamelons.

« Il restait à l'ennemi ses redoutes de droite ; le général comte Morand y marche et les enlève ; mais à neuf heures du matin, attaqué de tous côtés, il ne peut s'y maintenir. L'ennemi, encouragé par ce succès, fit avancer sa réserve et ses dernières troupes pour tenter encore la fortune. La garde impériale russe en fait partie. Il attaque notre centre sur lequel avait pivoté notre droite. On craint pendant un moment qu'il n'enlève le village brûlé ; la division Friant s'y porte : quatre-vingts pièces de canon françaises arrêtent d'abord et écrasent ensuite les colonnes ennemies qui se tiennent pendant deux heures serrées sous la mitraille, n'osant pas avancer, ne voulant pas reculer, et renonçant à l'espoir de la victoire. Le roi de Naples décide leur incertitude ; il fait charger le quatrième corps de cavalerie qui pénètre dans les brèches que la mitraille de nos canons a faites dans les masses serrées des Russes et les escadrons de leurs cuirassiers ; ils se débandent de tous côtés.

« Il est deux heures après midi, toute espérance abandonne l'ennemi : la bataille est finie, la canonnade continue encore ; il se bat pour sa retraite et pour son salut, mais non pour la victoire.

« Notre perte totale peut être évaluée à dix mille hommes ; celle de l'ennemi à quarante ou cinquante mille. Jamais on n'a vu pareil champ de bataille. Sur six cadavres il y en avait un français et cinq russes. Quarante généraux russes ont été tués, blessés ou pris : le général Bagration a été blessé.

« Nous avons perdu le général de division comte Montbrun, tué d'un coup de canon ; le général comte Caulaincourt, qui avait été envoyé pour le remplacer, tué d'un même coup une heure après.

« Les généraux de brigade Compère, Plauzonne, Marion, Huart, ont été tués ; sept ou huit généraux ont été blessés, la plupart légèrement. Le prince d'Eckmühl n'a eu aucun mal. Les troupes françaises se sont couvertes de gloire et ont montré leur grande supériorité sur les troupes russes.

« Telle est en peu de mots l'esquisse de la bataille de la Moskowa, donnée à deux lieues en arrière de Mojaïsk et à vingt-cinq lieues de Moscou.

« L'empereur n'a jamais été exposé ; la garde, ni à pied ni à cheval, n'a pas donné et n'a pas perdu un seul homme. La victoire n'a jamais été incertaine. Si l'ennemi, forcé dans ses positions, n'avait pas voulu les reprendre, notre perte aurait été plus forte que la sienne ; mais il a détruit son armée en la tenant depuis huit heures jusqu'à deux sous le feu de nos batteries et en s'opiniâtrant à reprendre ce qu'il avait perdu. C'est la cause de son immense « perte[351]. »

Ce bulletin froid et rempli de réticences est loin de donner une idée de la bataille de Moskowa, et surtout des affreux massacres à la grande redoute : quatre-vingt mille hommes furent mis hors de combat ; trente mille d'entre eux appartenaient à la France. Auguste de La Rochejaquelein[352] eut le visage fendu d'un coup de sabre et demeura prisonnier des Moscovites : il rappelait d'autres combats et un autre drapeau. Bonaparte, passant en revue le 61e régiment presque détruit, dit au colonel : « Colonel, qu'avez-vous fait d'un de vos bataillons ? — Sire, il est dans la redoute. » Les Russes ont toujours soutenu et soutiennent encore avoir gagné la bataille : ils vont élever une colonne triomphale funèbre sur les hauteurs de Borodino.

Le récit de M. de Ségur va suppléer à ce qui manque au bulletin de Bonaparte : « L'empereur parcourut, » dit-il, « le champ de bataille. Jamais aucun ne fut d'un si horrible aspect. Tout y concourait : un ciel obscur, une pluie froide, un vent violent, des habitations en cendres, une plaine bouleversée, couverte de ruines et de débris ; à l'horizon, la triste et sombre verdure des arbres du Nord ; partout des soldats errants parmi des cadavres et cherchant des subsistances jusque dans les sacs de leurs compagnons morts ; d'horribles blessures, car les balles russes sont plus grosses que les nôtres ; des bivouacs silencieux ; plus de chants, point de récits : une

---

351 Extrait du dix-huitième bulletin de la Grande-Armée.
352 Auguste du Vergier, comte de La Rochejaquelein (1783-1868). Il était le second frère de Monsieur Henri. L'ardeur de son royalisme ne l'avait pas empêché de prendre du service dans les armées impériales, où il entra avec le titre de sous-lieutenant. La blessure qu'il avait reçue à la Moskowa et dont il porta la trace toute sa vie lui valut d'être surnommé le Balafré. Sous la Restauration, devenu colonel des grenadiers à cheval, puis maréchal de camp, il prit part à la guerre d'Espagne en 1823 et combattit en 1828 dans les rangs de l'armée russe, alors en guerre contre les Turcs. Mis en non-activité pour refus de serment, après la révolution de 1830, il fut condamné à mort par contumace, en 1833, sous l'inculpation d'avoir essayé de soulever la Vendée. — Il avait épousé, en 1819, la fille aînée de la duchesse de Duras, qui fut l'une des amies les plus dévouées de Chateaubriand.

morne taciturnité.

« On voyait autour des aigles le reste des officiers et sous-officiers, et quelques soldats, à peine ce qu'il en fallait pour garder le drapeau. Leurs vêtements étaient déchirés par l'acharnement du combat, noircis de poudre, souillés de sang ; et pourtant, au milieu de ces lambeaux, de cette misère, de ce désastre, un air fier, et même, à l'aspect de l'empereur, quelques cris de triomphe, mais rares et excités : car, dans cette armée, capable à la fois d'analyse et d'enthousiasme, chacun jugeait de la position de tous.

« L'empereur ne put évaluer sa victoire que par les morts. La terre était tellement jonchée de Français étendus sur les redoutes, qu'elles paraissaient leur appartenir plus qu'à ceux qui restaient debout. Il semblait y avoir là plus de vainqueurs tués que de vainqueurs vivants.

« Dans cette foule de cadavres, sur lesquels il fallait marcher pour suivre Napoléon, le pied d'un cheval rencontra un blessé et lui arracha un dernier signe de vie ou de douleur. L'empereur, jusque-là muet comme sa victoire, et que l'aspect de tant de victimes oppressait, éclata : il se soulagea par des cris d'indignation, et par une multitude de soins qu'il fit prodiguer à ce malheureux. Puis il dispersa les officiers qui le suivaient pour qu'ils secourussent ceux qu'on entendait crier de toutes parts.

« On en trouvait surtout dans le fond des ravines où la plupart des nôtres avaient été précipités, et où plusieurs s'étaient traînés pour être plus à l'abri de l'ennemi et de l'ouragan. Les uns prononçaient en gémissant le nom de leur patrie ou de leur mère : c'étaient les plus jeunes. Les plus anciens attendaient la mort d'un air ou impassible ou sardonique, sans daigner implorer ni se plaindre ; d'autres demandaient qu'on les tuât sur-le-champ ; mais on passait vite à côté de ces malheureux, qu'on n'avait ni l'inutile pitié de secourir, ni la pitié cruelle d'achever[353]. »

Tel est le récit de M. de Ségur. Anathème aux victoires non remportées pour la défense de la patrie et qui ne servent qu'à la vanité d'un conquérant !

La garde, composée de vingt-cinq mille hommes d'élite, ne fut point engagée à la Moskowa : Bonaparte la refusa sous divers prétextes. Contre sa coutume, il se tint à l'écart du feu et ne pouvait suivre de ses propres yeux les manœuvres. Il s'asseyait ou se promenait près d'une redoute emportée la veille : lorsqu'on venait lui apprendre la mort de quelques-uns de ses généraux, il faisait un geste de résignation. On regardait avec étonnement cette impassibilité ; Ney s'écriait : « Que fait-il derrière l'armée ? Là, il n'est à portée que des revers, et non des succès. Puisqu'il ne fait plus la guerre par lui-même, qu'il n'est plus général, qu'il veut faire partout l'empereur, qu'il retourne aux Tuileries et nous laisse être généraux

---

[353] Ségur, livre VII, chap. XII.

pour lui[354]. » Murat avouait que dans cette grande journée il n'avait plus reconnu le génie de Napoléon.

Des admirateurs sans réserve ont attribué l'engourdissement de Napoléon à la complication des souffrances, dont, assurent-ils, il était alors accablé ; ils affirment qu'à tous moments il était obligé de descendre de cheval, et que souvent il restait immobile, le front appuyé contre des canons. Cela peut être ; un malaise passager pouvait contribuer dans ce moment à la prostration de son énergie ; mais si l'on remarque qu'il retrouva cette énergie dans la campagne de Saxe et dans sa fameuse campagne de France, il faudra chercher une autre cause de son inaction à Borodino. Comment ! vous avouez dans votre bulletin qu'*il était facile de manœuvrer et d'obliger l'ennemi à évacuer sa belle position, mais que cela aurait remis la partie ;* et vous, qui avez assez d'*activité d'esprit* pour condamner à la mort tant de milliers de nos soldats, vous n'avez pas assez de *force de corps* pour ordonner à votre garde d'aller au moins à leur secours ? Il n'y a d'autre explication à ceci que la nature même de l'homme : l'adversité arrivait ; sa première atteinte le glaça. La grandeur de Napoléon n'était pas de cette qualité qui appartient à l'infortune ; la prospérité seule lui laissait ses facultés entières : il n'était point fait pour le malheur.

Entre la Moskowa et Moscou, Murat engagea une affaire devant Mojaïsk. On entra dans la ville où l'on trouva dix mille morts et mourants ; on jeta les morts par les fenêtres pour loger les vivants. Les Russes se repliaient en bon ordre sur Moscou.

Dans la soirée du 13 septembre, Kutuzof avait assemblé un conseil de guerre : tous les généraux déclarèrent que *Moscou n'était pas la patrie*. Buturlin (*Histoire de la campagne de Russie*), le même officier qu'Alexandre envoya au quartier de monseigneur le duc d'Angoulême en Espagne, Barclay, dans son *Mémoire justificatif,* donnent les motifs qui déterminèrent l'opinion du conseil. Kutuzof proposa au roi de Naples une suspension d'armes, tandis que les soldats russes traverseraient l'ancienne capitale des czars. La suspension fut acceptée, car les Français voulaient conserver la ville ; Murat seulement serrerait de près l'arrière-garde ennemie, et nos grenadiers emboîtaient le pas du grenadier russe qui se retirait. Mais Napoléon était loin du succès auquel il croyait toucher : Kutuzof cachait Rostopschin.

Le comte Rostopschin[355] était gouverneur de Moscou. La vengeance promettait de descendre du ciel : un ballon monstrueux, construit à grands

---

[354] Ségur, livre VII, chap. XI.

[355] Le comte Fœdor Rostopchin (1765-1826), lieutenant général d'infanterie et grand chambellan de l'empereur Alexandre, qui le nomma gouverneur de Moscou, à la veille de la guerre, le 29 mai 1812. Une de ses filles épousa le comte Eugène de Ségur, neveu de l'historien de Napoléon et la Grande-Armée ; elle a écrit pour

frais, devait planer sur l'armée française, choisir l'empereur entre mille, s'abattre sur sa tête dans une pluie de fer et de feu. À l'essai les ailes de l'aérostat se brisèrent ; force fut de renoncer à la bombe des nuées ; mais les artifices restèrent à Rostopschin. Les nouvelles du désastre de Borodino étaient arrivées à Moscou, tandis que, sur un bulletin de Kutuzof, on se flattait encore de la victoire dans le reste de l'empire. Rostopschin avait fait diverses proclamations en prose rimée ; il disait :

« Allons, mes amis les Moscovites, marchons aussi ! Nous rassemblerons cent mille hommes, nous prendrons l'image de la sainte Vierge, cent cinquante pièces de canon, et nous mettrons fin à tout. »

Il conseillait aux habitants de s'armer simplement de fourches, un Français ne pesant pas plus qu'une gerbe.

On sait que Rostopschin a décliné toute participation à l'incendie de Moscou[356], on sait aussi qu'Alexandre ne s'est jamais expliqué à ce sujet. Rostopschin a-t-il voulu échapper au reproche des nobles et des marchands dont la fortune avait péri ? Alexandre a-t-il craint d'être appelé *un Barbare* par l'Institut ? Ce siècle est si misérable, Bonaparte en avait tellement accaparé toutes les grandeurs, que quand quelque chose de digne arrivait, chacun s'en défendait et en repoussait la responsabilité.

---

l'enfance des Contes qui ont eu une grande vogue. Mgr de Ségur, si connu par ses vertus, sa charité et ses nombreux écrits en faveur de la Religion, était le petit-fils de Rostopchin. Un autre de ses petits-fils, le comte Anatole de Ségur, a publié, en 1874, la Vie de Rostopchin.

[356] Le comte Rostopchin a publié, à Paris, en 1823, une brochure intitulée : La Vérité sur l'incendie de Moscou, dans laquelle il repousse la responsabilité de l'acte héroïque et terrible qui a immortalisé son nom. Nul doute pourtant qu'il n'en soit l'auteur. Voici, à cet égard, le témoignage d'un homme bien placé pour savoir la vérité. Joseph de Maistre, alors ambassadeur à Saint-Pétersbourg, écrivait, le 22 novembre 1812, à M. le comte de Front, ministre des affaires étrangères du roi de Sardaigne : « Je puis enfin avoir l'honneur d'apprendre à Sa Majesté, avec une certitude parfaite, que l'incendie de Moscou est entièrement l'ouvrage des Russes, et n'est dû qu'à la politique terrible et profonde qui avait résolu que l'ennemi, s'il entrait à Moscou, ne pourrait s'y nourrir, ni s'y enrichir. Dans une campagne très proche de la capitale, on fabriquait depuis plusieurs jours toutes sortes d'artifices incendiaires, et l'on disait au bon peuple qu'on préparait un ballon pour détruire d'un seul coup toute l'armée française. M. le comte Rostopchin, avant de partir, fit ouvrir les prisons et emmener les pompes, ce qui est assez clair ; ce qui ne l'est pas moins, c'est que sa maison a été épargnée et que sa bibliothèque même n'a pas perdu un livre. Voilà qui n'est pas équivoque. En y réfléchissant, on voit qu'il ne convenait nullement à Napoléon de brûler cette superbe ville, et, en réalité, il a fait ce qu'il a pu pour la sauver ; mais tout a été inutile, les incendiaires observant trop bien les ordres reçus, et le vent à son tour ne servant que trop les incendiaires... Je doute que depuis l'incendie de Rome, sous Néron, l'œil humain ait rien vu de pareil. Ceux qui en ont été témoins ne trouvent aucune expression pour le décrire... Je répète que la perte en richesses de toute espèce se refuse à tout calcul ; mais la Russie et peut-être le monde ont été sauvés par ce grand sacrifice. » (Correspondance de Joseph de Maistre, tome IV, p. 302.)

L'incendie de Moscou restera une résolution héroïque qui sauva l'indépendance d'un peuple et contribua à la délivrance de plusieurs autres. Numance n'a point perdu ses droits à l'admiration des hommes. Qu'importe que Moscou ait été brûlé ! ne l'avait-il pas été déjà sept fois ? N'est-il pas aujourd'hui brillant et rajeuni, bien que dans son vingt-unième bulletin Napoléon eût prédit que l'*incendie de cette capitale retarderait la Russie de cent ans ?* « Le malheur même de Moscou, » dit admirablement madame de Staël, a régénéré l'empire : cette ville religieuse a péri comme un martyr dont le sang répandu donne de nouvelles forces aux frères qui lui survivent. » (*Dix années d'exil.*)

Où en seraient les nations si Bonaparte, du haut du Kremlin, eût couvert le monde de son despotisme comme d'un drap mortuaire ? Les droits de l'espèce humaine passent avant tout. Pour moi, la terre fût-elle un globe explosible, je n'hésiterais pas à y mettre le feu s'il s'agissait de délivrer mon pays. Toutefois, il ne faut rien moins que les intérêts supérieurs de la liberté humaine pour qu'un Français, la tête couverte d'un crêpe et les yeux pleins de larmes, puisse se résoudre à raconter une résolution qui devait devenir fatale à tant de Français.

On a vu à Paris le comte Rostopschin, homme instruit et spirituel : dans ses écrits la pensée se cache sous une certaine bouffonnerie ; espèce de Barbare policé, de poète ironique, dépravé même, capable de généreuses dispositions, tout en méprisant les peuples et les rois : les églises gothiques admettent dans leur grandeur des décorations grotesques.

La débâcle avait commencé à Moscou ; les routes de Cazan étaient couvertes de fugitifs à pied, en voiture, isolés ou accompagnés de serviteurs. Un présage avait un moment ranimé les esprits : un vautour s'était embarrassé dans les chaînes qui soutenaient la croix de la principale église ; Rome eût, comme Moscou, vu dans ce présage la captivité de Napoléon.

À l'approche des longs convois de blessés russes qui se présentaient aux portes, toute espérance s'évanouit. Kutuzof avait flatté Rostopschin de défendre la ville avec quatre-vingt-onze mille hommes qui lui restaient : vous venez de voir que le conseil de guerre l'obligeait de se retirer. Rostopschin demeura seul.

La nuit descend : des émissaires vont frapper mystérieusement aux portes, annoncent qu'il faut partir et que Ninive est condamnée. Des matières inflammables sont introduites dans les édifices publics et les bazars, dans les boutiques et les maisons particulières ; les pompes sont enlevées. Alors Rostopschin ordonne d'ouvrir les prisons : du milieu d'une troupe immonde on fait sortir un Russe et un Français ; le Russe, appartenant à une secte d'illuminés allemands, est accusé d'avoir voulu livrer sa patrie et d'avoir traduit la proclamation des Français ; son père accourt ; le gouverneur lui accorde un moment pour bénir son fils : « Moi, bénir un traître ! » s'écrie le vieux Moscovite, et il le maudit. Le prisonnier est livré à la populace et abattu.

« Pour toi, dit Rostopschin au Français, tu devais désirer l'arrivée de tes compatriotes : sois libre. Va dire aux tiens que la Russie n'a eu qu'un seul traître et qu'il est puni. »

Les autres malfaiteurs relâchés reçoivent, avec leur grâce, les instructions pour procéder à l'incendie, quand le moment sera venu. Rostopschin sort le dernier de Moscou, comme un capitaine de vaisseau quitte le dernier son bord dans un naufrage.

Napoléon, monté à cheval, avait rejoint son avant-garde. Une hauteur restait à franchir ; elle touchait à Moscou de même que Montmartre à Paris ; elle s'appelait le *Mont-du-Salut,* parce que les Russes y priaient à la vue de la ville sainte, comme les pèlerins en apercevant Jérusalem. Moscou *aux coupoles dorées,* disent les poètes slaves, resplendissait à la lumière du jour, avec ses deux cent quatre-vingt-quinze églises, ses quinze cents châteaux, ses maisons ciselées, colorées en jaune, en vert, en rose : il n'y manquait que les cyprès et le Bosphore. Le Kremlin faisait partie de cette masse couverte de fer poli ou peinturé. Au milieu d'élégantes villas de briques et de marbre, la Moskowa coulait parmi des parcs ornés de bois de sapins, palmiers de ce ciel : Venise, aux jours de sa gloire, ne fut pas plus brillante dans les flots de l'Adriatique. Ce fut le 14 septembre, à deux heures de l'après-midi, que Bonaparte, par un soleil orné des diamants du pôle, aperçut sa nouvelle conquête. Moscou, comme une princesse européenne aux confins de son empire, parée de toutes les richesses de l'Asie, semblait amenée là pour épouser Napoléon.

Une acclamation s'élève : « Moscou ! Moscou ! » s'écrient nos soldats ; ils battent encore des mains : au temps de la vieille gloire, ils criaient, revers ou prospérités, vive le roi ! « Ce fut un beau moment, » dit le lieutenant-colonel de Baudus, « que celui où le magnifique panorama présenté par l'ensemble de cette immense cité s'offrit tout à coup à mes regards. Je me rappellerai toujours l'émotion qui se manifesta dans les rangs de la division polonaise ; elle me frappa d'autant plus qu'elle se fit jour par un mouvement empreint d'une pensée religieuse. En apercevant Moscou, les régiments entiers se jetèrent à genoux et remercièrent le Dieu des armées de les avoir conduits par la victoire dans la capitale de leur ennemi le plus acharné.[357] »

Les acclamations cessent ; on descend muets vers la ville ; aucune députation ne sort des portes pour présenter les clefs dans un bassin d'argent. Le mouvement de la vie était suspendu dans la grande cité. Moscou chancelait silencieuse devant l'étranger ; trois jours après elle avait disparu ; la Circassienne du Nord, la belle fiancée, s'était couchée sur son bûcher funèbre.

---

[357] Baudus, t. II, p. 102.

Lorsque la ville était encore debout, Napoléon en marchant vers elle s'écriait : « La voilà donc cette ville fameuse ! » et il regardait : Moscou, délaissée, ressemblait à la cité pleurée dans les *Lamentations*. Déjà Eugène et Poniatowski ont débordé les murailles ; quelques-uns de nos officiers pénètrent dans la ville ; ils reviennent et disent à Napoléon : « Moscou est déserte ! — Moscou est déserte ? c'est invraisemblable ! qu'on m'amène les boyards. » Point de boyards, il n'est resté que des pauvres qui se cachent. Rues abandonnées, fenêtres fermées : aucune fumée ne s'élève des foyers d'où s'en échapperont bientôt des torrents. Pas le plus léger bruit. Bonaparte hausse les épaules.

Murat, s'étant avancé jusqu'au Kremlin, y est reçu par les hurlements des prisonniers devenus libres pour délivrer leur patrie : on est contraint d'enfoncer les portes à coups de canon.

Napoléon s'était porté à la barrière de Dorogomilow : il s'arrêta dans une des premières maisons du faubourg, fit une course le long de la Moskowa, ne rencontra personne. Il revint à son logement, nomma le maréchal Mortier[358] gouverneur de Moscou, le général Durosnel[359] commandant de la place et M. de Lesseps[360] chargé de l'administration en qualité d'intendant. La garde impériale et les troupes étaient en grande tenue pour paraître devant un peuple absent. Bonaparte apprit bientôt avec certitude que la ville était menacée de quelque événement. À deux heures du matin on lui vient dire que le feu commence. Le vainqueur quitte le faubourg de Dorogomilow et vient s'abriter au Kremlin : c'était dans la matinée du 15. Il éprouva un moment de joie en pénétrant dans le palais de Pierre le Grand ; son orgueil satisfait écrivit

---

[358] Adolphe-Édouard-Casimir-Joseph Mortier (1768-1835). Maréchal de France le 19 mai 1804, duc de Trévise le 2 juillet 1808, il était, lors de la campagne de Russie, commandant de la jeune garde. En 1814, il partagea le commandement de Paris avec Marmont et, comme lui, défendit héroïquement la capitale dans la journée du 30 mars. Pair de France pendant les Cent-Jours et sous la Restauration, il fut, sous la monarchie de Juillet, ambassadeur à Saint-Pétersbourg, grand-chancelier de la Légion d'honneur, ministre de la guerre et président du Conseil (18 novembre 1834 — 12 mars 1835). Le 28 juillet 1835, il fut tué sur le boulevard du Temple, aux côtés du roi Louis-Philippe, par l'explosion de la machine Fieschi.

[359] Antoine-Jean-Auguste Durosnel (1771-1849). Napoléon le fit comte en 1808 et le choisit pour un de ses aides de camp. Après la campagne de Russie, il fut nommé, en 1813, gouverneur de la ville de Dresde, où il resta jusqu'à la capitulation. Après la révolution de Juillet, il devint aide de camp de Louis-Philippe, fut député de 1830 à 1837 et pair de France de 1837 à 1848.

[360] Jean-Baptiste-Barthélemy, baron de Lesseps (1766-1834). Attaché à la carrière des consulats, il était en Russie avec le titre de commissaire général des relations commerciales, lorsqu'éclata la guerre de 1812, et il fut forcé de suivre l'armée dans sa retraite. De 1815 à 1833, il remplit avec distinction les fonctions de consul général à Lisbonne. Il était l'oncle de M. Ferdinand de Lesseps, le créateur de l'isthme de Suez.

quelques mots à Alexandre, à la réverbération du bazar qui commençait à brûler, comme autrefois Alexandre vaincu lui écrivait un billet du champ d'Austerlitz.

Dans le bazar on voyait de longues rangées de boutiques toutes fermées. On contient d'abord l'incendie ; mais dans la seconde nuit il éclate de toutes parts ; des globes lancés par des artifices crèvent, retombent en gerbes lumineuses sur les palais et les églises. Une bise violente pousse les étincelles et lance les flammèches sur le Kremlin : il renfermait un magasin à poudre ; un parc d'artillerie avait été laissé sous les fenêtres mêmes de Bonaparte. De quartier en quartier nos soldats sont chassés par les effluves du volcan. Des Gorgones et des Méduses, la torche à la main, parcourent les carrefours livides de cet enfer ; d'autres attisent le feu avec des lances de bois goudronné. Bonaparte, dans les salles du nouveau Pergame, se précipite aux croisées, s'écrie : « Quelle résolution extraordinaire ! quels hommes ! ce sont des Scythes ![361] »

Le bruit se répand que le Kremlin est miné : des serviteurs se trouvent mal, des militaires se résignent. Les bouches des divers brasiers en dehors s'élargissent, se rapprochent, se touchent : la tour de l'Arsenal, comme un haut cierge, brûle au milieu d'un sanctuaire embrasé. Le Kremlin n'est plus qu'une île noire contre laquelle se brise une mer ondoyante de feu. Le ciel, reflétant l'illumination, est comme traversé des clartés mobiles d'une aurore boréale.

Là troisième nuit descendait ; on respirait à peine dans une vapeur suffocante ; deux fois des mèches ont été attachées au bâtiment qu'occupait Napoléon. Comment fuir ? les flammes attroupées bloquent les portes de la citadelle. En cherchant de tous les côtés, on découvre une poterne qui donnait sur la Moskowa. Le vainqueur avec sa garde se dérobe par ce guichet de salut. Autour de lui dans la ville, des voûtes se fendent en mugissant, des clochers d'où découlaient des torrents de métal liquéfié se penchent, se détachent et tombent. Des charpentes, des poutres, des toits craquant, pétillant, croulant, s'abîment dans un Phlégéthon dont ils font rejaillir la lame ardente et des millions de paillettes d'or. Bonaparte ne s'échappe que sur les charbons refroidis d'un quartier déjà réduit en cendres ; il gagna Petrowski, villa du czar.

Le général Gourgaud, critiquant l'ouvrage de M. de Ségur, accuse l'officier d'ordonnance de l'empereur de s'être trompé[362] : en effet, il demeure prouvé, par le récit de M. de Baudus[363], aide de camp du maréchal Bessières, et qui servit lui-même de guide à Napoléon, que celui-ci ne s'évada pas par une poterne, mais qu'il sortit par la grande porte du

---

361 Ségur, livre VIII, chap. VI.
362 Napoléon et la Grande-Armée en Russie, ou Examen critique de l'ouvrage de M. le comte Philippe de Ségur, 1824.
363 Baudus, t. II, p. 127.

Kremlin. Du rivage de Sainte-Hélène, Napoléon revoyait brûler la ville des Scythes : « Jamais, » dit-il, « en dépit de la poésie, toutes les fictions de l'incendie de Troie n'égaleront la réalité de celui de Moscou. »

Remémorant antérieurement cette catastrophe, Bonaparte écrit encore : « *Mon mauvais génie m'apparut et m'annonça ma fin, que j'ai trouvée à l'île d'Elbe.* » Kutuzof avait d'abord pris sa route à l'orient ; ensuite il se rabattit au midi. Sa marche de nuit était à demi éclairée par l'incendie lointain de Moscou, dont il sortait un bourdonnement lugubre ; on eût dit que la cloche qu'on n'avait jamais pu monter à cause de son énorme poids eût été magiquement suspendue au haut d'un clocher brûlant pour tinter les glas. Kutuzof atteignit Voronowo, possession du comte Rostopschin ; à peine avait-il entrevu la superbe demeure, qu'elle s'enfonce dans le gouffre de nouvelle conflagration. Sur la porte de fer d'une église, on lisait cet écriteau, la *scritta morta,* de la main du propriétaire : « J'ai embelli pendant huit ans cette campagne, et j'y ai vécu heureux au sein de ma famille ; les habitants de cette terre, au nombre de dix-sept cent vingt, la quittent à votre approche, et moi je mets le feu à ma maison pour qu'elle ne soit pas souillée par votre présence. Français, je vous ai abandonné mes deux maisons de Moscou, avec un mobilier d'un demi-million de roubles. Ici vous ne trouverez que des cendres.
« ROSTOPSCHIN. »

Bonaparte avait au premier moment admiré les feux et les Scythes comme un spectacle apparenté à son imagination ; mais bientôt le mal que cette catastrophe lui faisait le refroidit et le fit retourner à ses injurieuses diatribes. En envoyant la lettre de Rostopchin en France, il ajoute : « Il paraît que Rostopschin est aliéné ; les Russes le regardent comme une espèce de Marat. » Qui ne comprend pas la grandeur dans les autres ne la comprendra pas pour soi quand le temps des sacrifices sera venu.

Alexandre avait appris sans abattement son adversité. « Reculerons-nous, » écrivait-il dans ses instructions circulaires, « quand l'Europe nous encourage de ses regards ? Servons-lui d'exemple ; saluons la main qui nous choisit pour être la première des nations dans la cause de la vertu et de la liberté. » Suivait une invocation au Très-Haut.

Un style dans lequel se trouvent les mots de Dieu, de vertu, de liberté, est puissant : il plaît aux hommes, les rassure et les console ; combien il est supérieur à ces phrases affectées, tristement empruntées des locutions païennes, et fatalisées à la turque : *il fut, ils ont été, la fatalité les entraîne !* phraséologie stérile, toujours vaine, alors même qu'elle est appuyée sur les plus grandes actions.

Sorti de Moscou dans la nuit du 15 septembre, Napoléon y rentra le 18. Il avait rencontré, en revenant, des foyers allumés sur la fange, nourris avec des meubles d'acajou et des lambris dorés. Autour de ces foyers en plein air étaient des militaires noircis, crottés, en lambeaux, couchés sur des canapés de soie ou assis dans des fauteuils de velours, ayant pour tapis sous leurs pieds, dans la boue, des châles de cachemire, des fourrures de la Sibérie, des étoffes d'or de la Perse, mangeant dans des plats d'argent une pâte noire ou de la chair sanguinolente de cheval grillé.

Un pillage irrégulier ayant commencé, on le régularisa ; chaque régiment vint à son tour à la curée. Des paysans chassés de leurs huttes, des Cosaques, des déserteurs de l'ennemi, rôdaient autour des Français et se nourrissaient de ce que nos escouades avaient rongé. On emportait tout ce qu'on pouvait prendre : bientôt, surchargé de ces dépouilles, on les jetait, quand on venait à se souvenir qu'on était à six cents lieues de son toit.

Les courses que l'on faisait pour trouver des vivres produisaient des scènes pathétiques : une escouade française ramenait une vache ; une femme s'avança, accompagnée d'un homme qui portait dans ses bras un enfant de quelques mois ; ils montraient du doigt la vache qu'on venait de leur enlever. La mère déchira les misérables vêtements qui couvraient son sein, pour montrer qu'elle n'avait plus de lait ; le père fit un mouvement comme s'il eût voulu briser la tête de l'enfant sur une pierre. L'officier fit rendre la vache, et il ajoute : « L'effet que produisit cette scène sur mes soldats fut tel, que, pendant longtemps, il ne fut pas prononcé une seule parole dans les rangs. »

Bonaparte avait changé de rêve : il déclarait qu'il voulait marcher à Saint-Pétersbourg ; il traçait déjà la route sur ses cartes ; il expliquait l'excellence de son plan nouveau, la certitude d'entrer dans la seconde capitale de l'empire : « Qu'a-t-il à faire désormais sur des ruines ? Ne suffit-il pas à sa gloire qu'il soit monté au Kremlin ? » Telles étaient les nouvelles chimères de Napoléon ; l'homme touchait à la folie, mais ses songes étaient encore ceux d'un esprit immense.

« Nous ne sommes qu'à quinze marches de Saint-Pétersbourg, dit M. Fain : Napoléon pense à se rabattre sur cette capitale. » Au lieu de *quinze marches,* à cette époque et dans de pareilles circonstances, il faut lire *deux mois.* Le général Gourgaud ajoute que toutes les nouvelles qu'on recevait de Saint-Pétersbourg annonçaient la peur qu'on avait du mouvement de Napoléon. Il est certain qu'à Saint-Pétersbourg on ne doutait point du succès de l'empereur s'il se présentait : mais on se préparait à lui laisser une seconde carcasse de cité, et la retraite sur Archangel était jalonnée. On ne soumet point une nation dont le pôle est la dernière forteresse. De plus les flottes anglaises, pénétrant au printemps dans la Baltique, auraient réduit la prise de Saint-Pétersbourg à une simple destruction.

Mais tandis que l'imagination sans frein de Bonaparte jouait avec l'idée d'un voyage à Saint-Pétersbourg, il s'occupait sérieusement de l'idée contraire : sa foi dans son espérance n'était pas telle qu'elle lui ôtât tout bon sens. Son projet dominant était d'apporter à Paris une paix signée à Moscou. Par là il se serait débarrassé des périls de la retraite, il aurait accompli une étonnante conquête, et serait rentré aux Tuileries le rameau d'olivier à la main. Après le premier billet qu'il avait écrit à Alexandre en arrivant au Kremlin, il n'avait négligé aucune occasion de renouveler ses avances. Dans un entretien bienveillant avec un officier russe, M. de Toutelmine, sous-directeur de l'hôpital des Enfants trouvés à Moscou, hôpital miraculeusement épargné de l'incendie, il avait glissé des paroles favorables à un accommodement. Par M. Jacowlef, frère de l'ancien ministre russe à Stuttgart, il écrivit directement à Alexandre, et M. Jacowlef prit l'engagement de remettre cette lettre au czar sans intermédiaire. Enfin le général Lauriston fut envoyé à Kutuzof : celui-ci promit ses bons offices pour une négociation pacifique ; mais il refusa au général Lauriston de lui délivrer un sauf-conduit pour Saint-Pétersbourg.

Napoléon était toujours persuadé qu'il exerçait sur Alexandre l'empire qu'il avait exercé à Tilsit et à Erfurt, et cependant Alexandre écrivait le 21 octobre au prince Michel Larcanowitz : « J'ai appris, à mon extrême mécontentement, que le général Benningsen a eu une entrevue avec le roi de Naples

Toutes les déterminations dans les ordres qui vous sont adressés par moi doivent vous convaincre que ma résolution est inébranlable, que dans ce moment aucune proposition de l'ennemi ne pourrait m'engager à terminer la guerre et à affaiblir par là le devoir sacré de venger la patrie. »

Les généraux russes abusaient de l'amour-propre et de la simplicité de Murat, commandant de l'avant-garde ; toujours charmé de l'empressement des Cosaques, il empruntait des bijoux de ses officiers pour faire des présents à ses courtisans du Don ; mais les généraux russes, loin de désirer la paix, la redoutaient. Malgré la résolution d'Alexandre, ils connaissaient la faiblesse de leur empereur, et ils craignaient la séduction du nôtre. Pour la vengeance, il ne s'agissait que de gagner un mois, que d'attendre les premiers frimas : les vœux de la chrétienté moscovite suppliaient le ciel de hâter ses tempêtes.

Le général Wilson, en qualité de commissaire anglais à l'armée russe, était arrivé ; il s'était déjà trouvé sur le chemin de Bonaparte en Égypte, Fabvier, de son côté, était revenu de notre armée du midi à celle du nord. L'Anglais poussait Kutuzof à l'attaque, et l'on savait que les nouvelles apportées par Fabvier n'étaient pas bonnes. Des deux bouts de l'Europe, les deux seuls peuples qui combattaient pour leur liberté se donnaient la main par-dessus la tête du vainqueur à Moscou. La réponse d'Alexandre n'arrivait point ; les estafettes de France s'attardèrent ; l'inquiétude de Napoléon augmentait ; des paysans avertissaient nos soldats : « Vous ne connaissez pas notre climat, leur disaient-ils ; dans un mois le froid vous fera tomber les ongles. » Milton, dont le grand nom agrandit tout, s'exprime aussi naïvement dans sa *Moscovie* : « Il fait si froid dans ce pays, que la sève des branches mises au feu gèle en sortant du bout opposé à celui qui brûle. »

Bonaparte, sentant qu'un pas rétrograde rompait le prestige et faisait évanouir la terreur de son nom, ne pouvait se résoudre à descendre : malgré l'avertissement du prochain péril, il restait, attendant de minute en minute des réponses de Saint-Pétersbourg ; lui, qui avait commandé avec tant d'outrages, soupirait après quelques mots miséricordieux du vaincu. Il s'occupe au Kremlin d'un règlement pour la Comédie Française ; il met trois soirées à achever ce majestueux ouvrage[364] ; il discute avec ses aides de camp le mérite de quelques vers nouveaux arrivés de Paris ; autour de lui on admirait le sang-froid du grand homme, tandis qu'il y avait encore des blessés de ses derniers combats expirant dans des douleurs atroces, et que, par ce retard de quelques jours, il dévouait à la mort les cent mille hommes qui lui restaient. La servile stupidité du siècle prétend faire passer cette pitoyable affectation pour la conception d'un esprit incommensurable.

Bonaparte visita les édifices du Kremlin. Il descendit et remonta l'escalier sur lequel Pierre le Grand fit égorger les Strélitz ; il parcourut la salle des festins où Pierre se faisait amener les prisonniers, abattant une tête entre chaque rasade, proposant à ses convives, princes et ambassadeurs, de se divertir de la même façon. Des hommes furent roués alors, et des femmes enterrées vives ; on pendit deux mille Strélitz dont les corps restèrent accrochés autour des murailles.

Au lieu de l'ordonnance sur les théâtres, Bonaparte eût mieux fait d'écrire au Sénat conservateur la lettre que des bords du Pruth, Pierre écrivait au sénat de Moscou : « Je vous annonce que, trompé par de faux avis, et sans qu'il y ait de ma faute, je me trouve ici enfermé dans mon camp par une armée quatre fois plus forte que la mienne. S'il arrive que je sois pris, vous n'avez plus à me considérer comme votre czar et seigneur, ni à tenir compte d'aucun ordre qui pourrait vous être porté de ma part, quand même vous y reconnaîtriez ma propre main. Si je dois périr, vous choisirez pour mon successeur le plus digne d'entre vous. »

Un billet de Napoléon, adressé à Cambacérès, contenait des ordres inintelligibles ; on délibéra, et quoique la signature du billet portât un nom allongé d'un nom antique, l'écriture ayant été reconnue pour être celle de Bonaparte, on déclara que les ordres inintelligibles devaient être exécutés.

Le Kremlin renfermait un double trône pour deux frères : Napoléon ne partageait pas le sien. On voyait encore dans les salles le brancard brisé d'un coup de canon sur lequel Charles XII blessé se faisait porter à la bataille de Pultava. Toujours vaincu dans l'ordre des instincts magnanimes, Bonaparte, en visitant les tombeaux des czars, se souvint-il qu'aux jours de fête on les couvrait de draps mortuaires superbes ; que lorsqu'un sujet avait quelque grâce à solliciter, il déposait sa supplique sur un des tombeaux, et

---

[364] Décret sur la surveillance, l'organisation, l'administration, la comptabilité, la police et la discipline du Théâtre-Français, daté du quartier impérial de Moscou, le 15 octobre 1812. Modifié sur quelques points, ce décret est encore en vigueur dans ses dispositions principales.

que le czar avait seul le droit de l'en retirer ?

Ces placets de l'infortune, présenté par la mort à la puissance, n'étaient point du goût de Napoléon. Il était occupé d'autres soins : moitié désir de tromper, moitié nature, il prétendait, comme en quittant l'Égypte, faire venir des comédiens de Paris à Moscou, et il assurait qu'un chanteur italien arrivait. Il dépouilla les églises du Kremlin, entassa dans ses fourgons des ornements sacrés et des images de saints avec les croissants et les queues de cheval conquis sur les mahométans. Il enleva l'immense croix de la tour du grand Yvan ; son projet était de la planter sur le dôme des Invalides : elle eût fait le pendant des chefs-d'œuvre du Vatican dont il avait décoré le Louvre. Tandis qu'on détachait cette croix, des corneilles vagissantes voletaient autour : « Que me veulent ces oiseaux ? » disait Bonaparte.

On touchait au moment fatal : Daru élevait des objections contre divers projets qu'exposait Bonaparte : « Quel parti prendre donc ? s'écria l'empereur. — Rester ici, faire de Moscou un grand camp retranché ; y passer l'hiver ; faire saler les chevaux qu'on ne pourra nourrir ; attendre le printemps ; nos renforts et la Lithuanie armée viendront nous délivrer et achever la conquête. — C'est un conseil de lion, répond Napoléon : mais que dirait Paris ? La France ne s'accoutumerait pas à mon absence[365]. » — « Que dit-on de moi à Athènes ? » disait Alexandre.

Il se replonge aux incertitudes : partira-t-il ? ne partira-t-il pas ? Il ne sait. Maintes délibérations se succèdent. Enfin une affaire engagée à Winkovo, le 18 octobre, le détermine subitement à sortir des débris de Moscou avec son armée : ce jour-là même, sans appareil, sans bruit, sans tourner la tête, voulant éviter la route directe de Smolensk, il s'achemine par l'une des deux routes de Kalouga.

Durant trente-cinq jours, comme ces formidables dragons de l'Afrique qui s'endorment après s'être repus, il s'était oublié ; c'était apparemment les jours nécessaires pour changer le sort d'un homme pareil. Pendant ce temps-là, l'astre de sa destinée s'inclinait. Enfin il se réveille pressé entre l'hiver et une capitale incendiée ; il se glisse au dehors des décombres ; il était trop tard ; cent mille hommes étaient condamnés. Le maréchal Mortier, commandant l'arrière-garde, a l'ordre, en se retirant, de faire sauter le Kremlin[366].

---

[365] Ségur, liv. VIII, chap. XI.

[366] On achève d'imprimer à Saint-Pétersbourg les papiers d'État sur cette campagne, trouvés dans le cabinet d'Alexandre après sa mort. Ces documents, formant cinq à six volumes, jetteront sans doute un grand jour sur les événements si curieux d'une partie de notre histoire. Il sera bon de lire avec précaution les récits de l'ennemi, et cependant avec moins de défiance que les documents officiels de Bonaparte. Il est impossible de se figurer à quel point celui-ci altérait la réalité et la rendait insaisissable ; ses propres victoires se transformaient en roman dans son imagination. Toutefois, au bout de ses relations fantasmagoriques, restait

Bonaparte, se trompant ou voulant tromper les autres, écrit le 18 d'octobre au duc de Bassano une lettre que rapporte M. Fain : « Vers les premières semaines de novembre, mandait-il, j'aurai ramené mes troupes dans le carré qui est entre Smolensk, Mohilow, Minsk et Witepsk. Je me décide à ce mouvement, parce que Moscou n'est plus une position militaire ; j'en vais chercher une autre plus favorable au début de la campagne prochaine. Les opérations auront alors à se diriger sur Pétersbourg et sur Kiew. » Pitoyable forfanterie, s'il ne s'agissait que du secours passager d'un mensonge ; mais dans Bonaparte une idée de conquête, malgré l'évidence contraire de la raison, pouvait toujours être une idée de bonne foi.

On marchait sur Malojaroslawetz : par l'embarras des bagages et des voitures mal attelées de l'artillerie, le troisième jour de marche on n'était encore qu'à dix lieues de Moscou. On avait l'intention de devancer Kutuzof ; l'avant-garde du prince Eugène le prévint en effet à Fominskoï. Il restait encore cent mille hommes d'infanterie au début de la retraite. La cavalerie était presque nulle, à l'exception de trois mille cinq cents chevaux de la garde. Nos troupes, ayant atteint la nouvelle route de Kalouga le 21, entrèrent le 22 à Borowsk, et le 23 la division Delzons occupa Malojaroslawetz. Napoléon était dans la joie ; il se croyait échappé.

Le 23 octobre, à une heure et demie du matin, la terre trembla : cent quatre-vingt-trois milliers de poudre, placés sous les voûtes du Kremlin, déchirèrent le palais des czars. Mortier qui fit sauter le Kremlin, était réservé à la machine infernale de Fieschi. Que de mondes passés entre ces deux explosions si différentes et par les temps et par les hommes !

Après ce sourd mugissement, une forte canonnade vint à travers le silence dans la direction de Malojaroslawetz : autant Napoléon avait désiré ouïr ce bruit en entrant en Russie, autant il redoutait de l'entendre en sortant. Un aide de camp du vice-roi annonce une attaque générale des Russes : à la nuit les généraux Compans et Gérard arrivèrent en aide au prince Eugène. Beaucoup d'hommes périrent des deux côtés ; l'ennemi parvint à se mettre à cheval sur la route de Kalouga, et fermait l'entrée du chemin intact qu'on avait espéré suivre. Il ne restait d'autre ressource que de retomber dans la route de Mojaïsk et de rentrer à Smolensk par les vieux sentiers de nos malheurs : on le pouvait ; les oiseaux du ciel n'avaient pas encore achevé de manger ce que nous avions semé pour retrouver nos traces.

Napoléon logea cette nuit à Ghorodnia dans une pauvre maison où les officiers attachés aux divers généraux ne purent se mettre à couvert. Ils se réunirent sous la fenêtre de Bonaparte ; elle était sans volets et sans rideaux : on en voyait sortir une lumière, tandis que les officiers restés en

cette vérité, à savoir que Napoléon, par une raison ou par une autre, était le maître du monde. (Paris, note de 1814.) Ch.

dehors étaient plongés dans l'obscurité. Napoléon était assis dans sa chétive chambre, la tête abaissée sur ses deux mains ; Murat, Berthier et Bessières se tenaient debout à ses côtés, silencieux et immobiles. Il ne donna point d'ordre, et monta à cheval le 25 au matin, pour examiner la position de l'armée russe.

À peine était-il sorti que roula jusqu'à ses pieds un éboulement de Cosaques. La vivante avalanche avait franchi la Luja, et s'était dérobée à la vue, le long de la lisière des bois. Tout le monde mit l'épée à la main, l'empereur lui-même. Si ces maraudeurs avaient eu plus d'audace, Bonaparte demeurait prisonnier. À Malojaroslawetz incendié, les rues étaient encombrées de corps à moitié grillés, coupés, sillonnés, mutilés par les roues de l'artillerie, qui avaient passé sur eux. Pour continuer le mouvement sur Kalouga, il eût fallu livrer une seconde bataille ; l'empereur ne le jugea pas convenable. Il s'est élevé à cet égard une discussion entre les partisans de Bonaparte et les amis des maréchaux. Qui donna le conseil de reprendre la première route parcourue par les Français ? Ce fut évidemment Napoléon : une grande sentence funèbre à prononcer ne lui coûtait guère ; il en avait l'habitude.

Revenu le 26 à Borowsk, le lendemain, près de Véréia, on présenta au chef de nos armées le général Witzingerode et son aide de camp le comte Nariskin : ils s'étaient laissé surprendre en entrant trop tôt dans Moscou. Bonaparte s'emporta : « Qu'on fusille ce général ! » s'écrie-t-il hors de lui ; « c'est un déserteur du royaume de Wurtemberg ; il appartient à la confédération du Rhin. » Il se répand en invectives contre la noblesse russe et finit par ces mots : « J'irai à Saint-Pétersbourg, je jetterai cette ville dans la Newa », et subitement il commanda de brûler un château que l'on apercevait sur une hauteur : le lion blessé se ruait en écumant sur tout ce qui l'environnait.

Néanmoins, au milieu de ses folles colères, lorsqu'il intimait à Mortier l'ordre de détruire le Kremlin, il se conformait en même temps à sa double nature ; il écrivait au duc de Trévise des phrases de sensiblerie ; pensant que ses missives seraient connues, il lui enjoignait avec un soin tout paternel de sauver les hôpitaux ; « car c'est ainsi, ajoutait-il, que j'en ai usé à Saint-Jean-d'Acre. » Or, en Palestine il fit fusiller les prisonniers turcs, et, sans l'opposition de Desgenettes, il eût empoisonné ses malades ! Berthier et Murat sauvèrent le prince Witzingerode.

Cependant Kutuzof nous poursuivait mollement. Wilson pressait-il le général russe d'agir, le général répondait : « Laissez venir la neige. » Le 29 septembre, on touche aux fatales collines de la Moskowa : un cri de douleur et de surprise échappe à notre armée. De vastes boucheries se présentaient, étalant quarante mille cadavres diversement consommés. Des files de carcasses alignées semblaient garder encore la discipline militaire ; des squelettes détachés en avant, sur quelques mamelons écrêtés, indiquaient les commandants et dominaient la mêlée des morts. Partout armes rompues, tambours défoncés, lambeaux de cuirasses et d'uniformes, étendards déchirés, dispersés entre des troncs d'arbres coupés à quelques pieds du sol par les boulets : c'était la grande redoute de la Moskowa.

Au sein de la destruction immobile on apercevait une chose en mouvement : un soldat français privé des deux jambes se frayait un passage dans des cimetières qui semblaient avoir rejeté leurs entrailles au dehors. Le corps d'un cheval effondré par un obus avait servi de guérite à ce soldat ; il y vécut en rongeant sa loge de chair ; les viandes putréfiées des morts à la portée de sa main lui tenaient lieu de charpie pour panser ses plaies et d'amadou pour emmailloter ses os. L'effrayant remords de la gloire se traînait vers Napoléon : Napoléon ne l'attendit pas.

Le silence des soldats, hâtés du froid, de la faim et de l'ennemi, était profond ; ils songeaient qu'ils seraient bientôt semblables aux compagnons dont ils apercevaient les restes. On n'entendait dans ce reliquaire que la respiration agitée et le bruit du frisson involontaire des bataillons en retraite.

Plus loin on retrouva l'abbaye de Kotloskoï transformée en hôpital ; tous les secours y manquaient ; là restait encore assez de vie pour sentir la mort. Bonaparte, arrivé sur le lieu, se chauffa du bois de ses chariots disloqués. Quand l'armée reprit sa marche, les agonisants se levèrent, parvinrent au seuil de leur dernier asile, se laissèrent dévaler jusqu'au chemin, tendirent aux camarades qui les quittaient leurs mains défaillantes : ils semblaient à la fois les conjurer et les ajourner.

À chaque instant retentissait la détonation des caissons qu'on était forcé d'abandonner. Les vivandiers jetaient les malades dans les fossés. Des prisonniers russes qu'escortaient des étrangers au service de la France, furent dépêchés par leurs gardes : tués d'une manière uniforme, leur cervelle était répandue à côté de leur tête. Bonaparte avait emmené l'Europe avec lui ; toutes les langues se parlaient dans son armée ; toutes les cocardes, tous les drapeaux s'y voyaient. L'Italien, forcé au combat, s'était battu comme un Français ; l'Espagnol avait soutenu sa renommée de courage : Naples et l'Andalousie n'avait été pour eux que les regrets d'un doux songe. On a dit que Bonaparte n'avait été vaincu que par l'Europe entière, et c'est juste ; mais on oublie que Bonaparte n'avait vaincu qu'à l'aide de l'Europe, de force ou de gré son alliée.

La Russie résista seule à l'Europe guidée par Napoléon ; la France, restée seule et défendue par Napoléon, tomba sous l'Europe retournée ; mais il faut dire que la Russie était défendue par son climat, et que l'Europe ne marchait qu'à regret sous son maître. La France, au contraire, n'était préservée ni par son climat ni par sa population décimée ; elle n'avait que son courage et le souvenir de sa gloire.

Indifférent aux misères de ses soldats, Bonaparte n'avait souci que de ses intérêts ; lorsqu'il campait, sa conversation roulait sur des ministres vendus, disait-il, aux Anglais, lesquels ministres étaient les fomentateurs de cette guerre ; ne se voulant pas avouer que cette guerre venait uniquement de lui. Le duc de Vicence, qui s'obstinait à racheter un malheur par sa noble conduite, éclatait au milieu de la flatterie au bivouac. Il s'écriait : « Que d'atroces cruautés ! Voilà donc la civilisation que nous apportons en Russie ! » Aux incroyables dires de Bonaparte, il faisait un geste de colère et d'incrédulité, et se retirait. L'homme que la moindre contradiction mettait en fureur souffrait les rudesses de Caulaincourt en expiation de la lettre qu'il l'avait jadis chargé de porter à Ettenheim. Quand on a commis une chose reprochable, le ciel en punition vous en impose les témoins ; en vain les anciens tyrans les faisaient disparaître ; descendus aux enfers, ces témoins entraient dans le corps des Furies et revenaient.

Napoléon, ayant traversé Gjatsk, poussa jusqu'à Wiasma ; il le dépassa, n'ayant point trouvé l'ennemi qu'il craignait d'y rencontrer. Il arriva le 3 novembre à Slawskowo ; là il apprit qu'un combat s'était donné derrière lui à Wiasma ; ce combat contre les troupes de Miloradowitch nous fut fatal : nos soldats, nos officiers blessés, le bras en écharpe, la tête enveloppée de linge, miracle de vaillance, se jetaient sur les canons ennemis.

Cette suite d'affaires dans les mêmes lieux, ces couches de morts ajoutées à des couches de morts, ces batailles doublées de batailles, auraient deux fois immortalisé des champs funestes, si l'oubli ne passait rapidement sur notre poussière. Qui pense à ces paysans laissés en Russie ? Ces rustiques sont-ils contents d'avoir été *à la grande bataille sous les murs de Moscou ?* Il n'y a peut-être que moi qui, dans les soirées d'automne, en regardant voler au haut du ciel les oiseaux du Nord, me souvienne qu'ils ont vu la tombe de nos compatriotes. Des compagnies industrielles se sont transportées au désert avec leurs fourneaux et leurs chaudières ; les os ont été convertis en noir animal : qu'il vienne du chien ou de l'homme, le vernis est du même prix, et il n'est pas plus brillant, qu'il ait été tiré de l'obscurité ou de la gloire. Voilà le cas que nous faisons des morts aujourd'hui ! Voilà les rites sacrés de la nouvelle religion ! *Diis Manibus.* Heureux compagnons de Charles XII, vous n'avez point été visités par ces hyènes sacrilèges ! Pendant l'hiver, l'hermine fréquente les neiges virginales, et pendant l'été les mousses fleuries de Pultava.

Le 6 novembre (1812) le thermomètre descendit à dix-huit degrés au-dessous de zéro : tout disparaît sous la blancheur universelle. Les soldats sans chaussure sentent leurs pieds mourir ; leurs doigts violâtres et roidis laissent échapper le mousquet dont le toucher brûle ; leurs cheveux se hérissent de givre, leurs barbes de leur haleine congelée ; leurs méchants habits deviennent une casaque de verglas. Ils tombent, la neige les couvre ; ils forment sur le sol de petits sillons de tombeaux. On ne sait plus de quel côté les fleuves coulent ; on est obligé de casser la glace pour apprendre à quel orient il faut se diriger. Égarés dans l'étendue, les divers corps font des feux de bataillon pour se rappeler et se reconnaître, de même que des vaisseaux en péril tirent le canon de détresse. Les sapins changés en cristaux immobiles s'élèvent çà et là, candélabres de ces pompes funèbres. Des corbeaux et des meutes de chiens blancs sans maîtres suivaient à distance cette retraite de cadavres.

Il était dur, après les marches, d'être obligé, à l'étape déserte, de s'entourer des précautions d'un ost sain, largement pourvu, de poser des sentinelles, d'occuper des postes, de placer des grand'gardes. Dans des nuits de seize heures, battu des rafales du nord, on ne savait ni où s'asseoir, ni où se coucher ; les arbres jetés bas avec tous leurs albâtres refusaient de s'enflammer ; à peine parvenait-on à faire fondre un peu de neige, pour y démêler une cuillerée de farine de seigle. On ne s'était pas reposé sur le sol nu que des hurlements de Cosaques faisaient retentir les bois ; l'artillerie volante de l'ennemi grondait ; le jeûne de nos soldats était salué comme le festin des rois, lorsqu'ils se mettent à table ; les boulets roulaient leurs pains de fer au milieu des convives affamés. À l'aube, que ne suivait point l'aurore, on entendait le battement d'un tambour drapé de frimas ou le son enroué d'une trompette : rien n'était triste comme cette diane lugubre, appelant sous les armes des guerriers qu'elle ne réveillait plus. Le jour grandissant éclairait des cercles de fantassins roidis et morts autour des bûchers expirés.

Quelques survivants partaient ; ils s'avançaient vers des horizons inconnus qui, reculant toujours, s'évanouissaient à chaque pas dans le brouillard. Sous un ciel pantelant, et comme lassé des tempêtes de la veille, nos files éclaircies traversaient des landes après des landes, des forêts suivies de forêts et dans lesquelles l'Océan semblait avoir laissé son écume attachée aux branches échevelées des bouleaux. On ne rencontrait même pas dans ces bois ce triste et petit oiseau de l'hiver qui chante, ainsi que moi, parmi les buissons dépouillés. Si je me retrouve tout à coup par ce rapprochement en présence de mes vieux jours, ô mes camarades ! (les soldats sont frères), vos souffrances me rappellent aussi mes jeunes années, lorsque, me retirant devant vous, je traversais, si misérable et si délaissé, la bruyère des Ardennes.

Les grandes armées russes suivaient la nôtre : celle-ci était partagée en plusieurs divisions qui se subdivisaient en colonnes : le prince Eugène commandait l'avant-garde, Napoléon le centre, l'arrière-garde le maréchal Ney. Retardés de divers obstacles et combats, ces corps ne conservaient pas leur exacte distance : tantôt ils se devançaient les uns les autres ; tantôt ils marchaient sur une ligne horizontale, très souvent sans se voir et sans communiquer ensemble faute de cavalerie. Des Tauridiens, montés sur de petits chevaux dont les crins balayaient la terre, n'accordaient de repos ni jour ni nuit à nos soldats harassés par ces taons de neige. Le paysage était changé : là où l'on avait vu un ruisseau, on retrouvait un torrent que des chaînes de glace suspendaient aux bords escarpés de sa ravine. « Dans une seule nuit, » dit Bonaparte (Papiers de Sainte-Hélène), « on perdit trente mille chevaux : on fut obligé d'abandonner presque toute l'artillerie, forte alors de cinq cents bouches à feu ; on ne put emporter ni munitions, ni provisions. Nous ne pouvions, faute de chevaux, faire de reconnaissance ni envoyer une avant-garde de cavalerie reconnaître la route. Les soldats perdaient le courage et la raison, et tombaient dans la confusion. La circonstance la plus légère les alarmait. Quatre ou cinq hommes suffisaient pour jeter la frayeur dans tout un bataillon. Au lieu de se tenir réunis, ils erraient séparément pour chercher du feu. Ceux qu'on envoyait en éclaireurs abandonnaient leurs postes et allaient chercher les moyens de se réchauffer dans les maisons. Ils se répandaient de tous côtés, s'éloignaient de leurs corps et devenaient facilement la proie de l'ennemi. D'autres se couchaient sur la terre, s'endormaient : un peu de sang sortait de leurs narines, et ils mouraient en dormant. Des milliers de soldats périrent. Les Polonais sauvèrent quelques-uns de leurs chevaux et un peu de leur artillerie ; mais les Français et les soldats des autres nations n'étaient plus les mêmes hommes. La cavalerie a surtout beaucoup souffert. Sur quarante mille hommes, je ne crois pas qu'il en soit échappé trois mille. »

Et vous qui racontiez cela sous le beau soleil d'un autre hémisphère, n'étiez-vous que le témoin de tant de maux ?

Le jour même (6 novembre) où le thermomètre tomba si bas, arriva de France, comme une fresaie égarée, la première estafette que l'on eût vue depuis longtemps : elle apportait la mauvaise nouvelle de la conspiration de Malet[367]. Cette conspiration eut quelque chose du prodigieux de l'étoile de Napoléon. Au rapport du général Gourgaud, ce qui fit le plus d'impression sur l'empereur fut la preuve trop évidente « que les principes monarchiques dans leur application à sa monarchie avaient jeté des racines si peu profondes que de grands fonctionnaires, à la nouvelle de la mort de l'empereur, oublièrent que, le souverain étant mort, un autre était là pour lui succéder. »

Bonaparte à Sainte-Hélène (*Mémorial* de Las Cases) racontait qu'il avait dit à sa cour des Tuileries, en parlant de la conspiration de Malet : « Eh bien, messieurs, vous prétendiez avoir fini votre révolution ; vous me croyiez mort ; mais le roi de Rome, vos serments, vos principes, vos doctrines ? Vous me faites frémir pour l'avenir ! » Bonaparte raisonnait logiquement ; il s'agissait de sa dynastie : aurait-il trouvé le raisonnement aussi juste s'il s'était agi de la race de saint Louis ?

---

[367] La conspiration du général Malet avait éclaté le 23 octobre, précisément le jour où le maréchal Mortier, mettant à exécution les ordres de l'empereur, faisait sauter le Kremlin. Peu s'en fallut que Malet, ce jour-là, ne fit sauter l'Empire. Enfermé dans une prison, sans argent, sans complices, dénué de tous moyens, Malet avait entrepris de renverser Napoléon, et il faillit réussir. La conspiration Malet fut une conspiration de génie.

Bonaparte apprit l'accident de Paris au milieu d'un désert, parmi les débris d'une armée presque détruite dont la neige buvait le sang ; les droits de Napoléon fondés sur la force s'anéantissaient en Russie avec sa force, tandis qu'il avait suffi d'un seul homme pour les mettre en doute dans la capitale : hors de la religion, de la justice et de la liberté, il n'y a point de droits.

Presque au même moment que Bonaparte apprenait ce qui s'était passé à Paris, il recevait une lettre du maréchal Ney. Cette lettre lui faisait part « que les meilleurs soldats se demandaient pourquoi c'était à eux seuls à combattre pour assurer la fuite des autres ; pourquoi l'aigle ne protégeait plus et tuait ; pourquoi il fallait succomber par bataillons, puisqu'il n'y avait plus qu'à fuir ? »

Quand l'aide de camp de Ney voulut entrer dans des particularités affligeantes, Bonaparte l'interrompit : « Colonel, je ne vous demande pas ces détails. » — Cette expédition de la Russie était une vraie extravagance que toutes les autorités civiles et militaires de l'Empire avaient blâmée : les triomphes et les malheurs que rappelait la route de retraite aigrissaient ou décourageaient les soldats ; sur ce chemin monté et redescendu, Napoléon pouvait trouver aussi l'image des deux parts de sa vie.

Le 9 novembre, on avait enfin gagné Smolensk. Un ordre de Bonaparte avait défendu d'y laisser entrer personne avant que les postes n'eussent été remis à la garde impériale. Des soldats du dehors confluent au pied des murailles ; les soldats du dedans se tiennent renfermés. L'air retentit des imprécations des désespérés forclos, vêtus de sales lévites de Cosaques, de capotes rapetassées, de manteaux et d'uniformes en loques, de couvertures de lit ou de cheval, la tête couverte de bonnets, de mouchoirs roulés, de schakos défoncés, de casques faussés et rompus ; tout cela sanglant ou neigeux, percé de balles ou haché de coups de sabre. Le visage hâve et dévalé, les yeux sombres et étincelants, ils regardaient au haut des remparts en grinçant les dents, ayant l'air de ces prisonniers mutilés qui, sous Louis le Gros, portaient dans leur main droite leur main gauche coupée : on les eût pris pour des masques en furie ou pour des malades affolés, échappés des hôpitaux. La jeune et la vieille garde arrivèrent ; elles entrèrent dans la place incendiée à notre premier passage. Des cris s'élèvent contre la troupe privilégiée : « L'armée n'aurait-elle jamais que ses restes ? » Ces cohortes faméliques courent tumultuairement aux magasins comme une insurrection de spectres ; on les repousse ; on se bat : les tués restent dans les rues, les femmes, les enfants, les mourants sur les charrettes. L'air était empesté de la corruption d'une multitude d'anciens cadavres ; des militaires étaient atteints d'imbécillité ou de folie ; quelques-uns dont les cheveux s'étaient dressés et tordus, blasphémant ou riant d'un rire hébété, tombaient morts. Bonaparte exhale sa colère contre un misérable fournisseur impuissant dont aucun des ordres n'avait été exécuté.

L'armée de cent mille hommes, réduite à trente mille, était côtoyée d'une bande de cinquante mille traîneurs : il ne se trouvait plus que dix-huit cents cavaliers montés. Napoléon en donna le commandement à M. de Latour-Maubourg[368]. Cet officier, qui menait les cuirassiers à l'assaut de la grande redoute de Borodino, eut la tête fendue de coups de sabre ; depuis il perdit une jambe à Dresde. Apercevant son domestique qui pleurait, il lui dit : « De quoi te plains-tu ? tu n'auras plus qu'une botte à cirer. » Ce général, resté fidèle au malheur, est devenu le gouverneur de Henri V dans les premières années de l'exil du jeune prince : j'ôte mon chapeau en passant devant lui, comme en passant devant l'honneur.

On séjourna par force jusqu'au 14 dans Smolensk, Napoléon ordonna au maréchal Ney de se concerter avec Davout et de démembrer la place en la déchirant avec des fougasses : pour lui, il se rendit à Krasnoï, où il s'établit le 16, après que cette station eut été pillée par les Russes. Les Moscovites rétrécissaient leur cercle : la grande armée dite de Moldavie était dans le voisinage ; elle se préparait à nous cerner tout à fait et à nous jeter dans la Bérésina.

Le reste de nos bataillons diminuait de jour en jour. Kutuzof, instruit de nos misères, remuait à peine : « Sortez seulement un moment de votre quartier général, » s'écriait Wilson ; « avancez-vous sur les hauteurs, vous verrez que le dernier moment de Napoléon est venu. La Russie réclame cette victime : il n'y a plus qu'à frapper ; une charge suffira ; dans deux heures la face de l'Europe sera changée. »

Cela était vrai ; mais il n'y aurait eu que Bonaparte de particulièrement frappé, et Dieu voulait appesantir sa main sur la France.

Kutuzof répondait : « Je fais reposer mes soldats tous les trois jours ; je rougirais, je m'arrêterais aussitôt, si le pain leur manquait un seul instant. J'escorte l'armée française ma prisonnière ; je la châtie dès qu'elle veut s'arrêter ou s'éloigner de la grande route. Le terme de la destinée de Napoléon est irrévocablement marqué : c'est dans les marais de la Bérésina que s'éteindra le météore en présence de toutes les armées russes. Je leur aurai livré Napoléon affaibli, désarmé, mourant : c'est assez pour ma

---

[368] Marie-Victor-Nicolas de Fay, marquis de Latour-Maubour (1768-1850), sous-lieutenant dans les gardes du corps avec rang de lieutenant-colonel le 6 mars 1789, colonel du 3e régiment de chasseurs le 5 février 1792, général de brigade le 2 décembre 1805, général de division le 14 mai 1807, baron de l'Empire le 12 février 1808. Il eut la cuisse emportée par un boulet, non à Dresde, comme le dit Chateaubriand, mais à Wachau (16 octobre 1813). Le 22 mars 1814, il fut créé comte de l'Empire. La Restauration le fit pair de France le 4 juin 1814, marquis par lettres patentes du 31 août 1817, et ambassadeur à Londres. Il occupait ce dernier poste lorsqu'il fut appelé au ministère de la guerre le 19 novembre 1819. Le 15 décembre 1821, il fut nommé gouverneur des Invalides. Il donna sa démission de pair à la révolution de 1830, se retira à Melun, puis alla rejoindre les Bourbons en exil. Gouverneur du duc de Bordeaux en 1835, il ne rentra en France qu'en 1848.

gloire. »

Bonaparte avait parlé du *vieux* Kutuzof avec ce dédain insultant dont il était si prodigue : le *vieux* Kutuzof à son tour lui rendait mépris pour mépris.

L'armée de Kutuzof était plus impatiente que son chef ; les Cosaques eux-mêmes s'écriaient : « Laissera-t-on ces squelettes sortir de leurs tombeaux ? »

Cependant on ne voyait pas le quatrième corps[369] qui avait dû quitter Smolensk le 15 et rejoindre Napoléon le 16 à Krasnoï ; les communications étaient coupées ; le prince Eugène, qui menait la queue, essaya vainement de les rétablir : tout ce qu'il put faire, ce fut de tourner les Russes et d'opérer sa jonction avec la garde sous Krasnoï ; mais toujours les maréchaux Davout et Ney ne paraissaient pas.

Alors Napoléon retrouva subitement son génie : il sort de Krasnoï le 17, un bâton à la main, à la tête de sa garde réduite à treize mille hommes, pour affronter d'innombrables ennemis, dégager la route de Smolensk, et frayer un passage aux deux maréchaux. Il ne gâta cette action que par la réminiscence d'un mot peu proportionné à son masque : « J'ai assez fait l'empereur, il est temps que je fasse le général. » Henri IV, partant pour le siège d'Amiens, avait dit : « J'ai assez fait le roi de France, il est temps que je fasse le roi de Navarre. » Les hauteurs environnantes, au pied desquelles marchait Napoléon, se chargeaient d'artillerie et pouvaient à chaque instant le foudroyer ; il y jette un coup d'œil et dit : « Qu'un escadron de mes chasseurs s'en empare ! » Les Russes n'avaient qu'à se laisser rouler en bas, leur seule masse l'eût écrasé ; mais, à la vue de ce grand homme et des débris de la garde serrée en bataillon carré, ils demeurèrent immobiles, comme fascinés ; son regard arrêta cent mille hommes sur les collines.

Kutuzof, à propos de cette affaire de Krasnoï, fut honoré à Pétersbourg du surnom de Smolenski ; apparemment pour n'avoir pas, sous le bâton de Bonaparte, désespéré du salut de la République.

Après cet inutile effort, Napoléon repassa le Dniéper le 19 et vint camper à Orcha : il y brûla les papiers qu'il avait apportés pour écrire sa vie dans les ennuis de l'hiver, si Moscou restée entière lui eût permis de s'y établir. Il s'était vu forcé de jeter dans le lac de Semlewo l'énorme croix de saint Jean : elle a été retrouvée par des Cosaques et replacée sur la tour du grand Yvan.

À Orcha les inquiétudes étaient grandes : malgré la tentative de Napoléon pour la rescousse du Maréchal Ney, il manquait encore. On reçut enfin de ses nouvelles à Baranni : Eugène était parvenu à le rejoindre. Le général Gourgaud raconte le plaisir que Napoléon en éprouva, bien que le

---

[369] C'était celui du prince Eugène. Il comprenait les divisions françaises Delzons et Broussier, la garde royale italienne, la division italienne Pino, la cavalerie de la garde italienne et une brigade légère italienne, commandée par le général Villata.

bulletin et les relations des amis de l'empereur continuent de s'exprimer avec une réserve jalouse sur tous les faits qui n'ont pas un rapport direct avec lui. La joie de l'armée fut promptement étouffée ; on passait de péril en péril. Bonaparte se rendait de Kokhanow à Tolozcim, lorsqu'un aide de camp lui annonça la perte de la tête du pont de Borisow, enlevé par l'armée de Moldavie au général Dombrowski[370]. L'armée de Moldavie, surprise à son tour par le duc de Reggio dans Borisow, se retira derrière la Bérésina après avoir détruit le pont. Tchitchagof se trouvait ainsi en face de nous de l'autre côté de la rivière.

Le général Corbineau[371], commandant une brigade de notre cavalerie légère, renseigné par un paysan, avait découvert au-dessous de Borisow le gué de Vésélovo. Sur cette nouvelle, Napoléon, dans la soirée du 24, fit partir de Bobre Éblé[372] et Chasseloup[373] avec les pontonniers et les sapeurs : ils arrivèrent à Stoudianka, sur la Bérésina, au gué indiqué.

Deux ponts sont jetés ; une armée de quarante mille Russes campait au bord opposé. Quelle fut la surprise des Français, lorsqu'au lever du jour ils aperçurent le rivage désert et l'arrière-garde de la division de Tchaplitz en pleine retraite ! Ils n'en croyaient pas leurs yeux. Un seul boulet, le feu de la pipe d'un Cosaque eussent suffi pour mettre en pièces ou pour brûler

---

[370] Le général Dombrowski commandait une des divisions polonaises qui formaient le cinquième corps, placé sous les ordres du prince Poniatowski.

[371] Jean-Baptiste-Juvénal, baron, puis comte Corbineau (1776-1848). Pendant la guerre de Russie, il commanda la 6e brigade de cavalerie, faisant partie du deuxième corps, sous les ordres du duc de Reggio. À la fin de la campagne, il fut nommé aide de camp de l'empereur, puis général de division et comte de l'Empire en 1813. Pendant les Cent-Jours, il reprit son service d'aide de camp auprès de Napoléon. Retraité le 1er janvier 1816, il fut rappelé à l'activité en 1830 et nommé pair de France le 11 septembre 1835. Ce fut le général Corbineau qui fit arrêter le prince Louis-Napoléon à Boulogne, lors de la tentative du 6 août 1840.

[372] Jean-Baptiste Éblé (1758-1812), général d'artillerie, « modèle de courage, d'intégrité, d'honneur », selon la très juste expression de la comtesse de Chastenay, qui l'avait beaucoup connu et qui ajoute : « Digne, par son savoir, sa capacité, ses longs et continuels services, de diriger l'artillerie, il fut poursuivi par une jalousie implacable et constamment victime de la faveur. Ses efforts, au passage de la Bérésina, son dévouement à ses compatriotes, à la cause de l'humanité, l'oubli de sa propre conservation, lui coûtèrent sa généreuse vie. Nommé, faute de concurrents, premier inspecteur général de l'artillerie, il avait cessé d'exister avant d'en recevoir la nouvelle. » (Mémoires de Mme de Chastenay, t. II, p. 221.)

[373] François, marquis de Chasseloup-Laubat (1754-1833). Il était général de division du génie depuis le 18 septembre 1799. Pendant la campagne de 1812, il traça les ouvrages avancés du pont de Kowno et le camp retranché de Wilna, et contribua beaucoup, par la construction des ponts sur la Bérésina, à sauver les débris de l'armée. Bien que Napoléon l'eût fait, en 1813, comte de l'Empire et membre du Sénat conservateur, il ne fut pas des derniers à voter la déchéance de l'empereur et fut nommé pair de France par Louis XVIII, le 4 juin 1814. Il se tint à l'écart pendant les Cent-Jours et fut créé marquis par le roi en 1817.

les faibles pontons de d'Éblé. On court avertir Bonaparte ; il se lève à la hâte, sort, voit et s'écrie : « J'ai trompé l'amiral ! » L'exclamation était naturelle ; les Russes avortaient au dénouement et commettaient une faute qui devait prolonger la guerre de trois années ; mais leur chef n'avait point été trompé. L'amiral Tchitchagof avait tout aperçu ; il s'était simplement laissé aller à son caractère : quoique intelligent et fougueux, il aimait ses aises ; il craignait le froid, restait au poêle, et pensait qu'il aurait toujours le temps d'exterminer les Français quand il se serait bien chauffé : il céda à son tempérament. Retiré aujourd'hui à Londres[374], ayant abandonné sa fortune et renoncé à la Russie, Tchitchagof a fourni au *Quaterly-Review* de curieux articles sur la campagne de 1812 : il cherche à s'excuser, ses compatriotes lui répondent ; c'est une querelle entre des Russes. Hélas ! si Bonaparte, par la construction de ses deux ponts et l'incompréhensible retraite de la division Tchaplitz, était sauvé, les Français ne l'étaient pas : deux autres armées russes s'aggloméraient sur la rive du fleuve que Napoléon se préparait à quitter. Ici celui qui n'a point vu doit se taire et laisser parler les témoins.

« Le dévouement des pontonniers dirigés par d'Éblé, » dit Chambray[375], « vivra autant que le souvenir du passage de la Bérésina. Quoique affaiblis par les maux qu'ils enduraient depuis si longtemps, quoique privés de liqueurs et d'aliments substantiels, on les vit, bravant le froid qui était devenu très rigoureux, se mettre dans l'eau quelquefois jusqu'à la poitrine ; c'était courir à une mort presque certaine ; mais l'armée les regardait ; ils se sacrifièrent pour son salut. »

« Le désordre régnait chez les Français, » dit à son tour M. de Ségur, « et les matériaux avaient manqué aux deux ponts ; deux fois, dans la nuit du 26 au 27, celui des voitures s'était rompu et le passage en avait été retardé de sept heures : il se brisa une troisième fois le 27, vers quatre heures du soir. D'un autre côté, les traîneurs dispersés dans les bois et dans les villages environnants n'avaient pas profité de la première nuit, et le 27, quand le jour avait reparu, tous s'étaient présentés à la fois pour passer les ponts.

« Ce fut surtout quand la garde, sur laquelle ils se réglaient, s'ébranla. Son départ fut comme un signal : ils accoururent de toutes parts ; ils s'amoncelèrent sur la rive. On vit en un instant une masse profonde, large

---

[374] L'amiral Paul Tchitchagof avait épousé la fille d'un amiral anglais, miss Elisabeth Proby. Sa perte le plongea dans une douleur inconsolable, et il ne tarda pas à aller fixer son existence en Angleterre, auprès de la famille de sa femme. Il mourut à Paris, au mois de septembre 1849, âgé de 82 ans. C'était un grand ami de Mme Swetchine et de Joseph de Maistre. Les lettres de de Maistre à l'amiral (Correspondance, tomes III, p. 393, 439, 449, 461, 481 ; IV, 489 ; V, 455 ; VI, 133) sont parmi les plus belles du grand écrivain.

[375] Le général Mis de Chambray (1783-1838), auteur d'une Histoire de l'expédition de Russie en 1812, trois volumes in 8o, 1833.

et confuse d'hommes, de chevaux et de chariots assiéger l'étroite entrée des ponts qu'elle débordait. Les premiers, poussés par ceux qui les suivaient, repoussés par les gardes et par les pontonniers, ou arrêtés par le fleuve, étaient écrasés, foulés aux pieds, ou précipités dans les glaces que charriait la Bérésina. Il s'élevait de cette immense et horrible cohue, tantôt un bourdonnement sourd, tantôt une grande clameur, mêlée de gémissements et d'affreuses imprécations.

Le désordre avait été si grand, que, vers deux heures, quand l'empereur s'était présenté à son tour, il avait fallu employer la force pour lui ouvrir un passage. Un corps de grenadiers de la garde, et Latour-Maubourg, renoncèrent, par pitié, à se faire jour au travers de ces malheureux

La multitude immense entassée sur la rive, pêle-mêle avec les chevaux et les chariots, y formait un épouvantable encombrement. Ce fut vers le milieu du jour que les premiers boulets ennemis tombèrent au milieu de ce chaos : ils furent le signal d'un désespoir universel

« Beaucoup de ceux qui s'étaient lancés les premiers de cette foule de désespérés, ayant manqué le pont, voulurent l'escalader par ses côtés ; mais la plupart furent repoussés dans le fleuve. Ce fut là qu'on aperçut des femmes au milieu des glaçons, avec leurs enfants dans leurs bras, les élevant à mesure qu'elles s'enfonçaient ; déjà submergées, leurs bras roidis les tenaient encore au-dessus d'elles.

« Au milieu de cet horrible désordre, le pont de l'artillerie creva et se rompit. La colonne engagée sur cet étroit passage voulut en vain rétrograder. Le flot d'hommes qui venait derrière, ignorant ce malheur, n'écoutant pas les cris des premiers, poussèrent devant eux, et les jetèrent dans le gouffre, où ils furent précipités à leur tour.

« Tout alors se dirigea vers l'autre pont. Une multitude de gros caissons, de lourdes voitures et de pièces d'artillerie y affluèrent de toutes parts. Dirigées par leurs conducteurs, et rapidement emportées sur une pente roide et inégale, au milieu de cet amas d'hommes, elles broyèrent les malheureux qui se trouvèrent surpris entre elles ; puis s'entre-choquant, la plupart, violemment renversées, assommèrent dans leur chute ceux qui les entouraient. Alors des rangs entiers d'hommes éperdus poussés sur ces obstacles s'y embarrassent, culbutent, et sont écrasés par des masses d'autres infortunés qui se succèdent sans interruption.

« Ces flots de misérables roulaient ainsi les uns sur les autres ; on n'entendait que des cris de douleur et de rage. Dans cette affreuse mêlée les hommes foulés et étouffés se débattaient sous les pieds de leurs compagnons, auxquels ils s'attachaient avec leurs ongles et leurs dents. Ceux-ci les repoussaient sans pitié comme des ennemis. Dans cet épouvantable fracas d'un ouragan furieux, de coups de canon, du sifflement de la tempête, de celui des boulets, des explosions des obus, de vociférations, de gémissements, de juremens effroyables, cette foule désordonnée n'entendait pas les plaintes des victimes qu'elle engloutissait[376]. »

Les autres témoignages sont d'accord avec les récits de M. de Ségur : pour leur collation et leur preuve, je ne citerai plus que ce passage des *Mémoires de Vaudoncourt* :

« La plaine assez grande qui se trouve devant Vésévolo offre, le soir, un spectacle dont l'horreur est difficile à peindre. Elle est couverte de voitures et de fourgons, la plupart renversés les uns sur les autres et brisés. Elle est jonchée de cadavres d'individus non militaires, parmi lesquels on ne voit que trop de femmes et d'enfants traînés, à la suite de l'armée, jusqu'à Moscou, ou fuyant cette ville pour suivre leurs compatriotes, et que la mort avait frappés de différentes manières. Le sort de ces malheureux, au milieu de la mêlée des deux armées, fut d'être écrasés sous les roues des voitures ou sous les pieds des chevaux ; frappés par les boulets ou par les balles des deux partis ; noyés en voulant passer les ponts avec les troupes, ou dépouillés par les soldats ennemis et jetés nus sur la neige où le froid termina bientôt leurs souffrances[377]. »

Quel gémissement Bonaparte a-t-il pour une pareille catastrophe, pour cet événement de douleur, un des plus grands de l'histoire ; pour des désastres qui surpassent ceux de l'armée de Cambyse ? Quel cri est arraché de son âme ? Ces quatre mots de son bulletin : « *Pendant la journée du 26 et du 27 l'armée passa.* » Vous venez de voir comment ! Napoléon ne fut pas même attendri par le spectacle de ces femmes élevant dans leurs bras leurs nourrissons au-dessus des eaux. L'autre grand homme qui par la France a régné sur le monde, Charlemagne, grossier barbare apparemment, chanta et pleura (poète qu'il était aussi) l'enfant englouti dans l'Èbre en se jouant sur la glace :

Trux puer adstricto glacie dum ludit in Hebro.

Le duc de Bellune était chargé de protéger le passage. Il avait laissé en arrière le général Partouneaux[378] qui fut obligé de capituler. Le duc de

---

[376] Ségur, livre XI, chap. VIII et IX.

[377] Mémoires pour servir à l'histoire de la guerre entre la France et la Russie en 1812, par le général de Vaudoncourt, 1816.

[378] Louis, comte Partouneaux (1770-1835). Général de division depuis le 27 août 1803, il avait les plus brillants états de services. Pendant la campagne de 1812, il commanda la 1re division du 9e corps, placé sous les ordres du duc de Bellune. Lors de la retraite, il fut posté à Borizow pour tromper l'ennemi et permettre à l'armée de franchir la Bérésina. Dans la nuit du 27 au 28 novembre, il fut attaqué, à l'est, par les cosaques de Platof, au nord, par Wittgenstein, à l'ouest, par Tahetchakof ; acculé contre la Bérésina par des forces supérieures, n'ayant lui-même que 2 000 hommes, il dut mettre bas les armes. Dans le 29e bulletin, Napoléon, cherchant à rejeter sur d'autres des responsabilités qui devaient tout entières peser sur lui seul, essaya de flétrir un de ses plus glorieux soldats. Le

Reggio, blessé de nouveau, était remplacé dans son commandement par le maréchal Ney. On traversa les marais de la Gaina : la plus petite prévoyance des Russes aurait rendu les chemins impraticables. À Malodeczno, le 3 décembre, se trouvèrent toutes les estafettes arrêtées depuis trois semaines. Ce fut là que Napoléon médita d'abandonner le drapeau, « Puis-je rester, » disait-il, « à la tête d'une déroute ? » À Smorgoni, le roi de Naples et le prince Eugène le pressèrent de retourner en France. Le duc d'Istrie porta la parole ; dès les premiers mots Napoléon entra en fureur, il s'écria : « Il n'y a que mon plus mortel ennemi qui puisse me proposer de quitter l'armée dans la situation où elle se trouve. » Il fit un mouvement pour se jeter sur le maréchal, son épée nue à la main. Le soir il fit rappeler le duc d'Istrie et lui dit : « Puisque vous le voulez tous, il faut bien que je parte. » La scène était arrangée ; le projet de départ était arrêté lorsqu'elle fut jouée. M. Fain assure en effet que l'empereur s'était déterminé à quitter l'armée pendant la marche *qui le ramena le 4 de Malodeczno à Biclitza*. Telle fut la comédie par laquelle l'immense acteur dénoua son drame tragique.

À Smorgoni l'empereur écrivit son vingt-neuvième bulletin. Le 5 décembre il monta sur un traîneau avec M. de Caulaincourt : il était dix heures du soir. Il traversa l'Allemagne caché sous le nom de son compagnon de fuite. À sa disparition, tout s'abîma : dans une tempête, lorsqu'un colosse de granit s'ensevelit sous les sables de la Thébaïde, nulle ombre ne reste au désert. Quelques soldats dont il ne restait de vivant que les têtes finirent par se manger les uns les autres sous des hangars de branches de pins. Des maux qui paraissaient ne pouvoir augmenter se complètent : l'hiver, qui n'avait encore été que l'automne de ces climats, descend. Les Russes n'avaient plus le courage de tirer, dans des régions de glace, sur les ombres gelées que Bonaparte laissait vagabondes après lui.

À Wilna on ne rencontra que des Juifs qui jetaient sous les pieds de l'ennemi les malades qu'ils avaient d'abord recueillis par avarice. Une dernière déroute abîma le demeurant des Français, à la hauteur de Ponary. Enfin on touche au Niémen : des trois ponts sur lesquels nos troupes avaient défilé, aucun n'existait ; un pont, ouvrage de l'ennemi, dominait les eaux congelées. Des cinq cent mille hommes, de l'innombrable artillerie qui, au mois de juin, avaient traversé le fleuve, on ne vit repasser à Kowno qu'un millier de fantassins réguliers, quelques canons et trente mille misérables couverts de plaies. Plus de musique, plus de chants de

---

général a victorieusement répondu dans deux brochures : Adresse et rapports sur l'affaire du 27 au 28 novembre 1812, qu'a eue la 1re division du 9e corps de la Grande-Armée au passage de la Bérésina (1815). — Lettre sur le compte rendu par plusieurs historiens de la campagne de Russie et par le 29e bulletin, de l'affaire du 27 au 28 novembre 1812 (1817). La Restauration lui donna le commandement de la 8e division militaire (Marseille), puis de la 10e (Toulouse), le fit comte en 1817 et, en 1820, commandant de la 1re division d'infanterie de la garde royale.

triomphe ; la bande à la face violette, et dont les cils figés forçaient les yeux à se tenir ouverts, marchait en silence sur le pont ou rampait de glaçons en glaçons jusqu'à la rive polonaise. Arrivés dans des habitations échauffées par des poêles, les malheureux expirèrent : leur vie se fondit avec la neige dont ils étaient enveloppés. Le général Gourgaud affirme que cent vingt-sept mille hommes repassèrent le Niémen : ce serait toujours même à ce compte une perte de trois cent treize mille hommes dans une campagne de quatre mois[379].

Murat, parvenu à Gumbinnen, rassembla ses officiers et leur dit : « Il n'est plus possible de servir un insensé ; il n'y a plus de salut dans sa cause ; aucun prince de l'Europe ne croit plus à ses paroles ni à ses traités. » De là il se rendit à Posen et, le 16 janvier 1813, il disparut. Vingt-trois jours après, le prince de Schwarzenberg quitta l'armée : elle passa sous le commandement du prince Eugène. Le général York[380], d'abord blâmé ostensiblement par Frédéric-Guillaume et bientôt réconcilié avec lui, se retira en emmenant les Prussiens : la défection européenne commençait.

Dans toute cette campagne Bonaparte fut inférieur à ses généraux, et particulièrement au maréchal Ney. Les excuses que l'on a données de la fuite de Bonaparte sont inadmissibles : la preuve est là, puisque son départ, qui devait tout sauver, ne sauva rien. Cet abandon, loin de réparer les malheurs, les augmenta et hâta la dissolution de la Fédération rhénane.

Le vingt-neuvième et dernier bulletin de la grande armée, daté de Molodetschino le 3 décembre 1812, arrivé à Paris le 18, n'y précéda Napoléon que de deux jours[381] : il frappa la France de stupeur, quoiqu'il

---

[379] Dans ses Mémoires, toujours si dramatiques et si intéressants, mais souvent si étrangement inexacts, le général Marbot (tome III. p. 233) n'a pas craint d'avancer que « la perte totale des Français régnicoles fut, pendant la campagne de Russie, de soixante-cinq mille hommes seulement ». Il traite de libellistes et de romanciers les historiens qui donnent un chiffre plus élevé. Or, M. Thiers, qui n'était pourtant pas un détracteur de Napoléon, après avoir étudié avec le plus grand soin tous les états de troupes, est arrivé à cette conclusion (tome XIV, p. 671) : « Il n'y a aucune exagération à dire que trois cent mille hommes (de la Grande-Armée) moururent par le feu, par la misère ou par le froid. La part des Français dans cette horrible hécatombe fut de plus des deux tiers. » Le chiffre donné par Chateaubriand concorde, on le voit, avec celui que devait trouver plus tard M. Thiers.

[380] Le général York commandait le corps prussien qui faisait partie du 10e corps de la Grande-Armée, placé sous les ordres du maréchal duc de Tarente. Il avait conclu, le 30 décembre 1812, avec les généraux russes Clausewitz et Diebitsch, une convention, par laquelle il s'engageait à observer la neutralité jusqu'au moment où le roi de Prusse lui aurait transmis ses instructions.

[381] Napoléon arriva à Paris le 20 décembre, deux jours, en effet, après la publication du 29e bulletin. « On était, dit Mme de Chastenay (Mémoires, II, 221), dans toute la stupeur causée par le bulletin de consternation, quand on apprit avec un redoublement de surprise que l'empereur était aux Tuileries. Il avait, en effet, parcouru toute l'Allemagne aussi rapidement qu'un courrier ; sa voiture s'étant brisée à Meaux, il s'était jeté, avec le duc de Vicence, dans le cabriolet de la poste

soit loin de s'exprimer avec la franchise dont on l'a loué ; des contradictions frappantes s'y remarquent et ne parviennent pas à couvrir une vérité qui perce partout. À Sainte-Hélène (comme on l'a vu ci-dessus), Bonaparte s'exprimait avec plus de bonne foi : ses révélations ne pouvaient plus compromettre un diadème alors tombé de sa tête. Il faut pourtant écouter encore un moment le ravageur :

« Cette armée, » dit-il dans le bulletin du 3 décembre 1812, « si belle le 6, était bien différente dès le 14. Presque sans cavalerie, sans artillerie, sans transports, nous ne pouvions nous éclairer à un quart de lieue...

« Les hommes que la nature n'a pas trempés assez fortement pour être au-dessus de toutes les chances du sort et de la fortune parurent ébranlés, perdirent leur gaieté, leur bonne humeur, et ne rêvèrent que malheurs et catastrophes ; ceux qu'elle a créés supérieurs à tout conservèrent leur gaieté, leurs manières ordinaires, et virent une nouvelle gloire dans des difficultés différentes à surmonter.

« Dans tous ces mouvements, l'empereur a toujours marché au milieu de sa garde, la cavalerie commandée par le maréchal duc d'Istrie, et l'infanterie commandée par le duc de Dantzick. Sa Majesté a été satisfaite du bon esprit que sa garde a montré ; elle a toujours été prête à se porter partout où les circonstances l'auraient exigé ; mais les circonstances ont toujours été telles que sa simple présence a suffi, et qu'elle n'a pas été dans le cas de donner.

« Le prince de Neuchâtel, le grand maréchal[382], le grand écuyer[71] et tous les aides de camp et les officiers militaires de la maison de l'empereur, ont toujours accompagné Sa Majesté.

« Notre cavalerie était tellement démontée, que l'on a dû réunir les officiers auxquels il restait un cheval pour en former quatre compagnies de cent cinquante hommes chacune. Les généraux y faisaient les fonctions de capitaines, et les colonels celles de sous-officiers. Cet escadron sacré, commandé par le général Grouchy, et sous les ordres du roi de Naples, ne perdait pas de vue l'empereur dans tous ses mouvements. La santé de Sa Majesté n'a jamais été meilleure. »

Quel résumé de tant de victoires ! Bonaparte avait dit aux Directeurs : « Qu'avez-vous fait de cent mille Français, tous mes compagnons de gloire ? Ils sont morts ! » La France pouvait dire à Bonaparte : « Qu'avez-vous fait dans une seule course des cinq cent mille soldats du Niémen, tous

---

et avait paru, vers dix heures du soir, à la grille des Tuileries, où, dans ce honteux équipage, la garde avait eu quelque peine à reconnaître son empereur... Un bain, un bon souper, quelques heures de repos avaient réparé ses forces ; les tailleurs avaient travaillé à lui préparer des vêtements, — il n'avait sauvé que ceux dont il était couvert, — et, le lendemain avant midi, tous les corps constitués, en députation au palais, le félicitaient sur son retour, sans lui demander, comme Auguste, ce qu'il avait fait de ses légions. »

[382] Duroc, grand maréchal du palais.

mes enfants ou mes alliés ? Ils sont morts ! »

Après la perte de ces cent mille soldats républicains regrettés de Napoléon, du moins la patrie fut sauvée : les derniers résultats de la campagne de Russie ont amené l'invasion de la France et la perte de tout ce que notre gloire et nos sacrifices avaient accumulé depuis vingt ans.

Bonaparte a sans cesse été gardé par un *bataillon sacré qui ne le perdit pas de vue dans tous ses mouvements ;* dédommagement des trois cent mille existences immolées : mais pourquoi la *nature ne les avait-elle pas trempées assez fortement ?* Elles auraient conservé *leurs manières ordinaires.* Cette vile chair à canon méritait-elle que *ses mouvements* eussent été aussi précieusement surveillés que ceux de Sa Majesté ?

Le bulletin conclut, comme plusieurs autres, par ces mots : « *La santé de Sa Majesté n'a jamais été meilleure.* »

Familles, séchez vos larmes : Napoléon se porte bien.

À la suite de ce rapport, on lisait cette remarque officielle dans les journaux : « C'est une pièce historique du premier rang : Xénophon et César ont ainsi écrit, l'un la retraite des Dix mille, l'autre ses *Commentaires.* » Quelle démence de comparaison académique ! Mais, laissant à part la bénévole réclame littéraire, on devait être satisfait parce que d'effroyables calamités causées par Napoléon lui avaient fourni l'occasion de montrer ses talents comme écrivain ! Néron a mis le feu à Rome, et il chante l'incendie de Troie. Nous étions arrivés jusqu'à la féroce dérision d'une flatterie qui déterrait dans ses souvenirs Xénophon et César, afin d'outrager le deuil éternel de la France.

Le Sénat conservateur accourt : « Le Sénat, » dit Lacépède[383], « s'empresse de présenter au pied du trône de V. M. I. et R. l'hommage de ses félicitations sur l'*heureuse arrivée* de V. M. au milieu de ses peuples. Le Sénat, premier conseil de l'empereur et *dont l'autorité n'existe que lorsque le monarque la réclame et la met en mouvement,* est établi pour la conservation de cette monarchie et de l'hérédité de votre trône, *dans une quatrième dynastie.* La France et la postérité le trouveront, dans toutes les circonstances, fidèle à ce devoir sacré, et tous ses membres seront toujours prêts à périr pour la défense de ce *palladium* de la sûreté et de la prospérité nationales. » Les membres du Sénat l'ont merveilleusement prouvé en décrétant la déchéance de Napoléon !

L'empereur répond : « Sénateurs, ce que vous me dites m'est fort agréable. J'ai à cœur LA GLOIRE ET LA PUISSANCE de la France ; mais nos

---

[383] Bernard-Germain-Étienne de Laville-sur-Illon, comte de Lacépède (1756-1825), député à l'Assemblée législative en 1791, membre du Sénat conservateur, pair en 1814, pair des Cent-Jours, de nouveau pair de France en 1819. Continuateur de Buffon, il a publié l'Histoire naturelle des Poissons, l'Histoire naturelle des Cétacés, et aussi celle des Serpents : Chateaubriand s'en souviendra tout à l'heure.

premières pensées sont POUR TOUT ce qui peut perpétuer la tranquillité intérieure . . . . . POUR CE TRONE auquel sont attachées DESORMAIS les destinées de la patrie . . . . . J'ai demandé à la Providence un nombre *d'années déterminé* . . . . . J'ai réfléchi à ce qui a été fait aux différentes époques ; j'y penserai encore. »

L'historien des reptiles, en osant congratuler Napoléon sur les prospérités publiques, est cependant effrayé de son courage ; il a peur *d'être ;* il a bien soin de dire que l'autorité du Sénat *n'existe* que lorsque le monarque la réclame *et la met en mouvement.* On avait tant à craindre de l'indépendance du Sénat !

Bonaparte, s'excusant à Saint-Hélène, dit : « Sont-ce les Russes qui m'ont anéanti ? Non, ce sont de faux rapports, de sottes intrigues, de la trahison, de la bêtise, bien des choses enfin qu'on saura peut-être un jour et qui pourront atténuer ou justifier les deux fautes grossières, en diplomatie comme en guerre, que l'on a le droit de m'adresser. »

Des fautes qui n'entraînent que la perte d'une bataille ou d'une province permettent des excuses en paroles mystérieuses, dont on renvoie l'explication à l'avenir ; mais des fautes qui bouleversent la société, et font passer sous le joug l'indépendance d'un peuple, ne sont pas effacées par les défaites de l'orgueil.

Après tant de calamités et de faits héroïques, il est rude à la fin de n'avoir plus à choisir dans les paroles du Sénat qu'entre l'horreur et le mépris.

Lorsque Bonaparte arriva précédé de son bulletin, la consternation fut générale. « On ne comptait dans l'Empire, dit M. de Ségur, que des hommes vieillis par le temps ou par la guerre, et des enfants ; presque plus d'hommes faits ! où étaient-ils ? Les pleurs des femmes, les cris des mères, le disaient assez ! Penchées laborieusement sur cette terre qui sans elles resterait inculte, elles maudissent la guerre en lui. »

Au retour de la Bérésina, il n'en fallut pas moins danser par ordre : c'est ce qu'on apprend des *Souvenirs pour servir à l'histoire,* de la reine Hortense. On fut contraint d'aller au bal, la mort dans le cœur, pleurant intérieurement ses parents ou ses amis. Tel était le déshonneur auquel le despotisme avait condamné la France : on voyait dans les salons ce que l'on rencontre dans les rues, des créatures se distrayant de leur vie en chantant leur misère pour divertir les passants.

Depuis trois ans j'étais retiré à Aulnay : sur mon coteau de pins, en 1811, j'avais suivi des yeux la comète qui pendant la nuit courait à l'horizon des bois ; elle était belle et triste, et, comme une reine, elle traînait sur ses pas son long voile. Qui l'étrangère égarée dans notre univers cherchait-elle ? à qui adressait-elle ses pas dans le désert du ciel ?

Le 23 octobre 1812, gîté un moment à Paris, rue des Saints-Pères, à l'hôtel Lavalette, madame Lavalette mon hôtesse, la sourde, me vint réveiller munie de son long cornet : « Monsieur ! monsieur ! Bonaparte est mort ! Le général Malet a tué Hulin. Toutes les autorités sont changées. La révolution est faite. »

Bonaparte était si aimé que pendant quelques instants Paris fut dans la joie, excepté les autorités burlesquement arrêtées. Un souffle avait presque jeté bas l'Empire. Évadé de prison à minuit, un soldat était maître du monde au point du jour ; un songe fut près d'emporter une réalité formidable. Les plus modérés disaient : « Si Napoléon n'est pas mort, il reviendra corrigé par ses fautes et par ses revers ; il fera la paix avec l'Europe, et le reste de nos enfants sera sauvé. » Deux heures après sa femme, M. Lavalette entra chez moi pour m'apprendre l'arrestation de Malet : *il ne me cacha pas* (c'était sa phrase coutumière) *que tout était fini*. Le jour et la nuit se firent au même moment. J'ai raconté comment Bonaparte reçut cette nouvelle dans un champ de neige près de Smolensk.

Le *sénatus-consulte* du 12 janvier 1813 mit à la disposition de Napoléon revenu deux cent cinquante mille hommes ; l'inépuisable France vit sortir de son sang par ses blessures de nouveaux soldats. Alors on entendit une voix depuis longtemps oubliée ; quelques vieilles oreilles françaises crurent en reconnaître le son : c'était la voix de Louis XVIII ; elle s'élevait du fond de l'exil[384]. Le frère de Louis XVI annonçait des principes à établir un jour dans une charte constitutionnelle ; premières espérances de liberté qui nous venaient de nos anciens rois.

Alexandre, entré à Varsovie, adresse une proclamation à l'Europe :

« Si le Nord imite le sublime exemple qu'offrent les Castillans, le deuil du monde est fini. L'Europe, sur le point de devenir la proie d'*un monstre,* recouvrerait à la fois son indépendance et sa tranquillité. Puisse enfin de ce *colosse sanglant qui menaçait le continent de sa criminelle éternité* ne rester qu'un long souvenir d'horreur et de pitié ! »

Ce *monstre,* ce *colosse sanglant qui menaçait le continent de sa criminelle éternité,* était si peu instruit par l'infortune qu'à peine échappé aux Cosaques, il se jeta sur un vieillard qu'il retenait prisonnier.

Nous avons vu l'enlèvement du pape à Rome, son séjour à Savone, puis sa détention à Fontainebleau. La discorde s'était mise dans le sacré collège : des cardinaux voulaient que le saint-père résistât pour le spirituel, et ils eurent ordre de ne porter que des bas noirs ; quelques-uns furent envoyés en exil dans les provinces ; quelques chefs du clergé français enfermés à Vincennes ; d'autres cardinaux opinaient à la soumission complète du pape ; ils conservèrent leurs bas rouges : c'était une seconde représentation des cierges de la Chandeleur.

Lorsqu'à Fontainebleau le pape obtenait quelque relâchement de l'obsession des cardinaux rouges, il se promenait seul dans les galeries de

---

384 Louis XVIII était alors établi, dans le comté de Buckingham, au château de Hartwell, domaine agreste et modeste d'un particulier anglais, M, Sée.

François Ier : il y reconnaissait la trace des arts qui lui rappelaient la ville sacrée, et de ses fenêtres il voyait les pins que Louis XVI avait plantés en face des appartements sombres où Monaldeschi fut assassiné. De ce désert, comme Jésus, il pouvait prendre en pitié les royaumes de la terre. Le septuagénaire à moitié mort, que Bonaparte lui-même vint tourmenter, signa machinalement ce concordat de 1813[385], contre lequel il protesta bientôt après l'arrivée des cardinaux Pacca et Consalvi.

Lorsque Pacca rejoignit le captif avec lequel il était parti de Rome, il s'imaginait trouver une grande foule autour de la geôle royale ; il ne rencontra dans les cours que de rares serviteurs et une sentinelle placée au haut de l'escalier en fer à cheval. Les fenêtres et les portes du palais étaient fermées : dans la première antichambre des appartements était le cardinal Doria, dans les autres salles se tenaient quelques évêques français. Pacca fut introduit auprès de Sa Sainteté : elle était debout, immobile, pâle, courbée, amaigrie, les yeux enfoncés dans la tête.

Le cardinal lui dit qu'il avait hâté son voyage pour se jeter à ses pieds ; le pape répondit : « Ces cardinaux nous ont entraîné à la table et nous ont fait signer. » Pacca se retira à l'appartement qu'on lui avait préparé, confondu qu'il était de la solitude des demeures, du silence des yeux, de l'abattement des visages et du profond chagrin empreint sur le front du pape. Retourné auprès de Sa Sainteté, il « la trouva (c'est lui qui parle) dans un état digne de compassion et qui faisait craindre pour ses jours. Elle était anéantie par une tristesse inconsolable en parlant de ce qui était arrivé ; cette pensée de tourment l'empêchait de dormir et ne lui permettait de prendre de nourriture que ce qui suffisait pour ne pas consentir à mourir : — De cela, disait-elle, je mourrai fou comme Clément XIV. »

Dans le secret de ces galeries déshabitées où la voix de saint Louis, de François Ier, de Henri IV et de Louis XIV ne se faisait plus entendre, le saint-père passa plusieurs jours à écrire la minute et la copie de la lettre qui devait être remise à l'empereur. Le cardinal Pacca emportait caché dans sa robe le papier dangereux à mesure que le pape y ajoutait quelques lignes. L'ouvrage achevé, le pape le remit, le 24 mars 1813, au colonel Lagorsse

---

[385] Il fut signé au palais de Fontainebleau, le 25 janvier 1813. En voici les principales dispositions : — La résidence à Paris n'est pas textuellement imposée au Saint-Père ; il est seulement indiqué en termes un peu vagues qu'il se fixera en France ou dans le royaume d'Italie. — Les domaines qu'il possédait, et qui ne sont pas aliénés, seront administrés par ses agents ou chargés d'affaires. Ceux qui seraient aliénés seront remplacés jusqu'à concurrence de 2 000 000 de francs de revenus. — Dans les six mois qui suivront la notification d'usage de la nomination par l'empereur aux archevêchés et évêchés de l'Empire et du royaume d'Italie, le pape donnera l'institution canonique. Les six mois expirés sans que le pape ait accordé l'institution, le métropolitain, et, à son défaut, ou s'il s'agit du métropolitain, l'évêque le plus ancien de la province, procédera à l'institution de l'évêque nommé.

et le chargea de le porter à l'empereur. Il fit lire en même temps une allocution aux divers cardinaux qui se trouvaient près de lui : il regarde comme nul le bref qu'il avait donné à Savone et le concordat du 25 janvier. « Béni soit le Seigneur, dit l'allocution, qui n'a pas éloigné de nous sa miséricorde ! Il a bien voulu nous humilier par une salutaire confusion. À nous donc soit l'humiliation pour le bien de notre âme ; à lui dans tous les siècles l'exaltation, l'honneur et la gloire !

« Du palais de Fontainebleau, le 24 mars 1813. »

Jamais plus belle ordonnance ne sortit de ce palais. La conscience du pape étant allégée, le visage du martyr devint serein ; son sourire et sa bouche retrouvèrent leur grâce et ses yeux le sommeil.

Napoléon menaça d'abord de *faire sauter la tête de dessus les épaules de quelques-uns des prêtres de Fontainebleau ;* il pensa à se déclarer chef de la religion de l'État ; puis, retombant dans son naturel, il feignit de n'avoir rien su de la lettre du pape. Mais sa fortune décroissait. Le pape, sorti d'un ordre de pauvres moines, rentré par ses malheurs dans le sein de la foule, semblait avoir repris le grand rôle de tribun des peuples, et donné le signal de la déposition de l'oppresseur des libertés publiques.

La mauvaise fortune amène les trahisons et ne les justifie pas ; en mars 1813, la Prusse à Kalisch s'allie avec la Russie[386]. Le 3 mars, la Suède fait un traité avec le cabinet de Saint-James : elle s'oblige à fournir trente mille hommes. Hambourg est évacué par les Français, Berlin occupé par les Cosaques, Dresde pris par les Russes et les Prussiens[387].

La défection de la Confédération du Rhin se prépare. L'Autriche adhère à l'alliance de la Russie et de la Prusse. La guerre se rouvre en Italie où le prince Eugène s'est transporté.

En Espagne, l'armée anglaise défait Joseph à Vitoria[388], les tableaux dérobés aux églises et aux palais tombent dans l'Èbre : je les avais vus à Madrid et à l'Escurial ; je les ai revus lorsqu'on les restaurait à Paris : le flot et Napoléon avaient passé sur ces Murillo et ces Raphaël, *velut umbra*. Wellington, s'avançant toujours, bat le maréchal Soult à Roncevaux[389] : nos grands souvenirs faisaient le fond des scènes de nos nouvelles destinées.

Le 14 février, à l'ouverture du Corps législatif, Bonaparte déclara qu'il avait toujours voulu la paix et quelle était nécessaire au monde. Ce monde ne lui réussissait plus. Du reste, dans la bouche de celui qui nous

---

[386] Le traité d'alliance entre la Prusse et la Russie fut signé le 1er mars 1813.

[387] Berlin fut occupé par les Cosaques le 4 mars 1813 ; Hambourg fut évacué par les Français le 12 mars ; Dresde fut pris par les Russes et les Prussiens le 21.

[388] La bataille de Vitoria eut lieu le 21 juin 1813. À la nouvelle de cette défaite, qui consommait pour lui la perte de l'Espagne, Napoléon rappela Joseph et lui enjoignit de se retirer en son château de Mortefontaine, avec défense d'y voir personne, sous peine d'être arrêté.

[389] 28-31 juillet 1813.

appelait *ses sujets,* aucune sympathie pour les douleurs de la France : Bonaparte levait sur nous des souffrances, comme un tribut qui lui était dû.

Le 3 avril, le Sénat conservateur ajoute cent quatre-vingt mille combattants à ceux qu'il a déjà alloués : coupes extraordinaires d'hommes au milieu des coupes réglées. Le 10 avril enlève Lagrange[390] ; l'abbé Delille expira quelques jours après[391]. Si dans le ciel la noblesse du sentiment l'emporte sur la hauteur de la pensée, le chantre de *la Pitié* est placé plus près du trône de Dieu que l'auteur de la *Théorie des fonctions analytiques.* Bonaparte avait quitté Paris le 15 avril.

Les levées de 1812, se succédant, s'étaient arrêtées en Saxe. Napoléon arrive. L'honneur du vieil ost expiré est remis à deux cent mille conscrits qui se battent comme les grenadiers de Marengo. Le 2 mai, la bataille de Lützen est gagnée : Bonaparte, dans ces nouveaux combats, n'emploie presque plus que l'artillerie, Entré dans Dresde, il dit aux habitants : « Je n'ignore pas à quel transport vous vous êtes livrés lorsque l'empereur Alexandre et le roi de Prusse sont entrés dans vos murs. Nous voyons encore sur le pavé le fumier des fleurs que vos *jeunes filles* ont semées sur les pas des monarques. » Napoléon se souvenait-il des *jeunes files de Verdun ?* C'était du temps de ses belles années.

À Bautzen[392], autre triomphe, mais où s'ensevelissent le général du génie Kirgener, et Duroc, grand maréchal du palais. « Il y a une autre vie, dit l'empereur à Duroc : nous nous reverrons. » Duroc se souciait-il de le revoir[393] ?

---

[390] Joseph-Louis, comte Lagrange (1736-1813), célèbre mathématicien, membre de l'Institut, comte de l'Empire, grand-officier de la Légion d'honneur. Ce géomètre plaisait fort à Napoléon, n'étant point un idéologue. On lui demandait un jour comment il pouvait voter les terribles conscriptions annuelles : « Cela, répondit-il, ne change pas sensiblement les tables de la mortalité. » — Son corps fut déposé au Panthéon.

[391] Delille mourut d'apoplexie dans la nuit du 1er au 2 mai 1813. Son corps resta exposé plusieurs jours au Collège de France, sur un lit de parade, la tête couronnée de lauriers et le visage légèrement peint. Son convoi eut quelque chose d'une apothéose, et ses funérailles ont laissé le souvenir d'une grande solennité nationale. Elles égalèrent en éclat celles du maréchal Bessières, duc d'Istrie, mort, lui aussi, le 1er mai, dans le combat qui précéda la bataille de Lutzen, et dont les obsèques avaient été, par ordre de l'empereur, entourées d'une pompe extraordinaire.

[392] 19 mai 1813.

[393] Le 22 mai 1813, à Wurtzen, Duroc escortait, avec les ducs de Vicence et de Trévise, l'Empereur, qui descendait au galop un petit chemin creux pour gagner une éminence d'où il put juger de l'effet de la charge des 14 000 cavaliers du général Latour-Maubourg, dans la plaine de Reichenbach. Tout à coup, un boulet vint frapper un arbre, ricocha, tua le général Kirgener, de l'escorte, et atteignit mortellement Duroc au bas-ventre ; on le transporta dans une petite ferme, où il expira au bout de quelques heures. Ses cendres reposent aux Invalides, à côte de celles de l'Empereur.

Le 26 et le 27 août, on s'aborde sur l'Elbe dans des champs déjà fameux[394]. Revenu de l'Amérique, après avoir vu Bernadotte à Stockholm, et Alexandre à Prague, Moreau a les deux jambes emportées d'un boulet à Dresde, à côté de l'Empereur de Russie : vieille habitude de la fortune napoléonienne. On apprit la mort du vainqueur de Hohenlinden, dans le camp français, par un chien perdu, sur le collier duquel était écrit le nom du nouveau Turenne ; l'animal, demeuré sans maître, courait au hasard parmi les morts : *Te, janitor Orci*[395] !

Le prince de Suède, devenu généralissime de l'armée du nord de l'Allemagne, avait adressé, le 15 d'août, une proclamation à ses soldats :

« Soldats, le même sentiment qui guida les Français de 1792, et qui les porta à s'unir et à combattre les armées qui étaient sur leur territoire, doit diriger aujourd'hui votre valeur contre celui qui, après avoir envahi le sol qui vous a vus naître, enchaîne encore vos frères, vos femmes et vos enfants. »

Bonaparte, encourant la réprobation unanime, s'élançait contre la liberté qui l'attaquait de toutes parts, sous toutes les formes. Un sénatus-consulte du 28 août annule la déclaration d'un jury d'Anvers[396] : bien petite infraction, sans doute, aux droits des citoyens, après l'énormité d'arbitraire dont avait usé l'empereur ; mais il y a au fond des lois une sainte indépendance dont les cris sont entendus : cette oppression d'un jury fit plus de bruit que les oppressions diverses dont la France était la victime.

Enfin, au midi, l'ennemi avait touché notre sol ; les Anglais, obsession de Bonaparte et cause de presque toutes ses fautes, passèrent la Bidassoa le 7 octobre : Wellington, l'homme fatal, mit le premier le pied sur la terre de France.

S'obstinant à rester en Saxe, malgré la prise de Vandamme en Bohème[397] et la défaite de Ney près de Berlin par Bernadotte[398], Napoléon

---

[394] Bataille de Dresde (26 et 27 août 1813).

[395] Te Stygii tremuere lacus, te Janitor Orci.

(Virgile, Énéide, viii, 296.)

[396] Le 21 juillet 1813, le Jury d'Anvers avait acquitté les nommés Werbrouck, Lacoste, Biard et Petit, accusés d'être auteurs ou complices de dilapidations commises dans la gestion et l'administration de l'octroi d'Anvers. Le sénatus-consulte du 28 août annula la déclaration du Jury et chargea la Cour de cassation de renvoyer les quatre acquittés devant une Cour impériale qui prononcerait sur eux sans jury. Cette audacieuse violation de la loi eût peut-être passé inaperçue lorsque l'Empereur était à l'apogée de sa fortune ; venant après les désastres de Russie et d'Espagne, elle souleva en Europe une indignation générale.

[397] Le 30 août 1813, le général Vandamme, qui occupait à Kulm, sur le revers des montagnes de Bohème, avec une armée de 30 000 hommes, une position très forte, s'était trouvé entouré par un cercle de 130 000 ennemis. Les Français résistèrent en désespérés. Le général Corbineau finit par s'ouvrir un passage en abandonnant l'artillerie, mais nous avions eu cinq ou six mille tués ou blessés, et nous laissions sept mille prisonniers aux mains des vainqueurs. Vandamme était

revint sur Dresde. Alors le Landsturm[399] se lève ; une guerre nationale, semblable à celle qui a délivré l'Espagne, s'organise.

On a appelé les combats de 1813 la campagne de Saxe : ils seraient mieux nommés la *campagne de la jeune Allemagne ou des poètes*. À quel désespoir Bonaparte ne nous avait-il pas réduits par son oppression, puisqu'en voyant couler notre sang, nous ne pouvons nous défendre d'un mouvement d'intérêt pour cette généreuse jeunesse saisissant l'épée au nom de l'indépendance ? Chacun de ces combats était une protestation pour les droits des peuples.

Dans une de ses proclamations, datée de Kalisch le 25 mars 1813, Alexandre appelait aux armes les populations de l'Allemagne, leur promettant, au nom de ses frères les rois, des institutions libres. Ce signal fit éclater la *Burschenschaft[400]*, déjà secrètement formée. Les universités d'Allemagne s'ouvrirent ; elles mirent de côté la douleur pour ne songer qu'à la réparation de l'injure : « Que les lamentations et les larmes soient courtes, la tristesse et la douleur longues, disaient les Germains d'autrefois ; à la femme il est décent de pleurer, à l'homme de se souvenir : *Lamenta ac lacrymas cito, dolorem et tristitiam tarde ponunt. Feminis lugere honestum est, viris meminisse.* » Alors la jeune Allemagne court à la délivrance de la patrie ; alors se pressèrent ces Germains, *alliés de l'Empire,* dont l'ancienne Rome se servit en guise d'armes et de javelots, *velut tela atque arma.*

Le professeur Fichte[401] faisait à Berlin, en 1813, une leçon sur le *devoir ;* il parla des calamités de l'Allemagne, et termina sa leçon par

---

du nombre, ainsi que le général Haxo, aide de camp de l'Empereur, et plusieurs autres généraux, 60 pièces de canon, 18 obusiers, tous les caissons, y compris ceux du parc de réserve, tous les bagages, enfin, tombèrent aux mains de l'ennemi (Souvenirs militaires du duc de Fezensac, p. 411 et suivantes). Inaugurée par les brillantes victoires de Lutzen et de Bautzen la campagne de Saxe se terminait par un désastre qui ne se devait pas réparer et qu'allait bientôt suivre le désastre, plus grand encore, de Leipsick.

[398] Le 6 septembre 1813, Ney est battu par le prince de Suède, Bernadotte, et par le général prussien Bulow, à Dennewitz, près de Berlin. Il perd, avec les deux tiers de son artillerie, ses munitions, ses bagages, et plus de 10 000 hommes.

[399] De land, terre, et sturm, tocsin ; — nom donné en Allemagne et en Suisse à une levée en masse de tous les hommes en état de porter les armes, et qui a lieu lorsque la patrie est en danger.

[400] De bursch, camarade, et shaft, confrérie ; — nom donné à une association formée en 1815 par les étudiants des universités allemandes qui, deux ans auparavant, avaient quitté leurs études pour prendre part à la guerre de la délivrance.

[401] Jean-Gotllich Fichte (1762-1814). Professeur de philosophie à Iéna d'abord, ensuite à Berlin, il avait prononcé, en cette dernière ville, de 1807 à 1808, malgré l'occupation française, ses fameux Discours à la nation allemande, qui préparèrent le réveil de l'Allemagne. Ses principaux ouvrages sont les Principes d'une théorie de la science (1794), Principes du droit naturel (1796-1797), Système de morale

ces paroles : « Le cours sera donc suspendu jusqu'à la fin de la campagne. Nous le reprendrons dans notre patrie libre, ou nous serons morts pour reconquérir la liberté. » Les jeunes auditeurs se lèvent en poussant des cris : Fichte descend de sa chaire, traverse la foule, et va inscrire son nom sur les rôles d'un corps partant pour l'armée.

Tout ce que Bonaparte avait méprisé et insulté lui devient péril : l'intelligence descend dans la lice contre la force brutale ; Moscou est la torche à la lueur de laquelle la Germanie ceint son baudrier : « Aux armes ! s'écrie la muse. Le Phénix de la Russie s'est élancé de son bûcher ! » Cette reine de Prusse, si faible et si belle, que Napoléon avait accablée de ses ingénéreux outrages, se transforme en une ombre implorante et implorée : « Comme elle dort doucement ! » chantent les bardes. « Ah ! puisses-tu dormir jusqu'au jour où ton peuple lavera dans le sang la rouille de son épée ! Éveille-toi alors ! éveille-toi ! sois l'ange de la liberté et de la vengeance ! »

Kœrner[402] n'a qu'une crainte, celle de *mourir en prose :* « Poésie ! poésie ! s'écrie-t-il, rends-moi la mort à la clarté du jour ! »

Il compose au bivouac l'hymne *de la Lyre et de l'Épée.*

LE CAVALIER

« Dis-moi, ma bonne épée, l'épée de mon flanc, pourquoi l'éclair de ton regard est-il aujourd'hui si ardent ? Tu me regardes d'un œil d'amour, ma bonne épée, l'épée qui fait ma joie. Hourra !

L'ÉPÉE

« C'est que c'est un brave cavalier qui me porte : voilà ce qui enflamme mon regard ; c'est que je suis la force d'un homme libre : voilà ce qui fait ma joie. Hourra !

LE CAVALIER

« Oui, mon épée, oui, je suis un homme libre, et je t'aime du fond du cœur : je t'aime comme si tu m'étais fiancée ; je t'aime comme une maîtresse chérie.

L'ÉPÉE

« Et moi, je me suis donnée à toi ! à toi ma vie, à toi mon âme d'acier ! Ah ! si nous sommes fiancés, quand me diras-tu : Viens, viens, ma maîtresse chérie ! » Ne croit-on pas entendre un de ces guerriers du Nord, un de ces hommes de batailles et de solitudes, dont Saxo Grammaticus dit : « Il tomba, rit et mourut. »

(1798), la Destination de l'homme (1800), Méthode pour arriver à la vie bienheureuse (1806).

[402] Charles-Théodore Kœrner (1791-1813). Il était poète du théâtre de la cour, à Vienne, lorsqu'en 1813 il s'enrôla dans le régiment des chasseurs volontaires de Lutzow. Il se servit aussi vaillamment de l'épée que de la lyre. Chacune de ses pièces, à peine composée, courait aussitôt les armées et enflammait tous les cœurs. Elles ont été réunies après sa mort, en 1814, sous ce titre : Lyre et Épée.

Ce n'était point le froid enthousiasme d'un scalde en sûreté : Kœrner avait l'épée au flanc ; beau, blond et jeune. Apollon à cheval, il chantait la nuit comme l'Arabe sur sa selle ; son *maoual,* en chargeant l'ennemi, était accompagné du galop de son destrier. Blessé à Lützen, il se traîna dans les bois, où des paysans le retrouvèrent ; il reparut et mourut aux plaines de Leipsick, à peine âgé de vingt-cinq ans[403] : il s'était échappé des bras d'une femme qu'il aimait, et s'en allait dans tout ce que la vie a de délices. « Les femmes se plaisent, disait Tyrtée, à contempler le jeune homme resplendissant et debout ; il n'est pas moins beau lorsqu'il tombe au premier rang. »

Les nouveaux Arminius, nourris à l'école de la Grèce, avaient un bardit général : quand ces étudiants abandonnèrent la paisible retraite de la science pour les champs de bataille, les joies silencieuses de l'étude pour les périls bruyants de la guerre, Homère et les Niebelungen pour l'épée, qu'opposèrent-ils à notre hymne de sang, à notre cantique révolutionnaire ? Ces strophes pleines de l'affection religieuse, et de la sincérité de la nature humaine :

« Quelle est la patrie de l'Allemand ? Nommez-moi cette grande patrie ! Aussi loin que résonne la langue allemande, aussi loin que des chants allemands se font entendre pour louer Dieu, là doit être la patrie de l'Allemand.

« La patrie de l'Allemand est le pays où le serrement de mains suffit pour tout serment, où la bonne foi pure brille dans tous les regards, où l'affection siège brûlante dans tous les cœurs.

« Ô Dieu du ciel, abaisse tes regards sur nous et donne-nous cet esprit si pur, si vraiment allemand, pour que nous puissions vivre fidèles et bons. Là est la patrie de l'Allemand, tout ce pays est sa patrie[404]. »

Ces camarades de collège, maintenant compagnons d'armes, ne s'inscrivaient point dans ces *ventes* où des septembriseurs vouaient des assassinats au poignard : fidèles à la poésie de leurs rêveries, aux traditions de l'histoire, au culte du passé, ils firent d'un vieux château, d'une antique forêt, les asiles conservateurs de la *Burschenschaft*. La reine de Prusse était devenue leur patronne, en place de la reine des nuits.

Du haut d'une colline, du milieu des ruines, les écoliers-soldats, avec leurs professeurs-capitaines, découvraient le faîte des salles de leurs universités chéries : émus au souvenir de leur docte antiquité, attendris à la

---

[403] Koerner ne mourut pas à Leipsick (octobre 1813) ; il fut frappé à mort par un boulet dans une rencontre à Gadebusch, dans le Mecklembourg, le 27 août 1813. Il n'avait que vingt-deux ans.

[404] Ces strophes sont tirées d'une des plus belles pièces d'Ernest-Maurice Arndt, la Patrie de l'Allemand. Comme à Théodore Kœrner, le patriotisme a dicté à Maurice Arndt, dans ses Chants de guerre (1813-1815), d'admirables inspirations. Seulement, tandis que Kœrner mourait à vingt-deux ans, Arndt devait mourir presque centenaire., Né le 26 décembre 1769, il est mort le 29 janvier 1869.

vue du sanctuaire de l'étude et des jeux de leur enfance, ils juraient d'affranchir leur pays, comme Melchthal, Furst et Stauffacher prononcèrent leur triple serment à l'aspect des Alpes, par eux immortalisées, illustrés par elles. Le génie allemand a quelque chose de mystérieux ; la Thécla de Schiller est encore la fille teutonne douée de prescience et formée d'un élément divin. Les Allemands adorent aujourd'hui la liberté dans un vague indéfinissable, de même qu'autrefois ils appelaient *Dieu* le secret des bois : *Deorum nominibus appellant secretum illud...* L'homme dont la vie était un dithyrambe en action ne tomba que quand les poètes de la jeune Allemagne eurent chanté et pris le glaive contre leur rival Napoléon, le poète armé.

Alexandre était digne d'avoir été le héraut envoyé aux jeunes Allemands : il partageait leurs sentiments élevés, et il était dans cette position de force qui rend possibles les projets ; mais il se laissa effrayer de la terreur des monarques qui l'environnaient. Ces monarques ne tinrent point leurs promesses ; ils ne donnèrent point à leurs peuples des institutions généreuses. Les enfants de la Muse (flamme par qui les masses inertes des soldats avaient été animées) furent plongés dans des cachots en récompense de leur dévouement et de leur noble crédulité. Hélas ! la génération qui rendit l'indépendance aux Teutons est évanouie ; il n'est demeuré en Germanie que de vieux cabinets usés. Ils appellent le plus haut qu'ils peuvent Napoléon un grand homme, pour faire servir leur présente admiration d'excuse à leur bassesse passée. Dans le sot enthousiasme pour l'homme qui continue à aplatir les gouvernements après les avoir fouettés, à peine se souvient-on de Kœrner : « Arminius, libérateur de la Germanie, dit Tacite, fut inconnu aux Grecs qui n'admirent qu'eux, peu célèbre chez les Romains qu'il avait vaincus ; mais les nations barbares le chantent encore, *caniturque barbaras apud gentes.* »

Le 18 et le 19 octobre se donna dans les champs de Leipsick ce combat que les Allemands ont appelé la *bataille des nations.* Vers la fin de la seconde journée, les Saxons et les Wurtembergeois, passant du camp de Napoléon sous les drapeaux de Bernadotte, décidèrent le résultat de l'action ; victoire entachée de trahison. Le prince de Suède, l'empereur de Russie et le roi de Prusse pénètrent dans Leipsick à travers trois portes différentes. Napoléon, ayant éprouvé une perte immense, se retira. Comme il n'entendait rien aux retraites de sergent, ainsi qu'il l'avait dit, il fit sauter des ponts derrière lui. Le prince Poniatowski, blessé deux fois, se noie dans l'Elster : la Pologne s'abîma avec son dernier défenseur[405].

---

[405] Le prince Poniatowski avait été nommé maréchal de France sur le champ de bataille, le 16 octobre 1813, à la première des trois journées de Leipsick. Trois jours après, quand la grande défaite fut consommée, chargé de protéger la retraite de l'armée, il fit des prodiges de valeur, et lorsqu'il ne fut plus possible de résister, il s'élança dans l'Elster plutôt que de se rendre, et s'y noya (19 octobre).

Napoléon ne s'arrêta qu'à Erfurt : de là son bulletin annonça que son armée, toujours victorieuse, *arrivait comme une armée battue :* Erfurt, peu de temps auparavant, avait vu Napoléon au faîte de la prospérité.

Enfin les Bavarois, déserteurs après les autres d'une fortune abandonnée, essayent d'exterminer à Hanau[406] le reste de nos soldats. Wrède[407] est renversé par les seuls gardes d'honneur : quelques conscrits, déjà vétérans, lui passent sur le ventre ; ils sauvent Bonaparte et prennent position derrière le Rhin. Arrivé en fugitif à Mayence, Napoléon se retrouve à Saint-Cloud le 9 novembre ; l'infatigable de Lacépède revient lui dire : « Votre Majesté a tout surmonté. » M. de Lacépède avait parlé convenablement des ovipares[408] ; mais il ne se pouvait tenir debout.

La Hollande reprend son indépendance et rappelle le prince d'Orange[409]. Le 1er décembre les puissances alliées déclarent « qu'elles ne font point la guerre à la France, mais à l'empereur seul, ou plutôt à cette prépondérance qu'il a trop longtemps exercée, hors des limites de son empire, pour le malheur de l'Europe et de la France[410]. »

Quand on voit s'approcher le moment où nous allions être renfermés dans notre ancien territoire, on se demande à quoi donc avaient servi le bouleversement de l'Europe et le massacre de tant de millions d'hommes ? Le temps nous engloutit et continue tranquillement son cours.

Par le traité de Valencay du 11 décembre, le misérable Ferdinand VII est renvoyé à Madrid : ainsi se termina obscurément à la

---

[406] Après le désastre de Leipsick, Napoléon et les débris de son armée suivirent, pour rentrer en France, la route de Weissenfeld, Erfurt, Gotha, Fulde, jusqu'à Hanau, où l'armée autrichienne et bavaroise, commandée par le général Wrède, voulut lui barrer le chemin. L'armée française, si affaiblie, si épuisée, retrouva son énergie pour combattre d'anciens alliés devenus inopinément nos ennemis. On leur passa sur le corps ; ils perdirent 6 000 hommes, tués ou blessés, et 4 000 prisonniers. Notre perte totale fut d'environ 5 000 hommes. Ce dernier effort termina les opérations de la Grande Armée en Allemagne.

[407] Charles-Philippe, prince de Wrède (1769-1838), feld-maréchal bavarois. Par suite de l'étroite alliance qui unissait la Bavière à la France, il servit Napoléon de 1805 à 1809, et il le fit avec autant de vaillance que de talent. Pendant la campagne de Russie, il se couvrit de gloire, surtout à Polotsk et à Valontina-Cora. À Leipsick, il se battait encore dans nos rangs, mais le désastre éprouvé par Napoléon détacha de lui la Bavière. Lors de la campagne de France, en 1814, il battit Oudinot à Bar sur-Aube, et fut fait prince ; il avait été fait feld-maréchal après Wagram. Le général de Wrède est un des généraux les plus remarquables de la période napoléonienne.

[408] Lacépède avait publié en 1788 l'Histoire générale et particulière des quadrupèdes ovipares.

[409] Le 24 novembre 1813, le gouvernement provisoire établi à Amsterdam à la suite du soulèvement de cette ville (16 novembre), proclama l'indépendance des Provinces-Unies, et rappela le prince d'Orange.

[410] Déclaration de Francfort, signée dans cette ville par les souverains alliés. Elle est datée du 1er décembre 1813, mais ne ne parut que dans la Gazette de Francfort du 7.

hâte cette criminelle entreprise d'Espagne, première cause de la perte de Napoléon. On peut toujours aller au mal, on peut toujours tuer un peuple ou un roi ; mais le retour est difficile : Jacques Clément raccommodait ses sandales pour le voyage de Saint-Cloud ; ses confrères lui demandèrent en riant combien son ouvrage durerait : « Assez pour le chemin que j'ai à faire, répondit-il : je dois aller, non revenir. »

Le Corps législatif est assemblé le 19 décembre 1813. Étonnant sur le champ de bataille, remarquable dans son conseil d'État, Bonaparte n'a plus la même valeur en politique : la langue de la liberté, il l'ignore : s'il veut exprimer des affections congéniales, des sentiments paternels, il s'attendrit tout de travers, et il plaque des paroles émues à son insensibilité : « Mon cœur, » dit-il au Corps législatif, « a besoin de la présence et de l'affection de mes *sujets*. Je n'ai jamais été séduit par la prospérité ; l'adversité me trouvera au-dessus de ses atteintes. J'avais conçu et exécuté de grands desseins pour la prospérité et le bonheur du monde. *Monarque et père,* je sens que la paix ajoute à la sécurité des trônes et à celle des familles. »

Un article officiel du *Moniteur* avait dit, au mois de juillet 1804, *sous l'Empire,* que *la France ne passerait jamais le Rhin, et que ses armées ne le passeraient plus.*

Les alliés traversèrent ce fleuve le 21 décembre 1813, depuis Bâle, jusqu'à Schaffouse, avec plus de cent mille hommes ; le 31 du même mois, l'armée de Silésie, commandée par Blücher, le franchit à son tour, depuis Manheim jusqu'à Coblentz.

Par ordre de l'empereur, le Sénat et le Corps législatif avaient nommé deux commissions chargées de prendre connaissance des documents relatifs aux négociations avec les puissances coalisées ; prévision d'un pouvoir qui, se refusant à des conséquences devenues inévitables, voulait en laisser la responsabilité à une autre autorité[411].

La commission du Corps législatif, que présidait M. Lainé, osa dire « que les moyens de paix auraient des effets assurés, si les Français étaient convaincus que leur sang ne serait versé que pour défendre une patrie et des lois protectrices ; que Sa Majesté doit être suppliée de maintenir l'entière et constante exécution des lois qui garantissent aux Français les droits de la liberté, de la propriété, et à la nation le libre exercice de ses droits politiques[412]. »

---

[411] Le Sénat avait désigné comme commissaires MM. de Fontanes, de Talleyrand, de Saint-Marsan, de Barbé-Marbois, de Beurnouville. — Le Corps législatif avait choisi MM. Lainé, Raynouard, Maine de Biran, Flangergues et Gallois.

[412] Le Corps législatif, réuni en comité secret, le 29 décembre, entendit le rapport de la commission. M. Raynouard l'avait terminé par le conseil de rédiger une adresse à l'Empereur. On décida, à la majorité de 223 voix sur 254, que le rapport serait imprimé pour les membres seuls du Corps législatif, afin qu'ils pussent le méditer, et voter sur le projet d'adresse en connaissance de cause. Le 30, Napoléon assembla un conseil de gouvernement, auquel furent appelés les

Le ministre de la police, duc de Rovigo, fait enlever les épreuves du rapport ; un décret du 31 décembre ajourne le Corps législatif ; les portes de la salle sont fermées. Bonaparte traite les membres de la commission législative d'*agents payés par l'Angleterre* : « Le nommé Lainé, disait-il, est un traître qui correspond avec le prince régent par l'intermédiaire de Desèze ; Raynouard, Maine de Biran et Flaugergues sont des factieux[413]. »

Le soldat s'étonnait de ne plus retrouver ces Polonais qu'il abandonnait et qui, en se noyant pour lui obéir, criaient encore : « Vive l'empereur ! » Il appelait le rapport de la commission une motion sortie d'un club de Jacobins. Pas un discours de Bonaparte dans lequel n'éclate son aversion pour la République dont il était sorti ; mais il en détestait moins les crimes que les libertés. À propos de ce même rapport il ajoutait : « Voudrait-on rétablir la souveraineté du peuple ? Eh bien, dans ce cas, je me fais peuple ; car je prétends être toujours là où réside la souveraineté. » Jamais despote n'a expliqué plus énergiquement sa nature : c'est le mot retourné de Louis XIV : « L'État, c'est moi. »

À la réception du premier jour de l'an 1814, on s'attendait à quelque scène. J'ai connu un homme attaché à cette cour, lequel se préparait à tout hasard à mettre l'épée à la main. Napoléon ne dépassa pas néanmoins la violence des paroles, mais il s'y laissa aller avec cette plénitude qui causait quelquefois de la confusion à ses hallebardiers mêmes : « Pourquoi, s'écria-t-il, parler devant l'Europe de ces débats domestiques ? Il faut laver son linge sale en famille. Qu'est-ce qu'un trône ? un morceau de bois recouvert d'un morceau d'étoffe : tout dépend de celui qui s'y assied. La France a plus besoin de moi que je n'ai besoin d'elle. Je suis un de ces hommes qu'on tue, mais qu'on ne déshonore pas. Dans trois mois nous aurons la paix, ou l'ennemi sera chassé de notre territoire, ou je serai mort. »

C'était dans le sang que Bonaparte était accoutumé à laver le linge des Français. Dans trois mois on n'eut point la paix, l'ennemi ne fut point chassé de notre territoire, Bonaparte ne perdit point la vie : la mort n'était point son fait. Accablée de tant de malheurs et de l'ingrate obstination du maître qu'elle s'était donné, la France se voyait envahie avec l'inerte stupeur qui naît du désespoir.

Un décret impérial avait mobilisé cent vingt-un bataillons de gardes nationales[414] ; un autre décret avait formé un conseil de régence présidé par

---

ministres et les grands dignitaires. Malgré l'opposition de l'archichancelier Cambacérès et celle de plusieurs autres membres du conseil, Napoléon signa le décret qui prononçait pour le lendemain, 31 décembre, l'ajournement du Corps législatif, et il ordonna au duc de Rovigo de faire enlever à l'imprimerie et partout où il en serait trouvé les copies du rapport de M. Lainé.

[413] Allocution de Napoléon adressée, le 1er janvier, à la députation du Corps législatif.

[414] Décret du 6 janvier 1814.

Cambacérès et composé de ministres, à la tête duquel était placée l'impératrice. Joseph, monarque en disponibilité, revenu d'Espagne avec ses pillages, est déclaré commandant général de Paris. Le 25 janvier 1814, Bonaparte quitte son palais pour l'armée, et va jeter une éclatante flamme en s'éteignant.

La surveille, le pape avait été rendu à l'indépendance ; la main qui allait à son tour porter des chaînes fut contrainte de briser les fers qu'elle avait donnés : la Providence avait changé les fortunes, et le vent qui soufflait au visage de Napoléon poussait les alliés à Paris.

Pie VII, averti de sa délivrance[415], se hâta de faire une courte prière dans la chapelle de François Ier ; il monta en voiture et traversa cette forêt qui, selon la tradition populaire, voit paraître le grand veneur de la mort quand un roi va descendre à Saint-Denis.

Le pape voyageait sous la surveillance d'un officier de gendarmerie[416] qui l'accompagnait dans une seconde voiture. À Orléans, il apprit le nom de la ville dans laquelle il entrait.

Il suivit la route du Midi aux acclamations de la foule, de ces provinces où Napoléon devait bientôt passer, à peine en sûreté sous la garde des commissaires étrangers. Sa Sainteté fut retardée dans sa marche par la chute même de son oppresseur : les autorités avaient cessé leurs fonctions ; on n'obéissait à personne ; un ordre écrit de Bonaparte, ordre qui vingt-quatre heures auparavant aurait abattu la plus haute tête et fait

---

[415] Chateaubriand a été ici induit en erreur par le Manuscrit de 1814, du baron Fain, lequel est d'ordinaire très exact. M. Fain et, avec lui, la plupart des historiens ont prétendu que Napoléon, à cette fin de janvier 1814, avait décidé de mettre le pape en liberté et l'avait fait partir pour Rome. M. Thiers, mieux informé, a très bien montré que Napoléon n'avait nullement en vue, à ce moment, la délivrance de l'auguste captif. Déjà les armées ennemies avaient occupé Dijon. Leurs coureurs d'avant-garde et quelques bandes de cosaques avaient apparu aux environs de Montereau. L'empereur, qui allait quitter Paris pour se rendre à Châlons et commencer la campagne de France, ne se souciait pas de laisser le Saint-Père à portée d'un coup de main de ses adversaires ; il ne voulait pas non plus le rendre libre, de peur de compliquer ses affaires d'Italie. Il le fit donc partir de Fontainebleau, sous la conduite d'un commandant de gendarmerie, qui avait mission de le conduire, non à Rome, mais à Savone. Ce fut seulement le 10 mars, alors qu'il était obligé de se retirer sur Soissons, après les combats malheureux sur Laon, que Napoléon se décida à publier un décret par lequel il annonçait rétablir le pape dans la possession de ses États. Le même jour, il mandait au duc de Rovigo : « Écrivez à l'officier de gendarmerie qui est auprès du pape de le conduire, par la route d'Asti, de Tortone et de Plaisance, à Parme, d'où il le remettra aux avant-postes napolitains. L'officier de gendarmerie dira au Saint-Père que, sur la demande qu'il a faite de retourner à son siège, j'y ai consenti, et que j'ai donné ordre qu'on le transportât aux avant-postes napolitains. » — Voir Thiers, t. XVII, p. 208, et d'Haussonville, L'Église romaine et le premier Empire, t. V, p. 316, 325, 326.

[416] Le colonel de gendarmerie Lagorsse.

tomber un royaume, était un papier sans cours : quelques minutes de puissance manquèrent à Napoléon pour qu'il pût protéger le captif que sa puissance avait persécuté. Il fallut qu'un mandat provisoire des Bourbons achevât de rendre la liberté au pontife qui avait ceint de leur diadème une tête étrangère : quelle confusion de destinées !

Pie VII cheminait au milieu des cantiques et des larmes, au son des cloches, aux cris de : Vive le pape ! Vive le chef de l'Église ! On lui apportait, non les clefs des villes, des capitulations trempées de sang et obtenues par le meurtre, mais on lui présentait des malades à guérir, de nouveaux époux à bénir au bord de sa voiture ; il disait aux premiers : « Dieu vous console ! » Il étendait sur les seconds ses mains pacifiques ; il touchait de petits enfants dans les bras de leurs mères. Il ne restait aux villes que ceux qui ne pouvaient marcher. Les pèlerins passaient la nuit sur les champs pour attendre l'arrivée d'un vieux prêtre délivré. Les paysans, dans leur naïveté trouvaient que le saint-père ressemblait à Notre-Seigneur ; des protestants attendris disaient : « Voilà le plus grand homme de son siècle. » Telle est la grandeur de la véritable société chrétienne, où Dieu se mêle sans cesse avec les hommes ; telle est sur la force du glaive et du spectre la supériorité de la puissance du faible, soutenu de la religion et du malheur.

Pie VII traversa Carcassonne, Béziers, Montpellier et Nîmes, pour réapprendre l'Italie. Au bord du Rhône, il semblait que les innombrables croisés de Raymond de Toulouse passaient encore la revue à Saint-Remy. Le pape revit Nice, Savone, Imola, témoins de ses afflictions récentes et des premières macérations de sa vie : on aime à pleurer où l'on a pleuré. Dans les conditions ordinaires, on se souvient des lieux et des temps du bonheur. Pie VII repassait sur ses vertus et sur ses souffrances, comme un homme dans sa mémoire revit de ses passions éteintes.

À Bologne, le pape fut laissé aux mains des autorités autrichiennes. Murat, Joachim-Napoléon, roi de Naples, lui écrivit le 4 avril 1814 :

« Très saint père, le sort des armes m'ayant rendu maître des États que vous possédiez lorsque vous fûtes forcé de quitter Rome, je ne balance pas à les remettre sous votre autorité, renonçant en votre faveur à tous mes droits de conquête sur ces pays. »

Qu'a-t-on laissé à Joachim et à Napoléon mourants ?

Le pape n'était pas encore arrivé à Rome qu'il offrit un asile à la mère de Bonaparte. Des légats avaient repris possession de la vie éternelle. Le 23 mai, au milieu du printemps, Pie VII aperçut le dôme de Saint Pierre. Il a raconté avoir répandu des larmes en revoyant le dôme sacré. Prêt à franchir la Porte du Peuple, le Pontife fut arrêté : vingt-deux orphelines vêtues de robes blanches, quarante-cinq jeunes filles portant de grandes palmes dorées, s'avancèrent en chantant des cantiques. La multitude criait : Hosanna ! Pignatelli, qui commandait les troupes sur le Quirinal lorsque Radet emporta d'assaut le jardin des Olives de Pie VII, conduisait à présent la marche des palmes. En même temps que Pignatelli changeait de rôle, de nobles parjures, à Paris, reprenaient derrière le fauteuil de Louis XVIII leurs fonctions de grands domestiques : la prospérité nous est transmise avec ses esclaves, comme autrefois une terre seigneuriale était vendue avec ses serfs.

Au second livre de ces *Mémoires,* on lit (je revenais alors de mon premier exil de Dieppe) : « On m'a permis de revenir à ma vallée. La terre tremble sous les pas du soldat étranger : j'écris, comme les derniers Romains, au bruit de l'invasion des Barbares. Le jour je trace des pages aussi agitées que les événements de ce jour ; la nuit, tandis que le roulement du canon lointain expire dans mes bois solitaires, je retourne au silence des années qui dorment dans la tombe et à la paix de mes plus jeunes souvenirs. »

Ces pages agitées que je traçais le jour étaient des notes relatives aux événements du moment, lesquelles, réunies, devinrent ma brochure : *De Bonaparte et des Bourbons*. J'avais une si haute idée du génie de Napoléon et de la vaillance de nos soldats, qu'une invasion de l'étranger, heureuse jusque dans ses derniers résultats, ne me pouvait tomber dans la tête : mais je pensais que cette invasion, en faisant sentir à la France le danger où l'ambition de Napoléon l'avait réduite, amènerait un mouvement intérieur, et que l'affranchissement des Français s'opérerait de leurs propres mains. C'était dans cette idée que j'écrivais mes notes, afin que si nos assemblées politiques arrêtaient la marche des alliés, et se résolvaient à se séparer d'un grand homme, devenu un fléau, elles sussent à qui recourir ; l'abri me paraissait être dans l'autorité, modifiée selon les temps, sous laquelle nos aïeux avaient vécu pendant huit siècles : quand dans l'orage on ne trouve à sa portée qu'un vieil édifice, tout en ruines qu'il est, on s'y retire.

Dans l'hiver de 1813 à 1814, je pris un appartement rue de Rivoli, en face de la première grille du jardin des Tuileries, devant laquelle j'avais entendu crier la mort du duc d'Enghien. On ne voyait encore dans cette rue que les arcades bâties par le gouvernement et quelques maisons s'élevant çà et là avec leur dentelure latérale de pierres d'attente.

Il ne fallait rien moins que les maux dont la France était écrasée, pour se maintenir dans l'éloignement que Napoléon inspirait et pour se défendre en même temps de l'admiration qu'il faisait renaître sitôt qu'il agissait : c'était le plus fier génie d'action qui ait jamais existé ; sa première campagne en Italie et sa dernière campagne en France (je ne parle pas de Waterloo) sont ses deux plus belles campagnes ; Condé dans la première, Turenne dans la seconde, grand guerrier dans celle-là, grand homme dans celle-ci ; mais différentes dans leurs résultats : par l'une il gagna l'empire, par l'autre il le perdit. Ses dernières heures de pouvoir, toutes déracinées, toutes déchaussées qu'elles étaient, ne purent être arrachées, comme les dents d'un lion, que par les efforts du bras de l'Europe. Le nom de Napoléon était encore si formidable que les armées ennemies ne passèrent le Rhin qu'avec terreur ; elles regardaient sans cesse derrière elles pour bien s'assurer que la retraite leur serait possible ; maîtresses de Paris, elles tremblaient encore. Alexandre jetant les yeux sur la Russie, en entrant en France, félicitait les personnes qui pouvaient s'en aller, et il écrivait à sa mère ses anxiétés et ses regrets.

Napoléon bat les Russes à Saint-Dizier, les Prussiens et les Russes à Brienne, comme pour honorer les champs dans lesquels il avait été élevé[417]. Il culbute l'armée de Silésie à Montmirail, à Champaubert, et une partie de la grande armée à Montereau[418]. Il fait tête partout ; va et revient sur ses pas ; repousse les colonnes dont il est entouré. Les alliés proposent un armistice ; Bonaparte déchire les préliminaires de la paix offerte et s'écrie : « Je suis plus près de Vienne que l'empereur d'Autriche de Paris ! »

La Russie, l'Autriche, la Prusse et l'Angleterre, pour se réconforter mutuellement, conclurent à Chaumont un nouveau traité d'alliance[419] ; mais au fond, alarmées de la résistance de Bonaparte, elles songeaient à la retraite. À Lyon, une armée se formait sur le flanc des Autrichiens[420] ; dans le midi, le maréchal Soult arrêtait les Anglais ; le congrès de Châtillon, qui ne fut dissous que le 18 mars, négociait encore[421]. Bonaparte chassa Blücher des hauteurs de Craonne[422]. La grande armée alliée n'avait triomphé le 27 février, à Bar-sur-Aube, que par la supériorité du nombre. Bonaparte se multipliant avait recouvré Troyes que les alliés

---

[417] Reprise de Saint-Dizier par Napoléon en personne, le 27 janvier. Combat victorieux de Brienne, le 29.

[418] Victoire de Champaubert, le 10 février ; victoire de Montmirail, le 11 ; victoire de Montereau, le 18.

[419] Par le traité de Chaumont, conclu, le 1er mars 1814, entre l'Autriche, la Grande-Bretagne, la Prusse et la Russie, les quatre puissances s'engageaient, dans le cas où la France n'accepterait pas les conditions de la paix proposée par les Alliés, le 17 février, à poursuivre la guerre avec vigueur et à employer tous leurs moyens, dans un parfait concert, afin de procurer une paix générale. — Chacune des trois puissances continentales devait tenir constamment en campagne active 150 000 hommes au complet. — Aucune négociation séparée n'aurait lieu avec l'ennemi commun. — L'Angleterre fournirait un subside annuel de 120 millions de francs, à répartir entre ses trois alliés. — Le but du traité étant de maintenir l'équilibre en Europe et de prévenir les envahissements qui, depuis si longtemps, désolaient le monde, la durée en était fixée à une période de vingt années.

[420] Elle était placée sous les ordres du maréchal Augereau, duc de Castiglione.

[421] Le Congrès de Châtillon, entre les quatre puissances alliées et la France, s'était ouvert le 5 février 1814. La France était représentée par le duc de Vicence ; l'Autriche, par le comte de Stadion ; la Prusse, par le baron de Humboldt ; la Russie, par le comte Razumowsky ; l'Angleterre, par sir Charles Stewart, frère de lord Castlereagh, chef du cabinet britannique. L'Angleterre était représentée en outre par lord Cathcart et lord Aberdeen.

[422] Le 7 mars.

réoccupèrent[423]. De Craonne il s'était porté sur Reims. « Cette nuit, dit-il, j'irai prendre mon beau-père à Troyes[424]. »

Le 20 mars, une affaire eut lieu près d'Arcis-sur-Aube[425]. Parmi un feu roulant d'artillerie, un obus étant tombé au front d'un carré de la garde, le carré parut faire un léger mouvement : Bonaparte se précipite sur le projectile dont la mèche fume, il la fait flairer à son cheval ; l'obus crève, et l'empereur sort sain et sauf du milieu de la foudre brisée.

La bataille devait recommencer le lendemain ; mais Bonaparte, cédant à l'inspiration du génie, inspiration qui lui fut néanmoins funeste, se retire afin de se porter sur le derrière des troupes confédérées, les séparer de leurs magasins et grossir son armée des garnisons des places frontières. Les étrangers se préparaient à se replier sur le Rhin, lorsque Alexandre, par un de ces mouvements du ciel qui changent tout un monde, prit le parti de marcher à Paris dont le chemin devenait libre[426]. Napoléon croyait entraîner la masse des ennemis, et il n'était suivi que de dix mille hommes de cavalerie qu'il pensait être l'avant-garde des principales troupes, et qui lui masquaient le mouvement réel des Prussiens et des Moscovites. Il dispersa ses dix mille chevaux à Saint-Dizier et Vitry, et s'aperçut alors que la grande armée alliée n'était pas derrière ; cette armée, se précipitant sur la capitale, n'avait devant elle que les maréchaux Marmont et Mortier avec environ douze mille conscrits.

Napoléon se dirige à la hâte sur Fontainebleau[427] : là une sainte victime, en se retirant, avait laissé le rémunérateur et le vengeur. Toujours dans l'histoire marchent ensemble deux choses : qu'un homme s'ouvre une voie d'injustice, il s'ouvre en même temps une voie de perdition dans

---

[423] Le 27 février, Napoléon avait repris Troyes sur les Alliés, qui réoccupèrent cette ville le 4 mars.

[424] Le 13 mars, l'empereur entra à Reims, après un combat très vif avec un corps russe qui s'en était emparé le 12.

[425] La bataille d'Arcis-sur-Aube dura deux jours (20 et 21 mars). Ce fut la dernière bataille que Napoléon livra en personne dans cette campagne. Il dut abandonner le terrain à l'ennemi ; mais ces deux journées n'en furent pas moins des plus glorieuses pour nos soldats et pour leur chef. Les 20 000 hommes de Napoléon avaient résisté à une masse qui s'était successivement élevée de 40 000 à 90 000.

[426] J'ai entendu le général Pozzo raconter que c'était lui qui avait déterminé l'empereur Alexandre à marcher en avant. Ch. — Ce fut le 24 mars, à Sommepuis, que la résolution de marcher sur Paris fut prise, dans une conférence à laquelle assistaient l'empereur Alexandre, le chef d'état-major Wolkonski, le comte de Nesselrode, le prince de Schwarzenberg, le roi de Prusse et Blücher. M. Thiers (tome XVII, p. 546) dit, comme Chateaubriand, que la détermination d'Alexandre fut due surtout aux conseils et aux instances du comte Pozzo di Borgo, « lequel, ayant acquis sur les Alliés une influence proportionnée à son esprit, ne se lassait pas de leur répéter qu'il fallait marcher sur Paris ».

[427] Il arriva à Fontainebleau dans la nuit du 30 au 31 mars. Dans cette nuit même, à deux heures du matin, la capitulation de Paris était signée par les colonels Denys et Fabvier, au nom des maréchaux Mortier et Marmont.

laquelle, à une distance marquée, la première route vient tomber dans la seconde.

Les esprits étaient fort agités : l'espoir de voir cesser, coûte que coûte, une guerre cruelle qui pesait depuis vingt ans sur la France rassasiée de malheur et de gloire, l'emportait dans les masses sur la nationalité. Chacun s'occupait du parti qu'il aurait à prendre dans la catastrophe prochaine. Tous les soirs mes amis venaient causer chez madame de Chateaubriand, raconter et commenter les événements de la journée. MM. de Fontanes, de Clausel, Joubert, accouraient avec la foule de ces amis de passage que donnent les événements et que les événements retirent. Madame la duchesse de Lévis, belle, paisible et dévouée, que nous retrouverons à Gand, tenait fidèle compagnie à madame de Chateaubriand. Madame la duchesse de Duras était aussi à Paris, et j'allais voir souvent madame la marquise de Montcalm, sœur du duc de Richelieu[428].

Je continuais d'être persuadé, malgré l'approche des champs de bataille, que les alliés n'entreraient pas à Paris et qu'une insurrection nationale mettrait fin à nos craintes. L'obsession de cette idée m'empêchait de sentir aussi vivement que je l'aurais fait la présence des armées étrangères : mais je ne me pouvais empêcher de réfléchir aux calamités que nous avions fait éprouver à l'Europe, en voyant l'Europe nous les rapporter.

Je ne cessais de m'occuper de ma brochure ; je la préparais comme un remède lorsque le moment de l'anarchie viendrait à éclater. Ce n'est pas ainsi que nous écrivons aujourd'hui, bien à l'aise, n'ayant à redouter que la guerre des feuilletons : la nuit je m'enfermais à clef ; je mettais mes paperasses sous mon oreiller, deux pistolets chargés sur ma table : je couchais entre ces deux muses. Mon texte était double ; je l'avais composé sous la forme de brochure, qu'il a gardée, et en façon de discours, différent à quelques égards de la brochure ; je supposais qu'à la levée de la France, on se pourrait assembler à l'Hôtel de Ville, et je m'étais préparé sur deux thèmes.

Madame de Chateaubriand a écrit quelques notes à diverses époques de notre vie commune[429] ; parmi ces notes, je trouve le paragraphe suivant :

« M. de Chateaubriand écrivait sa brochure *De Bonaparte et des Bourbons*. Si cette brochure avait été saisie, le jugement n'était pas douteux : la sentence était l'échafaud. Cependant l'auteur mettait une négligence incroyable à la cacher. Souvent, quand il sortait, il l'oubliait sur sa table ; sa prudence n'allait jamais au delà de la mettre sous son oreiller,

---

[428] La marquise de Montcalm était la demi-sœur du duc de Richelieu. Leur père, le duc de Fronsac, s'était marié deux fois : d'abord, avec Mlle d'Hautefort, dont il eut un fils, le futur ministre de la Restauration ; puis avec Mlle de Gallifet, qui lui donna deux filles, Armande et Simplicie, plus tard marquises de Montcalm et de Jumilhac.

[429] Voir au tome II. l'Appendice no X : Le Cahier rouge.

ce qu'il faisait devant son valet de chambre, garçon fort honnête, mais qui pouvait se laisser tenter. Pour moi, j'étais dans des transes mortelles : aussi, dès que M. de Chateaubriand était sorti, j'allais prendre le manuscrit et je le mettais sur moi. Un jour, en traversant les Tuileries, je m'aperçois que je ne l'ai plus, et, bien sûre de l'avoir senti en sortant, je ne doute pas de l'avoir perdu en route. Je vois déjà le fatal écrit entre les mains de la police et M. de Chateaubriand arrêté : je tombe sans connaissance au milieu du jardin ; de bonnes gens m'assistèrent, ensuite me reconduisirent à la maison dont j'étais peu éloignée. Quel supplice lorsque, montant l'escalier, je flottais entre une crainte, qui était presque une certitude, et un léger espoir d'avoir oublié de prendre la brochure ! En approchant de la chambre de mon mari, je me sentais de nouveau défaillir ; j'entre enfin ; rien sur la table, je m'avance vers le lit ; je tâte d'abord l'oreiller, je ne sens rien ; je le soulève, je vois le rouleau de papier ! Le cœur me bat chaque fois que j'y pense. Je n'ai jamais éprouvé un tel moment de joie dans ma vie. Certes, je puis le dire avec vérité, il n'aurait pas été si grand si je m'étais vue délivrée au pied de l'échafaud, car enfin c'était quelqu'un qui m'était bien plus cher que moi-même que j'en voyais délivré. »

Que je serais malheureux si j'avais pu causer un moment de peine à madame de Chateaubriand !

J'avais pourtant été obligé de mettre un imprimeur[430] dans mon secret : il avait consenti à risquer l'affaire ; d'après les nouvelles de chaque heure, il me rendait ou venait reprendre des épreuves à moitié composées, selon que le bruit du canon se rapprochait ou s'éloignait de Paris : pendant près de quinze jours je jouai ainsi ma vie à croix ou pile.

Le cercle se resserrait autour de la capitale : à chaque instant on apprenait un progrès de l'ennemi. Pêle-mêle entraient, par les barrières, des prisonniers russes et des blessés français traînés dans des charrettes : quelques-uns à demi morts tombaient sous les roues qu'ils ensanglantaient. Des conscrits appelés de l'intérieur traversaient la capitale en longue file, se dirigeant sur les armées. La nuit on entendait passer sur les boulevards extérieurs des trains d'artillerie, et l'on ne savait si les détonations lointaines annonçaient la victoire décisive ou la dernière défaite.

La guerre vint s'établir enfin aux barrières de Paris. Du haut des tours de Notre-Dame on vit paraître la tête des colonnes russes, ainsi que les premières ondulations du flux de la mer sur une plage. Je sentis ce qu'avait dû éprouver un Romain lorsque, du faîte du Capitole, il découvrit les soldats d'Alaric et la vieille cité des Latins à ses pieds, comme je découvrais les soldats russes, et à mes pieds la vieille cité des Gaulois. Adieu donc, Lares paternels, foyers conservateurs des traditions du pays, toits sous lesquels avaient respiré et cette Virginie sacrifiée par son père à

---

[430] M. Mame.

la pudeur et à la liberté, et cette Héloïse vouée par l'amour aux lettres et à la religion.

Paris depuis des siècles n'avait point vu la fumée des camps de l'ennemi, et c'est Bonaparte qui, de triomphe en triomphe, a amené les Thébains à la vue des femmes de Sparte. Paris était la borne dont il était parti pour courir la terre : il y revenait laissant derrière lui l'énorme incendie de ses inutiles conquêtes.

On se précipitait au Jardin des Plantes que jadis aurait pu protéger l'abbaye fortifiée de Saint-Victor : le petit monde des cygnes et des bananiers, à qui notre puissance avait promis une paix éternelle, était troublé. Du sommet du labyrinthe, par-dessus le grand cèdre, par-dessus les greniers d'abondance que Bonaparte n'avait pas eu le temps d'achever, au delà de l'emplacement de la Bastille et du donjon de Vincennes (lieux qui racontaient notre successive histoire), la foule regardait les feux de l'infanterie au combat de Belleville. Montmartre est emporté ; les boulets tombent jusque sur les boulevards du Temple. Quelques compagnies de la garde nationale sortirent et perdirent trois cents hommes dans les champs autour du tombeau des *martyrs*. Jamais la France militaire ne brilla d'un plus vif éclat au milieu de ses revers ; les derniers héros furent les cent cinquante jeunes gens de l'École polytechnique, transformés en canonniers dans les redoutes du chemin de Vincennes. Environnés d'ennemis, ils refusaient de se rendre ; il fallut les arracher de leurs pièces : le grenadier russe les saisissait noircis de poudre et couverts de blessures ; tandis qu'ils se débattaient dans ses bras, il élevait en l'air avec des cris de victoire et d'admiration ces jeunes palmes françaises, et les rendait toutes sanglantes à leurs mères.

Pendant ce temps-là Cambacérès s'enfuyait avec Marie-Louise, le roi de Rome et la régence. On lisait sur les murs cette proclamation :
Le roi Joseph, lieutenant général de l'Empereur, commandant en chef de la garde nationale.
« Citoyens de Paris,

Le conseil de régence a pourvu à la sûreté de l'impératrice et du roi de Rome : je reste avec vous. Armons-nous pour défendre cette ville, ses monuments, ses richesses, nos femmes, nos enfants, tout ce qui nous est cher. Que cette vaste cité devienne un camp pour quelques instants, et que l'ennemi trouve sa honte sous ses murs qu'il espère franchir en triomphe. »

Rostopschin n'avait pas prétendu défendre Moscou ; il le brûla. Joseph annonçait qu'il ne quitterait jamais les Parisiens, et il décampait à petit bruit, nous laissant son courage placardé au coin des rues.

M. de Talleyrand faisait partie de la régence nommée par Napoléon. Du jour où l'évêque d'Autun cessa d'être, sous l'Empire, ministre des relations extérieures, il n'avait rêvé qu'une chose, la disparition de Bonaparte suivie de la régence de Marie-Louise ; régence dont lui, prince de Bénévent, aurait été le chef. Bonaparte, en le nommant membre d'une régence provisoire en 1814, semblait avoir favorisé ses désirs secrets. La mort napoléonnienne n'était point survenue ; il ne resta à M. de Talleyrand qu'à clopiner aux pieds du colosse qu'il ne pouvait renverser, et à tirer parti du moment pour ses intérêts : le savoir-faire était le génie de cet homme de compromis et de marchés. La position se présentait difficile : demeurer dans la capitale était chose indiquée ; mais si Bonaparte revenait, le prince séparé de la régence fugitive, le prince retardataire, courait risque d'être fusillé ; d'un autre côté, comment abandonner Paris au moment où les alliés y pouvaient pénétrer ? Ne serait-ce pas renoncer au profit du succès, trahir ce lendemain des événements, pour lequel M. de Talleyrand était fait ? Loin de pencher vers les Bourbons, il les craignait à cause de ses diverses apostasies. Cependant, puisqu'il y avait une chance quelconque pour eux, M. de Vitrolles[431], avec l'assentiment du prélat marié, s'était rendu à la dérobée au congrès de Châtillon, en chuchoteur non avoué de la légitimité. Cette précaution apportée, le prince, afin de se tirer d'embarras à Paris, eut recours à un de ces tours dans lesquels il était passé maître.

M. Laborie[432], devenu peu après, sous M. Dupont de Nemours[433], secrétaire particulier du gouvernement provisoire, alla trouver M. de

---

[431] Eugène-François-Auguste d'Armand, baron de Vitrolles (1774-1854). Il s'enrôla à dix-sept ans dans l'armée de Condé ; rayé de la liste des émigrés sous le Consulat, il fut créé baron de l'Empire le 15 juin 1812. Lié avec le duc de Dalberg et avec Talleyrand, il s'associa aux vues de ce dernier en 1814, se rendit auprès des Alliés, plaida auprès du czar la cause des Bourbons. Après une entrevue à Nancy avec le Comte d'Artois, il le précéda à Paris et fut nommé par ce prince secrétaire d'État provisoire (16 avril 1814). Pendant les Cent-Jours, il essaya d'organiser la résistance dans le Midi, fut arrêté et enfermé à Vincennes, puis à l'Abbaye. Un ordre de Fouché lui rendit la liberté après Waterloo. Député de 1815 à 1816, ministre d'État et membre du Conseil privé (septembre 1816), il devint le principal agent de la politique personnelle de Monsieur. En 1818, il perdit son titre de secrétaire d'État, que le roi ne lui rendit que le 7 janvier 1824. Il fut nommé, en 1827, ministre plénipotentiaire à Florence et fut appelé à la pairie le 7 janvier 1830. La chute de la branche aînée le rendit à la vie privée. Il a laissé des Mémoires aussi intéressants que spirituels.
[432] Sur Laborie, voir la note 1 de la page 268 du tome II (note 31 du Livre Premier de la Deuxième partie).
[433] Pierre-Samuel Dupont de Nemours (1739-1817). Il avait fait partie de la Constituante et du Conseil des Anciens. Sous le Consulat et l'Empire, il refusa les fonctions publiques que Napoléon lui offrit. Au mois d'avril 1814, il accepta la place de secrétaire du gouvernement provisoire et fut nommé par Louis XVIII conseiller d'État et intendant de la marine à Toulon. Quand Napoléon revint de l'île d'Elbe, Dupont de Nemours s'embarqua pour l'Amérique, où il avait déjà habité, de 1799 à 1802, et où ses deux fils dirigeaient une importante exploitation agricole. Une chute qu'il fit dans une rivière et les attaques de la goutte dont il souffrait depuis longtemps l'enlevèrent deux ans après (6 août 1817).

Laborde[434], attaché à la garde nationale ; il lui révéla le départ de M. de Talleyrand : « Il se dispose, lui dit-il, à suivre la régence ; il vous semblera peut-être nécessaire de l'arrêter, afin d'être à même de négocier avec les alliés, si besoin est. » La comédie fut jouée en perfection. Un charge à grand bruit les voitures du prince ; il se met en route en plein midi, le 30 mars : arrivé à la barrière d'Enfer, on le renvoie inexorablement chez lui, malgré ses protestations[435]. Dans le cas d'un retour miraculeux, les preuves étaient là, attestant que l'ancien ministre avait voulu rejoindre Marie-Louise et que la force armée lui avait refusé le passage.

Cependant, à la présence des alliés, le comte Alexandre de Laborde et M. Tourton, officiers supérieurs de la garde nationale, avaient été envoyés auprès du généralissime prince de Schwarzenberg, lequel avait été l'un des généraux de Bonaparte pendant la campagne de Russie. La proclamation du généralissime fut connue à Paris dans la soirée du 30 mars. Elle disait : « Depuis vingt ans l'Europe est inondée de sang et de larmes : les tentatives pour mettre un terme à tant de malheurs ont été inutiles, parce qu'il existe, dans le principe même du gouvernement qui vous opprime, un obstacle insurmontable à la paix. Parisiens, vous connaissez la situation de votre patrie : la conservation et la tranquillité de votre ville seront l'objet des soins des alliés. C'est dans ces sentiments que l'Europe, en armes devant vos murs, s'adresse à vous. »

Quelle magnifique confession de la grandeur de la France : *L'Europe, en armes devant vos murs, s'adresse à vous !*

Nous qui n'avions rien respecté, nous étions respectés de ceux dont nous avions ravagé les villes et qui, à leur tour, étaient devenus les plus forts. Nous leur paraissions une nation sacrée ; nos terres leur semblaient une campagne d'Élide que, de par les dieux, aucun bataillon ne pouvait fouler. Si, nonobstant, Paris eût cru devoir faire une résistance, fort aisée, de vingt-quatre heures, les résultats étaient changés ; mais personne, excepté les soldats enivrés de feu et d'honneur, ne voulait plus de Bonaparte, et, dans la crainte de le conserver, on se hâta d'ouvrir les barrières.

Paris capitula le 31 mars : la capitulation militaire est signée aux noms des maréchaux Mortier et Marmont par les colonels Denys[436] et Fabvier[437] ; la capitulation civile eut lieu au nom des maires de Paris. Le

---

[434] Sur M. de Laborde, voir ci-dessus la note 1 de la page 251 (note 245 du Livre Premier de la Troisième Partie).
[435] Voir Henry Houssaye, 1814, p 549.
[436] Charles-Marie Denys, comte de Damrémont (1783-1837). Il était, en 1814, aide de camp du duc de Raguse. En 1815, il suivit le roi à Gand. Il se signala en 1823 par sa brillante conduite dans la guerre d'Espagne, fit partie, en 1830, de l'expédition d'Alger, s'empara de Bône et d'Oran, fut nommé pair de France en 1835 et fut tué, le 12 octobre 1837, au siège de Constantine.

conseil municipal et départemental députa au quartier général russe pour régler les divers articles : mon compagnon d'exil, Christian de Lamoignon, était du nombre des mandataires[438]. Alexandre leur dit :

« Votre empereur, qui était mon allié, est venu jusque dans le cœur de mes États y apporter des maux dont les traces dureront longtemps ; une juste défense m'a amené jusqu'ici. Je suis loin de vouloir rendre à la France les maux que j'en ai reçus. Je suis juste, et je sais que ce n'est pas le tort des Français. Les Français sont mes amis, et je veux leur prouver que je viens leur rendre le bien pour le mal. Napoléon est mon seul ennemi. Je promets ma protection spéciale à la ville de Paris ; je protégerai, je conserverai tous les établissements publics ; je n'y ferai séjourner que des troupes d'élite ; je conserverai votre garde nationale, qui est composée de l'élite de vos citoyens. C'est à vous d'assurer votre bonheur à venir ; il faut vous donner un gouvernement qui vous procure le repos et qui le procure à l'Europe. C'est à vous à émettre votre vœu : vous me trouverez toujours prêt à seconder vos efforts. »

Paroles qui furent accomplies ponctuellement : le bonheur de la victoire aux yeux des alliés l'emportait sur tout autre intérêt. Quels devaient être les sentiments d'Alexandre, lorsqu'il aperçut les dômes des édifices de cette ville où l'étranger n'était jamais entré que pour nous admirer, que pour jouir des merveilles de notre civilisation et de notre intelligence ; de cette inviolable cité, défendue pendant douze siècles par ses grands hommes ; de cette capitale de la gloire que Louis XIV semblait encore protéger de son ombre, et Bonaparte de son retour !

LIVRE III

Dieu avait prononcé une de ces paroles par qui le silence de l'éternité est de loin en loin interrompu. Alors se souleva, au milieu de la présente génération, le marteau qui frappa l'heure que Paris n'avait entendu sonner qu'une fois : le 25 décembre 496, Reims annonça le baptême de Clovis, et les portes de Lutèce s'ouvrirent aux Francs ; le 30 mars 1814, après le baptême de sang de Louis XVI, le vieux marteau resté immobile se leva de nouveau au beffroi de l'antique monarchie ; un second coup retentit, les

---

[437] Charles-Nicolas, baron Fabvier (1782-1855). Réformé, puis mis en disponibilité sous la seconde Restauration, il prit part à la conspiration militaire d'août 1820, quitta la France et, en 1823, se rendit en Grèce, où il offrit ses services à la cause de l'indépendance. En 1828, il fut chargé d'accompagner les troupes françaises envoyées en Morée. Le gouvernement de Juillet le fit lieutenant général et pair de France. La République de 1848 le mit à la retraite comme général de division, mais le nomma ambassadeur à Constantinople. De 1849 à 1851, il fit partie de l'Assemblée législative et vota avec la majorité monarchiste. Il refusa toute faveur après le coup d'État de décembre 1851 et rentra dans la vie privée.
[438] Sur la conduite et la noble attitude de Christian de Lamoignon en cette circonstance, voyez les Mémoires du chancelier Pasquier, tome II, p. 238.

Tartares pénétrèrent dans Paris. Dans l'intervalle de mille trois cent dix-huit ans, l'étranger avait insulté les murailles de la capitale de notre empire sans y pouvoir entrer jamais, hormis quand il s'y glissa appelé par nos propres divisions. Les Normands assiégèrent la cité des *Parisii ;* les *Parisii* donnèrent la volée aux éperviers qu'ils portaient sur le poing ; Eudes, enfant de Paris et roi futur, *rex futurus*, dit Abbon, repoussa les pirates du Nord : les *Parisiens* lâchèrent leurs aigles en 1814 ; les alliés entrèrent au Louvre.

Bonaparte avait fait injustement la guerre à Alexandre son admirateur qui implorait la paix à genoux ; Bonaparte avait commandé le carnage de la Moskowa ; il avait forcé les Russes à brûler eux-mêmes Moscou ; Bonaparte avait dépouillé Berlin, humilié son roi, insulté sa reine : à quelles représailles devions-nous donc nous attendre ? vous l'allez voir.

J'avais erré dans les Florides autour de monuments inconnus, jadis dévastés par des conquérants dont il ne reste aucune trace, et j'étais réservé au spectacle des hordes caucasiennes campées dans la cour du Louvre. Dans ces événements de l'histoire qui, selon Montaigne, « sont maigres témoins de notre prix et capacité » ma langue s'attache à mon palais : *Adhæret lingua mea faucibus meis*[439].

L'armée des alliés entra dans Paris le 31 mars 1814, à midi, à dix jours seulement de l'anniversaire de la mort du duc d'Enghien, 21 mars 1804. Était-ce la peine à Bonaparte d'avoir commis une action de si longue mémoire, pour un règne qui devait durer si peu ? L'empereur de Russie et le roi de Prusse étaient à la tête de leurs troupes. Je les vis défiler sur les boulevards. Stupéfait et anéanti au dedans de moi, comme si l'on m'arrachait mon nom de Français pour y substituer le numéro par lequel je devais désormais être connu dans les mines de la Sibérie, je sentais en même temps mon exaspération s'accroître contre l'homme dont la gloire nous avait réduits à cette honte.

Toutefois cette première invasion des alliés est demeurée sans exemple dans les annales du monde : l'ordre, la paix et la modération régnèrent partout ; les boutiques se rouvrirent ; des soldats russes de la garde, hauts de six pieds, étaient pilotés à travers les rues par de petits polissons français qui se moquaient d'eux, comme des pantins et des masques du carnaval. Les vaincus pouvaient être pris pour les vainqueurs ; ceux-ci, tremblant de leurs succès, avaient l'air d'en demander excuse. La garde nationale occupait seule l'intérieur de Paris, à l'exception des hôtels où logeaient les rois et les princes étrangers[440]. Le 31 mars 1814, des

---

[439] Et lingua mea adhœsit faucibus meis. Psaume XXI, verset 16.

[440] L'empereur Alexandre avait voulu loger, non aux Tuileries, mais à l'Élysée ; il n'y resta, du reste, que quelques heures et accepta l'offre du prince de Talleyrand, qui s'était empressé de mettre à la disposition du czar son hôtel de la rue Saint-Florentin. C'est à l'Élysée qu'il reçut une députation de royalistes, composée de

armées innombrables occupaient la France ; quelques mois après, toutes ces troupes repassèrent nos frontières, sans tirer un coup de fusil, sans verser une goutte de sang, depuis la rentrée des Bourbons. L'ancienne France se trouve agrandie sur quelques-unes de ses frontières ; on partage avec elle les vaisseaux et les magasins d'Anvers ; on lui rend trois cent mille prisonniers dispersés dans les pays où les avait laissés la défaite ou la victoire. Après vingt-cinq années de combats, le bruit des armes cesse d'un bout de l'Europe à l'autre ; Alexandre s'en va, nous laissant les chefs-œuvre conquis et la liberté déposée dans la Charte, liberté que nous dûmes autant à ses lumières qu'à son influence. Chef des deux autorités suprêmes, doublement autocrate par l'épée et par la religion, lui seul de tous les souverains de l'Europe avait compris qu'à l'âge de civilisation auquel la France était arrivée, elle ne pouvait être gouvernée qu'en vertu d'une constitution libre.

Dans nos inimitiés bien naturelles contre les étrangers, nous avons confondu l'invasion de 1814 et celle de 1815, qui ne se ressemblent nullement.

Alexandre ne se considérait que comme un instrument de la Providence et ne s'attribuait rien. Madame de Staël le complimentant sur le bonheur que ses sujets, privés d'une constitution, avaient d'être gouvernés par lui, il lui fit cette réponse si connue : « Je ne suis qu'un « accident heureux. »

Un jeune homme, dans les rues de Paris, lui témoignait son admiration de l'affabilité avec laquelle il accueillait les moindres citoyens ; il lui répliqua : « Est-ce que les souverains ne sont pas faits pour cela ? » Il ne voulut point habiter le château des Tuileries, se souvenant que Bonaparte s'était plu dans les palais de Vienne, de Berlin et de Moscou.

Regardant la statue de Napoléon sur la colonne de la place Vendôme, il dit : « Si j'étais si haut, je craindrais que la tête ne me tournât. »

Comme il parcourait le palais des Tuileries, on lui montra le salon de la Paix : « En quoi, dit-il en riant, ce salon servait-il à Bonaparte ? »

Le jour de l'entrée de Louis XVIII à Paris, Alexandre se cacha derrière une croisée, sans aucune marque de distinction, pour voir passer le cortège.

Il avait quelquefois des manières élégamment affectueuses. Visitant une maison de fous, il demanda à une femme si le nombre des *folles par amour* était considérable : « Jusqu'à présent il ne l'est pas, répondit-elle,

---

MM. de la Ferté-Meun, de Chateaubriand, Léo de Lévis, Ferrand, de Semallé et Sosthène de la Rochefoucauld. M. de Semallé dit, dans ses Mémoires, encore inédits : « Alexandre avait d'abord fixé sa résidence à l'Élysée-Bourbon, et c'est dans ce palais que la députation fut reçue. M. de Semallé a la certitude que M. de Talleyrand se rendit dans la nuit auprès de M. de Nesselrode pour lui faire sentir la nécessité d'une marque de confiance de l'empereur en venant loger à son hôtel de la rue Saint-Florentin, et par là le mettre à même de dominer les événements. »

mais il est à craindre qu'il n'augmente à dater du moment de l'entrée de Votre Majesté à Paris. »

Un grand dignitaire de Napoléon disait au czar : « Il y a longtemps, sire, que votre arrivée était attendue et désirée ici. — Je serais venu plus tôt, répondit-il : n'accusez de mon retard que la valeur française. » Il est certain qu'en passant le Rhin il avait regretté de ne pouvoir se retirer en paix au milieu de sa famille.

À l'Hôtel des Invalides, il trouva les soldats mutilés qui l'avaient vaincu à Austerlitz : ils étaient silencieux et sombres ; on n'entendait que le bruit de leurs jambes de bois dans leurs cours désertes et leur église dénudée ; Alexandre s'attendrit à ce bruit des braves : il ordonna qu'on leur ramenât douze canons russes.

On lui proposait de changer le nom du pont d'Austerlitz : « Non, dit-il, il suffit que j'aie passé sur ce pont avec mon armée. »

Alexandre avait quelque chose de calme et de triste : il se promenait dans Paris, à cheval ou à pied, sans suite et sans affectation. Il avait l'air étonné de son triomphe ; ses regards presque attendris erraient sur une population qu'il semblait considérer comme supérieure à lui : on eût dit qu'il se trouvait un Barbare au milieu de nous, comme un Romain se sentait honteux dans Athènes. Peut-être aussi pensait-il que ces mêmes Français avaient paru dans sa capitale incendiée ; qu'à leur tour ses soldats étaient maîtres de ce Paris où il aurait pu retrouver quelques-unes des torches éteintes par qui fut Moscou affranchie et consumée. Cette destinée, cette fortune changeante, cette misère commune des peuples et des rois, devaient profondément frapper un esprit aussi religieux que le sien.

Que faisait le vainqueur de Borodino ? Aussitôt qu'il avait appris la résolution d'Alexandre, il avait envoyé l'ordre au major d'artillerie Maillard de Lescourt de faire sauter la poudrière de Grenelle : Rostopschin avait mis le feu à Moscou ; mais il en avait fait auparavant sortir les habitants. De Fontainebleau où il était revenu, Napoléon s'avança jusqu'à Villejuif : de là il jeta un regard sur Paris ; des soldats étrangers en gardaient les barrières ; le conquérant se rappelait les jours où ses grenadiers veillaient sur les remparts de Berlin, de Moscou et de Vienne.

Les événements détruisent les événements : quelle pauvreté ne nous parait pas aujourd'hui la douleur de Henri IV apprenant à Villejuif la mort de Gabrielle, et retournant à Fontainebleau ! Bonaparte retourna aussi à cette solitude ; il n'y était attendu que par le souvenir de son auguste prisonnier : le captif de la paix venait de quitter le château afin de le laisser libre pour le captif de la guerre, tant *le malheur* est prompt à remplir ses « places. »

La régence s'était retirée à Blois. Bonaparte avait ordonné que l'impératrice et le roi de Rome quittassent Paris, aimant mieux, disait-il, les voir au fond de la Seine que reconduits à Vienne en triomphe ; mais en même temps il avait enjoint à Joseph de rester dans la capitale. La retraite de son frère le rendit furieux et il accusa le ci-devant roi d'Espagne d'avoir tout perdu. Les ministres, les membres de la régence, les frères de Napoléon, sa femme et son fils, arrivèrent pêle-mêle à Blois, emportés dans la débâcle : fourgons, bagages, voitures, tout était là ; les carrosses même du roi y étaient et furent traînés à travers les boues de la Beauce à Chambord, seul morceau de la France laissé à l'héritier de Louis XIV. Quelques ministres passèrent outre, et s'allèrent cacher Jusqu'en Bretagne, tandis que Cambacérès se prélassait en chaise à porteurs dans les rues montantes de Blois. Divers bruits couraient : on parlait de deux camps et d'une réquisition générale. Pendant plusieurs jours on ignora ce qui se passait à Paris ; l'incertitude ne cessa qu'à l'arrivée d'un roulier dont le passe-port était contre-signé *Sacken*. Bientôt le général russe Schouwalof descendit à l'auberge de la Galère : il fut soudain assiégé par les grands, pressés d'obtenir un visa pour leur sauve qui peut. Toutefois, avant de quitter Blois, chacun se fit payer sur les fonds de la régence ses frais de route et l'arriéré de ses appointements : d'une main on tenait ses passeports, de l'autre son argent, prenant soin d'envoyer en même temps son adhésion au gouvernement provisoire, car on ne perdit point la tête. Madame mère et son frère, le cardinal Fesch, partirent pour Rome. Le prince Esterhazy vint chercher Marie-Louise et son fils de la part de François II. Joseph et Jérôme se retirèrent en Suisse, après avoir inutilement voulu forcer l'impératrice à s'attacher à leur sort. Marie-Louise se hâta de rejoindre son père : médiocrement attachée à Bonaparte, elle trouva le moyen de se consoler et se félicita d'être délivrée de la double tyrannie de l'époux et du maître. Quand Bonaparte rapporta l'année suivante cette confusion de fuite aux Bourbons, ceux-ci, à peine arrachés à leurs longues tribulations, n'avaient pas eu quatorze ans d'une prospérité inouïe pour s'accoutumer aux aises du trône.

Cependant Napoléon n'était point encore détrôné ; plus de quarante mille des meilleurs soldats de la terre étaient autour de lui ; il pouvait se retirer derrière la Loire ; les armées françaises arrivées d'Espagne grondaient dans le Midi ; la population militaire bouillonnante pouvait répandre ses laves ; parmi les chefs étrangers même, il s'agissait encore de Napoléon ou de son fils pour régner sur la France : pendant deux Jours Alexandre hésita. M. de Talleyrand inclinait secrètement, comme je l'ai dit, à la politique qui tendait à couronner le roi de Rome, car il redoutait les Bourbons ; s'il n'entrait pas alors tout à fait dans le plan de la régence de Marie-Louise, c'est que Napoléon n'ayant point péri, il craignait, lui prince de Bénévent, de ne pouvoir rester maître pendant une minorité menacée par l'existence d'un homme inquiet, imprévu, entreprenant et encore dans la vigueur de l'âge[441].

---

[441] Voyez plus loin les Cent-Jours à Gand et le portrait de M. de Talleyrand, vers la fin de ces Mémoires. (Paris, note de 1839.) Ch.

Ce fut dans ces jours critiques que je lançai ma brochure *De Bonaparte et des Bourbons* pour faire pencher la balance[442] : on sait quel

---

[442] Voici le titre complet de l'écrit de Chateaubriand : De Buonaparte, des Bourbons et de la nécessité de se rallier à nos princes légitimes pour le bonheur de la France et celui de l'Europe. D'après M. de Lescure (Chateaubriand, p. 93), il aurait paru le 30 mars 1814. Cela n'est pas tout à fait exact, non plus que l'indication donnée par M. Henry Houssaye, dans les premières éditions de son très remarquable ouvrage sur 1814, où il est dit, page 570 : « La philippique de Chateaubriand parut le 3 avril. » C'est le 4 avril seulement que le Journal des Débats publia un premier extrait de la fameuse brochure ; la mise en vente eut lieu le mercredi 5 avril.

Quoi qu'en aient dit la plupart des historiens, le grand écrivain, en composant et en publiant son éloquente philippique, n'a pas manqué aux lois de la générosité, de l'honneur et du patriotisme. On oublie trop aisément que ces pages véhémentes, passionnées, ont été préparées, écrites avant la chute de l'Empire, à quelques pas des Tuileries, sous l'œil d'une police qui pénétrait partout et pour laquelle il n'y avait rien de sacré. On oublie trop aisément que, dès le 5 août 1806, alors que l'Empire était à l'apogée de sa grandeur et se pouvait rire des vaines attaques d'une presse impuissante, Napoléon écrivait lui-même à l'un de ses maréchaux, à Berthier, une lettre datée de Saint-Cloud, pour lui signifier qu'il eût à faire fusiller dans les vingt-quatre heures les libraires d'Augsbourg et de Nuremberg, coupables d'avoir vendu une brochure de M. de Gentz dirigée contre sa politique. Il ordonnait en même temps que les libraires de Vienne et de Lintz, expéditeurs de la même brochure, fussent condamnés comme contumaces et fusillés s'ils étaient saisis. (Correspondance de Napoléon, t. XIII, p. 7.) Ordres terribles, qui reçurent leur exécution dans la mesure du possible : le libraire Palm, arrêté à Nuremberg le 26 août, fut traduit sur-le-champ devant une commission militaire et fusillé trois heures après sa condamnation. Reconnaissons-le donc, il y avait bien quelque courage à préparer une brochure telle que celle de Chateaubriand sous la domination, ébranlée sans doute, mais encore formidable, de l'homme qui avait écrit la lettre de Saint-Cloud.

Rien de moins fondé, d'ailleurs, que le reproche adressé à l'auteur de Buonaparte et les Bourbons d'avoir brisé entre les mains de l'empereur une arme dont celui-ci pouvait encore se servir avec succès pour le salut de la patrie. Lorsque parurent, dans le Journal des Débats du 4 avril les premiers extraits de la brochure, la déchéance de Napoléon avait déjà été votée par le Sénat, par le Conseil municipal de Paris, par les membres du Corps législatif présents dans la capitale. Le maréchal Marmont avait signé, la veille, avec le prince de Schwarzenberg, la Convention d'Essonnes (3 avril), et le matin même, à Fontainebleau, les maréchaux Lefebvre, Oudinot, Ney, Macdonald, Berthier avaient arraché à l'empereur son abdication. Il ne dépendait donc plus de lui, à ce moment, de changer la situation, de reprendre victorieusement l'offensive, de rejeter loin de Paris et de la France les ennemis qu'il y avait lui-même et lui seul attirés.

À cette date du 4 avril, la question n'était plus entre Napoléon et les coalisés : la Victoire, seul arbitre qu'il eût jamais reconnu, s'était prononcée contre lui, et l'arrêt était sans appel. Il ne s'agissait plus que de savoir si le trône, d'où il allait descendre, appartiendrait à son fils ou au frère de Louis XVI. La brochure de Chateaubriand, jetée dans l'un des plateaux de la balance où se pesaient alors les destinées de la France, contribua à la faire pencher du côté des Bourbons. Elle valut, pour leur cause, selon le mot de Louis XVIII, plus qu'une armée.

fut son effet. Je me jetai à corps perdu dans la mêlée pour servir de bouclier à la liberté renaissante contre la tyrannie encore debout et dont le désespoir triplait les forces. Je parlai au nom de la légitimité, afin d'ajouter à ma parole l'autorité des affaires positives. J'appris à la France ce que c'était que l'ancienne famille royale ; je dis combien il existait de membres de cette famille, quels étaient leurs noms et leur caractère : c'était comme si j'avais fait le dénombrement des enfants de l'empereur de la Chine, tant, la République et l'Empire avaient envahi le présent et relégué les Bourbons dans le passé. Louis XVIII déclara, je l'ai déjà plusieurs fois mentionné, que ma brochure lui avait plus profité qu'une armée de cent mille hommes ; il aurait pu ajouter qu'elle avait été pour lui un certificat de vie. Je contribuai à lui donner une seconde fois la couronne par l'heureuse issue de la guerre d'Espagne.

Dès le début de ma carrière politique je devins populaire dans la foule, mais dès lors aussi je manquai ma fortune auprès des hommes puissants. Tout ce qui avait été esclave sous Bonaparte m'abhorrait ; d'un autre côté j'étais suspect à tous ceux qui voulaient mettre la France en vasselage. Je n'eus pour moi dans le premier moment, parmi les souverains, que Bonaparte lui-même. Il parcourut ma brochure à Fontainebleau : le duc de Bassano la lui avait portée ; il la discuta avec impartialité, disant : « Ceci est juste ; cela n'est pas juste. Je n'ai point de reproche à faire à Chateaubriand ; il m'a résisté dans ma puissance ; mais ces canailles, tels et tels ! » et il les nommait.

Mon admiration pour Bonaparte a toujours été grande et sincère, alors même que j'attaquais Napoléon avec le plus de vivacité.

La postérité n'est pas aussi équitable dans ses arrêts qu'on le dit ; il y a des passions, des engouements, des erreurs de distance comme il y a des passions, des erreurs de proximité. Quand la postérité admire sans restriction, elle est scandalisée que les contemporains de l'homme admiré n'eussent pas de cet homme l'idée qu'elle en a. Cela s'explique pourtant : les choses qui blessaient dans ce personnage sont passées ; ses infirmités sont mortes avec lui ; il n'est resté de ce qu'il fut que sa vie impérissable ; mais le mal qu'il causa n'en est pas moins réel ; mal en soi-même et dans son essence, et surtout pour ceux qui l'ont supporté.

Le train du jour est de magnifier les victoires de Bonaparte : les patients ont disparu ; on n'entend plus les imprécations, les cris de douleur

---

Pour apprécier, du reste, avec une entière équité un écrit de la nature de celui de Chateaubriand, il faut consulter avant tout l'opinion des contemporains. Or, voici ce qu'au mois d'avril 1814 Mme de Rémusat, qui avait vu de près l'empereur, écrivait à son fils : « Malheureusement, cet écrit ne renferme pas une exagération par rapport à l'empereur. Vous savez que je suis vraie, incapable de haine et naturellement généreuse. Eh bien ! mon enfant, je mettrais mon nom à chacune des pages de ce livre, s'il en était besoin, pour attester qu'il est un tableau fidèle de tout ce dont j'étais témoin. » (Correspondance de M. de Rémusat, t. I, avril 1814.)

et de détresse des victimes ; on ne voit plus la France épuisée, labourant son sol avec des femmes ; on ne voit plus les parents arrêtés en pleige de leurs fils, les habitants des villages frappés solidairement des peines applicables à un réfractaire ; on ne voit plus ces affiches de conscription collées au coin des rues, les passants attroupés devant ces immenses arrêts de morts et y cherchant, consternés, les noms de leurs enfants, de leurs frères, de leurs amis, de leurs voisins. On oublie que tout le monde se lamentait des triomphes ; on oublie que la moindre allusion contre Bonaparte au théâtre, échappée aux censeurs, était saisie avec transport ; on oublie que le peuple, la cour, les généraux, les ministres, les proches de Napoléon, étaient las de son oppression et de ses conquêtes, las de cette partie toujours gagnée et jouée toujours, de cette existence remise en question chaque matin par l'impossibilité du repos.

La réalité de nos souffrances est démontrée par la catastrophe même : si la France eût été fanatique de Bonaparte, l'eût-elle abandonné deux fois brusquement, complètement, sans tenter un dernier effort pour le garder ; si la France devait tout à Bonaparte, gloire, liberté, ordre, prospérité, industrie, commerce, manufactures, monuments, littérature, beaux-arts ; si, avant lui, la nation n'avait rien fait elle-même ; si la République, dépourvue de génie et de courage, n'avait ni défendu, ni agrandi le sol ; la France a donc été bien ingrate, bien lâche, en laissant tomber Napoléon aux mains de ses ennemis, ou du moins en ne protestant pas contre la captivité d'un pareil bienfaiteur ?

Ce reproche, qu'on serait en droit de nous faire, on ne nous le fait pas cependant, et pourquoi ? Parce qu'il est évident qu'au moment de sa chute la France n'a pas prétendu défendre Napoléon ; dans nos dégoûts amers, nous ne reconnaissions plus en lui que l'auteur et le contempteur de nos misères. Les alliés ne nous ont point vaincus : c'est nous qui, choisissant entre deux fléaux, avons renoncé à répandre notre sang, qui ne coulait plus pour nos libertés.

La République avait été bien cruelle, sans doute, mais chacun espérait qu'elle passerait, que tôt ou tard nous recouvrerions nos droits, en gardant les conquêtes préservatrices qu'elles nous avait données sur les Alpes et sur le Rhin. Toutes les victoires qu'elle remportait étaient gagnées en notre nom ; avec elle il n'était question que de la France ; c'était toujours la France qui avait triomphé, qui avait vaincu ; c'étaient nos soldats qui avaient tout fait et pour lesquels on instituait des fêtes triomphales ou funèbres ; les généraux (et il en était de fort grands) obtenaient une place honorable, mais modeste, dans les souvenirs publics : tels furent Marceau, Moreau, Hoche, Joubert ; les deux derniers destinés à tenir lieu de Bonaparte, lequel naissant à la gloire traversa soudain le général Hoche, et illustra de sa jalousie ce guerrier pacificateur mort tout à coup après ses triomphes d'Altenkirken, de Neuwied et de Kleinnister.

Sous l'Empire, nous disparûmes ; il ne fut plus question de nous, tout appartenait à Bonaparte : *J'ai ordonné, j'ai vaincu, j'ai parlé ; mes aigles, ma couronne, mon sang, ma famille, mes sujets.*

Qu'arriva-t-il pourtant dans ces deux positions à la fois semblables et opposées ? Nous n'abandonnâmes point la République dans ses revers ; elle nous tuait, mais elle nous honorait ; nous n'avions pas la honte d'être la propriété d'un homme ; grâce à nos efforts, elle ne fut point envahie ; les Russes, défaits au delà des monts, vinrent expirer à Zurich.

Quant à Bonaparte, lui, malgré ses énormes acquisitions, il a succombé, non parce qu'il était vaincu, mais parce que la France n'en voulait plus. Grande leçon ! qu'elle nous fasse à jamais ressouvenir qu'il y a cause de mort dans tout ce qui blesse la dignité de l'homme.

Les esprits indépendants de toute nuance et de toute opinion tenaient un langage uniforme à l'époque de la publication de ma brochure. La Fayette, Camille Jordan, Ducis, Lemercier, Lanjuinais, madame de Staël, Chénier, Benjamin Constant, Le Brun, pensaient et écrivaient comme moi. Lanjuinais disait : « Nous avons été chercher un maître parmi les hommes dont les Romains ne voulaient pas pour esclaves. »

Chénier ne traitait pas Bonaparte avec plus de faveur :

> Un Corse a des Français dévoré l'héritage.
> Élite des héros au combat moissonnés,
> Martyrs avec la gloire à l'échafaud traînés,
> Vous tombiez satisfaits dans une autre espérance.
> Trop de sang, trop de pleurs ont inondé la France.
> De ces pleurs, de ce sang un homme est l'héritier.
>
> . . . .
> Crédule, j'ai longtemps célébré ses conquêtes,
> Au forum, au sénat, dans nos jeux, dans nos fêtes.
>
> . . . .
> Mais, lorsqu'en fugitif regagnant ses foyers,
> Il vint contre l'empire échanger des lauriers,
> Je n'ai point caressé sa brillante *infamie ;*
> Ma voix des oppresseurs fut toujours ennemie ;
> Et, tandis qu'il voyait des flots d'adorateurs
> Lui vendre avec l'État des vers adulateurs,
> Le *tyran* dans sa cour remarqua mon absence ;
> Car je chante la gloire et non pas la puissance.

(*Promenade*, 1805.)

Madame de Staël portait un jugement non moins rigoureux de Napoléon :

« Ne serait-ce pas une grande leçon pour l'espèce humaine, si ces directeurs (les cinq membres du Directoire), hommes très peu guerriers, se

relevaient de leur poussière, et demandaient compte à Napoléon de la barrière du Rhin et des Alpes, conquise par la République ; compte des étrangers arrivés deux fois à Paris ; compte de trois millions de Français qui ont péri depuis Cadix jusqu'à Moscou ; compte surtout de cette sympathie que les nations ressentaient pour la cause de la liberté en France, et qui s'est maintenant changée en aversion invétérée ? »
(*Considérations sur la Révolution française.*)

Écoutons Benjamin Constant :

« Celui qui, depuis douze années, se proclamait destiné à conquérir le monde, a fait amende honorable de ses prétentions ... Avant même que son territoire ne soit envahi, il est frappé d'un trouble qu'il ne peut dissimuler. À peine ses limites sont-elles touchées, qu'il jette au loin toutes ses conquêtes. Il exige l'abdication d'un de ses frères, il consacre l'expulsion d'un autre ; sans qu'on le lui demande, il déclare qu'il renonce à tout.

« Tandis que les rois, même vaincus, n'abjurent point leur dignité, pourquoi le vainqueur de la terre cède-t-il au premier échec ? Les cris de sa famille, nous dit-il, déchirent son cœur. N'étaient-ils pas de cette famille ceux qui périssaient en Russie dans la triple agonie des blessures, du froid et de la famine ? Mais, tandis qu'ils expiraient, désertés par leur chef, ce chef se croyait en sûreté ; maintenant, le danger qu'il partage lui donne une sensibilité subite.

« La peur est un mauvais conseiller, là surtout où il n'y a pas de conscience ; il n'y a dans l'adversité, comme dans le bonheur, de mesure que dans la morale. Où la morale ne gouverne pas, le bonheur se perd par la démence, l'adversité par l'avilissement.

« Quel effet doit produire sur une nation courageuse cette aveugle frayeur, cette pusillanimité soudaine, sans exemple encore au milieu de nos orages ? L'orgueil national trouvait (c'était un tort) un certain dédommagement à n'être opprimé que par un chef invincible. Aujourd'hui que reste-il ? Plus de prestige, plus de triomphes, un empire mutilé, l'exécration du monde, un trône dont les pompes sont ternies, dont les trophées sont abattus, et qui n'a pour tout entourage que les ombres errantes du duc d'Enghien, de Pichegru, de tant d'autres qui furent égorgés pour le fonder[443]. »

Ai-je été aussi loin que cela dans mon écrit *De Bonaparte et des Bourbons ?* Les proclamations des autorités en 1814, que je vais à l'instant reproduire, n'ont-elles pas redit, affirmé, confirmé ces opinions diverses ? Que les autorités qui s'expriment de la sorte aient été lâches et dégradées par leur première adulation, cela nuit aux rédacteurs de ces adresses, mais n'ôte rien à la force de leurs arguments.

---

[443] De l'esprit de conquête, édition d'Allemagne. Ch.

Je pourrais multiplier les citations ; mais je n'en rappellerai plus que deux, à cause de l'opinion des deux hommes : Béranger, ce constant et admirable admirateur de Bonaparte, ne croit-il pas devoir s'excuser lui-même, témoin ces paroles : « Mon admiration enthousiaste et constante pour le génie de l'empereur, cette idolâtrie, ne m'aveuglèrent jamais sur le despotisme toujours croissant de l'empire. » Paul-Louis Courier, parlant de l'avènement de Napoléon au trône, dit : « Que signifie, dis-moi... un homme comme lui, Bonaparte, soldat, chef d'armée, le premier capitaine du monde, vouloir qu'on l'appelle *majesté* ! être Bonaparte et se faire *sire* ! Il aspire à descendre : mais non, il croit monter en s'égalant aux rois. Il aime mieux un titre qu'un nom. Pauvre homme, ses idées sont au-dessous de sa fortune. Ce César l'entendait bien mieux, et aussi c'était un autre homme : il ne prit point de titres usés ; mais il fit de son nom un titre supérieur à celui des rois[444]. » Les talents vivants ont pris la route de la même indépendance, M. de Lamartine à la tribune[445], M. de Latouche dans la retraite[446] : dans deux ou trois de ses plus belles odes, M. Victor Hugo a prolongé ces nobles accents :

Dans   la   nuit   des   forfaits,   dans   l'éclat   des   victoires.
Cet homme ignorant Dieu, qui l'avait envoyé, etc[447].

Enfin, à l'extérieur, le jugement européen était tout aussi sévère. Je ne citerai parmi les Anglais que le sentiment des hommes de l'opposition,

---

[444] Lettre à M. N..., datée de Plaisance, mai 1804. (Œuvres de Paul-Louis Courier, t. III, p. 51.)

[445] Dans son admirable discours du 26 mai 1840, sur la translation des restes mortels de Napoléon, il fit entendre ces prophétiques paroles : « Quoique admirateur de ce grand homme, je n'ai pas un enthousiasme sans souvenir et sans prévoyance. Je ne me prosterne pas devant cette mémoire ; je ne suis pas de cette religion napoléonienne, de ce culte de la force que l'on veut depuis quelque temps substituer dans l'esprit de la nation à la religion sérieuse de la liberté. Je ne crois pas qu'il soit bon de déifier ainsi sans cesse la guerre, de surexciter ces bouillonnements déjà trop impétueux du sang français, qu'on nous représente comme impatient de couler après une trêve de vingt-cinq ans, comme si la paix, qui est le bonheur et la gloire du monde, pouvait être la honte des nations. J'ai bien vu un philosophe déifier aussi la gloire et diviniser ce fléau de Dieu. Je n'ai fait qu'en rire. Dans la bouche d'un philosophe, ces paradoxes brillants n'ont aucun danger ; ce n'est qu'un sophisme. Dans la bouche d'un homme d'État, cela prend un autre caractère. Les sophismes des gouvernements deviennent bientôt les crimes ou les malheurs des nations. Prenez garde de donner une pareille épée pour jouet à un pareil peuple ! »

[446] Hyacinte Thabaud de Latouche (1785-1851), poète et romancier. Son nom restera attaché à la publication des Poésies d'André Chénier (1819). Il eut aussi l'honneur, compatriote de George Sand, de la deviner tout d'abord, de lui indiquer la vraie voie et de lui rendre les premiers pas plus faciles. Possesseur, à Aulnay, d'une petite maison voisine de celle qu'avait habitée Chateaubriand, il s'appelait volontiers l'Ermite de la Vallée-aux-Loups.

[447] Odes et Ballades, ode sur Buonaparte. Voir aussi, dans le même recueil, l'ode qui a pour titre : Les Deux Îles.

lesquels s'accommodaient de tout dans notre Révolution et la justifiaient de tout : lisez Mackintosh dans sa plaidoirie pour Peltier. Sheridan, à l'occasion de la paix d'Amiens, disait au parlement : « Quiconque arrive en Angleterre, en sortant de France, croit s'échapper d'un donjon pour respirer l'air et la vie de l'indépendance. »

Lord Byron, dans son Ode à Napoléon, le traite de la plus indique manière :

'T is done-but yesterday a king !
And arm'd with kings to strive,
And now thou art a namless thing
So abject-yet alive.

« C'en est fait ! hier encore un roi ! et armé pour combattre les rois ! Et aujourd'hui tu es une *chose* sans nom, si abjecte ! vivant néanmoins. »

L'ode entière est de ce train ; chaque strophe enchérit sur l'autre, ce qui n'a pas empêché Lord Byron de célébrer le tombeau de Sainte-Hélène. Les poètes sont des oiseaux : tout bruit les fait chanter.

Lorsque l'élite des esprits les plus divers se trouve d'accord dans un jugement, aucune admiration factice ou sincère, aucun arrangement de faits, aucun système imaginé après coup, ne sauraient infirmer la sentence. Quoi ! on pourrait, comme le fit Napoléon, substituer sa volonté aux lois, persécuter toute vie indépendante, se faire une joie de déshonorer les caractères, de troubler les existences, de violenter les mœurs particulières autant que les libertés publiques ; et les oppositions généreuses qui s'élèveraient contre ces énormités seraient déclarées calomnieuses et blasphématrices ! Qui voudrait défendre la cause du faible contre le fort, si le courage, exposé à la vengeance des viletés du présent, devait encore attendre le blâme des lâchetés de l'avenir !

Cette illustre minorité, formée en partie des enfants des Muses, devint graduellement la majorité nationale : vers la fin de l'Empire tout le monde détestait le despotisme impérial. Un reproche grave s'attachera à la mémoire de Bonaparte : il rendit son joug si pesant que le sentiment hostile contre l'étranger s'en affaiblit, et qu'une invasion, déplorable aujourd'hui en souvenir, prit, au moment de son accomplissement, quelque chose d'une délivrance : c'est l'opinion républicaine même, énoncée par mon infortuné et brave ami Carrel. « Le retour des Bourbons, avait dit à son tour Carnot, produisit en France un enthousiasme universel ; ils furent accueillis avec une effusion de cœur inexprimable, les anciens républicains partagèrent sincèrement les transports de la joie commune. Napoléon les avait particulièrement tant opprimés, toutes les classes de la société avaient tellement souffert, qu'il ne se trouvait personne qui ne fût réellement dans l'ivresse[448]. »

---

448 Mémoire au Roi, par Carnot ; 1814.

Il ne manque à la sanction de ces opinons qu'une autorité qui les confirme : Bonaparte s'est chargé d'en certifier la vérité. En prenant congé de ses soldats dans la cour de Fontainebleau, il confesse hautement que la France le rejette : « La France elle-même, dit-il, a voulu d'autres destinées. » Aveu inattendu et mémorable, dont rien ne peut diminuer le poids ni amoindrir la valeur.

Dieu, en sa patiente éternité, amène tôt ou tard la justice : dans les moments du sommeil apparent du ciel, il sera toujours beau que la désapprobation d'un honnête homme veille, et qu'elle demeure comme un frein à l'absolu pouvoir. La France ne reniera point les nobles âmes qui réclamèrent contre sa servitude, lorsque tout était prosterné, lorsqu'il y avait tant d'avantages à l'être, tant de grâces à recevoir pour des flatteries, tant de persécutions à recueillir pour des sincérités. Honneur donc aux La Fayette, aux de Staël, aux Benjamin Constant, aux Camille Jordan, aux Ducis, aux Lemercier, aux Lanjuinais, aux Chénier, qui, debout au milieu de la foule rampante des peuples et des rois, ont osé mépriser la victoire et protester contre la tyrannie !

Le 2 avril les sénateurs, à qui l'on ne doit qu'un seul article de la charte de 1814, l'ignoble article qui leur conserve leurs pensions, décrétèrent la déchéance de Bonaparte. Si ce décret, libérateur pour la France, infâme pour ceux qui l'ont rendu, fait à l'espèce humaine un affront, en même temps il enseigne à la postérité le prix des grandeurs et de la fortune, quand elles ont dédaigné de s'asseoir sur les bases de la morale, de la justice et de la liberté.

DÉCRET DU SÉNAT CONSERVATEUR

« Le Sénat conservateur, considérant que dans une monarchie constitutionnelle le monarque n'existe qu'en vertu de la constitution ou du pacte social ;

« Que Napoléon Bonaparte, pendant quelque temps d'un gouvernement ferme et prudent, avait donné à la nation des sujets de compter, pour l'avenir, sur des actes de sagesse et de justice ; mais qu'ensuite il a déchiré le pacte qui l'unissait au peuple français, notamment en levant des impôts, en établissant des taxes autrement qu'en vertu de la loi, contre la teneur expresse du serment qu'il avait prêté à son avènement au trône, conformément à l'article 53 des constitutions du 28 floréal an XII ;

« Qu'il a commis cet attentat aux droits du peuple, lors même qu'il venait d'ajourner sans nécessité le Corps législatif, et de faire supprimer, comme criminel, un rapport de ce corps, auquel il contestait son titre et son rapport à la représentation nationale ;

« Qu'il a entrepris une suite de guerres, en violation de l'article 50 de l'acte des constitutions de l'an VIII, qui veut que la déclaration de guerre soit proposée, discutée, décrétée et promulguée, comme des lois ;

« Qu'il a, inconstitutionnellement, rendu plusieurs décrets portant peine de mort, nommément les deux décrets du 5 mars dernier, tendant à faire considérer comme nationale une guerre qui n'avait lieu que dans l'intérêt de son ambition démesurée ;

« Qu'il a violé les lois constitutionnelles par ses décrets sur les prisons d'État ;

« Qu'il a anéanti la responsabilité des ministres, confondu tous les pouvoirs, et détruit l'indépendance des corps judiciaires ;

« Considérant que la liberté de la presse, établie et consacrée comme l'un des droits de la nation, a été constamment soumise à la censure arbitraire de sa police, et qu'en même temps il s'est toujours servi de la presse pour remplir la France et l'Europe de faits controuvés, de maximes fausses, de doctrines favorables au despotisme, et d'outrages contre les gouvernements étrangers ;

« Que des actes et rapports, entendus par le Sénat, ont subi des altérations dans la publication qui en a été faite ;

« Considérant que, au lieu de régner dans la seule vue de l'intérêt, du bonheur et de la gloire du peuple français, aux termes de son serment, Napoléon a mis le comble aux malheurs de la patrie par son refus de traiter à des conditions que l'intérêt national obligeait d'accepter et qui ne compromettaient pas l'honneur français ; par l'abus qu'il a fait de tous les moyens qu'on lui a confiés en hommes et en argent ; par l'abandon des blessés sans secours, sans pansement, sans subsistances ; par différentes mesures dont les suites étaient la ruine des villes, la dépopulation des campagnes, la famine et les maladies contagieuses ;

« Considérant que, par toutes ces causes, le gouvernement impérial établi par le sénatus-consulte du 28 floréal an XII, ou 18 mai 1804, a cessé d'exister, et que le vœu manifeste de tous les Français appelle un ordre de choses dont le premier résultat soit le rétablissement de la paix générale et qui soit aussi l'époque d'une réconciliation solennelle entre tous les États de la grande famille européenne, le Sénat déclare et décrète ce qui suit : *Napoléon déchu du trône ; le droit d'hérédité aboli dans sa famille ; le peuple français et l'armée déliés envers lui du serment de fidélité.* »

Le Sénat Romain fut moins dur lorsqu'il déclara Néron ennemi public : l'histoire n'est qu'une répétition des mêmes faits appliqués à des hommes et à des temps divers.

Se représente-t-on l'empereur lisant le document officiel à Fontainebleau ? Que devait-il penser de ce qu'il avait fait, et des hommes qu'il avait appelés à la complicité de son oppression de nos libertés ? Quand je publiai ma brochure *De Bonaparte et des Bourbons,* pouvais-je m'attendre à la voir amplifiée et convertie en décret de déchéance par le Sénat ? Qui empêcha ces législateurs, aux jours de la prospérité, de découvrir les maux dont ils reprochaient à Bonaparte d'être l'auteur, de s'apercevoir que la constitution avait été violée ? Quel zèle saisissait tout à coup ces muets *pour la liberté de la presse ?* Ceux qui avaient accablé Napoléon d'adulations au retour de chacune de ses guerres, comment trouvaient-ils maintenant qu'il ne les avait entreprises que *dans l'intérêt de son ambition démesurée ?* Ceux qui lui avaient jeté tant de conscrits à dévorer, comment s'attendrissaient-ils soudain sur des soldats blessés, *abandonnés sans secours, sans pansement, sans subsistances ?* Il y a des temps où l'on ne doit dépenser le mépris qu'avec économie, à cause du grand nombre de nécessiteux : je le leur plains pour cette heure, parce qu'ils en auront encore besoin pendant et après les Cent-Jours.

Lorsque je demande ce que Napoléon à Fontainebleau pensait des actes du Sénat, sa réponse était faite : un ordre du jour du 5 avril 1814, non publié officiellement, mais recueilli dans divers journaux au dehors de la capitale, remerciait l'armée de sa fidélité en ajoutant :

« Le Sénat s'est permis de disposer du gouvernement français ; il a oublié qu'il doit à l'empereur le pouvoir dont il abuse maintenant ; que c'est lui qui a sauvé une partie de ses membres de l'orage de la Révolution, tiré de l'obscurité et protégé l'autre contre la haine de la nation. Le Sénat se fonde sur les articles de la constitution pour la renverser ; il ne rougit pas de faire des reproches à l'empereur sans remarquer que, comme premier corps de l'État, il a pris part à tous les événements. Le Sénat ne rougit pas de parler des libelles publiés contre les gouvernements étrangers : il oublie qu'ils furent rédigés dans son sein. Si longtemps que la fortune s'est montrée fidèle à leur souverain, ces hommes sont restés fidèles, et nulle plainte n'a été entendue sur les abus du pouvoir. Si l'empereur avait méprisé les hommes, comme on le lui a reproché, alors le monde reconnaîtrait aujourd'hui qu'il a eu des raisons qui motivaient son mépris[449]. »

C'est un hommage rendu par Bonaparte lui-même à la liberté de la presse : il devait croire qu'elle avait quelque chose de bon, puisqu'elle lui offrait un dernier abri et un dernier secours.

Et moi qui me débats contre le temps, moi qui cherche à lui faire rendre compte de ce qu'il a vu, moi qui écris ceci si loin des événements passés, sous le règne de Philippe, héritier contrefait d'un si grand héritage, que suis-je entre les mains de ce Temps, ce grand dévorateur des siècles que je croyais arrêtés, de ce Temps qui me fait pirouetter dans les espaces avec lui ?

Alexandre était descendu chez M. de Talleyrand[450]. Je n'assistai point aux conciliabules : on les peut lire dans les récits de l'abbé de Pradt[451] et

---

[449] Le texte complet de cet ordre du jour a été donné par le baron Fain dans son Manuscrit de Mil huit cent quatorze, p. 375.
[450] M. de Talleyrand habitait l'hôtel qui fait le coin de la place de la Concorde et de la rue Saint-Florentin. Après la mort du prince de Talleyrand, il fut occupé par la princesse de Liéven. Il est aujourd'hui la propriété de M. Alphonse de Rothschild.

des divers tripotiers qui maniaient dans leurs sales et petites mains le sort d'un des plus grands hommes de l'histoire et la destinée du monde. Je comptais pour rien dans la politique en dehors des masses ; il n'y avait pas d'intrigant subalterne qui n'eût aux antichambres beaucoup plus de droit et de faveur que moi : homme futur de la Restauration possible, j'attendais sous les fenêtres, dans la rue.

Par les machinations de l'hôtel de la rue Saint-Florentin, le Sénat conservateur nomma un gouvernement provisoire composé du général Beurnonville[452], du sénateur Jaucourt[453], du duc de Dalberg[454], de l'abbé de Montesquiou[455], et de Dupont de Nemours[456]; le prince de Bénévent se nantit de la présidence.

En rencontrant ce nom pour la première fois, je devrais parler du personnage qui prit dans les affaires d'alors une part remarquable ; mais je réserve son portrait pour la fin de mes *Mémoires*.

---

[451] Récit historique sur la restauration de la royauté en France le 31 mars 1814, par M. de Pradt, 1815.

[452] Pierre-Riel, marquis de Beurnonville (1752-1821). Ministre de la guerre (4 février — 11 mars 1793) ; général en chef de l'armée de Sambre-et-Meuse, puis de l'armée du Nord ; ambassadeur à Berlin, puis à Madrid, sous le Consulat ; sénateur le 1er février 1805 ; comte de l'Empire le 23 mai 1808. — Louis XVIII le nomma ministre d'État, pair de France le 4 juin 1814, maréchal de France le 3 juillet 1816. En 1817, il le créa marquis et, en 1820, lui donna le cordon bleu à l'occasion de la naissance du duc de Bordeaux.

[453] Arnail-François, marquis de Jaucourt (1757-1852). Il était sénateur depuis le 31 octobre 1803. Napoléon l'avait fait comte le 26 avril 1808. Nommé, le 13 mai 1814, par Louis XVIII, ministre d'État et pair de France, il fut chargé, le 4 juin, de l'intérim des Affaires étrangères, tandis que Talleyrand représentait la France au Congrès de Vienne. Pendant les Cent-Jours, il fut de ceux que Napoléon mit hors la loi. Il suivit le roi à Gand, et à la seconde Restauration, après avoir été quelque temps ministre de la marine, il devint membre du conseil privé.

[454] Emerick-Joseph-Wolfgand-Héribert, duc de Dalberg (1773-1833). Il était le neveu de Charles de Dalberg, qui fut archichancelier de l'Empire, prince-primat de la Confédération du Rhin et grand-duc de Francfort. Naturalisé Français après le traité de Vienne (1809), et chargé de négocier le mariage de Napoléon avec Marie-Louise, Emerick de Dalberg fut créé duc de l'Empire (14 août 1810), conseiller d'État (14 octobre suivant), et reçut une dotation de quatre millions. Il suivit M. de Talleyrand dans sa disgrâce et se retrouva à ses côtés en 1814.

[455] François-Xavier-Marc-Antoine, duc de Montesquiou-Fezensac (1756-1832). Député du clergé de la ville de Paris à l'Assemblée constituante, il avait été l'un des principaux orateurs du côté droit. L'Empire l'avait exilé à Menton. Il fut ministre de l'Intérieur du 13 mai 1814 au 20 mars 1815. Pair de France le 17 août 1815, membre de l'Académie française en vertu de l'ordonnance du 21 mars 1816, créé comte en 1817, puis duc en 1821, il fut autorisé à transmettre la pairie à son neveu Raymond de Montesquiou, plus tard duc de Fezensac et auteur des Souvenirs militaires de 1804 à 1811.

[456] Voir sur Dupont de Nemours la note 2 de la page 383 (note 123 du Livre II de la Troisième Partie). Il ne fit pas partie, à proprement parler, du Gouvernement provisoire, auprès duquel il remplissait seulement les fonctions de secrétaire.

L'intrigue qui retint M. de Talleyrand à Paris, lors de l'entrée des alliés, a été la cause de ses succès au début de la Restauration. L'empereur de Russie le connaissait pour l'avoir vu à Tilsit. Dans l'absence des autorités françaises, Alexandre descendit à l'hôtel de l'Infantado[457], que le maître de l'hôtel se hâta de lui offrir.

Dès lors, M. de Talleyrand passa pour l'arbitre du monde ; ses salons devinrent le centre des négociations. Composant le gouvernement provisoire à sa guise, il y plaça les partners de son whist : l'abbé de Montesquiou y figura seulement comme une réclame de la légitimité.

Ce fut à l'infécondité de l'évêque d'Autun que les premières œuvres de la Restauration furent confiées : il frappa cette Restauration de stérilité, et lui communiqua un germe de flétrissure et de mort.

Les premiers actes du gouvernement provisoire, placé sous la dictature de son président, furent des proclamations adressées aux soldats et au peuple.

« Soldats, disaient-elles aux premiers, la France vient de briser le joug sous lequel elle gémit avec vous depuis tant d'années. Voyez tout ce que vous avez souffert de la tyrannie. Soldats, il est temps de finir les maux de la patrie. Vous êtes ses plus nobles enfants ; vous ne pouvez appartenir à celui qui l'a ravagée, qui a voulu rendre votre nom odieux à toutes les nations, qui aurait peut-être compromis votre gloire si un homme qui N'EST PAS MEME FRANÇAIS pouvait jamais affaiblir l'honneur de nos armes et la générosité de nos soldats[458]. »

Ainsi, aux yeux de ses plus serviles esclaves, celui qui remporta tant de victoires n'est *plus même Français !* Lorsqu'au temps de la Ligue Du Bourg rendit la Bastille à Henri IV, il refusa de quitter l'écharpe noire et de prendre l'argent qu'on lui offrait pour la reddition de la place. Sollicité de reconnaître le roi, il répondit « que c'était sans doute un très bon prince, mais qu'il avait donné sa foi à M. de Mayenne ; qu'au reste Brissac était un traître, et que, pour le lui maintenir, il le combattrait entre quatre piques, en présence du roi, et lui mangerait le cœur du ventre. » Différence des temps et des hommes !

Le 4 avril parut une nouvelle adresse du gouvernement provisoire au peuple français ; elle lui disait :

« Au sortir de vos discordes civiles, vous aviez choisi pour chef un homme qui paraissait sur la scène du monde avec les caractères de la grandeur. Sur les ruines de l'anarchie, il n'a fondé que le despotisme ; il

---

[457] Au commencement du règne de Louis XVI, l'hôtel de la rue Saint-Florentin appartenait au duc de Fitz-James, qui le vendit en 1787 à la duchesse de l'Infantado. De là le nom que lui donne ici Chateaubriand et qui est celui sous lequel cet hôtel était généralement désigné sous l'Empire et au commencement de la Restauration.

[458] Adresse du Gouvernement provisoire aux armées françaises, en date du 2 avril 1814.

devait au moins *par reconnaissance devenir Français* avec vous : *il ne l'a jamais été*. Il n'a cessé d'entreprendre sans but et sans motif des guerres injustes, en aventurier qui veut être fameux. Peut-être rêve-t-il encore à ses desseins gigantesques, même quand des revers inouïs punissent avec tant d'éclat l'orgueil et l'abus de la victoire. Il n'a su régner ni dans l'intérêt national, ni dans l'intérêt même de son despotisme. Il a détruit tout ce qu'il voulait créer, et recréé tout ce qu'il voulait détruire. Il ne croyait qu'à la force ; la force l'accable aujourd'hui : juste retour d'une ambition insensée. »

Vérités incontestables, malédictions méritées ; mais qui les donnait, ces malédictions ? que devenait ma pauvre petite brochure, serrée entre ces virulentes adresses ? ne disparaît-elle pas entièrement ? Le même jour, 4 avril, le gouvernement provisoire proscrit les signes et les emblèmes du gouvernement impérial ; si l'Arc de Triomphe eût existé, on l'aurait abattu. Mailhe, qui vota le premier la mort de Louis XVI[459], Cambacérès, qui salua le premier Napoléon du nom d'empereur, reconnurent avec empressement les actes du gouvernement provisoire.

Le 6, le Sénat broche une constitution : elle reposait à peu près sur les bases de la charte future ; le Sénat était maintenu comme Chambre haute ; la dignité des sénateurs était déclarée inamovible et héréditaire ; à leur titre de majorat était attachée la dotation des sénatoreries ; la constitution rendait ces titres et majorats transmissibles aux descendants du possesseur : heureusement que ces ignobles hérédités avaient en elles des Parques, comme disaient les anciens.

L'effronterie sordide de ces sénateurs qui, au milieu de l'invasion de leur patrie, ne se perdent pas de vue un moment, frappe même dans l'immensité des événements publics.

N'aurait-il pas été plus commode pour les Bourbons d'adopter en arrivant le gouvernement établi, un Corps législatif muet, un Sénat secret et esclave, une presse enchaînée ? À la réflexion, on trouve la chose impossible : les libertés naturelles, se redressant dans l'absence du bras qui les courbait, auraient repris leur ligne verticale sous la faiblesse de la compression. Si les princes légitimes avaient licencié l'armée de Bonaparte, comme ils auraient dû le faire, (c'était l'opinion de Napoléon à l'île d'Elbe), et s'ils eussent conservé en même temps le gouvernement impérial, c'eût été trop de briser l'instrument de la gloire pour ne garder que l'instrument de la tyrannie : la charte était la rançon de Louis XVIII.

---

[459] Jean-Baptiste Mailhe (1754-1834), député de la Haute-Garonne à la Convention. Par suite du roulement qui s'opéra entre les départements pour les appels nominaux, il fut appelé le premier à voter dans le procès du roi. En avril 1814, il envoya une adresse au Sénat pour le féliciter d'avoir prononcé la déchéance de Napoléon.

Le 12 avril, le comte d'Artois arriva en qualité de lieutenant général du royaume. Trois ou quatre cents hommes à cheval allèrent au-devant de lui ; j'étais de la troupe. Il charmait par sa bonne grâce, différente des manières de l'Empire. Les Français reconnaissaient avec plaisir dans sa personne leurs anciennes mœurs, leur ancienne politesse et leur ancien langage ; la foule l'entourait et le pressait ; consolante apparition du passé, double abri qu'il était contre l'étranger vainqueur et contre Bonaparte encore menaçant. Hélas ! ce prince ne remettait le pied sur le sol français que pour y voir assassiner son fils et pour retourner mourir sur cette terre d'exil dont il revenait ; il y a des hommes à qui la vie a été jetée au cou comme une chaîne.

On m'avait présenté au frère du roi ; on lui avait fait lire ma brochure, autrement il n'aurait pas su mon nom : il ne se rappelait ni de m'avoir vu à la cour de Louis XVI, ni au camp de Thionville, et n'avait sans doute jamais entendu parler du *Génie du christianisme :* c'était tout simple. Quand on a beaucoup et longuement souffert, on ne se souvient plus que de soi ; l'infortune personnelle est une compagne un peu froide, mais exigeante ; elle vous obsède ; elle ne laisse de place à aucun autre sentiment, ne vous quitte point, s'empare de vos genoux et de votre couche.

La veille du jour de l'entrée du comte d'Artois, Napoléon, après avoir inutilement négocié avec Alexandre par l'entremise de M. de Coulaincourt, avait fait connaître l'acte de son abdication :

« Les puissances alliées ayant proclamé que l'empereur Napoléon était le seul obstacle au rétablissement de la paix en Europe, l'empereur Napoléon, fidèle à son serment, déclare qu'il renonce pour lui et ses héritiers au trône de France et d'Italie, parce qu'il n'est aucun sacrifice personnel, même celui de la vie, qu'il ne soit prêt à faire à l'intérêt des Français. »

À ces paroles éclatantes l'empereur ne tarda pas de donner, par son retour, un démenti non moins éclatant : il ne lui fallut que le temps d'aller à l'île d'Elbe. Il resta à Fontainebleau jusqu'au 20 avril.

Le 20 d'avril étant arrivé. Napoléon descendit le perron à deux branches qui conduit au péristyle du château désert de la monarchie des Capets. Quelques grenadiers, restes des soldats vainqueurs de l'Europe, se formèrent en ligne dans la grande cour, comme sur leur dernier champ de bataille ; ils étaient entourés de ces vieux arbres, compagnons mutilés de François Ier et de Henri IV. Bonaparte adressa ces paroles aux derniers témoins de ses combats :

« Généraux, officiers, sous-officiers et soldats de ma vieille garde, je vous fais mes adieux : depuis vingt ans je suis content de vous ; je vous ai toujours trouvés sur le chemin de la gloire.

« Les puissances alliées ont armé toute l'Europe contre moi, une partie de l'armée a trahi ses devoirs et *la France elle-même a voulu d'autres destinées.*

« Avec vous et les braves qui me sont restés fidèles, j'aurais pu entretenir la guerre civile pendant trois ans ; mais la France eût été malheureuse, ce qui était contraire au but que je me suis proposé.

« Soyez fidèles au nouveau roi que la France s'est choisi ; n'abandonnez pas notre chère patrie, trop longtemps malheureuse ! Aimez-la toujours, aimez-la bien, cette chère patrie.

« Ne plaignez pas mon sort ; je serai toujours heureux lorsque je saurai que vous l'êtes.

« J'aurais pu mourir ; rien ne m'eût été plus facile ; mais je suivrai sans cesse le chemin de l'honneur. J'ai encore à écrire ce que nous avons fait.

« Je ne puis vous embrasser tous ; mais j'embrasserai votre général… Venez, général… » (Il serre le général Petit[460] dans ses bras.) « Qu'on m'apporte l'aigle !… » (Il la baise.) « Chère aigle ! que ces baisers retentissent dans le cœur de tous les braves !… Adieu, mes enfants !… Mes vœux vous accompagneront toujours ; conservez mon souvenir[461]. »

Cela dit, Napoléon lève sa tente qui couvrait le monde.

Bonaparte avait demandé à l'Alliance des commissaires, afin d'être protégé par eux jusqu'à l'île que les souverains lui accordaient en toute propriété et en avancement d'hoirie. Le comte Schouwalof fut nommé pour la Russie, le général Koller pour l'Autriche, le colonel Campbell pour

---

[460] Le baron Petit (1772-1856). Il était, depuis le 23 juin 1813, général de brigade de la garde impériale. Au lendemain des adieux de Fontainebleau, il prêta serment à Louis XVIII, qui le fit chevalier de Saint-Louis. À Waterloo, il était à côté de Cambronne, et, à la tête des survivants de la garde, il protégea la fuite de l'empereur. Louis-Philippe le créa pair de France le 3 octobre 1837 et l'appela, en 1842, au commandement de l'hôtel des Invalides. Napoléon III le nomma sénateur le 27 mars 1852. À sa mort, le général Petit fut enterré aux Invalides, dont il avait gardé le commandement sous les ordres du prince Jérôme Bonaparte.

[461] Dans son Histoire de la Restauration (tome I. p. 215), après avoir reproduit le discours de Fontainebleau, tel que le donne Chateaubriand, M. Alfred Nettement ajoute : « Nous adoptons la version de ce discours donnée par M. de Chateaubriand dans ses Mémoires d'Outre-Tombe. C'est celle qui nous a paru la plus vraisemblable, par le désordre même des idées et par ce qu'elle a d'entrecoupé dans l'accent. Sans doute, M. de Chateaubriand n'était pas à Fontainebleau, mais il était parfaitement en mesure de savoir ce que l'empereur avait dit, et il n'est pas douteux qu'il ait fait tous ses efforts pour rétablir l'exactitude textuelle des paroles de l'empereur. » Dans le Manuscrit de 1814, le baron Fain a donné de ce discours une version qui diffère sur quelques points de celle des Mémoires d'Outre-Tombe. « C'est, dit Alfred Nettement, la version du bonapartisme militant et hostile, celle où toutes les paroles qui pouvaient sembler favorables aux Bourbons avaient disparu et où le désordre des idées a fait place à une composition plus étudiée. C'est le même discours, si l'on veut, mais avec des corrections, des retranchements et des retouches. »

l'Angleterre, et le comte Waldbourg-Truchsess pour la Prusse ; celui-ci a écrit *l'Itinéraire de Napoléon de Fontainebleau à l'île d'Elbe*. Cette brochure et celle de l'abbé de Pradt sur l'ambassade de Pologne sont les deux comptes rendus dont Napoléon a été le plus affligé. Il regrettait sans doute alors le temps de sa libérale censure, quand il faisait fusiller le pauvre Palm, libraire allemand, pour avoir distribué à Nuremberg l'écrit de M. de Gentz : *L'Allemagne dans son profond abaissement*[462]. Nuremberg, à l'époque de la publication de cet écrit, étant encore ville libre, n'appartenait point à la France : Palm n'aurait-il pas dû deviner cette conquête !

Le comte de Waldbourg fait d'abord le récit de plusieurs conversations qui précédèrent à Fontainebleau le départ. Il rapporte que Bonaparte donnait les plus grands éloges à lord Wellington et s'informait de son caractère et de ses habitudes. Il s'excusait de n'avoir pas fait la paix à Prague, à Dresde et à Francfort ; il convenait qu'il avait eu tort, mais qu'il avait alors d'autres vues. « Je n'ai point été usurpateur, ajoutait-il, parce que je n'ai accepté la couronne que d'après le vœu unanime de la nation, tandis que Louis XVIII l'a usurpée, n'étant appelé au trône que par un vil Sénat, dont plus de dix membres ont voté la mort de Louis XVI. »

Le comte de Waldbourg poursuit ainsi son récit :

« L'empereur se mit en route, avec ses quatre autres voitures, le 21 vers midi, après avoir eu encore avec le général Koller un long entretien dont voici le résumé : Eh bien ! vous avez entendu hier mon discours à la vieille garde ; il vous a plu et vous avez vu l'effet qu'il a produit. Voilà comme il faut parler et agir avec eux, et si Louis XVIII ne suit pas cet exemple, il ne fera jamais rien du soldat français.

« Les cris de *Vive l'empereur* cessèrent dès que les troupes françaises ne furent plus avec nous. À Moulins nous vîmes les premières cocardes blanches, et les habitants nous reçurent aux acclamations de *Vivent les alliés !* Le colonel Campbell partit de Lyon en avant, pour aller chercher à Toulon ou à Marseille une frégate anglaise qui pût, d'après le vœu de Napoléon, le conduire dans son île.

« À Lyon, où nous passâmes vers les onze heures du soir, il s'assembla quelques groupes qui crièrent *Vive Napoléon !* Le 24, vers midi, nous rencontrâmes le maréchal Augereau près de Valence. L'empereur et le maréchal descendirent de voiture ; Napoléon ôta son chapeau, et tendit les bras à Augereau, qui l'embrassa, mais sans le saluer. *Où vas-tu comme ça ?* lui dit l'empereur en le prenant par le bras, *tu vas à la cour ?* Augereau répondit que pour le moment il allait à Lyon ; ils

---

[462] La famille du malheureux libraire a publié à Nuremberg, en 1814, un livre qui raconte de la manière la plus complète et la plus saisissante le procès et l'exécution de Johann Philipp Palm. Cet épisode eut dans toute l'Allemagne un retentissement considérable.

marchèrent près d'un quart d'heure ensemble, en suivant la route de Valence. L'empereur fit au maréchal des reproches sur sa conduite envers lui et lui dit : *Ta proclamation est bien bête ; pourquoi des injures contre moi ? Il fallait simplement dire : Le vœu de la nation s'étant prononcé en faveur d'un nouveau souverain, le devoir de l'armée est de s'y conformer. Vive le roi ! vive Louis XVIII !* Augereau alors se mit aussi à tutoyer Bonaparte, et lui fit à son tour d'amers reproches sur son insatiable ambition, à laquelle il avait tout sacrifié, même le bonheur de la France entière. Ce discours fatiguant l'empereur, il se tourna avec brusquerie du côté du maréchal, l'embrassa, lui ôta encore son chapeau, et se jeta dans sa voiture.

« Augereau, les mains derrière le dos, ne dérangea pas sa casquette de dessus sa tête ; et seulement, lorsque l'empereur fut remonté dans sa voiture, il lui fit un geste méprisant de la main en lui disant adieu…

« Le 25 nous arrivâmes à Orange : nous fûmes reçus aux cris de *Vive le roi ! vive Louis XVIII !*

« Le même jour, le matin, l'empereur trouva un peu en avant d'Avignon, à l'endroit où l'on devait changer de chevaux, beaucoup de peuple rassemblé, qui l'attendait à son passage, et qui nous accueillit aux cris de : *Vive le roi ! vivent les alliés ! À bas le tyran, le coquin, le mauvais gueux !...* Cette multitude vomit encore contre lui mille invectives.

« Nous fîmes tout ce que nous pûmes pour arrêter ce scandale, et diviser la foule qui assaillait sa voiture ; nous ne pûmes obtenir de ces forcenés qu'ils cessassent d'insulter l'homme qui, disaient-ils, les avait rendus si malheureux, et qui n'avait d'autre désir que d'augmenter encore leur misère…

« Dans tous les endroits que nous traversâmes, il fut reçu de la même manière. À Orgon[463], petit village où nous changeâmes de chevaux, la rage du peuple était à son comble ; devant l'auberge même où il devait s'arrêter, on avait élevé une potence à laquelle était suspendu un mannequin, en uniforme français, couvert de sang, avec une inscription placée sur la poitrine et ainsi conçue : *Tel sera tôt ou tard le sort du tyran.*

« Le peuple se cramponnait à la voiture de Napoléon, et cherchait à le voir pour lui adresser les plus fortes injures. L'empereur se cachait derrière le général Bertrand le plus qu'il pouvait ; il était pâle et défait, ne disant pas un mot. À force de pérorer le peuple, nous parvînmes à le tirer de ce mauvais pas.

« Le comte Schouwalof, à côté de la voiture de Bonaparte, harangua la populace en ces termes : « N'avez-vous pas honte d'insulter à un malheureux sans défense ? Il est assez humilié par la triste situation où il se trouve, lui qui s'imaginait donner des lois à l'univers et qui se trouve

---

[463] Chef-lieu de canton du département des Bouches-du-Rhône, sur la rive gauche de la Durance.

aujourd'hui à la merci de votre générosité ! Abandonnez-le à lui-même ; regardez-le : vous voyez que le mépris est la seule arme que vous devez employer contre cet homme, qui a cessé d'être dangereux. Il serait au-dessous de la nation française d'en prendre une autre vengeance ! » Le peuple applaudissait à ce discours, et Bonaparte, voyant l'effet qu'il produisait, faisait des signes d'approbation à Schouwaloff, et le remercia ensuite du service qu'il lui avait rendu.

« À un quart de lieue en deçà d'Orgon, il crut indispensable la précaution de se déguiser : il mit une mauvaise redingote bleue, un chapeau rond sur sa tête avec une cocarde blanche, et monta un cheval de poste pour galoper devant sa voiture, voulant passer ainsi pour un courrier. Comme nous ne pouvions le suivre, nous arrivâmes à Saint-Cannat[464] bien après lui. Ignorant les moyens qu'il avait pris pour se soustraire au peuple, nous le croyions dans le plus grand danger, car nous voyions sa voiture entourée de gens furieux qui cherchaient à ouvrir les portières : elles étaient heureusement bien fermées, ce qui sauva le général Bertrand. La ténacité des femmes nous étonna le plus ; elles nous suppliaient de le leur livrer, disant : « Il l'a si bien mérité envers nous et envers vous-mêmes, que nous ne vous demandons qu'une chose juste. »

« À une demi-lieue de Saint-Cannat, nous atteignîmes la voiture de l'empereur, qui, bientôt après, entra dans une mauvaise auberge située sur la grande route et appelée *la Calade*. Nous l'y suivîmes, et ce n'est qu'en cet endroit que nous apprîmes et le travestissement dont il s'était servi, et son arrivée dans cette auberge à la faveur de ce bizarre accoutrement ; il n'avait été accompagné que d'un seul courrier ; sa suite, depuis le général jusqu'au marmiton, était parée de cocardes blanches, dont ils paraissaient s'être approvisionnés à l'avance. Son valet de chambre, qui vint au-devant de nous, nous pria de faire passer l'empereur pour le colonel Campbell, parce qu'en arrivant il s'était annoncé pour tel à l'hôtesse. Nous promîmes de nous conformer à ce désir, et j'entrai le premier dans une espèce de chambre où je fus frappé de trouver le ci-devant souverain du monde plongé dans de profondes réflexions, la tête appuyée dans ses mains. Je ne le reconnus pas d'abord, et je m'approchai de lui. Il se leva en sursaut en entendant quelqu'un marcher, et me laissa voir son visage arrosé de larmes. Il me fit signe de ne rien dire, me fit asseoir près de lui, et tout le temps que l'hôtesse fut dans la chambre, il ne me parla que de choses indifférentes. Mais lorsqu'elle sortit, il reprit sa première position. Je jugeai convenable de le laisser seul ; il nous fit cependant prier de passer de temps en temps dans sa chambre pour ne pas faire soupçonner sa présence.

---

[464] Village du canton de Lambesc, arrondissement d'Aix (Bouches-du-Rhône).

« Nous lui fîmes savoir qu'on était instruit que le colonel Campbell avait passé la veille justement par cet endroit, pour se rendre à Toulon. Il résolut aussitôt de prendre le nom de lord Burghers.

« On se mit à table, mais comme ce n'étaient pas ses cuisiniers qui avaient préparé le dîner, il ne pouvait se résoudre à prendre aucune nourriture, dans la crainte d'être empoisonné. Cependant, nous voyant manger de bon appétit, il eut honte de nous faire voir les terreurs qui l'agitaient, et prit de tout ce qu'on lui offrit ; il fit semblant d'y goûter, mais il renvoyait les mets sans y toucher ; quelquefois il jetait dessous la table ce qu'il avait accepté, pour faire croire qu'il l'avait mangé. Son dîner fut composé d'un peu de pain et d'un flacon de vin qu'il fit retirer de sa voiture et qu'il partagea même avec nous.

« Il parla beaucoup et fut d'une amabilité très remarquable. Lorsque nous fûmes seuls, et que l'hôtesse qui nous servait fut sortie, il nous fit connaître combien il croyait sa vie en danger ; il était persuadé que le gouvernement français avait pris des mesures pour le faire enlever ou assassiner dans cet endroit.

« Mille projets se croisaient dans sa tête sur la manière dont il pourrait se sauver ; il rêvait aussi aux moyens de tromper le peuple d'Aix, car on l'avait prévenu qu'une très grande foule l'attendait à la poste. Il nous déclara donc que ce qui lui paraissait le plus convenable, c'était de retourner jusqu'à Lyon, et de prendre de là une autre route pour s'embarquer en Italie. Nous n'aurions pu, en aucun cas, consentir à ce projet, et nous cherchâmes à le persuader de se rendre directement à Toulon ou d'aller par Digne à Fréjus. Nous tâchâmes de le convaincre qu'il était impossible que le gouvernement français pût avoir des intentions si perfides à son égard sans que nous en fussions instruits, et que la populace, malgré les indécences auxquelles elle se portait, ne se rendrait pas coupable d'un crime de cette nature.

« Pour nous mieux persuader, et pour nous prouver jusqu'à quel point ses craintes, selon lui, étaient fondées, il nous raconta ce qui s'était passé entre lui et l'hôtesse, qui ne l'avait pas reconnu. — Eh bien ! lui avait-elle dit, avez-vous rencontré Bonaparte ? — *Non,* avait-il répondu. — Je suis curieuse, continua-t-elle, de voir s'il pourra se sauver ; je crois toujours que le peuple va le massacrer : aussi faut-il convenir qu'il l'a bien mérité, ce coquin-là ! Dites-moi donc, on va l'embarquer pour son île ? — *Mais oui.* — On le noiera, n'est-ce pas ? — *Je l'espère bien !* lui répliqua Napoléon. *Vous voyez donc,* ajouta-t-il, *à quel danger je suis exposé.*

« Alors, il recommença à nous fatiguer de ses inquiétudes et de ses irrésolutions. Il nous pria même d'examiner s'il n'y avait pas quelque part une porte cachée par laquelle il pourrait s'échapper, ou si la fenêtre, dont il avait fait fermer les volets en arrivant, n'était pas trop élevée pour pouvoir sauter et s'évader ainsi.

« La fenêtre était grillée en dehors, et je le mis dans un embarras extrême en lui communiquant cette découverte. Au moindre bruit il tressaillait et changeait de couleur.

« Après dîner nous le laissâmes à ses réflexions ; et comme, de temps en temps, nous entrions dans sa chambre, d'après le désir qu'il en avait témoigné, nous le trouvions toujours en pleurs…

« L'aide de camp du général Schouwalof vint dire que le peuple qui était ameuté dans la rue était presque entièrement retiré. L'empereur résolut de partir à minuit.

« Par une prévoyance exagérée, il prit encore de nouveaux moyens pour ne pas être reconnu.

« Il contraignit, par ses instances, l'aide de camp du général Schouwalof de se vêtir de la redingote bleue et du chapeau rond avec lesquels il était arrivé dans l'auberge.

« Bonaparte, qui alors voulut se faire passer pour un colonel autrichien, mit l'uniforme du général Koller, se décora de l'ordre de Sainte-Thérèse, que portait le général, mit une casquette de voyage sur sa tête, et se couvrit du manteau du général Schouwalof.

« Après que les commissaires des puissances alliées l'eurent ainsi équipé, les voitures s'avancèrent ; mais, avant de descendre, nous fîmes une répétition, dans notre chambre, de l'ordre dans lequel nous devions marcher. Le général Drouot ouvrait le cortège ; venait ensuite le soi-disant empereur, l'aide de camp du général Schouwalof, ensuite le général Koller, l'empereur, le général Schouwalof et moi qui avais l'honneur de faire partie de l'arrière-garde, à laquelle se joignit la suite de l'empereur.

« Nous traversâmes ainsi la foule ébahie qui se donnait une peine extrême pour tâcher de découvrir parmi nous celui qu'elle appelait *son tyran*.

« L'aide de camp de Schouwalof (le major Olewief) prit la place de Napoléon dans sa voiture, et Napoléon partit avec le général Koller dans sa calèche.

« Toutefois l'empereur ne se rassurait pas ; il restait toujours dans la calèche du général autrichien, et il commanda au cocher de fumer, afin que cette familiarité pût dissimuler sa présence. Il pria même le général Koller de chanter, et comme celui-ci lui répondit qu'il ne savait pas chanter, Bonaparte lui dit de siffler.

« C'est ainsi qu'il poursuivit sa route, caché dans un des coins de la calèche, faisant semblant de dormir, bercé par l'agréable musique du général et encensé par la fumée du cocher.

« À Saint-Maximin[465], il déjeuna avec nous. Comme il entendit dire que le sous-préfet d'Aix était dans cet endroit, il le fit appeler, et l'apostropha en ces termes : *Vous devez rougir de me voir en uniforme*

---

[465] Chef-lieu de canton du Var, à quatre lieues de Brignoles.

autrichien ; j'ai dû le prendre pour me mettre à l'abri des insultes des Provençaux. J'arrivais avec pleine confiance au milieu de vous, tandis que j'aurais pu emmener avec moi six mille hommes de ma garde. Je ne trouve ici que des tas d'enragés qui menacent ma vie. C'est une méchante race que les Provençaux ; ils ont commis toutes sortes d'horreurs et de crimes dans la Révolution et sont tout prêts à recommencer ; mais quand il s'agit de se battre avec courage, alors ce sont des lâches. Jamais la Provence ne m'a fourni un seul régiment dont j'aurais pu être content. Mais ils seront peut-être demain aussi acharnés contre Louis XVIII qu'ils le paraissent aujourd'hui contre moi, etc.

« Ensuite, se tournant vers nous, il nous dit que Louis XVIII ne ferait jamais rien de la nation française s'il la traitait avec trop de ménagements. *Puis,* continua-t-il, *il faut nécessairement qu'il lève des impôts considérables, et ces mesures lui attireront aussitôt la haine de ses sujets.*

« Il nous raconta qu'il y avait dix-huit ans qu'il avait été envoyé en ce pays, avec plusieurs milliers d'hommes, pour délivrer deux royalistes qui devaient être pendus pour avoir porté la cocarde blanche. *Je les sauvai avec beaucoup de peine des mains de ces enragés ; et aujourd'hui,* continua-t-il, *ces hommes recommenceraient les mêmes excès contre celui d'entre eux qui se refuserait à porter la cocarde blanche ! Telle est l'inconstance du peuple français !*

« Nous apprîmes qu'il y avait au Luc[466] deux escadrons de hussards autrichiens ; et, d'après la demande de Napoléon, nous envoyâmes l'ordre au commandant d'y attendre notre arrivée pour escorter l'empereur jusqu'à Fréjus. »

Ici finit la narration du comte de Waldbourg : ces récits font mal à lire. Quoi ! les commissaires ne pouvaient-ils mieux protéger celui dont ils avaient l'honneur de répondre ? Qu'étaient-ils pour affecter des airs si supérieurs avec un pareil homme ? Bonaparte dit avec raison que, s'il l'eût voulu, il aurait pu voyager accompagné d'une partie de sa garde. Il est évident qu'on était indifférent à son sort ; on jouissait de sa dégradation ; on consentait avec plaisir aux marques de mépris que la victime requérait pour sa sûreté : il est si doux de tenir sous ses pieds la destinée de celui qui marchait sur les plus hautes têtes, de se venger de l'orgueil par l'insulte ! Aussi les commissaires ne trouvent pas un mot, même un mot de sensibilité philosophique, sur un tel changement de fortune, pour avertir l'homme de son néant et de la grandeur des jugements de Dieu ! Dans les rangs des alliés, les anciens adulateurs de Napoléon avaient été nombreux : quand on s'est mis à genoux devant la force, on n'est pas reçu à triompher du malheur. La Prusse, j'en conviens, avait besoin d'un effort de vertu

---

[466] Le Luc, chef-lieu de canton du Var.

pour oublier ce qu'elle avait souffert, elle, son roi et sa reine ; mais cet effort devait être fait. Hélas ! Bonaparte n'avait eu pitié de rien ; tous les cœurs s'étaient refroidis pour lui. Le moment où il s'est montré le plus cruel, c'est à Jaffa ; le plus petit, c'est sur la route de l'île d'Elbe : dans le premier cas, les nécessités militaires lui ont servi d'excuse ; dans le second, la dureté des commissaires étrangers donne le change aux sentiments des lecteurs et diminue son abaissement.

Le gouvernement provisoire de France ne me semble pas lui-même tout à fait irréprochable : je rejette les calomnies de Maubreuil[467] ;

---

[467] D'après plusieurs historiens, le marquis de Maubreuil, aventurier besoigneux, aussi dénué de scrupules que d'argent, aurait été chargé par Talleyrand, au mois d'avril 1814 d'assassiner Napoléon. Le ministre de la guerre Dupont, Anglès ministre de la police et Bourrienne, directeur des postes, les commandants des troupes russes et autrichiennes, l'empereur de Russie, l'empereur d'Autriche lui même auraient approuvé la mission donnée à Maubreuil. C'est là une abominable calomnie.

Le zèle royaliste dont Maubreuil avait fait preuve, après l'entrée des Alliés à Paris, lui avait valu les bonnes grâces de M. Laborie, secrétaire adjoint du gouvernement provisoire ; mais son protecteur n'ayant rien pu lui procurer, il imagina, pour se tirer d'affaire, le coup le plus hardi.

Sous prétexte d'aller à la recherche d'une partie des diamants de la couronne, qui avaient été emportés hors de Paris et que l'on ne retrouvait pas, il arrêta, le 21 avril, au village de Fossard, près de Montereau, la reine de Westphalie, qui retournait en Allemagne, et s'empara de onze caisses contenant les bijoux et les diamants de la princesse et quatre-vingt mille francs en or. Lorsque la nouvelle de ce beau coup vint à Paris, les souverains, et en particulier l'empereur Alexandre, témoignèrent la plus vive irritation et demandèrent la punition des coupables. Maubreuil cependant était revenu à Paris, dans la nuit du 23 au 24 avril ; il porta aux Tuileries les caisses qu'il avait prises et dont l'une s'était, disait-il, brisée et vidée en route. Il remit en même temps quatre sacs, contenant de l'or, suivant lui. Le lendemain, lorsque les caisses furent ouvertes par le serrurier qui avait fabriqué les clefs, elles se trouvèrent presque vides ; les sacs renfermaient des pièces d'argent de vingt sous, au lieu de pièces d'or de vingt francs. La police eut bientôt la preuve que la caisse brisée, celle précisément qui contenait les objets les plus précieux, avait été ouverte, à Versailles, dans une chambre d'auberge, par Maubreuil et son complice, un sieur Dasies. De plus, dans un des appartements occupés par Maubreuil à Paris, — il en avait trois ou quatre — on trouva sur le lit un superbe diamant ayant appartenu à la reine de Westphalie. Les preuves du vol étaient certaines. Maubreuil paya d'audace. Il déclara qu'il était parti de Paris avec mission d'assassiner l'empereur ; que cette mission lui avait été donnée par M. de Talleyrand ; que, malgré l'horreur qu'elle lui inspirait, il s'en était chargé, de peur qu'elle ne fût donnée à un autre. « Il avait, continuait-il, tout arrangé pour tromper les criminelles intentions de ceux qui l'avaient employé, et il avait cherché, en leur apportant un trésor, en satisfaisant leur avidité, à apaiser leur mécontentement. » Cela ne tenait pas debout ; mais, dans les circonstances où l'on se trouvait, ces mensonges pouvaient produire dans le public, surtout parmi les soldats, l'effet le plus déplorable et le plus funeste. Le gouvernement crut que le plus sage était de ne rien précipiter, de garder les prévenus en prison, d'attendre du temps et de la marche des événements conseil et secours.

néanmoins, dans la terreur qu'inspirait encore Napoléon à ses anciens domestiques, une catastrophe fortuite aurait pu ne se présenter à leurs yeux que comme un malheur.

On voudrait douter de la vérité des faits rapportés par le comte de Waldbourg-Truchsess, mais le général Koller a confirmé, dans une *suite de l'Itinéraire de Waldbourg,* une partie de la narration de son collègue ; de son côté, le général Schouwalof m'a certifié l'exactitude des faits : ses paroles contenues en disaient plus que le récit expansif de Waldbourg. Enfin l'*Itinéraire de Fabry*[468] est composé sur des documents français authentiques, fournis par des témoins oculaires.

Maintenant que j'ai fait justice des commissaires et des alliés, est-ce bien le vainqueur du monde que l'on aperçoit dans l'*Itinéraire de Waldbourg* ? Le héros réduit à des déguisements et à des larmes, pleurant sous une veste de courrier au fond d'une arrière-chambre d'auberge ! Était-ce ainsi que Marius se tenait sur les ruines de Carthage, qu'Annibal mourut en Bithynie, César au Sénat ! Comment Pompée se déguisa-t-il ? en se couvrant la tête de sa toge. Celui qui avait revêtu la pourpre se mettant à l'abri sous la cocarde blanche, poussant le cri de salut : Vive le roi ! ce roi dont il avait fait fusiller un héritier ! Le maître des peuples encourageant les humiliations que lui prodiguaient les commissaires afin de le mieux cacher, enchanté que le général Koller sifflât devant lui, qu'un cocher lui fumât à la figure, forçant l'aide de camp du général Schouwalof à jouer le rôle de l'empereur, tandis que lui Bonaparte portait l'habit d'un colonel

---

M. Pasquier a donné sur cet épisode, au tome II de ses Mémoires (pages 365 à 375), les détails les plus circonstanciés. Son récit ne laisse rien subsister du roman de Maubreuil. Le témoignage du baron Pasquier est ici d'autant moins suspect qu'il se montre en toute rencontre très hostile à Talleyrand. « Cette aventure, dit-il en terminant, a eu dans le monde un bien long retentissement. Au moment où j'écris, après treize années écoulées, elle a servi de prétexte à une calomnie qui a porté à M. de Talleyrand un des coups les plus sensibles qui pussent atteindre sa vieillesse, en donnant à entendre qu'il avait pu connaître un projet d'attentat contre la vie de l'empereur Napoléon. J'ai dit avec une entière sincérité tout ce qui est venu à ma connaissance sur cette affaire. Rien ne peut justifier, rien ne peut donner une apparence de fondement à cette odieuse allégation. » Voir aussi les Souvenirs du comte de Semallè, pages 198 à 206.

[468] Itinéraire de Buonaparte de Doulevent à Fréjus (par Fabry), 1814. — Jean-Baptiste-Germain Fabry (1780-1821) est l'auteur de nombreuses publications, écrites avec talent et animées d'un esprit profondément religieux et royaliste. Sous ce titre : Le Spectateur français au XIXe siècle, il fit paraître, de 1805 à 1815, un recueil formé des meilleurs articles publiés dans le Mercure et le Journal des Débats, par Chateaubriand, Bonald, Dussault, de Féletz, etc. De 1814 à 1819, il publia, outre l'Itinéraire de Doulevent à Fréjus, La Régence à Blois ou les derniers moments du gouvernement impérial (1814) ; l'Itinéraire de Buonaparte de l'île d'Elbe à l'île Sainte-Hélène (1816) ; Le Génie de la Révolution considéré dans l'éducation (3 volumes, 1817-1818) ; Les Missionnaires de 1793 (1819).

autrichien et se couvrait du manteau d'un général russe ! Il fallait cruellement aimer la vie : ces immortels ne peuvent consentir à mourir.

Moreau disait de Bonaparte : « Ce qui le caractérise, c'est le mensonge et l'amour de la vie : je le battrai et je le verrai à mes pieds me demander grâce. » Moreau pensait de la sorte, ne pouvant comprendre la nature de Bonaparte ; il tombait dans la même erreur que Lord Byron. Au moins, à Sainte-Hélène, Napoléon, agrandi par les Muses, bien que peu noble dans ses démêlés avec le gouverneur anglais, n'eut à supporter que le poids de son immensité. En France, le mal qu'il avait fait lui apparut personnifié dans les veuves et les orphelins, et le contraignit de trembler sous les mains de quelques femmes.

Cela est trop vrai ; mais Bonaparte ne doit pas être jugé d'après les règles que l'on applique aux grands génies, parce que la magnanimité lui manquait. Il y a des hommes qui ont la faculté de monter et qui n'ont pas la faculté de descendre. Lui, Napoléon, possédait les deux facultés : comme l'ange rebelle, il pouvait raccourcir sa taille incommensurable pour la renfermer dans un espace mesuré ; sa ductilité lui fournissait des moyens de salut et de renaissance : avec lui tout n'était pas fini quand il semblait avoir fini. Changeant à volonté de mœurs et de costume, aussi parfait dans le comique que dans le tragique, cet acteur savait paraître naturel sous la tunique de l'esclave comme sous le manteau de roi, dans le rôle d'Attale ou dans le rôle de César. Encore un moment, et vous verrez, du fond de sa dégradation, le nain relever sa tête de Briarée ; Asmodée sortira en fumée énorme du flacon où il s'était comprimé. Napoléon estimait la vie pour ce qu'elle lui rapportait ; il avait l'instinct de ce qui lui restait encore à peindre ; il ne voulait pas que la toile lui manquât avant d'avoir achevé ses tableaux.

Sur les frayeurs de Napoléon, Walter Scott, moins injuste que les commissaires, remarque avec candeur que la fureur du peuple fit beaucoup d'impression sur Bonaparte, qu'il répandit des larmes, qu'il montra plus de faiblesse que n'en admettait son courage reconnu ; mais il ajoute : « Le danger était d'une espèce particulièrement horrible et propre à intimider ceux à qui la terreur des champs de bataille était familière : le plus brave soldat peut frémir devant la mort des de Witt. »

Napoléon fut soumis à ces angoisses révolutionnaires dans les mêmes lieux où il commença sa carrière avec la Terreur.

Le général prussien, interrompant une fois son récit s'est cru obligé de révéler un mal que l'empereur ne cachait pas : le comte de Waldbourg a pu confondre ce qu'il voyait avec les souffrances dont M. de Ségur avait été témoin dans la campagne de Russie, lorsque Bonaparte, contraint de descendre de cheval, s'appuyait la tête contre des canons[469]. Au nombre

---

[469] Ségur, livre VII, chapitre X.

des infirmités des guerriers illustres, la véritable histoire ne compte que le poignard qui perça le cœur de Henri IV, ou le boulet qui emporta Turenne.

Après le récit de l'arrivée de Bonaparte à Fréjus, Walter Scott, débarrassé des grandes scènes, retombe avec joie dans son talent ; il s'en *va en bavardin,* comme parle madame de Sévigné ; il devise du passage de Napoléon à l'île d'Elbe, de la séduction exercée par Bonaparte sur les matelots anglais, excepté sur Hinton, qui ne pouvait entendre les louanges données à l'empereur sans murmurer le mot *humbug.* Quand Napoléon partit, Hinton souhaita à *son honneur* bonne santé et meilleure chance une autre fois. Napoléon était toutes les misères et toutes les grandeurs de l'homme.

Tandis que Bonaparte, connu de l'univers, s'échappait de France au milieu des malédictions, Louis XVIII, oublié partout, sortait de Londres sous une voûte de drapeaux blancs et de couronnes. Napoléon, en débarquant à l'île d'Elbe, y retrouva sa force. Louis XVIII, en débarquant à Calais[470], eût pu voir Louvel[471] ; il y rencontra le général Maison[472], chargé, seize ans après, d'embarquer Charles X à Cherbourg. Charles X, apparemment pour le rendre digne de sa mission future, donna dans la suite à M. Maison le bâton de maréchal de France, comme un chevalier, avant de se battre, conférait la chevalerie à l'homme inférieur avec lequel il daignait se mesurer.

Je craignais l'effet de l'apparition de Louis XVIII. Je me hâtai de le devancer dans cette résidence d'où Jeanne d'Arc tomba aux mains des Anglais[473] et où l'on me montra un volume atteint d'un des boulets lancés contre Bonaparte. Qu'allait-on penser à l'aspect de l'invalide royal remplaçant le cavalier qui avait pu dire comme Attila : « L'herbe ne croît plus partout où mon cheval a passé ! » Sans mission et sans goût j'entrepris (on m'avait jeté un sort) une tâche assez difficile, celle de peindre *l'arrivée*

---

[470] Louis XVIII débarqua à Calais le 24 avril 1814. Il avait quitté la France le 22 Juin 1791.

[471] Louvel a déclaré lui-même dans un de ses interrogatoires, que dès le premier jour de la Restauration, il avait juré d'exterminer tous les Bourbons, et qu'au mois d'avril 1814, il s'était rendu à pied de Metz à Calais dans le dessein de frapper Louis XVIII.

[472] Nicolas-Joseph Maison (1771-1840). Il avait pris une part glorieuse à toutes les guerres de la Révolution et de l'Empire. Napoléon l'avait créé baron (2 juillet 1808), puis comte (14 août 1813). Louis XVIII le nomma grand cordon de Saint-Louis et de la Légion d'honneur, gouverneur de Paris et pair de France (4 juin 1814). Pendant les Cent-Jours, il ne voulut accepter aucune charge de l'Empereur, et, le 31 août 1817, il fut fait marquis. Le 22 février 1829, à la suite de l'expédition de Morée, qu'il avait dirigée en chef, il reçut le bâton de maréchal de France. Sous la monarchie de Juillet, il fut ambassadeur à Vienne (de 1831 à 1833), et à Saint-Pétersbourg (de 1833 à 1835). Ministre de la guerre, du 30 avril 1835 au 6 septembre 1836, il était aux côtés du roi Louis-Philippe lors de l'attentat de Fieschi.

[473] Compiègne. Louis XVIII y arriva le 29 avril.

à Compiègne, de faire voir le fils de saint Louis tel que je l'idéalisai à l'aide des Muses. Je m'exprimai ainsi :

« Le carrosse du roi était précédé des généraux et des maréchaux de France, qui étaient allés au-devant de S. M. Ce n'a plus été des cris de *Vive le roi !* mais des clameurs confuses dans lesquelles on ne distinguait rien que les accents de l'attendrissement et de la joie. Le roi portait un habit bleu, distingué seulement par une plaque et des épaulettes ; ses jambes étaient enveloppées de larges guêtres de velours rouge, bordées d'un petit cordon d'or. Quand il est assis dans son fauteuil, avec ses guêtres à l'antique, tenant sa canne entre ses genoux, on croirait voir Louis XIV à cinquante   ans…

… Les maréchaux Macdonald, Ney, Moncey, Sérurier, Brune, le prince de Neuchâtel, tous les généraux, toutes les personnes présentes, ont obtenu pareillement du roi les paroles les plus affectueuses. Telle est en France la force du souverain légitime, cette magie attachée au nom du roi. Un homme arrive seul de l'exil, dépouillé de tout, sans suite, sans gardes, sans richesses ; il n'a rien à donner, presque rien à promettre. Il descend de sa voiture, appuyé sur le bras d'une jeune femme ; il se montre à des capitaines qui ne l'ont jamais vu, à des grenadiers qui savent à peine son nom. Quel est cet homme ? c'est le roi ! Tout le monde tombe à ses pieds[474]. »

Ce que je disais là des guerriers, dans le but que je me proposais d'atteindre, était vrai quant aux chefs ; mais je mentais à l'égard des soldats. J'ai présent à la mémoire, comme si je le voyais encore, le spectacle dont je fus témoin lorsque Loui XVIII, entrant dans Paris le 3 mai, alla descendre à Notre-Dame : on avait voulu épargner au roi l'aspect des troupes étrangères ; c'était un régiment de la vieille garde à pied qui formait la haie depuis le Pont-Neuf jusqu'à Notre-Dame, le long du quai des Orfèvres. Je ne crois pas que figures humaines aient jamais exprimé quelque chose d'aussi menaçant et d'aussi terrible. Ces grenadiers couverts de blessures, vainqueurs de l'Europe, qui avaient vu tant de milliers de boulets passer sur leurs têtes, qui sentaient le feu et la poudre ; ces mêmes hommes, privés de leur capitaine, étaient forcés de saluer un vieux roi, invalide du temps, non de la guerre, surveillés qu'ils étaient par une armée de Russes, d'Autrichiens et de Prussiens, dans la capitale envahie de Napoléon. Les uns, agitant la peau de leur front, faisaient descendre leur large bonnet à poil sur leurs yeux comme pour ne pas voir ; les autres abaissaient les deux coins de leur bouche dans le mépris de la rage ; les autres, à travers leurs moustaches, laissaient voir leurs dents comme des tigres. Quand ils présentaient les armes, c'était avec un mouvement de fureur, et le bruit de ces armes faisait trembler. Jamais, il faut en convenir,

---

[474] Compiègne, avril 1814 ; par M. de Chateaubriand. Paris. Le Normant. 1814, in-8. — Œuvres complètes. Tome XXIV, Mélanges politiques.

hommes n'ont été mis à une pareille épreuve et n'ont souffert un tel supplice. Si dans ce moment ils eussent été appelés à la vengeance, il aurait fallu les exterminer jusqu'au dernier, ou ils auraient mangé la terre.

Au bout de la ligne était un jeune hussard, à cheval ; il tenait un sabre nu, il le faisait sauter et comme danser par un mouvement convulsif de colère. Il était pâle ; ses yeux pivotaient dans leur orbite ; il ouvrait la bouche et la fermait tour à tour en faisant claquer ses dents et en étouffant des cris dont on n'entendait que le premier son. Il aperçut un officier russe : le regard qu'il lui lança ne peut se dire. Quand la voiture du roi passa devant lui, il fit bondir son cheval, et certainement il eut la tentation de se précipiter sur le roi.

La Restauration, à son début, commit une faute irréparable : elle devait licencier l'armée en conservant les maréchaux, les généraux, les gouverneurs militaires, les officiers dans leurs pensions, honneurs et grades ; les soldats seraient rentrés ensuite successivement dans l'armée reconstituée, comme ils l'ont fait depuis dans la garde royale : la légitimité n'eût pas eu d'abord contre elle ces soldats de l'Empire organisés, embrigadés, dénommés comme ils l'étaient aux jours de leurs victoires, sans cesse causant entre eux du temps passé, nourrissant des regrets et des sentiments hostiles à leur nouveau maître.

La misérable résurrection de la Maison-Rouge[475], ce mélange de militaires de la vieille monarchie et de soldats du nouvel empire, augmenta le mal : croire que des vétérans illustrés sur mille champs de bataille ne seraient pas choqués de voir des jeunes gens[476], très braves sans doute, mais pour la plupart neufs au métier des armes, de les voir porter, sans les avoir gagnées, les marques d'un haut grade militaire, c'était ignorer la nature humaine.

Pendant le séjour que Louis XVIII avait fait à Compiègne, Alexandre était venu le visiter. Loui XVIII le blessa par sa hauteur : il résulta de cette entrevue la déclaration du 2 mai, de Saint-Ouen. Le roi y disait : qu'il était résolu à donner pour base de la constitution qu'il destinait à son peuple les garanties suivantes : *le gouvernement représentatif divisé en deux corps, l'impôt librement consenti, la liberté publique et individuelle, la liberté de la presse, la liberté des cultes, les propriétés inviolables et sacrées, la*

---

[475] Les mousquetaires de la Maison militaire du Roi, qui étaient ainsi nommés à cause de leur uniforme rouge.

[476] Alfred de Vigny, alors âgé de dix-sept ans, fut placé dans les mousquetaires de la Maison du Roi. Aux Cent-Jours, les quatre compagnies rouges accompagnèrent Loui XVIII jusqu'à la frontière. « Mes camarades, dit Alfred de Vigny, étaient en avant, sur la route, à la suite du roi Loui XVIII ; je voyais leurs manteaux blancs et leurs habits rouges, tout à l'horizon, au nord ; les lanciers de Bonaparte, qui surveillaient et suivaient notre retraite pas à pas, montraient de temps en temps la flamme tricolore de leurs lances à l'autre horizon ». Servitude et grandeur militaires, page 44.

vente des biens nationaux irrévocable, les ministres responsables, les juges inamovibles et le pouvoir judiciaire indépendant, tout Français admissible à tous les emplois, etc., etc.

Cette déclaration, quoiqu'elle fût naturelle à l'esprit de Loui XVIII, n'appartenait néanmoins ni à lui, ni à ses conseillers ; c'était tout simplement le temps qui partait de son repos : ses ailes avaient été ployées, sa fuite suspendue depuis 1792 ; il reprenait son vol ou son cours. Les excès de la Terreur, le despotisme de Bonaparte, avaient fait rebrousser les idées ; mais, sitôt que les obstacles qu'on leur avait opposés furent détruits, elles affluèrent dans le lit qu'elles devaient à la fois suivre et creuser. On reprit les choses au point où elles s'étaient arrêtées ; ce qui s'était passé fut comme non avenu : l'espèce humaine, reportée au commencement de la Révolution, avait seulement perdu quarante ans[477] de sa vie ; or, qu'est-ce que quarante ans dans la vie générale de la société ? Cette lacune a disparu lorsque les tronçons coupés du temps se sont rejoints.

Le 30 mai 1814 fut conclu le traité de Paris entre les alliés et la France. On convint que dans le délai de deux mois toutes les puissances qui avaient été engagées de part et d'autre dans la présente guerre enverraient des plénipotentiaires à Vienne pour régler dans un congrès général les arrangements définitifs.

Le 4 juin, Louis XVIII parut en séance royale dans une assemblée collective du Corps législatif et d'une fraction du Sénat. Il prononça un noble discours ; vieux, passés, usés, ces fastidieux détails ne servent plus que de fil historique.

La charte, pour la plus grande partie de la nation, avait l'inconvénient d'être *octroyée :* c'était remuer, par ce mot très inutile, la question brûlante de la souveraineté royale ou populaire. Louis XVIII aussi datait son bienfait de l'an dix-neuvième de son règne, regardant Bonaparte comme non avenu, de même que Charles II avait sauté à pieds joints par-dessus Cromwel : c'était une espèce d'insulte aux souverains qui avaient tous reconnu Napoléon, et qui dans ce moment même se trouvaient dans Paris. Ce langage suranné et ces prétentions des anciennes monarchies n'ajoutaient rien à la légitimité du droit et n'étaient que de puérils anachronismes[478]. À cela près, la charte remplaçant le despotisme, nous

---

[477] Le manuscrit des Mémoires porte bien quarante ans. Est-ce simplement un lapsus calami, ou Chateaubriand, qui était, il est vrai, un assez pauvre calculateur, comptait-il vraiment quarante ans, de 1792 à 1814 ?
[478] Malgré ce que dit ici Chateaubriand, il n'est que juste de reconnaître que Louis XVIII avait fait preuve d'une dignité vraiment royale en ne consentant pas à tenir la couronne des mains des sénateurs, et en proclamant qu'il la tenait de son droit. Il y avait dans cette attitude, il le faut bien dire, autant de vérité que de noblesse. Le comte de Lille, l'exilé d'Hartwell, n'avait d'autre titre, en effet, pour occuper le trône, que d'être le descendant de Louis XIV, le frère de Louis XVI, le successeur de Louis XVII. — On reproche à Louis XVIII d'avoir daté le commencement de son

apportant la liberté légale, avait de quoi satisfaire les hommes de conscience. Néanmoins, les royalistes qui en recueillaient tant d'avantages, qui, sortant ou de leur village, ou de leur foyer chétif, ou des places obscures dont ils avaient vécu sous l'Empire, étaient appelés à une haute et publique existence, ne reçurent le bienfait qu'en grommelant : les libéraux, qui s'étaient arrangés à cœur joie de la tyrannie de Bonaparte, trouvèrent la charte un véritable code d'esclaves. Nous sommes revenus au temps de Babel ; mais on ne travaille plus à un monument commun de confusion : chacun bâtit sa tour à sa propre hauteur, selon sa force et sa taille. Du reste, si la charte parut défectueuse, c'est que la révolution n'était pas à son terme ; le principe de l'égalité et de la démocratie était au fond des esprits et travaillait en sens contraire de l'ordre monarchique.

Les princes alliés ne tardèrent pas à quitter Paris : Alexandre, en se retirant, fit célébrer un sacrifice religieux sur la place de la Concorde[479]. Un

---

règne, en 1814, comme s'il eût vraiment été roi depuis la mort de Louis XVII, et on ne reproche pas à Napoléon, revenant de l'île d'Elbe, d'avoir voulu biffer de l'histoire tout ce qui s'était fait en son absence. Lui qui avait, le 11 avril 1814, renoncé solennellement au trône pour lui et ses héritiers, il déclare, dans sa proclamation du 1er mars 1815, que tout ce qui a été fait depuis la rentrée des Bourbons est illégitime. Il décrète, le 13 mars, à Lyon, que « toutes les promotions faites dans la Légion d'honneur par tout autre grand-maître que lui, et tous brevets signés par d'autres personnes que le comte Lacépède, grand chancelier inamovible de la Légion d'honneur, étaient nuls et non avenus ». Il ne consent à donner un acte constitutionnel qu'autant qu'il sera une simple addition aux constitutions impériales. « Napoléon, dit M. Duvergier de Hauranne (Histoire du gouvernement parlementaire, t. II, p. 501), n'admettait pas qu'un autre eût été le souverain légitime de la France, et il prétendait avoir régné pendant ses onze mois de séjour à l'île d'Elbe. » C'est ce que reconnaît également le secrétaire de son cabinet et son confident pendant la tragédie des Cent-Jours, M. Fleury de Chaboulon, qui dit, au tome II de ses Mémoires, page 45 : « Napoléon fut encore déterminé (à l'Acte additionnel) par une autre considération : il regardait les Constitutions de l'Empire comme les titres de propriété de sa couronne, et il aurait craint, en les annulant, d'opérer une espèce de novation, qui lui aurait donné l'air de recommencer un nouveau règne. Car Napoléon, après avoir voué au ridicule les prétentions du « roi d'Hartwell », était enclin lui-même à se persuader que son règne n'avait point été interrompu par son séjour à l'île d'Elbe. »

[479] Chateaubriand commet ici une légère erreur de date. L'empereur Alexandre quitta Paris le 2 juin 1814. Ce n'est pas à ce moment, et à la veille de son départ, qu'il fit célébrer un service religieux sur la place Louis XV. Cette cérémonie avait eu lieu presque au lendemain de l'entrée des Alliés, alors que ni le comte d'Artois ni Louis XVIII n'étaient encore arrivés à Paris, le dimanche 10 avril. Ce jour-là, l'empereur de Russie, le roi de Prusse et le prince de Schwarzenberg, représentant l'empereur d'Autriche, passèrent en revue leurs troupes respectives, rangées en ligne, au nombre de 80 000 hommes, depuis le boulevard de l'Arsenal jusqu'à celui de la Madeleine. À une heure, sur la place Louis XV, une messe fut dite par un évêque et six prêtres du rite grec. Un Te Deum fut chanté pour remercier Dieu d'avoir donné la paix à la France et au monde. Les troupes alliées défilèrent devant

autel fut élevé où l'échafaud de Louis XVI avait été dressé. Sept prêtres moscovites célébrèrent l'office, et les troupes étrangères défilèrent devant l'autel. Le *Te Deum* fut chanté sur un des beaux airs de l'ancienne musique grecque. Les soldats et les souverains mirent genou en terre pour recevoir la bénédiction. La pensée des Français se reportait à 1793 et à 1794, alors que les bœufs refusaient de passer sur des pavés que leur rendait odieux l'odeur du sang. Quelle main avait conduit à la fête des expiations ces hommes de tous les pays, ces fils des anciennes invasions barbares, ces Tartares, dont quelques-uns habitaient des tentes de peaux de brebis au pied de la grande muraille de la Chine ? Ce sont là des spectacles que ne verront plus les faibles générations qui suivront mon siècle.

Dans la première année de la Restauration, j'assistai à la troisième transformation sociale : j'avais vu la vieille monarchie passer à la monarchie constitutionnelle et celle-ci à la république ; j'avais vu la République se convertir en despotisme militaire, je voyais le despotisme militaire revenir à une monarchie libre, les nouvelles idées et les nouvelles générations se reprendre aux anciens principes et aux vieux hommes. Les maréchaux d'empire devinrent des maréchaux de France ; aux uniformes de la garde de Napoléon se mêlèrent les uniformes des gardes du corps et de la Maison-Rouge, exactement taillés sur les anciens patrons ; le vieux duc d'Havré[480], avec sa perruque poudrée et sa canne noire, cheminait en branlant la tête, comme capitaine des gardes du corps, auprès du maréchal Victor, boiteux de la façon de Bonaparte ; le duc de Mouchy[481], qui n'avait jamais vu brûler une amorce, défilait à la messe auprès du maréchal Oudinot[482], criblé de blessures ; le château des Tuileries, si propre et si

---

l'autel, qu'entourait la garde nationale de Paris, sous les ordres de son commandant, le général Desselle. (Journal des Débats, no du 11 avril 1814)

[480] Joseph-Anne-Auguste-Maximilien de Croy, duc d'Havré (1744-1839). Il était déjà maréchal de camp, lorsqu'il avait été élu en 1789 député de la noblesse aux États-Généraux par le bailliage d'Amiens et de Ham. En 1814, Louis XVIII le nomma pair de France, lieutenant-général et capitaine des gardes du corps. Il avait alors 70 ans.

[481] Philippe-Louis-Marie-Antoine de Noailles, prince de Poix, duc de Mouchy (1752-1819). Comme le duc d'Havré, il était maréchal de camp en 1789, et avait été, comme lui, envoyé aux États-Généraux par la noblesse du bailliage d'Amiens et de Ham. Comme le duc d'Havré encore, il fut nommé en 1814 pair de France, lieutenant-général et capitaine des gardes du corps.

[482] Charles-Nicolas Oudinot, duc de Reggio(1767-1847). Il avait été nommé maréchal de France le 12 juillet 1809 et duc de Reggio le 14 avril 1810. Louis XVIII le nomma en 1814 ministre d'État, pair de France et commandant du corps royal des grenadiers et des chasseurs à pied de France. En 1815, il chercha à s'opposer à la marche de Napoléon sur Paris, mais ne put conduire ses troupes plus loin que Troyes. D'abord exilé dans ses terres par l'Empereur, puis autorisé à habiter Montmorency, il fut nommé, au retour de Louis XVIII, l'un des majors-généraux de la garde royale, membre du conseil privé et commandant de la garde nationale de

militaire sous Napoléon, au lieu de l'odeur de la poudre, se remplissait de la fumée des déjeuners qui montait de toutes parts : sous messieurs les gentilshommes de la chambre, avec messieurs les officiers de la bouche et de la garde-robe, tout reprenait un air de domesticité. Dans les rues, on voyait des émigrés caducs avec des airs et des habits d'autrefois, hommes les plus respectables sans doute, mais aussi étrangers parmi la foule moderne que l'étaient les capitaines républicains parmi les soldats de Napoléon. Les dames de la cour impériale introduisaient les douairières du faubourg Saint-Germain et leur enseignaient les *détours* du palais. Arrivaient des députations de Bordeaux, ornées de brassards ; des capitaines de paroisse de la Vendée, surmontés de chapeaux à la Rochejaquelein. Ces personnages divers gardaient l'expression des sentiments, des pensées, des habitudes, des mœurs qui leur étaient familières. La liberté, qui était au fond de cette époque, faisait vivre ensemble ce qui semblait au premier coup d'œil ne pas devoir vivre ; mais on avait peine à reconnaître cette liberté parce qu'elle portait les couleurs de l'ancienne monarchie et du despotisme impérial. Chacun aussi savait mal le langage constitutionnel ; les royalistes faisaient des fautes grossières en parlant charte ; les impérialistes en étaient encore moins instruits ; les conventionnels, devenus tour à tour comtes, barons, sénateurs de Napoléon et pairs de Louis XVIII, retombaient tantôt dans le dialecte républicain qu'ils avaient presque oublié, tantôt dans l'idiome de l'absolutisme qu'ils avaient appris à fond. Des lieutenants généraux étaient promus à la garde des lièvres. On entendait des aides de camp du dernier tyran militaire discuter de la liberté inviolable des peuples, et des régicides soutenir le dogme sacré de la légitimité.

Ces métamorphoses seraient odieuses, si elles ne tenaient en partie à la flexibilité du génie français. Le peuple d'Athènes gouvernait lui-même ; des harangueurs s'adressaient à ses passions sur la place publique ; la foule souveraine était composée de sculpteurs, de peintres, d'ouvriers, *regardeurs de discours et auditeurs d'actions*, dit Thucydide. Mais quand, bon ou mauvais, le décret était rendu, qui, pour l'exécuter, sortait de cette masse incohérente et inexperte ? Socrate, Phocion, Périclès, Alcibiade.

Est-ce aux royalistes qu'il faut *s'en prendre de la Restauration,* comme on l'avance aujourd'hui ? Pas le moins du monde : ne dirait-on pas que trente millions d'hommes étaient consternés tandis qu'une poignée de légitimistes accomplissaient, contre la volonté de tous, une restauration détestée, en agitant quelques mouchoirs et en mettant à leur chapeau un ruban de leur femme ? L'immense majorité des Français était, il est vrai, dans la joie ; mais cette majorité n'était

<hr>

Paris. Ses états de service constatent qu'il avait reçu vingt blessures ; il avait eu notamment les deux jambes cassées, et la droite cassée deux fois.

point *légitimiste* dans le sens borné du mot, et comme ne s'appliquant qu'aux rigides partisans de la vieille monarchie. Cette majorité était une foule prise dans toutes les nuances des opinions, heureuse d'être délivrée, et violemment animée contre l'homme qu'elle accusait de tous ses malheurs[483] ; de là le succès de ma brochure. Combien comptait-on d'aristocrates avoués proclamant le nom du roi ? MM. Mathieu et Adrien de Montmorency, MM. de Polignac, échappés de leur geôle, M. Alexis de Noailles, M. Sosthène de La Rochefoucauld. Ces sept ou huit hommes, que le peuple méconnaissait et ne suivait pas, faisaient-ils la loi à toute une nation ?

Madame de Montcalm m'avait envoyé un sac de douze cents francs pour les distribuer à la pure race légitimiste : je le lui renvoyai, n'ayant pas trouvé à placer un écu. On attacha une ignoble corde au cou de la statue qui surmontait la colonne de la place Vendôme ; il y avait si peu de royalistes pour faire du train à la gloire et pour tirer sur la corde, que ce furent les autorités, toutes bonapartistes, qui descendirent l'image de leur maître à l'aide d'une potence : le colosse courba de force la tête ; il tomba aux pieds de ces souverains de l'Europe, tant de fois prosternés devant lui. Ce sont les hommes de la République et de l'Empire qui saluèrent avec enthousiasme la Restauration. La conduite et l'ingratitude des personnages élevés par la Révolution furent abominables envers celui qu'ils affectent aujourd'hui de regretter et d'admirer.

Impérialistes et libéraux, c'est vous entre les mains desquels est échu le pouvoir, vous qui vous êtes agenouillés devant les fils de Henri IV ! Il était tout naturel que les royalistes fussent heureux de retrouver leurs princes et de voir finir le règne de celui qu'ils regardaient comme un usurpateur ; mais vous, créatures de cet usurpateur, vous dépassiez en exagération les sentiments des royalistes. Les ministres, les grands dignitaires, prêtèrent à l'envi serment à la légitimité ; toutes les autorités

---

[483] Le témoignage de Mme de Chastenay, dans ses intéressants Mémoires, concorde ici pleinement avec celui de Chateaubriand. « On vit dès lors, écrit-elle (tome II, page 304), revêtus du signe du royalisme, ceux qui, voués à sa cause par le seul instinct de leur naissance, avaient aspiré toute leur vie à son rétablissement et n'avaient cessé de l'espérer ; ceux qui avaient cessé de le croire possible et qui s'empressaient de donner le change aux calculs passés de leur raison, qui leur semblaient maintenant une infidélité ; enfin, les hommes de l'ancienne noblesse qui, ayant pris parti sous le gouvernement de Bonaparte, pensaient se targuer d'avoir pris de l'expérience dans une des deux carrières ouvertes, et de ne point offrir au roi des services incapables et inutiles... D'autres, et dans toutes les classes, ne comptant plus sur rien de ce qu'ils avaient pu obtenir ou mériter sous un régime écrasé de son propre poids, saluaient une aurore nouvelle ; d'autres enfin, au seul titre de citoyens, d'hommes honnêtes et éclairés, réprouvaient le destructeur de la France qui, pour prix de tant de sang et de gloire, l'avait livrée aux étrangers : ils acclamaient un régime de paix qu'une heureuse nécessité forçait désormais d'accueillir, et ceux-ci étaient les plus nombreux ».

civiles et judiciaires faisaient queue pour jurer haine à la nouvelle dynastie proscrite, amour à la race antique qu'elles avaient cent et cent fois condamnée. Qui composait ces proclamations, ces adressée adulatrices et outrageantes pour Napoléon, dont la France était inondée ? des royalistes ? Non : les ministres, les généraux, les autorités choisis et maintenus par Bonaparte. Où se tripotait la Restauration ? chez des royalistes ? Non : chez M. de Talleyrand. Avec qui ? avec M. de Pradt, aumônier du *dieu Mars* et saltimbanque mitré. Avec qui et chez qui dînait en arrivant le lieutenant général du royaume ? chez des royalistes et avec des royalistes ? Non : chez l'évêque d'Autun, avec M. de Caulaincourt. Où donnait-on des fêtes aux *infâmes princes étrangers ?* aux châteaux des royalistes ? Non : à la Malmaison, chez l'impératrice Joséphine. Les plus chers amis de Napoléon, Berthier, par exemple, à qui portaient-ils leur ardent dévouement ? à la légitimité. Qui passait sa vie chez l'autocrate Alexandre, chez ce brutal Tartare ? les classes de l'Institut, les savants, les gens de lettres, les philosophes philanthropes, théophilanthropes et autres ; ils en revenaient charmés, comblés d'éloges et de tabatières. Quant à nous, pauvres diables de légitimistes, nous n'étions admis nulle part ; ou nous comptait pour rien. Tantôt on nous faisait dire dans la rue d'aller nous coucher ; tantôt on nous recommandait de ne pas crier trop haut *Vive le roi !* d'autres s'étant chargés de ce soin. Loin de forcer aucun à être légitimiste, les puissants déclaraient que personne ne serait obligé de changer de rôle et de langage, que l'évêque d'Autun ne serait pas plus contraint de dire la messe sous la royauté qu'il n'avait été contraint d'y aller sous l'Empire. Je n'ai point vu de châtelaine, point de Jeanne d'Arc, proclamer le souverain de droit, un faucon sur le poing ou la lance à la main ; mais madame de Talleyrand[484], que Bonaparte avait attachée à son mari comme un écriteau, parcourait les rues en calèche, chantant des hymnes sur la pieuse famille des Bourbons. Quelques draps pendillants aux fenêtres des familiers de la cour impériale faisaient croire aux bons

---

[484] Elle était née à Pondichéry, où son père, nommé Worley, était capitaine de port. À seize ans, elle épousa un Suisse, M. Grant, qui résida successivement avec elle à Chandernagor et à Calcutta ; elle se laissa enlever et emmener en Europe. Après de nombreuses aventures, elle devint, sous le Directoire, la maîtresse de Talleyrand et vécut publiquement avec lui. Le premier Consul intima à son ministre l'ordre de l'épouser, ce qui fut fait, après que Talleyrand eût reçu de la cour de Rome un bref qui le déliait de ses vœux, et après que M. Grant, alors à Paris eut consenti à divorcer, moyennant une grosse somme et une bonne place... au Cap de Bonne-Espérance. Le mariage de l'ancien évêque d'Autun fut du reste purement civil. Quand vint la Restauration, il fit à sa femme une pension de 60 000 livres, à la condition qu'elle irait se fixer en Angleterre. Un jour qu'elle était revenue à Paris (c'était sous le ministère Decazes), Louis XVIII demanda, non sans malice, au prince de Talleyrand, s'il était vrai que sa femme se fût permis de débarquer en France et d'arriver d'un trait de Calais à Paris : « Rien de plus vrai, sire, répondit-il ; il fallait bien que moi aussi j'eusse mon vingt mars. »

Cosaques qu'il y avait autant de lis dans les cœurs des bonapartistes convertis que de chiffons blancs à leurs croisées. C'est merveille en France que la contagion, et l'on crierait *À bas ma tête !* si on l'entendait crier à son voisin. Les impérialistes entraient jusque dans nos maisons et nous faisaient, nous autres bourbonistes, exposer en drapeau sans tache les restes de blanc renfermés dans nos lingeries : c'est ce qui arriva chez moi ; mais madame de Chateaubriand n'y voulut entendre, et défendit vaillamment ses mousselines[485].

Le Corps législatif transformé en Chambre des députés, et la Chambre des pairs, composée de cent cinquante-quatre membres, nommés à vie, dans lesquels on comptait plus de soixante sénateurs, formèrent les deux premières Chambres législatives[486]. M. de Talleyrand, installé au

---

[485] La plupart des traits de cette admirable page sont empruntés à Mme de Chateaubriand qui, dans ses Souvenirs, décrit ainsi la journée du 31 mars 1814 et celles qui suivirent :

« P***, M*** et P*** étaient à l'avant-garde de toutes les parades du moment, et chacun savait par eux que le prince de Bénévent, en changeant de maître, ne serait obligé de changer ni de rôle ni de langage ; que l'ex-évêque d'Autun ne serait pas plus obligé à la messe sous les Bourbons que sous Bonaparte, et qu'il serait aussi bon ministre sous la Restauration qu'il l'avait été sous l'Empire, Mme de Talleyrand (femme divorcée de M. Grant) parcourait les rues dans une calèche découverte, en chantant des hymnes à la louange de la pieuse famille des Bourbons. Elle et les dames de sa suite avaient fait autant de drapeaux de leurs mouchoirs, qu'elles agitaient avec une grâce infinie. Cinquante calèches suivaient et imitaient le mouvement donné, de sorte que les Alliés, qui arrivaient en ce moment par la place Vendôme, crurent qu'il y avait réellement autant de lis dans le cœur des Français que de drapeaux blancs en l'air. Les bons Cosaques n'auraient jamais osé croire que ces belles bourbonnéennes du 31 mars étaient des enragées bonapartistes le 30. Il n'y a qu'en France qu'on sait si bien se retourner… Les royalistes accouraient aussi de leur côté, mais pas si vite que ceux qui croyaient ne pouvoir faire assez tôt l'hommage d'un dévouement dont on pouvait douter. Bientôt les cris de : Vive le Roi ! se firent entendre de toutes parts. L'élan était donné, et, en France surtout, on crierait à bas ma tête ! si on l'entendait crier à ses voisins. On envahissait les maisons pour avoir des rubans et même des jupons blancs, que l'on coupait pour faire des cocardes, les boutiques ne pouvant y suffire. Le bleu et le rouge étaient foulés aux pieds, surtout par les bonapartistes ; et tout ce qui restait des trois couleurs fut, dit-on, porté dans les cachettes du Luxembourg en attendant que leur tour revînt. Un de nos amis vint me demander la permission de faire main-basse sur ma garde-robe ; mais il me trouva peu disposée à chanter la victoire avant de connaître les résultats, et je gardai mes jupons… »

[486] Le Corps législatif de l'Empire était conservé jusqu'aux élections prochaines ; il changeait seulement de nom et prenait celui de Chambre des députés. Quant à la Chambre des pairs, nommée par le roi, si elle ne se composait pas exclusivement d'anciens sénateurs, ces derniers y étaient cependant de beaucoup les plus nombreux « Quatorze maréchaux de l'Empire, dit M. Alfred Nettement, représentaient les illustrations militaires de la nouvelle armée, et formaient, avec quatre-vingt-sept membres de l'ancien Sénat impérial, les deux tiers de la nouvelle Chambre des pairs, qui contenait ainsi en tout quatre-vingt-onze anciens sénateurs, car sur les quatorze maréchaux il y en avait quatre revêtus de ce titre.

ministère des affaires étrangères, partit pour le congrès de Vienne, dont l'ouverture était fixée au 3 de novembre, en exécution de l'article 32 du traité du 30 mai ; M. de Jaucourt eut le portefeuille pendant un intérim qui dura jusqu'à la bataille de Waterloo. L'abbé de Montesquiou devint ministre de l'intérieur, ayant pour secrétaire général M. Guizot ; M. Malouet entra à la marine ; il décéda et fut remplacé par M. Beugnot[487]; le général Dupont[488] obtint le département de la guerre ; on lui substitua le maréchal Soult[489], qui s'y distingua par l'érection du monument funèbre de Quiberon ; le duc de Blacas fut ministre de la maison du roi, M. Anglès[490] préfet de police, le conseiller Dambray ministre de la justice, l'abbé Louis ministre des finances.

La part faite aux hommes de la Révolution et de l'Empire était donc de cent-un membres sur cent cinquante-quatre... La part faite aux représentants de l'ancienne société française était seulement de cinquante-trois membres, et parmi les pairs de cette catégorie il y en avait plusieurs qui appartenaient aux opinions qui dominaient depuis la Révolution ». (Histoire de la Restauration, par Alfred Nettement, tome I, p. 444.)

[487] Jacques-Claude, comte Beugnot (1761-1835). Ancien membre de la Législative de 1791, où il s'était signalé par son courage et son talent, il avait été successivement sous l'Empire préfet de Rouen, conseiller d'État, ministre des Finances du roi Jérôme et préfet de Lille. Louis XVIII lui confia le portefeuille de la Marine, le 3 décembre 1814. Il suivit le roi à Gand et reçut au retour la direction générale des Postes. Député de 1816 à 1820, pair de France de 1830 à 1835, le comte Beugnot a laissé la réputation d'un des hommes les plus spirituels de son temps. Une de ses plus fines plaisanteries est celle qu'il laissa échapper dans une séance des comités secrets de la Chambre de 1815. Un membre ayant demandé que la figure du Christ sur la croix fût placée au-dessus de la tête du président : « Je demande en outre, ajouta le comte Beugnot, qu'on inscrive au-dessous ses dernières paroles : « Mon Dieu, pardonnez-leur, car ils ne savent pas ce qu'ils font ! » — Il avait écrit de très spirituels Mémoires, qui ont été publiés par son fils.

[488] Pierre-Antoine, comte Dupont de l'Étang (1765-1840). Il avait été l'un des plus brillants généraux de l'Empire, et l'heure semblait proche où il serait élevé au maréchalat, lorsque la capitulation de Baylen (juillet 1808) vint effacer tous ses services et briser son épée. Napoléon l'avait fait traduire devant une commission militaire (février 1812) qui « le destitua de ses grades militaires, lui retira ses décorations, raya son nom du catalogue de la Légion d'honneur, lui défendit à l'avenir de porter l'habit militaire, de prendre le titre de comte, mit sous séquestre ses dotations et ordonna son transfert dans une prison d'État, pour y être détenu jusqu'à nouvel ordre ». — La nomination du général Dupont au ministère de la Guerre est du 9 avril 1814 ; elle n'est donc point imputable à Louis XVIII, qui n'était pas encore rentré, mais à Talleyrand et à ses collègues du gouvernement provisoire. Le général Dupont, député de la Charente de 1815 à 1830, siégea au centre-gauche, parmi les constitutionnels. Outre plusieurs écrits en prose, il a composé une traduction en vers des Odes d'Horace et un poème en dix chants, l'Art de la guerre.

[489] Le maréchal Soult remplaça le général Dupont au Ministère de la Guerre le 3 décembre 1814.

[490] Jules-Jean-Baptiste, comte Anglès (1778-1828). Auditeur, puis maître des requêtes au Conseil d'État, il était entré en 1809 au ministère de la Police, à la 3e

Le 21 octobre, l'abbé de Montesquiou présenta la première loi au sujet de la presse ; elle soumettait à la censure tout écrit de moins de vingt feuilles d'impression : M. Guizot élabora cette première loi de liberté[491].

Carnot adressa une lettre au roi[492] ; il avouait que les Bourbons *avaient été reçus avec joie ;* mais, ne tenant aucun compte ni de la brièveté du temps ni de tout ce que la charte accordait, il donnait, avec des conseils hasardés, des leçons hautaines : tout cela ne vaut quand on doit accepter le rang de *ministre* et le titre de *comte* de l'Empire ; point ne convient de se montrer fier envers un prince faible et libéral quand on a été soumis devant un prince violent et despotique ; quand, machine usée de la Terreur, on s'est trouvé insuffisant au calcul des proportions de la guerre napoléonienne. Je fis imprimer en réponse les *Réflexions politiques*[493] ; elles contiennent la substance de la *Monarchie selon la Charte*. M. Lainé, président de la Chambre des députés, parla au roi de cet ouvrage avec éloge. Le roi paraissait toujours charmé des services que j'avais le bonheur de lui rendre ; le ciel semblait m'avoir jeté sur les épaules la casaque de héraut de la légitimité : mais plus l'ouvrage avait de succès, moins l'auteur plaisait à Sa Majesté. Les *Réflexions politiques* divulguèrent mes doctrines constitutionnelles : la cour en reçut une impression que ma fidélité aux Bourbons n'a pu effacer. Louis XVIII disait à ses familiers : « Donnez-vous de garde d'admettre jamais un poète dans vos affaires : il perdra tout. Ces gens-là ne sont bons à rien. »

Une forte et vive amitié remplissait alors mon cœur : la duchesse de Duras[494] avait de l'imagination, et un peu même dans le visage de

---

division, chargée de la correspondance avec les départements annexés. Il fut un moment ministre de la Police en 1814. Le 22 août 1815, il fut élu à la Chambre des Députés par le département des Hautes-Alpes. En 1818, il redevint préfet de police et conserva ces fonctions jusqu'en 1821. Le comte Anglès était un homme de beaucoup d'esprit, et il n'était pas le dernier à rire des traits malicieux que Béranger lui décochait dans ses chansons.

[491] Voir les Mémoires de M. Guizot, tome I, chapitre II.

[492] Mémoire au Roi, par Carnot. Il se vendit, assure-t-on, six cent mille exemplaires de cet écrit, qui circulait clandestinement sous toutes les formes, manuscrit, imprimé et lithographié. (Henry Houssaye, 1815, tome I, p. 68.) Sur les incidents relatifs à ce célèbre Mémoire, d'abord destiné à la publicité, ensuite modifié pour être remis à Louis XVIII, puis publié à l'insu de l'auteur et désavoué par lui dans le Journal des Débats du 8 octobre 1814, voyez les Mémoires de Carnot publiés par son fils (tome II, p. 366-372.

[493] Réflexions politiques sur quelques écrits du jour et sur les intérêts de tous les Français. (Décembre 1814.) C'est un des meilleurs écrits de Chateaubriand.

[494] Claire de Coetnempren de Kersaint, duchesse de Duras (1777-1829). Fille du comte Guy de Kersaint, député à la Législative et à la Convention, guillotiné le 4 décembre 1793, elle quitta la France après l'exécution de son père, et passa avec sa mère à Philadelphie, puis à la Martinique, patrie de Mme de Kersaint. Celle-ci étant morte à son tour, et un parent, établi aux colonies, ayant laissé à la jeune orpheline une succession assez considérable, elle vint en Angleterre, où, en 1797,

l'expression de madame de Staël : on a pu juger de son talent d'auteur par *Ourika*. Rentrée de l'émigration, renfermée pendant plusieurs années dans son château d'Ussé, au bord de la Loire, ce fut dans les beaux jardins de Méréville que j'en entendis parler pour la première fois, après avoir passé auprès d'elle à Londres sans l'avoir rencontrée. Elle vint à Paris pour l'éducation de ses charmantes filles, Félicie et Clara[495]. Des rapports de famille, de province, d'opinions littéraires et politiques, m'ouvrirent la porte de sa société. La chaleur de l'âme, la noblesse du caractère, l'élévation de l'esprit, la générosité de sentiments, en faisaient une femme supérieure. Au commencement de la Restauration, elle me prit sous sa protection ; car, malgré ce que j'avais fait pour la monarchie légitime et les services que Louis XVIII confessait avoir reçus de moi, j'avais été mis si fort à l'écart que je songeais à me retirer en Suisse. Peut-être eussé-je bien fait : dans ces solitudes que Napoléon m'avait destinées comme à son ambassadeur aux montagnes, n'aurais-je pas été plus heureux qu'au château des Tuileries ? Quand j'entrai dans ces salons au retour de la légitimité, ils me firent une impression presque aussi pénible que le jour où j'y vis Bonaparte prêt à tuer le duc d'Enghien. Madame de Duras parla de

---

elle épousa Amédée-Bretagne-Malo de Durfort qui, trois ans plus tard, à la mort de son père, allait être le duc de Duras. Elle rentra en France à l'époque du Consulat, mais se tint à l'écart de la cour impériale, retirée le plus souvent au château d'Ussé, en Touraine. Au retour des Bourbons, le duc de Duras fut nommé pair de France et premier gentilhomme de la Chambre. La duchesse eut alors un salon, qui fut bientôt l'un des plus recherchés de Paris, et dont M. Villemain, l'un des habitués, parle en ces termes : « Le salon de Mme la duchesse de Duras était naturellement monarchique, mais avec des nuances très marquées de constitutionalisme anglais, de libéralisme français, d'amour des lettres, de goût des arts, et en particulier d'admiration pour M. de Chateaubriand et d'impatient désir de le voir ministre ». Elle a écrit plusieurs petits romans : Édouard, Ourika, Frère Ange, Olivier, les Mémoires de Sophie. Les deux premiers, que ses amis publièrent presque de force, parurent en 1820 et 1824, avec le plus vif succès. Les trois autres sont encore inédits. La duchesse de Duras avait composé pendant ses dernières années des pages éminemment chrétiennes, qui ont paru en 1839 sous ce titre : Réflexions et prières inédites.

[495] L'aînée, Claire-Louise-Augustine-Félicité-Magloire, que l'on appelait Félicie, née en émigration le 19 août 1798, avait épousé, le 30 septembre 1813, Charles-Léopold-Henri de la Trémoille, prince de Talmont, fils du héros vendéen. Devenue veuve le 7 septembre 1815, elle se maria, en secondes noces, le 14 septembre 1819, avec Auguste du Vergier, comte de la Rochejaquelein, maréchal de camp, frère cadet des généraux vendéens, Henri et Louis. — La cadette, Claire-Henriette-Philippine-Benjamine, dite Clara, née à Londres le 25 septembre 1799, épousa, le 30 août 1819, Henri-Louis, comte de Chastellux, secrétaire de la légation française à Berlin. Le comte de Chastellux, à l'occasion de son mariage, fut créé duc de Rauzan et autorisé, par ordonnance royale du 15 août 1819, à ajouter à son nom celui de Duras. Il est dénommé, dans l'acte de naissance d'un de ses enfants (1824), marquis de Duras-Chastellux, duc de Rauzan. — La duchesse de Rauzan est morte à Paris le 11 novembre 1863.

moi à M. de Blacas. Il répondit que j'étais bien libre d'aller où je voudrais. Madame de Duras fut si orageuse, elle avait un tel courage pour ses amis, qu'on déterra une ambassade vacante, l'ambassade de Suède. Louis XVIII, déjà fatigué de mon bruit, était heureux de faire présent de moi à son bon frère le roi Bernadotte[496]. Celui-ci ne se figurait-il pas qu'on m'envoyait à Stockholm pour le détrôner ? Eh ! bon Dieu ! princes de la terre, je ne détrône personne ; gardez vos couronnes, si vous pouvez, et surtout ne me les donnez pas, car je *n'en veux mie*.

Madame de Duras, femme excellente qui me permettait de l'appeler ma sœur, que j'eus le bonheur de revoir à Paris pendant plusieurs années, est allée mourir à Nice[497]: encore une plaie rouverte. La duchesse de Duras connaissait beaucoup madame de Staël : je ne puis comprendre comment je ne fus pas attiré sur les traces de madame Récamier, revenue d'Italie en France ; j'aurais salué le secours qui venait en aide à ma vie : déjà je n'appartenais plus à ces matins qui se consolent eux-mêmes, je touchais à ces heures du soir qui ont besoin d'être consolées.

Le 30 décembre de l'année 1814, les Chambres législatives furent ajournées au 1er mai 1815, comme si on les eût convoquées pour l'assemblée du champ de mai de Bonaparte. Le 18 janvier furent exhumés les restes de Marie-Antoinette et de Louis XVI. J'assistai à cette exhumation dans le cimetière[498] où Fontaine et Percier ont élevé depuis, à la pieuse voix de madame la Dauphine et à l'imitation d'une église sépulcrale de Rimini, le monument peut-être le plus remarquable de Paris. Ce cloître formé d'un enchaînement de tombeaux, saisit l'imagination et la remplit de tristesse. Dans le livre IV de ces *Mémoires*, j'ai parlé des exhumations de 1815[499] : au milieu des ossements, je reconnus la tête de la reine par le sourire que cette tête m'avait adressé à Versailles.

Le 21 janvier on posa la première pierre des bases de la statue qui devait être élevée sur la place Louis XV, et qui ne l'a jamais été. J'écrivis la pompe funèbre du 21 janvier ; je disais : « Ces religieux qui vinrent avec l'oriflamme au-devant de la châsse de Saint-Louis, ne recevront point le descendant du saint roi. *Dans ces demeures souterraines où dormaient ces rois et ces princes anéantis, Louis XVI se trouvera seul !...* Comment tant de morts se sont-ils levés ? Pourquoi Saint-Denis est-il désert ? Demandons plutôt pourquoi son toit est rétabli, pourquoi son autel est debout ? Quelle main a reconstruit la voûte de ces caveaux, et préparé ces tombeaux vides ! La main de ce même homme qui était assis sur le

[496] Dans les derniers moments de la première Restauration, Chateaubriand fut nommé ambassadeur à Stockholm. Il allait se rendre — sans enthousiasme — auprès de Bernadotte, quand Napoléon débarqua de l'île d'Elbe.
[497] Au mois de janvier 1829.
[498] L'ancien cimetière de la Madeleine, rue d'Anjou-Saint-Honoré, no 48.
[499] Voir tome I, page 205.

trône des Bourbons. Ô Providence ! il croyait préparer des sépulcres à sa race, et il ne faisait que bâtir le tombeau de Louis XVI[500]. »

J'ai désiré assez longtemps que l'image de Louis XVI fût placée dans le lieu même où le martyr répandit son sang : je ne serais plus de cet avis. Il faut louer les Bourbons d'avoir, dès le premier moment de leur retour, songé à Louis XVI ; ils devaient toucher leur front avec ses cendres, avant de mettre sa couronne sur leur tête. Maintenant je crois qu'ils n'auraient pas dû aller plus loin. Ce ne fut pas à Paris comme à Londres une commission qui jugea le monarque, ce fut la Convention entière ; de là le reproche annuel qu'une cérémonie funèbre répétée semblait faire à la nation, en apparence représentée par une assemblée complète. Tous les peuples ont fixé des anniversaires à la célébration de leurs triomphes, de leurs désordres ou de leurs malheurs, car tous ont également voulu garder la mémoire des uns et des autres : nous avons eu des solennités pour les barricades, des chants pour la Saint-Barthélemi, des fêtes pour la mort de Capet ; mais n'est-il pas remarquable que la loi est impuissante à créer des jours de souvenir, tandis que la religion a fait vivre d'âge en âge le saint le plus obscur ? Si les jeûnes et les prières institués pour le sacrifice de Charles Ier durent encore, c'est qu'en Angleterre l'État unit la suprématie religieuse à la suprématie politique, et qu'en vertu de cette suprématie le 30 janvier 1619 est devenu jour *férié*. En France, il n'en est pas de la sorte : Rome seule a le droit de commander en religion ; dès lors, qu'est-ce qu'une ordonnance qu'un prince publie, un décret qu'une assemblée politique promulgue, si un autre prince, une autre assemblée, ont le droit de les effacer ? Je pense donc aujourd'hui que le symbole d'une fête qui peut être abolie, que le témoignage d'une catastrophe tragique non consacrée par le culte, n'est pas convenablement placé sur le chemin de la foule allant insouciante et distraite à ses plaisirs. Par le temps actuel, il serait à craindre qu'un monument élevé dans le but d'imprimer l'effroi des excès populaires donnât le désir de les imiter : le mal tente plus que le bien ; en voulant perpétuer la douleur, on ne fait souvent que perpétuer l'exemple. Les siècles n'adoptent point les legs de deuil, ils ont assez de sujet présent de pleurer sans se charger de verser encore des larmes héréditaires.

En voyant le catafalque qui partait du cimetière de Desclozeaux[501], chargé des restes de la reine et du roi, je me sentis tout saisi ; je le suivais des yeux avec un pressentiment funeste. Enfin Louis XVI reprit sa couche à Saint-Denis ; Louis XVIII, de son côté, dormit au Louvre ; les deux

---

[500] Le Vingt-et-un janvier, par M. de Chateaubriand. 1815, Le Normant, éditeur, in-8o, 24 p.

[501] M. Desclozeaux (et non Ducluzeau, comme le portent les précédentes éditions des Mémoires), était un fidèle royaliste, qui s'était rendu propriétaire de l'ancien cimetière de la Madeleine, pour que les restes du roi et de la reine ne fussent pas profanés.

frères commençaient ensemble une autre ère de rois et de sceptres légitimes ; vaine restauration du trône et de la tombe dont le temps a déjà balayé la double poussière.

Puisque j'ai parlé de ces cérémonies funèbres qui si souvent se répétèrent, je vous dirai le cauchemar dont j'étais oppressé quand, la cérémonie finie, je me promenais le soir dans la basilique à demi détendue : que je songeasse à la vanité des grandeurs humaines parmi ces tombeaux dévastés, cela va de suite : morale vulgaire qui sortait du spectacle même ; mais mon esprit ne s'arrêtait pas là ; je perçais jusqu'à la nature de l'homme. Tout est-il vide et absence dans la région des sépulcres ? N'y a-t-il rien dans ce rien ? N'est-il point d'existences de néant, des pensées de poussière ? Ces ossements n'ont-ils point des modes de vie qu'on ignore ? Qui sait les passions, les plaisirs, les embrassements de ces morts ? Les choses qu'ils ont rêvées, crues, attendues, sont-elles comme eux des idéalités, engouffrées pêle-mêle avec eux ? Songes, avenirs, joies, douleurs, libertés et esclavages, puissances et faiblesses, crimes et vertus, honneurs et infamies, richesses et misères, talents, génies, intelligences, gloires, illusions, amours, êtes-vous des perceptions d'un moment, perceptions passées avec les crânes détruits dans lesquels elles s'engendrèrent, avec le sein anéanti où jadis battit un cœur ? Dans votre éternel silence, ô tombeaux, si vous êtes des tombeaux, n'entend-on qu'un rire moqueur et éternel ? Ce rire est-il le Dieu, la seule réalité dérisoire, qui survivra à l'imposture de cet univers ? Fermons les yeux ; remplissons l'abîme désespéré de la vie par ces grandes et mystérieuses paroles du martyr : « Je suis chrétien. »

Fath del
Mauduison père, sc.
Imp Vve Sarazin
BENJAMIN CONSTANT
Garnier frères Éditeurs

LIVRE IV

Bonaparte avait refusé de s'embarquer sur un vaisseau français, ne faisant cas alors que de la marine anglaise, parce qu'elle était victorieuse ; il avait oublié sa haine, les calomnies, les outrages dont il avait accablé la perfide Albion ; il ne voyait plus de digne de son admiration que le parti triomphant, et ce fut l'*Undaunted* qui le transporta au port de son premier exil ; il n'était pas sans inquiétude sur la manière dont il serait reçu : la garnison française lui remettrait-elle le territoire qu'elle gardait ? Des insulaires italiens, les uns voulaient appeler les Anglais, les autres demeurer libres de tout maître ; le drapeau tricolore et le drapeau blanc flottaient sur quelques caps rapprochés les uns des autres. Tout s'arrangea néanmoins. Quand on apprit que Bonaparte arrivait avec des millions, les opinions se décidèrent généreusement à recevoir l'*auguste victime*. Les autorités civiles et religieuses furent ramenées à la même conviction. Joseph-Philippe Arrighi, vicaire général, publia un mandement : « La divine Providence, » disait la pieuse injonction, « a voulu que nous fussions à l'avenir les sujets de Napoléon le Grand. L'île d'Elbe, élevée à un honneur aussi sublime, reçoit dans son sein l'oint du Seigneur. Nous ordonnons qu'un *Te Deum* solennel soit chanté en actions de grâces, etc. »

L'empereur avait écrit au général Dalesme[502], commandant de la garnison française, qu'il eût à faire connaître aux Elbois qu'il *avait fait choix* de leur île pour son séjour, en considération de la douceur de leurs mœurs et de leur climat. Il mit pied à terre à Porto-Ferrajo[503], au milieu du double salut de la frégate anglaise qui le portait et des batteries de la côte. De là, il fut conduit sous le dais de la paroisse à l'église où l'on chanta le *Te Deum*. Le bedeau, maître des cérémonies, était un homme court et gros, qui ne pouvait pas joindre ses mains autour de sa personne. Napoléon fut ensuite conduit à la mairie ; son logement y était préparé. On déploya le nouveau pavillon impérial, fond blanc, traversé d'une bande rouge semée de trois abeilles d'or. Trois violons et deux basses le suivaient avec des raclements d'allégresse. Le trône, dressé à la hâte dans la salle des bals publics, était décoré de papier doré et de loques d'écarlate. Le côté comédien de la nature du prisonnier s'arrangeait de ces parades : Napoléon jouait à la chapelle, comme il amusait sa cour avec de vieux petits jeux dans l'intérieur de son palais aux Tuileries, allant après tuer des hommes par passe-temps. Il forma sa maison : elle se composait de quatre

---

[502] Jean-Baptiste, baron Dalesme (1763-1832). Général de brigade, député de la Haute-Vienne au Corps législatif, de 1802 à 1809, baron de l'Empire (1810), il se rallia à la Restauration, qui le fit lieutenant-général le 21 octobre 1814. Pendant les Cent-Jours, il fut gouverneur de l'île d'Elbe, et quitta le service à la seconde Restauration. Réintégré en 1830, il mourut gouverneur des Invalides.
[503] Le 4 mai 1814.

chambellans, de trois officiers d'ordonnance et de deux fourriers du palais. Il déclara qu'il recevrait les dames deux fois par semaine, à huit heures du soir. Il donna un bal. Il s'empara, pour y résider, du pavillon destiné au génie militaire. Bonaparte retrouvait sans cesse dans sa vie les deux sources dont elle était sortie, la démocratie et le pouvoir royal ; sa puissance lui venait des masses citoyennes, son rang de son génie ; aussi le voyez-vous passer sans effort de la place publique au trône, des rois et des reines qui se pressaient autour de lui à Erfurt, aux boulangers et aux marchands d'huile qui dansaient dans sa grange à Porto-Ferrajo. Il avait du peuple parmi les princes, du prince parmi les peuples. À cinq heures du matin, en bas de soie et en souliers à boucles, il présidait ses maçons à l'île d'Elbe.

Établi dans son empire, inépuisable en acier dès les jours de Virgile,
Insula inexhaustis Chalybum generosa metallis[504],

Bonaparte n'avait point oublié les outrages qu'il venait de traverser ; il n'avait point renoncé à déchirer son suaire ; mais il lui convenait de paraître enseveli, de faire seulement autour de son monument quelque apparition de fantôme. C'est pourquoi, comme s'il n'eût pensé à autre chose, il s'empressa de descendre dans ses carrières de fer cristallisé et d'aimant ; on l'eût pris pour l'ancien inspecteur des mines de ses ci-devant États. Il se repentit d'avoir affecté jadis le revenu des forges d'*Illua* à la Légion d'honneur ; 500 000 fr. lui semblaient alors mieux valoir qu'une croix baignée dans le sang sur la poitrine de ses grenadiers : « Où avais-je la tête ? dit-il ; mais j'ai rendu plusieurs stupides décrets de cette nature. » Il fit un traité de commerce avec Livourne et se proposait d'en faire un autre avec Gênes. Vaille que vaille, il entreprit cinq ou six toises de grand chemin et traça l'emplacement de quatre grandes villes, de même que Didon dessina les limites de Carthage. Philosophe revenu des grandeurs humaines, il déclara qu'il voulait vivre désormais comme un juge de paix dans un comté d'Angleterre : et pourtant, en gravissant un morne qui domine Porto-Ferrajo, à la vue de la mer lui s'avançait de tous côtés au pied des falaises, ces mots lui échappèrent : « Diable ! il faut l'avouer, mon île est très petite. » Dans quelques heures il eut visité son domaine ; il y voulut joindre un rocher appelé *Pianosa*. « L'Europe va m'accuser, dit-il en riant, « d'avoir déjà fait une conquête. » Les puissances alliées se réjouissaient de lui avoir laissé en dérision quatre cents soldats ; il ne lui en fallait pas davantage pour les rappeler tous sous le drapeau.

La présence de Napoléon sur les côtes de l'Italie, qui avait vu commencer sa gloire et qui garde son souvenir, agitait tout. Murat était

[504] Enéide, livre X. vers 174.

voisin ; ses amis, des étrangers, abordaient secrètement ou publiquement à sa retraite ; sa mère et sa sœur, la princesse Pauline, le visitèrent ; on s'attendait à voir bientôt arriver Marie-Louise et son fils. En effet parut une femme et un enfant : reçue en grand mystère, elle alla demeurer dans une villa retirée, au coin le plus écarté de l'île : sur le rivage d'Ogygie, Calypso parlait de son amour à Ulysse, qui, au lieu de l'écouter, songeait à se défendre des prétendants. Après deux jours de repos, le cygne du Nord reprit la mer pour aborder aux myrtes de Baïes, emportant son petit dans sa yole blanche.[505]

Si nous eussions été moins confiants, il nous eût été facile de découvrir l'approche d'une catastrophe. Bonaparte était trop près de son berceau et de ses conquêtes ; son île funèbre devait être plus lointaine et entourée de plus de flots. On ne s'explique pas comment les alliés avaient imaginé de reléguer Napoléon sur les rochers où il devait faire l'apprentissage de l'exil : pouvait-on croire qu'à la vue des Apennins, qu'en sentant la poudre des champs de Montenotte, d'Arcole et de Marengo, qu'en découvrant Venise, Rome et Naples, ses trois belles esclaves, les tentations les plus irrésistibles ne s'empareraient pas de son cœur ? Avait-on oublié qu'il avait remué la terre et qu'il avait partout des admirateurs et des obligés, les uns et les autres ses complices ? Son ambition était déçue, non éteinte ; l'infortune et la vengeance en ranimaient les flammes : quand le prince des ténèbres du bord de l'univers créé

---

[505] Le 1er septembre, Napoléon avait reçu la visite de la comtesse Walewska. Les Souvenirs de Pons (de l'Hérault) renferment à ce sujet de curieux détails. La chaleur excessive de l'été avait fatigué l'Empereur, qui avait quitté Porto Ferrajo pour aller s'établir sous les châtaigniers touffus de Marciana. « De l'ombre et de l'eau, avait-il dit en riant, c'est le bonheur, et je vais chercher le bonheur. » Il fit dresser sous les arbres sa tente de campagne, pendant que Madame Mère venait habiter l'ermitage de Marciana. Un matin, une jeune femme accompagnée d'un enfant de quatre ou cinq ans débarquèrent mystérieusement dans l'île. Au cours de la traversée, la voyageuse, après avoir dit : « le fils de l'Empereur », avait ajouté : « mon fils ». Évidemment, c'était l'Impératrice et le Roi de Rome ! Les marins, la population, l'entourage de l'Empereur ne le mirent pas un instant en doute. Cependant la jeune dame s'était rendue immédiatement à Marciana et à la tente impériale. « Mme la comtesse Walewska et son fils, dit Pons (de l'Hérault) (Souvenirs et anecdotes de l'île d'Elbe, pages 213 et 578), restèrent environ cinquante heures avec l'Empereur ; pendant ce temps, l'Empereur ne reçut plus personne, pas même Madame Mère, et l'on peut dire qu'il se mit en grande quarantaine. Son isolement fut complet. Mais, après cinquante heures, la dame alla s'embarquer à Longone pour retourner sur le continent, et elle partit par un coup de vent tel que les marins craignaient avec raison qu'il n'y eût danger imminent pour elle. Elle ne voulut écouter aucune représentation : l'Empereur envoya un officier d'ordonnance pour faire retarder le départ de l'intrépide voyageuse ; elle était en pleine mer... L'Empereur eut des heures d'angoisse. Ses alarmes durèrent jusqu'au moment où Mme la comtesse Walewska lui eut appris elle-même que le péril était passé. »

aperçut l'homme et le monde, il résolut de les perdre.

Avant d'éclater, le terrible captif se contint pendant quelques semaines. Auprès de l'immense *Pharaon* public qu'il tenait, son génie négociait une fortune ou un royaume. Les Fouché, les Guzman d'Alfarache, pullulaient. Le grand acteur avait établi depuis longtemps le mélodrame à sa police et s'était réservé la haute scène ; il s'amusait des victimes vulgaires qui disparaissaient dans les trappes de son théâtre.

Le bonapartisme, dans la première année de la Restauration, passa du simple désir à l'action, à mesure que ses espérances grandirent et qu'il eut mieux connu le caractère faible des Bourbons. Quand l'intrigue fut nouée au dehors, elle se noua au-dedans, et la conspiration devint flagrante. Sous l'habile administration de M. Ferrand[506], M. de Lavallette[507] faisait la correspondance : les courriers de la monarchie portaient les dépêches de l'empire. On ne se cachait plus ; les caricatures annonçaient un retour souhaité : on voyait des aigles rentrer par les fenêtres du château des Tuileries, d'où sortaient par les portes un troupeau de dindons ; le *Nain jaune*[508] ou *vert* parlait de plumes de *cane*.[509] Les avertissements venaient de toutes parts, et l'on n'y voulait pas croire. Le gouvernement suisse s'était inutilement empressé de prévenir le gouvernement du roi des menées de Joseph Bonaparte, retiré dans le pays de Vaud. Une femme arrivée de l'île d'Elbe donnait les détails les plus circonstanciés de ce qui se passait à Porto-Ferrajo, et la police la fit jeter en prison. On tenait pour

---

[506] Antoine-François-Claude, comte Ferrand (1751-1825). Il était directeur général des Postes. À la seconde Restauration, il fut nommé pair de France et entra à l'Académie française. Il avait composé plusieurs ouvrages, dont le principal est l'Esprit de l'Histoire, ou Lettres politiques et morales d'un père à son fils sur la manière d'étudier l'histoire en général et particulièrement celle de la France. Ses Mémoires ont été publiés en 1897 par le vicomte de Broc.

[507] Antoine-Marie Chamant, comte de Lavallette (1769-1830), directeur général des Postes sous l'Empire. Ses Mémoires ont paru en 1831.

[508] Le Nain Jaune, qui paraissait depuis 1810 avec ce sous-titre : Journal des arts, des sciences et de la littérature, se transforma en journal semi-politique à la fin de 1814, sous l'inspiration, dit-on, des habitués du salon de l'ex-reine Hortense. Les rédacteurs du Nain Jaune, Cauchois-Lemaire, Bory-Saint-Vincent, Étienne, Jouy, Harel, étaient en effet bonapartistes, mais ils eurent soin de cacher leur drapeau, n'attaquèrent jamais le roi et prirent pour épigraphe : Le Roi et la Charte. Sous le couvert de ce pavillon, ils déversèrent le ridicule sur les hommes et les tendances du ministère et du parti royaliste. Louis XVIII, qui avait du goût pour l'esprit, s'amusait des épigrammes du mordant journal. À des courtisans qui réclamaient la suppression du Nain Jaune, il répondit un jour : « Non, c'est par cette feuille que j'ai appris des choses qu'un roi ne doit point ignorer. » — Voir Henry Houssaye, 1815, tome I, page 67.

[509] Un correspondant du Nain Jaune lui écrivait, à la date du 28 février 1815 : « J'ai usé dix plumes d'oie à vous écrire, sans pouvoir obtenir de réponse ; peut-être serai-je plus heureux avec une plume de canne : j'en essayerai. » (Le Nain Jaune du 5 mars.) — La ville de Cannes est à peu de distance du golfe Jouan.

certain que Napoléon n'oserait rien tenter avant la dissolution du congrès, et que, dans tous les cas, ses vues se tourneraient vers l'Italie. D'autres, plus avisés encore, faisaient des vœux pour que le *petit caporal, l'ogre, le prisonnier,* abordât les côtes de France ; cela serait trop heureux ; on en finirait d'un seul coup ! M. Pozzo di Borgo déclarait à Vienne que le délinquant serait accroché à une branche d'arbre. Si l'on pouvait avoir certains papiers, on y trouverait la preuve que dès 1814 une conspiration militaire était ourdie et marchait parallèlement avec la conspiration politique que le prince de Talleyrand conduisait à Vienne, à l'instigation de Fouché. Les amis de Napoléon lui écrivirent que s'il ne hâtait son retour, il trouverait sa place prise aux Tuileries par le duc d'Orléans : ils s'imaginent que cette révélation servit à précipiter le retour de l'empereur. Je suis convaincu de l'existence de ces menées, mais je crois aussi que la cause déterminante qui décida Bonaparte était tout simplement la nature de son génie.

La conspiration de Drouet d'Erlon et de Lefebvre-Desnoëttes venait d'éclater[510]. Quelques jours avant la levée de boucliers de ces généraux, je dînais chez M. le maréchal Soult, nommé ministre de la guerre le 3 décembre 1814 ; un niais racontait l'exil de Louis XVIII à Hartwell ; le maréchal écoutait ; à chaque circonstance il répondait par ces deux mots : « C'est historique. » — On apportait les pantoufles de Sa Majesté. — « C'est historique ! » Le roi avalait, les jours maigres, trois œufs frais avant de commencer son dîner. — « C'est historique ! » Cette réponse me frappa. Quand un gouvernement n'est pas solidement établi, tout homme dont la conscience ne compte pas devient, selon le plus ou moins d'énergie de son caractère, un quart, une moitié, un trois quarts de conspirateur ; il attend la décision de la fortune : les événements font plus de traîtres que les opinions.

Tout à coup le télégraphe annonça aux braves et aux incrédules le débarquement de l'homme[511] : *Monsieur* court à Lyon avec le duc

---

[510] Un complot, mi-impérialiste, mi-révolutionnaire, avait éclaté, le 9 mars 1815, dans les départements du Nord. Les généraux Lefebvre-Desnoëttes et Lallemand, partis de Cambrai et de Laon, devaient, d'après le plan concerté par les conjurés, se rendre à La Fère, s'emparer du parc d'artillerie, entraîner le régiment en garnison dans cette ville, se réunir à Noyon au général Drouet d'Erlon et aux troupes qu'il aurait amenées de Lille, et de là marcher sur Paris. L'énergie du général d'Aboville, qui commandait à La Fère, fit échouer la conjuration.

[511] Le maréchal Masséna, dans la soirée du 3 mars, adressa de Marseille au ministre de la Guerre la dépêche qui annonçait le débarquement de Bonaparte au golfe Jouan. En 1815, le télégraphe aérien s'arrêtait à Lyon. La dépêche fut donc portée par un courrier jusqu'à Lyon et n'arriva à Paris que le 5 mars vers midi. Ému de la gravité de la nouvelle. Chappe, le directeur-général des télégraphes (frère de l'inventeur) prit sur lui d'apporter cette dépêche à M. de Vitrolles, au cabinet du roi, au lieu de la transmettre au maréchal Soult. Vitrolles présenta la dépêche toute cachetée à Louis XVIII qui la lut plusieurs fois de suite et la jeta sur la table en

d'Orléans et le maréchal Macdonald ; il en revient aussitôt. Le maréchal Soult, dénoncé à la Chambre des députés, cède sa place le 11 mars au duc de Feltre. Bonaparte rencontra devant lui, pour ministre de la guerre de Louis XVIII en 1815, le général qui avait été son dernier ministre de la guerre en 1814.

La hardiesse de l'entreprise était inouïe. Sous le point de vue politique, on pourrait regarder cette entreprise comme le crime irrémissible et la faute capitale de Napoléon. Il savait que les princes encore réunis au congrès, que l'Europe encore sous les armes, ne souffriraient pas son rétablissement ; son jugement devait l'avertir qu'un succès, s'il l'obtenait, ne pouvait être que d'un jour : il immolait à sa passion de reparaître sur la scène le repos d'un peuple qui lui avait prodigué son sang et ses trésors ; il exposait au démembrement la patrie dont il tenait tout ce qu'il avait été dans le passé et tout ce qu'il sera dans l'avenir. Il y eut dans cette conception fantastique un égoïsme féroce, un manque effroyable de reconnaissance et de générosité envers la France.

Tout cela est vrai selon la raison pratique, pour un homme à entrailles plutôt qu'à cervelle ; mais, pour les êtres de la nature de Napoléon, une raison d'une autre sorte existe ; ces créatures à haut renom ont une allure à part : les comètes décrivent des courbes qui échappent au calcul ; elles ne sont liées à rien, ne paraissent bonnes à rien ; s'il se trouve un globe sur leur passage, elles le brisent et rentrent dans les abîmes du ciel ; leurs lois ne sont connues que de Dieu. Les individus extraordinaires sont les monuments de l'intelligence humaine ; ils n'en sont pas la règle.

Bonaparte fut donc moins déterminé à son entreprise par les faux rapports de ses amis que par la nécessité de son génie : il se croisa en vertu de la foi qu'il avait en lui. Ce n'est pas tout de naître, pour un grand homme : il faut mourir. L'île d'Elbe était-elle une fin pour Napoléon ? Pouvait-il accepter la souveraineté d'un carré de légumes, comme Dioclétien à Salone ? S'il eût attendu plus tard, aurait-il eu plus de chances de succès, alors qu'on eût été moins ému de son souvenir, que ses vieux soldats eussent quitté l'armée, que les nouvelles positions sociales eussent été prises ?

Eh bien ! il fit un coup de tête contre le monde : à son début, il dut croire ne s'être pas trompé sur le prestige de sa puissance.

Une nuit, entre le 25 et le 26 février, au sortir d'un bal dont la princesse Borghèse faisait les honneurs, il s'évade avec la victoire, longtemps sa complice et sa camarade ; il franchit une mer couverte de nos

---

disant avec le plus grand calme : « — C'est Bonaparte qui est débarqué sur les côtes de Provence. Il faut porter cette lettre au ministre de la Guerre. Il verra ce qu'il y aura à faire. » — (Mémoires de M. de Vitrolles, tome II, p. 283-285). — Pendant deux jours, le Gouvernement tint la nouvelle secrète, et c'est seulement le 7 mars qu'elle fut annoncée officiellement dans le Moniteur.

flottes, rencontre deux frégates, un vaisseau de 74 et le brick de guerre *le Zéphyr* qui l'accoste et l'interroge ; il répond lui-même aux questions du capitaine ; la mer et les flots le saluent, et il poursuit sa course. Le tillac de l'*Inconstant,* son petit navire, lui sert de promenoir et de cabinet ; il dicte au milieu des vents, et fait copier sur cette table agitée trois proclamations à l'armée et à la France ; quelques felouques, chargées de ses compagnons d'aventure, portent, autour de sa barque amirale, pavillon blanc semé d'étoiles. Le 1er mars, à trois heures du matin, il aborde la côte de France entre Cannes et Antibes, dans le golfe Jouan : il descend, parcourt la rivière, cueille des violettes et bivouaque dans une plantation d'oliviers. La population stupéfaite se retire. Il manque Antibes et se jette dans les montagnes de Grasse, traverse Sernon, Barrème, Digne et Gap. À Sisteron, vingt hommes le peuvent arrêter, et il ne trouve personne. Il s'avance sans obstacle parmi ces habitants qui, quelques mois auparavant, avaient voulu l'égorger. Dans le vide qui se forme autour de son ombre gigantesque, s'il entre quelques soldats, ils sont invinciblement entraînés par l'attraction de ses aigles. Ses ennemis fascinés le cherchent et ne le voient pas ; il se cache dans sa gloire, comme le lion du Sahara se cache dans les rayons du soleil pour se dérober aux regards des chasseurs éblouis. Enveloppés dans une trombe ardente, les fantômes sanglants d'Arcole, de Marengo, d'Austerlitz, d'Iéna, de Friedland, d'Eylau, de la Moskowa, de Lutzen, de Bautzen, lui font un cortège avec un million de morts. Du sein de cette colonne de feu et de nuée, sortent à l'entrée des villes quelques coups de trompette mêlés aux signaux du labarum tricolore : et les portes des villes tombent. Lorsque Napoléon passa le Niémen à la tête de quatre cent mille fantassins et de cent mille chevaux pour faire sauter le palais des czars à Moscou, il fut moins étonnant que lorsque, rompant son ban, jetant ses fers au visage des rois, il vint seul, de Cannes à Paris, coucher paisiblement aux Tuileries.

Auprès du prodige de l'invasion d'un seul homme, il en faut placer un autre qui fut le contre-coup du premier : la légitimité tomba en défaillance ; la pâmoison du cœur de l'État gagna les membres et rendit la France immobile. Pendant vingt jours, Bonaparte marche par étapes ; ses aigles volent de clocher en clocher, et, sur une route de deux cents lieues, le gouvernement, maître de tout, disposant de l'argent et des bras, ne trouve ni le temps ni le moyen de couper un pont, d'abattre un arbre, pour retarder au moins d'une heure la marche d'un homme à qui les populations ne s'opposaient pas, mais qu'elles ne suivaient pas non plus.

Cette torpeur du gouvernement semblait d'autant plus déplorable que l'opinion publique à Paris était fort animée ; elle se fût prêtée à tout, malgré la défection du maréchal Ney. Benjamin Constant écrivait dans les gazettes :

« Après avoir versé tous les fléaux sur notre patrie, il a quitté le sol de la France. Qui n'eût pensé qu'il le quittait pour toujours ? Tout à coup il se présente et promet encore aux Français la liberté, la victoire, la paix. Auteur de la constitution la plus tyrannique qui ait régi la France, il parle aujourd'hui de liberté ? Mais c'est lui qui, durant quatorze ans, a miné et détruit la liberté. Il n'avait pas l'excuse des souvenirs, l'habitude du pouvoir ; il n'était pas né sous la pourpre. Ce sont ses concitoyens qu'il a asservis, ses égaux qu'il a enchaînés. Il n'avait pas hérité de la puissance ; il a voulu et médité la tyrannie : quelle liberté peut-il promettre ? Ne sommes-nous pas mille fois plus libres que sous son empire ? Il promet la victoire, et trois fois il a laissé ses troupes, en Égypte, en Espagne et en Russie, livrant ses compagnons d'armes à la triple agonie du froid, de la misère et du désespoir. Il a attiré sur la France l'humiliation d'être envahie ; il a perdu les conquêtes que nous avions faites avant lui. Il promet la paix, et son nom seul est un signal de guerre. Le peuple assez malheureux pour le servir redeviendrait l'objet de la haine européenne ; son triomphe serait le commencement d'un combat à mort contre le monde civilisé… Il n'a donc rien à réclamer ni à offrir. Qui pourrait-il convaincre, ou qui pourrait-il séduire ? La guerre intestine, la guerre extérieure, voilà les présents qu'il nous apporte. »

L'ordre du jour du maréchal Soult, daté du 8 mars 1815, répète à peu près les idées de Benjamin Constant avec une effusion de loyauté :

« Soldats,

« Cet homme qui naguère abdiqua aux yeux de l'Europe un pouvoir usurpé, dont il avait fait un si fatal usage, est descendu sur le sol français qu'il ne devait plus revoir.

« Que veut-il ? la guerre civile : que cherche-t-il ? des traîtres ; où les trouvera-t-il ? serait-ce parmi ces soldats qu'il a trompés et sacrifiés tant de fois, en égarant leur bravoure ? Serait-ce au sein de ces familles que son nom seul remplit encore d'effroi ?

« Bonaparte nous méprise assez pour croire que nous pourrons abandonner un souverain légitime et bien-aimé pour partager le sort d'un homme qui n'est plus qu'un aventurier. Il le croit, l'insensé ! et son dernier acte de démence achève de le faire connaître.

« Soldats, l'armée française est la plus brave armée de l'Europe, elle sera aussi la plus fidèle.

« Rallions-nous autour de la bannière des lis, à la voix de ce père du peuple, de ce digne héritier des vertus du grand Henri. Il vous a tracé lui-même les devoirs que vous avez à remplir. Il met à votre tête ce prince, modèle des chevaliers français, dont l'heureux retour dans notre patrie a déjà chassé l'usurpateur, et qui aujourd'hui va, par sa présence, détruire son seul et dernier espoir. »

Louis XVIII se présenta le 16 mars à la Chambre des députés ; il s'agissait du destin de la France et du monde. Quand Sa Majesté entra, les députés et les spectateurs dans les tribunes se découvrirent et se levèrent ;

une acclamation ébranla les murs de la salle. Louis XVIII monte lentement à son trône ; les princes, les maréchaux et les capitaines des gardes se rangent aux deux côtés du roi. Les cris cessent ; tout se tait : dans cet intervalle de silence, on croyait entendre les pas lointains de Napoléon. Sa Majesté, assise, regarde un moment l'assemblée et prononce ce discours d'une voix ferme :

« Messieurs,

« Dans ce moment de crise où l'ennemi public a pénétré dans une partie de mon royaume et qu'il menace la liberté de tout le reste, je viens au milieu de vous resserrer encore les liens qui, vous unissant avec moi, font la force de l'État ; je viens, en m'adressant à vous, exposer à toute la France mes sentiments et mes vœux.

« J'ai revu ma patrie ; je l'ai réconciliée avec les puissances étrangères, qui seront, n'en doutez pas, fidèles aux traités qui nous ont rendus à la paix ; j'ai travaillé au bonheur de mon peuple ; j'ai recueilli, je recueille tous les jours les marques les plus touchantes de son amour ; pourrais-je à soixante ans mieux terminer ma carrière qu'en mourant pour sa défense ?

« Je ne crains donc rien pour moi, mais je crains pour la France : celui qui vient allumer parmi nous les torches de la guerre civile y apporte aussi le fléau de la guerre étrangère ; il vient remettre notre patrie sous son joug de fer ; il vient enfin détruire cette charte constitutionnelle que je vous ai donnée, cette charte, mon plus beau titre aux yeux de la postérité, cette charte que tous les Français chérissent et que je jure ici de maintenir : rallions-nous donc autour d'elle. »

Le roi parlait encore quand un nuage répandit l'obscurité dans la salle ; les yeux se tournèrent vers la voûte pour chercher la cause de cette soudaine nuit. Lorsque le monarque législateur cessa de parler, les cris de *Vive le roi !* recommencèrent au milieu des larmes. « L'assemblée, dit avec vérité le *Moniteur*, électrisée par les sublimes paroles du roi, était debout, les mains étendues vers le trône. On n'entendait que ces mots : *Vive le roi ! mourir pour le roi ! le roi à la vie à la mort !* répétés avec un transport que tous les cœurs français partageront. »

En effet, le spectacle était pathétique : un vieux roi infirme, qui, pour prix du massacre de sa famille et vingt-trois années d'exil, avait apporté à la France la paix, la liberté, l'oubli de tous les outrages et de tous les malheurs ; ce patriarche des souverains venant déclarer aux députés de la nation qu'à son âge, après avoir revu sa patrie, il ne pouvait mieux terminer sa carrière qu'en mourant pour la défense de son peuple ! Les princes jurèrent fidélité à la charte ; ces serments tardifs furent clos par celui du prince de Condé et par l'adhésion du père du duc d'Enghien. Cette héroïque race prête à s'éteindre, cette race d'épée patricienne, cherchant derrière la liberté un bouclier contre une épée plébéienne, plus jeune, plus longue et plus cruelle, offrait, en raison d'une multitude de souvenirs, quelque chose d'extrêmement triste.

Le discours de Louis XVIII, connu au dehors, excita des transports inexprimables. Paris était tout royaliste et demeura tel pendant les Cent-Jours. Les femmes particulièrement étaient bourbonistes.

La jeunesse adore aujourd'hui le souvenir de Bonaparte, parce qu'elle est humiliée du rôle que le gouvernement actuel fait jouer à la France en Europe ; la jeunesse, en 1814, saluait la Restauration, parce qu'elle abattait le despotisme et relevait la liberté. Dans les rangs des volontaires royaux on comptait M. Odilon Barrot, grand nombre d'élèves de l'École de médecine, et l'École de droit tout entière[512] ; celle-ci adressa la pétition suivante, le 13 mars, à la Chambre des députés :

« Messieurs,
« Nous nous offrons au roi et à la patrie ; l'École de droit tout entière demande à marcher. Nous n'abandonnerons ni notre souverain, ni notre constitution. Fidèles à l'honneur français, nous vous demandons des armes. Le sentiment d'amour que nous portons à Louis XVIII vous répond de la constance de notre dévouement. Nous ne voulons plus de fers, nous voulons la liberté. Nous l'avons, on vient nous l'arracher : nous la défendrons jusqu'à la mort. Vive le roi ! vive la constitution ! »

Dans ce langage énergique, naturel et sincère, on sent la générosité de la jeunesse et l'amour de la liberté. Ceux qui viennent nous dire aujourd'hui que la Restauration fut reçue avec dégoût et douleur par la France sont ou des ambitieux qui jouent une partie, ou des hommes naissants qui n'ont point connu l'oppression de Bonaparte, ou de vieux menteurs révolutionnaires impérialisés qui, après avoir applaudi comme les

---

[512] La formation du bataillon des élèves de l'École de droit eut lieu dès le 14 mars 1815 ; l'effectif s'élevait à 1 200 hommes ; le drapeau avait été offert par les dames otages de Marie-Antoinette ; il portait sur la cravate cette devise : Pour le bon droit. Après avoir été exercés à Vincennes, les volontaires, au nombre de sept cents environ, rejoignirent les gardes du corps à Beauvais, le 26 mars, jour de Pâques ; ils passèrent la frontière, et furent cantonnés à Ypres. Louis XVIII les assimila aux officiers de sa maison et fit délivrer des brevets de sous-lieutenants à ceux qui voulurent rester dans l'armée. Le 30 juillet, le bataillon rentrait à Paris, aux applaudissements d'une foule immense venue à sa rencontre. — Retenus en France par leur âge, les professeurs de l'École refusèrent du moins de se rendre auprès de Napoléon, et ce ne fut que sur l'invitation expresse du ministre de l'Intérieur qu'ils envoyèrent une adresse dans laquelle ils se déclaraient reconnaissants de voir l'Empereur renoncer à tout esprit de conquête. — L'École de droit de Paris en 1814, 1815, 1816, d'après des documents inédits, par M. Colmet d'Aage, doyen honoraire. Voir aussi la très curieuse brochure de M. Alexandre Guillemin, avocat à la Cour royale de Paris, le Patriotisme des volontaires royaux de l'École de droit de Paris. 1822.

autres au retour des Bourbons, insultent maintenant, selon leur coutume, ce qui est tombé, et retournent à leur instinct de meurtre, de police et de servitude.

Le discours du roi m'avait rempli d'espoir. Des conférences se tenaient chez le président de la Chambre des députés, M. Lainé. J'y rencontrai M. de La Fayette : je ne l'avais jamais vu que de loin à une autre époque, sous l'Assemblée constituante. Les propositions étaient diverses ; la plupart faibles, comme il advient dans le péril : les uns voulaient que le roi quittât Paris et se retirât au Havre ; les autres parlaient de le transporter dans la Vendée ; ceux-ci barbouillaient des phrases sans conclusion ; ceux-là disaient qu'il fallait attendre et voir venir : ce qui venait était pourtant fort visible. J'exprimai une opinion fort différente : chose singulière ! M. de La Fayette l'appuya, et avec chaleur[513]. M. Lainé et le maréchal Marmont étaient aussi de mon avis. Je disais donc :

« Que le roi tienne parole ; qu'il reste dans sa capitale. La garde nationale est pour nous. Assurons-nous de Vincennes. Nous avons les armes et l'argent : avec l'argent nous aurons la faiblesse et la cupidité. Si le roi quitte Paris, Paris laissera entrer Bonaparte ; Bonaparte maître de Paris est maître de la France. L'armée n'est pas passée tout entière à l'ennemi ; plusieurs régiments, beaucoup de généraux et d'officiers, n'ont point encore trahi leur serment : demeurons ferme, ils resteront fidèles. Dispersons la famille royale, ne gardons que le roi. Que MONSIEUR aille au Havre, le duc de Berry à Lille, le duc de Bourbon dans la Vendée, le duc d'Orléans à Metz ; madame la duchesse et M. le duc d'Angoulême sont déjà dans le Midi. Nos divers points de résistance empêcheront Bonaparte de concentrer ses forces. Barricadons-nous dans Paris. Déjà les gardes nationales des départements voisins viennent à notre secours. Au milieu de ce mouvement, notre vieux monarque, sous la protection du testament de Louis XVI, la charte à la main, restera tranquille assis sur son trône aux Tuileries ; le corps diplomatique se rangera autour de lui : les deux Chambres se rassembleront dans les deux pavillons du château ; la maison du roi campera sur le Carrousel et dans le jardin des Tuileries. Nous borderons de canons les quais et la terrasse de l'eau : que Bonaparte nous attaque dans cette position ; qu'il emporte une à une nos barricades ; qu'il bombarde Paris, s'il le veut et s'il a des mortiers ; qu'il se rende odieux à la population entière, et nous verrons le résultat de son entreprise ! Résistons seulement trois jours, et la victoire est à nous. Le roi, se défendant dans son château, causera un enthousiasme universel. Enfin, s'il doit mourir, qu'il meure digne de son rang ; que le dernier exploit de Napoléon soit

---

[513] M. de La Fayette confirme, dans des Mémoires précieux pour les faits que l'on a publiés depuis sa mort, la rencontre singulière de son opinion et de la mienne au retour de Bonaparte. M. de La Fayette aimait sincèrement l'honneur et la liberté. (Note de Paris, 1840.) Ch.

l'égorgement d'un vieillard. Louis XVIII, en sacrifiant sa vie, gagnera la seule bataille qu'il aura livrée ; il la gagnera au profit de la liberté du genre humain. »

Ainsi je parlai : on n'est jamais reçu à dire que tout est perdu quand on n'a rien tenté. Qu'y aurait-il eu de plus beau qu'un vieux fils de saint Louis renversant avec des Français, en quelques moments, un homme que tous les rois conjurés de l'Europe avaient mis tant d'années à abattre ?

Cette résolution, en apparence désespérée, était au fond très raisonnable et n'offrait pas le moindre danger. Je resterai à toujours convaincu que Bonaparte, trouvant Paris ennemi et le roi présent, n'aurait pas essayé de les forcer. Sans artillerie, sans vivres, sans argent, il n'avait avec lui que des troupes réunies au hasard, encore flottantes, étonnées de leur brusque changement de cocarde, de leurs serments prononcés à la volée sur les chemins : elles se seraient promptement divisées. Quelques heures de retard perdaient Napoléon ; il suffisait d'avoir un peu de cœur. On pouvait déjà même compter sur une partie de l'armée ; les deux régiments suisses gardaient leur foi : le maréchal Gouvion Saint-Cyr ne fit-il pas reprendre la cocarde blanche à la garnison d'Orléans deux jours après l'entrée de Bonaparte dans Paris ? De Marseille à Bordeaux, tout reconnut l'autorité du roi pendant le mois de mars entier : à Bordeaux, les troupes hésitaient ; elles seraient restées à madame la duchesse d'Angoulême, si l'on avait appris que le roi était aux Tuileries et que Paris se défendait. Les villes de province eussent imité Paris. Le 10e de ligne se battit très bien sous le duc d'Angoulême ; Masséna se montrait cauteleux et incertain ; à Lille, la garnison répondit à la vive proclamation du maréchal Mortier. Si toutes ces preuves d'une fidélité possible eurent lieu en dépit d'une fuite, que n'auraient-elles point été dans le cas d'une résistance ?

Mon plan adopté, les étrangers n'auraient point de nouveau ravagé la France ; nos princes ne seraient point revenus avec les armées ennemies ; la légitimité eût été sauvée par elle-même. Une seule chose eût été à craindre après le succès : la trop grande confiance de la royauté dans ses forces, et par conséquent des entreprises sur les droits de la nation.

Pourquoi suis-je venu à une époque où j'étais si mal placé ? Pourquoi ai-je été royaliste contre mon instinct dans un temps où une misérable race de cour ne pouvait ni m'entendre ni me comprendre ? Pourquoi ai-je été jeté dans cette troupe de médiocrités qui me prenaient pour un écervelé, quand je parlais courage ; pour un révolutionnaire, quand je parlais liberté ?

Il s'agissait bien de défense ! Le roi n'avait aucune frayeur, et mon plan lui plaisait assez par une certaine grandeur *louis-quatorzième ;* mais d'autres figures étaient allongées. On emballait les diamants de la couronne (autrefois acquis des deniers particuliers des souverains), en laissant trente-trois millions écus au trésor et quarante-deux millions en effets. Ces soixante-quinze millions étaient le fruit de l'impôt : que ne le rendaiton au peuple plutôt que de le laisser à la tyrannie !

Une double procession montait et descendait les escaliers du pavillon du Flore ; on s'enquérait de ce qu'on avait à faire : point de réponse. On s'adressait au capitaine des gardes ; on interrogeait les chapelains, les chantres, les aumôniers : rien. De vaines causeries, de vains débits de nouvelles. J'ai vu des jeunes gens pleurer de fureur en demandant inutilement des ordres et des armes ; j'ai vu des femmes se trouver mal de colère et de mépris. Parvenir au roi, impossible ; l'étiquette fermait la porte.

La grande mesure décrétée contre Bonaparte fut un ordre de *courir sus*[514] : Louis XVIII, sans jambes, *courir sus* le conquérant qui enjambait la terre ! Cette formule des anciennes lois, renouvelée à cette occasion, suffit pour montrer la portée d'esprit des hommes d'État de cette époque. *Courir sus* en 1815 ! *courir sus !* et *sus* qui ? *sus* un loup ? *sus* un chef de brigand ? *sus* un seigneur félon ? Non : *sus* Napoléon qui avait *couru sus* les rois, les avait saisis et marqués pour jamais à l'épaule de son *N* ineffaçable !

De cette ordonnance, considérée de plus près, sortait une vérité politique que personne ne voyait : la race légitime, étrangère à la nation pendant vingt-trois années, était restée au jour et à la place où la Révolution l'avait prise, tandis que la nation avait marché dans le temps et l'espace. De là impossibilité de s'entendre et de se rejoindre ; religion, idées, intérêts, langage, terre et ciel, tout était différent pour le peuple et pour le roi, parce qu'ils étaient séparés par un quart de siècle équivalant à des siècles.

Mais si l'ordre de *courir sus* paraît étrange par la conservation du vieil idiome de la loi, Bonaparte eut-il d'abord l'intention d'agir mieux, tout en employant un nouveau langage ? Des papiers de M. d'Hauterive[515], inventoriés par M. Artaud, prouvent qu'on eut beaucoup de peine à empêcher Napoléon de faire fusiller le duc d'Angoulême, malgré la pièce officielle du *Moniteur,* pièce de parade qui nous reste : il trouvait mauvais que ce prince se fût défendu[516]. Et pourtant le fugitif de l'île d'Elbe, en

---

[514] Ordonnance royale du 6 mars, déclarant Bonaparte traître et rebelle et enjoignant à tout militaire, garde national ou simple citoyen « de lui courir sus ». — Moniteur, 7 mars.

[515] Alexandre-Maurice Blanc de la Nautte d'Hauterive (1754-1830). Il fut, sous le Directoire, l'Empire et la Restauration, le principal collaborateur de Talleyrand. Il rédigea, pendant qu'il était aux affaires, 62 traités politiques et commerciaux. On lui doit plusieurs écrits, dont le plus remarquable, publié en 1800, a pour titre : De l'état de la France à la fin de l'an VIII.

[516] Postérieurement à l'époque où Chateaubriand écrivait ces lignes, le chevalier Artaud de Montor a publié l'Histoire de la Vie et des travaux du comte d'Hauterive. On y trouve de curieux détails sur cet épisode de 1815. Le général de Grouchy avait d'abord reçu de la bouche d'un des hommes de confiance de l'Empereur l'ordre de partir pour le Midi, où le duc d'Angoulême commandait quelques milliers

quittant Fontainebleau, avait recommandé aux soldats d'être *fidèles au monarque* que la France s'était choisi. La famille de Bonaparte avait été respectée ; la reine Hortense avait accepté de Louis XVIII le titre de duchesse de Saint-Leu ; Murat, qui régnait encore à Naples, n'eut son royaume vendu que par M. de Talleyrand pendant le congrès de Vienne.

Cette époque, où la franchise manque à tous, serre le cœur : chacun jetait en avant une profession de foi, comme une passerelle pour traverser la difficulté du jour ; quitte à changer de direction, la difficulté franchie : la jeunesse seule était sincère, parce qu'elle touchait à son berceau. Bonaparte déclare solennellement qu'il renonce à la couronne ; il part et revient au bout de neuf mois. Benjamin Constant imprime son énergique protestation contre le tyran[517], et il change en vingt-quatre heures. On verra plus tard, dans un autre livre de ces *Mémoires,* qui lui inspira ce noble mouvement auquel la mobilité de sa nature ne lui permit pas de rester fidèle. Le maréchal Soult anime les troupes contre leur ancien capitaine ; quelques jours après il rit aux éclats de sa proclamation dans le cabinet de Napoléon,

---

d'hommes, de le prendre et de le faire fusiller sur-le-champ. Le général s'était récrié contre cette commission, déclarant qu'il ferait la guerre en homme d'honneur, et non en sauvage, et qu'avant de partir il verrait l'Empereur pour le lui dire. L'Empereur ne manifesta ni mécontentement ni surprise, il n'avoua ni ne désavoua l'ordre : « Vous irez, dit-il, dans le Midi, vous acculerez le prince à la mer jusqu'à ce qu'il s'embarque. Partez. » Puis il rappela M. de Grouchy et, d'un ton assuré et ferme, lui dit : « Souvenez-vous surtout de l'ordre que vous recevez de moi : si vous prenez le prince, gardez-vous bien qu'il tombe un cheveu de sa tête. » Après un moment et le signe d'une profonde réflexion : « Non, vous garderez le prince jusqu'à ce que je sois informé et que vous receviez mes ordres. » Le général partit. (Vie du comte d'Hauterive, page 398. — 1839.)

[517] L'article de Benjamin Constant parut dans le Journal des Débats du 19 mars. Voici la fin de cette éloquente philippique, de cet inoubliable article, — que seul, son auteur devait, dès le lendemain, oublier : « Du côté du Roi, la liberté constitutionnelle, la sûreté, la paix ; du côté de Bonaparte, la servitude, l'anarchie et la guerre. Qui pourrait hésiter ? Quel peuple serait plus digne que nous de mépris si nous lui tendions les bras ? Nous deviendrions la risée de l'Europe après en avoir été la terreur… ; et, du sein de cette abjection profonde, qu'aurions-nous à dire à ce Roi que nous aurions pu ne pas rappeler, car les puissances voulaient respecter l'indépendance du vœu national ?… Lui dirions-nous : Vous avez cru aux Français, vous êtes venu au milieu de nous, seul et désarmé… ; si vos ministres ont commis beaucoup de fautes, vous avez été noble, bon, sensible ; une année de votre règne n'a pas fait répandre autant de larmes, qu'un seul jour du règne de Bonaparte. Mais, il reparaît sur l'extrémité de notre territoire, il reparaît, cet homme teint de notre sang et poursuivi naguère par nos malédictions unanimes. Il se montre, il menace, et ni les serments ne nous retiennent, ni votre confiance ne nous attendrit, ni votre vieillesse ne nous frappe de respect ! Vous avez cru trouver une nation, vous n'avez trouvé qu'un troupeau d'esclaves. Parisiens, tel ne sera pas votre langage, tel ne sera pas du moins le mien. J'ai vu que la liberté était possible sous la Monarchie, j'ai vu le Roi se rallier à la nation. Je n'irai pas, misérable transfuge, me traîner d'un pouvoir à l'autre, couvrir l'infamie par le sophisme et balbutier des mots profanés pour racheter une vie honteuse ! »

aux Tuileries, et devient major général de l'armée à Waterloo ; le maréchal Ney baise les mains du roi, jure de lui ramener Bonaparte enfermé dans une cage de fer[518], et il livre à celui-ci tous les corps qu'il commande. Hélas ! et le roi de France ?... Il déclare qu'à soixante ans il ne peut mieux terminer sa carrière qu'en mourant pour la défense de son peuple... et il fuit à Gand ! À cette impossibilité de vérité dans les sentiments, à ce désaccord entre les paroles et les actions, on se sent saisi de dégoût pour l'espèce humaine.

Louis XVIII, au 20 mars, prétendait mourir au milieu de la France ; s'il eût tenu parole, la légitimité pouvait encore durer un siècle ; la nature même semblait avoir ôté au vieux roi la faculté de se retirer, en l'enchaînant d'infirmités salutaires ; mais les destinées futures de la race humaine eussent été entravées par l'accomplissement de la résolution de l'auteur de la charte. Bonaparte accourut au secours de l'avenir ; ce Christ de la mauvaise puissance prit par la main le nouveau paralytique et lui dit : « Levez-vous et emportez votre lit ; *surge, tolle lectum tuum.* »

Il était évident que l'on méditait une escampative : dans la crainte d'être retenu, on n'avertissait pas même ceux qui, comme moi, auraient été fusillés une heure après l'entrée de Napoléon à Paris. Je rencontrai le duc de Richelieu dans les Champs-Élysées : « On nous trompe, » me dit-il ; « je monte la garde ici, car je ne compte pas attendre tout seul l'empereur aux Tuileries. »

Madame de Chateaubriand avait envoyé, le soir du 19, un domestique au Carrousel, avec ordre de ne revenir que lorsqu'il aurait la certitude de la fuite du roi. À minuit, le domestique n'étant pas rentré, je m'allai coucher. Je venais de me mettre au lit quand M. Clausel de Coussergues entra. Il nous apprit que Sa Majesté était partie et qu'elle se dirigeait sur Lille. Il m'apportait cette nouvelle de la part du chancelier, qui, me sachant en danger, violait pour moi le secret et m'envoyait douze mille francs à reprendre sur mes appointements de ministre de Suède. Je m'obstinai à rester, ne voulant quitter Paris que quand je serais physiquement sûr du déménagement royal. Le domestique envoyé à la découverte revint : il

---

[518] C'est le 7 mars que le maréchal Ney, après avoir baisé la main du roi, lui avait dit : « Sire, j'espère bien venir à bout de le ramener dans une cage de fer. » Louis XVIII, qui avait le sentiment des convenances, dit à mi-voix après le départ de Ney : « Je ne lui en demandais pas tant ! » (Souvenirs du baron de Barante, II, 105). — Ney arriva le 10 mars à Besançon, siège de son commandement. Tout fier encore de ses paroles au roi, il les répéta au sous-préfet de Poligny, et celui-ci ayant objecté que mieux vaudrait le ramener mort dans un tombereau, le maréchal reprit : « — Non, vous ne connaissez pas Paris ; il faut que les Parisiens voient. » Il disait encore : « — C'est bien heureux que l'homme de l'île d'Elbe ait tenté sa folle entreprise, car ce sera le dernier acte de sa tragédie, le dénouement de la Napoléonade. » Toutes ses paroles révélaient l'exaltation et même la haine : « — Je fais mon affaire de Bonaparte, répétait-il, nous allons attaquer la bête fauve. » Henry Houssaye, 1815, tome II, p. 301.

avait vu défiler les voitures de la cour. Madame de Chateaubriand me poussa dans sa voiture, le 20 mars, à quatre heures du matin. J'étais dans un tel accès de rage que je ne savais où j'allais ni ce que je faisais.

Nous sortîmes par la barrière Saint-Martin. À l'aube, je vis des corbeaux descendre paisiblement des ormes du grand chemin où ils avaient passé la nuit pour prendre aux champs leur premier repas, sans s'embarrasser de Louis XVIII et de Napoléon : ils n'étaient pas, eux, obligés de quitter leur patrie, et, grâce à leurs ailes, ils se moquaient de la mauvaise route où j'étais cahoté. Vieux amis de Combourg ! nous nous ressemblions davantage quand jadis, au lever du jour, nous déjeunions des mûres de la ronce dans nos halliers de la Bretagne !

La chaussée était défoncée, le temps pluvieux, madame de Chateaubriand souffrante : elle regardait à tout moment par la lucarne du fond de la voiture si nous n'étions pas poursuivis. Nous couchâmes à Amiens, où naquit Du Cange ; ensuite à Arras, patrie de Robespierre : là, je fus reconnu. Ayant envoyé demander des chevaux, le 22 au matin, le maître de poste les dit retenus pour un général qui portait à Lille la nouvelle de *l'entrée triomphale de l'empereur et roi à Paris ;* madame de Chateaubriand mourait de peur, non pour elle, mais pour moi. Je courus à la poste et, avec de l'argent, je levai la difficulté.

Arrivés sous les remparts de Lille le 23, à deux heures du matin, nous trouvâmes les portes fermées ; ordre était de ne les ouvrir à qui que ce soit. On ne put ou on ne voulut nous dire si le roi était entré dans la ville. J'engageai le postillon pour quelques louis à gagner, en dehors des glacis, l'autre côté de la place et à nous conduire à Tournai ; j'avais, en 1792, fait à pied, pendant la nuit, ce même chemin avec mon frère. Arrivé à Tournai, j'appris que Louis XVIII était certainement entré dans Lille avec le maréchal Mortier, et qu'il comptait s'y défendre. Je dépêchai un courrier à M. de Blacas[519], le priant de m'envoyer une permission pour être reçu dans la place. Mon courrier revint avec une permission du commandant, mais sans un mot de M. de Blacas. Laissant madame de Chateaubriand à Tournai, je remontais en voiture pour me rendre à Lille, lorsque le prince de Condé arriva. Nous sûmes par lui que le roi était parti et que le maréchal

---

[519] Pierre-Louis-Jean-Casimir, duc de Blacas d'Aulps (1771-1839). Capitaine de cavalerie au moment de la Révolution, il émigra dès 1790, et servit à l'armée de Condé et en Vendée. Étant passé en Italie, il obtint la confiance du comte de Provence (depuis Louis XVIII), confiance qu'il justifia par le service le plus constant et le plus désintéressé. Il suivit Louis XVIII à Mittau et à Hartwell et ne rentra en France qu'avec lui. Les titres de ministre de la maison du roi, de grand-maître de la garde-robe, d'intendant des bâtiments récompensèrent alors son dévouement. À la seconde Restauration, le roi, qu'il avait accompagné à Gand le fit pair de France, ambassadeur à Naples, puis à Rome. Il fut créé duc le 30 avril 1821. M. de Blacas, qui après 1830 avait voulu une fois encore partager l'exil de ses princes, mourut à Prague le 17 novembre 1839.

Mortier l'avait fait accompagner jusqu'à la frontière. D'après ces explications, il restait prouvé que Louis XVIII n'était plus à Lille lorsque ma lettre y parvint.

Le duc d'Orléans suivit de près le prince de Condé. Mécontent en apparence, il était aise au fond de se trouver hors de la bagarre ; l'ambiguïté de sa déclaration et de sa conduite portait l'empreinte de son caractère. Quant au vieux prince de Condé, l'émigration était son dieu Lare. Lui n'avait pas peur de monsieur de Bonaparte ; il se battait si l'on voulait, il s'en allait si l'on voulait : les choses étaient un peu brouillées dans sa cervelle ; il ne savait pas trop s'il s'arrêterait à Rocroi pour y livrer bataille, ou s'il irait dîner au Grand-Cerf. Il leva ses tentes quelques heures avant nous, me chargeant de recommander le café de l'auberge à ceux de sa maison qu'il avait laissés derrière lui. Il ignorait que j'avais donné ma démission à la mort de son petit-fils ; il n'était pas bien sûr d'avoir eu un petit-fils ; il sentait seulement dans son nom un certain accroissement de gloire, qui pouvait bien tenir à quelque Condé qu'il ne se rappelait plus.

Vous souvient-il de mon premier passage à Tournai avec mon frère, lors de ma première émigration ? Vous souvient-il, à ce propos, de l'homme métamorphosé en âne, de la fille des oreilles de laquelle sortaient des épis de blé, de la pluie de corbeaux qui mettaient le feu partout ? En 1815, nous étions bien nous-mêmes une pluie de corbeaux ; mais nous ne mettions le feu nulle part. Hélas ! je n'étais plus avec mon malheureux frère. Entre 1792 et 1815 la République et l'Empire avaient passé : que de révolutions s'étaient aussi accomplies dans ma vie ! Le temps m'avait ravagé comme le reste. Et vous, jeunes générations du moment, laissez venir vingt-trois années, et vous direz à ma tombe où en sont vos amours et vos illusions d'aujourd'hui.

À Tournai étaient arrivés les deux frères Bertin : M. Bertin de Vaux[520] s'en retourna à Paris ; l'autre Bertin, Bertin l'aîné, était mon ami. Vous savez par ces *Mémoires* ce qui m'attachait à lui.

De Tournai nous allâmes à Bruxelles : là je ne retrouvai ni le baron de Breteuil, ni Rivarol, ni tous ces jeunes aides de camp devenus morts ou vieux, ce qui est la même chose. Aucune nouvelle du barbier qui m'avait

---

[520] Louis-François Bertin de Vaux (1771-1842) fut l'un des fondateurs du Journal des Débats, ce qui ne l'empêcha pas d'être agent de change, de créer (1801) une maison de banque à Paris et de siéger comme juge et comme vice-président au Tribunal de Commerce de la Seine (1805). Député de Versailles sous la Restauration, il accepta la place de conseiller d'État lorsque Chateaubriand entra dans le premier ministère Villèle, et il démissionna le jour où Chateaubriand se vit arracher son portefeuille. Rentré au Conseil d'État sous le ministère Martignac, il se retira de nouveau à l'avènement du cabinet Polignac et fit partie des 221. Il fut nommé pair de France le 11 octobre 1832. Ses fonctions publiques ne l'empêchèrent pas de continuer jusqu'à sa mort, au Journal des Débats, sa très active direction.

donné asile. Je ne pris point le mousquet, mais la plume ; de soldat j'étais devenu barbouilleur de papier. Je cherchais Louis XVIII ; il était à Gand, où l'avaient conduit MM. de Blacas et de Duras[521] : leur intention avait été d'abord d'embarquer le roi pour l'Angleterre. Si le roi avait consenti à ce projet, jamais il ne serait remonté sur le trône.

Étant entré dans un hôtel garni pour examiner un appartement, j'aperçus le duc de Richelieu fumant à demi couché sur un sofa, au fond d'une chambre noire. Il me parla des princes de la manière la plus brutale, déclarant qu'il s'en allait en Russie et ne voulait plus entendre parler de ces gens-là. Madame la duchesse de Duras, arrivée à Bruxelles, eut la douleur d'y perdre sa nièce.

La capitale du Brabant m'est en horreur ; elle n'a jamais servi que de passage à mes exils ; elle a toujours porté malheur à moi ou à mes amis.

Un ordre du roi m'appela à Gand. Les volontaires royaux et la petite armée du duc de Berry avaient été licenciés à Béthune, au milieu de la boue et des accidents d'une débâcle militaire : on s'était fait des adieux touchants. Deux cents hommes de la maison du roi restèrent et furent cantonnés à Alost ; mes deux neveux, Louis et Christian de Chateaubriand, faisaient partie de ce corps.

On m'avait donné un billet de logement dont je ne profitai pas : une baronne dont j'ai oublié le nom vint trouver madame de Chateaubriand à l'auberge et nous offrit un appartement chez elle : elle nous priait de si bonne grâce ! « Vous ne ferez aucune attention, » nous dit-elle, « à ce que vous contera mon mari : il a la tête… vous comprenez ? Ma fille aussi est tant soit peu extraordinaire ; elle a des moments terribles, la pauvre enfant ! mais elle est du reste douce comme un mouton. Hélas ! ce n'est pas celle-là qui me cause le plus de chagrin ; c'est mon fils Louis, le dernier de mes enfants : si Dieu n'y met la main, il sera pire que son père. » Madame de Chateaubriand refusa poliment d'aller demeurer chez des personnes aussi raisonnables.

Le roi, bien logé, ayant son service et ses gardes, forma son conseil. L'empire de ce grand monarque consistait en une maison du royaume des Pays-Bas, laquelle maison était située dans une ville qui, bien que la ville natale de Charles-Quint, avait été le chef-lieu d'une préfecture de Bonaparte : ces noms font entre eux un assez bon nombre d'événements et de siècles.

---

[521] Amédée-Bretagne-Malo de Durfort, duc de Duras (1771-1838). Premier gentilhomme de la Chambre du roi, il accompagna Louis XVIII à Gand et revint avec lui. Il avait été nommé pair de France le 4 juin 1814 ; après la Révolution de 1830, il se retira de la vie politique.

L'abbé de Montesquiou étant à Londres, Louis XVIII me nomma ministre de l'intérieur par *intérim*[522]. Ma correspondance avec les *départements* ne me donnait pas grand'besogne ; je mettais facilement à jour ma correspondance avec les préfets, sous-préfets, maires et adjoints de nos bonnes villes, du côté intérieur de nos frontières ; je ne réparais pas beaucoup les chemins et je laissais tomber les clochers ; mon budget ne m'enrichissait guère ; je n'avais point de fonds secrets ; seulement, par un abus criant, *je cumulais ;* j'étais toujours ministre plénipotentiaire de Sa Majesté auprès du roi de Suède, qui, comme son compatriote Henri IV, régnait par droit de conquête, sinon par droit de naissance. Nous discourions autour d'une table couverte d'un tapis vert dans le cabinet du roi. M. de Lally-Tolendal, qui était, je crois, ministre de l'instruction publique, prononçait des discours plus amples, plus joufflus encore que sa personne : il citait ses illustres aïeux les rois d'Irlande et embarbouillait le procès de son père dans celui de Charles Ier et de Louis XVI. Il se délassait le soir des larmes, des sueurs et des paroles qu'il avait versées au conseil, avec une dame accourue de Paris par enthousiasme de son génie ; il cherchait vertueusement à la guérir, mais son éloquence trompait sa vertu et enfonçait le dard plus avant.

Madame la duchesse de Duras était venue rejoindre M. le duc de Duras parmi les bannis. Je ne veux plus dire de mal du malheur, puisque j'ai passé trois mois auprès de cette femme excellente, causant de tout ce que des esprits et des cœurs droits peuvent trouver dans une conformité de goûts, d'idées, de principes et de sentiments. Madame de Duras était ambitieuse pour moi : elle seule a connu d'abord ce que je pouvais valoir en politique ; elle s'est toujours désolée de l'envie et de l'aveuglement qui m'écartaient des conseils du roi ; mais elle se désolait encore bien davantage des obstacles que mon caractère apportait à ma fortune : elle me grondait, elle me voulait corriger de mon insouciance, de ma franchise, de mes naïvetés, et me faire prendre des habitudes de courtisanerie qu'elle-même ne pouvait souffrir. Rien peut-être ne porte plus à l'attachement et à la reconnaissance que de se sentir sous le patronage d'une amitié supérieure qui, en vertu de son ascendant sur la société, fait passer vos défauts pour des qualités, vos imperfections pour un charme. Un homme vous protège par ce qu'il vaut, une femme par ce que vous valez : voilà pourquoi de ces deux empires l'un est si odieux, l'autre si doux.

Depuis que j'ai perdu cette personne si généreuse, d'une âme si noble, d'un esprit qui réunissait quelque chose de la force de la pensée de

---

[522] Les autres ministres étaient : M. Louis, aux Finances ; le duc de Feltre, à la Guerre ; M. Beugnot, à la Marine ; M. Dambray, chancelier de France ; M. de Jaucourt, aux Affaires étrangères, par intérim, le prince de Talleyrand étant à Vienne. M. de Blacas était ministre de la maison du Roi. M. de Lally-Tolendal avait par intérim le portefeuille de l'Instruction publique.

madame de Staël à la grâce du talent de madame de La Fayette, je n'ai cessé, en la pleurant, de me reprocher les inégalités dont j'ai pu affliger quelquefois des cœurs qui m'étaient dévoués. Veillons bien sur notre caractère ! Songeons que nous pouvons, avec un attachement profond, n'en pas moins empoisonner des jours que nous rachèterions au prix de tout notre sang. Quand nos amis sont descendus dans la tombe, quel moyen avons-nous de réparer nos torts ? Nos inutiles regrets, nos vains repentirs, sont-ils un remède aux peines que nous leur avons faites ? Ils auraient mieux aimé de nous un sourire pendant leur vie que toutes nos larmes après leur mort.

La charmante Clara (madame la duchesse de Rauzan) était à Gand avec sa mère. Nous faisions, à nous deux, de mauvais couplets sur l'air de *la Tyrolienne*. J'ai tenu sur mes genoux bien de belles petites filles qui sont aujourd'hui de jeunes grand'mères. Quand vous avez quitté une femme, mariée devant vous à seize ans, si vous revenez seize ans après, vous la retrouvez au même âge : « Ah ! madame, vous n'avez pas pris un jour ! » Sans doute : mais c'est à la fille que vous contez cela, à la fille que vous conduirez encore à l'autel. Mais vous, triste témoin des deux hymens, vous encoffrez les seize années que vous avez reçues à chaque union : présent de noces qui hâtera votre propre mariage avec une dame blanche, un peu maigre.

Le maréchal Victor[523] était venu se placer auprès de nous, à Gand, avec une simplicité admirable : il ne demandait rien, n'importunait jamais le roi de son empressement ; on le voyait à peine ; je ne sais si on lui fit jamais l'honneur et la grâce de l'inviter une seule fois au dîner de Sa Majesté. J'ai retrouvé dans la suite le maréchal Victor ; j'ai été son collègue au ministère et toujours la même excellente nature m'est apparue. À Paris, en 1823, M. le dauphin fut d'une grande dureté pour cet honnête militaire : il était bien bon, ce duc de Bellune, de payer par un dévouement si modeste une ingratitude si à l'aise ! La candeur m'entraîne et me touche, lors même qu'en certaines occasions elle arrive à la dernière expression de sa naïveté. Ainsi le maréchal m'a raconté la mort de sa femme dans le langage du soldat, et il m'a fait pleurer : il prononçait des mots scabreux si vite, et il les changeait avec tant de pudicité, qu'on aurait pu même les écrire.

---

523 Claude-Victor Perrin, duc de Bellune (1766-1841). Le nom de Victor, sous lequel il s'est illustré, n'était qu'un de ses prénoms. La bataille de Friedland lui valut le bâton de maréchal, et Napoléon le créa duc de Bellune, le 10 septembre 1808. Pair de France le 4 juin 1814, il devint, à la seconde rentrée de Louis XVIII, l'un des quatre majors-généraux de la Garde royale (septembre 1815) ; il fut ministre de la Guerre, du 14 décembre 1821 au 10 octobre 1823. Après la Révolution de 1830, il resta fidèle à la branche aînée des Bourbons.

M. de Vaublanc[524] et M. Capelle[525] nous rejoignirent. Le premier disait avoir de tout dans son portefeuille. Voulez-vous du Montesquieu ? en voici ; du Bossuet ? en voilà. À mesure que la partie paraissait vouloir prendre une autre face, il nous arrivait des voyageurs.

L'abbé Louis et M. le comte Beugnot descendirent à l'auberge où j'étais logé. Madame de Chateaubriand avait des étouffements affreux, et je la veillais. Les deux nouveaux venus s'installèrent dans une chambre séparée seulement de celle de ma femme par une mince cloison ; il était impossible de ne pas entendre, à moins de se boucher les oreilles : entre onze heures et minuit les débarqués élevèrent la voix ; l'abbé Louis, qui parlait comme un loup et à saccades, disait à M. Beugnot : « Toi, ministre ? tu ne le seras plus ! tu n'as fait que des sottises ! » Je n'entendis pas clairement la réponse de M. le comte Beugnot, mais il parla de 33 millions laissés au trésor royal. L'abbé poussa, apparemment de colère, une chaise qui tomba. À travers le fracas, je saisis ces mots : « Le duc d'Angoulême ? il faut qu'il achète du bien national à la barrière de Paris. Je vendrai le reste des forêts de l'État. Je couperai tout, les ormes du grand chemin, le bois de Boulogne, les Champs-Élysées : à quoi ça sert-il ? hein ! » La brutalité faisait le principal mérite de M. Louis ; son talent était un amour stupide des intérêts matériels. Si le ministre des finances entraînait les forêts à sa suite, il avait sans doute un autre secret qu'Orphée, qui *faisoit aller après soi les bois par son beau vieller*. Dans l'argot du temps on appelait M. Louis un homme *spécial ;* sa spécialité financière l'avait conduit à entasser l'argent des contribuables dans le trésor, pour le faire prendre par Bonaparte. Bon tout au plus pour le Directoire, Napoléon n'avait pas voulu de cet homme spécial, qui n'était pas du tout un homme unique.

L'abbé Louis était venu jusqu'à Gand réclamer son ministère : il était fort bien auprès de M. de Talleyrand, avec lequel il avait officié

---

[524] Vincent-Marie Viénot, comte de Vaublanc (1756-1845), député à la Législative de 1791, au Conseil des Cinq-Cents, au Corps législatif sous l'Empire et aux Chambres de la Restauration ; ministre de l'Intérieur du 24 septembre 1815 au 8 mai 1816. Il a laissé des Mémoires qui sont du plus vif intérêt, surtout pour la période révolutionnaire, pendant laquelle son rôle fut des plus honorables et des plus courageux.

[525] Guillaume-Antoine-Benoît, baron Capelle (1775-1843). Après avoir été préfet de la Méditerranée (Livourne) en 1807 et du Léman (Genève) en 1810, il reçut de Louis XVIII en 1814 la préfecture de l'Ain, et en 1815 suivit le roi à Gand. Au retour, il devint préfet du Doubs (1815), conseiller d'État (1816), secrétaire général du ministère de l'Intérieur (1822), préfet de Seine-et-Oise (1828). Il entra, le 19 mai 1830, dans le cabinet reconstitué par M. de Polignac, après la démission de MM. de Chabrol et de Courvoisier. Un nouveau département ayant été créé, celui des Travaux publics, il en devint titulaire. Signataire des Ordonnances de juillet, il fut condamné par contumace à la prison perpétuelle, rentra en France en 1836, après l'amnistie, et mourut à Montpellier le 25 octobre 1843. Il était baron de l'Empire.

solennellement à la première fédération du Champ de Mars : l'évêque faisait le prêtre, l'abbé Louis le diacre et l'abbé Desrenaudes[526] le sous-diacre. M. de Talleyrand, se souvenant de cette admirable profanation, disait au baron Louis : « L'abbé, tu étais bien beau en diacre au Champ de Mars ! » Nous avons supporté cette honte derrière la grande tyrannie de Bonaparte : devions-nous la supporter plus tard ?

Le roi *très chrétien* s'était mis à l'abri de tout reproche de cagoterie : il possédait dans son conseil un évêque marié, M. de Talleyrand ; un prêtre concubinaire, M. Louis ; un abbé peu pratiquant, M. de Montesquiou.

Ce dernier, homme ardent comme un poitrinaire, d'une certaine facilité de parole, avait l'esprit étroit et dénigrant, le cœur haineux, le caractère aigre. Un jour que j'avais péroré au Luxembourg pour la liberté de la presse, le descendant de Clovis passant devant moi, qui ne venais que du Breton Mormoran, me donna un grand coup de genou dans la cuisse, ce qui n'était pas de bon goût ; je le lui rendis, ce qui n'était pas poli : nous jouions au coadjuteur et au duc de La Rochefoucauld. L'abbé de Montesquiou appelait plaisamment M. de Lally-Tolendal « un animal à l'anglaise. »

On pêche, dans les rivières de Gand, un poisson blanc fort délicat : nous allions, *tutti quanti,* manger ce bon poisson dans une guinguette, en attendant les batailles et la fin des empires. M. Laborie ne manquait point au rendez-vous : je l'avais rencontré pour la première fois à Savigny, lorsque, fuyant Bonaparte, il entra par une fenêtre chez madame de Beaumont, et se sauva par une autre. Infatigable au travail, multipliant ses courses autant que ses billets, aimant à rendre des services comme d'autres aiment à les recevoir, il a été calomnié : la calomnie n'est pas l'accusation du calomnié, c'est l'excuse du calomniateur. J'ai vu se lasser des promesses dont M. Laborie était riche ; mais pourquoi ? Les chimères sont comme la torture : ça fait toujours passer une heure ou deux. J'ai souvent

---

[526] On a imprimé à tort, dans toutes les éditions des Mémoires, l'abbé d'Ernaud. Le sous-diacre de Talleyrand à la fameuse messe du 14 juillet 1790 était l'abbé Desrenaudes. — Martial Borye Desrenaudes était, à l'époque de la Révolution, grand vicaire de l'évêque d'Autun. Très instruit, doué d'un véritable talent d'écrivain, il fut pour Talleyrand un auxiliaire précieux. Au moment où la Constituante allait se séparer, l'évêque d'Autun soumit à ses collègues un rapport et presque un livre sur un vaste plan d'instruction publique, ayant à sa base l'école communale, et à son sommet l'Institut. La lecture, qui remplit deux séances (10 et 11 septembre 1791), fut entendue jusqu'au bout avec la plus grande faveur. Marie-Joseph Chénier n'a pas craint d'appeler cet ouvrage « un monument de gloire littéraire où tous les charmes du style embellissent les idées philosophiques ». Talleyrand, pour la rédaction de ce célèbre rapport, avait eu recours à la plume de Desrenaudes. Le sous-diacre de la messe de la Fédération cessa en 1792 d'exercer les fonctions ecclésiastiques, devint, après le 18 brumaire, membre du Tribunat, puis conseiller de l'Université et censeur impérial. Il continua d'être censeur sous la Restauration et mourut en 1825.

mené en main, avec une bride d'or, de vieilles rosses de souvenirs qui ne pouvaient se tenir debout, et que je prenais pour de jeunes et fringantes espérances.

Je vis aussi aux dîners du poisson blanc M. Mounier[527], homme de raison et de probité. M. Guizot[528] daignait nous honorer de sa présence[529].

On avait établi à Gand un *Moniteur*[530] : mon rapport au roi du 12 mai[531], inséré dans ce journal, prouve que mes sentiments sur la liberté de la presse et sur la domination étrangère ont en tout temps été les mêmes. Je puis aujourd'hui citer ces passages ; ils ne démentent point ma vie :

« Sire, vous vous apprêtiez à couronner les institutions dont vous aviez posé la base... Vous aviez déterminé une époque pour le commencement de la pairie héréditaire ; le ministère eût acquis plus d'unité ; les ministres seraient devenus membres des deux Chambres, selon l'esprit même de la charte ; une loi eût été proposée afin qu'on pût être élu membre de la Chambre des députés avant quarante ans et que les citoyens eussent une véritable carrière politique. On allait s'occuper d'un code pénal pour les délits de la presse, après l'adoption de laquelle loi la presse eût été entièrement libre, car cette liberté est inséparable de tout gouvernement représentatif. ...

« Sire, et c'est ici l'occasion d'en faire la protestation solennelle : tous vos ministres, tous les membres de votre conseil, sont inviolablement attachés aux principes d'une sage liberté ; ils puisent auprès de vous cet

---

[527] Claude-Philibert-Édouard, baron Mounier (1784-1843), fils du célèbre constituant Joseph Mounier. Il avait été, sous l'Empire, nommé maître des requêtes au Conseil d'État et intendant des domaines de la couronne. Louis XVIII l'avait confirmé dans ces deux postes. Conseiller d'État en 1816, président de la commission mixte de liquidation en 1817, directeur général de l'administration départementale et de la police en 1818, il se retira à la chute du ministère Richelieu, fut nommé pair de France le 5 mars 1819, reprit ses fonctions d'intendant des bâtiments de la couronne et rentra au Conseil d'État sous le ministère Martignac. Il abandonna ses fonctions salariées à la révolution de juillet et continua seulement de siéger à la Chambre des pairs. — Le comte d'Hérisson a publié en 1896 les Souvenirs intimes et Notes du baron Mounier.
[528] Sur le voyage à Gand de M. Guizot, voir ses Mémoires, tome I, chapitre III.
[529] Louis XVIII lui-même, très friand du poisson qu'on y servait, se faisait quelquefois conduire à cette guinguette appelée le strop (Louis XVIII à Gand, par M. Édouard Romberg).
[530] Presqu'en arrivant à Gand, c'est-à-dire dans la première quinzaine d'avril, le roi et son conseil fondèrent un journal dont la direction fut confiée aux frères Bertin et qui s'appela le Moniteur. Sur la réclamation du gouvernement des Pays-Bas, qui voyait des difficultés à la coexistence dans le royaume de deux Moniteurs, on remplaça bientôt le premier titre par celui de Journal universel, mais ce n'en était pas moins l'organe officiel de Louis XVIII.
[531] Rapport sur l'état de la France, fait au roi dans son conseil, par le vicomte de Chateaubriand, ministre plénipotentiaire de S. M. Très-Chrétienne près la cour de Suède. Gand, de l'imprimerie royale, mai 1815, in-8o, 63 pages.

amour des lois, de l'ordre et de la justice, sans lesquels il n'est point de bonheur pour un peuple. Sire, qu'il nous soit permis de vous le dire, nous sommes prêts à verser pour vous la dernière goutte de notre sang, à vous suivre au bout de la terre, à partager avec vous les tribulations qu'il plaira au Tout-Puissant de vous envoyer, parce que nous croyons devant Dieu que vous maintiendrez la constitution que vous avez donnée à votre peuple, que le vœu le plus sincère de votre âme royale est la liberté des Français. S'il en avait été autrement, Sire, nous serions toujours morts à vos pieds pour la défense de votre personne sacrée ; mais nous n'aurions plus été que vos soldats, nous aurions cessé d'être vos conseillers et vos ministres. …

« Sire, nous partageons dans ce moment votre royale tristesse ; il n'y a pas un de vos conseillers et de vos ministres qui ne donnât sa vie pour prévenir l'invasion de la France. Sire, vous êtes Français, nous sommes Français ! Sensibles à l'honneur de notre patrie, fiers de la gloire de nos armes, admirateurs du courage de nos soldats, nous voudrions, au milieu de leurs bataillons, verser jusqu'à la dernière goutte de notre sang pour les ramener à leur devoir ou pour partager avec eux des triomphes légitimes. Nous ne voyons qu'avec la plus profonde douleur les maux prêts à fondre sur notre pays. »

Ainsi, à Gand, je proposais de donner à la charte ce qui lui manquait encore, et je montrais ma douleur de la nouvelle invasion qui menaçait la France : je n'étais pourtant qu'un banni dont les vœux étaient en contradiction avec les faits qui me pouvaient rouvrir les portes de ma patrie. Ces pages étaient écrites dans les États des souverains alliés, parmi des rois et des émigrés qui détestaient la liberté de la presse, au milieu des armées marchant à la conquête, et dont nous étions, pour ainsi dire, les prisonniers : ces circonstances ajoutent peut-être quelque force aux sentiments que j'osais exprimer.

Mon rapport, parvenu à Paris, eut un grand retentissement ; il fut réimprimé par M. Le Normant fils, qui joua sa vie dans cette occasion, et pour lequel j'ai eu toutes les peines du monde à obtenir un brevet stérile d'imprimeur du roi. Bonaparte agit ou laissa agir d'une manière peu digne de lui : à l'occasion de mon rapport on fit ce que le Directoire avait fait à l'apparition des *Mémoires* de Cléry, on en falsifia des lambeaux : j'étais censé proposer à Louis XVIII des stupidités pour le rétablissement des droits féodaux, pour les dîmes du clergé, pour la reprise des biens nationaux, comme si l'impression de la pièce originale dans le *Moniteur de Gand*, à date fixe et connue, ne confondait pas l'imposture : mais on avait besoin d'un mensonge d'une heure. Le pseudonyme chargé d'un pamphlet sans sincérité était un militaire d'un grade assez élevé : il fut destitué après les Cent-Jours ; on motiva sa destitution sur la conduite qu'il avait tenue envers moi ; il m'envoya ses amis ; ils me prièrent de m'interposer afin qu'un homme de mérite ne perdît pas ses seuls moyens d'existence :

j'écrivis au ministre de la guerre, et j'obtins une pension de retraite pour cet officier[532]. Il est mort : la femme de cet officier est restée attachée à madame de Chateaubriand avec une reconnaissance à laquelle j'étais loin d'avoir des droits. Certains procédés sont trop estimés ; les personnes les plus vulgaires sont susceptibles de ces générosités. On se donne un renom de vertu à peu de frais : l'âme supérieure n'est pas celle qui pardonne ; c'est celle qui n'a pas besoin de pardon.

Je ne sais où Bonaparte, à Sainte-Hélène, a trouvé que *j'avais rendu à Gand des services essentiels :* s'il jugeait trop favorablement mon rôle, du moins il y avait dans son sentiment une appréciation de ma valeur politique.

Je me dérobais à Gand, le plus que je pouvais, à des intrigues antipathiques à mon caractère et misérables à mes yeux ; car, au fond, dans notre mesquine catastrophe j'apercevais la catastrophe de la société. Mon refuge contre les oisifs et les croquants était l'*enclos du Béguinage :* je parcourais ce petit univers de femmes voilées ou aguimpées, consacrées aux diverses œuvres chrétiennes : région calme, placée comme les syrtes africaines au bord des tempêtes. Là aucune disparate ne heurtait mes idées, car le sentiment religieux est si haut, qu'il n'est jamais étranger aux plus graves révolutions : les solitaires de la Thébaïde et les Barbares, destructeurs du monde romain, ne sont point des faits discordants et des existences qui s'excluent.

J'étais reçu gracieusement dans l'enclos comme l'auteur du *Génie du christianisme :* partout où je vais, parmi les chrétiens, les curés m'arrivent ; ensuite les mères m'amènent leurs enfants ; ceux-ci me récitent mon chapitre sur *la première communion.* Puis se présentent des personnes malheureuses qui me disent le bien que j'ai eu le bonheur de leur faire. Mon passage dans une ville catholique est annoncé comme celui d'un missionnaire et d'un médecin. Je suis touché de cette double réputation : c'est le seul souvenir agréable de moi que je conserve ; je me déplais dans tout le reste de ma personne et de ma renommée.

---

[532] Tout ceci — est-il besoin de le dire ? — est rigoureusement exact. Cet officier, que Chateaubriand, par un très louable sentiment de discrétion, n'a pas cru devoir nommer dans ses Mémoires, était un inspecteur aux revues, M. Bail. Voici quelques lignes de la lettre que Chateaubriand écrivit en sa faveur au duc de Feltre, ministre de la guerre :
« Paris, 22 août 1816.
« Un monsieur Bail, inspecteur aux revues, a fait une brochure contre moi. Il a, pour ce fait, dit-il, perdu sa place. Oserais-je, monsieur le duc, espérer de votre indulgence que vous voudrez bien lui rendre vos bontés. La personne du roi est respectée dans la brochure. Veuillez, Monsieur le Maréchal, oublier ce qui ne regarde que moi. »
(Lettre autographe au duc de Feltre. — Catalogues Charavay.

J'étais assez souvent invité à des festins dans la famille de M. et madame d'Ops, père et mère vénérables entourés d'une trentaine d'enfants, petits-enfants et arrière-petits-enfants. Chez M. Coppens, un gala, que je fus forcé d'accepter, se prolongea depuis une heure de l'après-midi jusqu'à huit heures du soir. Je comptai neuf services : on commença par les confitures et l'on finit par les côtelettes. Les Français seuls savent dîner avec méthode, comme eux seuls savent composer un livre.

Mon *ministère* me retenait à Gand ; madame de Chateaubriand, moins occupée, alla voir Ostende, où je m'embarquai pour Jersey en 1792. J'avais descendu exilé et mourant ces mêmes canaux au bord desquels je me promenais exilé encore, mais en parfaite santé : toujours des fables dans ma carrière ! Les misères et les joies de ma première émigration revivaient dans ma pensée ; je revoyais l'Angleterre, mes compagnons d'infortune, et cette Charlotte que je devais apercevoir encore. Personne ne se crée comme moi une société réelle en invoquant des ombres ; c'est au point que la vie de mes souvenirs absorbe le sentiment de ma vie rebelle. Des personnes mêmes dont je ne me suis jamais occupé, si elles meurent, envahissent ma mémoire : on dirait que nul ne peut devenir mon compagnon s'il n'a passé à travers la tombe, ce qui me porte à croire que je suis un mort. Où les autres trouveront une éternelle séparation, je trouve une réunion éternelle ; qu'un de mes amis s'en aille de la terre, c'est comme s'il venait demeurer à mes foyers ; il ne me quitte plus. À mesure que le monde présent se retire, le monde passé me revient. Si les générations actuelles dédaignent les générations vieillies, elles perdent les frais de leur mépris en ce qui me touche : je ne m'aperçois même pas de leur existence.

Ma toison d'or n'était pas encore à Bruges[533], madame de Chateaubriand ne me l'apporta pas. À Bruges, en 1426, il y *avait un homme appelé Jean,* lequel inventa ou perfectionna la peinture à l'huile : remercions Jean de Bruges[534] ; sans la propagation de sa méthode, les chefs-d'œuvre de Raphaël seraient aujourd'hui effacés. Où les peintres flamands ont-ils dérobé la lumière dont ils éclairent leurs tableaux ? Quel rayon de la Grèce s'est égaré au rivage de la Batavie ?

Après son voyage d'Ostende, madame de Chateaubriand fit une course à Anvers. Elle y vit, dans un cimetière, des âmes du purgatoire en plâtre toutes barbouillées de noir et de feu. À Louvain elle me recruta un bègue, savant professeur, qui vint tout exprès à Gand pour contempler un homme aussi extraordinaire que le mari de ma femme. Il me dit :

---

[533] C'est à Bruges que l'Ordre de la Toison d'Or fut institué en 1429 par le duc de Bourgogne Philippe le Bon.
[534] Jean Van Eyck (1386-1440), né à Maas-Eyck. Il alla de bonne heure s'établir à Bruges avec son frère aîné Hubert Van Eyck, ce qui le fait souvent appeler Jean de Bruges.

« Illus…ttt…rr… ; » sa parole manqua à son admiration et je le priai à dîner. Quand l'helléniste eut bu du curaçao, sa langue se délia. Nous nous mîmes sur les mérites de Thucydide, que le vin nous faisait trouver clair comme de l'eau. À force de tenir tête à mon hôte, je finis, je crois, par parler hollandais ; du moins je ne me comprenais plus.

Madame de Chateaubriand eut une triste nuit d'auberge à Anvers : une jeune Anglaise, nouvellement accouchée, se mourait ; pendant deux heures elle fit entendre des plaintes ; puis sa voix s'affaiblit, et son dernier gémissement, que saisit à peine une oreille étrangère, se perdit dans un éternel silence. Les cris de cette voyageuse, solitaire et abandonnée, semblaient préluder aux mille voix de la mort prêtes à s'élever à Waterloo.

La solitude accoutumée de Gand était rendue plus sensible par la foule étrangère qui l'animait alors, et qui bientôt s'allait écouler. Des recrues belges et anglaises apprenaient l'exercice sur les places et sous les arbres des promenades ; des canonniers, des fournisseurs, des dragons, mettaient à terre des trains d'artillerie, des troupeaux de bœufs, des chevaux qui se débattaient en l'air tandis qu'on les descendait suspendus dans des sangles ; des vivandières débarquaient avec les sacs, les enfants, les fusils de leurs maris : tout cela se rendait, sans savoir pourquoi et sans y avoir le moindre intérêt, au grand rendez-vous de destruction que leur avait donné Bonaparte. On voyait des politiques gesticuler le long d'un canal, auprès d'un pêcheur immobile ; des émigrés trotter de chez le roi chez *Monsieur,* de chez *Monsieur* chez le roi. Le chancelier de France, M. Dambray, habit vert, chapeau rond, un vieux roman sous le bras, se rendait au conseil pour amender la charte ; le duc de Lévis allait faire sa cour avec des savates débordées qui lui sortaient des pieds, parce que, fort brave et nouvel Achille, il avait été blessé au talon. Il était plein d'esprit, on peut en juger par le recueil de ses pensées[535].

---

[535] Gaston-Pierre-Marc, duc de Lévis (1764-1830). Après avoir fait partie de la Constituante comme député de la noblesse du bailliage de Senlis, il émigra pour aller servir à l'armée des princes (1792). Blessé à Quiberon (1795), il réussit à s'embarquer pour l'Angleterre, ne revint en France qu'après le 18 brumaire, et s'occupa alors, non sans succès, de travaux littéraires. Il publia successivement, de 1808 à 1814, Maximes et réflexions sur différents sujets, la Suite des quatre Facardins, imitation des Contes d'Hamilton, Voyage de Khani ou Nouvelles Lettres chinoises, Souvenirs et Portraits, L'Angleterre au commencement du XIXe siècle. Nommé pair de France par Louis XVIII le 4 juin 1814, il fut fait, en 1815, membre du conseil privé, et entra à l'Académie française par ordonnance royale en 1816. — Mme de Chateaubriand, dans ses Souvenirs, trace ce piquant portrait du duc de Lévis : « En fait de femmes de la Société, il n'y avait de Françaises à Gand que Mme la duchesse de Duras, la duchesse de Lévis, la duchesse de Bellune, la marquise de la Tour du Pin et moi ; encore la duchesse de Lévis y vint-elle fort tard avec son mari, qui arriva en si piteux équipage que M. de Chateaubriand fut obligé de lui prêter jusqu'à des bas pour aller chez le roi : les bas allaient encore, mais pour le reste, c'était une vraie toilette de carnaval : le bon duc ne s'en mettait pas

Le duc de Wellington venait de temps en temps passer des revues. Louis XVIII sortait chaque après-dînée dans un carrosse à six chevaux avec son premier gentilhomme de la chambre et ses gardes, pour faire le tour de Gand, tout comme s'il eût été dans Paris. S'il rencontrait dans son chemin le duc de Wellington, il lui faisait en passant un petit signe de tête de protection.

Louis XVIII ne perdit jamais le souvenir de la prééminence de son berceau ; il était roi partout, comme Dieu est Dieu partout, dans une crèche ou dans un temple, sur un autel d'or ou d'argile. Jamais son infortune ne lui arracha la plus petite concession ; sa hauteur croissait en raison de son abaissement ; son diadème était son nom ; il avait l'air de dire : « Tuez-moi, vous ne tuerez pas les siècles écrits sur mon front. » Si l'on avait ratissé ses armes au Louvre, peu lui importait : n'étaient-elles pas gravées sur le globe ? Avait-on envoyé des commissaires les gratter dans tous les coins de l'univers ! Les avait-on effacées aux Indes, à Pondichéry, en Amérique, à Lima et à Mexico ; dans l'Orient, à Antioche, à Jérusalem, à Saint-Jean-d'Acre, au Caire, à Constantinople, à Rhodes, en Morée ; dans l'Occident, sur les murailles de Rome, aux plafonds de Caserte et de l'Escurial, aux voûtes des salles de Ratisbonne et de Westminster, dans l'écusson de tous les rois ? Les avait-on arrachées à l'aiguille de la boussole, où elles semblent annoncer le règne des lis aux diverses régions de la terre ?

L'idée fixe de la grandeur, de l'antiquité, de la dignité, de la majesté de sa race, donnait à Louis XVIII un véritable empire. On en sentait la domination ; les généraux mêmes de Bonaparte la confessaient ; ils étaient plus intimidés devant ce vieillard impotent que devant le maître terrible qui les avait commandés dans cent batailles. À Paris, quand Louis XVIII accordait aux monarques triomphants l'honneur de dîner à sa table, il passait sans façon le premier devant ces princes dont les soldats campaient dans la cour du Louvre ; il les traitait comme des vassaux qui n'avaient fait que leur devoir en amenant des hommes d'armes à leur seigneur suzerain. En Europe il n'est qu'une monarchie, celle de France ; le destin des autres monarchies est lié au sort de celle-là. Toutes les races royales sont d'hier auprès de la race de Hugues Capet, et presque toutes en sont filles. Notre ancien pouvoir royal était l'ancienne royauté du monde : du bannissement des Capets datera l'ère de l'expulsion des rois.

Plus cette superbe du descendant de saint Louis était impolitique (elle est devenue funeste à ses héritiers), plus elle plaisait à l'orgueil national : les Français jouissaient de voir des souverains qui, vaincus, avaient porté

---

plus en peine à Gand qu'aux Tuileries, où sa garde-robe n'était pas mieux montée. Les souliers, par exemple, manquaient toujours ; il s'était abonné aux savates parce que, disait-il, il avait eu une blessure au talon qui l'empêchait de relever les quartiers de son soulier. »

les chaînes d'un homme, porter, vainqueurs, le joug d'une race.

La foi inébranlable de Louis XVIII dans son sang est la puissance réelle qui lui rendit le spectre ; c'est cette foi qui, à deux reprises, fit tomber sur sa tête une couronne pour laquelle l'Europe ne croyait pas, ne prétendait pas épuiser ses populations et ses trésors. Le banni sans soldats se trouvait au bout de toutes les batailles qu'il n'avait pas livrées. Louis XVIII était la légitimité incarnée ; elle a cessé d'être visible quand il a disparu.

Je faisais à Gand, comme je fais en tous lieux, des courses à part. Les barques glissant sur d'étroits canaux, obligées de traverser dix à douze lieues de prairies pour arriver à la mer, avaient l'air de voguer sur l'herbe ; elles me rappelaient les canaux sauvages dans les marais à folle avoine du Missouri. Arrêté au bord de l'eau, tandis qu'on immergeait des zones de toile écrue, mes yeux erraient sur les clochers de la ville ; l'histoire m'apparaissait sur les nuages du ciel.

Les Gantois s'insurgent contre Henri de Châtillon, gouverneur pour la France ; la femme d'Édouard III met au monde Jean de Gand, tige de la maison de Lancastre ; règne populaire d'Artevelle : « Bonnes gens, qui vous meut ? Pourquoi êtes-vous si troublés sur moi ? En quoi puis-je vous avoir courroucés ? » — Il vous faut mourir ! criait le peuple : c'est ce que le temps nous crie à tous. Plus tard je voyais les ducs de Bourgogne ; les Espagnols arrivaient. Puis la pacification, les sièges et les prises de Gand.

Quand j'avais rêvé parmi les siècles, le son d'un petit clairon ou d'une musette écossaise me réveillait. J'apercevais des soldats vivants qui accouraient pour rejoindre les bataillons ensevelis de la Batavie : toujours destructions, puissances abattues ; et, en fin de compte, quelques ombres évanouies et des noms passés.

La Flandre maritime fut un des premiers cantonnements des compagnons de Clodion et de Clovis. Gand, Bruges et leurs campagnes fournissaient près d'un dixième des grenadiers de la vieille garde : cette terrible milice fut tirée en partie du berceau de nos pères, et elle s'est venue faire exterminer auprès de ce berceau. La *Lys*[536] a-t-elle donné sa fleur aux armes de nos rois ?

Les mœurs espagnoles impriment leur caractère : les édifices de Gand me retraçaient ceux de Grenade ; moins le ciel de la Vega. Une grande ville presque sans habitants, des rues désertes, des canaux aussi déserts que ces rues… vingt-six îles formées par ces canaux, qui n'étaient pas ceux de Venise, une énorme pièce d'artillerie du moyen-âge, voilà ce qui remplaçait à Gand la cité des Zegris, le Duero et le Xenil, le Généralife et l'Alhambra : mes vieux songes, vous reverrai-je jamais ?

---

[536] La Lys, rivière de France et de Belgique, qui prend sa source un peu au-dessous de Béthune et se jette dans l'Escaut à Gand.

Madame la duchesse d'Angoulême, embarquée sur la Gironde, nous arriva par l'Angleterre avec le général Donnadieu et M. Desèze, qui avait traversé l'Océan, son cordon bleu par-dessus sa veste. Le duc et la duchesse de Lévis vinrent à la suite de la princesse : ils s'étaient jetés dans la diligence et sauvés de Paris par la route de Bordeaux. Les voyageurs, leurs compagnons, parlaient politique : « Ce scélérat de Chateaubriand, disait l'un deux, n'est pas si bête ! depuis trois jours, sa voiture était chargée dans sa cour : l'oiseau a déniché. Ce n'est pas l'embarras, si Napoléon l'avait attrapé !… »

Madame la duchesse de Lévis[537] était une personne très belle, très bonne, aussi calme que madame la duchesse de Duras était agitée. Elle ne quittait point madame de Chateaubriand ; elle fut à Gand notre compagne assidue. Personne n'a répandu dans ma vie plus de quiétude, chose dont j'ai grand besoin. Les moments les moins troublés de mon existence sont ceux que j'ai passés à Noisiel, chez cette femme dont les paroles et les sentiments n'entraient dans votre âme que pour y ramener la sérénité. Je les rappelle avec regret, ces moments écoulés sous les grands marronniers de Noisiel ! L'esprit apaisé, le cœur convalescent, je regardais les ruines de l'abbaye de Chelles, les petites lumières des barques arrêtées parmi les saules de la Marne.

Le souvenir de madame de Lévis est pour moi celui d'une silencieuse soirée d'automne. Elle a passé en peu d'heures ; elle s'est mêlée à la mort comme à la source de tout repos. Je l'ai vue descendre sans bruit dans son tombeau au cimetière du Père-Lachaise ; elle est placée au-dessus de M. de Fontanes, et celui-ci dort auprès de son fils Saint-Marcellin, tué en duel. C'est ainsi qu'en m'inclinant au monument de madame de Lévis, je suis venu me heurter à deux autres sépulcres ; l'homme ne peut éveiller une douleur sans en réveiller une autre ; pendant la nuit, les diverses fleurs qui ne s'ouvrent qu'à l'ombre s'épanouissent.

À l'affectueuse bonté de Madame de Lévis pour moi était jointe l'amitié de M. le duc de Lévis le père : je ne dois plus compter que par générations. M. de Lévis écrivait bien ; il avait l'imagination variée et féconde qui sentait sa noble race comme on la retrouvait à Quiberon dans son sang répandu sur les grèves.

Tout ne devait pas finir là ; c'était le mouvement d'une amitié qui passait à la seconde génération. M. le duc de Lévis le fils,[538] aujourd'hui

---

[537] Pauline-Louise-Françoise de Paule Charpentier d'Ennery, mariée au duc de Lévis par contrat du 26 mai 1785. Elle mourut le 2 novembre 1819.

[538] Gaston-François-Christophe-Victor, duc de Ventadour et de Lévis (1794-1863). Il reçut sous l'Empire un brevet de sous-lieutenant, devint aide de camp du duc d'Angoulême en 1814, prit part, en 1823, à la guerre d'Espagne, comme chef de bataillon, et, en 1828, à l'expédition de Morée, comme colonel. Appelé à succéder comme pair de France à son père, mort le 15 février 1830, il refusa de siéger après la révolution de Juillet, et il accompagna dans l'exil la famille royale. Il fut

attaché à M. le comte de Chambord, s'est approché de moi ; mon affection héréditaire ne lui manquera pas plus que ma fidélité à son auguste maître. La nouvelle et charmante duchesse de Lévis[539], sa femme, réunit au grand nom de d'Aubusson les plus brillantes qualités du cœur et de l'esprit : il y a de quoi vivre quand les grâces empruntent à l'histoire des ailes infatigables !

À Gand, comme à Paris, le pavillon Marsan[540] existait. Chaque jour apportait de France à Monsieur des nouvelles qu'enfantait l'intérêt ou l'imagination.

M. Gaillard, ancien oratorien, conseiller à la cour royale, ami intime de Fouché[541], descendit au milieu de nous ; il se fit reconnaître et fut mis en rapport avec M. Capelle.

Quand je me rendais chez Monsieur[542], ce qui était rare, son entourage m'entretenait, à paroles couvertes et avec maints soupirs, d'un *homme qui (il fallait en convenir) se conduisait à merveille : il entravait toutes les opérations de l'empereur ; il défendait le faubourg Saint-Germain,* etc., etc. Le fidèle maréchal Soult était aussi l'objet des prédilections de Monsieur, et, après Fouché, l'homme le plus loyal de France.

Un jour, une voiture s'arrête à la porte de mon auberge, j'en vois descendre madame la baronne de Vitrolles : elle arrivait chargée des pouvoirs du duc d'Otrante. Elle remporta un billet écrit de la main de Monsieur, par lequel le prince déclarait conserver une reconnaissance éternelle à celui qui sauvait M. de Vitrolles. Fouché n'en voulait pas davantage ; armé de ce billet, il était sûr de son avenir en cas de restauration. Dès ce moment il ne fut plus question à Gand que des immenses obligations que l'on avait à l'excellent M. Fouché de Nantes,

---

longtemps un des principaux conseillers du comte de Chambord et mourut à Venise le 9 février 1863.

[539] Marie-Catherine-Amanda d'Aubusson, fille de Pierre-Raymond-Hector d'Aubusson, comte de la Feuillade, et de sa première femme Agathe-Renée Barberie de Refuveille. Née en 1798, elle épousa le 10 mars 1821, Gaston-François-Christophe-Victor, duc de Ventadour, plus tard duc de Lévis. Elle mourut sans enfants le 10 mars 1854. — Sa sœur aînée, Henriette-Blanche, s'était mariée en 1812 à Auguste de Caulaincourt, frère du duc de Vicence et général de division, qui fut tué, cinq mois après son mariage, à la bataille de la Moskowa.

[540] Au château des Tuileries, le pavillon Marsan, à l'angle du Jardin et de la rue de Rivoli, était, sous Louis XVIII, habité par le comte d'Artois.

[541] M. Gaillard avait été secrétaire de Fouché. Voir les Mémoires de Madame de Chastenay, tome I, p. 49.

[542] Le comte d'Artois avait son pavillon Marsan à l'hôtel des Pays-Bas, place d'armes, où il était logé avec sa suite et ses équipages, et payait mille francs par jour. — Louis XVIII occupait l'hôtel que le comte J.-B. d'Hane de Steenhuyse, l'un des habitants notables de la ville, avait mis à sa disposition. Cet hôtel est aujourd'hui en partie transformé en magasin d'épicerie.

que de l'impossibilité de rentrer en France autrement que par le bon plaisir de ce juste : l'embarras était de faire goûter au roi le nouveau rédempteur de la monarchie.

Après les Cent-Jours, madame de Custine me força de dîner chez elle avec Fouché. Je l'avais vu une fois, cinq ans auparavant, à propos de la condamnation de mon pauvre cousin Armand. L'ancien ministre savait que je m'étais opposé à sa nomination à Roye, à Gonesse, à Arnouville ; et comme il me supposait puissant, il voulait faire sa paix avec moi. Ce qu'il y avait de mieux en lui, c'était la mort de Louis XVI : le régicide était son innocence. Bavard, ainsi que tous les révolutionnaires, battant l'air de phrases vides, il débitait un ramas de lieux communs farcis de *destin,* de *nécessité,* de *droit des choses,* mêlant à ce non-sens philosophique des non-sens sur le progrès et la marche de la société, d'impudentes maximes au profit du fort contre le faible ; ne se faisant faute d'aveux effrontés sur la justice des succès, le peu de valeur d'une tête qui tombe, l'équité de ce qui prospère, l'iniquité de ce qui souffre, affectant de parler des plus affreux désastres avec légèreté et indifférence, comme un génie au-dessus de ces niaiseries. Il ne lui échappa, à propos de quoi que ce soit, une idée choisie, un aperçu remarquable. Je sortis en haussant les épaules au crime.

M. Fouché ne m'a jamais pardonné ma sécheresse et le peu d'effet qu'il produisit sur moi. Il avait pensé me fasciner en faisant monter et descendre à mes yeux, comme une gloire du Sinaï, le coutelas de l'instrument fatal ; il s'était imaginé que je tiendrais à colosse l'énergumène qui, parlant du sol de Lyon, avait dit : « Ce sol sera bouleversé ; sur les débris de cette ville superbe et rebelle s'élèveront des chaumières éparses que les amis de l'égalité s'empresseront de venir habiter...

Nous aurons le courage énergique de traverser les vastes tombeaux des conspirateurs...

Il faut que leurs cadavres ensanglantés, précipités dans le Rhône, offrent sur les deux rives et à son embouchure l'impression de l'épouvante et l'image de la toute-puissance du peuple...

... Nous célébrerons la victoire de Toulon ; nous enverrons ce soir deux cent cinquante rebelles sous le fer de la foudre. »

Ces horribles pretintailles ne m'imposèrent point : parce que M. *de Nantes* avait délayé des forfaits républicains dans de la boue impériale ; que le sans-culotte, métamorphosé en duc, avait enveloppé la corde de la lanterne dans le cordon de la Légion d'honneur, il ne m'en paraissait ni plus habile ni plus grand. Les Jacobins détestent les hommes qui ne font aucun cas de leurs atrocités et qui méprisent leurs meurtres ; leur orgueil est irrité, comme celui des auteurs dont on conteste le talent.

En même temps que Fouché envoyait à Gand M. Gaillard négocier avec le frère de Louis XVI, ses agents à Bâle pourparlaient avec ceux du prince de Metternich au sujet de Napoléon II, et M. de Saint-Léon, dépêché par ce même Fouché, arrivait à Vienne pour traiter de la couronne *possible* de M. le duc d'Orléans. Les amis du duc d'Otrante ne pouvaient pas plus compter sur lui que ses ennemis : au retour des princes légitimes, il maintint sur la liste des exilés son ancien collègue M. Thibaudeau[543], tandis que de son côté M. de Talleyrand retranchait de la liste ou ajoutait au catalogue tel ou tel proscrit, selon son caprice. Le faubourg Saint-Germain n'avait-il pas bien raison de croire en M. Fouché ?

M. de Saint-Léon à Vienne apportait trois billets dont l'un était adressé à M. de Talleyrand : le duc d'Otrante proposait à l'ambassadeur de Louis XVIII de pousser au trône, s'il y voyait jour, le fils d'Égalité. Quelle probité dans ces négociations ! qu'on était heureux d'avoir affaire à de si honnêtes gens ! Nous avons pourtant admiré, encensé, béni ces Cartouche ; nous leur avons fait la cour ; nous les avons appelés monseigneur ! Cela explique le monde actuel. M. de Montrond vint de surcroit après M. de Saint-Léon[544].

M. le duc d'Orléans ne conspirait pas de fait, mais de consentement ; il laissait intriguer les affinités révolutionnaires : douce société ! Au fond de ce bois, le plénipotentiaire du roi de France prêtait l'oreille aux ouvertures de Fouché.

À propos de l'arrestation de M. de Talleyrand à la barrière d'Enfer, j'ai dit quelle avait été jusqu'alors l'idée fixe de M. de Talleyrand sur la régence de Marie-Louise : il fut obligé de se ranger par l'événement à l'éventualité des Bourbons ; mais il était toujours mal à l'aise ; il lui semblait que, sous les hoirs de saint Louis, un évêque marié ne serait

---

[543] Auguste-Clair Thibaudeau (1765-1854), membre de la Convention, où il vota la mort du roi, puis député au Conseil des Cinq-Cents, il fut l'un des serviteurs les plus empressés de Napoléon, qui le fit conseiller d'État, préfet de la Gironde et des Bouches-du-Rhône, comte de l'Empire (31 décembre 1809). Aux Cent-Jours, il fut nommé commissaire dans la 6e division militaire et promu pair. Frappé d'exil par l'Ordonnance du 24 juillet 1815, il ne rentra en France qu'après la révolution de Juillet. Napoléon III en fit un sénateur et un grand officier de la Légion d'honneur. Thibaudeau a laissé de nombreux écrits : Mémoires sur la Convention et le Directoire (1824) ; Mémoires sur le Consulat (1826) ; Histoire générale de Napoléon Bonaparte (1827-1828) ; le Consulat et l'Empire ou Histoire de France et de Napoléon Bonaparte, de 1799 à 1815 (1837-1838, 10 vol. in-8o) ; Histoire des États généraux (1843).

[544] M. de Saint-Léon était une créature de Fouché ; M. de Montrond était un des familiers de Talleyrand, et le plus spirituel de tous. Avec lui, le prince n'avait jamais le dernier mot. — « Savez-vous, duchesse, pourquoi j'aime assez Montrond ? disait un jour M. de Talleyrand ; c'est parce qu'il n'a pas beaucoup de préjugés. » — « Savez-vous, duchesse, pourquoi j'aime tant M. de Talleyrand ? ripostait Montrond ; c'est qu'il n'en a pas du tout. »

jamais sûr de sa place. L'idée de substituer la branche cadette à la branche aînée lui sourit donc, et d'autant plus qu'il avait eu d'anciennes liaisons avec le Palais-Royal.

Prenant parti, toutefois sans se découvrir en entier, il hasarda quelques mots du projet de Fouché à Alexandre. Le czar avait cessé de s'intéresser à Louis XVIII : celui-ci l'avait blessé à Paris par son affectation de supériorité de race ; il l'avait encore blessé en rejetant le mariage du duc de Berry avec une sœur de l'empereur ; on refusait la princesse pour trois raisons : elle était schismatique ; elle n'était pas d'une assez vieille souche ; elle était d'une famille de fous : raisons qu'on ne présentait pas debout, mais de biais, et qui, entrevues, offensaient triplement Alexandre. Pour dernier sujet de plainte contre le vieux souverain de l'exil, le czar accusait l'alliance projetée entre l'Angleterre, la France et l'Autriche. Du reste, il semblait que la succession fût ouverte ; tout le monde prétendait hériter des fils de Louis XIV : Benjamin Constant, au nom de madame Murat, plaidait les droits que la sœur de Napoléon croyait avoir au royaume de Naples ; Bernadotte jetait un regard lointain sur Versailles, apparemment parce que le roi de Suède venait de Pau.

La Besnardière[545], chef de division aux relations extérieures, passa à M. de Caulaincourt ; il brocha un rapport, *des griefs et contredits de la France* à l'endroit de la légitimité. La ruade lâchée, M. de Talleyrand trouva le moyen de communiquer le rapport à Alexandre : mécontent et mobile, l'autocrate fut frappé du pamphlet de La Besnardière. Tout à coup, en plein congrès, à la stupéfaction de chacun, le czar demande si ce ne serait pas matière à délibération d'examiner en quoi M. le duc d'Orléans pourrait convenir comme roi à la France et à l'Europe. C'est peut-être une des choses les plus surprenantes de ces temps extraordinaires, et peut-être est-il plus extraordinaire encore qu'on en ait si peu parlé[546]. Lord Clancarthy fit échouer la proposition russe : sa seigneurie déclara n'avoir point de pouvoirs pour traiter une question aussi grave : « Quant à moi, dit-il, en opinant comme simple particulier, je pense que mettre M. le duc d'Orléans sur le trône de France serait remplacer une usurpation militaire par une usurpation de famille, plus dangereuse aux monarques que toutes

---

[545] Jean-Baptiste de Gouy, comte de la Besnardière, né à Périers (Manche). Employé depuis 1795 au département des affaires étrangères, il y était devenu le collaborateur intime de Talleyrand, auquel plaisaient sa personne et son travail. Il accompagna le prince au Congrès de Vienne ; à son retour, fut titré comte par le Roi, le 22 août 1815, nommé conseiller d'État en service extraordinaire, et directeur des travaux politiques. En 1819, il se retira complètement en Touraine, venant seulement chaque année passer quelques semaines à Paris, où il mourut le 30 avril 1843.

[546] Une brochure qui vient de paraître, intitulée : Lettres de l'Étranger, et qui semble écrite par un diplomate habile et bien instruit, indique cette étrange négociation russe à Vienne (Paris, note de 1840). — Ch.

les autres usurpations. » Les membres du congrès allèrent dîner et marquèrent avec le sceptre de saint Louis, comme avec un fétu, le feuillet où ils en étaient restés dans leurs protocoles.

Sur les obstacles que rencontra le czar, M. de Talleyrand fit volte-face : prévoyant que le coup retentirait, il rendit compte à Louis XVIII (dans une dépêche que j'ai vue et qui portait le n° 25 ou 27) de l'étrange séance du congrès[547] : il se croyait obligé d'informer Sa Majesté d'une démarche aussi exorbitante, parce que cette nouvelle, disait-il, ne tarderait pas de parvenir aux oreilles du roi : singulière naïveté pour M. le prince de Talleyrand.

Il avait été question d'une déclaration de l'Alliance, afin de bien avertir le monde qu'on n'en voulait qu'à Napoléon ; qu'on ne prétendait imposer à la France ni une forme obligée de gouvernement, ni un souverain qui ne fût pas de son choix. Cette dernière partie de la déclaration fut supprimée, mais elle fut positivement annoncée dans le journal officiel de Francfort. L'Angleterre, dans ses négociations avec les cabinets, se sert toujours de ce langage libéral, qui n'est qu'une précaution contre la tribune parlementaire.

On voit qu'à la seconde restauration, pas plus qu'à la première, les alliés ne se souciaient point du rétablissement de la légitimité : l'événement seul a tout fait. Qu'importait à des souverains dont la vue était si courte que la mère des monarchies de l'Europe fût égorgée ? Cela les empêcherait-il de donner des fêtes et d'avoir des gardes ? Aujourd'hui les monarques sont si solidement assis, le globe dans une main, l'épée dans l'autre !

M. de Talleyrand, dont les intérêts étaient alors à Vienne, craignait que les Anglais, dont l'opinion ne lui était plus aussi favorable, engageassent la partie militaire avant que toutes les armées fussent en ligne, et que le cabinet de Saint-James acquît ainsi la prépondérance : c'est pourquoi il voulait amener le roi à rentrer par les provinces du sud-est, afin qu'il se trouvât sous la tutelle des troupes de l'Empire et du cabinet autrichien. Le duc de Wellington avait donc l'ordre précis de ne point commencer les hostilités ; c'est donc Napoléon qui a voulu la bataille de Waterloo : on n'arrête point les destinées d'une telle nature.

Ces faits historiques, les plus curieux du monde, ont été généralement ignorés ; c'est encore de même qu'on s'est formé une opinion confuse des traités de Vienne, relativement à la France : on les a crus l'œuvre unique d'une troupe de souverains victorieux acharnés à notre perte ;

---

[547] On prétend qu'en 1830, M. de Talleyrand a fait enlever des Archives particulières de la Couronne sa correspondance avec Louis XVIII, de même qu'il avait fait enlever dans les Archives de l'Empire tout ce qu'il avait écrit, lui, M. de Talleyrand, relativement à la mort du duc d'Enghien et aux affaires d'Espagne (Paris, note de 1840). — Ch.

malheureusement, s'ils sont durs, ils ont été envenimés par une main française : quand M. de Talleyrand ne conspire pas, il trafique.

La Prusse voulait avoir la Saxe, qui tôt ou tard sera sa proie ; la France devait favoriser ce désir, car la Saxe obtenant un dédommagement dans les cercles du Rhin, Landau nous restait avec nos enclaves ; Cobentz et d'autres forteresses passaient à un petit État ami qui, placé entre nous et la Prusse, empêchait les points de contact ; les clefs de la France n'étaient point livrées à l'ombre de Frédéric. Pour trois millions qu'il en coûta à la Saxe, M. de Talleyrand s'opposa aux combinaisons du cabinet de Berlin ; mais, afin d'obtenir l'assentiment d'Alexandre à l'existence de la vieille Saxe, notre ambassadeur fut obligé d'abandonner la Pologne au czar, bien que les autres puissances désirassent qu'une Pologne quelconque rendît les mouvements du Moscovite moins libres dans le Nord. Les Bourbons de Naples se rachetèrent, comme le souverain de Dresde, à prix d'argent[548]. M. de Talleyrand prétendait qu'il avait droit à une subvention, en échange de son duché de Bénévent : il vendait sa livrée en quittant son maître. Lorsque la France perdait tant, M. de Talleyrand n'aurait-il pu perdre aussi quelque chose ? Bénévent, d'ailleurs, n'appartenait pas au grand chambellan : en vertu du rétablissement des anciens traités, cette principauté dépendait des États de l'Église.

Telles étaient les transactions diplomatiques que l'on passait à Vienne, tandis que nous séjournions à Gand. Je reçus, dans cette dernière résidence, cette lettre de M. de Talleyrand :

« Vienne, le 4 avril.

« J'ai appris avec grand plaisir, monsieur, que vous étiez à Gand, car les circonstances exigent que le roi soit entouré d'hommes forts et indépendants.

---

[548] « Ce qui est certain, dit Sainte-Beuve, c'est que M. de Talleyrand, au congrès de Vienne, ne perdit pas l'occasion de reprendre sous mains ses habitudes de trafic et de marchés : 6 millions lui furent promis par les Bourbons de Naples pour favoriser leur restauration, et l'on a su les circonstances assez particulières et assez piquantes qui en accompagnèrent le payement. » Un de ses hommes de confiance, M. de Perray, qui l'avait accompagné à Vienne, et qui avait été témoin des engagements contractés à prix d'argent, fut, au mois de juin 1815, dépêché à Naples par le prince, pour hâter le payement des 6 millions promis. On faisait des difficultés, parce que Talleyrand n'avait, paraît-il, traité avec Ferdinand que déjà assuré de la décision du congrès qui rétablissait les Bourbons de Naples. Bref, de Perray rapporta les 6 millions en traites sur la maison Baring, de Londres. Talleyrand l'embrassa de joie à son arrivée. Cependant de Perray, à qui il avait été alloué 1500 francs pour ses frais de voyage, en avait dépensé 2000 ; il en fut pour 500 francs de retour, mais il eut l'embrassade du prince. Il y avait, de plus, gagné une décoration de l'ordre de Saint-Ferdinand, qui se portait au cou. M. de Talleyrand, quand il la vit, s'en montra mécontent, parce que cela affichait le voyage. (Sainte-Beuve, Nouveaux Lundis, tome XII, p. 80.)

« Vous aurez sûrement pensé qu'il était utile de réfuter par des publications fortement raisonnées toute la nouvelle doctrine que l'on veut établir dans les pièces officielles qui paraissent en France.

« Il y aurait de l'utilité à ce qu'il parût quelque chose dont l'objet serait d'établir que la déclaration du 31 mars, faite à Paris par les alliés, que la déchéance, que l'abdication, que le traité du 11 avril qui en a été la conséquence, sont autant de conditions préliminaires, indispensables et absolues du traité du 30 mai ; c'est-à-dire que sans ces conditions préalables le traité n'eût pas été fait. Cela posé, celui qui viole lesdites conditions, ou qui en seconde la violation, rompt la paix que ce traité a établie. Ce sont donc lui et ses complices qui déclarent la guerre à l'Europe.

« Pour le dehors comme pour le dedans, une discussion prise dans ce sens ferait du bien ; il faut seulement qu'elle soit bien faite, ainsi chargez-vous-en.

« Agréez, monsieur, l'hommage de mon sincère attachement et de ma haute considération,
« TALLEYRAND.

« J'espère avoir l'honneur de vous voir à la fin du mois. »

Notre ministre à Vienne était fidèle à sa haine contre la grande chimère échappée des ombres ; il redoutait un coup de fouet de son aile. Cette lettre montre du reste tout ce que M. de Talleyrand était capable de faire, quand il écrivait seul : il avait la bonté de m'enseigner le *motif,* s'en rapportant à mes fioritures. Il s'agissait bien de quelques phrases diplomatiques sur la déchéance, sur l'abdication, sur le traité du 11 avril et du 30 mai, pour arrêter Napoléon ! Je fus très reconnaissant des instructions en vertu de mon brevet d'*homme fort,* mais je ne les suivis pas : ambassadeur *in petto,* je ne me mêlais point en ce moment des *affaires étrangères ;* je ne m'occupais que de mon *ministère de l'intérieur par intérim.*

Mais que se passait-il à Paris ?

TOME 4

LIVRE V

Je vous fais voir l'envers des événements que l'histoire ne montre pas ; l'histoire n'étale que l'endroit. Les *Mémoires* ont l'avantage de présenter l'un et l'autre côté du tissu : sous ce rapport, ils peignent mieux l'humanité complète en exposant, comme les tragédies de Shakespeare, les scènes basses et hautes. Il y a partout une chaumière auprès d'un palais, un homme qui pleure auprès d'un homme qui rit, un chiffonnier qui porte sa hotte auprès d'un roi qui perd son trône : que faisait à l'esclave présent à la bataille d'Arbelles la chute de Darius ?

Gand n'était donc qu'un vestiaire derrière les coulisses du spectacle ouvert à Paris. Des personnages renommés restaient encore en Europe. J'avais en 1800 commencé ma carrière avec Alexandre et Napoléon ; pourquoi n'avais-je pas suivi ces premiers acteurs, mes contemporains, sur le grand théâtre ? Pourquoi seul à Gand ? Parce que le ciel vous jette où il veut. Des *petits Cent-Jours* à Gand, passons aux *grands Cent-Jours* à Paris.

Je vous ai dit les raisons qui auraient dû arrêter Bonaparte à l'île d'Elbe, et les raisons primantes ou plutôt la nécessité tirée de sa nature qui le contraignirent de sortir de l'exil. Mais la marche de Cannes à Paris épuisa ce qui lui restait du vieil homme. À Paris le talisman fut brisé.

Le peu d'instants que la légalité avait reparu avait suffi pour rendre impossible le rétablissement de l'arbitraire. Le despotisme muselle les masses, et affranchit les individus dans une certaine limite ; l'anarchie déchaîne les masses, et asservit les indépendances individuelles. De là, le despotisme ressemble à la liberté, quand il succède à l'anarchie ; il reste ce qu'il est véritablement quand il remplace la liberté : libérateur après la Constitution directoriale, Bonaparte était oppresseur après la Charte. Il le sentait si bien qu'il se crut obligé d'aller plus loin que Louis XVIII et de retourner aux sources de la souveraineté nationale. Lui, qui avait foulé le peuple en maître, fut réduit à se refaire tribun du peuple, à courtiser la faveur des faubourgs, à parodier l'enfance révolutionnaire, à bégayer un vieux langage de liberté qui faisait grimacer ses lèvres, et dont chaque syllabe mettait en colère son épée.

Sa destinée, comme puissance, était en effet si bien accomplie, qu'on ne reconnut plus le génie de Napoléon pendant les Cent-Jours. Ce génie était celui du succès et de l'ordre, non celui de la défaite et de la liberté : or, il ne pouvait rien par la victoire qui l'avait trahi, rien pour l'ordre, puisqu'il existait sans lui. Dans son étonnement il disait : « Comme les Bourbons m'ont arrangé la France en quelques mois ! il me faudra des années pour la refaire. » Ce n'était pas l'œuvre de la *légitimité* que le conquérant voyait, c'était l'œuvre de la *Charte* ; il avait laissé la France muette et prosternée, il la trouvait debout et parlante : dans la naïveté de son esprit absolu, il prenait la liberté pour le désordre.

Et pourtant Bonaparte est obligé de capituler avec les idées qu'il ne peut vaincre de prime abord. À défaut de popularité réelle, des ouvriers, payés à quarante sous par tête, viennent, à la fin de leur journée, brailler au Carrousel *Vive l'Empereur !* cela s'appelait aller *à la criée*. Des proclamations annoncent d'abord une merveille d'oubli et de pardon ; les individus sont déclarés libres, la nation libre, la presse libre ; on ne veut que la paix, l'indépendance et le bonheur du peuple ; tout le système impérial est changé ; l'âge d'or va renaître. Afin de rendre la pratique conforme à la théorie, on partage la France en sept grandes divisions de police ; les sept lieutenants sont investis des mêmes pouvoirs qu'avaient, sous le Consulat et l'Empire, les directeurs généraux : on sait ce que furent à Lyon, à Bordeaux, à Milan, à Florence, à Lisbonne, à Hambourg, à Amsterdam, ces protecteurs de la liberté individuelle. Au-dessus de ces lieutenants, Bonaparte élève, dans une hiérarchie de plus en plus *favorable à la liberté*, des commissaires extraordinaires, à la manière des représentants du peuple sous la Convention.

La police que dirige Fouché apprend au monde, par des proclamations solennelles, qu'elle ne va plus servir qu'à répandre la philosophie, qu'elle n'agira plus que d'après des principes de vertu.

Bonaparte rétablit, par un décret, la garde nationale du royaume, dont le nom seul lui donnait jadis des vertiges. Il se voit forcé d'annuler le divorce prononcé sous l'Empire entre le despotisme et la démagogie, et de favoriser leur nouvelle alliance : de cet hymen doit naître, au Champ de Mai, une liberté, le bonnet rouge et le turban sur la tête, le sabre du mameluck à la ceinture et la hache révolutionnaire à la main, liberté entourée des ombres de ces milliers de victimes sacrifiées sur les échafauds ou dans les campagnes brûlantes de l'Espagne et les déserts glacés de la Russie. Avant le succès, les mamelucks sont jacobins ; après le succès, les jacobins deviendront mamelucks : Sparte est pour l'instant du danger, Constantinople pour celui du triomphe.

Bonaparte aurait bien voulu ressaisir à lui seul l'autorité, mais cela ne lui était pas possible ; il trouvait des hommes disposés à la lui disputer : d'abord les républicains de bonne foi, délivrés des chaînes du despotisme et des lois de la monarchie, désiraient garder une indépendance qui n'est peut-être qu'une noble erreur ; ensuite les furieux de l'ancienne faction de la montagne : ces derniers, humiliés de n'avoir été sous l'Empire que les espions de police d'un despote, semblaient résolus à reprendre, pour leur propre compte, cette liberté de tout faire dont ils avaient cédé pendant quinze années le privilège à un maître.

Mais ni les républicains, ni les révolutionnaires, ni les satellites de Bonaparte, n'étaient assez forts pour établir leur puissance séparée, ou pour se subjuguer mutuellement. Menacés au dehors d'une invasion, poursuivis au dedans par l'opinion publique, ils comprirent que s'ils se divisaient, ils étaient perdus : afin d'échapper au danger, ils ajournèrent leur querelle ; les uns apportaient à la défense commune leurs systèmes et leurs chimères, les autres leur terreur et leur perversité. Nul n'était de bonne foi dans ce pacte ; chacun, la crise passée, se promettait de le tourner à son profit ; tous cherchaient d'avance à s'assurer les résultats de la victoire. Dans cet effrayant trente et un, trois énormes joueurs tenaient la banque tour à tour : la liberté, l'anarchie, le despotisme, tous trois trichant et s'efforçant de gagner une partie perdue pour tous.

Pleins de cette pensée, ils ne sévissaient point contre quelques enfants perdus qui pressaient les mesures révolutionnaires : des fédérés s'étaient formés dans les faubourgs et des fédérations s'organisaient sous de rigoureux serments dans la Bretagne, l'Anjou, le Lyonnais et la Bourgogne ; on entendait chanter *la Marseillaise* et *la Carmagnole* ; un club, établi à Paris, correspondait avec d'autres clubs dans les provinces ; on annonçait la résurrection du *Journal des Patriotes*[549]. Mais, de ce côté-là, quelle confiance pouvaient inspirer les ressuscités de 1793 ? Ne savait-on pas comment ils expliquaient la liberté, l'égalité, les droits de l'homme ? Étaient-ils plus moraux, plus sages, plus sincères après qu'avant leurs énormités ? Est-ce parce qu'ils s'étaient souillés de tous les vices qu'ils étaient devenus capables de toutes les vertus ? On n'abdique pas le

---

[549] Le Journal des Patriotes de 1789, fondé par Réal et Méhée de la Touche, avait paru du 18 août 1795 au 16 août 1796. Il ressuscita pendant les Cent-Jours, du 1er mai au 3 juillet 1815, sous ce titre : Le Patriote de 1789, journal du soir, politique et littéraire. Réal, alors préfet de police, en était l'inspirateur, et Méhée de la Touche le rédacteur principal. Ce Méhée, une des plus rares figures de coquins de la période révolutionnaire et impériale, avait été, en 1792, secrétaire greffier adjoint de la Commune dite du 10 août, et il avait, en cette qualité, joué un rôle dans la préparation des massacres de septembre. Le 17 septembre, la section du Panthéon délibérait sur le genre de gouvernement que l'on devait demander à la Convention ; il envoya son vœu dans un billet ainsi conçu : « Si jamais ce que l'on appelait un roi, ou quelque chose qui ressemble à un roi, ose se présenter en France, et qu'il vous faille quelqu'un pour le poignarder, inscrivez-moi au nombre des candidats. Voilà mon nom : Méhée. » Après le 18 brumaire, il rédigea le Journal des Hommes libres, qui lui valut bientôt d'être arrêté en vertu d'un ordre des Consuls qui le qualifiait de septembriseur. Exilé d'abord à Dijon, puis à l'île d'Oléron, il s'évada sans trop de peine, ne fut pas recherché par la police, qui avait ses raisons pour fermer les yeux, et passa en Angleterre. Il se présenta au gouvernement anglais et au comte d'Artois comme l'agent d'un parti puissant qui voulait renverser Bonaparte. De retour en France, il publia un Mémoire qui dévoilait ses nouvelles infamies. Cette affaire lui valut beaucoup d'argent anglais et français, et il se fixa à Paris, où il étala une sorte de faste, jusqu'au jour où il retomba dans sa détresse ordinaire. Au mois de juillet 1815, il lui fallut quitter la France et se réfugier en Suisse. Après avoir habité successivement l'Allemagne et la Belgique, il put rentrer en 1819, publia quelques brochures discréditées d'avance par son nom et mourut dans la misère en 1826, à l'âge de soixante-six ans.

crime aussi facilement qu'une couronne ; le front que ceignit l'affreux bandeau en conserve des marques ineffaçables.

L'idée de faire descendre un ambitieux de génie du rang d'empereur à la condition de généralissime ou de président de la République était une chimère : le bonnet rouge, dont on chargeait la tête de ses bustes pendant les Cent-Jours, n'aurait annoncé à Bonaparte que la reprise du diadème, s'il était donné à ces athlètes qui parcourent le monde de fournir deux fois la même carrière.

Toutefois, des libéraux de choix se promettaient la victoire : des hommes fourvoyés, comme Benjamin Constant, des niais, comme M. Simonde-Sismondi[550], parlaient de placer le prince de Canino[551] au ministère de l'intérieur, le lieutenant général comte Carnot au ministère de la guerre, le comte Merlin[552] à celui de la justice. En apparence abattu, Bonaparte ne s'opposait point à des mouvements démocratiques qui, en dernier résultat, fournissaient des conscrits à son armée. Il se laissait attaquer dans des pamphlets ; des caricatures lui répétaient : *Île d'Elbe*, comme les perroquets criaient à Louis XI : *Péronne*. On prêchait à l'échappé de prison, en le tutoyant, la liberté et l'égalité ; il écoutait ces remontrances d'un air de componction. Tout à coup, rompant les liens dont on avait prétendu l'envelopper, il proclame de sa propre autorité, non une constitution plébéienne, mais une constitution aristocratique, un *Acte additionnel* aux constitutions de l'Empire[553].

---

[550] Jean-Charles-Léonard Simonde de Sismondi, né à Genève le 9 mai 1773, mort dans la même ville le 25 juin 1842. Ses principaux ouvrages sont : l'Histoire des républiques italiennes, seize volumes in-8o (1807-1818), et l'Histoire des Français, vingt-neuf volumes in-8o (1821-1842). C'est en 1813 qu'il vint pour la première fois à Paris. Pendant les Cent-Jours, il donna au Moniteur une série d'articles en faveur de l'Acte additionnel, et les réunit en un volume sous le titre d'Examen de la Constitution française. Ils attirèrent l'attention de l'Empereur, qui manda Sismondi et s'entretint longuement avec lui.

[551] Lucien Bonaparte.

[552] Philippe-Antoine, comte Merlin, dit Merlin de Douai (1754-1838), député à la Constituante, à la Convention, au Conseil des Anciens, et à la Chambre des représentants en 1815 ; ministre de la Justice en 1795, puis ministre de la police générale ; membre du Directoire après le 18 fructidor ; sous l'Empire, procureur général à la Cour de cassation, conseiller d'État, comte, grand-officier de la Légion d'honneur. Destitué de ses fonctions en 1814, bien qu'il eût des premiers adhéré à Louis XVIII, il fut, après le 20 mars, rappelé par l'Empereur à la Cour de cassation, avec le titre de ministre d'État. Le 24 juillet 1815, il fut exilé comme régicide ayant rempli des fonctions pendant les Cent-Jours. Il se retira en Hollande et y vécut jusqu'à la révolution de 1830, qui lui permit de rentrer en France. Il mourut à Paris, âgé de quatre-vingt-quatre ans. Jurisconsulte de premier ordre, il eut l'infamie de rédiger la loi des suspects. Si très peu d'hommes, pendant la Révolution, ont eu plus de talent que Merlin de Douai, sa lâcheté fut plus grande encore que son talent.

[553] L'Acte additionnel fut publié dans le Moniteur du 23 avril 1815. Le même jour paraissait un décret portant que les Français étaient appelés à consigner leur vote

La République rêvée se change par cet adroit escamotage dans le vieux gouvernement impérial, rajeuni de féodalité, L'*Acte additionnel* enlève à Bonaparte le parti républicain et fait des mécontents dans presque tous les autres partis[554]. La licence règne à Paris, l'anarchie dans les provinces ; les autorités civiles et militaires se combattent ; ici on menace de brûler les châteaux et d'égorger les prêtres ; là on arbore le drapeau blanc et on crie *Vive le roi !* Attaqué, Bonaparte recule ; il retire à ses commissaires extraordinaires la nomination des maires des communes et rend cette nomination au peuple. Effrayé de la multiplicité des votes négatifs contre l'*Acte additionnel*, il abandonne sa dictature de fait et convoque la Chambre des représentants en vertu de cet acte qui n'est point encore accepté. Errant d'écueil en écueil, à peine délivré d'un danger, il heurte contre un autre : souverain d'un jour, comment instituer une pairie héréditaire que l'esprit d'égalité repousse ? Comment gouverner les deux Chambres ? Montreront-elles une obéissance passive ? Quels seront les rapports de ces Chambres avec l'assemblée projetée du Champ de Mai, laquelle n'a plus de véritable but, puisque l'*Acte additionnel* est mis à exécution avant que les suffrages eussent été comptés ? Cette assemblée, composée de trente mille électeurs, ne se croira-t-elle pas la représentation nationale ?

Ce Champ de Mai, si pompeusement annoncé et célébré le 1er juin[555], se résout en un simple défilé de troupes et une distribution de drapeaux devant un autel méprisé. Napoléon, entouré de ses frères, des dignitaires de l'État, des maréchaux, des corps civils et judiciaires, proclame la

---

sur des registres ouverts dans toutes les communes, et que le dépouillement aurait lieu à l'assemblée du Champ de Mai convoquée à Paris pour le 26 mai.

[554] La surprise et le mécontentement furent universels. Un témoin peu suspect, Thibaudeau, a dit : « L'effet fut prompt comme la foudre ; à l'enthousiasme des patriotes succéda incontinent un froid glacial ; ils tombèrent dans le découragement, ne prévirent que malheurs et s'y résignèrent. » (Le Consulat et l'Empire, t. X, p. 325-326). — Un Anglais, présent alors à Paris, et qui, en sa qualité d'étranger, était un spectateur impartial du mouvement des idées et des faits, M. Hobbouse, d'ailleurs favorable à Napoléon, rend le même témoignage : « Je ne me rappelle pas, dit-il, avoir vu dans l'opinion un changement pareil à celui qui eut lieu à Paris, lorsque parut l'Acte additionnel. » (Lettres sur les Cent-Jours.) Les bonapartistes eux-mêmes étaient loin d'être satisfaits. « Les napoléonistes autoritaires, dit M. Henry Houssaye (1815, tome I, p. 546), déplorèrent ces concessions libérales. Ils dirent que l'empereur en transigeant avec l'anarchie faiblissait et s'affaiblissait, ils le regardèrent comme perdu. » — Voir Alfred Nettement, Histoire de la Restauration, tome II, p. 282 ; Benjamin Constant, Mémoires sur les Cent-Jours, tome II, 70-71 ; Mémoires de La Fayette, tome V, 420 ; Villemain, Souvenirs contemporains, tome II, 182-183.

[555] Aux termes du décret du 22 avril, la cérémonie du Champ de Mai avait été fixée au 26 mai, mais il fallut la remettre au 1er juin, des retards s'étant produits dans l'envoi des registres électoraux et les délégués tardant à arriver.

souveraineté du peuple à laquelle il ne croyait pas[556]. Les citoyens s'étaient imaginé qu'ils fabriqueraient eux-mêmes une constitution dans ce jour solennel, les paisibles bourgeois s'attendaient qu'on y déclarerait l'abdication de Napoléon en faveur de son fils, abdication manigancée à Bâle entre les agents de Fouché et du prince de Metternich : il n'y eut rien qu'une ridicule attrape politique. L'*Acte additionnel* se présentait, au reste, comme un hommage à la légitimité ; à quelques différences près, et surtout moins l'*abolition de la confiscation,* c'était la Charte.

Ces changement subits, cette confusion de toutes choses, annonçaient l'agonie du despotisme. Toutefois l'empereur ne peut recevoir du dedans l'atteinte mortelle, car le pouvoir qui le combat est aussi exténué que lui ; le Titan révolutionnaire, que Napoléon avait jadis terrassé, n'a point recouvré son énergie native ; les deux géants se portent maintenant d'inutiles coups ; ce n'est plus que la lutte de deux ombres.

À ces impossibilités générales se joignent pour Bonaparte des tribulations domestiques et des soucis de palais ; il annonçait à la France le retour de l'impératrice et du roi de Rome, et l'une et l'autre ne revenaient point. Il disait à propos de la reine de Hollande, devenue par Louis XVIII duchesse de Saint-Leu : « Quand on a accepté les prospérités d'une famille, il faut en embrasser les adversités. » Joseph, accouru de la Suisse, ne lui demandait que de l'argent ; Lucien l'inquiétait par ses liaisons libérales ; Murat, d'abord conjuré contre son beau-frère, s'était trop hâté, en revenant à lui, d'attaquer les Autrichiens : dépouillé du royaume de Naples et fugitif de mauvais augure, il attendait aux arrêts, près de Marseille, la catastrophe que je vous raconterai plus tard.[557]

Et puis l'empereur pouvait-il se fier à ses anciens partisans et ses prétendus amis ? ne l'avaient-ils pas indignement abandonné au moment de sa chute ? Ce Sénat qui rampait à ses pieds, maintenant blotti dans la pairie, n'avait-il pas décrété la déchéance de son bienfaiteur ? Pouvait-il les croire, ces hommes, lorsqu'ils venaient lui dire : « L'intérêt de la France est inséparable du vôtre. Si la fortune trompait vos efforts, des revers, sire,

---

[556] La fête fut magnifique, mais ce fut une fête de théâtre. On avait dressé à la hâte, au Champ de Mars, une estrade, un trône, un autel. Les acteurs ne manquaient pas, et le plus grand de tous était là, revêtu d'un costume, qui était aussi un costume de théâtre : une tunique et un manteau nacarat, des culottes de satin blanc, des souliers à bouffettes, une toque de velours noir orné de plumes blanches. Ses frères étaient entièrement vêtus de velours blanc, avec petits manteaux à l'espagnole, brodés d'abeilles d'or, et toque tailladée. Ses hérauts d'armes, ses chambellans, ses pages, étaient habillés comme des personnages d'opéra-comique. Ce Champ de Mai qui, dans la pensée de Napoléon, devait évoquer les souvenirs de Charlemagne, réveillait dans l'esprit des spectateurs les souvenirs de Jean de Paris, le héros d'un opéra de Boïeldieu alors très en vogue.

[557] En débarquant à Cannes, Murat s'était mis à la disposition de l'Empereur. Celui-ci, craignant la contagion du malheur, ne répondit pas au roi détrôné et lui fit interdire par Fouché l'accès de Paris.

n'affaibliraient pas notre persévérance et redoubleraient notre attachement pour vous[558]. » Votre persévérance ! votre attachement redoublé par l'infortune ! Vous disiez ceci le 11 juin 1815 : qu'aviez-vous dit le 2 avril 1814 ? que direz-vous quelques semaines après, le 19 juillet 1815 ?

Le ministre de la police impériale, ainsi que vous l'avez-vu, correspondait avec Gand, Vienne et Bâle ; les maréchaux auxquels Bonaparte était contraint de donner le commandement de ses soldats avaient naguère prêté serment à Louis XVIII ; ils avaient fait contre lui, Bonaparte, les proclamations les plus violentes[559] ; depuis ce moment, il est vrai, ils avaient réépousé leur sultan ; mais s'il eût été arrêté à Grenoble, qu'en auraient-ils fait ? Suffit-il de rompre un serment pour rendre à un autre serment violé toute sa force ? Deux parjures équivalent-ils à la fidélité ?

Encore quelques jours, et ces jureurs du Champ de Mai rapporteront leur dévouement à Louis XVIII dans les salons des Tuileries ; ils s'approcheront de la sainte table du Dieu de paix, pour se faire nommer ministres aux banquets de la guerre[560] : hérauts d'armes et brandisseurs des insignes royaux au sacre de Bonaparte, ils rempliront les mêmes fonctions au sacre de Charles X[561] ; puis, commissaires d'un autre pouvoir, ils mèneront ce roi prisonnier à Cherbourg, trouvant à peine un petit coin libre dans leur conscience pour y accrocher la plaque de leur nouveau serment. Il est dur de naître aux époques d'improbité, dans ces jours où deux hommes causant ensemble s'étudient à retrancher des mots de la langue, de peur de s'offenser et de se faire rougir mutuellement.

Ceux qui n'avaient pu s'attacher à Napoléon par sa gloire, qui n'avaient pu tenir par la reconnaissance au bienfaiteur duquel ils avaient reçu leurs richesses, leurs honneurs et jusqu'à leurs noms, s'immoleraient-ils maintenant à ses indigentes espérances ? S'enchaîneraient-ils à une fortune précaire et recommençante, les ingrats que ne fixa point une fortune consolidée par des succès inouïs et par une possession de seize années de victoires ? Tant de chrysalides qui, entre deux printemps, avaient dépouillé et revêtu, quitté et repris la peau du légitimiste et du révolutionnaire, du napoléonien et du bourboniste ; tant de paroles données et faussées ; tant de croix passées de la poitrine du chevalier à la queue du cheval, et de la queue du cheval à la poitrine du chevalier ; tant de preux changeant de bandières, et semant la lice de leurs gages de foi-mentie ; tant de nobles dames, tour à tour suivantes de Marie-Louise et de Marie-

---

[558] Adresse de la Chambre des Pairs du dimanche 11 juin. — Moniteur du 12 juin.
[559] Voyez plus haut celle du maréchal Soult. Ch.
[560] Allusion au maréchal Soult.
[561] La mission de porter l'épée du connétable, au sacre de Charles X, fut confiée au maréchal Moncey. Les maréchaux Soult, Mortier et Jourdan furent appelés à porter le sceptre, la main de justice et la couronne.

Caroline, ne devaient laisser au fond de l'âme de Napoléon que défiance, horreur et mépris ; ce grand homme vieilli était seul au milieu de tous ces traîtres, hommes et sort, sur une terre chancelante, sous un ciel ennemi, en face de sa destinée accomplie et du jugement de Dieu.

Napoléon n'avait trouvé de fidèles que les fantômes de sa gloire passée ; ils l'escortèrent, ainsi que je vous l'ai dit, du lieu de son débarquement jusqu'à la capitale de la France. Mais les aigles, qui avaient volé de *clocher en clocher* de Cannes à Paris, s'abattirent fatiguées sur les cheminées des Tuileries, sans pouvoir aller plus loin.

Napoléon ne se précipite point, avec les populations émues, sur la Belgique, avant qu'une armée anglo-prussienne s'y fût rassemblée : il s'arrête ; il essaye de négocier avec l'Europe et de maintenir humblement les traités de la légitimité. Le congrès de Vienne oppose à M. le duc de Vicence l'abdication du 11 avril 1814 : par cette abdication Bonaparte *reconnaissait qu'il était le seul obstacle au rétablissement de la paix en Europe, et en conséquence renonçait, pour lui et ses héritiers, aux trônes de France et d'Italie.* Or, puisqu'il vient rétablir son pouvoir, il viole manifestement le traité de Paris, et se replace dans la situation politique antérieure au 31 mars 1814 : donc c'est lui Bonaparte qui déclare la guerre à l'Europe, et non l'Europe à Bonaparte. Ces arguties logiques de procureurs diplomates, comme je l'ai fait remarquer à propos de la lettre de M. de Talleyrand, valaient ce qu'elles pouvaient avant le combat.

La nouvelle du débarquement de Bonaparte à Cannes était arrivée à Vienne le 6 mars[562], au milieu d'une fête où l'on représentait l'assemblée des divinités de l'Olympe et du Parnasse. Alexandre venait de recevoir le projet d'alliance entre la France, l'Autriche et l'Angleterre : il hésita un moment entre les deux nouvelles, puis il dit : « Il ne s'agit pas de moi, mais du salut du monde. » Et une estafette porte à Saint-Pétersbourg l'ordre de faire partir la garde. Les armées qui se retiraient s'arrêtent ; leur longue file fait volte-face, et huit cent mille ennemis tournent le visage vers la France. Bonaparte se prépare à la guerre ; il est attendu à de nouveaux champs catalauniques : Dieu l'a ajourné à la bataille qui doit mettre fin au règne des batailles.

Il avait suffi de la chaleur des ailes de la renommée de Marengo et d'Austerlitz pour faire éclore des armées dans cette France qui n'est qu'un grand nid de soldats. Bonaparte avait rendu à ses légions leurs surnoms d'*invincible*, de *terrible*, d'*incomparable* ; sept armées reprenaient le titre d'armées des Pyrénées, des Alpes, du Jura, de la Moselle, du Rhin ; grands souvenirs qui servaient de cadre à des troupes supposées, à des triomphes en espérance. Une armée véritable était réunie à Paris et à Laon ; cent cinquante batteries attelées, dix mille soldats d'élite entrés dans la garde ;

---

[562] Dans la nuit du 6 au 7 mars. La nouvelle avait été envoyée par le consul général d'Autriche à Gênes.

dix-huit mille marins illustrés à Lutzen et à Bautzen ; trente mille vétérans, officiers et sous-officiers, en garnison dans les places fortes ; sept départements du nord et de l'est prêts à se lever en masse ; cent quatre-vingt mille hommes de la garde nationale rendus mobiles ; des corps francs dans la Lorraine, l'Alsace et la Franche-Comté ; des fédérés offrant leurs piques et leurs bras ; Paris fabriquant par jours trois mille fusils ; telles étaient les ressources de l'empereur. Peut-être aurait-il encore une fois bouleversé le monde, s'il avait pu se résoudre, en affranchissant la patrie, à appeler les nations étrangères à l'indépendance. Le moment était propice : les rois qui promirent à leurs sujets des gouvernements constitutionnels venaient de manquer honteusement à leur parole. Mais la liberté était antipathique à Napoléon depuis qu'il avait bu à la coupe du pouvoir ; il aimait mieux être vaincu avec des soldats que de vaincre avec des peuples. Les corps qu'il poussa successivement vers les Pays-Bas se montaient à soixante-dix mille hommes.

Nous autres émigrés, nous étions dans la ville de Charles-Quint comme les femmes de cette ville : assises derrière leurs fenêtres, elles voient dans un petit miroir incliné les soldats passer dans la rue. Louis XVIII était là dans un coin complètement oublié ; à peine recevait-il de temps en temps un billet du prince de Talleyrand revenant de Vienne, quelques lignes des membres du corps diplomatique résidant auprès du duc de Wellington en qualité de commissaires, MM. Pozzo di Borgo,[563] de Vincent,[564] etc. etc. On avait bien autre chose à faire qu'à songer à nous ! Un homme étranger à la

---

[563] Charles-Alexandre, comte Pozzo di Borgo, né à Alata, (Corse) le 8 mars 1764. Député de la Corse à l'Assemblée législative de 1791, il se rangea parmi les monarchistes constitutionnels et se tint jusqu'au 10 août en relations fréquentes avec le roi. En 1796, obligé de quitter la Corse, il se rendit en Angleterre, puis à Vienne, et se mit enfin au service de la Russie. À la fois militaire et diplomate, il paie de sa personne sur les champs de bataille, et il déploie, comme négociateur, dans les missions les plus difficiles, les plus rares qualités de pénétration et de souplesse. Pozzo fut le plus redoutable ennemi de Bonaparte et nul n'a plus contribué à sa chute. C'est lui qui détermina l'empereur Alexandre à marcher sur Paris sans s'inquiéter des mouvements que faisait Napoléon sur ses derrières. La fameuse proclamation du prince de Schwarzenberg, qui la première parla des Bourbons, fut de même l'œuvre du comte Pozzo ; le prince de Schwarzenberg ne l'avait pas signée, et ce fut Alexandre qui, dans une entrevue au quartier général de Bondy, lui dit : « Mon cher prince, vous avez fait là une belle proclamation, elle est parfaite ; signez-la, elle vous fera honneur. » Et Schwarzenberg, un peu par amour-propre, un peu par déférence, la scella de son nom. Napoléon renversé, Pozzo fut nommé ambassadeur de Russie auprès de la cour de France. Il suivit Louis XVIII à Gand et resta ambassadeur à Paris jusqu'en 1835. À cette époque, il échangea ce poste contre celui d'ambassadeur à Londres, où il représenta l'empereur Nicolas jusqu'en 1839. Il demanda alors sa retraite, et vint passer les dernières années de sa vie à Paris, où il mourut le 15 février 1842. La mère de MM. Louis et Charles Blanc appartenait à la famille de Pozzo di Borgo.

politique n'aurait jamais cru qu'un impotent caché au bord de la Lys serait rejeté sur le trône par le choc des milliers de soldats prêts à s'égorger : soldats dont il n'était ni le roi ni le général, qui ne pensaient pas à lui, qui ne connaissaient ni son nom ni son existence. De deux points si rapprochés, Gand et Waterloo, jamais l'un ne parut si obscur, l'autre si éclatant : la légitimité gisait au dépôt comme un vieux fourgon brisé.

Nous savions que les troupes de Bonaparte s'approchaient ; nous n'avions pour nous couvrir que nos deux petites compagnies sous les ordres du duc de Berry, prince dont le sang ne pouvait nous servir, car il était déjà demandé ailleurs. Mille chevaux, détachés de l'armée française, nous auraient enlevés en quelques heures. Les fortifications de Gand étaient démolies ; l'enceinte qui reste eût été d'autant plus facilement forcée que la population belge ne nous était pas favorable. La scène dont j'avais été témoin aux Tuileries se renouvela : on préparait secrètement les voitures de Sa Majesté ; les chevaux étaient commandés. Nous, fidèles ministres, nous aurions pataugé derrière, à la grâce de Dieu. MONSIEUR partit pour Bruxelles, chargé de surveiller de plus près les mouvements.

M. de Blacas était devenu soucieux et triste ; moi, pauvre homme, je le solaciais. À Vienne on ne lui était pas favorable ; M. de Talleyrand s'en moquait ; les royalistes l'accusaient d'être la cause du retour de Napoléon. Ainsi, dans l'une ou l'autre chance, plus d'exil honoré pour lui en Angleterre, plus de premières places possibles en France : j'étais son unique appui. Je le rencontrais assez souvent au Marché aux chevaux, où il trottait seul ; m'attelant à son côté, je me conformais *à sa triste pensée*. Cet homme que j'ai défendu à Gand et en Angleterre, que je défendis en France après les Cent-Jours, et jusque dans la préface de *la Monarchie selon la Charte*, cet homme m'a toujours été contraire : cela ne serait rien s'il n'eût été un mal pour la monarchie. Je ne me repens pas de ma niaiserie passée ; mais je dois redresser dans ces *Mémoires* les surprises faites à mon jugement ou à mon bon cœur.

Le 18 juin 1815, vers midi, je sortis de Gand par la porte de Bruxelles ; j'allais seul achever ma promenade sur la grande route. J'avais emporté les *Commentaires de César* et je cheminais lentement, plongé dans ma lecture. J'étais déjà à plus d'une lieue de la ville, lorsque je crus ouïr un roulement sourd : je m'arrêtai, regardai le ciel assez chargé de nuées, délibérant en moi-même si je continuerais d'aller en avant, ou si je

---

[564] Le baron de Vincent, ambassadeur d'Autriche près la cour de France. Ce n'était pas précisément un ambassadeur à la façon de Chateaubriand. Je trouve sur lui ce petit détail dans l'Histoire de la Restauration, par M. Louis de Viel-Castel, t. XVI, p. 256 : « Le baron de Vincent était célibataire et ne tenait pas une grande maison... On raconte que les jours où il donnait à dîner, il se tenait sans affectation près de la porte de son salon, ce qui dispensait d'annoncer et de nommer les convives. »

me rapprocherais de Gand dans la crainte d'un orage. Je prêtai l'oreille ; je n'entendis plus que le cri d'une poule d'eau dans les joncs et le son d'une horloge de village. Je poursuivis ma route ; je n'avais pas fait trente pas que le roulement recommença, tantôt bref, tantôt long et à intervalles inégaux ; quelquefois il n'était sensible que par une trépidation de l'air, laquelle se communiquait à la terre sur ces plaines immenses, tant il était éloigné. Ces détonations moins vastes, moins onduleuses, moins liées ensemble que celles de la foudre, firent naître dans mon esprit l'idée d'un combat. Je me trouvais devant un peuplier planté à l'angle d'un champ de houblon. Je traversai le chemin et je m'appuyai debout contre le tronc de l'arbre, le visage tourné du côté de Bruxelles. Un vent du sud s'étant levé m'apporta plus distinctement le bruit de l'artillerie. Cette grande bataille, encore sans nom, dont j'écoutais les échos au pied d'un peuplier, et dont une horloge de village venait de sonner les funérailles inconnues, était la bataille de Waterloo !

Auditeur silencieux et solitaire du formidable arrêt des destinées, j'aurais été moins ému si je m'étais trouvé dans la mêlée : le péril, le feu, la cohue de la mort ne m'eussent pas laissé le temps de méditer ; mais seul sous un arbre, dans la campagne de Gand, comme le berger des troupeaux qui paissaient autour de moi, le poids des réflexions m'accablait : Quel était ce combat ? Était-il définitif ? Napoléon était-il là en personne ? Le monde, comme la robe du Christ, était-il jeté au sort ? Succès ou revers de l'une ou l'autre armée, quelle serait la conséquence de l'événement pour les peuples, liberté ou esclavage ? Mais quel sang coulait ! chaque bruit parvenu à mon oreille n'était-il pas le dernier soupir d'un Français ? Était-ce un nouveau Crécy, un nouveau Poitiers, un nouvel Azincourt, dont allaient jouir les plus implacables ennemis de la France ? S'ils triomphaient, notre gloire n'était-elle pas perdue ? Si Napoléon l'emportait, que devenait notre liberté ? Bien qu'un succès de Napoléon m'ouvrît un exil éternel, la patrie l'emportait dans ce moment dans mon cœur ; mes vœux étaient pour l'oppresseur de la France, s'il devait, en sauvant notre honneur, nous arracher à la domination étrangère.

Wellington triomphait-il ? La légitimité rentrerait donc dans Paris derrière ces uniformes rouges qui venaient de reteindre leur pourpre au sang des Français ! La royauté aurait donc pour carrosses de son sacre les chariots d'ambulance remplis de nos grenadiers mutilés ! Que sera-ce qu'une restauration accomplie sous de tels auspices ?... Ce n'est là qu'une bien petite partie des idées qui me tourmentaient. Chaque coup de canon me donnait une secousse et doublait le battement de mon cœur. À quelques lieues d'une catastrophe immense, je ne la voyais pas, je ne pouvais toucher le vaste monument funèbre croissant de minute en minute à Waterloo, comme du rivage de Boulaq, au bord du Nil, j'étendais vainement mes mains vers les Pyramides.

Aucun voyageur ne paraissait ; quelques femmes dans les champs, sarclant paisiblement des sillons de légumes, n'avaient pas l'air d'entendre le bruit que j'écoutais. Mais voici venir un courrier : je quitte le pied de mon arbre et je me place au milieu de la chaussée ; j'arrête le courrier et l'interroge. Il appartenait au duc de Berry et venait d'Alost : « Bonaparte est entré hier (17 juin) dans Bruxelles, après un combat sanglant. La bataille a dû recommencer aujourd'hui (18 juin). On croit à la défaite définitive des alliés, et l'ordre de la retraite est donné. » Le courrier continua sa route.

Je le suivis en me hâtant : je fus dépassé par la voiture d'un négociant qui fuyait en poste avec sa famille ; il me confirma le récit du courrier.

Tout était dans la confusion quand je rentrai à Gand : on fermait les portes de la ville ; les guichets seuls demeuraient entre-bâillés ; des bourgeois mal armés et quelques soldats de dépôt faisaient sentinelle. Je me rendis chez le roi.

Monsieur venait d'arriver par une route détournée : il avait quitté Bruxelles sur la fausse nouvelle que Bonaparte y allait entrer, et qu'une première bataille perdue ne laissait aucune espérance du gain d'une seconde. On racontait que les Prussiens ne s'étant pas trouvés en ligne, les Anglais avaient été écrasés.

Sur ces bulletins, le *sauve qui peut* devint général : les possesseurs de quelques ressources partirent ; moi, qui ai la coutume de n'avoir jamais rien, j'étais toujours prêt et dispos. Je voulais faire déménager avant moi madame de Chateaubriand, grande bonapartiste, mais qui n'aime pas les coups de canon : elle ne me voulut pas quitter.

Le soir, conseil auprès de Sa Majesté : nous entendîmes de nouveau les rapports de Monsieur et les *on dit* recueillis chez le commandant de la place ou chez le baron d'Eckstein[565]. Le fourgon des diamants de la couronne était attelé : je n'avais pas besoin de fourgon pour emporter mon trésor. J'enfermai le mouchoir de soie noire dont j'entortille ma tête la nuit dans mon flasque portefeuille de ministre de l'intérieur, et je me mis à la disposition du prince, avec ce document important des affaires de la

---

[565] Ferdinand, baron d'Eckstein, né à Altona (Danemark) en septembre 1790, de parents israélites. Il embrassa le catholicisme à Rome en 1806, se battit dans les rangs des volontaires de Lutzow pendant la campagne de 1813, et, à la chute de l'Empire, entra au service de la Hollande. Gouverneur de Gand à l'époque des Cent-Jours, les égards qu'il eut pour le roi Louis XVIII lui valurent la faveur de ce prince. Il le suivit en France, devint successivement commissaire général à Marseille et inspecteur général du ministère de la police, reçut le titre de baron et fut enfin attaché, en qualité d'historiographe, au ministère des affaires étrangères. Non content d'écrire dans les journaux ultra-royalistes, le Drapeau blanc et la Quotidienne, il fonda en 1826 une revue politique et religieuse, Le Catholique. Orientaliste distingué, polémiste ardent et convaincu, il fut l'un des premiers rédacteurs du Correspondant, collabora après 1830 à l'Avenir et à la Revue archéologique et ne cessa, pendant plus de trente ans, de multiplier ses écrits en faveur de la religion. Le baron d'Eckstein est mort à Paris le 25 novembre 1861.

légitimité. J'étais plus riche dans ma première émigration, quand mon havresac me tenait lieu d'oreiller et servait de maillot à *Atala* : mais en 1815 *Atala* était une grande petite fille dégingandée de treize à quatorze ans, qui courait le monde toute seule, et qui, pour l'honneur de son père, avait fait trop parler d'elle.

Le 19 juin, à une heure du matin, une lettre de M. Pozzo, transmise au roi par estafette, rétablit la vérité des faits. Bonaparte n'était point entré dans Bruxelles ; il avait décidément perdu la bataille de Waterloo. Parti de Paris le 12 juin, il rejoignit son armée le 14. Le 15, il force les lignes de l'ennemi sur la Sambre. Le 16, il bat les Prussiens dans ces champs de Fleurus ou la victoire semble à jamais fidèle aux Français. Les villages de Ligny et de Saint-Amand sont emportés. Aux Quatre-Bras, nouveau succès : le duc de Brunswick reste parmi les morts[566]. Blücher en pleine retraite se rabat sur une réserve de trente mille hommes, aux ordres du général de Bulow[567] ; le duc de Wellington, avec les Anglais et les Hollandais, s'adosse à Bruxelles.

Le 18 au matin, avant les premiers coups de canon, le duc de Wellington, déclara qu'il pourrait tenir jusqu'à trois heures ; mais qu'à cette heure, si les Prussiens ne paraissaient pas, il serait nécessairement écrasé : acculé sur Planchenois et Bruxelles, toute retraite lui était interdite. Surpris par Napoléon, sa position militaire était détestable ; il l'avait acceptée et ne l'avait pas choisie.

Les Français emportèrent d'abord, à l'aile gauche de l'ennemi, les hauteurs qui dominent le château d'Hougoumont jusqu'aux fermes de la Haye-Sainte et de Papelotte ; à l'aile droite, ils attaquèrent le village de Mont-Saint-Jean ; la ferme de la Haye-Sainte est enlevée au centre par le prince Jérôme. Mais la réserve prussienne paraît vers Saint-Lambert à six heures du soir : une nouvelle et furieuse attaque est donnée au village de la Haye-Sainte ; Blücher survient avec des troupes fraîches et isole du reste de nos troupes déjà rompues les carrés de la garde impériale. Autour de cette phalange immortelle, le débordement des fuyards entraîne tout parmi des flots de poussière, de fumée ardente et de mitraille, dans des ténèbres sillonnées de fusées à la congrève, au milieu des rugissements de trois

---

[566] Guillaume-Frédéric, duc de Brunswick, fils de celui qui avait commandé en 1792 les armées coalisées contre la France, et qui avait été, en 1806, mortellement blessé près d'Auerstaedt.

[567] Bulow (Frédéric-Guillaume de), comte de Dennewitz, né en 1765, l'un des meilleurs généraux prussiens. En 1813, il avait battu le maréchal Oudinot à Gross-Beeren et le maréchal Ney à Dennewitz, et avait contribué à la victoire de Leipsick. Il joua un rôle très important à Waterloo, où sa marche sur le flanc droit de l'armée française décida du sort de la journée. Il avait depuis 1814, le titre de commandant général de l'infanterie prussienne et le gouvernement de la Prusse orientale. Après la campagne de 1815, il retourna au chef-lieu de son gouvernement, à Kœnigsberg, où il mourut en 1816.

cents pièces d'artillerie et du galop précipité de vingt-cinq mille chevaux : c'était comme le sommaire de toutes les batailles de l'Empire. Deux fois les Français ont crié : Victoire ! deux fois leurs cris sont étouffés sous la pression des colonnes ennemies. Le feu de nos lignes s'éteint ; les cartouches sont épuisées ; quelques grenadiers blessés, au milieu de trente mille morts, de cent mille boulets sanglants, refroidis et conglobés à leurs pieds, restent debout appuyés sur leur mousquet, baïonnette brisée, canon sans charge. Non loin d'eux l'homme des batailles écoutait, l'œil fixe, le dernier coup de canon qu'il devait entendre de sa vie. Dans ces champs de carnage, son frère Jérôme combattait encore avec ses bataillons expirants accablés par le nombre, mais son courage ne peut ramener la victoire.

Le nombre des morts du côté des alliés était estimé à dix-huit mille hommes, du côté des Français à vingt-cinq mille ; douze cents officiers anglais avaient péri ; presque tous les aides de camp du duc de Wellington étaient tués ou blessés ; il n'y eut pas en Angleterre une famille qui ne prît le deuil. Le prince d'Orange[568] avait été atteint d'une balle à l'épaule ; le baron de Vincent, ambassadeur d'Autriche, avait eu la main percée. Les Anglais furent redevables du succès aux Irlandais et à la brigade des montagnards écossais que les charges de notre cavalerie ne purent rompre. Le corps du général Grouchy, ne s'étant pas avancé, ne se trouva point à l'affaire. Les deux armées croisèrent le fer et le feu avec une bravoure et un acharnement qu'animait une inimitié nationale de dix siècles. Lord Castlereagh, rendant compte de la bataille à la Chambre des lords, disait : « Les soldats anglais et les soldats français, après l'affaire, lavaient leurs mains sanglantes dans un même ruisseau, et d'un bord à l'autre se congratulaient mutuellement sur leur courage. » Wellington avait toujours été funeste à Bonaparte, ou plutôt le génie rival de la France, le génie anglais, barrait le chemin à la victoire. Aujourd'hui les Prussiens réclament contre les Anglais l'honneur de cette affaire décisive ; mais, à la guerre, ce n'est pas l'action accomplie, c'est le nom qui fait le triomphateur : ce n'est pas Bonaparte qui a gagné la véritable bataille d'Iéna.

Les fautes des Français furent considérables : ils se trompèrent sur des corps ennemis ou amis ; ils occupèrent trop tard la position des Quatre-Bras ; le maréchal Grouchy, qui était chargé de contenir les Prussiens avec ses trente-six mille hommes, les laissa passer sans les voir : de là des reproches que nos généraux se sont adressés. Bonaparte attaqua de front

---

[568] Guillaume-Frédéric (1772-1843), fils de Guillaume V, le dernier stathouder de Hollande, et qui allait lui-même devenir roi des Pays-Bas, sous le nom de Guillaume Ier. Il commandait à Waterloo un des corps de l'armée de Wellington. Son fils, Guillaume-Georges-Frédéric (1792-1848), qui sera plus tard roi de Hollande sous le nom de Guillaume II, assistait également à la bataille comme aide de camp du généralissime anglais, et il fut blessé comme son père.

selon sa coutume, au lieu de tourner les Anglais, et s'occupa avec la présomption du maître, de couper la retraite à un ennemi qui n'était pas vaincu.

Beaucoup de menteries et quelques vérités assez curieuses ont été débitées sur cette catastrophe. Le mot : *La garde meurt et ne se rend pas,* est une invention qu'on n'ose plus défendre[569]. Il paraît certain qu'au commencement de l'action, Soult fit quelques observations stratégiques à l'empereur : « Parce que Wellington vous a battu, lui répondit sèchement Napoléon, vous croyez toujours que c'est un grand général. » À la fin du combat, M. de Turenne[570] pressa Bonaparte de se retirer pour éviter de tomber entre les mains de l'ennemi : Bonaparte, sorti de ses pensées comme d'un rêve, s'emporta d'abord ; puis tout à coup, au milieu de sa

---

[569] M. Thiers, dans son vingtième volume, publié en 1862, aura été le dernier défenseur de la phrase légendaire. « À ce moment, dit-il, on entend ce mot qui traversera les siècles, proféré selon les uns par le général Cambronne, selon les autres par le colonel Michel : La garde meurt et ne se rend pas. » En dépit de M. Thiers, nul ne croit plus à la réalité de la fameuse phrase, que le général Cambronne a d'ailleurs toujours désavouée, notamment en 1835, dans un banquet patriotique, qu'il présidait à Nantes. (Voir Levot, Biographie bretonne, au mot Cambronne.) Le seul point sur lequel on discute encore est celui de savoir si Cambronne a dit — ou n'a pas dit — le monosyllabe que Victor Hugo a mis dans sa bouche. (Les Misérables, tome III, liv. I, ch. 15, p. 103.) — Le mieux, je crois, est de s'en tenir à ces lignes d'un judicieux historien, M. Alfred Nettement : « Le mot prêté à Cambronne, leur chef : « La garde meurt et ne se rend pas, » n'a point été dit ; mais l'action est supérieure aux paroles ; ces héroïques soldats, entourés de monceaux de cadavres tombés sous leurs balles et leurs baïonnettes, sont tous mort pour ne pas se rendre. ».(Histoire de la Restauration, tome II, p. 567).

[570] Henri-Amédée-Mercure, comte de Turenne (1776-1852). Officier au régiment du Roi quand éclata la Révolution, il refusa d'émigrer, et voulut reprendre du service militaire ; mais, incarcéré à Lyon comme suspect pendant la Terreur, il ne fut remis en liberté qu'après le 9 thermidor, et servit à l'armée des Pyrénées occidentales. Le décret de 1794 contre les nobles le força de quitter l'armée ; il resta dans la vie privée jusqu'à la proclamation de l'Empire, et fut alors un des premiers à se rallier au nouveau pouvoir. Tandis que sa femme devenait dame du palais de l'impératrice Joséphine, lui-même était attaché à la personne de l'Empereur comme officier d'ordonnance. Chambellan de Napoléon après Wagram, premier chambellan et maître de la garde-robe en 1812, colonel pendant la campagne de Russie, il fut créé comte de l'Empire le 11 novembre 1813. Il suivit Napoléon pendant la campagne de France, assista aux adieux de Fontainebleau, mais ne put obtenir l'autorisation d'accompagner l'Empereur à l'île d'Elbe. Louis XVIII le nomma sous-lieutenant aux mousquetaires gris et chevalier de Saint-Louis. Aux Cent-Jours, il reprit son service auprès de Napoléon, fut nommé pair le 2 juin 1815 et assista à la bataille de Ligny et à celle de Waterloo, où il tenta des efforts désespérés contre les gardes anglaises. La seconde Restauration lui supprima ses titres et ses fonctions ; mais elle ne lui tint pas rigueur jusqu'au bout. Le 31 octobre 1829, elle le nomma maréchal de camp honoraire. M. de Turenne se rallia à la monarchie de Juillet et devint pair de France le 19 novembre 1831. Frappé de cécité, quelques années plus tard, il termina ses jours dans la retraite.

colère, il s'élance sur son cheval et fuit[571].

Le 19 juin cent coups de canon des Invalides avaient annoncé les succès de Ligny, de Charleroi, des Quatre-Bras ; on célébrait des victoires mortes la veille à Waterloo. Le premier courrier qui transmit à Paris la nouvelle de cette défaite, une des plus grandes de l'histoire par ses résultats, fut Napoléon lui-même : il rentra dans les barrières la nuit du 21 : on eût dit de ses mânes revenant pour apprendre à ses amis qu'il n'était plus. Il descendit à l'Élysée-Bourbon : lorsqu'il arriva de l'île d'Elbe, il était descendu aux Tuileries ; ces deux asiles, instinctivement choisis, révélaient le changement de sa destinée.

Tombé à l'étranger dans un noble combat, Napoléon eut à supporter à Paris les assauts des avocats qui voulaient mettre à sac ses malheurs : il regrettait de n'avoir pas dissous la Chambre avant son départ pour l'armée ; il s'est souvent aussi repenti de n'avoir pas fait fusiller Fouché et Talleyrand. Mais il est certain que Bonaparte, après Waterloo, s'interdit toute violence, soit qu'il obéît au calme habituel de son tempérament, soit qu'il fût dompté par la destinée ; il ne dit plus comme avant sa première abdication : « On verra ce que c'est que *la mort d'un grand homme.* » Cette verve était passée. Antipathique à la liberté, il songea à casser cette Chambre des représentants que présidait Lanjuinais, de citoyen devenu sénateur, de sénateur devenu pair, depuis redevenu citoyen, de citoyen allant redevenir pair. Le général La Fayette, député, lut à la tribune une proposition qui déclarait : « la Chambre en permanence, crime de haute trahison toute tentative pour la dissoudre, traître à la patrie, et jugé comme tel, quiconque s'en rendrait coupable. » (21 juin 1815.)

Le discours du général commençait par ces mots :

« Messieurs, lorsque pour la première fois depuis bien des années j'élève une voix que les vieux amis de la liberté reconnaîtront encore, je me sens appelé à vous parler du danger de la patrie. . . . .
. . . . Voici l'instant de nous rallier autour du drapeau tricolore, de celui de 89, celui de la liberté, de l'égalité et de l'ordre public. »

L'anachronisme de ce discours causa un moment d'illusion ; on crut voir la Révolution, personnifiée dans La Fayette, sortir du tombeau et se présenter pâle et ridée à la tribune. Mais ces motions d'ordre, renouvelées de Mirabeau, n'étaient plus que des armes hors d'usage, tirées d'un vieil arsenal. Si La Fayette rejoignait noblement la fin et le commencement de sa vie, il n'était pas en son pouvoir de souder les deux bouts de la chaîne rompue du temps. Benjamin Constant se rendit auprès de l'empereur à l'Élysée-Bourbon ; il le trouva dans son jardin. La foule remplissait l'avenue de Marigny et criait : *Vive l'Empereur !* cri touchant échappé des

---

[571] C'est plus rapide encore que Quinte-Curce : Darius tanti modo exercitus rex… fugiebat.

entrailles populaires ; il s'adressait au vaincu ! Bonaparte dit à Benjamin Constant : « Que me doivent ceux-ci ? je les ai trouvés, je les ai laissés pauvres. » C'est peut-être le seul mot qui lui soit sorti du cœur, si toutefois l'émotion du député n'a pas trompé son oreille. Bonaparte, prévoyant l'événement, vint au-devant de la sommation qu'on se préparait à lui faire ; il abdiqua pour n'être pas contraint d'abdiquer : « Ma vie politique est finie, dit-il : je déclare mon fils, sous le nom de Napoléon II, empereur des Français. » Inutile disposition, telle que celle de Charles X en faveur de Henri V : on ne donne des couronnes que lorsqu'on les possède, et les hommes cassent le testament de l'adversité. D'ailleurs l'empereur n'était pas plus sincère en descendant du trône une seconde fois qu'il ne l'avait été dans sa première retraite ; aussi, lorsque les commissaires français allèrent apprendre au duc de Wellington que Napoléon avait abdiqué, il leur répondit : « Je le savais depuis un an. »

La Chambre des représentants, après quelques débats où Manuel[572] prit la parole, accepta la nouvelle abdication de son souverain, mais vaguement et sans nommer de régence.

Une commission exécutive est créée[573] : le duc d'Otrante la préside ; trois ministres, un conseiller d'État et un général de l'empereur la

---

[572] Jacques-Antoine Manuel (1775-1827). Il était avocat à Aix, lorsque les électeurs des Cent-Jours l'envoyèrent à la Chambre des représentants. Manuel ne parut à la tribune qu'après Waterloo. Le 23 juin, il fit voter un ordre du jour portant que Napoléon II était devenu empereur des Français. Le 27, il fit prévaloir l'urgence de la discussion de la Constitution et du budget. Le 3 juillet, il présenta un projet d'adresse qui fut trouvé trop vague et qu'il défendit en protestant bien haut qu'il croyait le bonheur de la France incompatible avec le retour des Bourbons ; le 5, il demanda, en présence des propositions théoriques de Garat, qu'on mît dans la Constitution plus de « positif » et moins d' « idéologie ». Le 7, à la nouvelle que les Alliés s'étaient engagés à replacer Louis XVIII sur le trône, il s'éleva contre un acte qui blessait « notre liberté et nos droits ». — Membre de la Chambre des députés de 1818 à 1824, il fit au gouvernement royal une opposition que rendait redoutable son remarquable talent d'improvisateur. Lors de la discussion sur la guerre d'Espagne, le 27 février 1823, il répondit au magnifique discours par lequel Chateaubriand, alors ministre des Affaires étrangères, avait défendu l'expédition. Par deux fois, il prononça des paroles, où ses collègues virent une apologie du régicide. Le 3 mars, la Chambre décida qu'il serait exclu des séances pendant toute la durée de la session. Le lendemain, Manuel vint prendre place à son banc. Sur son refus de se retirer, et après que le sergent Mercier, commandant le détachement de garde nationale qui faisait le service d'honneur à la Chambre des députés, eut refusé de porter la main sur lui, il fut expulsé par le colonel de Foucault requis, à cet effet, avec un détachement de gendarmerie, par le président, M. Ravez. — Manuel ne fut pas réélu : il passa dans la retraite les dernières années de sa vie et mourut chez son ami M. Laffitte au château de Maisons (Seine-et-Oise) le 22 août 1827. Le 24 août, son corps fut transporté au Père-Lachaise, suivi d'une foule immense ; malgré les précautions prises par la police, qui n'avait accordé le passage que par les boulevards extérieurs, ce ne fut qu'à grand'peine qu'on put éviter des troubles sérieux.

composent et dépouillent de nouveau leur maître : c'était Fouché, Caulaincourt, Carnot, Quinette[574] et Grenier[575].

Pendant ces transactions, Bonaparte retournait ses idées dans sa tête : « Je n'ai plus d'armée, disait-il, je n'ai plus que des fuyards. La majorité de la Chambre des députés est bonne ; je n'ai contre moi que La Fayette, Lanjuinais et quelques autres. Si la nation se lève, l'ennemi sera écrasé ; si, au lieu d'une levée, on dispute, tout sera perdu. La nation n'a pas envoyé les députés pour me renverser, mais pour me soutenir. Je ne les crains point, quelque chose qu'ils fassent ; je serai toujours l'idole du peuple et de l'armée : si je disais un mot, ils seraient assommés. Mais si nous nous querellons, au lieu de nous entendre, nous aurons le sort du Bas-Empire. »

Une députation de la Chambre des représentants étant venue le féliciter sur sa nouvelle abdication, il répondit : « Je vous remercie : je désire que mon abdication puisse faire le bonheur de la France ; mais je ne l'espère pas. »

Il se repentit bientôt après, lorsqu'il apprit que la Chambre des représentants avait nommé une commission de gouvernement composée de cinq membres. Il dit aux ministres : « Je n'ai point abdiqué en faveur d'un nouveau Directoire ; j'ai abdiqué en faveur de mon fils : si on ne le proclame point, mon abdication est nulle et non avenue. Ce n'est point en se présentant devant les alliés l'oreille basse et le genou en terre que les Chambres les forceront à reconnaître l'indépendance nationale. »

---

[573] Le 22 juin 1815.

[574] Nicolas-Marie Quinette (1762-1821). Député de l'Aisne à la Législative, puis à la Convention, il vota la mort du roi. Au mois d'avril 1793, il fut, avec les conventionnels Camus, Lamarque et Bancal des Issarts et le ministre de la guerre Beurnonville, envoyé à l'armée de Dumouriez pour faire arrêter ce général. Ce fut ce dernier qui les fit arrêter et les livra au prince de Cobourg. Quinette et ses collègues furent soumis à une assez dure captivité jusqu'au 25 décembre 1795, jour où ils furent échangés, à Bâle, contre la fille de Louis XVI. Sous le Directoire, il fit partie du Conseil des Cinq-Cents et devint ministre de l'Intérieur. Préfet de la Somme après le 18 brumaire, il fut, en 1810, nommé conseiller d'État et fait baron, ce qui ne l'empêcha pas, en 1814, d'adhérer à la chute de Napoléon. Aux Cent-Jours, il se présenta, dès le 26 mars, à l'Empereur, qui lui confia une mission extraordinaire dans l'Eure, la Seine-Inférieure et la Somme, avec le titre de conseiller d'État, et l'appela, le 2 juin 1815, à siéger dans la Chambre des pairs impériale. Atteint par la loi du 12 janvier 1816 contre les régicides qui avaient rempli des fonctions pendant les Cent-Jours, il passa aux États-Unis, où il resta deux ans, revint en 1818 en Europe et se fixa à Bruxelles, où il mourut le 14 juin 1821.

[575] Paul, comte Grenier (1768-1827). Général de division dès 1794, il servit avec distinction dans les guerres de la Révolution et de l'Empire. À la première Restauration, il reçut de Louis XVIII le commandement de la 8e division militaire. Élu, en 1815, à la Chambre des représentants, il en fut nommé vice-président. Sous la seconde Restauration, il fut membre de la Chambre des députés de 1818 à 1822. À la fin de la législature, il se retira dans sa terre de Morembert (Aube), où il mourut le 18 avril 1827.

Il se plaignait que La Fayette, Sébastiani[576], Pontécoulant[577], Benjamin Constant, avaient conspiré contre lui, que d'ailleurs les Chambres n'avaient pas assez d'énergie. Il disait que lui seul pouvait tout réparer, mais que les meneurs n'y consentiraient jamais, qu'ils aimeraient mieux s'engloutir dans l'abîme que de s'unir avec lui, Napoléon, pour le fermer.

Le 27 juin, à la Malmaison, il écrivit cette sublime lettre : « En abdiquant le pouvoir, je n'ai pas renoncé au plus noble droit du citoyen, au droit de défendre mon pays. Dans ces graves circonstances, j'offre mes services comme général, me regardant encore comme le premier soldat de la patrie. »

Le duc de Bassano lui ayant représenté que les Chambres ne seraient pas pour lui : « Alors je le vois bien, » dit-il, « il faut toujours céder. Cet

---

[576] Horace-François-Bastien Sébastiani (1772-1851). Il coopéra au 18 brumaire, se distingua à Marengo, fut envoyé comme ambassadeur à Constantinople (1802-1807) et il décida la Turquie à déclarer la guerre à la Russie et à résister aux Anglais. En 1808, Napoléon lui donna un commandement en Espagne, où il remporta d'abord des succès, qui lui valurent d'être créé comte de l'Empire ; puis il se laissa souvent surprendre : « En vérité, disait Napoléon, Sébastiani me fait marcher de surprise en surprise. » Il se rallia aux Bourbons en 1814, revint à l'Empereur en 1815 et fut élu représentant à la Chambre des Cent-Jours par l'arrondissement de Vervins. Sous la seconde Restauration, député de 1816 à 1824 et de 1826 à 1830, il siégea sur les bancs de l'opposition. Après la révolution de Juillet, il fut successivement ministre des Affaires étrangères (août 1830-octobre 1832), ambassadeur à Naples (1834) et à Londres (1835-1840). Louis-Philippe lui donna, le 21 octobre 1840, le bâton de maréchal de France. Il passa ses dernières années dans la retraite, accablé par l'assassinat de sa fille, la duchesse de Praslin (17 août 1847). Marié en premières noces (1805) à Mlle de Coigny, qui mourut en couches en 1807, il était, par son second mariage avec Mlle de Gramont, proche parent du prince de Polignac.

[577] Louis-Germain Doulcet, comte de Pontécoulant (1764-1853). Député du Calvados à la Convention, il vota, dans le procès du roi, pour le bannissement. Après le 31 mai 1793, il dénonça la Commune de Paris et déclara que la Convention n'était pas libre. Au mois de juillet suivant, choisi comme défenseur par Charlotte Corday, il refusa de l'assister devant le Tribunal révolutionnaire, soit qu'il ait craint pour lui-même, soit qu'il ait eu peur d'aggraver par son intervention la situation de sa compatriote. Charlotte Corday, au moment de monter sur l'échafaud, lui écrivit une lettre qui commençait ainsi : « Doulcet Pontécoulant est un lâche d'avoir refusé de me défendre... » Le 3 octobre 1793, il fut mis hors la loi, mais il échappa aux poursuites en se réfugiant chez une amie, Mme Lejay, libraire, qui avait été publiquement la maîtresse de Mirabeau, et qu'il épousa l'année suivante. Préfet de la Dyle sous le Consulat, il fut nommé sénateur le 1er février 1802 et créé comte le 26 avril 1808. En 1809, il accepta de remplir dans le Calvados une mission de police et il fut le principal agent de l'assassinat du comte d'Aché. (Voir Louis de Frotté et les insurrections normandes, par L. de la Sicotière, t. II, p. 685.) Cela ne l'empêcha pas d'être nommé pair de France par Louis XVIII le 4 juin 1814 et de siéger sans interruption à la Chambre haute de 1814 à 1848. On a de lui des Mémoires publiés en 1862.

infâme Fouché vous trompe, il n'y a que Caulaincourt et Carnot qui valent quelque chose ; mais que peuvent-ils faire, avec un traître, Fouché, et deux niais, Quinette et Grenier, et deux Chambres qui ne savent ce qu'elles veulent ? Vous croyez tous comme des imbéciles aux belles promesses des étrangers ; vous croyez qu'ils vous mettront la poule au pot, et qu'ils vous donneront un prince de leur façon, n'est-ce pas ? Vous vous trompez[578]. »

Des plénipotentiaires furent envoyés aux alliés. Napoléon requit le 29 juin deux frégates, stationnées à Rochefort, pour le transporter hors de France ; en attendant il s'était retiré à la Malmaison.

Les discussions étaient vives à la Chambre des pairs. Longtemps ennemi de Bonaparte, Carnot, qui signait l'ordre des égorgements d'Avignon sans avoir le temps de le lire, avait eu le temps, pendant les Cent-Jours, d'immoler son républicanisme au titre de comte. Le 22 juin, il avait lu au Luxembourg une lettre du ministre de la guerre, contenant un rapport exagéré sur les ressources militaires de la France. Ney, nouvellement arrivé, ne put entendre ce rapport sans colère. Napoléon, dans ses bulletins, avait parlé du maréchal avec un mécontentement mal déguisé, et Gourgaud accusa Ney d'avoir été la principale cause de la perte de la bataille de Waterloo. Ney se leva et dit : « Ce rapport est faux, faux de tous points : Grouchy ne peut avoir sous ses ordres que vingt à vingt-cinq mille hommes tout au plus. Il n'y a plus un seul soldat de la garde à rallier : je la commandais ; je l'ai vu massacrer tout entière avant de quitter le champ de bataille. L'ennemi est à Nivelle avec quatre-vingt mille hommes ; il peut être à Paris dans six jours : vous n'avez d'autre moyen de sauver la patrie que d'ouvrir des négociations. »

L'aide de camp Flahaut[579] voulut soutenir le rapport du ministre de la guerre ; Ney répliqua avec une nouvelle véhémence : « Je le répète, vous n'avez d'autre voie de salut que la négociation. Il faut que vous rappeliez les Bourbons. Quant à moi, je me retirerai aux États-Unis. »

À ces mots, Lavallette et Carnot accablèrent le maréchal de reproches ; Ney leur répondit avec dédain : « Je ne suis pas de ces hommes

---

[578] Voyez les Œuvres de Napoléon, tome 1er, dernières pages. Ch.

[579] Auguste-Charles-Joseph, comte de Flahaut de la Billarderie (1785-1870), pair des Cent-Jours, pair de France de 1831 à 1848, sénateur du second Empire, ambassadeur à Londres de 1860 à 1862, grand chancelier de l'ordre de la Légion d'honneur de 1861 à 1870. Général de division en 1813, à vingt-huit ans, il déploya en faveur de Napoléon, après Waterloo, les plus généreux efforts. Il mourut le 1er septembre 1870, le jour du désastre de Sedan, et ne vit pas la chute de la dynastie à laquelle le rattachaient de secrètes et intimes affections. Il était le père du duc de Morny, frère naturel de Napoléon III. — Le père du comte de Flahaut avait péri sur l'échafaud en 1794 ; sa mère, la comtesse de Flahaut, remariée en 1802 au marquis de Souza-Bothello, a pris rang parmi nos meilleurs romanciers. Quelques-uns de ses romans, Adèle de Sénanges, Charles et Marie, Eugène de Rothelin, sont des œuvres parfaites, du sentiment le plus délicat et du goût le plus pur.

pour qui leur intérêt est tout : que gagnerai-je au retour de Louis XVIII ? d'être fusillé pour crime de désertion ; mais je dois la vérité à mon pays. »

Dans la séance des pairs du 23, le général Drouot[580], rappelant cette scène, dit : « J'ai vu avec chagrin ce qui fut dit hier pour diminuer la gloire de nos armes, exagérer nos désastres et diminuer nos ressources. Mon étonnement a été d'autant plus grand que ces discours étaient prononcés par un général distingué (Ney), qui, par sa grande valeur et ses connaissances militaires, a tant de fois mérité la reconnaissance de la nation. »

Dans la séance du 22, un second orage avait éclaté à la suite du premier : il s'agissait de l'abdication de Bonaparte ; Lucien insistait pour qu'on reconnût son neveu empereur. M. de Pontécoulant interrompit l'orateur, et demanda de quel droit Lucien, étranger et prince romain, se permettait de donner un souverain à la France. « Comment, ajouta-t-il, reconnaître un enfant qui réside en pays étranger ? » À cette question, La Bédoyère[581], s'agitant devant son siège :

---

[580] Antoine, comte Drouot (1774-1847), général de division d'artillerie, et, au jugement de Napoléon, le premier officier de son arme. Il avait suivi l'Empereur à l'île d'Elbe, s'était opposé autant qu'il avait pu au projet de retour en France ; mais, lorsque ce projet avait été décidé, il avait pris le commandement de l'avant-garde. Le 2 juin 1815, il fut nommé pair des Cent-Jours. Il était à Waterloo. Après la défaite, il accourut à la Chambre des pairs, exposa éloquemment la situation, et proposa de continuer la lutte. Investi par le gouvernement provisoire du commandement de la garde impériale, il eut assez d'influence sur elle pour la déterminer à se retirer derrière la Loire et à se laisser désarmer. L'ordonnance du 24 juillet 1815 l'ayant excepté de l'amnistie, il se constitua lui-même prisonnier, comparut devant un conseil de guerre le 6 avril 1816, et fut acquitté. Il vécut, dès lors, dans sa ville natale, à Nancy, exclusivement occupé de questions agricoles, refusant les offres d'emploi, de pensions et d'honneurs qui lui furent faites par Louis XVIII et par le gouvernement de Juillet. Il consentit seulement, le 19 novembre 1831, à être fait pair. — Napoléon l'appelait le Sage. « Drouot, disait-il, est un homme qui vivrait aussi satisfait avec quarante sous par jour qu'avec la dotation d'un souverain. » Par son testament de Sainte-Hélène, il lui légua 100 000 francs, qui furent employés en œuvres de bienfaisance. D'une piété sincère, Drouot n'avait cessé de pratiquer, même au milieu des camps, les devoirs de la religion. C'est peut-être la figure la plus héroïque et la plus pure de l'époque impériale. L'Éloge funèbre du général Drouot a été prononcé par le Père Lacordaire.

[581] Charles-Angélique-François Huchet, comte de La Bédoyère (1786-1815). Il avait été fait colonel en 1812, à vingt-six ans. Après l'abdication de Fontainebleau, sa famille avait obtenu pour lui la croix de Saint-Louis et le commandement du 7e de ligne, en garnison à Grenoble. Le 7 mars 1815, Napoléon n'avait encore vu son escorte se grossir que de faibles détachements, lorsqu'un régiment entier se joignit à lui à Vizille : c'était le régiment de La Bédoyère. À partir de ce moment, la partie était gagnée : la trahison du jeune colonel venait d'en assurer le succès. L'Empereur le nomma général de brigade, son aide de camp, et, bientôt, général de division ; le 2 juin, il l'appelait à la Chambre des pairs. Après la chute de l'Empire, impliqué dans un complot récemment découvert, La Bédoyère fut pris et

« J'ai entendu des voix autour du trône du souverain heureux ; elles s'en éloignent aujourd'hui qu'il est dans le malheur. Il y a des gens qui ne veulent pas reconnaître Napoléon II, parce qu'ils veulent recevoir la loi de l'étranger, à qui ils donnent le nom d'*alliés*.

« L'abdication de Napoléon est indivisible. Si l'on ne veut pas reconnaître son fils, il doit tenir l'épée, environné de Français qui ont versé leur sang pour lui, et qui sont encore tout couverts de blessures.

« Il sera abandonné par de vils généraux qui l'ont déjà trahi.

« Mais si l'on déclare que tout Français qui quittera son drapeau sera couvert d'infamie, sa maison rasée, sa famille proscrite, alors plus de traîtres, plus de manœuvres qui ont occasionné les dernières catastrophes et dont peut-être quelques auteurs siègent ici. »

La Chambre se lève en tumulte : « À l'ordre ! à l'ordre ! à l'ordre ! mugit-on blessé du coup. — Jeune homme, vous vous oubliez ! s'écria Masséna. — Vous vous croyez encore au corps de garde ? » disait Lameth.

Tous les présages de la seconde Restauration furent menaçants : Bonaparte était revenu à la tête de quatre cents Français, Louis XVIII revenait derrière quatre cent mille étrangers ; il passa près de la mare de sang de Waterloo, pour aller à Saint-Denis comme à sa sépulture.

C'était pendant que la légitimité s'avançait ainsi que retentissaient les interpellations de la Chambre des pairs ; il y avait là je ne sais quoi de ces terribles scènes révolutionnaires aux grands jours de nos malheurs, quand le poignard circulait au tribunal entre les mains des victimes. Quelques militaires dont la funeste fascination avait amené la ruine de la France, en déterminant la seconde invasion de l'étranger, se débattaient sur le seuil du palais ; leur désespoir prophétique, leurs gestes, leurs paroles de la tombe, semblaient annoncer une triple mort : mort à eux-mêmes, mort à l'homme qu'ils avaient béni, mort à la race qu'ils avaient proscrite.

Tandis que Bonaparte se retirait à la Malmaison avec l'Empire fini, nous, nous partions de Gand avec la monarchie recommençante. Pozzo, qui savait combien il s'agissait peu de la légitimité en haut lieu, se hâta d'écrire à Louis XVIII de partir et d'arriver vite, s'il voulait régner avant que la place fût prise : c'est à ce billet que Louis XVIII dut sa couronne en 1815.

À Mons, je manquai la première occasion de fortune de ma carrière politique ; j'étais mon propre obstacle et je me trouvais sans cesse sur mon chemin. Cette fois, mes *qualités* me jouèrent le mauvais tour que m'auraient pu faire mes défauts.

M. de Talleyrand, dans tout l'orgueil d'une négociation qui l'avait

---

arrêté (2 août 1815), traduit devant un conseil de guerre comme prévenu de « trahison, de rébellion et d'embauchage », condamné à la peine de mort à l'unanimité, et fusillé dans la plaine de Grenelle (19 août 1815).

enrichi, prétendait avoir rendu à la légitimité les plus grands services et il revenait en maître. Étonné que déjà on n'eût point suivi pour le retour à Paris la route qu'il avait tracée, il fut bien plus mécontent de retrouver M. de Blacas avec le roi. Il regardait M. de Blacas comme le fléau de la monarchie ; mais ce n'était pas là le vrai motif de son aversion : il considérait dans M. de Blacas le favori, par conséquent le rival ; il craignait aussi Monsieur et s'était emporté lorsque, quinze jours auparavant, Monsieur lui avait fait offrir son hôtel sur la Lys. Demander l'éloignement de M. de Blacas, rien de plus naturel ; l'exiger, c'était trop se souvenir de Bonaparte.

M. de Talleyrand entra dans Mons vers les six heures du soir, accompagné de l'abbé Louis : M. de Riccé[582], M. de Jaucourt[583] et quelques autres commensaux, volèrent à lui. Plein d'une humeur qu'on ne lui avait jamais vue, l'humeur d'un roi qui croit son autorité méconnue, il refusa de prime abord d'aller chez Louis XVIII, répondant à ceux qui l'en pressaient par sa phrase ostentatrice : « Je ne suis jamais pressé ; il sera temps demain. » Je l'allai voir ; il me fit toutes ces cajoleries avec lesquelles il séduisait les petits ambitieux et les niais importants. Il me prit par le bras, s'appuya sur moi en me parlant : familiarités de haute faveur, calculées pour me tourner la tête, et qui étaient, avec moi, tout à fait perdues ; je ne comprenais même pas. Je l'invitai à venir chez le roi où je me rendais.

Louis XVIII était dans ses grandes douleurs : il s'agissait de se séparer de M. de Blacas ; celui-ci ne pouvait rentrer en France ; l'opinion était soulevée contre lui ; bien que j'eusse eu à me plaindre du favori à Paris, je ne lui en avais témoigné à Gand aucun ressentiment. Le roi m'avait su gré de ma conduite ; dans son attendrissement, il me traita à merveille. On lui avait déjà rapporté les propos de M. de Talleyrand : « Il se vante, » me dit-il, « de m'avoir remis une seconde fois la couronne sur la tête et il me menace de reprendre le chemin de l'Allemagne : qu'en pensez-vous, monsieur de Chateaubriand ? » Je répondis : « On aura mal instruit Votre Majesté ; M. de Talleyrand est seulement fatigué. Si le roi y consent, je retournerai chez le ministre. » Le roi parut bien aise ; ce qu'il

---

582 Riccé (Gabriel-Marie, vicomte de), né à Bagé-la-Ville (Ain) le 12 juillet 1758, mort à Buzançais (Indre) le 29 novembre 1832. Préfet de l'Orne sous l'Empire, il avait été destitué aux Cent-Jours. Il fut réintégré le 14 juillet 1815, puis appelé à la préfecture de la Meuse (6 août 1817), et (24 février 1819) à celle du Loiret. Élu membre de la Chambre des députés en 1830 par le grand collège de ce dernier département, il vota l'Adresse des 221, adhéra au gouvernement de Louis-Philippe, fut réintégré dans l'administration comme préfet d'Orléans (6 août 1830), et remplacé, comme député, le 28 octobre 1830, par M. Jules de La Rochefoucauld, comte d'Estissac.
583 Sur le marquis de Jaucourt, voir, au tome III, la note 4 de la page 413. (note 15 du Livre III de la Troisième Partie)

aimait le moins, c'étaient les tracasseries ; il désirait son repos aux dépens même de ses affections.

M. de Talleyrand au milieu de ses flatteurs était plus monté que jamais. Je lui représentai qu'en un moment aussi critique il ne pouvait songer à s'éloigner. Pozzo le prêcha dans ce sens : bien qu'il n'eût pas la moindre inclination pour lui, il aimait dans ce moment à le voir aux affaires comme une ancienne connaissance ; de plus il le supposait en faveur près du czar. Je ne gagnai rien sur l'esprit de M. de Talleyrand, les habitués du prince me combattaient ; M. Mounier même pensait que M. de Talleyrand devait se retirer. L'abbé Louis, qui mordait tout le monde, me dit en secouant trois fois sa mâchoire : « Si j'étais le prince, je ne resterais pas un quart d'heure à Mons. » Je lui répondis : « Monsieur l'abbé, vous et moi nous pouvons nous en aller où nous voulons, personne ne s'en apercevra ; il n'en est pas de même de M. de Talleyrand. » J'insistai encore et je dis au prince : « Savez-vous que le roi continue son voyage ? » M. de Talleyrand parut surpris, puis il me dit superbement, comme le Balafré à ceux qui le voulaient mettre en garde contre les desseins de Henri III : « Il n'osera ! »

Je revins chez le roi où je trouvai M. de Blacas. Je dis à Sa Majesté, pour excuser son ministre, qu'il était malade, mais qu'il aurait très certainement l'honneur de faire sa cour au roi le lendemain. « Comme il voudra, répliqua Louis XVIII : je pars à trois heures ; » et puis il ajouta affectueusement ces paroles : « Je vais me séparer de M. de Blacas ; la place sera vide, monsieur de Chateaubriand. »

C'était la maison du roi mise à mes pieds. Sans s'embarrasser davantage de M. de Talleyrand, un politique avisé aurait fait attacher ses chevaux à sa voiture pour suivre ou précéder le roi : je demeurai sottement dans mon auberge.

M. de Talleyrand, ne pouvant se persuader que le roi s'en irait, s'était couché : à trois heures on le réveille pour lui dire que le roi part ; il n'en croit pas ses oreilles : « Joué ! trahi ! » s'écria-t-il. On le lève, et le voilà, pour la première fois de sa vie, à trois heures du matin dans la rue, appuyé sur le bras de M. de Riccé. Il arrive devant l'hôtel du roi ; les deux premiers chevaux de l'attelage avaient déjà la moitié du corps hors de la porte cochère. On fait signe au postillon de s'arrêter ; le roi demande ce que c'est ; on lui crie : « Sire, c'est M. de Talleyrand. — Il dort, dit Louis XVIII. — Le voilà, sire. — Allons ! » répondit le roi. Les chevaux reculent avec la voiture ; on ouvre la portière, le roi descend, rentre en se traînant dans son appartement, suivi du ministre boiteux. Là M. de Talleyrand commence en colère une explication. Sa Majesté l'écoute et lui répond : « Prince de Bénévent, vous nous quittez ? Les eaux vous feront du bien : vous nous donnerez de vos nouvelles. » Le roi laisse le prince ébahi, se fait reconduire à sa berline et part.

M. de Talleyrand bavait de colère ; le sang-froid de Louis XVIII l'avait démonté : lui, M. de Talleyrand, qui se piquait de tant de sang-froid, être battu sur son propre terrain, planté là, sur une place à Mons, comme l'homme le plus insignifiant : il n'en revenait pas ! Il demeure muet, regarde s'éloigner le carrosse, puis saisissant le duc de Lévis par un bouton de son spencer : « Allez, monsieur le duc, allez dire comme on me traite ! J'ai remis la couronne sur la tête du roi (il en revenait toujours à cette couronne), et je m'en vais en Allemagne commencer la nouvelle émigration. »

M. de Lévis écoutant en distraction, se haussant sur la pointe du pied, dit : « Prince, je pars, il faut qu'il y ait au moins un grand seigneur avec le roi. »

M. de Lévis se jeta dans une carriole de louage qui portait le chancelier de France : les deux grandeurs de la monarchie capétienne s'en allèrent côte à côte la rejoindre, à moitié frais, dans une *benne* mérovingienne.

J'avais prié M. de Duras de travailler à la réconciliation et de m'en donner les premières nouvelles. « Quoi ! m'avait dit M. de Duras, vous restez après ce que vous a dit le roi ? » M. de Blacas, en partant de Mons de son côté, me remercia de l'intérêt que je lui avais montré.

Je retrouvai M. de Talleyrand embarrassé ; il en était au regret de n'avoir pas suivi mon conseil, et d'avoir, comme un sous-lieutenant mauvaise tête, refusé d'aller le soir chez le roi ; il craignait que des arrangements eussent lieu sans lui, qu'il ne pût participer à la puissance politique et profiter des tripotages d'argent qui se préparaient. Je lui dis que, bien que je différasse de son opinion, je ne lui en restais pas moins attaché, comme un ambassadeur à son ministre ; qu'au surplus j'avais des amis auprès du roi, et que j'espérais bientôt apprendre quelque chose de bon. M. de Talleyrand était une vraie tendresse, il se penchait sur mon épaule ; certainement il me croyait dans ce moment un très grand homme.

Je ne tardai point à recevoir un billet de M. de Duras ; il m'écrivait de Cambrai que l'affaire était arrangée, et que M. de Talleyrand allait recevoir l'ordre de se mettre en route : cette fois le prince ne manqua pas d'obéir.

Quel diable me poussait ? Je n'avais point suivi le roi qui m'avait pour ainsi dire offert ou plutôt donné le ministère de sa maison et qui fut blessé de mon obstination à rester à Mons : je me cassais le cou pour M. de Talleyrand que je connaissais à peine, que je n'estimais point, que je n'admirais point ; pour M. de Talleyrand qui allait entrer dans des combinaisons nullement les miennes, qui vivait dans une atmosphère de corruption dans laquelle je ne pouvais respirer !

Ce fut de Mons même, au milieu de tous ses embarras, que le prince de Bénévent envoya M. de Perray toucher à Naples les millions d'un de ses marchés de Vienne.[584] M. de Blacas cheminait en même temps avec l'ambassade de Naples dans sa poche, et d'autres millions que le généreux exilé de Gand lui avait donnés à Mons. Je m'étais tenu dans de bons rapports avec M. de Blacas, précisément parce que tout le monde le détestait ; j'avais encouru l'amitié de M. de Talleyrand pour ma fidélité à un caprice de son humeur ; Louis XVIII m'avait positivement appelé auprès de sa personne, et je préférai la turpitude d'un homme sans foi à la faveur du roi : il était trop juste que je reçusse la récompense de ma stupidité, que je fusse abandonné de tous, pour les avoir voulu servir tous. Je rentrai en France n'ayant pas de quoi payer ma route, tandis que les trésors pleuvaient sur les disgraciés : je méritais cette correction. C'est fort bien de s'escrimer en pauvre chevalier quand tout le monde est cuirassé d'or ; mais encore ne faut-il pas faire des fautes énormes : moi demeuré auprès du roi, la combinaison du ministère Talleyrand et Fouché devenait presque impossible ; la Restauration commençait par un ministère moral et honorable, toutes les combinaisons de l'avenir pouvaient changer. L'insouciance que j'avais de ma personne me trompa sur l'importance des faits : la plupart des hommes ont le défaut de se trop compter ; j'ai le défaut de ne me pas compter assez : je m'enveloppai dans le dédain habituel de ma fortune ; j'aurais dû voir que la fortune de la France se trouvait liée dans ce moment à celle de mes petites destinées : ce sont de ces enchevêtrements historiques fort communs.

Sorti enfin de Mons, j'arrivai au Cateau-Cambrésis ; M. de Talleyrand m'y rejoignit : nous avions l'air de venir refaire le traité de paix de 1559 entre Henri II de France et Philippe II d'Espagne.

À Cambrai, il se trouva que le marquis de La Suze, maréchal des logis du temps de Fénelon, avait disposé des billets de logement de madame de Lévis, de madame de Chateaubriand et du mien : nous demeurâmes dans la rue, au milieu des feux de joie, de la foule circulant autour de nous et des habitants qui criaient : *Vive le roi !* Un étudiant, ayant appris que j'étais là, nous conduisit à la maison de sa mère.

Les amis des diverses monarchies de France commençaient à paraître ; ils ne venaient pas à Cambrai pour la ligue contre Venise[585], mais pour s'associer contre les nouvelles constitutions ; ils accouraient mettre aux pieds du roi leurs fidélités successives et leur haine pour la Charte : passe-port qu'ils jugeaient nécessaire auprès de Monsieur ; moi et deux ou trois raisonnables Gilles, nous sentions déjà la jacobinerie.

---

[584] Sur M. de Perray et sur cette négociation de Talleyrand, voir, au tome III, la note de la page 528 (note 47 du Livre IV de la Troisième Partie).
[585] En 1508, l'empereur Maximilien Ier, le roi de France Louis XII, le roi d'Aragon Ferdinand le Catholique et le pape Jules II formèrent entre eux, contre la République de Venise, une ligue qui est restée célèbre sous le nom de Ligue de Cambrai.

Le 28 juin, parut la déclaration de Cambrai. Le roi y disait : « Je ne veux éloigner de ma personne que ces hommes dont la renommée est un sujet de douleur pour la France et d'effroi pour l'Europe. » Or voyez, le nom de Fouché était prononcé avec gratitude par le pavillon Marsan ! Le roi riait de la nouvelle passion de son frère et disait : « Elle ne lui est pas venue de l'inspiration divine. » Je vous ai déjà raconté qu'en traversant Cambrai après les Cent-Jours, je cherchai vainement mon logis du temps du régiment de Navarre et le café que je fréquentais avec La Martinière : tout avait disparu avec ma jeunesse.

De Cambrai, nous allâmes coucher à Roye : la maîtresse de l'auberge prit madame de Chateaubriand pour madame la Dauphine ; elle fut portée en triomphe dans une salle où il y avait une table mise de trente couverts : la salle, éclairée de bougies, de chandelles et d'un large feu, était suffocante. L'hôtesse ne voulait pas recevoir de payement, et elle disait : « Je me regarde de travers pour n'avoir pas su me faire guillotiner pour nos rois[586]. » Dernière étincelle d'un feu qui avait animé les Français pendant tant de siècles.

Le général Lamothe, beau-frère de M. Laborie, vint, envoyé par les autorités de la capitale, nous instruire qu'il nous serait impossible de nous présenter à Paris sans la cocarde tricolore. M. de Lafayette et d'autres commissaires, d'ailleurs fort mal reçus des alliés, valetaient d'état-major en état-major, mendiant près des étrangers un maître quelconque pour la France : tout roi, au choix des Cosaques, serait excellent, pourvu qu'il ne descendît pas de saint Louis et de Louis XIV.

À Roye, on tint conseil : M. de Talleyrand fit attacher deux haridelles à sa voiture et se rendit chez Sa Majesté. Son équipage occupait la largeur de la place, à partir de l'auberge du ministre jusqu'à la porte du roi. Il descendit de son char avec un mémoire qu'il nous lut : il examinait le parti qu'on aurait à suivre en arrivant ; il hasardait quelques mots sur la nécessité d'admettre indistinctement tout le monde au partage des places ; il faisait entendre qu'on pourrait aller généreusement jusqu'aux juges de

---

[586] « La maîtresse de cette auberge était si royaliste qu'elle voyait des princesses partout ; elle me prit pour Mme la duchesse d'Angoulême et me porta presque dans une grande salle, où il y avait une table de vingt couverts au moins. La chambre était tellement éclairée de bougies et de chandelles qu'on perdait la respiration au milieu d'un nuage de fumée, sans compter la chaleur d'un feu qui aurait été à peine supportable au mois de janvier. Lorsque la bonne dame s'aperçut que je n'étais pas Mme la duchesse d'Angoulême, elle fut un peu désappointée ; mais enfin nous arrivions de Gand ; nous étions donc au moins de bons royalistes : elle nous fit fête en conséquence ; et, en partant, nous eûmes une peine infinie à lui faire accepter de l'argent. Dans cette classe, le dévouement est bien plus sans réserve que dans la classe plus élevée. Je me rappelle que cette pauvre femme me disait : « Voyez-vous, madame, je suis royaliste au point que, quelquefois, je me regarde de travers pour n'avoir pas su me faire guillotiner pour nos Bourbons. » (Souvenirs de Mme de Chateaubriand.)

Louis XVI. Sa Majesté rougit et s'écria en frappant des deux mains les deux bras de son fauteuil : « Jamais ! » Jamais de vingt-quatre heures.

À Senlis, nous nous présentâmes chez un chanoine : sa servante nous reçut comme des chiens ; quant au chanoine, qui n'était pas saint Rieul, patron de la ville, il ne voulut seulement pas nous regarder. Sa bonne avait ordre de ne nous rendre d'autre service que de nous acheter de quoi manger, pour notre argent : le *Génie du christianisme* me fut néant[587]. Pourtant Senlis aurait dû nous être de bon augure, puisque ce fut dans cette ville que Henri IV se déroba aux mains de ses geôliers en 1576 : « Je n'ai de regret, » s'écriait en s'échappant le roi compatriote de Montaigne, « que pour deux choses que j'ai laissées à Paris : la messe et ma femme. »

De Senlis nous nous rendîmes au berceau de Philippe-Auguste, autrement Gonesse[588]. En approchant du village, nous aperçûmes deux personnes qui s'avançaient vers nous : c'était le maréchal Macdonald et mon fidèle ami Hyde de Neuville. Ils arrêtèrent notre voiture et nous demandèrent où était M. de Talleyrand ; ils ne firent aucune difficulté de m'apprendre qu'ils le cherchaient afin d'informer le roi que Sa Majesté ne devait pas songer à franchir la barrière avant d'avoir pris Fouché pour ministre[589]. L'inquiétude me gagna, car, malgré la manière dont Louis XVIII s'était prononcé à Roye, je n'étais pas très rassuré. Je questionnai le maréchal : « Quoi ! monsieur le maréchal, lui dis-je, est-il certain que nous ne pouvons rentrer qu'à des conditions si dures ? — Ma foi, monsieur le vicomte, me répondit le maréchal, je n'en suis pas bien

---

[587] « Nous arrivâmes à Senlis le... juillet. Comme de coutume, nous ne pûmes trouver à nous loger : enfin, il fallut, manque d'auberge, nous présenter avec notre billet de logement chez un vieux chanoine qui nous reçut comme des chiens, ou plutôt nous fit recevoir par sa servante ; car pour lui, il ne voulut pas nous voir. On nous donna une mauvaise chambre avec deux lits plus mauvais encore, et la vieille bonne eut ordre de ne nous rendre d'autre service que d'aller nous acheter de quoi manger, avec notre argent, bien entendu. Du reste, la pauvre fille était aussi serviable que son maître était inhospitalier ; malgré sa défense, elle nous servit de son mieux et nous réconcilia même avec son chanoine, qui vint nous voir le lendemain avant notre départ ; il nous demanda gracieusement si nous ne voulions pas prendre quelque chose, et cela avec d'autant plus d'instances qu'il savait que nous avions déjeuné. » (Souvenirs de Mme de Chateaubriand.)

[588] Gonesse, à 15 kilomètres N.E. de Paris. Philippe-Auguste y est né en 1165.

[589] Les Mémoires du baron Hyde de Neuville sont ici de tous points d'accord avec ceux de Chateaubriand. Au tome II. p. 115, M. Hyde de Neuville s'exprime ainsi : « Nous partîmes, le maréchal Macdonald et moi pour nous rendre à Gonesse. Macdonald insista pour que nous vissions le prince de Talleyrand avant de nous présenter chez le roi... Ce ne fut pas M. de Talleyrand, mais M. de Chateaubriand que nous rencontrâmes le premier, ainsi qu'il le raconte dans les Mémoires d'Outre-tombe. Par respect pour le maréchal, je le laissai rendre compte du motif de notre voyage. Il assura que les choses étaient arrivées au point que la rentrée du roi à Paris était forcément liée à la nécessité de prendre Fouché pour ministre... »

convaincu. »

Le roi s'arrêta deux heures à Gonesse. Je laissai madame de Chateaubriand au milieu du grand chemin dans sa voiture, et j'allai au conseil à la mairie. Là fut mise en délibération une mesure d'où devait dépendre le sort futur de la monarchie. La discussion s'entama : je soutins, seul avec M. Beugnot, qu'en aucun cas Louis XVIII ne devait admettre dans ses conseils M. Fouché. Le roi écoutait : je voyais qu'il eût tenu volontiers la parole de Roye ; mais il était absorbé par Monsieur et pressé par le duc de Wellington.

Dans un chapitre de *la Monarchie selon la Charte*, j'ai résumé les raisons que je fis valoir à Gonesse. J'étais animé ; la parole parlée a une puissance qui s'affaiblit dans la parole écrite : « Partout où il y a une tribune ouverte, dis-je dans ce chapitre, quiconque peut être exposé à des reproches d'une certaine nature ne peut être placé à la tête du gouvernement. Il y a tel discours, tel mot, qui obligerait un pareil ministre à donner sa démission en sortant de la Chambre. C'est cette impossibilité résultant du principe libre des gouvernements représentatifs que l'on ne sentit pas lorsque toutes les illusions se réunirent pour porter un homme fameux au ministère, malgré la répugnance trop fondée de la couronne. L'élévation de cet homme devait produire l'une de ces deux choses : ou l'abolition de la Charte, ou la chute du ministère à l'ouverture de la session. Se représente-t-on le ministre dont je veux parler, écoutant à la Chambre des députés la discussion sur le 21 janvier, pouvant être apostrophé à chaque instant par quelque député de Lyon, et toujours menacé du terrible *Tu es ille vir !* Les hommes de cette sorte ne peuvent être employés ostensiblement qu'avec les muets du sérail de Bajazet, ou les muets du Corps législatif de Bonaparte. Que deviendra le ministre si un député, montant à la tribune un *Moniteur* à la main, lit le rapport de la Convention du 9 août 1795 ; s'il demande l'expulsion de Fouché comme indigne en vertu de ce rapport qui le *chassait*, lui Fouché (je cite textuellement), *comme un voleur et un terroriste, dont la conduite atroce et criminelle communiquait le déshonneur et l'opprobre à toute assemblée quelconque dont il deviendrait membre*[590] ? »

Voilà les choses que l'on a oubliées !

Après tout, avait-on le malheur de croire qu'un homme de cette espèce pouvait jamais être utile ? il fallait le laisser derrière le rideau, consulter sa triste expérience ; mais faire violence à la couronne et à l'opinion, appeler à visage découvert un pareil ministre aux affaires, un homme que Bonaparte, dans ce moment même, traitait d'infâme, n'était-ce pas déclarer qu'on renonçait à la liberté et à la vertu ? Une couronne vaut-

---

[590] Séance de la Convention du 22 thermidor an III (9 août 1795). — Moniteur du 14 août.

elle un pareil sacrifice ? On n'était plus maître d'éloigner personne : qui pouvait-on exclure après avoir pris Fouché ?

Les partis agissaient sans songer à la forme du gouvernement qu'ils avaient adoptée ; tout le monde parlait de constitution, de liberté, d'égalité, de droit des peuples, et personne n'en voulait ; verbiage à la mode : on demandait, sans y penser, des nouvelles de la Charte, tout en espérant qu'elle crèverait bientôt. Libéraux et royalistes inclinaient au gouvernement absolu, amendé par les mœurs : c'est le tempérament et le train de la France. Les intérêts matériels dominaient ; on ne voulait point renoncer à ce qu'on avait, dit-on, fait pendant la Révolution ; chacun était chargé de sa propre vie et prétendait en onérer le voisin : le mal, assurait-on, était devenu un élément public, lequel devait désormais se combiner avec les gouvernements, et entrer comme principe vital dans la société.

Ma lubie, relative à une Charte mise en mouvement par l'action religieuse et morale, a été la cause du mauvais vouloir que certains partis m'ont porté : pour les royalistes, j'aimais trop la liberté ; pour les révolutionnaires, je méprisais trop les crimes. Si je ne m'étais trouvé là, à mon grand détriment, pour me faire maître d'école de constitutionnalité, dès les premiers jours les ultras et les jacobins auraient mis la Charte dans la poche de leur frac à fleurs de lis, ou de leur carmagnole à la Cassius.

M. de Talleyrand n'aimait pas M. Fouché ; M. Fouché détestait et, ce qu'il y a de plus étrange, méprisait M. de Talleyrand : il était difficile d'arriver à ce succès. M. de Talleyrand, qui d'abord eût été content de n'être pas accouplé à M. Fouché, sentant que celui-ci était inévitable, donna les mains au projet ; il ne s'aperçut pas qu'avec la Charte (lui surtout uni au mitrailleur de Lyon) il n'était guère plus possible que Fouché.

Promptement se vérifia ce que j'avais annoncé : on n'eut pas le profit de l'admission du duc d'Otrante, on n'en eut que l'opprobre ; l'ombre des Chambres approchant suffit pour faire disparaître des ministres trop exposés à la franchise de la tribune.

Mon opposition fut inutile : selon l'usage des caractères faibles, le roi leva la séance sans rien déterminer ; l'ordonnance ne devait être arrêtée qu'au château d'Arnouville.

On ne tint point conseil en règle dans cette dernière résidence ; les intimes et les affiliés au secret furent seuls assemblés. M. de Talleyrand, nous ayant devancés, prit langue avec ses amis. Le duc de Wellington arriva : je le vis passer en calèche ; les plumes de son chapeau flottaient en l'air ; il venait octroyer à la France M. Fouché et M. de Talleyrand, comme le double présent que la victoire de Waterloo faisait à notre patrie. Lorsqu'on lui représentait que le régicide de M. le duc d'Otrante était peut-être un inconvénient, il répondait : « C'est une *frivolité*. » Un Irlandais protestant,[591] un général anglais étranger à nos mœurs et à notre histoire, un esprit ne voyant dans l'année française de 1793 que l'antécédent anglais de l'année 1649, était chargé de régler nos destinées ! L'ambition de Bonaparte nous avait réduits à cette misère.

Je rôdais à l'écart dans les jardins d'où le contrôleur général Machault, à l'âge de quatre-vingt-treize ans, était allé s'éteindre aux Madelonnettes[592] ; car la mort dans sa grande revue n'oubliait alors personne. Je n'étais plus appelé ; les familiarités de l'infortune commune avaient cessé entre le souverain et le sujet : le roi se préparait à rentrer dans son palais, moi dans ma retraite. Le vide se reforme autour des monarques sitôt qu'ils retrouvent le pouvoir. J'ai rarement traversé sans faire des réflexions sérieuses les salons silencieux et déshabités des Tuileries, qui me conduisaient au cabinet du roi : à moi, déserts d'une autre sorte, solitudes infinies où les mondes mêmes s'évanouissent devant Dieu, seul être réel.

On manquait de pain à Arnouville ; sans un officier du nom de Dubourg et qui dénichait de Gand comme nous, nous eussions jeûné. M. Dubourg alla à la picorée[593] il nous rapporta la moitié d'un mouton au logis du maire en fuite.[594] Si la servante de ce maire, héroïne de Beauvais

---

[591] Wellington était né à Duncan-Castle, en Irlande.

[592] J.-B. Machault d'Arnouville (1701-1794), contrôleur général des finances sous Louis XV. Disgracié en 1754, il avait depuis vécu dans la retraite, dans sa terre d'Arnouville. Enfermé en 1794 aux Madelonnettes comme suspect, il mourut dans cette prison.

[593] « À Arnouville, nous fûmes obligés de loger chez le maire, qui, à l'approche de l'armée royale, s'était caché... On manquait de vivres : on ne trouvait plus un pain dans le village ; nous et une douzaine d'arrivants de Gand, nous mourions de faim ; la servante du maire avait mis à l'ombre toutes ses provisions et ne nous avait réservé que ses injures, dont elle n'était pas avare, quand, par bonheur, arriva un certain M. Dubourg, général de sa façon, qui, nous dit-il, avait pris nombre de villes sur son chemin : c'était le plus grand hâbleur qu'on pût voir, et il nous racontait le plus sérieusement du monde (les croyant lui-même) ses hauts faits d'armes de Gand à Paris : on les aurait trouvés incroyables dans la vie d'Alexandre ; mais cette espèce de fou nous rendit un grand service en allant à la quête et nous rapportant d'énormes morceaux de viande, de pain, etc. Je crois qu'il avait fait très militairement emplette de ces provisions ; mais, sans scrupules, nous en fîmes un déjeuner excellent. » (Souvenirs de Mme de Chateaubriand.)

[594] Nous retrouverons mon ami, le général Dubourg, dans les journées de Juillet. Ch. — Sans attendre les journées de Juillet, nous dirons ici quelques mots du « général » Dubourg, qui devait, en effet, avoir beaucoup d'histoires à raconter, car sa vie fut un vrai roman. Frédéric Dubourg-Butler, né en 1778, était, à l'époque de la Révolution, élève de marine. En 1793, il alla en Vendée faire le coup de feu dans les rangs des royalistes. Blessé et fait prisonnier, il allait être fusillé, lorsqu'il fut sauvé par une femme. Le lendemain, on le trouve dans les rangs des républicains, servant dans l'armée de l'Ouest, alors commandée par Bernadotte. En 1812, il est en Russie, attaché à l'état-major d'une division polonaise. Blessé et fait prisonnier, il ne rentre en France qu'après la chute de l'Empire. En 1815, officier d'état-major

demeurée seule, avait eu des armes, elle nous aurait reçus comme Jeanne Hachette.

Nous nous rendîmes à Saint-Denis : sur les deux bords de la chaussée s'étendaient les bivouacs des Prussiens et des Anglais ; les yeux rencontraient au loin les flèches de l'abbaye : dans ses fondements Dagobert jeta ses joyaux, dans ses souterrains les races successives ensevelirent leurs rois et leurs grands hommes ; quatre mois passés, nous avions déposé là les os de Louis XVI pour tenir lieu des autres poussières. Lorsque je revins de mon premier exil en 1800, j'avais traversé cette même plaine de Saint-Denis ; il n'y campait encore que les soldats de Napoléon ; des Français remplaçaient encore les vieilles bandes du connétable de Montmorency.

Un boulanger nous hébergea. Le soir, vers les neuf heures, j'allai faire ma cour au roi. Sa Majesté était logée dans les bâtiments de l'abbaye : on avait toutes les peines du monde à empêcher les petites filles de la Légion d'honneur de crier : Vive Napoléon ! J'entrai d'abord dans l'église ; un pan de mur attenant au cloître était tombé : l'antique abbatial n'était éclairé que d'une lampe. Je fis ma prière à l'entrée du caveau où j'avais vu descendre Louis XVI : plein de crainte sur l'avenir, je ne sais si j'ai jamais eu le cœur noyé d'une tristesse plus profonde et plus religieuse. Ensuite je me rendis chez Sa Majesté ; introduit dans une des chambres qui précédaient celle du roi, je ne trouvai personne ; je m'assis dans un coin et j'attendis. Tout à coup une porte s'ouvre : entre silencieusement le vice appuyé sur le bras du crime, M. de Talleyrand marchant soutenu par M. Fouché ; la vision infernale passe lentement devant moi, pénètre dans le cabinet du roi et disparaît. Fouché venait jurer foi et hommage à son seigneur ; le féal régicide, à genoux, mit les mains qui firent tomber la tête de Louis XVI entre les mains du frère du roi martyr ; l'évêque apostat fut caution du serment.

Le lendemain, le faubourg Saint-Germain arriva : tout se mêlait de la nomination de Fouché déjà obtenue, la religion comme l'impiété, la vertu comme le vice, le royaliste comme le révolutionnaire, l'étranger comme le Français ; on criait de toute part : « Sans Fouché point de sûreté pour le roi, sans Fouché point de salut pour la France ; lui seul a déjà sauvé la patrie,

---

du duc de Feltre, ministre de la guerre, il suit le roi à Gand, reçoit, à la rentrée de Louis XVIII, le commandement de l'Artois, mais pour tomber presque aussitôt en disgrâce. Il disparaît pendant quinze ans, et surgit le 29 juillet 1830, à l'Hôtel de Ville, s'improvise « général », du droit de l'émeute et du fait de son uniforme, pris chez un fripier, et de ses épaulettes, tirées du magasin de l'Opéra-Comique. Il joue un instant le rôle de chef de la partie militaire du gouvernement provisoire, puis disparaît de nouveau. On ne le reverra plus que le 24 février 1848. Le nouveau gouvernement provisoire lui accorda une pension de retraite de général de brigade. Cette pension lui fut sans doute fort mal payée, car en 1850 le pauvre diable mit fin au roman de sa vie en avalant une forte dose d'opium.

lui seul peut achever son ouvrage. » La vieille duchesse de Duras était une des nobles dames les plus animées à l'hymne ; le bailli de Crussol,[595] survivant de Malte, faisait chorus : il déclarait que si sa tête était encore sur ses épaules, c'est que M. Fouché l'avait permis. Les peureux avaient eu tant de frayeur de Bonaparte, qu'ils avaient pris le massacreur de Lyon pour un Titus. Pendant plus de trois mois les salons du faubourg Saint-Germain me regardèrent comme un mécréant, parce que je désapprouvais la nomination de leurs ministres. Ces pauvres gens, ils s'étaient prosternés aux pieds des *parvenus ;* ils n'en faisaient pas moins grand bruit de leur noblesse, de leur haine contre les révolutionnaires, de leur fidélité à toute épreuve, de l'inflexibilité de leurs principes, et ils adoraient Fouché.

Fouché avait senti l'incompatibilité de son existence ministérielle avec le jeu de la monarchie représentative : comme il ne pouvait s'amalgamer avec les éléments d'un gouvernement légal, il essaya de rendre les éléments politiques homogènes à sa propre nature. Il avait créé une terreur factice ; supposant des dangers imaginaires, il prétendait forcer la couronne à reconnaître les deux Chambres de Bonaparte et à recevoir la déclaration des droits qu'on s'était hâté de parachever ; on murmurait même quelques mots sur la nécessité d'exiler Monsieur et ses fils : le chef-d'œuvre eût été d'isoler le roi.

On continuait à être dupe : en vain la garde nationale passait par-dessus les murs de Paris et venait protester de son dévouement ; on assurait que cette garde était mal disposée. La faction avait fait fermer les barrières afin d'empêcher le peuple, resté royaliste pendant les Cent-Jours, d'accourir, et l'on disait que ce peuple menaçait d'égorger Louis XVIII à son passage. L'aveuglement était miraculeux, car l'armée française se retirait sur la Loire, cent cinquante mille alliés occupaient les postes extérieurs de la capitale, et l'on prétendait toujours que le roi n'était pas assez fort pour pénétrer dans une ville où il ne restait pas un soldat, où il n'y avait plus que des bourgeois, très capables de contenir une poignée de fédérés, s'ils s'étaient avisés de remuer. Malheureusement le roi, par une suite de coïncidences fatales, semblait le chef des Anglais et des Prussiens ; il croyait être environné de libérateurs, et il était accompagné d'ennemis ; il paraissait entouré d'une escorte d'honneur, et cette escorte n'était en réalité que les gendarmes qui le menaient hors de son royaume : il traversait seulement Paris en compagnie des étrangers dont le souvenir servirait un jour de prétexte au bannissement de sa race.

---

[595] Alexandre-Charles-Emmanuel, bailli de Crussol (1743-1815). Député de la noblesse aux États-Généraux pour la prévôté et vicomte de Paris, il fut un des membres les plus ardents du côté droit. Louis XVIII le nomma pair de France le 4 juin 1814 ; il mourut le 17 décembre 1815.

Le gouvernement provisoire formé depuis l'abdication de Bonaparte fut dissous par une espèce d'acte d'accusation contre la couronne : pierre d'attente sur laquelle on espérait bâtir un jour une nouvelle révolution.

À la première Restauration j'étais d'avis que l'on gardât la cocarde tricolore : elle brillait de toute sa gloire ; la cocarde blanche était oubliée ; en conservant des couleurs qu'avaient légitimées tant de triomphes, on ne préparait point à une révolution prévoyable un signe de ralliement. Ne pas prendre la cocarde blanche eût été sage ; l'abandonner après qu'elle avait été portée par les grenadiers mêmes de Bonaparte était une lâcheté : on ne passe point impunément sous les fourches caudines ; ce qui déshonore est funeste : un soufflet ne vous fait physiquement aucun mal, et cependant il vous tue.

Avant de quitter Saint-Denis je fus reçu par le roi et j'eus avec lui cette conversation :

« Eh bien ? me dit Louis XVIII, ouvrant le dialogue par cette exclamation.

— Eh bien, sire, vous prenez le duc d'Otrante ?

— Il l'a bien fallu : depuis mon frère jusqu'au bailli de Crussol (et celui-là n'est pas suspect), tous disaient que nous ne pouvions pas faire autrement : qu'en pensez-vous ?

— Sire, la chose est faite : je demande à Votre Majesté la permission de me taire.

— Non, non, dites : vous savez comme j'ai résisté depuis Gand.

— Sire, je ne fais qu'obéir à vos ordres ; pardonnez à ma fidélité : je crois la monarchie finie. »

Le roi garda le silence ; je commençais à trembler de ma hardiesse, quand Sa Majesté reprit :

« Eh bien, monsieur de Chateaubriand, je suis de votre avis. »

Cette conversation termine mon récit des *Cent-Jours*.

LIVRE VI

Si un homme était soudain transporté des scènes les plus bruyantes de la vie au rivage silencieux de l'Océan glacé, il éprouverait ce que j'éprouve auprès du tombeau de Napoléon, car nous voici tout à coup au bord de ce tombeau.

Sorti de Paris le 25 juin, Napoléon attendait à la Malmaison l'instant de son départ de France. Je retourne à lui : revenant sur les jours écoulés, anticipant sur les temps futurs, je ne le quitterai plus qu'après sa mort.

La Malmaison, où l'empereur se reposa, était vide. Joséphine était morte[596] ; Bonaparte dans cette retraite se trouvait seul. Là il avait

---

[596] L'impératrice Joséphine était morte au château de la Malmaison (Seine-et-Oise) le 29 mai 1814.

commencé sa fortune ; là il avait été heureux ; là il s'était enivré de l'encens du monde ; là, du sein de son tombeau, partaient les ordres qui troublaient la terre. Dans ces jardins où naguère les pieds de la foule râtelaient les allées sablées, l'herbe et les ronces verdissaient ; je m'en étais assuré en m'y promenant. Déjà, faute de soins, dépérissaient les arbres étrangers ; sur les canaux ne voguaient plus les cygnes noirs de l'Océanie ; la cage n'emprisonnait plus les oiseaux du tropique : ils s'étaient envolés pour aller attendre leur hôte dans leur patrie.

Bonaparte aurait pu cependant trouver un sujet de consolation en tournant les yeux vers ses premiers jours : les rois tombés s'affligent surtout, parce qu'ils n'aperçoivent en amont de leur chute qu'une splendeur héréditaire et les pompes de leur berceau : mais que découvrait Napoléon antérieurement à ses prospérités ? la crèche de sa naissance dans un village de Corse. Plus magnanime, en jetant le manteau de pourpre, il aurait repris avec orgueil le sayon du chevrier ; mais les hommes ne se replacent point à leur origine quand elle fut humble ; il semble que l'injuste ciel les prive de leur patrimoine lorsqu'à la loterie du sort ils ne font que perdre ce qu'ils avaient gagné, et néanmoins la grandeur de Napoléon vient de ce qu'il était parti de lui-même : rien de son sang ne l'avait précédé et n'avait préparé sa puissance.

À l'aspect de ces jardins abandonnés, de ces chambres déshabitées, de ces galeries fanées par les fêtes, de ces salles où les chants et la musique avaient cessé, Napoléon pouvait repasser sur sa carrière : il se pouvait demander si avec un peu plus de modération il n'aurait pas conservé ses félicités. Des étrangers, des ennemis, ne le bannissaient pas maintenant ; il ne s'en allait pas quasi-vainqueur, laissant les nations dans l'admiration de son passage, après la prodigieuse campagne de 1814 ; il se retirait battu. Des Français, des amis, exigeaient son abdication immédiate, pressaient son départ, ne le voulaient plus même pour général, lui dépêchaient courriers sur courriers, pour l'obliger à quitter le sol sur lequel il avait versé autant de gloire que de fléaux.

À cette leçon si dure se joignaient d'autres avertissements : les Prussiens rôdaient dans le voisinage de la Malmaison ; Blücher, aviné, ordonnait en trébuchant de saisir, de *pendre* le conquérant qui avait mis *le pied sur le cou des rois*. La rapidité des fortunes, la vulgarité des mœurs, la promptitude de l'élévation et de l'abaissement des personnages modernes ôtera, je le crains, à notre temps, une partie de la noblesse de l'histoire : Rome et la Grèce n'ont point parlé de pendre Alexandre et César.

Les scènes qui avaient eu lieu en 1814 se renouvelèrent en 1815, mais avec quelque chose de plus choquant, parce que les ingrats étaient stimulés par la peur : il se fallait débarrasser de Napoléon vite : les alliés arrivaient ; Alexandre n'était pas là, au premier moment, pour tempérer le triomphe et contenir l'insolence de la fortune ; Paris avait cessé d'être orné de sa lustrale inviolabilité ; une première invasion avait souillé le sanctuaire ; ce n'était plus la colère de Dieu qui tombait sur nous, c'était le mépris du ciel : le foudre s'était éteint.

Toutes les lâchetés avaient acquis par les Cent-Jours un nouveau degré de malignité ; affectant de s'élever, par amour de la patrie, au-dessus des attachements personnels, elles s'écriaient que Bonaparte était aussi trop criminel d'avoir violé les traités de 1814. Mais les vrais coupables n'étaient-ils pas ceux qui favorisèrent ses desseins ? Si, en 1815, au lieu de lui refaire des armées, après l'avoir délaissé une première fois pour le délaisser encore, ils lui avaient dit, lorsqu'il vint coucher aux Tuileries : « Votre génie vous a trompé ; l'opinion n'est plus à vous ; prenez pitié de la France. Retirez-vous après cette dernière visite à la terre ; allez vivre dans la patrie de Washington. Qui sait si les Bourbons ne commettront point de fautes ? qui sait si un jour la France ne tournera pas les yeux vers vous, lorsque, à l'école de la liberté, vous aurez appris le respect des lois ? Vous reviendrez alors, non en ravisseur qui fond sur sa proie, mais en grand citoyen pacificateur de son pays. »

Ils ne lui tinrent point ce langage : ils se prêtèrent aux passions de leur chef revenu ; ils contribuèrent à l'aveugler, sûrs qu'ils étaient de profiter de sa victoire ou de sa défaite. Le soldat seul mourut pour Napoléon avec une sincérité admirable ; le reste ne fut qu'un troupeau paissant, s'engraissant à droite et à gauche. Encore si les vizirs du calife dépouillé s'étaient contentés de lui tourner le dos ! mais non : ils profitaient de ses derniers instants ; ils l'accablaient de leurs sordides demandes ; tous voulaient tirer de l'argent de sa pauvreté.

Oncques ne fut plus complet abandon ; Bonaparte y avait donné lieu : insensible aux peines d'autrui, le monde lui rendit indifférence pour indifférence. Ainsi que la plupart des despotes, il était bien avec sa domesticité ; au fond il ne tenait à rien : homme solitaire, il se suffisait ; le malheur ne fit que le rendre au désert de sa vie.

Quand je recueille mes souvenirs, quand je me rappelle avoir vu Washington dans sa petite maison de Philadelphie, et Bonaparte dans ses palais, il me semble que Washington, retiré dans son champ de la Virginie, ne devait pas éprouver les syndérèses de Bonaparte attendant l'exil dans ses jardins de la Malmaison. Rien n'était changé dans la vie du premier ; il retombait sur ses habitudes modestes ; il ne s'était point élevé au-dessus de la félicité des laboureurs qu'il avait affranchis ; tout était bouleversé dans la vie du second.

Napoléon quitta la Malmaison[597] accompagné des généraux Bertrand[598], Rovigo et Beker[599], ce dernier en qualité de surveillant ou de commissaire. Chemin faisant, il lui prit envie de s'arrêter à Rambouillet. Il

---

[597] Le 29 juin.

en partit pour s'embarquer à Rochefort, comme Charles X pour s'embarquer à Cherbourg ; Rambouillet, retraite inglorieuse où s'éclipsa ce qu'il y eut de plus grand, en race et en homme ; lieu fatal où mourut François Ier ; où Henri III, échappé des barricades, coucha tout botté en passant ; où Louis XVI a laissé son ombre ! Heureux Louis, Napoléon et Charles, s'ils n'eussent été que les obscurs gardiens des troupeaux de Rambouillet !

Arrivé à Rochefort,[600] Napoléon hésitait : la commission exécutive envoyait des ordres impératifs : « Les garnisons de Rochefort et de La Rochelle doivent, » disaient les dépêches, « prêter main-forte pour faire embarquer Napoléon… Employez la force… faites-le partir… ses services ne peuvent être acceptés. »

Les services de Napoléon ne pouvaient être acceptés ! Et n'aviez-vous pas accepté ses bienfaits et ses chaînes ? Napoléon ne s'en allait point ; il était chassé : et par qui ?

Bonaparte n'avait cru qu'à la fortune ; il n'accordait au malheur ni le feu ni l'eau ; il avait d'avance innocenté les ingrats : un juste talion le faisait comparaître devant son système. Quand le succès cessant d'animer sa personne s'incarna dans un autre individu, les disciples abandonnèrent le maître pour l'école. Moi qui crois à la légitimité des bienfaits et à la souveraineté du malheur, si j'avais servi Bonaparte, je ne l'aurais pas quitté ; je lui aurais prouvé, par ma fidélité, la fausseté de ses principes

---

598 Henri-Gratien, comte Bertrand (1773-1844). Napoléon l'avait nommé, à la mort du maréchal Duroc, grand maréchal du palais (18 novembre 1813). Compagnon de l'Empereur à l'île d'Elbe, il prépara activement les Cent-Jours et fut élevé à la pairie le 2 juin 1815. Il suivit Napoléon à Sainte-Hélène et ne le quitta plus. Condamné à mort par contumace, le 7 mai 1816, il fut à son retour, après la mort de Napoléon (1821), réintégré dans tous ses grades par Louis XVIII, dont une ordonnance annula l'arrêt de condamnation de 1816. Il siégea à la Chambre des députés, de 1831 à 1834. En 1840, il accompagna le prince de Joinville à Sainte-Hélène et rapporta en France avec lui les restes de l'Empereur.

599 Nicolas-Léonard Beker (1770-1840). Il avait épousé la sœur du général Desaix. Général de division, comte de l'Empire, grand officier de la Légion d'honneur après Essling, il devint cependant suspect à Napoléon, à cause de l'opinion qu'il n'avait pas craint d'exprimer sur les conséquences de son système de guerre à outrance, et il dut se rendre en disgrâce à Belle-Isle-en-Mer, pour en prendre le commandement. Il y resta jusqu'en 1814. Pendant les Cent-Jours, le département du Puy-de-Dôme l'envoya à la Chambre des représentants. Louis XVIII l'appela à la Chambre des pairs le 5 mars 1819.

600 Nicolas-Léonard Beker (1770-1840). Il avait épousé la sœur du général Desaix. Général de division, comte de l'Empire, grand officier de la Légion d'honneur après Essling, il devint cependant suspect à Napoléon, à cause de l'opinion qu'il n'avait pas craint d'exprimer sur les conséquences de son système de guerre à outrance, et il dut se rendre en disgrâce à Belle-Isle-en-Mer, pour en prendre le commandement. Il y resta jusqu'en 1814. Pendant les Cent-Jours, le département du Puy-de-Dôme l'envoya à la Chambre des représentants. Louis XVIII l'appela à la Chambre des pairs le 5 mars 1819.

politiques ; en partageant ses disgrâces, je serais resté auprès de lui, comme un démenti vivant de ses stériles doctrines et du peu de valeur du droit de la prospérité.

Depuis le 1er juillet, des frégates l'attendaient dans la rade de Rochefort : des espérances qui ne meurent jamais, des souvenirs inséparables d'un dernier adieu, l'arrêtèrent. Qu'il devait regretter les jours de son enfance alors que ses yeux sereins n'avaient point encore vu tomber la première pluie ? Il laissa le temps à la flotte anglaise d'approcher. Il pouvait encore s'embarquer sur deux lougres qui devaient joindre en mer un navire danois (c'est le parti que prit son frère Joseph) ; mais la résolution lui faillit en regardant le rivage de France. Il avait aversion d'une république ; l'égalité et la liberté des États-Unis lui répugnaient. Il penchait à demander un asile aux Anglais : « Quel inconvénient trouvez-vous à ce parti ? disait-il à ceux qu'il consultait. — « L'inconvénient de vous déshonorer, » lui répondit un officier de marine : vous ne devez pas même tomber mort entre les mains des Anglais. Ils vous feront empailler pour vous montrer à un schelling par tête. »

Malgré ces observations, l'empereur résolut de se livrer à ses vainqueurs. Le 13 juillet, Louis XVIII étant déjà à Paris depuis cinq jours, Napoléon envoya au capitaine du vaisseau anglais le *Bellérophon* cette lettre pour le prince régent :

« Altesse Royale, en butte aux factions qui divisent mon pays et à l'inimitié des plus grandes puissances de l'Europe, j'ai terminé ma carrière politique, et je viens, comme Thémistocle, m'asseoir au foyer du peuple britannique. Je me mets sous la protection de ses lois, que je réclame de Votre Altesse Royale comme du plus puissant, du plus constant et du plus généreux de mes ennemis.

« Rochefort, 13 juillet 1815. »

Si Bonaparte n'avait pendant vingt ans accablé d'outrages le peuple anglais, son gouvernement, son roi et l'héritier de ce roi, on aurait pu trouver quelque convenance de ton dans cette lettre ; mais comment cette *Altesse Royale,* tant méprisée, tant insultée par Napoléon, est-elle devenue tout à coup le plus *puissant,* le plus *constant,* le plus *généreux* des ennemis, par la seule raison qu'elle est victorieuse ? Il ne pouvait pas être persuadé de ce qu'il disait ; or ce qui n'est pas vrai n'est pas éloquent. La phrase exposant le fait d'une grandeur tombée qui s'adresse à un ennemi est belle ; l'exemple banal de Thémistocle est de trop.

Il y a quelque chose de pire qu'un défaut de sincérité dans la démarche de Bonaparte ; il y a oubli de la France : l'empereur ne s'occupa que de sa catastrophe individuelle ; la chute arrivée, nous ne comptâmes plus pour rien à ses yeux. Sans penser qu'en donnant la préférence à l'Angleterre sur l'Amérique, son choix devenait un outrage au deuil de la patrie, il sollicita un asile du gouvernement qui depuis vingt ans soudoyait l'Europe contre nous, de ce gouvernement dont le commissaire à l'armée russe, le général Wilson, pressait Kutuzof, dans la retraite de Moscou, d'achever de nous exterminer : les Anglais, heureux à la bataille finale, campaient dans le bois de Boulogne. Allez donc, ô Thémistocle, vous asseoir tranquillement au foyer britannique, tandis que la terre n'a pas encore achevé de boire le sang français versé pour vous à Waterloo ! Quel rôle le fugitif, fêté peut-être, eût-il joué au bord de la Tamise, en face de la France envahie, de Wellington devenu dictateur au Louvre ? La haute fortune de Napoléon le servit mieux : les Anglais, se laissant emporter à une politique étroite et rancunière, manquèrent leur dernier triomphe ; au lieu de perdre leur suppliant en l'admettant à leurs bastilles ou à leurs festins, ils lui rendirent plus brillante pour la postérité la couronne qu'ils croyaient lui avoir ravie. Il s'accrut dans sa captivité de l'énorme frayeur des puissances : en vain l'Océan l'enchaînait, l'Europe armée campait au rivage, les yeux attachés sur la mer.

Le 15 juillet, l'*Épervier* transporta Bonaparte au *Bellérophon*. L'embarcation française était si petite que du bord du vaisseau anglais on n'apercevait pas le géant sur les vagues. L'empereur, en abordant le capitaine Maitland, lui dit : « Je viens me mettre sous la protection des lois de l'Angleterre, » Une fois du moins le contempteur des lois en confessait l'autorité.

La flotte fit voile pour Torbay : une foule de barques se croisaient autour du *Bellérophon ;* même empressement à Plymouth. Le 30 juillet, lord Keith délivra au requérant l'acte qui le confinait à Sainte-Hélène : « C'est pis que la cage de Tamerlan, » dit Napoléon.

Cette violation du droit des gens et du respect de l'hospitalité était révoltante ; si vous recevez le jour dans un navire *quelconque,* pourvu qu'il soit *sous voile,* vous êtes *Anglais de naissance ;* en vertu des vieilles coutumes de Londres, les *flots* sont réputés *terre d'Albion.* Et un navire anglais n'était point pour un suppliant un autel inviolable, il ne plaçait point le grand homme qui embrassait la poupe du *Bellérophon* sous la protection du trident britannique ! Bonaparte protesta ; il argumenta de lois, parla de trahison et de perfidie, en appela à l'avenir : cela lui allait-il bien ? ne s'était-il pas ri de la justice ? n'avait-il pas dans sa force foulé aux pieds les choses saintes dont il invoquait la garantie ? n'avait-il pas enlevé Toussaint-Louverture et le roi d'Espagne ? n'avait-il pas fait arrêter et détenir prisonniers pendant des années les voyageurs anglais qui se trouvaient en France au moment de la rupture du traité d'Amiens ? Permis donc à la marchande Angleterre d'imiter ce qu'il avait fait lui-même, et d'user d'ignobles représailles ; mais on pouvait agir autrement.

Chez Napoléon, la grandeur du cœur ne répondait pas à la largeur de la tête : ses querelles avec les Anglais sont déplorables ; elles révoltent lord Byron. Comment daigna-t-il honorer d'un mot ses geôliers ? On souffre de le voir s'abaisser à des conflits de paroles avec lord Keith à Torbay, avec sir Hudson Lowe à Sainte-Hélène, publier des factums parce qu'on lui manque de foi, chicaner sur un titre, sur un peu plus, sur un peu moins d'or ou d'honneurs. Bonaparte, réduit à lui-même, était réduit à sa gloire, et cela lui devait suffire : il n'avait rien à demander aux hommes ; il ne traitait pas assez despotiquement l'adversité ; on lui aurait pardonné d'avoir fait du malheur son dernier esclave. Je ne trouve de remarquable dans sa protestation contre la violation de l'hospitalité que la date et la signature de cette protestation : « *À bord du Bellérophon, à la mer. Napoléon.* » Ce sont là des harmonies d'immensité.

Du *Bellérophon*, Bonaparte passa sur le *Northumberland*. Deux frégates chargées de la garnison future de Sainte-Hélène l'escortaient. Quelques officiers de cette garnison avaient combattu à Waterloo. On permit à cette explorateur du globe de garder auprès de lui M. et madame Bertrand, MM. de Montholon[601], Gourgaud et de Las Cases[602], volontaires et généreux passagers sur la planche submergée. Par un article des instructions du capitaine, *Bonaparte devait être désarmé :* Napoléon seul, prisonnier dans un vaisseau, au milieu de l'Océan, *désarmé !* quelle magnifique terreur de sa puissance[603] ! Mais quelle leçon du ciel donnée

---

[601] Charles-Tristan, comte de Montholon (1783-1853). Il était général de brigade à la chute de l'Empire, en 1814. Resté fidèle à la cause bonapartiste, malgré les sollicitations de M. de Sémonville, son beau-père, marié avec sa mère, Mme de Montholon, et celles du maréchal Macdonald, son beau-frère, qui le pressaient de se rallier à la Restauration, il rejoignit Napoléon, revenant de l'île d'Elbe, dans sa marche sur Paris, fut nommé adjudant-général, se battit bravement à Waterloo, et, avec sa femme et ses enfants, accompagna l'empereur à Sainte-Hélène. De retour en France, il dut se réfugier en Belgique, à la suite de spéculations commerciales qui furent malheureuses (1828). En 1840, il prit part à l'échauffourée de Boulogne, fut condamné par la Cour des pairs à vingt ans de détention et enfermé au château de Ham ; il en sortit après l'évasion du prince Louis-Napoléon. Les électeurs de la Charente-Inférieure l'envoyèrent en 1849 à l'Assemblée législative. Il a publié avec le général Gourgaud les célèbres Mémoires pour servir à l'Histoire de France sous Napoléon, écrits à Sainte-Hélène sous sa dictée par les généraux qui ont partagé sa captivité (années 1823 et suivantes). Il a, en outre, fait paraître, en 1847, deux volumes intitulés : Récits de la captivité de l'empereur Napoléon à Sainte-Hélène.
[602] Marin-Joseph-Emmanuel-Auguste-Dieudonné, comte de Las Cases (1766-1842). Lieutenant de vaisseau quand éclata la Révolution, il émigra, servit à l'armée des princes et fit partie de l'expédition de Quiberon. Rentré en France après le 18 brumaire, il composa un Atlas historique et géographique, qu'il publia sous le pseudonyme de Le Sage (1803-1804) et qui eut un grand succès. Napoléon le fit baron, puis comte, maître des requêtes au Conseil d'État et chambellan. Pendant les Cent-Jours, l'empereur l'attacha de plus en plus étroitement à sa personne, et Las Cases le suivit de l'Élysée à la Malmaison, à Rochefort, enfin à Sainte-Hélène. Le 27 novembre 1816, le gouverneur Hudson-Lowe l'expulsa de l'île. Ce ne fut qu'après la mort de Napoléon qu'il put rentrer en France, où il publia, avec un immense succès (1822-1823) son Mémorial de Sainte-Hélène, ou Journal où se trouve consigné, jour par jour, ce qu'a dit et fait Napoléon pendant dix-huit mois.
[603] Napoléon ne fut point désarmé. Selon M. Thiers (T. XX, p. 573), « au moment de passer du Bellérophon au Northumberland, l'amiral Keith, avec un chagrin

aux hommes qui abusent du glaive ! La stupide amirauté traitait en sentencié de Botany-Bay le grand *convict* de la race humaine : le prince Noir fit-il *désarmer* le roi Jean ?

L'escadre leva l'ancre. Depuis la barque qui porta César, aucun vaisseau ne fut chargé d'une pareille destinée. Bonaparte se rapprochait de cette mer des miracles, où l'Arabe du Sinaï l'avait vu passer. La dernière terre de France que découvrit Napoléon fut le cap la Hogue ; autre trophée des Anglais.

L'empereur s'était trompé dans l'intérêt de sa mémoire, lorsqu'il avait désiré rester en Europe ; il n'aurait bientôt été qu'un prisonnier vulgaire ou flétri : son vieux rôle était terminé. Mais au delà de ce rôle une nouvelle position le rajeunit d'une renommée nouvelle. Aucun homme de bruit universel n'a eu une fin pareille à celle de Napoléon. On ne le proclama point, comme à sa première chute, autocrate de quelques carrières de fer et de marbre, les unes pour lui fournir une épée, les autres une statue ; aigle, on lui donna un rocher à la pointe duquel il est demeuré au soleil jusqu'à sa mort, et d'où il était vu de toute la terre.

Au moment où Bonaparte quitte l'Europe, où il abandonne sa vie pour aller chercher les destinées de sa mort, il convient d'examiner cet homme à deux existences, de peindre le faux et le vrai Napoléon : ils se confondent et forment un tout, du mélange de leur réalité et de leur mensonge.

De la réunion de ces remarques il résulte que Bonaparte était un poète en action, un génie immense dans la guerre, un esprit infatigable, habile et sensé dans l'administration, un législateur laborieux et raisonnable. C'est pourquoi il a tant de prise sur l'imagination des peuples, et tant d'autorité sur le jugement des hommes positifs. Mais comme politique ce sera toujours un homme défectueux aux yeux des hommes d'État. Cette observation, échappée à la plupart de ses panégyristes, deviendra, j'en suis convaincu, l'opinion définitive qui restera de lui ; elle expliquera le contraste de ses actions prodigieuses et de leurs misérables résultats. À Sainte-Hélène il a condamné lui-même avec sévérité sa conduite politique sur deux points : la guerre d'Espagne et la guerre de Russie ; il aurait pu étendre sa confession à d'autres coulpes. Ses enthousiastes ne soutiendront

---

visible et du ton le plus respectueux, adressa ces paroles à l'Empereur : Général, l'Angleterre m'ordonne de vous demander votre épée. — À ces mots Napoléon répondit par un regard qui indiquait à quelles extrémités il faudrait descendre pour le désarmer. Lord Keith n'insista point, et Napoléon conserva sa glorieuse épée. » Cette scène est une pure fiction ; elle se trouve même contredite par le comte de Las Cases, dans son Mémorial, où il dit : « Je demandai s'il serait bien possible qu'on pût en venir au point d'arracher à l'Empereur son épée. L'amiral répondit qu'on la respecterait, mais que Napoléon serait le seul, et que tout le reste serait désarmé. » Napoléon garda donc son épée, et à leur arrivée à Sainte-Hélène ses compagnons recouvrèrent la leur.

peut-être pas qu'en se blâmant il s'est trompé sur lui-même. Récapitulons :

Bonaparte agit contre toute prudence, sans parler de nouveau de ce qu'il y eut d'odieux dans l'action, en tuant le duc d'Enghien : il attacha un poids à sa vie. Malgré les puérils apologistes, cette mort, ainsi que nous l'avons vu, fut le levain secret des discordes qui éclatèrent dans la suite entre Alexandre et Napoléon, comme entre la Prusse et la France.

L'entreprise sur l'Espagne fut complètement abusive : la Péninsule était à l'empereur ; il en pouvait tirer le parti le plus avantageux : au lieu de cela, il en fit une école pour les soldats anglais, et le principe de sa propre destruction par le soulèvement d'un peuple.

La détention du pape et la réunion des États de l'Église à la France n'étaient que le caprice de la tyrannie par lequel il perdit l'avantage de passer pour le restaurateur de la religion.

Bonaparte ne s'arrêta pas lorsqu'il eut épousé la fille des Césars, ainsi qu'il l'aurait dû faire : la Russie et l'Angleterre lui criaient merci.

Il ne ressuscita pas la Pologne, quand du rétablissement de ce royaume dépendait le salut de l'Europe.

Il se précipita sur la Russie malgré les représentations de ses généraux et de ses conseillers.

La folie commencée, il dépassa Smolensk ; tout lui disait qu'il ne devait pas aller plus loin à son premier pas, que sa première campagne du Nord était finie, et que la seconde (il le sentait lui-même) le rendrait maître de l'empire des czars.

Il ne sut ni computer les jours, ni prévoir l'effet des climats, que tout le monde à Moscou computait et prévoyait. Voyez en son lieu ce que j'ai dit du *blocus continental* et de la *Confédération du Rhin ;* le premier, conception gigantesque, mais acte douteux ; la seconde, ouvrage considérable, mais gâté dans l'exécution par l'instinct de camp et l'esprit de fiscalité. Napoléon reçut en don la vieille monarchie française telle que l'avaient faite les siècles et une succession ininterrompue de grands hommes, telle que l'avaient laissée la majesté de Louis XIV et les alliances de Louis XV, telle que l'avait agrandie la République. Il s'assit sur ce magnifique piédestal, étendit les bras, se saisit des peuples et les ramassa autour de lui ; mais il perdit l'Europe avec autant de promptitude qu'il l'avait prise ; il amena deux fois les alliés à Paris, malgré les miracles de son intelligence militaire. Il avait le monde sous ses pieds et il n'en a tiré qu'une prison pour lui, un exil pour sa famille, la perte de toutes ses conquêtes et d'une portion du vieux sol français.

C'est là l'histoire prouvée par les faits et que personne ne saurait nier. D'où naissaient les fautes que je viens d'indiquer, suivies d'un dénoûment si prompt et si funeste ? Elles naissaient de l'imperfection de Bonaparte en politique.

Dans ses alliances, il n'enchaînait les gouvernements que par des concessions de territoire, dont il changeait bientôt les limites ; montrant sans cesse l'arrière-pensée de reprendre ce qu'il avait donné, faisant toujours sentir l'oppresseur ; dans ses envahissements, il ne réorganisait rien, l'Italie exceptée. Au lieu de s'arrêter après chaque pas pour relever sous une autre forme derrière lui ce qu'il avait abattu, il ne discontinuait pas son mouvement de progression parmi des ruines : il allait si vite, qu'à peine avait-il le temps de respirer où il passait. S'il eût, par une espèce de traité de Westphalie, réglé et assuré l'existence des États en Allemagne, en Prusse, en Pologne, à sa première marche rétrograde il se fût adossé à des populations satisfaites et il eût trouvé des abris. Mais son poétique édifice de victoires, manquant de base et n'étant suspendu en l'air que par son génie, tomba quand son génie vint à se retirer. Le Macédonien fondait des empires en courant, Bonaparte en courant ne les savait que détruire ; son unique but était d'être personnellement le maître du globe, sans s'embarrasser des moyens de le conserver.

On a voulu faire de Bonaparte un être parfait, un type de sentiment, de délicatesse, de morale et de justice, un écrivain comme César et Thucydide, un orateur et un historien comme Démosthène et Tacite. Les discours publics de Napoléon, ses phrases de tente ou de conseil sont d'autant moins inspirées du souffle prophétique que ce qu'elles annonçaient de catastrophes ne s'est pas accompli, tandis que l'Isaïe du glaive a lui-même disparu : des paroles niniviennes qui courent après des États sans les joindre et les détruire restent puériles au lieu d'être sublimes. Bonaparte a été véritablement le Destin pendant seize années : le Destin est muet, et Bonaparte aurait dû l'être. Bonaparte n'était point César ; son éducation n'était ni savante ni choisie : demi-étranger, il ignorait les premières règles de notre langue : qu'importe, après tout, que sa parole fût fautive ? il donnait le mot d'ordre à l'univers. Ses bulletins ont l'éloquence de la victoire. Quelquefois dans l'ivresse du succès on affectait de les brocher sur un tambour ; du milieu des plus lugubres accents, partaient de fatals éclats de rire. J'ai lu avec attention ce qu'a écrit Bonaparte, les premiers manuscrits de son enfance, ses romans, ensuite ses brochures à Buttafuoco, *le souper de Beaucaire,* ses lettres privées à Joséphine, les cinq volumes de ses discours, de ses ordres et de ses bulletins, ses dépêches restées inédites et gâtées par la rédaction des bureaux de M. de Talleyrand. Je m'y connais : je n'ai guère trouvé que dans un méchant autographe laissé à l'île d'Elbe des pensées qui ressemblent à la nature du grand insulaire :

« Mon cœur se refuse aux joies communes comme à la douleur ordinaire. »

« Ne m'étant pas donné la vie, je ne me l'ôterai pas non plus, tant qu'elle voudra bien de moi. »

« Mon mauvais génie m'apparut et m'annonça ma fin, que j'ai trouvée à Leipsick. »

« J'ai conjuré le terrible esprit de nouveauté qui parcourait le monde. »

C'est là très certainement du vrai Bonaparte.

Si les bulletins, les discours, les allocutions, les proclamations de Bonaparte se distinguent par l'énergie, cette énergie ne lui appartenait point en propre : elle était de son temps, elle venait de l'inspiration révolutionnaire qui s'affaiblit dans Bonaparte, parce qu'il marchait à l'inverse de cette inspiration. Danton disait : « Le métal bouillonne ; si vous ne surveillez la fournaise, vous serez tous brûlés. » Saint-Just disait : « *Osez !* » Ce mot renferme toute la politique de notre Révolution ; ceux qui font des révolutions à moitié ne font que se creuser un tombeau.

Les bulletins de Bonaparte s'élèvent-ils au-dessus de cette fierté de parole ?

Quant aux nombreux volumes publiés sous le titre de *Mémoires de Sainte-Hélène, Napoléon dans l'exil,* etc., ces documents, recueillis de la bouche de Bonaparte, ou dictés par lui à différentes personnes, ont quelques beaux passages sur des actions de guerre, quelques appréciations remarquables de certains hommes ; mais en définitive Napoléon n'est occupé qu'à faire son apologie, qu'à justifier son passé, qu'à bâtir sur des idées nées, des événements accomplis, des choses auxquelles il n'avait jamais songé pendant le cours de ces événements. Dans cette compilation, où le pour et le contre se succèdent, où chaque opinion trouve une autorité favorable et une réfutation péremptoire, il est difficile de démêler ce qui appartient à Napoléon de ce qui appartient à ses secrétaires. Il est probable qu'il avait une version différente pour chacun d'eux, afin que les lecteurs choisissent selon leur goût et se créassent dans l'avenir des Napoléons à leur guise. Il dictait son histoire telle qu'il la voulait laisser ; c'était un auteur faisant des articles sur son propre ouvrage. Rien donc de plus absurde que de s'extasier sur des répertoires de toutes mains, qui ne sont pas, comme les *Commentaires de César,* un ouvrage court, sorti d'une grande tête, rédigé par un écrivain supérieur ; et pourtant ces brefs commentaires, Asinius Pollion le pensait, n'étaient ni exacts ni fidèles. Le *Mémorial de Sainte-Hélène* est bon, toute part faite à la candeur et à la simplicité de l'admiration.

Une des choses qui a le plus contribué à rendre de son vivant Napoléon haïssable était son penchant à tout ravaler : dans une ville embrasée, il accouplait des décrets sur le rétablissement de quelques comédiens à des arrêts qui supprimaient des monarques ; parodie de l'omnipotence de Dieu, qui règle le sort du monde et d'une fourmi. À la chute des empires il mêlait des insultes à des femmes ; il se complaisait dans l'humiliation de ce qu'il avait abattu ; il calomniait et blessait particulièrement ce qui avait osé lui résister. Son arrogance égalait son bonheur ; il croyait paraître d'autant plus grand qu'il abaissait les autres. Jaloux de ses généraux, il les accusait de ses propres fautes, car pour lui il ne pouvait jamais avoir failli. Contempteur de tous les mérites, il leur reprochait durement leurs erreurs. Après le désastre de Ramillies, il n'aurait jamais dit, comme Louis XIV au maréchal de Villeroi : « Monsieur le maréchal, à notre âge on n'est pas heureux. » Touchante magnanimité qu'ignorait Napoléon. Le siècle de Louis XIV a été fait par Louis le Grand : Bonaparte a fait son siècle.

L'histoire de l'empereur, changée par de fausses traditions, sera faussée encore par l'état de la société à l'époque impériale. Toute révolution écrite en présence de la liberté de la presse peut laisser arriver l'œil au fond des faits, parce que chacun les rapporte comme il les a vus : le règne de Cromwell est connu, car on disait au Protecteur ce qu'on pensait de ses actes et de sa personne. En France, même sous la République, malgré l'inexorable censure du bourreau, la vérité perçait ; la faction triomphante n'était pas toujours la même ; elle succombait vite, et la faction qui lui succédait vous apprenait ce que vous avait caché sa devancière : il y avait liberté d'un échafaud à l'autre, entre deux têtes abattues. Mais lorsque Bonaparte saisit le pouvoir, que la pensée fut bâillonnée, qu'on n'entendit plus que la voix d'un despotisme qui ne parlait que pour se louer et ne permettait pas de parler d'autre chose que de lui, la vérité disparut.

Les pièces soi-disant authentiques de ce temps sont corrompues ; rien ne se publiait, livres et journaux, que par l'ordre du maître : Bonaparte veillait aux articles du *Moniteur ;* ses préfets renvoyaient des divers départements les récitations, les congratulations, les félicitations, telles que les autorités de Paris les avaient dictées et transmises, telles qu'elles exprimaient une opinion publique convenue, entièrement différente de l'opinion réelle. Écrivez l'histoire d'après de pareils documents ! En preuve de vos impartiales études, cotez les authentiques où vous avez puisé : vous ne citerez qu'un mensonge à l'appui d'un mensonge.

Si l'on pouvait révoquer en doute cette imposture universelle, si des hommes qui n'ont point vu les jours de l'Empire s'obstinaient à tenir pour sincère ce qu'ils rencontrent dans les documents imprimés, ou même ce qu'ils pourraient déterrer dans certains cartons des ministères, il suffirait d'en appeler à un témoignage irrécusable, au Sénat *conservateur :* là, dans le décret que j'ai cité plus haut, vous avez vu ses propres paroles : « Considérant que la liberté de la presse a été constamment soumise à la censure arbitraire de sa police, et qu'en même temps *il s'est toujours servi de la presse pour remplir la France et l'Europe de faits controuvés, de maximes fausses ;* que des *actes et rapports* entendus par le Sénat ont subi des *altérations* dans la publication qui en a été faite, etc. » Y a-t-il quelque chose à répondre à cette déclaration ?

La vie de Bonaparte était une vérité incontestable, que l'imposture s'était chargée d'écrire.

Un orgueil monstrueux et une affectation incessante gâtent le caractère de Napoléon. Au temps de sa domination, qu'avait-il besoin d'exagérer sa stature, lorsque le Dieu des armées lui avait fourni ce char dont *les roues sont vivantes ?*

Il tenait du sang italien ; sa nature était complexe : les grands hommes, très petite famille sur la terre, ne trouvent malheureusement qu'eux-mêmes pour s'imiter. À la fois modèle et copie, personnage réel et acteur représentant ce personnage, Napoléon était son propre mime ; il ne se serait pas cru un héros s'il ne se fût affublé du costume d'un héros. Cette étrange faiblesse donne à ses étonnantes réalités quelque chose de faux et d'équivoque ; on craint de prendre le roi des rois pour Roscius, ou Roscius pour le roi des rois.

Les qualités de Napoléon sont si adultérées dans les gazettes, les brochures, les vers, et jusque dans les chansons envahies de l'impérialisme, que ces qualités sont complètement méconnaissables. Tout ce qu'on prête de touchant à Bonaparte dans les *Ana,* sur les *prisonniers,* les *morts,* les *soldats,* sont des billevesées que démentent les actions de sa vie[604].

La Grand'mère de mon illustre ami Béranger n'est qu'un admirable pont-neuf : Bonaparte n'avait rien du bonhomme. Domination personnifiée, il était sec ; cette frigidité faisait antidote à son imagination ardente, il ne trouvait point en lui de parole, il n'y trouvait qu'un fait, et un fait prêt à s'irriter de la plus petite indépendance : un moucheron qui volait sans son ordre était à ses yeux un insecte révolté.

Ce n'était pas tout que de mentir aux oreilles, il fallait mentir aux yeux : ici, dans une gravure, c'est Bonaparte qui se découvre devant les blessés autrichiens, là c'est un petit *tourlourou* qui empêche l'empereur de passer, plus loin Napoléon touche les pestiférés de Jaffa, et il ne les a jamais touchés ; il traverse le Saint-Bernard sur un cheval fougueux dans des tourbillons de neige, et il faisait le plus beau temps du monde.

Ne veut-on pas transformer l'empereur aujourd'hui en un Romain des premiers jours du mont Aventin, en un missionnaire de liberté, en un citoyen qui n'instituait l'esclavage que par amour de la vertu contraire ? Jugez à deux traits du grand fondateur de l'égalité : il ordonna de casser le mariage de son frère Jérôme avec mademoiselle Patterson, parce que le frère de Napoléon ne se pouvait allier qu'au sang des princes ; plus tard, revenu de l'île d'Elbe, il revêt la nouvelle constitution *démocratique* d'une pairie et la couronne de l'*Acte additionnel.*

Que Bonaparte, continuateur des succès de la République, semât partout des principes d'indépendance, que ses victoires aidassent au relâchement des liens entre les peuples et les rois, arrachassent ces peuples

---

[604] Voyez plus haut dans leur ordre chronologique les actions de Bonaparte. Ch.

à la puissance des vieilles mœurs et des anciennes idées ; que, dans ce sens, il ait contribué à l'affranchissement social, je ne le prétends point contester : mais que de sa propre volonté il ait travaillé sciemment à la délivrance politique et civile des nations ; qu'il ait établi le despotisme le plus étroit dans l'idée de donner à l'Europe et particulièrement à la France la constitution la plus large ; qu'il n'ait été qu'un tribun déguisé en tyran, c'est une supposition qu'il m'est impossible d'adopter.

Bonaparte, comme la race des princes, n'a voulu et n'a cherché que la puissance, en y arrivant toutefois à travers la liberté, parce qu'il débuta sur la scène du monde en 1793. La Révolution, qui était la nourrice de Napoléon, ne tarda pas à lui apparaître comme une ennemie ; il ne cessa de la battre. L'empereur, du reste, connaissait très bien le mal, quand le mal ne venait pas directement de l'empereur ; car il n'était pas dépourvu du sens moral. Le sophisme mis en avant touchant l'amour de Bonaparte pour la liberté ne prouve qu'une chose, l'abus que l'on peut faire de la raison ; aujourd'hui elle se prête à tout. N'est-il pas établi que la Terreur était un temps d'humanité ? En effet, ne demandait-on pas l'abolition de la peine de mort lorsqu'on tuait tant de monde ? Les grands civilisateurs, comme on les *appelle,* n'ont-ils pas toujours immolé les hommes, et n'est-ce pas par là, comme on le *prouve,* que Robespierre était le continuateur de Jésus-Christ ?

L'empereur se mêlait de toutes choses ; son intellect ne se reposait jamais ; il avait une espèce d'agitation perpétuelle d'idées. Dans l'impétuosité de sa nature, au lieu d'un train franc et continu, il s'avançait par bonds et haut-le-corps, il se jetait sur l'univers et lui donnait des saccades ; il n'en voulait point, de cet univers, s'il était obligé de l'attendre : être incompréhensible, qui trouvait le secret d'abaisser, en les dédaignant, ses plus dominantes actions, et qui élevait jusqu'à sa hauteur ses actions les moins élevées. Impatient de volonté, patient de caractère, incomplet et comme inachevé, Napoléon avait des lacunes dans le génie : son entendement ressemblait au ciel de cet autre hémisphère sous lequel il devait aller mourir, à ce ciel dont les étoiles sont séparées par des espaces vides.

On se demande par quel prestige Bonaparte, si aristocrate, si ennemi du peuple, a pu arriver à la popularité dont il jouit : car ce forgeur de jougs est très certainement resté populaire chez une nation dont la prétention a été d'élever des autels à l'indépendance et à l'égalité ; voici le mot de l'énigme :

Une expérience journalière fait reconnaître que les Français vont instinctivement au pouvoir ; ils n'aiment point la liberté ; l'égalité seule est leur idole. Or, l'égalité et le despotisme ont des liaisons secrètes. Sous ces deux rapports, Napoléon avait sa source au cœur des Français, militairement inclinés vers la puissance, démocratiquement amoureux du niveau. Monté au trône, il y fit asseoir le peuple avec lui ; roi prolétaire, il humilia les rois et les nobles dans ses antichambres ; il nivela les rangs, non en les abaissant, mais en les élevant : le niveau descendant aurait charmé davantage l'envie plébéienne, le niveau ascendant a plus flatté son orgueil. La vanité française se bouffit aussi de la supériorité que Bonaparte nous donna sur le reste de l'Europe ; une autre cause de la popularité de Napoléon tient à l'affliction de ses derniers jours. Après sa mort, à mesure que l'on connut mieux ce qu'il avait souffert à Sainte-Hélène, on commença à s'attendrir ; on oublia sa tyrannie pour se souvenir qu'après avoir vaincu nos ennemis, qu'après les avoir ensuite attirés en France, il nous avait défendus contre eux ; nous nous figurons qu'il nous sauverait aujourd'hui de la honte où nous sommes : sa renommée nous fut ramenée par son infortune ; sa gloire a profité de son malheur.

Enfin les miracles de ses armes ont ensorcelé la jeunesse, en nous apprenant à adorer la force brutale. Sa fortune inouïe a laissé à l'outrecuidance de chaque ambition l'espoir d'arriver où il était parvenu.

Et pourtant cet homme, si populaire par le cylindre qu'il avait roulé sur la France, était l'ennemi mortel de l'égalité et le plus grand organisateur de l'aristocratie dans la démocratie.

Je ne puis acquiescer aux faux éloges dont on insulte Bonaparte, en voulant tout justifier dans sa conduite ; je ne puis renoncer à ma raison, m'extasier devant ce qui me fait horreur ou pitié.

Si j'ai réussi à rendre ce que j'ai senti, il restera de mon portrait une des premières figures de l'histoire ; mais je n'ai rien adopté de cette créature fantastique composée de mensonges ; mensonges que j'ai vus naître, qui, pris d'abord pour ce qu'ils étaient, ont passé avec le temps à l'état de vérité par l'infatuation et l'imbécile crédulité humaine. Je ne veux pas être une sotte grue et tomber du haut mal d'admiration. Je m'attache à peindre les personnages en conscience, sans leur ôter ce qu'ils ont, sans leur donner ce qu'ils n'ont pas. Si le succès était réputé l'innocence ; si, débauchant jusqu'à la postérité, il la chargeait de ses chaînes ; si, esclave future, engendrée d'un passé esclave, cette postérité subornée devenait le complice de quiconque aurait triomphé, où serait le droit, où serait le prix des sacrifices ? Le bien et le mal n'étant plus que relatifs, toute moralité s'effacerait des actions humaines.

Tel est l'embarras que cause à l'écrivain impartial une éclatante renommée ; il l'écarte autant qu'il peut, afin de mettre le vrai à nu ; mais la gloire revient comme une vapeur radieuse et couvre à l'instant le tableau.

Pour ne pas avouer l'amoindrissement de territoire et de puissance que nous devons à Bonaparte, la génération actuelle se console en se figurant que ce qu'il nous a retranché en force, il nous l'a rendu en illustration. « Désormais, ne sommes-nous pas, dit-elle, renommés aux quatre coins de la terre ? un Français n'est-il pas craint, remarqué, recherché, connu à tous les rivages ? »

Mais étions-nous placés entre ces deux conditions, ou l'immortalité sans puissance, ou la puissance sans immortalité ? Alexandre fit connaître à l'univers le nom des Grecs ; il ne leur en laissa pas moins quatre empires en Asie ; la langue et la civilisation des Hellènes s'étendirent du Nil à Babylone et de Babylone à l'Indus. À sa mort, son royaume patrimonial de Macédoine, loin d'être diminué, avait centuplé de force. Bonaparte nous a fait connaître à tous les rivages ; commandés par lui, les Français jetèrent l'Europe si bas à leurs pieds que la France prévaut encore par son nom, et que l'Arc de l'Étoile peut s'élever sans paraître un puéril trophée ; mais avant nos revers ce monument eût été un témoin au lieu de n'être qu'une chronique. Cependant Dumouriez avec des réquisitionnaires n'avait-il pas donné à l'étranger les premières leçons, Jourdan gagné la bataille de Fleurus, Pichegru conquis la Belgique et la Hollande, Hoche passé le Rhin, Masséna triomphé à Zurich, Moreau à Hohenlinden ; tous exploits les plus difficiles à obtenir et qui préparaient les autres ? Bonaparte a donné un corps à ces succès épars ; il les a continués, il a fait rayonner ces victoires : mais, sans ces premières merveilles, eût-il obtenu les dernières ? il n'était au-dessus de tout que quand la raison chez lui exécutait les inspirations du poète.

L'illustration de notre suzerain ne nous a coûté que deux ou trois cent mille hommes par an ; nous ne l'avons payée que de trois millions de nos soldats ; nos concitoyens ne l'ont achetée qu'au prix de leurs souffrances et de leurs libertés pendant quinze années : ces bagatelles peuvent-elles compter ? Les générations venues après ne sont-elles pas resplendissantes ? Tant pis pour ceux qui ont disparu ! Les calamités sous la République servirent au salut de tous ; nos malheurs sous l'Empire ont bien plus fait : ils ont déifié Bonaparte ! cela nous suffit.

Cela ne me suffit pas à moi, je ne m'abaisserai point à cacher ma nation derrière Bonaparte ; il n'a pas fait la France, la France l'a fait. Jamais aucun talent, aucune supériorité ne m'amènera à consentir au pouvoir qui peut d'un mot me priver de mon indépendance, de mes foyers, de mes amis ; si je ne dis pas de ma fortune et de mon honneur, c'est que la fortune ne me paraît pas valoir la peine qu'on la défende ; quant à l'honneur, il échappe à la tyrannie : c'est l'âme des martyrs ; les liens l'entourent et ne l'enchaînent pas ; il perce la voûte des prisons et emporte avec soi tout l'homme.

Le tort que la vraie philosophie ne pardonnera pas à Bonaparte, c'est d'avoir façonné la société à l'obéissance passive, repoussé l'humanité vers les temps de dégradation morale, et peut-être abâtardi les caractères de manière qu'il serait impossible de dire quand les cœurs commenceront à palpiter de sentiments généreux. La faiblesse où nous sommes plongés vis-à-vis de l'Europe, notre abaissement actuel, sont la conséquence de l'esclavage napoléonien : il ne nous est resté que les facultés du joug. Bonaparte a dérangé jusqu'à l'avenir ; point ne m'étonnerais si l'on nous voyait, dans le malaise de notre impuissance nous amoindrir, nous barricader contre l'Europe au lieu de l'aller chercher, livrer nos franchises au dedans pour nous délivrer au dehors d'une frayeur chimérique, nous égarer dans d'ignobles prévoyances, contraires à notre génie et aux quatorze siècles dont se composent nos mœurs nationales. Le despotisme que Bonaparte a laissé dans l'air descendra sur nous en forteresses.

La mode est aujourd'hui d'accueillir la liberté d'un rire sardonique, de la regarder comme vieillerie tombée en désuétude avec l'honneur. Je ne suis point à la mode, je pense que sans la liberté il n'y a rien dans le monde ; elle donne du prix à la vie ; dussé-je rester le dernier à la défendre, je ne cesserai de proclamer ses droits. Attaquer Napoléon au nom de choses passées, l'assaillir avec des idées mortes, c'est lui préparer de nouveaux triomphes. On ne le peut combattre qu'avec quelque chose de plus grand que lui, la liberté : il s'est rendu coupable envers elle et par conséquent envers le genre humain.

Vaines paroles ! mieux que personne, j'en sens l'inutilité. Désormais toute observation, si modérée qu'elle soit, est réputée profanatrice : il faut du courage pour oser braver les cris du vulgaire, pour ne pas craindre de se faire traiter d'intelligence bornée, incapable de comprendre et de sentir le génie de Napoléon, par la seule raison qu'au milieu de l'admiration vive et vraie que l'on professe pour lui, on ne peut néanmoins encenser toutes ses imperfections. Le monde appartient à Bonaparte ; ce que le ravageur n'avait pu achever de conquérir, sa renommée l'usurpe ; vivant il a manqué le monde, mort il le possède. Vous avez beau réclamer, les générations passent sans vous écouter. L'antiquité fait dire à l'ombre du fils de Priam : « Ne juge pas Hector d'après sa petite tombe : l'*Iliade,* Homère, les Grecs en fuite, voilà mon sépulcre : je suis enterré sous toutes ces grandes actions. »

Bonaparte n'est plus le vrai Bonaparte, c'est une figure légendaire composée des lubies du poète, des devis du soldat et des contes du peuple ; c'est le Charlemagne et l'Alexandre des épopées du moyen âge que nous voyons aujourd'hui. Ce héros fantastique restera le personnage réel ; les autres portraits disparaîtront. Bonaparte appartenait si fort à la domination absolue, qu'après avoir subi le despotisme de sa personne, il nous faut subir le despotisme de sa mémoire. Ce dernier despotisme est plus dominateur que le premier, car si l'on combattit Napoléon alors qu'il était sur le trône, il y a consentement universel à accepter les fers que mort il nous jette. Il est un obstacle aux événements futurs : comment une puissance sortie des camps pourrait-elle s'établir après lui ? n'a-t-il pas tué en la surpassant toute gloire militaire ? Comment un gouvernement libre pourrait-il naître, lorsqu'il a corrompu dans les cœurs le principe de toute liberté ? Aucune puissance légitime ne peut plus chasser de l'esprit de l'homme le spectre usurpateur : le soldat et le citoyen, le républicain et le monarchiste, le riche et le pauvre, placent également les bustes et les portraits de Napoléon à leurs foyers, dans leurs palais, ou dans leurs chaumières ; les anciens vaincus sont d'accord avec les anciens vainqueurs ; on ne peut faire un pas en Italie qu'on ne le retrouve ; on ne pénètre pas en Allemagne qu'on ne le rencontre, car dans ce pays la jeune génération qui le repoussa est passée. Les siècles s'asseyent d'ordinaire devant le portrait d'un grand homme, ils l'achèvent par un travail long et successif. Le genre humain cette fois n'a pas voulu attendre ; peut-être s'est-il trop hâté d'estomper un pastel. Il est temps de placer en regard de la partie défectueuse de l'idole la partie achevée.

Bonaparte n'est point grand par ses paroles, ses discours, ses écrits, par l'amour des libertés qu'il n'a jamais eu et n'a jamais prétendu établir ; il est grand pour avoir créé un gouvernement régulier et puissant, un code de lois adopté en divers pays, des cours de justice, des écoles, une administration forte, active, intelligente, et sur laquelle nous vivons encore ; il est grand pour avoir ressuscité, éclairé et géré supérieurement l'Italie ; il est grand pour avoir fait renaître en France l'ordre du sein du chaos, pour avoir relevé les autels, pour avoir réduit de furieux démagogues, d'orgueilleux savants, des littérateurs anarchiques, des athées voltairiens, des orateurs de carrefours, des égorgeurs de prisons et de rues, des claquedents de tribune, de clubs et d'échafauds, pour les avoir réduits à servir sous lui ; il est grand pour avoir enchaîné une tourbe anarchique ; il est grand pour avoir fait cesser les familiarités d'une commune fortune, pour avoir forcé des soldats ses égaux, des capitaines ses chefs ou ses rivaux, à fléchir sous sa volonté ; il est grand surtout pour être né de lui seul, pour avoir su, sans autre autorité que celle de son génie, pour avoir su, lui, se faire obéir par trente-six millions de sujets, à l'époque où aucune illusion n'environne les trônes ; il est grand pour avoir abattu tous les rois ses opposants, pour avoir défait toutes les armées, quelle qu'ait été la différence de leur discipline et de leur valeur, pour avoir appris son nom aux peuples sauvages comme aux peuples civilisés, pour avoir surpassé tous les vainqueurs qui le précédèrent, pour avoir rempli dix années de tels prodiges qu'on a peine aujourd'hui à les comprendre.

Le fameux délinquant en matière triomphale n'est plus ; le peu d'hommes qui comprennent encore les sentiments nobles peuvent rendre hommage à la gloire sans la craindre, mais sans se repentir d'avoir proclamé ce que cette gloire eut de funeste, sans reconnaître le destructeur des indépendances pour le père des émancipations : Napoléon n'a nul besoin qu'on lui prête des mérites ; il fut assez doué en naissant.

Ores donc que, détaché de son temps, son histoire est finie et que son épopée commence, allons le voir mourir : quittons l'Europe ; suivons-le sous le ciel de son apothéose ! Le frémissement des mers, là où ses vaisseaux caleront la voile, nous indiquera le lieu de sa disparition : « À l'extrémité de notre hémisphère, on entend, dit Tacite, le bruit que fait le soleil en s'immergeant, *sonum insuper immergentis audiri.* »

Jean de Noya, navigateur portugais, s'était égaré dans les eaux qui séparent l'Afrique de l'Amérique. En 1502, le 18 août, fête de sainte Hélène, mère du premier empereur chrétien, il rencontra une île par le 16e degré de latitude méridionale et le 11e de longitude ; il y toucha et lui donna le nom du jour de la découverte.

Après avoir fréquenté cette île quelques années, les Portugais la délaissèrent ; les Hollandais s'y établirent, et l'abandonnèrent ensuite pour le cap de Bonne-Espérance ; la Compagnie des Indes d'Angleterre s'en saisit ; les Hollandais la reprirent en 1672 ; les Anglais l'occupèrent de nouveau et s'y fixèrent.

Lorsque Jean de Noya surgit à Sainte-Hélène, l'intérieur du pays inhabité n'était qu'une forêt. Fernand Lopez, renégat portugais, déporté à cette oasis, la peupla de vaches, de chèvres, de poules, de pintades et d'oiseaux des quatre parties de la terre. On y fit monter successivement, comme à bord de l'arche, des animaux de toute la création.

Cinq cents blancs, quinze cents nègres, mêlés de mulâtres, de Javanais et de Chinois, composent la population de l'île. James-Town en est la ville et le port. Avant que les Anglais fussent maîtres du cap de Bonne-Espérance, les flottes de la Compagnie, au retour des Indes, relâchaient à James-Town. Les matelots étalaient leurs pacotilles au pied des palmistes : une forêt muette et solitaire se changeait, une fois l'an, en un marché bruyant et peuplé.

Le climat de l'île est sain, mais pluvieux : ce donjon de Neptune, qui n'a que sept à huit lieues de tour, attire les vapeurs de l'Océan. Le soleil de l'équateur chasse à midi tout ce qui respire, force au silence et au repos jusqu'aux moucherons, oblige les hommes et les animaux à se cacher. Les vagues sont éclairées la nuit de ce qu'on appelle la *lumière de mer*, lumière produite par des myriades d'insectes dont les amours, électrisés par les tempêtes, allument à la surface de l'abîme les illuminations d'une noce universelle. L'ombre de l'île, obscure et fixe, repose au milieu d'une plaine mobile de diamants. Le spectacle du ciel est semblablement magnifique, selon mon savant et célèbre ami M. de Humboldt[605] : « On éprouve, dit-il, je ne sais quel sentiment inconnu, lorsqu'en approchant de l'équateur, et surtout en passant d'un hémisphère à l'autre, on voit s'abaisser progressivement et enfin disparaître les étoiles que l'on connut dès sa première enfance. On sent qu'on n'est point en Europe, lorsqu'on voit s'élever sur l'horizon l'immense constellation du *Navire,* ou les nuées phosphorescentes de *Magellan.*

« Nous ne vîmes pour la première fois distinctement, » continue-t-il, « la croix du Sud que dans la nuit du 4 au 5 juillet, par les 16 degrés de latitude.

---

[605] Voyage aux régions équinoxiales. Ch.

« Je me rappelais le passage sublime de Dante que les commentateurs les plus célèbres ont appliqué à cette constellation :
« Io mi volsi a man destra[606], etc.

« Chez les Portugais et les Espagnols, un sentiment religieux les attache à une constellation dont la forme leur rappelle ce signe de la foi, planté par leurs ancêtres dans les déserts du Nouveau Monde. »

Les poètes de la France et de la Lusitanie ont placé des scènes de l'élégie aux rivages du Mélinde et des Îles avoisinantes. Il y a loin de ces douleurs fictives aux tourments réels de Napoléon sous ces astres prédits par le chantre de Béatrice et dans ces mers d'Éléonore et de Virginie. Les grands de Rome, relégués aux îles de la Grèce, se souciaient-ils des charmes de ces rives et des divinités de la Crète et de Naxos ? Ce qui ravissait Vasco de Gama et Camoëns ne pouvait émouvoir Bonaparte : couché à la poupe du vaisseau, il ne s'apercevait pas qu'au-dessus de sa tête étincelaient des constellations inconnues dont les rayons rencontraient pour la première fois ses regards. Que lui faisaient ces astres qu'il ne vit jamais de ses bivouacs, qui n'avaient pas brillé sur son empire ? Et cependant aucune étoile n'a manqué à sa destinée : la moitié du firmament éclaira son berceau ; l'autre était réservée à la pompe de sa tombe.

La mer que Napoléon franchissait n'était point cette mer amie qui l'apporta des havres de la Corse, des sables d'Aboukir, des rochers de l'île d'Elbe, aux rives de la Provence ; c'était cet Océan ennemi qui, après l'avoir enfermé dans l'Allemagne, la France, le Portugal et l'Espagne, ne s'ouvrait devant sa course que pour se refermer derrière lui. Il est probable qu'en voyant les vagues pousser son navire, les vents alizés l'éloigner d'un souffle constant, il ne faisait pas sur sa catastrophe les réflexions qu'elle m'inspire : chaque homme sent sa vie à sa manière, celui qui donne au monde un grand spectacle est moins touché et moins enseigné que le spectateur. Occupé du passé comme s'il pouvait renaître, espérant encore dans ses souvenirs, Bonaparte s'aperçut à peine qu'il franchissait la ligne, et il ne demanda point quelle main traça ces cercles dans lesquels les globes sont contraints d'emprisonner leur marche éternelle.

Le 15 août, la colonie errante célébra la Saint-Napoléon à bord du vaisseau qui conduisait Napoléon à sa dernière halte. Le 15 octobre, le *Northumberland* était à la hauteur de Sainte-Hélène. Le passager monta sur le pont ; il eut peine à découvrir un point noir imperceptible dans l'immensité bleuâtre ; il prit une lunette ; il observa ce grain de terre ainsi qu'il eût autrefois observé une forteresse au milieu d'un lac. Il aperçut la

---

[606] Io mi volsi a man dextra, e posi mente
All' atro polo, e vidi quattro stelle
Non viste mai fuor ch' alla prima gente.
(Le Purgatoire, chant I, vers 22-24.)

bourgade de Saint-James enchâssée dans des rochers escarpés ; pas une ride de cette façade stérile à laquelle ne fût suspendu un canon : on semblait avoir voulu recevoir le captif selon son génie.

Le 16 octobre 1815, Bonaparte aborda l'écueil, son mausolée, de même que le 12 octobre 1492, Christophe Colomb aborda le Nouveau Monde, son monument : « Là, dit Walter Scott, à l'entrée de l'océan Indien, Bonaparte était privé des moyens de faire un second *avatar* ou incarnation sur la terre. »

Avant d'être transporté à la résidence de Longwood, Bonaparte occupa une case à *Briars*[607] près de *Balcomb's cottage*. Le 9 décembre, Longwood, augmenté à la hâte par les charpentiers de la flotte anglaise, reçut son hôte. La maison, située sur un plateau de montagnes, se composait d'un salon, d'une salle à manger, d'une bibliothèque, d'un cabinet d'étude et d'une chambre à coucher. C'était peu : ceux qui habitèrent la tour du Temple et le donjon de Vincennes furent encore moins bien logés ; il est vrai qu'on eut l'attention d'abréger leur séjour. Le général Gourgaud, M. et madame de Montholon avec leurs enfants, M. de Las Cases et son fils, campèrent provisoirement sous des tentes ; M. et madame Bertrand s'établirent à *Hutt's-Gate*, cabine placée à la limite du terrain de Longwood.

Bonaparte avait pour promenoir une arène de douze milles ; des sentinelles entouraient cet espace, et des vigies étaient placées sur les plus hauts pitons. Le lion pouvait étendre ses courses au delà, mais il fallait alors qu'il consentît à se laisser garder par un bestiaire anglais. Deux camps défendaient l'enceinte excommuniée : le soir, le cercle des factionnaires se resserrait sur Longwood. À neuf heures, Napoléon consigné ne pouvait plus sortir ; les patrouilles faisaient la ronde ; des cavaliers en vedette, des fantassins plantés çà et là, veillaient dans les criques et dans les ravins qui descendaient à la grève. Deux bricks armés croisaient, l'un sous le vent, l'autre au vent de l'île. Que de précautions pour garder un seul homme au milieu des mers ! Après le coucher du soleil, aucune chaloupe ne pouvait mettre à la mer ; les bateaux pêcheurs étaient comptés, et la nuit ils restaient au port sous la responsabilité d'un lieutenant de marine. Le souverain généralissime qui avait cité le monde à son étrier était appelé à comparaître deux fois le jour devant un hausse-col. Bonaparte ne se soumettait point à cet appel ; quand, par fortune, il pouvait éviter les regards de l'officier de service, cet officier n'aurait osé dire où et comment il avait vu celui dont il était plus difficile de constater l'absence

---

[607] Briars (les Églantiers) était le nom du cottage habité par M. Balcombe, négociant de l'île. Napoléon y résida pendant deux mois environ, du 17 octobre au 10 décembre 1815, depuis son arrivée à Sainte-Hélène jusqu'à son installation à Longwood. Voir les Souvenirs de Betzy Balcombe, traduits par M. Aimé Le Gras, 1898.

que de prouver la présence à l'univers.

Sir George Cockburn, auteur de ces règlements sévères, fut remplacé par sir Hudson Lowe. Alors commencèrent les pointilleries dont tous les *Mémoires* nous ont entretenus. Si l'on en croyait ces *Mémoires*, le nouveau gouverneur aurait été de la famille des énormes araignées de Sainte-Hélène, et le reptile de ces bois où les serpents sont inconnus. L'Angleterre manqua d'élévation, Napoléon de dignité. Pour mettre un terme à ses exigences d'étiquette, Bonaparte semblait quelquefois décidé à se voiler sous un pseudonyme, comme un monarque en pays étranger ; il eut l'idée touchante de prendre le nom d'un de ses aides de camp tué à la bataille d'Arcole[608]. La France, l'Autriche, la Russie, désignèrent des commissaires à la résidence de Sainte-Hélène[609] : le captif était accoutumé à recevoir les ambassadeurs des deux dernières puissances ; la légitimité, qui n'avait pas reconnu Napoléon empereur, aurait agi plus noblement en ne reconnaissant pas Napoléon prisonnier.

Une grande maison de bois, construite à Londres, fut envoyée à Sainte-Hélène ; mais Napoléon ne se trouva plus assez bien portant pour l'habiter. Sa vie à Longwood était ainsi réglée : il se levait à des heures incertaines ; M. Marchand, son valet de chambre, lui faisait la lecture lorsqu'il était au lit ; quand il s'était levé matin, il dictait aux généraux Montholon et Gourgaud, et au fils de M. de Las Cases. Il déjeunait à dix heures, se promenait à cheval ou en voiture jusque vers les trois heures, rentrait à six et se couchait à onze. Il affectait de s'habiller comme il est peint dans le portrait d'Isabey : le matin il s'enveloppait d'un cafetan et entortillait sa tête d'un mouchoir des Indes.

Sainte-Hélène est située entre les deux pôles. Les navigateurs qui passent d'un lieu à l'autre saluent cette première station, où la terre délasse les regards fatigués du spectacle de l'Océan et offre des fruits et la fraîcheur de l'eau douce à des bouches échauffées par le sel. La présence de Bonaparte avait changé cette île de promission en un roc pestiféré : les vaisseaux étrangers n'y abordaient plus ; aussitôt qu'on les signalait à vingt lieues de distance, une croisière les allait reconnaître et leur enjoignait de passer au large ; on n'admettait en relâche, à moins d'une tourmente, que les seuls navires de la marine britannique.

Quelques-uns des voyageurs anglais qui venaient d'admirer ou qui allaient voir les merveilles du Gange visitaient sur leur chemin une autre merveille : l'Inde accoutumée aux conquérants, en avait un enchaîné à ses portes.

Napoléon admettait ces visites avec peine. Il consentit à recevoir lord Amherst à son retour de son ambassade de la Chine. L'amiral sir Pulteney

---

[608] L'aide de camp Muiron.
[609] Le commissaire français était M. de Montchenu ; le commissaire autrichien, M. de Sturmer ; le commissaire russe, M. de Balmain.

Malcolm lui plut : « Votre gouvernement, lui dit-il un jour, a-t-il l'intention de me retenir sur ce rocher jusqu'à ma mort ? » L'amiral répondit qu'il le craignait. « Alors ma mort arrivera bientôt. — J'espère que non, *monsieur* ; vous vivrez assez de temps pour écrire vos grandes actions ; elles sont si nombreuses, que cette tâche vous assure une longue vie. »

Napoléon ne se choqua point de cette simple appellation, *monsieur* ; il se reconnut en ce moment par sa véritable grandeur. Heureusement pour lui, il n'a point écrit sa vie ; il l'eût rapetissée : les hommes de cette nature doivent laisser leurs mémoires à raconter par cette voix inconnue qui n'appartient à personne et qui sort des peuples et des siècles. À nous seuls vulgaires il est permis de parler de nous, parce que personne n'en parlerait.

Le capitaine Basil Hall[610] se présenta à Longwood : Bonaparte se souvint d'avoir vu le père du capitaine à Brienne : « Votre père, dit-il, était le premier Anglais que j'eusse jamais vu ; c'est pourquoi j'en ai gardé le souvenir toute ma vie. » Il s'entretint avec le capitaine de la récente découverte de l'île de Lou-Tchou : « Les habitants n'ont point d'armes, dit le capitaine. — Point d'armes ! s'écria Bonaparte. — Ni canons ni fusils. — Des lances au moins, des arcs et des flèches ? — Rien de tout cela. — Ni poignards ? — Ni poignards. — Mais comment se bat-on ? — Ils ignorent tout ce qui se passe dans le monde ; ils ne savent pas que la France et l'Angleterre existent ; ils n'ont jamais entendu parler de Votre Majesté. » Bonaparte sourit d'une manière qui frappa le capitaine : plus le visage est sérieux, plus le sourire est beau.

Ces différents voyageurs remarquèrent qu'aucune trace de couleur ne paraissait sur le visage de Bonaparte : sa tête ressemblait à un buste de marbre dont la blancheur était légèrement jaunie par le temps. Rien de sillonné sur son front, ni de creusé dans ses joues ; son âme semblait sereine. Ce calme apparent fit croire que la flamme de son génie s'était envolée. Il parlait avec lenteur ; son expression était affectueuse et presque tendre ; quelquefois il lançait des regards éblouissants, mais cet état passait vite : ses yeux se voilaient et devenaient tristes.

Ah ! sur ces rivages avaient jadis comparu d'autres voyageurs connus de Napoléon.

Après l'explosion de la machine infernale, un sénatus-consulte du 4 janvier 1801 prononça sans jugement, par simple mesure de police, l'exil outre-mer de cent trente républicains[611] : embarqués sur la frégate la *Chiffonne* et sur la corvette *la Flèche*, ils furent conduits aux îles

---

[610] Basile Hall (1738-1844), marin et voyageur anglais, auteur de plusieurs volumes de Voyages, qui se recommandent par l'exactitude et l'intérêt du récit. Le plus célèbre de ses voyages est celui dont il revenait, lorsqu'il passa à Sainte-Hélène, et dont il a publié le récit, en 1817, sous ce titre : Voyage de découverte sur la côte ouest de Corée et à Licou-Khieou.

[611] Le chiffre exact est cent trente-deux.

Seychelles et dispersés peu après dans l'archipel des Comores, entre l'Afrique et Madagascar : ils y moururent presque tous. Deux des déportés, Lefranc et Saunois, parvenus à se sauver sur un vaisseau américain, touchèrent en 1803 à Sainte-Hélène : c'était là que douze ans plus tard la Providence devait enfermer leur grand oppresseur.

Le trop fameux général Rossignol,[612] leur compagnon d'infortune, un quart d'heure avant son dernier soupir s'écria : « Je meurs accablé des plus horribles douleurs ; mais je mourrais content si je pouvais apprendre que le tyran de ma patrie endurât les mêmes souffrances ![613] » Ainsi jusque dans l'autre hémisphère les imprécations de la liberté attendaient celui qui la trahit.

L'Italie, arrachée à son long sommeil par Napoléon, tourna les yeux vers l'illustre enfant qui la voulut rendre à sa gloire et avec lequel elle était retombée sous le joug. Les fils des Muses, les plus nobles et les plus reconnaissants des hommes, quand ils n'en sont pas les plus vils et les plus ingrats, regardaient Sainte-Hélène. Le dernier poète de la patrie de Virgile chantait le dernier guerrier de la patrie de César :

> Tutto ei provó, la gloria
> Maggior dopo il periglio,
> La fuga e la vittoria,
> La reggia e il triste esiglio :
> Due volte ne la polvere,
> Due volte sugli altar.
>
> Ei si nomo : due secoli,
> L' un contro l' altro armato,
> Sommessi a lui si volsero,
> Come aspettando il fato :
> Ei fè silenzio ed arbitro

S' assise in mezzo a lor[614].

« Il éprouva tout, dit Manzoni, la gloire plus grande après le péril, la fuite et la victoire, la royauté et le triste exil : deux fois dans la poudre, deux fois sur l'autel.

---

[612] Jean Rossignol (1759-1802), général en chef des armées de la République dans la guerre de Vendée. Il mourut le 8 floréal an X (28 avril 1802) sur l'îlot insalubre d'Anjouan.

[613] Voir la Vie véritable du citoyen Jean Rossignol, publiée sur les écritures originales, avec des notes et des documents inédits, par Victor Barrucand, 1896.

[614] Ode d'Alexandre Manzoni sur la mort de Napoléon. Cette Ode, qui a pour titre le Cinq mai. (il Cinque maggio) est un des plus beaux morceaux lyriques du XIXe siècle.

« Il se nomma : deux siècles l'un contre l'autre armés se tournèrent vers lui, comme attendant leur sort : il fit silence, et s'assit arbitre entre eux. »

Bonaparte approchait de sa fin ; rongé d'une plaie intérieure, envenimée par le chagrin, il l'avait portée, cette plaie, au sein de la prospérité : c'était le seul héritage qu'il eût reçu de son père ; le reste lui venait des munificences de Dieu.

Déjà il comptait six années d'exil ; il lui avait fallu moins de temps pour conquérir l'Europe. Il restait presque toujours renfermé, et lisait Ossian de la traduction italienne de Cesarotti. Tout l'attristait sous un ciel où la vie semblait plus courte, le soleil restant trois jours de moins dans cet hémisphère que dans le nôtre. Quand Bonaparte sortait, il parcourait des sentiers scabreux que bordaient des aloès et des genêts odoriférants. Il se promenait parmi les gommiers à fleurs rares que les vents généraux faisaient pencher du même côté, ou il se cachait dans les gros nuages qui roulaient à terre. On le voyait assis sur les bases du *pic de Diane,* du *Flay Staff,* du *Leader Hill,* contemplant la mer par les brèches des montagnes. Devant lui se déroulait cet Océan qui d'une part baigne les côtes de l'Afrique, de l'autre les rives américaines, et qui va, comme un fleuve sans bords, se perdre dans les mers australes. Point de terre civilisée plus voisine que le cap des Tempêtes. Qui dira les pensées de ce Prométhée déchiré vivant par la mort, lorsque, la main appuyée sur sa poitrine douloureuse, il promenait ses regards sur les flots ! Le Christ fut transporté au sommet d'une montagne d'où il aperçut les royaumes du monde ; mais pour le Christ il était écrit au séducteur de l'homme : « Tu ne tenteras point le fils de Dieu. »

Bonaparte, oubliant une pensée de lui, que j'ai citée (*ne m'étant pas donné la vie, je ne me l'ôterai pas*), parlait de se tuer ; il ne se souvenait plus aussi de son *ordre du jour* à propos du suicide d'un de ses soldats. Il espérait assez dans l'attachement de ses compagnons de captivité pour croire qu'ils consentiraient à s'étouffer avec lui à la vapeur d'un brasier : l'illusion était grande. Tels sont les enivrements d'une longue domination ; mais il ne faut considérer, dans les impatiences de Napoléon, que le degré de souffrance auquel il était parvenu. M. de Las Cases ayant écrit à Lucien sur un morceau de soie blanche, en contravention avec les règlements, reçut l'ordre de quitter Sainte-Hélène : son absence augmenta le vide autour du banni.

Le 18 mai 1817, lord Holland, dans la Chambre des pairs, fit une proposition au sujet des plaintes transmises en Angleterre par le général Montholon : « La postérité n'examinera pas, dit-il, *si Napoléon a été justement puni de ses crimes,* mais si l'Angleterre a montré la générosité qui convenait à une grande nation. » Lord Bathurst combattit la motion.

Le cardinal Fesch dépêcha d'Italie deux prêtres[615] à son neveu. La princesse Borghèse sollicitai la faveur de rejoindre son frère : « Non, dit Napoléon, je ne veux pas qu'elle soit témoin de mon humiliation et des insultes auxquelles je suis exposé. » Cette sœur aimée, *germana Jovis*, ne traversa pas les mers ; elle mourut aux lieux où Napoléon avait laissé sa renommée.

Des projets d'enlèvement se formèrent : un colonel Latapie, à la tête d'une bande d'aventuriers américains, méditait une descente à Sainte-Hélène. Johnston, hardi contrebandier, prétendit dérober Bonaparte au moyen d'un bateau sous-marin. De jeunes lords entraient dans ces projets ; on conspirait pour rompre les chaînes de l'oppresseur ; on aurait laissé périr dans les fers, sans y penser, le libérateur du genre humain. Bonaparte espérait sa délivrance des mouvements politiques de l'Europe. S'il eût vécu jusqu'en 1830, peut-être nous serait-il revenu ; mais qu'eût-il fait parmi nous ? il eût semblé caduc et arriéré au milieu des idées nouvelles. Jadis sa tyrannie paraissait liberté à notre servitude ; maintenant sa grandeur paraîtrait despotisme à notre petitesse. À l'époque actuelle tout est décrépit dans un jour ; qui vit trop, meurt vivant. En avançant dans la vie, nous laissons trois ou quatre images de nous, différentes les unes des autres ; nous les revoyons ensuite dans la vapeur du passé comme des portraits de nos différents âges.

Bonaparte affaibli ne s'occupait plus que comme un enfant : il s'amusait à creuser dans son jardin un petit bassin ; il y mit quelques poissons : le mastic du bassin se trouvant mêlé de cuivre, les poissons moururent. Bonaparte dit : « Tout ce qui m'attache est frappé. »

Vers la fin de février 1821, Napoléon fut obligé de se coucher et ne se leva plus. « Suis-je assez tombé ! » murmurait-il : « je remuais le monde et je ne puis soulever ma paupière ! » Il ne croyait pas à la médecine et s'opposait à une consultation d'Antomarchi[616] avec des médecins de

---

[615] L'abbé Buonavita et l'abbé Vignale. « À cette époque, dit M. Thiers, c'est-à-dire vers la fin de 1819, arrivèrent à Sainte-Hélène les personnages envoyés par le cardinal Fesch. C'étaient un bon vieux prêtre, l'abbé Buonavita, ancien missionnaire au Mexique, et un jeune ecclésiastique, l'abbé Vignale, l'un et l'autre fort honnêtes gens, mais sans instruction et sans esprit. » (Histoire du Consulat et de l'Empire, tome XX, p. 688.) — Les deux prêtres arrivèrent à Sainte-Hélène le 20 septembre 1819. (William Forsyth, tome III. p. 149.)

[616] François Antomarchi (1780-1830). Né en Corse, il était professeur d'anatomie à Florence, quand il fut choisi par le cardinal Fesch pour aller à Sainte-Hélène donner ses soins à Napoléon, auquel on venait d'enlever le docteur O'Meara. Arrivé par le même navire que l'abbé Buonavita et l'abbé Vignale, il resta auprès de l'empereur jusqu'à sa mort. Les Mémoires du docteur Antomarchi, ou les derniers moments de Napoléon (Paris, 1825, 2 vol. in-8o), contiennent l'histoire de la captivité de l'empereur depuis le 21 septembre 1819 jusqu'au 5 mai 1821. M. Thiers (p. 688) parle du docteur Antomarchi en ces termes : « C'était un jeune

James-Town. Il admit cependant à son lit de mort le docteur Arnold. Du 13 au 27 avril, il dicta son testament ; le 28, il ordonna d'envoyer son cœur à Marie-Louise ; il défendit à tout chirurgien anglais de porter la main sur lui après son décès. Persuadé qu'il succombait à la maladie dont avait été atteint son père, il recommanda de faire passer au duc de Reichstadt le procès-verbal de l'autopsie : le renseignement paternel est devenu inutile ; Napoléon II a rejoint Napoléon Ier.

À cette dernière heure, le sentiment religieux dont Bonaparte avait toujours été pénétré se réveilla. Thibaudeau, dans ses *Mémoires sur le Consulat*, raconte, à propos du rétablissement du culte, que le premier consul lui avait dit : « Dimanche dernier, au milieu du silence de la nature, je me promenais dans ces jardins (la Malmaison) ; le son de la cloche de Ruel vint tout à coup frapper mon oreille, et renouvela toutes les impressions de ma jeunesse ; je fus ému, tant est forte la puissance des premières habitudes, et je me dis : S'il en est ainsi pour moi, quel effet de pareils souvenirs ne doivent-ils pas produire sur les hommes simples et crédules ? Que vos philosophes répondent à cela ! . . . . et, levant les mains vers le ciel : Quel est celui qui a fait tout cela ? »

En 1797, par sa proclamation de Macerata, Bonaparte autorise le séjour des prêtres français réfugiés dans les États du pape, défend de les inquiéter, ordonne aux couvents de les nourrir, et leur assigne un traitement en argent.

Ses variations en Égypte, ses colères contre l'Église dont il était le restaurateur, montrent qu'un instinct de spiritualisme dominait au milieu même de ses égarements, car ses chutes et ses irritations ne sont point d'une nature philosophique et portent l'empreinte du caractère religieux.

Bonaparte, donnant à Vignale les détails de la chapelle ardente dont il voulait qu'on environnât sa dépouille, crut s'apercevoir que sa recommandation déplaisait à Antomarchi ; il s'en expliqua avec le docteur et lui dit : « Vous êtes au-dessus de ces faiblesses : mais que voulez-vous, je ne suis ni philosophe ni médecin ; je crois à Dieu ; je suis de la religion de mon père. N'est pas athée qui veut . . . . Pouvez-vous ne pas croire à Dieu ? car enfin tout proclame son existence, et les plus grands génies l'ont cru . . . . . Vous êtes médecin . . . . . ces gens-là ne brassent que de la matière : ils ne croient jamais rien. »

Fortes têtes du jour, quittez votre admiration pour Napoléon ; vous n'avez rien à faire de ce pauvre homme : ne se figurait-il pas qu'une comète était venue le chercher, comme jadis elle emporta César ? De plus, *il croyait à Dieu ; il était de la religion de son père ;* il n'était pas *philosophe ;* il n'était pas *athée ;* il n'avait pas, comme vous, livré de bataille à l'Éternel, bien qu'il eût vaincu bon nombre de rois ; il trouvait

---

médecin italien, ayant quelque esprit, peu d'expérience et une extrême présomption. »

que *tout proclamait l'existence* de l'Être suprême ; il déclarait que les *plus grands génies avaient cru à cette existence,* et il voulait croire comme ses pères. Enfin, chose monstrueuse ! ce premier homme des temps modernes, cet homme de tous les siècles, était chrétien dans le XIXe siècle ! Son testament commence par cet article :

« JE MEURS DANS LA RELIGION APOSTOLIQUE ET ROMAINE, DANS LE SEIN DE LAQUELLE JE SUIS NE IL Y A PLUS DE CINQUANTE ANS. »

Au troisième paragraphe du testament de Louis XVI on lit :

" JE MEURS DANS L'UNION DE NOTRE SAINTE MERE L'EGLISE CATHOLIQUE, APOSTOLIQUE ET ROMAINE. »

La Révolution nous a donné bien des enseignements ; mais en est-il un seul comparable à celui-ci ? Napoléon et Louis XVI faisant la même profession de foi ! Voulez-vous savoir le prix de la croix ? Cherchez dans le monde entier ce qui convient le mieux à la vertu malheureuse, ou à l'homme de génie mourant.

Le 3 mai, Napoléon se fit administrer l'extrême-onction et reçut le saint viatique. Le silence de la chambre n'était interrompu que par le hoquet de la mort mêlé au bruit régulier du balancier d'une pendule : l'ombre, avant de s'arrêter sur le cadran, fit encore quelques tours ; l'astre qui la dessinait avait de la peine à s'éteindre. Le 4, la tempête de l'agonie de Cromwell s'éleva : presque tous les arbres de Longwood furent déracinés. Enfin, le 5, à six heures moins onze minutes du soir, au milieu des vents, de la pluie et du fracas des flots, Bonaparte rendit à Dieu le plus puissant souffle de vie qui jamais anima l'argile humaine. Les derniers mots saisis sur les lèvres du conquérant furent : « *Tête... armée,* ou *tête d'armée.* » Sa pensée errait encore au milieu des combats. Quand il ferma pour jamais les yeux, son épée, expirée avec lui, était couchée à sa gauche, un crucifix reposait sur sa poitrine : le symbole pacifique appliqué au cœur de Napoléon calma les palpitations de ce cœur, comme un rayon du ciel fait tomber la vague.

Bonaparte désira d'abord être enseveli dans la cathédrale d'Ajaccio, puis, par un codicille daté du 16 avril 1821, il légua ses os à la France : le ciel l'avait mieux servi : son véritable mausolée est le rocher où il expira : revoyez mon récit de la mort du duc d'Enghien. Napoléon, prévoyant à ses dernières volontés l'opposition du gouvernement britannique, fit choix éventuellement d'une sépulture à Sainte-Hélène.

Dans une étroite vallée appelée la vallée de *Slane* ou du *Géranium,* maintenant du *Tombeau,* coule une source ; les domestiques chinois de Napoléon, fidèles comme le Javanais de Camoëns, avaient accoutumé d'y remplir des amphores : des saules pleureurs pendent sur la fontaine ; une herbe fraîche, parsemée de *tchampas,* croît autour. « Le tchampas, malgré son éclat et son parfum, n'est pas une plante qu'on recherche, parce qu'elle fleurit sur les tombeaux, » disent les poésies sanscrites. Dans les déclivités des roches déboisées, végètent mal des citronniers amers, des cocotiers porte-noix, des mélèzes et des conises dont on recueille la gomme attachée à la barbe des chèvres.

Napoléon se plaisait aux saules de la fontaine ; il demandait la paix à la vallée de Slane, comme Dante banni demandait la paix au cloître de Corvo. En reconnaissance du repos passager qu'il y goûta les derniers jours de sa vie, il indiqua cette vallée pour l'abri de son repos éternel. Il disait en parlant de la source : « Si Dieu voulait que je me rétablisse, j'élèverais un monument dans le lieu où elle jaillit. » Ce monument fut son tombeau. Du temps de Plutarque, dans un endroit consacré aux nymphes aux bords du Strymon, on voyait encore un siège de pierre sur lequel s'était assis Alexandre.

Napoléon, botté, éperonné, habillé en uniforme de colonel de la garde, décoré de la Légion d'honneur, fut exposé mort dans sa couchette de fer ; sur ce visage qui ne s'étonna jamais, l'âme, en se retirant, avait laissé une stupeur sublime. Les planeurs et les menuisiers soudèrent et clouèrent Bonaparte en une quadruple bière d'acajou, de plomb, d'acajou encore et de fer-blanc ; on semblait craindre qu'il ne fût jamais assez emprisonné. Le manteau que le vainqueur d'autrefois portait aux vastes funérailles de Marengo servit de drap mortuaire au cercueil.

Les obsèques se firent le 28 mai. Le temps était beau ; quatre chevaux, conduits par des palefreniers à pied, tiraient le corbillard ; vingt-quatre grenadiers anglais, sans armes, l'environnaient ; suivait le cheval de Napoléon. La garnison de l'île bordait les précipices du chemin. Trois escadrons de dragons précédaient le cortège ; le 20e régiment d'infanterie, les soldats de marine, les volontaires de Sainte-Hélène, l'artillerie royale avec quinze pièces de canon, fermaient la marche. Des groupes de musiciens, placés de distance en distance sur les rochers, se renvoyaient des airs lugubres. À un défilé, le corbillard s'arrêta ; les vingt-quatre grenadiers sans armes enlevèrent le corps et eurent l'honneur de le porter sur leurs épaules jusqu'à la sépulture. Trois salves d'artillerie saluèrent les restes de Napoléon au moment où il descendit dans la terre : tout le bruit qu'il avait fait sur cette terre ne pénétrait pas à deux lignes au-dessous.

Une pierre qui devait être employée à la construction d'une nouvelle maison pour l'exilé est abaissée sur son cercueil comme la trappe de son dernier cachot.

On récita les versets du psaume 87 : « J'ai été pauvre et plein de travail dans ma jeunesse ; j'ai été élevé, puis humilié... j'ai été percé de vos colères. » De minute en minute le vaisseau amiral tirait. Cette harmonie de la guerre, perdue dans l'immensité de l'Océan, répondait au *requiescat in pace*. L'empereur, enterré par ses vainqueurs de Waterloo, avait ouï le dernier coup de canon de cette bataille ; il n'entendit point la dernière détonation dont l'Angleterre troublait et honorait son sommeil à Sainte-Hélène. Chacun se retira, tenant en main une branche de saule comme en revenant de la fête des Palmes.

Lord Byron crut que le dictateur des rois avait abdiqué sa renommée avec son glaive, qu'il allait s'éteindre oublié. Le poète aurait dû savoir que la destinée de Napoléon était une muse, comme toutes les hautes destinées. Cette muse sut changer un dénoûment avorté en une péripétie qui renouvelait son héros. La solitude de l'exil et de la tombe de Napoléon a répandu sur une mémoire éclatante une autre sorte de prestige. Alexandre ne mourut point sous les yeux de la Grèce ; il disparut dans les lointains superbes de Babylone. Bonaparte n'est point mort sous les yeux de la France ; il s'est perdu dans les fastueux horizons des zones torrides. Il dort comme un ermite ou comme un paria dans un vallon, au bout d'un sentier désert. La grandeur du silence qui le presse égale l'immensité du bruit qui l'environna. Les nations sont absentes, leur foule s'est retirée ; l'oiseau des tropiques, *attelé*, dit Buffon, *au char du soleil*, se précipite de l'astre de la lumière ; où se repose-t-il aujourd'hui ? Il se repose sur des cendres dont le poids a fait pencher le globe.

Imposuerunt omnes sibi diademata, post mortem ejus... et multiplicata sunt mala in terra (MACHAB.).

« Ils prirent tous le diadème après sa mort... et les maux se multiplièrent sur la terre. »

Ce résumé des Machabées sur Alexandre semble être fait pour Napoléon : « Les diadèmes ont été *pris* et les maux se sont multipliés sur la terre. » Vingt années se sont à peine écoulées depuis la mort de Bonaparte, et déjà la monarchie française et la monarchie espagnole ne sont plus. La carte du monde a changé ; il a fallu apprendre une géographie nouvelle ; séparés de leurs légitimes souverains, des peuples ont été jetés à des souverains de rencontre ; des acteurs renommés sont descendus de la scène où sont montés des acteurs sans nom ; les aigles se sont envolés de la cime du haut pin tombé dans la mer, tandis que de frêles coquillages se sont attachés aux flancs du tronc encore protecteur.

Comme en dernier résultat tout marche à ses fins, *le terrible esprit de nouveauté qui parcourait le monde,* disait l'empereur, et auquel il avait opposé la barre de son génie, reprend son cours ; les institutions du conquérant défaillent ; il sera la dernière des grandes existences individuelles ; rien ne dominera désormais dans les sociétés infimes et nivelées ; l'ombre de Napoléon s'élèvera seule à l'extrémité du vieux monde détruit, comme le fantôme du déluge au bord de son abîme : la postérité lointaine découvrira cette ombre par-dessus le gouffre où tomberont des siècles inconnus, jusqu'au jour marqué de la renaissance sociale.

Puisque c'est ma propre vie que j'écris en m'occupant de celles des autres, grandes ou petites, je suis forcé de mêler cette vie aux choses et aux hommes, quand par hasard elle est rappelée. Ai-je traversé d'une traite, sans m'y arrêter jamais, le souvenir du déporté qui, dans sa prison de l'Océan, attendait l'exécution de l'arrêt de Dieu ? Non.

La paix que Napoléon n'avait pas conclue avec les rois ses geôliers, il l'avait faite avec moi : J'étais fils de la mer comme lui, ma nativité était du rocher comme la sienne. Je me flatte d'avoir mieux connu Napoléon que ceux qui l'ont vu plus souvent et approché de plus près.

Napoléon à Sainte-Hélène, cessant d'avoir à garder contre moi sa colère, avait renoncé à ses inimitiés ; devenu plus juste à mon tour, j'écrivis dans le *Conservateur* cet article :

« Les peuples ont appelé Bonaparte un fléau ; mais les fléaux de Dieu conservent quelque chose de l'éternité et de la grandeur du courroux divin dont ils émanent : *Ossa arida... dabo vobis spiritum et viveris.* Ossements arides, je vous donnerai mon souffle et vous vivrez. Né dans une île pour aller mourir dans une île, aux limites de trois continents ; jeté au milieu des mers où Camoëns sembla le prophétiser en y plaçant le génie des tempêtes, Bonaparte ne se peut remuer sur son rocher que nous n'en soyons avertis par une secousse ; un pas du nouvel Adamastor à l'autre pôle se fait sentir à celui-ci. Si Napoléon, échappé aux mains de ses geôliers, se retirait aux États-Unis, ses regards attachés sur l'Océan suffiraient pour troubler les peuples de l'ancien monde ; sa seule présence sur le rivage américain de l'Atlantique forcerait l'Europe à camper sur le rivage opposé. »

Cet article parvint à Bonaparte à Sainte-Hélène : une main qu'il croyait ennemie versa le dernier baume sur ses blessures ; il dit à M. de Montholon :

« Si, en 1814 et en 1815, la confiance royale n'avait point été placée dans des hommes dont l'âme était détrempée par des circonstances trop fortes, ou qui, renégats à leur patrie, ne voient de salut et de gloire pour le trône de leur maître que dans le joug de la Sainte Alliance ; si le duc de Richelieu, dont l'ambition fut de délivrer son pays de la présence des baïonnettes étrangères, si Chateaubriand, qui venait de rendre à Gand d'éminents services, avaient eu la direction des affaires, la France serait sortie puissante et redoutée de ces deux grandes crises nationales. Chateaubriand a reçu de la nature le feu sacré : ses ouvrages l'attestent. Son style n'est pas celui de Racine, c'est celui du prophète. Si jamais il arrive au timon des affaires, il est possible que Chateaubriand s'égare : tant d'autres y ont trouvé leur perte ! Mais ce qui est certain, c'est que tout ce qui est grand et national doit convenir à son génie, et qu'il eût repoussé avec indignation ces actes infamants de l'administration d'alors[617]. »

Telles ont été mes dernières relations avec Bonaparte. — Pourquoi ne conviendrais-je pas que ce jugement *chatouille de mon cœur l'orgueilleuse faiblesse ?* Bien de petits hommes à qui j'ai rendu de grands services ne m'ont pas jugé si favorablement que le géant dont j'avais osé attaquer la puissance.

---

[617] Mémoires pour servir à l'Histoire de France sous Napoléon, par M. de Montholon, tome IV, p. 243. — Ch.

Tandis que le monde Napoléonien s'effaçait, je m'enquérais des lieux où Napoléon lui-même s'était évanoui. Le tombeau de Sainte-Hélène a déjà usé un des saules ses contemporains : l'arbre décrépit et tombé est mutilé chaque jour par les pèlerins. La sépulture est entourée d'un grillage en fonte ; trois dalles sont posées transversalement sur la fosse ; quelques iris croissent aux pieds et à la tête ; la fontaine de la vallée coule encore là où des jours prodigieux se sont taris. Des voyageurs apportés par la tempête croient devoir consigner leur obscurité à la sépulture éclatante. Une vieille s'est établie auprès et vit de l'ombre d'un souvenir ; un invalide fait sentinelle dans une guérite.

Le vieux Longwood, à deux cents pas du nouveau, est abandonné. À travers un enclos rempli de fumier, on arrive à une écurie ; elle servait de chambre à coucher à Bonaparte. Un nègre vous montre une espèce de couloir occupé par un moulin à bras et vous dit : « *Here he dead*, ici il mourut. » La chambre où Napoléon reçut le jour n'était vraisemblablement ni plus grande ni plus riche.

Au nouveau Longwood, *Plantation House,* chez le gouverneur, on voit le duc de Wellington en peinture et les tableaux de ses batailles. Une armoire vitrée renferme un morceau de l'arbre près duquel se trouvait le général anglais à Waterloo ; cette relique est placée entre une branche d'olivier cueillie au jardin des Olives et des ornements de sauvages de la mer du Sud : bizarre association des abuseurs des vagues. Inutilement le vainqueur veut ici se substituer au vaincu, sous la protection d'un rameau de la Terre sainte et du souvenir de Cook ; il suffit qu'on retrouve à Sainte-Hélène la solitude, l'Océan et Napoléon.

Si l'on recherchait l'histoire de la transformation des bords illustrés par des tombeaux, des berceaux, des palais, quelle variété de choses et de destinées ne verrait-on pas, puisque de si étranges métamorphoses s'opèrent jusque dans les habitations obscures auxquelles sont attachées nos chétives vies ! Dans quelle hutte naquit Clovis ? Dans quel chariot Attila reçut-il le jour ? Quel torrent couvre la sépulture d'Alaric ? Quel chacal occupe la place du cercueil en or ou en cristal d'Alexandre ? Combien de fois ces poussières ont-elles changé de place ? Et tous ces mausolées de l'Égypte et des Indes, à qui appartiennent-ils ? Dieu seul connaît la cause de ces mutations liées à des mystères de l'avenir : il est pour les hommes des vérités cachées dans la profondeur du temps ; elles ne se manifestent qu'à l'aide des siècles, comme il y a des étoiles si éloignées de la terre que leur lumière n'est pas encore parvenue jusqu'à nous.

Mais tandis que j'écrivais ceci le temps a marché ; il a produit un événement qui aurait de la grandeur, si les événements ne tombaient aujourd'hui dans la boue. On a redemandé à Londres la dépouille de Bonaparte ; la demande a été accueillie : qu'importent à l'Angleterre de vieux ossements ? Elle nous fera tant que nous voudrons de ces sortes de présents. Les dépouilles de Napoléon nous sont revenues au moment de notre humiliation ; elles auraient pu subir le droit de visite ; mais l'étranger s'est montré facile : il a donné un laissez-passer aux cendres,

La translation des restes de Napoléon est une faute contre la renommée. Une sépulture à Paris ne vaudra jamais la vallée de Slane : qui voudrait voir Pompée ailleurs que dans le sillon de sable élevé par un pauvre affranchi, aidé d'un vieux légionnaire[618] ? Que ferons-nous de ces magnifiques reliques au milieu de nos misères ? Le granit le plus dur représentera-t-il la pérennité des œuvres de Bonaparte ? Encore si nous possédions un Michel-Ange pour sculpter la statue funèbre ? Comment façonnera-t-on le monument ? Aux petits hommes des mausolées, aux grands hommes une pierre et un nom. Du moins, si on avait suspendu le cercueil au couronnement de l'Arc de Triomphe, si les nations avaient aperçu de loin leur maître porté sur les épaules de ses victoires ? L'urne de Trajan n'était-elle pas placée à Rome au haut de sa colonne ? Napoléon, parmi nous, se perdra dans la tourbe de ces va-nu-pieds de morts qui se dérobent en silence. Dieu veuille qu'il ne soit pas exposé aux vicissitudes de nos changements politiques, tout défendu qu'il est par Louis XIV, Vauban et Turenne ! Gare ces violations de tombeaux si communes dans notre patrie ! Qu'un certain côté de la Révolution triomphe, et la poussière du conquérant pourra rejoindre les poussières que nos passions ont dispersées : on oubliera le vainqueur des peuples pour ne se souvenir que de l'oppresseur des libertés. Les os de Napoléon ne reproduiront pas son génie, ils enseigneront son despotisme à de médiocres soldats.

Quoi qu'il en soit, une frégate a été fournie à un fils de Louis-Philippe[619] : un nom cher à nos anciennes victoires maritimes la protégeait sur les flots. Parti de Toulon, où Bonaparte s'était embarqué dans sa puissance pour la conquête de l'Égypte, le nouvel Argo est venu à Sainte-Hélène revendiquer le néant. Le sépulcre, avec son silence, continuait à s'élever immobile dans la vallée de Slane ou du Géranium. Des deux saules pleureurs, l'un était tombé ; lady Dallas, femme d'un gouverneur de l'île, avait fait planter en remplacement de l'arbre défailli dix-huit jeunes saules et trente-quatre cyprès ; la source, toujours là, coulait comme quand Napoléon en buvait l'eau. Pendant toute une nuit, sous la conduite d'un capitaine anglais nommé Alexander, on a travaillé à percer le monument. Les quatre cercueils emboîtés les uns dans les autres, le cercueil d'acajou, le cercueil de plomb, le second cercueil d'acajou ou de bois des îles et le cercueil de fer-blanc, ont été trouvés intacts. On procéda à l'inspection de

---

[618] Chateaubriand ici se souvient de Corneille :
Dans quelque urne chétive en ramasser la cendre,
Et d'un peu de poussière élever un tombeau
À celui qui du monde eut le sort le plus beau.
[619] La frégate La Belle-Poule, commandée par le prince de Joinville.

ces moules de momie sous une tente, au milieu d'un cercle d'officiers dont quelques-uns avaient connu Bonaparte.

« Lorsque la dernière bière fut ouverte, les regards s'y plongèrent. Ils vinrent, dit l'abbé Coquereau, se heurter contre une masse blanchâtre qui couvrait le corps dans toute son étendue. Le docteur Gaillard, la touchant, reconnut un coussin de satin blanc qui garnissait à l'intérieur la paroi supérieure du cercueil : il s'était détaché et enveloppait la dépouille comme un linceul . . . . Tout le corps paraissait couvert comme d'une mousse légère ; on eût dit que nous l'apercevions à travers un nuage diaphane. C'était bien sa tête : un oreiller l'exhaussait un peu ; son large front, ses yeux dont les orbites se dessinaient sous les paupières, garnies encore de quelques cils ; ses joues étaient bouffies, son nez seul avait souffert, sa bouche entr'ouverte laissait apercevoir trois dents d'une grande blancheur ; sur son menton se distinguait parfaitement l'empreinte de la barbe ; ses deux mains surtout paraissaient appartenir à quelqu'un de respirant encore, tant elles étaient vives de ton et de coloris ; l'une d'elles, la main gauche, était un peu plus élevée que la droite ; ses ongles avaient poussé après la mort : ils étaient longs et blancs ; une de ses bottes était décousue et laissait passer quatre doigts de ses pieds d'un blanc mat[620]. »

Qu'est-ce qui a frappé les nécrobies ? L'inanité des choses terrestres ? la vanité de l'homme ? Non, la beauté du mort ; ses ongles seulement s'étaient allongés, pour déchirer, je présume, ce qui restait de liberté au monde. Ses pieds, rendus à l'humilité, ne s'appuyaient plus sur des coussins de diadème ; ils reposaient nus dans leur poussière. Le fils de Condé était aussi habillé dans le fossé de Vincennes ; cependant Napoléon, si bien conservé, était arrivé tout juste à ces *trois dents* que les balles avaient laissées à la mâchoire du duc d'Enghien.

L'astre éclipsé à Sainte-Hélène a reparu à la grande joie des peuples : l'univers a revu Napoléon ; Napoléon n'a point revu l'univers. Les cendres vagabondes du conquérant ont été regardées par les mêmes étoiles qui le guidèrent à son exil : Bonaparte a passé par le tombeau, comme il a passé partout, sans s'y arrêter. Débarqué au Havre, le cadavre est arrivé à l'Arc de Triomphe, dais sous lequel le soleil montre son front à certains jours de l'année. Depuis cet Arc jusqu'aux Invalides, on n'a plus rencontré que des colonnes de planches, des bustes de plâtre, une statue du grand Condé (hideuse bouillie qui pleurait), des obélisques de sapin remémoratifs de la vie indestructible du vainqueur. Un froid rigoureux faisait tomber les généraux autour du char funèbre, comme dans la retraite de Moscou. Rien n'était beau, hormis le bateau de deuil qui avait porté en silence sur la Seine Napoléon et un crucifix.

---

620 Souvenirs de Sainte-Hélène, par l'abbé Coquereau. — L'abbé Coquereau était aumônier de la frégate la Belle-Poule. En 1850, il fut nommé par Louis-Napoléon aumônier en chef de la flotte, fonctions qu'il a conservées jusqu'à sa mort (1866).

Privé de son catafalque de rochers, Napoléon est venu s'ensevelir dans les immondices de Paris. Au lieu de vaisseaux qui saluaient le nouvel Hercule, consumé sur le mont Œta, les blanchisseuses de Vaugirard rôderont alentour avec des invalides inconnus à la grande armée. Pour préluder à cette impuissance, de petits hommes n'ont rien pu imaginer de mieux qu'un salon de Curtius en plein vent. Après quelques jours de pluie, il n'est demeuré de ces décorations que des bribes crottées. Quoi qu'on fasse, on verra toujours au milieu des mers le vrai sépulcre du triomphateur : à nous le corps, à Sainte-Hélène la vie immortelle.

Napoléon a clos l'ère du passé : il a fait la guerre trop grande pour qu'elle revienne de manière à intéresser l'espèce humaine. Il a tiré impétueusement sur ses talons les portes du temple de Janus ; et il a entassé derrière ces portes des monceaux de cadavres, afin qu'elles ne se puissent rouvrir.

En Europe je suis allé visiter les lieux où Bonaparte aborda après avoir rompu son ban à l'île d'Elbe. Je descendis à l'auberge de Cannes[621] au moment même que le canon tirait en commémoration du 29 juillet ; un de ces résultats de l'incursion de l'empereur, non sans doute prévu par lui. La nuit était close quand j'arrivai au golfe Juan ; je mis pied à terre à une maison isolée au bord de la grande route. Jacquemin, potier et aubergiste, propriétaire de cette maison, me mena à la mer. Nous prîmes des chemins creux entre des oliviers sous lesquels Bonaparte avait bivouaqué : Jacquemin lui-même l'avait reçu et me conduisait. À gauche du sentier de traverse s'élevait une espèce de hangar : Napoléon, qui envahissait seul la France, avait déposé dans ce hangar les effets de son débarquement.

Parvenu à la grève, je vis une mer calme que ne ridait pas le plus petit souffle ; la lame, mince comme une gaze, se déroulait sur le sablon sans bruit et sans écume. Un ciel émerveillable, tout resplendissant de constellations, couronnait ma tête. Le croissant de la lune s'abaissa bientôt et se cacha derrière une montagne. Il n'y avait dans le golfe qu'une seule barque à l'ancre, et deux bateaux : à gauche on apercevait le phare d'Antibes, à droite les îles de Lérins ; devant moi, la haute mer s'ouvrait au midi vers cette Rome où Bonaparte m'avait d'abord envoyé.

---

[621] Chateaubriand visita Cannes et le golfe Juan au mois de juillet 1838. Il écrivait de Cannes à Madame Récamier le 28 juillet : « J'ai quitté à Marseille mon bruit pour venir voir le lieu où Bonaparte en débarquant, a changé la face du monde et nos destinées. Je vous écris dans une petite chambre, sous la fenêtre de laquelle se brise la mer. Le soleil se couche ; c'est l'Italie tout entière que je retrouve ici. Dans une heure, je vais partir pour aller à deux lieues d'ici, au Golfe Juan ; j'y arriverai de nuit, je verrai cette grève déserte où cet homme aborda avec sa petite flotte. Je m'arrangerai de la solitude, des vagues et du ciel : l'homme a passé pour toujours. »

Les îles de Lérins, aujourd'hui îles Sainte-Marguerite, reçurent autrefois quelques chrétiens fuyant devant les Barbares. Saint Honorat venant de Hongrie aborda l'un de ces écueils : il monta sur un palmier, fit le signe de la croix, tous les serpents expirèrent, c'est-à-dire le paganisme disparut, et la nouvelle civilisation naquit dans l'Occident.

Quatorze cents ans après, Bonaparte vint terminer cette civilisation dans les lieux où le saint l'avait commencée. Le dernier solitaire de ces laures fut le Masque de fer, si le Masque de fer est une réalité. Du silence du golfe Juan, de la paix des îles aux anciens anachorètes, sortit le bruit de Waterloo, qui traversa l'Atlantique, et vint expirer à Sainte-Hélène.

Entre les souvenirs de deux sociétés, entre un monde éteint et un monde prêt à s'éteindre, la nuit, au bord abandonné de ces marines, on peut supposer ce que je sentis. Je quittai la plage dans une espèce de consternation religieuse, laissant le flot passer et repasser, sans l'effacer, sur la trace de l'avant-dernier pas de Napoléon.

À la fin de chaque grande époque, on entend quelque voix dolente des regrets du passé, et qui sonne le *couvre-feu :* ainsi gémirent ceux qui virent disparaître Charlemagne, saint Louis, François Ier Henri IV et Louis XIV. Que ne pourrais-je pas dire à mon tour, témoin oculaire que je suis de deux ou trois mondes écoulés ? Quand on a rencontré comme moi Washington et Bonaparte, que reste-t-il à regarder derrière la charrue du Cincinnatus américain et la tombe de Sainte-Hélène ? Pourquoi ai-je survécu au siècle et aux hommes à qui j'appartenais par la date de ma vie ? Pourquoi ne suis-je pas tombé avec mes contemporains, les derniers d'une race épuisée ? Pourquoi suis-je demeuré seul à chercher leurs os dans les ténèbres et la poussière d'une catacombe remplie ? Je me décourage de durer. Ah ! si du moins j'avais l'insouciance d'un de ces vieux Arabes de rivage, que j'ai rencontrés en Afrique ! Assis les jambes croisées sur une petite natte de corde, la tête enveloppée dans leur burnous, ils perdent leurs dernières heures à suivre des yeux, parmi l'azur du ciel, le beau phénicoptère qui vole le long des ruines de Carthage ; bercés du murmure de la vague, ils entr'oublient leur existence et chantent à voix basse une chanson de la mer : ils vont mourir.

LIVRE VII[622]

Retomber de Bonaparte et de l'Empire à ce qui les a suivis, c'est tomber de la réalité dans le néant, du sommet d'une montagne dans un gouffre. Tout n'est-il pas terminé avec Napoléon ? Aurais-je dû parler d'autre chose ? Quel personnage peut intéresser en dehors de lui ? De qui et de quoi peut-il être question, après un pareil homme ? Dante a eu seul le droit de s'associer aux grands poètes qu'il rencontre dans les régions d'une

---

[622] Ce livre a été écrit à Paris en 1839 et revu le 22 février 1845.

autre vie. Comment nommer Louis XVIII en place de l'empereur ? Je rougis en pensant qu'il me faut nasillonner à cette heure d'une foule d'infimes créatures dont je fais partie, êtres douteux et nocturnes que nous fûmes d'une scène dont le large soleil avait disparu.

Les bonapartistes eux-mêmes s'étaient racornis. Leurs membres s'étaient repliés et contractés ; l'âme manqua à l'univers nouveau sitôt que Bonaparte retira son souffle ; les objets s'effacèrent dès qu'ils ne furent plus éclairés de la lumière qui leur avait donné le relief et la couleur. Au commencement de ces *Mémoires* je n'eus à parler que de moi : or, il y a toujours une sorte de primauté dans la solitude individuelle de l'homme ; ensuite je fus environné de miracles : ces miracles soutinrent ma voix ; mais à cette heure plus de conquête d'Égypte, plus de batailles de Marengo, d'Austerlitz et d'Iéna, plus de retraite de Russie, plus d'invasion de la France, de prise de Paris, de retour de l'île d'Elbe, de bataille de Waterloo, de funérailles de Sainte-Hélène : quoi donc ? des portraits à qui le génie de Molière pourrait seul donner la gravité du comique !

En m'exprimant sur notre peu de valeur, j'ai serré de près ma conscience ; je me suis demandé si je ne m'étais pas incorporé par calcul à la nullité de ces temps, pour acquérir le droit de condamner les autres ; persuadé que j'étais *in petto* que mon nom se lirait au milieu de toutes ces effaçures. Non : je suis convaincu que nous nous évanouirons tous : premièrement parce que nous n'avons pas en nous de quoi vivre ; secondement parce que le siècle dans lequel nous commençons ou finissons nos jours n'a pas lui-même de quoi nous faire vivre. Des générations mutilées, épuisées, dédaigneuses, sans foi, vouées au néant qu'elles aiment, ne sauraient donner l'immortalité ; elles n'ont aucune puissance pour créer une renommée ; quand vous cloueriez votre oreille à leur bouche vous n'entendriez rien : nul son ne sort du cœur des morts.

Une chose cependant me frappe : le petit monde dans lequel j'entre à présent était supérieur au monde qui lui a succédé en 1830 ; nous étions des géants en comparaison de la société de cirons qui s'est engendrée.

La Restauration offre du moins un point où l'on peut retrouver de l'importance : après la dignité d'un seul homme, cet homme passé, renaquit la dignité des hommes. Si le despotisme a été remplacé par la liberté, si nous entendons quelque chose à l'indépendance, si nous avons perdu l'habitude de ramper, si les droits de la nature humaine ne sont plus méconnus, c'est à la Restauration que nous en sommes redevables[623]. Aussi

---

[623] Dans son livre sur la Politique de la Restauration en 1822 et 1823, page 55, M. de Marcellus rapporte ces autres paroles de Chateaubriand, qui ont ici leur place naturelle : « Sous la Restauration, la liberté avait remplacé dans nos mœurs le despotisme ; la nature humaine s'était relevée. Il y avait plus d'air dans la poitrine, comme disait Madame de Staël ; la publicité de la parole avait succédé au mutisme ; les intelligences et l'esprit littéraire renaissaient ; et, bien que le Français soit né courtisan, n'importe de qui, toujours est-il qu'on rampait moins bas. »

me jetai-je dans la mêlée pour, autant que je le pouvais, raviver l'espèce quand l'individu fut fini.

Allons, poursuivons notre tâche ! descendons en gémissant jusqu'à moi et à mes collègues. Vous m'avez vu au milieu de mes songes ; vous allez me voir dans mes réalités : si l'intérêt diminue, si je tombe, lecteur, soyez juste, faites la part de mon sujet !

Après la seconde rentrée du roi et la disparition finale de Bonaparte, le ministère étant aux mains de M. le duc d'Otrante et de M. le prince de Talleyrand, je fus nommé président du collège électoral du département du Loiret. Les élections de 1815 donnèrent au roi la Chambre *introuvable*. Toutes les voix se portaient sur moi à Orléans, lorsque l'ordonnance qui m'appelait à la Chambre des pairs[624] m'arriva. Ma carrière d'action à peine commencée changea subitement de route : qu'eût-elle été si j'eusse été placé dans la Chambre élective ? Il est assez probable que cette carrière aurait abouti, en cas de succès, au ministère de l'intérieur, au lieu de me conduire au ministère des affaires étrangères. Mes habitudes et mes mœurs étaient plus en rapport avec la pairie, et quoique celle-ci me devînt hostile dès le premier moment, à cause de mes opinions libérales, il est toutefois certain que mes doctrines sur la liberté de la presse et contre le vasselage des étrangers donnèrent à la noble Chambre cette popularité dont elle a joui tant qu'elle souffrit mes opinions.

Je reçus en arrivant le seul honneur que mes collègues m'aient jamais fait pendant mes quinze années de résidence au milieu d'eux : je fus nommé l'un des quatre secrétaires pour la session de 1816. Lord Byron n'obtint pas plus de faveur lorsqu'il parut à la Chambre des lords, et il s'en éloigna pour toujours ; j'aurais dû rentrer dans mes déserts.

Mon début à la tribune fut un discours sur *l'inamovibilité des juges* : je louais le principe, mais j'en blâmais l'application immédiate[625]. Dans la révolution de 1830 les hommes de la gauche les plus dévoués à cette révolution voulaient suspendre pour un temps l'inamovibilité.

Le 22 février 1816, le duc de Richelieu nous apporta le testament autographe de la reine ; je montai à la tribune, et je dis :

« Celui qui nous a conservé le testament de Marie-Antoinette[626] avait acheté la terre de Montboisier : juge de Louis XVI, il avait élevé dans cette terre un monument à la mémoire du défenseur de Louis XVI, il avait gravé

---

[624] L'Ordonnance portant nomination du vicomte de Chateaubriand à la Chambre des pairs est en date du 17 août 1815.

[625] Opinion sur la résolution relative à l'inamovibilité des juges, prononcée à la Chambre des pairs, le 19 décembre 1815. — Œuvres complètes, tome XXIII, p. 32.

[626] Le conventionnel Courtois, député de l'Aube, l'auteur du Rapport fait, au nom de la Commission chargée de l'examen des papiers trouvés chez Robespierre et ses complices, dans la séance du 16 nivôse an III (5 janvier 1795). Il avait trouvé l'original du testament de la Reine dans les papiers de Robespierre et se l'était approprié.

lui-même sur ce monument une épitaphe en vers français à la louange de M. de Malesherbes. Cette étonnante impartialité annonce que tout est déplacé dans le monde moral[627]. »

Le 12 mars 1816, on agita la question des pensions ecclésiastiques. « Vous refuseriez, disais-je, des aliments au pauvre vicaire qui consacre aux autels le reste de ses jours, et vous accorderiez des pensions à Joseph Le Bon, qui fit tomber tant de têtes, à François Chabot, qui demandait pour les émigrés une loi si simple qu'un enfant pût les mener à la guillotine, à Jacques Roux, lequel, refusant au Temple de recevoir le testament de Louis XVI, répondit à l'infortuné monarque : Je ne suis chargé que de te conduire à la mort[628]. »

On avait apporté à la Chambre héréditaire un projet de loi relatif aux élections ; je me prononçai pour le renouvellement intégral de la Chambre des députés ; ce n'est qu'en 1824, étant ministre, que je le fis entrer dans la loi.

Ce fut aussi dans ce premier discours sur la loi d'élections, en 1816, que je répondis à un adversaire : « Je ne relève point ce qu'on a dit de l'Europe attentive à nos discussions. Quant à moi, messieurs, je dois sans doute au sang français qui coule dans mes veines cette impatience que j'éprouve quand, pour déterminer mon suffrage, on me parle des opinions placées hors ma patrie ; et si l'Europe civilisée voulait m'imposer la charte, j'irais vivre à Constantinople. »

Le 9 avril 1816, je fis à la Chambre une proposition relative aux puissances barbaresques. La Chambre décida qu'il y avait lieu de s'en occuper. Je songeais déjà à combattre l'esclavage, avant que j'eusse obtenu cette décision favorable de la pairie qui fut la première intervention politique d'une grande puissance en faveur des Grecs : « J'ai vu, disais-je à mes collègues, les ruines de Carthage ; j'ai rencontré parmi ces ruines les successeurs de ces malheureux chrétiens pour la délivrance desquels saint Louis fit le sacrifice de sa vie. La philosophie pourra prendre sa part de la gloire attachée au succès de ma proposition et se vanter d'avoir obtenu dans un siècle de lumières ce que la religion tenta inutilement dans un siècle de ténèbres. »

J'étais placé dans une assemblée où ma parole, les trois quarts du temps, tournait contre moi. On peut remuer une chambre populaire ; une chambre aristocratique est sourde. Sans tribune, à huis clos devant des vieillards, restes desséchés de la vieille Monarchie, de la Révolution et de

---

[627] Discours prononcé à l'occasion des communications faites à la Chambre des pairs par M. le duc de Richelieu, dans la séance du 22 février 1816. — Œuvres complètes, tome XXIII, p. 109.

[628] Opinion prononcée à la Chambre des pairs, le 12 mars 1816, sur la résolution de la Chambre des députés, relative aux pensions ecclésiastiques dont jouissent les prêtres mariés. — Œuvres complètes, tome XXIII, p. 114.

l'Empire, ce qui sortait du ton le plus commun paraissait folie. Un jour, le premier rang des fauteuils, tout près de la tribune, était rempli de respectables pairs, plus sourds les uns que les autres, la tête penchée en avant et tenant à l'oreille un cornet dont l'embouchure était dirigée vers la tribune. Je les endormis, ce qui est bien naturel. Un d'eux laissa tomber son cornet ; son voisin, réveillé par la chute, voulut ramasser poliment le cornet de son confrère ; il tomba. Le mal fut que je me pris à rire, quoique je parlasse alors pathétiquement sur je ne sais plus quel sujet d'humanité.

Les orateurs qui réussissaient dans cette Chambre étaient ceux qui parlaient sans idées, d'un ton égal et monotone, ou qui ne trouvaient de sensibilité que pour s'attendrir sur les pauvres ministres. M. de Lally-Tolendal tonnait en faveur des libertés publiques : il faisait retentir les voûtes de notre solitude de l'éloge de trois ou quatre lords de la chancellerie anglaise, ses aïeux, disait-il. Quand son panégyrique de la liberté de la presse était terminé, arrivait un *mais* fondé sur des *circonstances,* lequel *mais* nous laissait l'honneur sauf, sous l'utile surveillance de la censure.

La Restauration donna un mouvement aux intelligences ; elle délivra la pensée comprimée par Bonaparte : l'esprit, comme une cariatide déchargée de l'architecture qui lui courbait le front, releva la tête. L'Empire avait frappé la France de mutisme ; la liberté restaurée la toucha et lui rendit la parole : il se trouva des talents de tribune qui reprirent les choses où les Mirabeau et les Cazalès les avaient laissées, et la Révolution continua son cours.

Mes travaux ne se bornaient pas à la tribune, si nouvelle pour moi. Épouvanté des systèmes que l'on embrassait et de l'ignorance de la France sur les principes du gouvernement représentatif, j'écrivais et je faisais imprimer *la Monarchie selon la Charte*. Cette publication a été une des grandes époques de ma vie politique : elle me fit prendre rang parmi les publicistes ; elle servit à fixer l'opinion sur la nature de notre gouvernement. Les journaux anglais portèrent cet écrit aux nues ; parmi nous, l'abbé Morellet même ne revenait pas de la métamorphose de mon style et de la précision dogmatique des vérités.

La Monarchie selon la Charte est un catéchisme constitutionnel : c'est là que l'on a puisé la plupart des propositions que l'on avance comme nouvelles aujourd'hui. Ainsi ce principe, que *le roi règne et ne gouverne pas,* se trouve tout entier dans les chapitres IV, V, VI et VII sur la prérogative royale.

Les principes constitutionnels étant posés dans la première partie de *la Monarchie selon la Charte,* j'examine dans la seconde les systèmes des trois ministères qui jusqu'alors s'étaient succédé depuis 1814 jusqu'à 1816 ; dans cette partie se rencontrent des prédictions depuis trop vérifiées et des expositions de doctrines alors cachées. On lit ces mots, chapitre XXVI, deuxième partie : « Il passe pour constant, dans un certain parti, qu'une révolution de la nature de la nôtre ne peut finir que par un changement de dynastie ; d'autres, plus modérés, disent par un changement dans l'ordre de successibilité à la couronne. »

Comme je terminais mon ouvrage, parut l'ordonnance du 5 septembre 1816 : cette mesure dispersait le peu de royalistes rassemblés pour reconstruire la monarchie légitime[629]. Je me hâtai d'écrire le *post-scriptum* qui fit faire explosion à la colère de M. le duc de Richelieu et du favori de Louis XVIII, M. Decazes.

Le *post-scriptum* ajouté, je courus chez M. Le Normant, mon libraire : je trouvai en arrivant des alguazils et un commissaire de police qui instrumentaient. Ils avaient saisi des paquets et apposé des scellés. Je n'avais pas bravé Bonaparte pour être intimidé par M. Decazes : je m'opposai à la saisie ; je déclarai, comme Français libre et comme pair de France, que je ne céderais qu'à la force : la force arriva et je me retirai. Je me rendis le 18 septembre chez MM. Louis-Marthe Mesnier et son collègue, notaires royaux ; je protestai à leur étude et je les requis de consigner ma déclaration du fait de l'arrestation de mon ouvrage, voulant assurer par cette protestation les droits des citoyens français. M. Baude[630] m'a imité en 1830.

Je me trouvai engagé ensuite dans une correspondance assez longue avec M. le chancelier, M. le ministre de la police et M. le procureur général Bellart[631], jusqu'au 9 novembre, jour que le chancelier m'annonça l'ordonnance rendue en ma faveur par le tribunal de première instance, laquelle me remit en possession de mon ouvrage saisi. Dans une de ses

---

[629] L'Ordonnance du 5 septembre 1816, publiée dans le Moniteur du 7, prononçait la dissolution de la Chambre de 1815, que Louis XVIII lui-même avait appelée la Chambre introuvable.

[630] Jean-Jacques, baron Baude (1792-1862). Il signa, comme rédacteur du journal le Temps, la protestation des journalistes contre les ordonnances de juillet 1830 et fit enregistrer sa protestation devant notaires. Préfet de police du 26 décembre 1830 au 25 février 1831, il laissa l'émeute saccager l'archevêché et l'église de Saint-Germain-l'Auxerrois. Membre de la Chambre des députés, il présenta, le 15 mars 1831, d'accord avec le Gouvernement, une proposition tendant à déclarer « l'ex-roi, Charles X, ses descendants et les alliés de ses descendants, bannis à perpétuité du territoire français ». Chateaubriand combattit la proposition de M. Baude dans une éloquente brochure, sur laquelle nous aurons à revenir plus tard.

[631] Nicolas-François Bellart (1761-1826), avocat au barreau de Paris de 1785 à 1815, député de la Seine, de 1815 à 1820, procureur général près la Cour royale de Paris, de 1815 à 1826. Ce fut lui qui porta la parole dans le procès du maréchal Ney. Bellart fut un homme de bien, un grand magistrat et un orateur éloquent. Il possédait au plus haut degré la faculté de l'improvisation. Énergique, abondant, impétueux, quelquefois irrégulier, son talent était plein de force et d'éclat. À l'audience, d'après le témoignage d'un de ses émules, M. Billecocq, il ne laissait point respirer ; il terrassait ; tout, jusqu'à son désordre, allait au but et l'atteignait. » (Notice historique sur N.-F. Bellart, par M. Billecocq, avocat. Paris, 1827). — Voir aussi l'année 1817, par Edmond Biré, p. 132-137.

lettres, M. le chancelier me mandait qu'il avait été désolé de voir le mécontentement que le roi avait exprimé publiquement de mon ouvrage. Ce mécontentement venait des chapitres où je m'élevais contre l'établissement d'un ministre de la police générale dans un pays constitutionnel.

Dans mon récit du voyage de Gand, vous avez vu ce que Louis XVIII valait comme fils de Hugues Capet ; dans mon écrit, *Le roi est mort : vive le roi !* j'ai dit les qualités réelles de ce prince. Mais l'homme n'est pas un et simple : pourquoi y a-t-il si peu de portraits fidèles ? parce qu'on a fait poser le modèle à telle époque de sa vie ; dix ans après, le portrait ne ressemble plus.

Louis XVIII n'apercevait pas loin les objets devant lui ni autour de lui ; tout lui semblait beau ou laid d'après l'angle de son regard. Atteint de son siècle, il est à craindre que la religion ne fût pour le *roi très chrétien* qu'un élixir propre à l'amalgame des drogues de quoi se compose la royauté. L'imagination libertine qu'il avait reçue de son grand-père aurait pu inspirer quelque défiance de ses entreprises ; mais il se connaissait, et quand il parlait d'une manière affirmative, il se vantait en se raillant de lui-même. Je lui parlais un jour de la nécessité d'un nouveau mariage pour M. le duc de Bourbon, afin de rappeler la race des Condé à la vie : il approuvait fort cette idée, quoiqu'il ne se souciât guère de ladite résurrection ; mais à ce propos il me parla de M. le comte d'Artois et me dit : « Mon frère pourrait se remarier sans rien changer à la succession au trône, il ne ferait que des cadets ; pour moi, je ne ferais que des aînés : je ne veux point déshériter M. le duc d'Angoulême. » Et il se rengorgea d'un air capable et goguenard ; mais je ne prétendais disputer au roi aucune puissance.

Égoïste et sans préjugés, Louis XVIII voulait sa tranquillité à tout prix : il soutenait ses ministres tant qu'ils avaient la majorité ; il les renvoyait aussitôt que cette majorité était ébranlée et que son repos pouvait être dérangé : il ne balançait pas à reculer dès que, pour obtenir la victoire, il eût fallu faire un pas en avant. Sa grandeur était de la patience ; il n'allait pas aux événements, les événements venaient à lui.

Sans être cruel, ce roi n'était pas humain ; les catastrophes tragiques ne l'étonnaient ni ne le touchaient pas : il se contenta de dire au duc de Berry, qui s'excusait d'avoir eu le malheur de troubler par sa mort le sommeil du roi : « J'ai fait ma nuit. » Pourtant cet homme tranquille, lorsqu'il était contrarié, entrait dans d'horribles colères ; enfin, ce prince si froid, si insensible, avait des attachements qui ressemblaient à des passions : ainsi se succédèrent dans son intimité le comte d'Avaray, M. de Blacas, M. Decazes ; madame de Balbi, madame du Cayla : toutes ces personnes aimées étaient des favoris ; malheureusement, elles ont entre leurs mains beaucoup trop de lettres.

Louis XVIII nous apparut dans toute la profondeur des traditions historiques ; il se montra avec le favoritisme des anciennes royautés. Se fait-il dans le cœur des monarques isolés un vide qu'ils remplissent avec le premier objet qu'ils trouvent ? Est-ce sympathie, affinité d'une nature analogue à la leur ? Est-ce une amitié qui leur tombe du ciel pour consoler leurs grandeurs ? Est-ce un penchant pour un esclave qui se donne corps et âme, devant lequel on ne se cache de rien, esclave qui devient un vêtement, un jouet, une idée fixe liée à tous les sentiments, à tous les goûts, à tous les caprices de celui qu'elle a soumis et qu'elle tient sous l'empire d'une fascination invincible ? Plus le favori a été bas et intime, moins on le peut renvoyer, parce qu'il est en possession de secrets qui feraient rougir s'ils étaient divulgués : ce préféré puise une double force dans sa turpitude et dans les faiblesses de son maître.

Quand le favori est par hasard un grand homme, comme l'obsesseur Richelieu ou l'inrenvoyable Mazarin, les nations en le détestant profitent de sa gloire ou de sa puissance ; elles ne font que changer un misérable roi de droit pour un illustre roi de fait.

Aussitôt que M. Decazes[632] fut nommé ministre, les voitures encombrèrent le soir le quai Malaquais, pour déposer dans le salon du parvenu ce qu'il y avait de plus noble dans le faubourg Saint-Germain. Le Français aura beau faire, il ne sera jamais qu'un courtisan, n'importe de qui, pourvu que ce soit un puissant du jour.

Il se forma bientôt en faveur du nouveau favori une coalition formidable de bêtises. Dans la société démocratique, bavardez de libertés, déclarez que vous voyez la marche du genre humain et l'avenir des choses, en ajoutant à vos discours quelques croix d'honneur, et vous êtes sûr de votre place ; dans la société aristocratique, jouez au whist, débitez d'un air grave et profond des lieux communs et des bons mots arrangés d'avance, et la fortune de votre génie est assurée.

---

[632] Elie, duc Decazes, né à Saint-Martin-de-Laye, près Libourne, le 28 septembre 1780. Bien que Napoléon et la famille impériale ne lui aient pas ménagé leurs faveurs, sa fortune politique date en réalité de la décision avec laquelle, à la nouvelle du retour de l'île d'Elbe, il mobilisa sa compagnie de garde nationale pour défendre la cause des Bourbons. Il était, depuis 1810, conseiller à la Cour d'appel. Lorsque, le 25 mars 1815, la Cour se réunit pour voter une adresse à l'Empereur, il s'y opposa, et comme un de ses collègues s'écriait : « Est-il besoin d'une autre preuve de sa légitimité que la rapidité de sa marche ? » — « Je n'ai jamais oui-dire, répliqua M. Decazes, que la légitimité fût le prix de la course. » Napoléon se hâta de l'exiler à quarante lieues de Paris. Le 7 juillet 1815, il fut nommé préfet de police. Député de la Seine le 22 août, ministre de la police générale le 24 septembre, il reçut la pairie et le titre de comte après l'ordonnance du 5 septembre 1816. Il devint ministre de l'intérieur le 29 décembre 1818, et président du Conseil le 19 novembre 1819. Le 17 février 1820, il quitta le ministère pour l'ambassade de Londres (avec le titre de duc), et la conserva jusqu'au 9 janvier 1822. Le 20 septembre 1834, il remplaça le duc de Sémonville comme grand référendaire de la Chambre des pairs. Il mourut le 24 octobre 1860.

Compatriote de Murat, mais de Murat sans royaume, M. Decazes nous était venu de la mère de Napoléon[633]. Il était familier, obligeant, jamais insolent ; il me voulait du bien, je ne sais pourquoi je ne m'en souciai pas : de là vint le commencement de mes disgrâces. Cela devait m'apprendre qu'on ne doit jamais manquer de respect à un favori. Le roi le combla de bienfaits et de crédit, et le maria dans la suite à une personne très bien née, fille de M. de Sainte-Aulaire[634]. Il est vrai que M. Decazes servait trop bien la royauté ; ce fut lui qui déterra le maréchal Ney dans les montagnes d'Auvergne où il s'était caché.

Fidèle aux inspirations de son trône, Louis XVIII disait de M. Decazes : « Je l'élèverai si haut qu'il fera envie aux plus grands seigneurs. » Ce mot, emprunté d'un autre roi, n'était qu'un anachronisme : pour élever les autres, il faut être sûr de ne pas descendre ; or, au temps où Louis XVIII était arrivé, qu'était-ce que les monarques ? S'ils pouvaient encore faire la fortune d'un homme, ils ne pouvaient en faire la grandeur ; ils n'étaient plus que les banquiers de leurs favoris.

Madame Princeteau, sœur de M. Decazes, était une agréable, modeste et excellente personne ; le roi s'en était amouraché en perspective, M. Decazes le père, que je vis dans la salle du trône en habit habillé, l'épée au côté, chapeau sous le bras, n'eut cependant aucun succès.

Enfin, la mort de M. le duc de Berry accrut les inimitiés de part et d'autre et amena la chute du favori. J'ai dit que *les pieds lui glissèrent dans le sang*[635], ce qui ne signifie pas, à Dieu ne plaise ! qu'il fut coupable du

---

[633] M. Decazes avait été, sous l'Empire, secrétaire des commandements de Madame Lœtitia, mère de Napoléon.

[634] M. Decazes avait épousé, en 1805, une fille du comte Muraire, premier président de la cour de Cassation, ce qui lui avait valu une place de juge au tribunal de la Seine ; sa femme mourut l'année suivante. Au mois d'août 1818, il épousa, en secondes noces, Mlle de Sainte-Aulaire, petite-fille par sa mère du dernier prince régnant de Nassau-Saarbruck ; en considération de ce mariage, le roi de Danemarck lui donna le titre de duc et la terre de Glücksberg.

[635] Dans un article du Conservateur, sous la date du 3 mars 1820. Voici le passage où se trouve le mot de Chateaubriand : « … Pas une proclamation pour annoncer à la patrie un si grand malheur ! Rien pour consoler le peuple, pour l'éclairer sur sa position et sur ses devoirs ! On eût dit qu'on craignait d'exciter l'indignation contre un crime ; on avait l'air de ménager la délicatesse de ceux qui pouvaient en commettre de semblables. Des autorités ont elles-mêmes semé le bruit que ce crime était une vengeance particulière ; et l'on peut remarquer des traces de cette version officielle jusque dans les journaux anglais. On s'est hâté de dérober aux regards de la foule attendrie le visage et la poitrine du malheureux prince : si la censure eût existé, on eût forcé les journaux à garder le silence ; on eût défendu de parler du jeune Bourbon moissonné, comme on défendit jadis aux gardes nationales de porter une branche de lis, de peur de choquer la Révolution, de peur d'inspirer trop d'amour pour le Roi ! Il y avait quelque chose de plus important que tout cela : un misérable ministère s'en allait, pouvait-on songer à la grande victime de son système ? Mais ceux qui luttaient encore contre la haine publique n'ont pu

meurtre, mais qu'il tomba dans la mare rougie qui se forma sous le couteau de Louvel.

J'avais résisté à la saisie de *la Monarchie selon la Charte* pour éclairer la royauté abusée et pour soutenir la liberté de la pensée et de la presse ; j'avais embrassé franchement nos institutions et j'y suis resté fidèle.

Ces tracasseries passées, je demeurai saignant des blessures qu'on m'avait faites à l'apparition de ma brochure. Je ne pris pas possession de ma carrière politique sans porter les cicatrices des coups que je reçus en entrant dans cette carrière : je m'y sentais mal, je n'y pouvais respirer.

Peu de temps après, une ordonnance contresignée Richelieu me raya de la liste des ministres d'État[636], et je fus privé d'une place réputée jusqu'alors inamovible ; elle m'avait été donnée à Gand, et la pension attachée à cette place me fut retirée : la main qui avait pris Fouché me frappa.

J'ai eu l'honneur d'être dépouillé trois fois pour la légitimité : la première, pour avoir suivi les fils de saint Louis dans leur exil ; la seconde, pour avoir écrit en faveur des principes de la monarchie *octroyée ;* la troisième, pour m'être tu sur une loi funeste au moment que je venais de faire triompher nos armes : la campagne d'Espagne avait rendu des soldats au drapeau blanc, et si j'avais été maintenu au pouvoir, j'aurais reporté nos frontières aux rives du Rhin[637].

Ma nature me rendit parfaitement insensible à la perte de mes appointements ; j'en fus quitte pour me remettre à pied et pour aller, les jours de pluie, en fiacre à la Chambre des pairs. Dans mon équipage populaire, sous la protection de la canaille qui roulait autour de moi, je rentrai dans les droits des prolétaires dont je fais partie : du haut de mon char, je domine le train des rois.

Je fus obligé de vendre mes livres ; M. Merlin les exposa à la criée, à la salle Sylvestre, rue des Bons-Enfants. Je ne gardai qu'un petit Homère grec, à la marge duquel se trouvaient des essais de traductions et des

---

résister à la publique douleur. Nos larmes, nos gémissements, nos sanglots ont étonné un imprudent ministre : Les pieds lui ont glissé dans le sang ; il est tombé. » Le Conservateur, tome VI. p. 476.

[636] Ordonnance du 20 septembre 1816.

[637] « Les frontières du Rhin, écrit M. de Marcellus (Chateaubriand et son temps, p. 246), étaient pour M. de Chateaubriand un rêve de toutes ses nuits. » — « La guerre d'Espagne », me disait-il à Londres, en interrompant une de ses dépêches où il poussait le plus vivement à franchir les Pyrénées, « doit être le signal et le premier acte de notre résurrection. Après, il nous faudra la rive gauche du Rhin aussi loin qu'elle peut s'étendre. Les conquêtes du génie des batailles s'écoulent comme un torrent, pour parler comme Racine ; la monarchie légitime et traditionnelle seule sait, par l'influence d'une paix solide, faire désirer sa domination, agrandir le pays, fondre en un seul corps les populations, et les conserver à la patrie. »

remarques écrites de ma main. Bientôt il me fallut tailler dans le vif ; je demandai à M. le ministre de l'intérieur la permission de mettre en loterie ma maison de campagne : la loterie fut ouverte chez M. Denis, notaire. Il y avait quatre-vingt-dix billets à 1 000 francs chaque : les numéros ne furent point pris par les royalistes ; madame la duchesse d'Orléans, douairière, prit trois numéros ; mon ami M. Lainé, ministre de l'intérieur, qui avait contresigné l'ordonnance du 5 septembre et consenti dans le conseil à ma radiation, prit, sous un faux nom, un quatrième billet. L'argent fut rendu aux souscripteurs ; toutefois, M. Lainé refusa de retirer ses 1 000 francs ; il les laissa au notaire pour les pauvres.

Peu de temps après, ma *Vallée-aux-Loups* fut vendue, comme on vend les meubles des pauvres, sur la place du Châtelet[638]. Je souffris beaucoup de cette vente ; je m'étais attaché à mes arbres, plantés et grandis, pour ainsi dire, dans mes souvenirs. La mise à prix était de 50 000 francs ; elle fut couverte par M. le vicomte de Montmorency[639], qui seul osa mettre une surenchère de cent francs : la *Vallée* lui resta. Il a depuis habité ma retraite ; il n'est pas bon de se mêler à ma fortune : cet homme de vertu n'est plus.

Après la publication de la *Monarchie selon la Charte* et à l'ouverture de la nouvelle session au mois de novembre 1816, je continuai mes combats. Je fis à la Chambre des pairs, dans la séance du 23 de ce mois, une proposition[640] tendante à ce que le roi fût humblement supplié de faire examiner ce qui s'était passé aux dernières élections. La corruption et la

---

[638] Le Journal des Débats, dans son numéro du 12 avril 1817, inséra la note suivante, rédigée par M. Bertin :
« On vient de mettre en vente une maison de campagne en partie meublée, située à Aulnay, commune de Châtenay, près Sceaux-Penthièvre, appelée la Vallée ou Val-de-Loup. Cette maison, qui n'était qu'une chaumière avec une vigne et un verger quand le propriétaire actuel en fit l'acquisition en 1807, est aujourd'hui une maison agréable, placée dans un parc de vingt arpens enclos de murs et planté avec soin. On y trouve la collection presque entière des arbres exotiques ou naturels au sol de la France. Le tout présente l'aspect d'une vallée solitaire, environnée de bois qui semblent en faire partie. Nous pouvons parler en connaissance de cause de cette demeure charmante, de ces beaux arbres trop tôt ravis aux mains qui les ont plantés ; et nous félicitons d'avance celui qui devra à la faveur du sort la propriété d'une campagne qui, comme celle de Tibur et d'Auteuil, sera à jamais illustrée par le nom et le souvenir de son premier créateur. »
[639] Le vicomte, plus tard duc, Mathieu de Montmorency-Laval, ministre des affaires étrangères, du 24 décembre 1821 au 22 décembre 1822. Il mourut le 24 mars 1826. — La Vallée-aux-Loups appartient aujourd'hui à M. le duc de La Rochefoucauld-Doudeauville, dont la mère était une Montmorency-Laval.
[640] Proposition faite à la Chambre des pairs, dans la séance du 23 novembre 1816, et tendante à ce que le Roi soit humblement supplié de faire examiner ce qui s'est passé aux dernières élections, afin d'en ordonner ensuite selon sa justice : suivie des pièces justificatives annoncées dans la proposition. — Œuvres complètes, T. XXIII, p. 159.

violence du ministère dans ces dernières élections étaient flagrantes.

Dans mon opinion sur le projet de loi relatif aux finances (21 mars 1817), je m'élevai contre le titre XI de ce projet : il s'agissait des forêts de l'État que l'on prétendait affecter à la caisse d'amortissement et dont on voulait vendre ensuite cent cinquante mille hectares. Ces forêts se composaient de trois sortes de propriétés : les anciens domaines de la couronne, quelques commanderies de l'ordre de Malte et le reste des biens de l'Église. Je ne sais pourquoi, même aujourd'hui, je trouve un intérêt triste dans mes paroles ; elles ont quelque ressemblance avec mes *Mémoires* :

« N'en déplaise à ceux qui n'ont administré que dans nos troubles, ce n'est pas le gage matériel, c'est la morale d'un peuple qui fait le crédit public. Les propriétaires nouveaux feront-ils valoir les titres de leur propriété nouvelle ? On leur citera, pour les dépouiller, des héritages de neuf siècles enlevés à leurs anciens possesseurs. Au lieu de ces immuables patrimoines où la même famille survivait à la race des chênes, vous aurez des propriétés mobiles où les roseaux auront à peine le temps de naître et de mourir avant qu'elles aient changé de maîtres. Les foyers cesseront d'être les gardiens des mœurs domestiques ; ils perdront leur autorité vénérable ; chemins de passage ouverts à tout venant, ils ne seront plus consacrés par le siège de l'aïeul et par le berceau du nouveau-né.

« Pairs de France, c'est votre cause que je plaide ici et non la mienne : je vous parle pour l'intérêt de vos enfants ; moi je n'aurai rien à démêler avec la postérité ; je n'ai point de fils ; j'ai perdu le champ de mon père, et quelques arbres que j'ai plantés ne seront bientôt plus à moi.[641] »

Par la ressemblance des opinions, alors très vives, il s'était établi une camaraderie entre les minorités des deux Chambres. La France apprenait le gouvernement représentatif : comme j'avais la sottise de le prendre à la lettre et d'en faire, à mon dam, une véritable passion, je soutenais ceux qui l'adoptaient, sans m'embarrasser s'il n'entrait pas dans leur opposition plus de motifs humains que d'amour pur comme celui que j'éprouvais pour la Charte ; non que je fusse un niais, mais j'étais idolâtre de ma dame, et j'aurais traversé les flammes pour l'emporter dans mes bras. Ce fut dans cet accès de constitution que je connus M. de Villèle en 1816. Il était plus calme ; il surmontait son ardeur ; il prétendait aussi conquérir la liberté ; mais il en faisait le siège en règle ; il ouvrait méthodiquement la tranchée ; moi, qui voulais enlever d'assaut la place, je grimpais à l'escalade et j'étais souvent renversé dans le fossé.

---

[641] Opinion sur le projet de loi relatif aux finances, prononcée à la Chambre des pairs, dans la séance du 21 mars 1817. — Œuvres complètes, T. II, p. 226.

Je rencontrai pour la première fois M. de Villèle[642] chez madame la duchesse de Lévis. Il devint le chef de l'opposition royaliste dans la Chambre élective, comme je l'étais dans la Chambre héréditaire. Il avait pour ami son collègue M. de Corbière[643]. Celui-ci ne le quittait plus, et l'on disait *Villèle et Corbière,* comme on dit *Oreste et Pylade, Euryale et Nisus.*

Entrer dans de fastidieux détails pour des personnages dont on ne saura pas le nom demain serait d'une vanité idiote. D'obscurs et ennuyeux remuements, qu'on croit d'un intérêt immense et qui n'intéressent personne ; des tripotages passés, qui n'ont déterminé aucun événement majeur, doivent être laissés à ces béats heureux, lesquels se figurent être ou avoir été l'objet de l'attention de la terre.

Il y avait pourtant des moments d'orgueil où mes démêlés avec M. de Villèle me paraissaient être à moi-même les dissensions de Sylla et de Marius, de César et de Pompée. Avec les autres membres de l'opposition, nous allions assez souvent, rue Thérèse, passer la soirée en délibération chez M. Piet[644]. Nous arrivions extrêmement laids, et nous nous asseyions en rond autour d'un salon éclairé d'une lampe qui filait. Dans ce brouillard législatif, nous parlions de la loi présentée, de la motion à faire, du camarade à porter au secrétariat, à la questure, aux diverses commissions. Nous ne ressemblions pas mal aux assemblées des premiers fidèles, peintes

---

[642] Jean-Baptiste-Guillaume-Marie-Anne-Séraphin-Joseph, comte de Villèle (1773-1854). Membre de la Chambre des députés de 1815 à 1828. Ministre sans portefeuille du 21 décembre 1820 au 27 juillet 1821. Le 14 décembre de cette même année, il devint ministre des finances, et, le 7 septembre 1822, président du Conseil. Il garda le pouvoir jusqu'au 4 janvier 1828, et, en le quittant, obtint la dignité de pair. Louis XVIII l'avait fait comte le 17 août 1822. Après la révolution de Juillet, il se retira à Toulouse, sa ville natale, où il mourut le 13 mars 1854. — Son petit-fils, M. de Neuville, a publié les Mémoires et Correspondance du comte de Villèle, 5 vol. in-8o, 1889.

[643] Jacques-Joseph-Guillaume-François-Pierre, comte de Corbière (1766-1803). Il a fait partie, en 1797, du Conseil des Cinq-Cents ; mais, à partir de 1815, sa fortune politique se confond entièrement avec celle de M. de Villèle. Tous deux sont députés de 1815 à 1828 ; tous deux sont ministres en titre, du 14 décembre 1821 au 4 janvier 1828, l'un aux finances et l'autre à l'intérieur. Louis XVIII les a fait comtes le même jour ; le même jour, Charles X les fait pairs de France. Après les journées de Juillet, tous deux se retirent dans leur province, pour mourir à peu de mois de distance, Corbière en 1853. Villèle en 1854.

[644] Jean-Pierre Piet-Tardiveau (1763-1848), député de 1815 à 1819 et de 1820 à 1828. Les députés de l'opposition de droite, en 1816 et 1817, se réunissaient chez lui, rue Thérèse, no 8. Lorsque MM. de Villèle et Corbière arrivèrent au pouvoir, leurs amis continuèrent à fréquenter son salon et... sa salle à manger. Les auteurs de la Villéliade et de la Corbièréide, MM. Barthélémy et Méry, nous le montrent, au début du premier de ces poèmes, donnant à dîner aux députés du centre :
Piet, traiteur du Sénat...
et plus loin, au chant cinquième, tirant à la cible dans la Charte constitutionnelle :
Muni de ses besicles,
Piet de l'auguste cible emporte doux articles.

par les ennemis de la foi : nous débitions les plus mauvaises nouvelles ; nous disions que les affaires allaient changer de face, que Rome serait troublée par des divisions, que nos armées seraient défaites.

M. de Villèle écoutait, résumait et ne concluait point : c'était un grand aideur d'affaires ; marin circonspect, il ne mettait jamais en mer pendant la tempête, et, s'il entrait avec dextérité dans un port connu, il n'aurait jamais découvert le Nouveau Monde. Je remarquai souvent, à propos de nos discussions sur la vente des biens du clergé, que les plus chrétiens d'entre nous étaient les plus ardents à défendre les doctrines constitutionnelles. La religion est la source de la liberté : à Rome, le *flamen dialis* ne portait qu'un anneau creux au doigt, parce qu'un anneau plein avait quelque chose d'une chaîne ; dans son vêtement et sur sa tête le pontife de Jupiter ne devait souffrir aucun nœud.

Après la séance, M. de Villèle se retirait, accompagné de M. de Corbière. J'étudiais beaucoup d'individus, j'apprenais beaucoup de choses, je m'occupais de beaucoup d'intérêts dans ces réunions : les finances, que j'ai toujours sues, l'armée, la justice, l'administration, m'initiaient à leurs éléments. Je sortais de ces conférences un peu plus homme d'État et un peu plus persuadé de la pauvreté de toute cette science. Le long de la nuit, dans mon demi-sommeil, j'apercevais les diverses attitudes des têtes chauves, les diverses expressions des figures de ces Solons peu soignés et mal accompagnés de leurs corps : c'était bien vénérable assurément ; mais je préférais l'hirondelle qui me réveillait dans ma jeunesse et les Muses qui remplissaient mes songes : les rayons de l'aurore qui, frappant un cygne, faisaient tomber l'ombre de ces blancs oiseaux sur une vague d'or ; le soleil levant qui m'apparaissait en Syrie dans la tige d'un palmier, comme le nid du phénix, me plaisaient mieux.

Je sentais que mes combats de tribune, dans une Chambre fermée, et au milieu d'une assemblée qui m'était peu favorable, restaient inutiles à la victoire et qu'il me fallait avoir une autre arme. La censure étant établie sur les feuilles périodiques quotidiennes, je ne pouvais remplir mon dessein qu'au moyen d'une feuille libre, semi-quotidienne, à l'aide de laquelle j'attaquerais à la fois le système des ministres et les opinions de l'extrême gauche imprimées dans la *Minerve* par M. Étienne[645]. J'étais à Noisiel,

---

[645] Charles-Guillaume Étienne (1778-1845), auteur dramatique, publiciste et homme politique. Le succès de sa comédie les Deux Gendres (1811) lui avait ouvert les portes de l'Académie française. La protection du duc de Bassano, dont il avait été le secrétaire, lui avait valu d'être nommé censeur du Journal de l'Empire, et d'être chargé, en qualité de chef de la division littéraire, de la police des journaux. Sous la Restauration, l'ex-censeur impérial devint un libéral ardent et fit aux Bourbons, dans la Minerve française et dans le Constitutionnel, une opposition des plus vives. Le succès de ses « Lettres sur Paris », publiées dans le premier de ces deux journaux, détermina les électeurs de la Meuse à le choisir pour député en 1820. Il siégea à la Chambre de 1820 à 1824. Réélu en 1827, il fut, au mois de

chez madame la duchesse de Lévis, dans l'été de 1818, lorsque mon libraire M, Le Normant me vint voir. Je lui fis part de l'idée qui m'occupait ; il prit feu, s'offrit à courir tous les risques et se chargea de tous les frais. Je parlai à mes amis MM. de Donald et de la Mennais, je leur demandai s'ils voulaient s'associer : Ils y consentirent, et le journal ne tarda pas à paraître sous le nom de *Conservateur*.[646]

La révolution opérée par ce journal fut inouïe : en France, il changea la majorité dans les Chambres ; à l'étranger, il transforma l'esprit des cabinets.

Ainsi les royalistes me durent l'avantage de sortir du néant dans lequel ils étaient tombés auprès des peuples et des rois. Je mis la plume à la main aux plus grandes familles de France. J'affublai en journalistes les Montmorency et les Lévis ; je convoquai l'arrière-ban ; je fis marcher la féodalité au secours de la liberté de la presse. J'avais réuni les hommes les plus éclatants du parti royaliste, MM. de Villèle, de Corbière, de Vitrolles[647], de Castelbajac[648], etc. Je ne pouvais m'empêcher de bénir la

---

mars 1830, le principal rédacteur de l'adresse des 221. Le gouvernement de Juillet le nomma pair de France, le 7 novembre 1839. À l'égal du gouvernement et des hommes de la Restauration, M. Étienne haïssait les romantiques ; l'Académie lui joua le mauvais tour de lui donner pour successeur le comte Alfred de Vigny. — La Minerve française, dont Étienne était le principal rédacteur, avait été fondée en février 1818, neuf mois avant le Conservateur ; elle paraissait une fois par semaine, mais à des jours indéterminés, ce qui lui permettait, n'ayant pas d'une manière absolue la forme périodique, d'échapper à la censure. Les collaborateurs d'Étienne à la Minerve étaient Benjamin Constant, Évariste Dumoulin, Aignan, Jay, Jouy, Lacretelle aîné et Tissot.

[646] Le Conservateur commença de paraître au mois d'octobre 1818. — Voir l'Appendice no III : Le Conservateur.

[647] Eugène-François-Auguste d'Armand, baron de Vitrolles (1774-1854). Il s'enrôla à 17 ans dans l'armée des princes, fut rayé de la liste des émigrés sous le Consulat, et fut nommé sous l'Empire maire de Vitrolles, conseiller général des Hautes-Alpes et inspecteur des bergeries impériales. Napoléon le créa baron le 15 juin 1812. Lié avec le duc de Dalberg et avec Talleyrand, il s'associa aux vues de ce dernier en 1814, se rendit auprès des alliés et plaida avec autant de chaleur que d'habileté la cause des Bourbons. Pendant les Cent-Jours, il essaya de soulever le Midi, fut arrêté et enfermé à Vincennes, puis à l'Abbaye. Membre de la Chambre de 1815, il siégea parmi les ultras, et, après l'ordonnance du 5 septembre 1816, devint l'un des agents les plus actifs de la politique personnelle de Monsieur. Charles X le nomma ministre plénipotentiaire à Florence (décembre 1827) et pair de France (janvier 1828). La chute de la branche aînée le rendit à la vie privée. Compromis un instant dans la tentative de la duchesse de Berry en Vendée (1832), il fut arrêté lors du pillage de l'archevêché, et relâché presque aussitôt. Ses Mémoires, publiés en 1885, sont du plus vif intérêt.

[648] Marie-Barthélémy, vicomte de Castelbajac (1776-1868). Il émigra en 1790 et servit dans l'armée de Condé. Rentré en France avec les Bourbons, il fut élu par le collège de département du Gers à la Chambre de 1815, où il se signala par l'exaltation de son royalisme. De 1819 à 1827, il fut député de la Haute-Garonne. L'ordonnance du 5 novembre 1827 le nomma pair de France, nomination qui ne fut

Providence toutes les fois que j'étendais la robe rouge d'un prince de l'Église sur le *Conservateur* pour lui servir de couverture, et que j'avais le plaisir de lire un article signé en toutes lettres : *Le cardinal de La Luzerne.*[649] Mais il arriva qu'après avoir mené mes chevaliers à la croisade constitutionnelle, aussitôt qu'ils eurent conquis le pouvoir par la délivrance de la liberté, aussitôt qu'ils furent devenus princes d'Édesse, d'Antioche, de Damas, ils s'enfermèrent dans leurs nouveaux États avec Léonore d'Aquitaine, et me laissèrent me morfondre au pied de Jérusalem dont les infidèles avaient repris le saint tombeau.

Ma polémique commença dans le *Conservateur,* et dura depuis 1818 jusqu'en 1820, c'est-à-dire jusqu'au rétablissement de la censure, dont le prétexte fut la mort du duc de Berry. À cette première époque de ma polémique, je culbutai l'ancien ministère et fis entrer M. de Villèle au pouvoir.

Après 1824, quand je repris la plume dans des brochures et dans le *Journal des Débats,* les positions étaient changées. Que m'importaient pourtant ces futiles misères, à moi qui n'ai jamais cru au temps où je vivais, à moi qui appartenais au passé, à moi sans foi dans les rois, sans conviction à l'égard des peuples, à moi qui ne me suis jamais soucié de rien, excepté des songes, à condition encore qu'ils ne durent qu'une nuit !

Le premier article du *Conservateur* peint la position des choses au moment où je descendis dans la lice.[650] Pendant les deux années que dura ce journal, j'eus successivement à traiter des accidents du jour et à examiner des intérêts considérables. J'eus occasion de relever les lâchetés de cette *correspondance privée* que la police de Paris publiait à Londres. Ces *correspondances privées* pouvaient calomnier, mais elles ne pouvaient déshonorer : ce qui est vil n'a pas le pouvoir d'avilir ; l'honneur seul peut infliger le déshonneur. « Calomniateurs anonymes, disais-je, ayez le

---

pas ratifiée par le gouvernement de Juillet. À partir de 1830, M. de Castelbajac se retira complètement de la vie politique.

[649] César-Guillaume, duc de La Luzerne (1738-1821). Agent général du clergé en 1765, évêque de Langres en 1770, membre de l'Assemblée des notables en 1787, il fut élu député du clergé aux États-Généraux par le bailliage de Langres. Il donna sa démission le 2 décembre 1789, émigra en Italie et se fixa à Venise. Là, en visitant et en soignant les prisonniers de guerre français dans les hôpitaux, il contracta le typhus et faillit en mourir. Rentré en France en 1800, il donna, au concordat, sa démission d'évêque de Langres et se consacra à l'étude et à la retraite. À la première Restauration, Louis XVIII le nomma pair de France (4 juin 1814), et lui restitua son titre de duc et son évêché. Il obtint le chapeau de cardinal le 28 juillet 1817. Il a composé un grand nombre d'ouvrages dont voici les principaux : Considérations sur divers points de la morale chrétienne (1795) ; Dissertations sur la vérité de la religion (1802) ; Explication des Évangiles (1807).

[650] Réflexions sur l'état intérieur de la France (22 octobre 1818). — Le Conservateur, tome I, p. 113.

courage de dire qui vous êtes ; un peu de honte est bientôt passée ; ajoutez votre nom à vos articles, ce ne sera qu'un mot méprisable de plus. »

Je me moquais quelquefois des ministres et je donnais cours à ce penchant ironique que j'ai toujours réprouvé en moi.

Enfin, sous la date du 5 décembre 1818, le *Conservateur* contenait un article sérieux sur la morale des intérêts et sur celle des devoirs : c'est de cet article, qui fit du bruit, qu'est née la phraséologie des *intérêts moraux* et des *intérêts matériels,* mise d'abord en avant par moi, adoptée ensuite par tout le monde. Le voici fort abrégé ; il s'élève au-dessus de la portée d'un journal, et c'est un de mes ouvrages auquel ma raison attache quelque valeur. Il n'a point vieilli, parce que les idées qu'il renferme sont de tous les temps.

« Le ministère a inventé une morale nouvelle, la morale des intérêts ; celle des devoirs est abandonnée aux imbéciles. Or, cette morale des intérêts, dont on veut faire la base de notre gouvernement, a plus corrompu le peuple dans l'espace de trois années que la révolution dans un quart de siècle.

« Ce qui fait périr la morale chez les nations, et avec la morale les nations elles-mêmes, ce n'est pas la violence, mais la séduction ; et par séduction j'entends ce que toute fausse doctrine a de flatteur et de spécieux. Les hommes prennent souvent l'erreur pour la vérité, parce que chaque faculté du cœur ou de l'esprit a sa fausse image : la froideur ressemble à la vertu, le raisonner à la raison, le vide à la profondeur, ainsi du reste.

« Le dix-huitième siècle fut un siècle destructeur ; nous fûmes tous séduits. Nous dénaturâmes la politique, nous nous égarâmes dans de coupables nouveautés en cherchant l'existence sociale dans la corruption de nos mœurs. La révolution vint nous réveiller : en poussant le Français hors de son lit, elle le jeta dans la tombe. Toutefois, le règne de la terreur est peut-être, de toutes les époques de la révolution, celle qui fut la moins dangereuse à la morale, parce qu'aucune conscience n'était forcée : le crime paraissait dans sa franchise. Des orgies au milieu du sang, des scandales qui n'en étaient plus à force d'être horribles ; voilà tout. Les femmes du peuple venaient travailler à leurs ouvrages autour de la machine à meurtre comme à leurs foyers : les échafauds étaient les mœurs publiques et la mort le fond du gouvernement. Rien de plus net que la position de chacun : on ne parlait ni de *spécialité,* ni de positif, ni de *système d'intérêts.* Ce galimatias des petits esprits et des mauvaises consciences était inconnu. On disait à un homme : « Tu es royaliste, noble, riche : meurs ; » et il mourait. Antonelle[651] écrivait qu'on ne trouvait aucune

---

651 Ci-devant marquis, ex-député des Bouches-du-Rhône à l'Assemblée législative. Il siégea comme juré au Tribunal révolutionnaire dans le procès de la Reine et dans le procès des Girondins.

charge contre tels prisonniers, mais qu'il les avait condamnés comme aristocrates : monstrueuse franchise, qui nonobstant laissait subsister l'ordre moral ; car ce n'est pas de tuer l'innocent comme innocent qui perd la société, c'est de le tuer comme coupable.

« En conséquence, ces temps affreux sont ceux des grands dévouements. Alors les femmes marchèrent héroïquement au supplice ; les pères se livrèrent pour les fils, les fils pour les pères ; des secours inattendus s'introduisaient dans les prisons, et le prêtre que l'on cherchait consolait la victime auprès du bourreau qui ne le reconnaissait pas.

« La morale sous le *Directoire* eut plutôt à combattre la corruption des mœurs que celle des doctrines ; il y eut débordement. On fut jeté dans les plaisirs comme on avait été entassé dans les prisons ; on forçait le présent à avancer des joies sur l'avenir, dans la crainte de voir renaître le passé. Chacun, n'ayant pas encore eu le temps de se créer un intérieur, vivait dans la rue, sur les promenades, dans les salons publics. Familiarisé avec les échafauds, et déjà à moitié sorti du monde, on trouvait que cela ne valait pas la peine de rentrer chez soi. Il n'était question que d'arts, de bals, de modes ; on changeait de parures et de vêtements aussi facilement qu'on se serait dépouillé de la vie.

« Sous Bonaparte la séduction recommença, mais ce fut une séduction qui portait son remède avec elle : Bonaparte séduisait par un prestige de gloire, et tout ce qui est grand porte en soi un principe de législation. Il concevait qu'il était utile de laisser enseigner la doctrine de tous les peuples, la morale de tous les temps, la religion de toute éternité.

« Je ne serais pas étonné de m'entendre répondre : Fonder la société sur un *devoir,* c'est l'élever sur une fiction ; la placer dans un *intérêt,* c'est l'établir dans une réalité. Or, c'est précisément le *devoir* qui est un fait et l'*intérêt* une fiction. Le *devoir* qui prend sa source dans la Divinité descend d'abord dans la famille, où il établit des relations réelles entre le père et les enfants ; de là, passant à la société et se partageant en deux branches, il règle dans l'ordre politique les rapports du roi et du sujet ; il établit dans l'ordre moral la chaîne des services et des protections, des bienfaits et de la reconnaissance.

« C'est donc un fait très positif que le devoir, puisqu'il donne à la société humaine la seule existence durable qu'elle puisse avoir.

« L'intérêt, au contraire, est une fiction quand il est pris, comme on le prend aujourd'hui, dans son sens physique et rigoureux, puisqu'il n'est plus le soir ce qu'il était le matin ; puisqu'à chaque instant il change de nature ; puisque, fondé sur la fortune, il en a la mobilité.

« Par la morale des intérêts chaque citoyen est en état d'hostilité avec les lois et le gouvernement, puisque, dans la société, c'est toujours le grand nombre qui souffre. On ne se bat point pour des idées abstraites d'ordre, de paix, de patrie ; ou si l'on se bat pour elles, c'est qu'on y attache des idées de *sacrifices* ; alors on sort de la morale des intérêts pour rentrer dans celle des devoirs : tant il est vrai que l'on ne peut trouver l'existence de la société hors de cette sainte limite !

« Qui remplit ses devoirs s'attire l'estime ; qui cède à ses intérêts est peu estimé : c'était bien du siècle de puiser un principe de gouvernement dans une source de mépris ! Élevez les hommes politiques à ne penser qu'à ce qui les touche, et vous verrez comment ils arrangeront l'État ; vous n'aurez par là que des ministres corrompus et avides, semblables à ces esclaves mutilés qui gouvernaient le Bas-Empire et qui vendaient tout, se souvenant d'avoir eux-mêmes été vendus.

« Remarquez ceci : les intérêts ne sont puissants que lors même qu'ils prospèrent ; le temps est-il rigoureux, ils s'affaiblissent. Les devoirs, au contraire, ne sont jamais si énergiques que quand il en coûte à les remplir. Le temps est-il bon, ils se relâchent. J'aime un principe de gouvernement qui grandit dans le malheur : cela ressemble beaucoup à la vertu.

« Quoi de plus absurde que de crier aux peuples : Ne soyez pas dévoués ! n'ayez pas d'enthousiasme ! ne songez qu'à vos intérêts ! C'est comme si on leur disait : Ne venez pas à notre secours, abandonnez-nous si tel est votre intérêt. Avec cette profonde politique, lorsque l'heure du dévouement arrivera, chacun fermera sa porte, se mettra à la fenêtre et regardera passer la monarchie. »

Tel était cet article sur la morale des intérêts et sur la morale des devoirs.

Le 3 décembre 1819, je remontai à la tribune de la Chambre des pairs : je m'élevai contre les mauvais Français qui pouvaient nous donner pour motif de tranquillité la surveillance des armées européennes. « Avions-nous besoin de tuteurs ? viendrait-on encore nous entretenir de circonstances ? devions-nous encore recevoir, par des notes diplomatiques, des certificats de bonne conduite ? et n'aurions-nous fait que changer une garnison de Cosaques en une garnison d'ambassadeurs ? »

Dès ce temps-là je parlais des étrangers comme j'en ai parlé depuis dans la guerre d'Espagne ; je songeais à notre affranchissement à une heure où les libéraux mêmes me combattaient. Les hommes opposés d'opinion font bien du bruit pour arriver au silence ! Laissez venir quelques années, les acteurs descendront de la scène et les spectateurs ne seront plus là pour blâmer ou pour applaudir.

Je venais de me coucher le 13 février au soir, lorsque le marquis de Vibraye[652] entra chez moi pour m'apprendre l'assassinat du duc de Berry.

---

[652] Anne-Victor-Denis Hurault, marquis de Vibraye (1766-1843) était, officier de cavalerie au moment de la Révolution. Il émigra en 1791, rentra en 1814 et devint alors colonel et aide de camp de Monsieur, plus tard Charles X. Nommé pair de France le 17 août 1815, le même jour que Chateaubriand, il fut promu maréchal de

Dans sa précipitation, il ne me dit pas le lieu où s'était passé l'événement. Je me levai à la hâte et je montai dans la voiture de M. de Vibraye. Je fus surpris de voir le cocher prendre la rue de Richelieu, et plus étonné encore quand il nous arrêta à l'Opéra : la foule aux abords était immense. Nous montâmes, au milieu de deux haies de soldats, par la porte latérale à gauche, et, comme nous étions en habits de pairs, on nous laissa passer. Nous arrivâmes à une sorte de petite antichambre : cet espace était encombré de toutes les personnes du château. Je me faufilai jusqu'à la porte d'une loge et je me trouvai face à face de M. le duc d'Orléans. Je fus frappé d'une expression mal déguisée, jubilante, dans ses yeux, à travers la contenance contrite qu'il s'imposait ; il voyait de plus près le trône. Mes regards l'embarrassèrent ; il quitta la place et me tourna le dos. On racontait autour de moi les détails du forfait, le nom de l'homme, les conjectures des divers participants à l'arrestation ; on était agité, affairé : les hommes aiment ce qui est spectacle, surtout la mort, quand cette mort est celle d'un grand. À chaque personne qui sortait du laboratoire ensanglanté, on demandait des nouvelles. On entendait le général A. de Girardin[653] raconter qu'ayant été laissé pour mort sur le champ de bataille, il n'en était pas moins revenu de ses blessures : tel espérait et se consolait, tel s'affligeait. Bientôt le recueillement gagna la foule ; le silence se fit ; de l'intérieur de la loge sortit un bruit sourd : je tenais l'oreille appliquée contre la porte ; je distinguai un râlement ; ce bruit cessa : la famille royale venait de recevoir le dernier soupir d'un petit-fils de Louis XIV ! J'entrai immédiatement.

Qu'on se figure une salle de spectacle vide, après la catastrophe d'une tragédie : le rideau levé, l'orchestre désert, les lumières éteintes, les machines immobiles, les décorations fixes et enfumées, les comédiens, les chanteurs, les danseuses, disparus par les trappes et les passages secrets !

J'ai donné dans un ouvrage à part la vie et la mort de M. le duc de Berry. Mes réflexions d'alors sont encore vraies aujourd'hui :

« Un fils de saint Louis, dernier rejeton de la branche aînée, échappe aux traverses d'un long exil et revient dans sa pairie ; il commence à goûter le bonheur ; il se flatte de se voir renaître, de voir renaître en même temps la monarchie dans les enfants que Dieu lui promet : tout à coup il est frappé au milieu de ses espérances, presque dans les bras de sa femme. Il va

camp le 1er octobre 1823, et quitta la Chambre haute à la Révolution de 1830, pour ne pas prêter serment au nouveau régime.
[653] Alexandre, compte de Girardin (1776-1855), fils de René-Louis de Girardin, l'hôte et l'ami de J.-J. Rousseau. Il fit avec distinction les campagnes de l'Empire ; colonel en 1806, général de brigade en 1811, il fut fait général de division pendant la campagne de France (1814). Louis XVIII le nomma premier veneur, fonctions qu'il conserva jusqu'en 1830. Il est le père de M. Émile de Girardin, le célèbre rédacteur de la Presse, par qui furent publiés, pour la première fois, les Mémoires d'Outre-Tombe.

mourir, et il n'est pas plein de jours ! Ne pourrait-il pas accuser le ciel, lui demander pourquoi il le traite avec tant de rigueur ? Ah ! qu'il lui eût été pardonnable de se plaindre de sa destinée ! Car, enfin, quel mal faisait-il ? Il vivait familièrement au milieu de nous dans une simplicité parfaite, il se mêlait à nos plaisirs et soulageait nos douleurs ; déjà six de ses parents ont péri ; pourquoi l'égorger encore, le rechercher, lui, innocent, lui si loin du trône, vingt-sept ans après la mort de Louis XVI ? Connaissons mieux le cœur d'un Bourbon ! Ce cœur, tout percé du poignard, n'a pu trouver contre nous un seul murmure : pas un regret de la vie, pas une parole amère n'a été prononcée par ce prince. Époux, fils, père et frère, en proie à toutes les angoisses de l'âme, à toutes les souffrances du corps, il ne cesse de demander la grâce de *l'homme*, qu'il n'appelle pas même son assassin ! Le caractère le plus impétueux devient tout à coup le caractère le plus doux. C'est un homme attaché à l'existence par tous les liens du cœur ; c'est un prince dans la fleur de l'âge ; c'est l'héritier du plus beau royaume de la terre qui expire, et vous diriez que c'est un infortuné qui ne perd rien ici-bas. »

Le meurtrier Louvel était un petit homme à figure sale et chafouine, comme on en voit des milliers sur le pavé de Paris. Il tenait du roquet ; il avait l'air hargneux et solitaire. Il est probable que Louvel ne faisait partie d'aucune société ; il était d'une secte, non d'un complot ; il appartenait à l'une de ces conjurations d'idées, dont les membres se peuvent quelquefois réunir, mais agissent le plus souvent un à un, d'après leur impulsion individuelle. Son cerveau nourrissait une seule pensée, comme un cœur s'abreuve d'une seule passion. Son action était conséquente à ses principes : il avait voulu tuer la race entière d'un seul coup. Louvel a des admirateurs de même que Robespierre. Notre société matérielle, complice de toute entreprise matérielle, a détruit vite la chapelle élevée en expiation d'un crime. Nous avons l'horreur du sentiment moral, parce qu'on y voit l'ennemi et l'accusateur : les larmes auraient paru une récrimination ; on avait hâte d'ôter à quelques chrétiens une croix pour pleurer.

Le 18 février 1820, le *Conservateur* paya le tribut de ses regrets à la mémoire de M. le duc de Berry. L'article se terminait par ce vers de Racine :
Si du sang de nos rois quelque goutte échappée ![654]

Hélas ! cette goutte de sang s'écoule sur la terre étrangère !

M. Decazes tomba. La censure arriva, et, malgré l'assassinat du duc de Berry, je votai contre elle : ne voulant pas qu'elle souillât le *Conservateur*, ce journal finit par cette apostrophe au duc de Berry :

---

[654] Athalie, acte I, scène I.

« Prince chrétien ! digne fils de saint Louis ! illustre rejeton de tant de monarques, avant que vous soyez descendu dans cette dernière demeure, recevez notre dernier hommage. Vous aimiez, vous lisiez un ouvrage que la censure va détruire. Vous nous avez dit quelquefois que cet ouvrage sauvait le trône : hélas ! nous n'avons pu sauver vos jours ! Nous allons cesser d'écrire au moment que vous cessez d'exister : nous aurons la douloureuse consolation d'attacher la fin de nos travaux à la fin de votre vie[655]. »

M. le duc de Bordeaux vint au monde le 29 septembre 1820. Le nouveau-né fut nommé l'*enfant de l'Europe*[656] et l'*enfant du miracle*[657], en attendant qu'il devînt l'enfant de l'exil.

Quelque temps avant les couches de la princesse, trois dames de la halle de Bordeaux, au nom de toutes les dames leurs compagnes, firent faire un berceau et me choisirent pour les présenter, elles et leur berceau, à madame la duchesse de Berry. Mesdames Dasté, Duranton, Aniche[658], m'arrivèrent. Je m'empressai de demander aux gentilshommes de service l'audience d'étiquette. Voilà que M. de Sèze crut qu'un tel honneur lui appartenait de droit : il était dit que je ne réussirais jamais à la cour. Je n'étais pas encore réconcilié avec le ministère, et je ne parus pas digne de la charge d'introducteur de mes humbles ambassadrices. Je me tirai de cette grande négociation comme de coutume, en payant leur dépense.

Tout cela devint une affaire d'État ; le cancan passa dans les journaux. Les dames bordelaises en eurent connaissance et m'écrivirent à

---

[655] Article de Chateaubriand, daté du 3 mars 1820. Le Conservateur, tome VI, p. 471.

[656] Lorsque le nonce vint féliciter le roi au nom du corps diplomatique, il prononça la phrase suivante en montrant le duc de Bordeaux : « Voici le plus grand bienfait que la Providence la plus favorable a daigné accorder à la tendresse de Votre Majesté. Cet enfant de souvenirs et de regrets est aussi l'enfant de l'Europe. Il est le présage et le garant de la paix et du repos qui doivent suivre tant d'agitations ».

[657] Il est né, l'enfant du miracle !
Héritier du sang d'un martyr,
Il est né d'un tardif oracle,
Il est né d'un dernier soupir !
Aux accents du bronze qui tonne
La France s'éveille et s'étonne
Du fruit que la mort a porté !
Jeux du sort ! merveilles divines !
Ainsi fleurit sur des ruines
Un lis que l'orage a planté.
(La Naissance du duc de Bordeaux, par Alphonse de Lamartine.)

[658] « Aniche, synonyme gascon d'Annette et diminutif d'Anne. Aniche était fort belle, et s'était fait connaître sous l'Empire par l'ardeur de son royalisme. Je l'ai admirée à Bordeaux, en 1815, louant des chaises à tous les promeneurs des allées de Tourny : elle n'avait pas d'autre fortune ». Marcellus, Chateaubriand et son temps, p. 248.

ce sujet la lettre qui suit :

« Bordeaux, le 24 octobre 1820.

« Monsieur le vicomte,

« Nous vous devons des remercîments pour la bonté que vous avez eue de mettre aux pieds de madame la duchesse de Berry notre joie et nos respects : pour cette fois du moins on ne vous aura pas empêché d'être notre interprète. Nous avons appris avec la plus grande peine l'éclat que M. le comte de Sèze a fait dans les journaux ; et si nous avons gardé le silence, c'est parce que nous avons craint de vous faire de la peine. Cependant, monsieur le vicomte, personne ne peut mieux que vous rendre hommage à la vérité et tirer d'erreur M. de Sèze sur nos véritables intentions pour le choix d'un introducteur chez son Altesse Royale. Nous vous offrons de déclarer dans un journal à votre choix tout ce qui s'est passé ; et comme personne n'avait le droit de nous choisir un guide, que jusqu'au dernier moment nous nous étions flattées que vous seriez ce guide, ce que nous déclarerons à cet égard ferait nécessairement taire tout le monde.

« Voilà à quoi nous sommes décidées, monsieur le vicomte ; mais nous avons cru qu'il était de notre devoir de ne rien faire sans votre agrément. Comptez que ce serait de grand cœur que nous publierions les bons procédés que vous avez eus pour tout le monde au sujet de notre présentation. Si nous sommes la cause du mal, nous voilà prêtes à le réparer.

« Nous sommes et nous serons toujours de vous,

« Monsieur le vicomte,

« Les très-humbles et très-respectueuses servantes,

« Femmes DASTE, DURANTON, ANICHE. »

Je répondis à ces généreuses dames qui ressemblaient si peu aux grandes dames :

« Je vous remercie bien, mes chères dames, de l'offre que vous me faites de publier dans un journal tout ce qui s'est passé relativement à M. de Sèze. Vous êtes d'excellentes royalistes, et moi aussi je suis un bon royaliste : nous devons nous souvenir avant tout que M. de Sèze est un homme respectable, et qu'il a été le défenseur de notre roi. Cette belle action n'est point effacée par un petit mouvement de vanité. Ainsi gardons le silence : il me suffit de votre bon témoignage auprès de vos amis. Je vous ai déjà remerciées de vos excellents fruits : madame de Chateaubriand et moi nous mangeons tous les jours vos marrons en parlant de vous.

« À présent permettez à votre hôte de vous embrasser. Ma femme vous dit mille choses, et moi je suis

« Votre serviteur et ami,

« CHATEAUBRIAND.

« Paris, 2 novembre 1820. »

Mais qui pense aujourd'hui à ces futiles débats ? Les joies et les fêtes du baptême sont loin derrière nous. Quand Henri naquit, le jour de Saint-Michel, ne disait-on pas que l'archange allait mettre le dragon sous ses pieds ? Il est à craindre, au contraire, que l'épée flamboyante n'ait été tirée du fourreau que pour faire sortir l'innocent du paradis terrestre, et pour en garder contre lui les portes.

Cependant, les événements qui se compliquaient ne décidaient rien encore. L'assassinat de M. le duc de Berry avait amené la chute de M. Decazes[659], qui ne se fit pas sans déchirements. M. le duc de Richelieu ne consentit à affliger son vieux maître que sur une promesse de M. Molé[660] de donner à M. Decazes une mission lointaine. Il partit pour l'ambassade de Londres où je devais le remplacer[661]. Rien n'était fini. M. de Villèle restait à l'écart avec sa fatalité, M. de Corbière. J'offrais de mon côté un grand obstacle. Madame de Montcalm[662] ne cessait de m'engager à la paix : j'y étais très disposé, ne voulant sincèrement que sortir des affaires qui m'envahissaient, et pour lesquelles j'avais un souverain mépris. M. de Villèle, quoique plus souple, n'était pas alors facile à manier.

Il y a deux manières de devenir ministre : l'une brusquement et par force, l'autre par longueur de temps et par adresse ; la première n'était point à l'usage de M. de Villèle : le cauteleux exclut l'énergique, mais il est plus sûr et moins exposé à perdre la place qu'il a gagnée. L'essentiel dans cette manière d'arriver est d'agréer maints soufflets et de savoir avaler une quantité de couleuvres : M. de Talleyrand faisait grand usage de ce régime des ambitions de seconde espèce. En général, on parvient aux affaires par ce que l'on a de médiocre, et l'on y reste par ce que l'on a de supérieur. Cette réunion d'éléments antagonistes est la chose la plus rare, et c'est pour cela qu'il y a si peu d'hommes d'État.

M. de Villèle avait précisément le terre à terre des qualités par lesquelles le chemin lui était ouvert : il laissait faire du bruit autour de lui, pour recueillir le fruit de l'épouvante qui s'emparait de la cour. Parfois il prononçait des discours belliqueux, mais où quelques phrases laissaient

---

[659] M. Decazes avait donné sa démission le 17 février. Le Moniteur du 21 février publia trois ordonnances, signées la veille. La première acceptait la démission de M. Decazes ; la seconde nommait M. le duc de Richelieu président du conseil, en laissant l'ancien ministère debout ; la troisième conférait à M. Decazes le titre de duc et de ministre d'État.

[660] Il y a là une erreur de plume. Le ministre des affaires étrangères, en février 1820, était M. Pasquier. M. Molé n'a eu, sous la Restauration, que le portefeuille de la marine, et cela à une autre époque, du 12 septembre 1817 au 28 décembre 1818.

[661] L'ordonnance nommant le duc Decazes à l'ambassade de Londres est du 20 février 1820. Il la conserva jusqu'au 9 janvier 1822.

[662] Sœur du duc de Richelieu. Elle était très liée avec Chateaubriand.

luire l'espérance d'une nature abordable. Je pensais qu'un homme de son espèce devait commencer par entrer dans les affaires, n'importe comment, et dans une place non trop effrayante. Il me semblait qu'il lui fallait être d'abord ministre sans portefeuille, afin d'obtenir un jour la présidence même du ministère. Cela lui donnerait un renom de modération, il serait vêtu parfaitement à son air ; il deviendrait évident que le chef parlementaire de l'opposition royaliste n'était pas un ambitieux, puisqu'il consentait pour le bien de la paix à se faire si petit. Tout homme qui a été ministre, n'importe à quel titre, le redevient : un premier ministère est l'échelon du second ; il reste sur l'individu qui a porté l'habit brodé une odeur de portefeuille qui le fait retrouver tôt ou tard par les bureaux.

Madame de Montcalm m'avait dit de la part de son frère qu'il n'y avait plus de ministère vacant ; mais que si mes deux amis voulaient entrer au conseil comme ministres d'État sans portefeuille, le roi en serait charmé, promettant mieux pour la suite. Elle ajoutait que si je consentais à m'éloigner, je serais envoyé à Berlin. Je lui répondis qu'à cela ne tenait ; que quant à moi j'étais toujours prêt à partir et que j'irais chez le diable, dans le cas que les rois eussent quelque mission à remplir auprès de leur cousin ; mais que je n'acceptais pourtant un exil que si M. de Villèle acceptait son entrée au conseil. J'aurais voulu aussi placer M. Lainé auprès de mes deux amis. Je me chargeai de la triple négociation. J'étais devenu le maître de la France politique par mes propres forces. On ne se doute guère que c'est moi qui ai fait le premier ministère de M. de Villèle et qui ai poussé le maire de Toulouse dans la carrière.

Je trouvai dans le caractère de M. Lainé une obstination invincible. M. de Corbière ne voulait pas une simple entrée au conseil ; je le flattai de l'espoir qu'on y joindrait l'instruction publique. M. de Villèle, ne se prêtant qu'avec répugnance à ce que je désirais, me fit d'abord mille objections ; son bon esprit et son ambition le décidèrent enfin à marcher en avant : tout fut arrangé. Voici les preuves irrécusables de ce que je viens de raconter ; documents fastidieux de ces petits faits justement passés à l'oubli, mais utiles à ma propre histoire :
« 20 décembre[663], trois heures et demie.

« A M. LE DUC DE RICHELIEU.

« J'ai eu l'honneur de passer chez vous, monsieur le duc, pour vous rendre compte de l'état des choses : tout va à merveille. J'ai vu les deux amis : Villèle consent enfin à entrer ministre secrétaire d'État au conseil, sans portefeuille, si Corbière consent à entrer au même titre, avec la direction de l'instruction publique. Corbière, de son côté, veut bien entrer à ces conditions, moyennant l'approbation de Villèle. Ainsi, il n'y a plus de

---

[663] Le 20 décembre 1820.

difficultés. Achevez votre ouvrage, monsieur le duc ; voyez les deux amis ; et quand vous aurez entendu ce que je vous écris, de leur propre bouche, vous rendrez à la France la paix intérieure, comme vous lui avez donné la paix avec les étrangers.

« Permettez-moi de vous soumettre encore une idée : trouveriez-vous un grand inconvénient à remettre à Villèle la direction vacante par la retraite de M. de Barante[664] ? il serait alors placé dans une position plus égale avec son ami. Toutefois, il m'a positivement dit qu'il consentirait à entrer au conseil sans portefeuille, si Corbière avait l'instruction publique. Je ne dis ceci que comme un moyen de plus de satisfaire complètement les royalistes, et de vous assurer une majorité immense et inébranlable.

« J'aurai enfin l'honneur de vous faire observer que, c'est demain au soir qu'a lieu chez Piet la grande réunion royaliste, et qu'il serait bien utile que les deux amis pussent demain au soir dire quelque chose qui calmât toutes les effervescences et empêchât toutes les divisions.

« Comme je suis, monsieur le duc, hors de tout ce mouvement, vous ne verrez, j'espère, dans mon empressement que la loyauté d'un homme qui désire le bien de son pays et vos succès.

« Agréez, je vous prie, monsieur le duc, l'assurance de ma haute considération.

« CHATEAUBRIAND. »

« Mercredi[665].

« Je viens d'écrire à MM. de Villèle et de Corbière, monsieur, et je les engage à passer ce soir chez moi, car dans une œuvre aussi utile il ne faut pas perdre un moment. Je vous remercie d'avoir fait marcher l'affaire aussi vite ; j'espère que nous arriverons à une heureuse conclusion. Soyez persuadé, monsieur, du plaisir que j'ai à vous avoir cette obligation, et recevez l'assurance de ma haute considération.

« RICHELIEU. »

« Permettez-moi, monsieur le duc, de vous féliciter de l'heureuse issue de cette grande affaire, et de m'applaudir d'y avoir eu quelque part. Il est bien à désirer que les ordonnances paraissent demain : elles feront cesser toutes les oppositions. Sous ce rapport je puis être utile aux deux amis.

« J'ai l'honneur, monsieur le duc, de vous renouveler l'assurance de ma haute considération.

« CHATEAUBRIAND. »

---

[664] M. de Barante avait donné sa démission de directeur général des contributions indirectes, poste auquel était attribué, à cette époque, un traitement de cent mille francs. (Voir les Souvenirs du baron de Barante, t. II. p. 455.)
[665] Le mercredi 20 décembre 1820.

« Vendredi.

« J'ai reçu avec un extrême plaisir le billet que M. le vicomte de Chateaubriand m'a fait l'honneur de m'écrire. Je crois qu'il n'aura pas à se repentir de s'en être rapporté à la bonté du Roi, et s'il me permet d'ajouter au désir que j'ai de contribuer à ce qui pourra lui être agréable. Je le prie de recevoir l'assurance de ma haute considération.

« RICHELIEU. »

« Ce jeudi.

« Vous savez sans doute, mon noble collègue, que l'affaire a été conclue hier soir à onze heures, et que tout s'est arrangé sur les bases convenues entre vous et le duc de Richelieu. Votre intervention nous a été fort utile : grâces vous soient rendues pour cet acheminement vers un mieux qu'on doit désormais regarder comme probable.

« Tout à vous pour la vie,

« J. DE POLIGNAC. »

« Paris, mercredi 20 décembre, onze heures et demie du soir.

« Je viens de passer chez vous qui étiez retiré, noble vicomte : j'arrive de chez Villèle qui lui-même est rentré tard de la conférence que vous lui aviez préparée et annoncée. Il m'a chargé, comme votre plus proche voisin, de vous faire savoir ce que Corbière voulait aussi vous mander de son côté, que l'affaire que vous avez réellement conduite et ménagée dans la journée est décidément finie de la manière la plus simple et la plus abrégée : lui *sans portefeuille,* son ami *avec l'instruction.* Il paraissait croire qu'on aurait pu attendre un peu plus, et obtenir d'autres conditions ; mais il ne convenait pas de dédire un interprète, un négociateur tel que vous. C'est vous réellement qui leur avez ouvert l'entrée de cette nouvelle carrière : ils comptent sur vous pour la leur aplanir. De votre côté, pendant le peu de temps que nous aurons encore l'avantage de vous conserver parmi nous, parlez à vos amis les plus vifs dans le sens de seconder ou du moins de ne pas combattre les projets d'union. Bonsoir. Je vous fais encore mon compliment de la promptitude avec laquelle vous menez les négociations. Vous arrangerez ainsi l'Allemagne pour revenir plus tôt au milieu de vos amis. Je suis charmé, pour mon compte, de ce qu'il y a de simplifié dans votre position.

« Je vous renouvelle tous mes sentiments.

« M. DE MONTMORENCY. »

« Voici, monsieur, une demande adressée par un garde du corps du roi au roi de Prusse : elle m'est remise et recommandée par un officier supérieur des gardes. Je vous prie donc de l'emporter avec vous et d'en faire usage, si vous croyez, quand vous aurez un peu examiné le terrain à Berlin[666], qu'elle est de nature à obtenir quelque succès.

« Je saisis avec grand plaisir cette occasion de me féliciter avec vous du *Moniteur* de ce matin[667], et de vous remercier de la part que vous avez eue à cette heureuse issue qui, je l'espère, aura sur les affaires de notre France la plus heureuse influence.

« Veuillez recevoir l'assurance de ma haute considération et de mon sincère attachement.

« PASQUIER. »

Cette suite de billets montre assez que je ne me vante pas ; cela m'ennuierait trop d'être la mouche du coche ; le timon ou le nez du cocher ne sont pas des places où j'aie jamais eu l'ambition de m'asseoir : que le coche arrive au haut ou roule en bas, point ne m'en chaut. Accoutumé à vivre caché dans mes propres replis, ou momentanément dans la large vie des siècles, je n'avais aucun goût aux mystères d'antichambre. J'entre mal dans la circulation en pièce de monnaie courante ; pour me sauver, je me retire auprès de Dieu ; une idée fixe qui vient du ciel vous isole et fait tout mourir autour de vous.

LIVRE VIII[668]

Je quittai la France, laissant mes amis en possession d'une autorité que je leur avais achetée au prix de mon absence : j'étais un petit

---

[666] Chateaubriand venait d'être nommé envoyé extraordinaire et ministre plénipotentiaire près la cour de Berlin. Moniteur du 30 novembre 1820.

[667] M. de Corbière eut la présidence de l'instruction publique avec l'entrée au Conseil. M. de Villèle entrait également comme ministre secrétaire d'État sans portefeuille. Ce dernier mit une condition à son acceptation : c'est qu'il resterait dans son logement et ne recevrait ni indemnité ni traitement. Et jusqu'à la fin, il fera preuve du même désintéressement. Nommé ministre des Finances, en décembre 1821, il avait droit à une somme de 25 000 francs pour frais d'installation : il la refusa. Louis XVIII l'éleva, le 7 septembre 1822, à la dignité de président du Conseil. Un supplément de 50 000 francs de traitement annuel était attaché à ces fonctions : il le refusa. Lorsqu'il sortit du ministère, en 1828, Charles X exigea de lui qu'il acceptât la pension de ministre d'État ; cette pension fut inscrite au grand-livre. Il s'empressa d'y renoncer aussitôt après la Révolution de 1830. Il lui suffisait d'avoir relevé la fortune publique, d'avoir fondé sur des bases indestructibles le crédit de la France, d'avoir donné à notre pays les meilleures finances qu'il ait jamais eues. Pendant ce temps, les auteurs de la Villéliade le représentaient sous les traits d'un Sardanapale mangeant la France dans de riches banquets, sous la figure d'un Minotaure
Dont la dent terrible dévore
Et notre fortune et nos lois.
[668] Ce livre a été écrit en 1839 et revu en décembre 1846.

Lycurgue[669]. Ce qu'il y avait de bon, c'est que le premier essai que j'avais fait de ma force politique me rendait ma liberté ; j'allais jouir au dehors de cette liberté dans le pouvoir. Au fond de cette position nouvelle à ma personne, j'aperçois je ne sais quels romans confus parmi des réalités : n'y avait-il rien dans les cours ? N'étaient-elles point des solitudes d'une autre sorte ? C'étaient peut-être des Champs-Élysées avec leurs ombres.

Je partis de Paris le 1er janvier 1821 : la Seine était gelée, et pour la première fois je courais sur les chemins avec les conforts de l'argent. Je revenais peu à peu de mon mépris des richesses ; je commençais à sentir qu'il était assez doux de rouler dans une bonne voiture, d'être bien servi, de n'avoir à se mêler de rien, d'être devancé par un énorme chasseur de Varsovie, toujours affamé, et qui, au défaut des czars, aurait à lui seul dévoré la Pologne[670]. Mais je m'habituai vite à mon bonheur ; j'avais le pressentiment qu'il durerait peu, et que je serais bientôt remis à pied comme il était convenable. Avant d'être arrivé à ma destination, il ne me resta du voyage que mon goût primitif pour le voyage même ; goût d'indépendance, — satisfaction d'avoir rompu les attaches de la société.

Vous verrez, lorsque je reviendrai de Prague en 1833, ce que je dis de mes vieux souvenirs du Rhin : je fus obligé, à cause des glaces, de remonter ses rives et de le traverser au-dessus de Mayence. Je ne m'occupai guère de *Moguntia*, de son archevêque, de ses trois ou quatre sièges, et de l'*imprimerie*[671] par qui cependant je régnais. Francfort, cité de Juifs, ne m'arrêta que pour une de leurs affaires : un change de monnaie.

La route fut triste : le grand chemin était neigeux et le givre appendu aux branches des pins. Iéna m'apparut de loin avec les larves de sa double bataille[672]. Je traversai Erfurt et Weimar : dans Erfurt, l'empereur manquait ; dans Weimar, habitait Gœthe que j'avais tant admiré, et que j'admire beaucoup moins. Le chantre de la matière vivait, et sa vieille poussière se modelait encore autour de son génie. J'aurais pu voir Gœthe,

---

[669] Après avoir fait jurer aux Lacédémoniens de ne rien changer pendant son absence aux lois qu'il leur avait données, Lycurgue partit pour un long voyage... et ne revint jamais.

[670] M. de Marcellus (Chateaubriand et son temps, p. 251) nous a conservé le nom du courrier qui précédait ainsi sur les grandes routes le nouvel ambassadeur. « C'était, dit-il, le pauvre Valentin, à qui je n'ai jamais connu d'autre nom, le plus dévoué des nombreux serviteurs que l'antichambre réunissait plus tard à Londres, sous mon autorité de ménagère, titre que parfois en riant me donnait l'ambassadeur. Il est la seule chose, à lui appartenant, que M. de Chateaubriand ait laissée à son départ au ministère des Affaires étrangères, après en avoir fait un garçon de bureau. Le Varsovien était en effet grand mangeur, comme le dit son maître ; mais il était grand buveur aussi ».

[671] Mayence est la patrie de Guttemberg, qui fit dans cette ville les premiers essais de l'art de l'imprimerie en 1438 ou 1440.

[672] Celle du 6 septembre 1631 gagnée par Gustave-Adolphe, et celle du 19 octobre 1813 perdue par Napoléon.

et je ne l'ai point vu ; il laisse un vide dans la procession des personnages célèbres qui ont défilé sous mes yeux.

Le tombeau de Luther à Wittemberg ne me tenta point : le protestantisme n'est en religion qu'une hérésie illogique ; en politique, qu'une révolution avortée. Après avoir mangé, en passant l'Elbe, un petit pain noir pétri à la vapeur du tabac, j'aurais eu besoin de boire dans le grand verre de Luther, conservé comme une relique. De là, traversant Potsdam et franchissant la Sprée, rivière d'encre sur laquelle se traînent des barques gardées par un chien blanc, j'arrivai à Berlin. Là demeura, comme je l'ai dit, *le faux Julien dans sa fausse Athènes*. Je cherchai en vain le soleil du mont Hymette. J'ai écrit à Berlin le quatrième livre de ces *Mémoires*. Vous y avez trouvé la description de cette ville, ma course à Potsdam, mes souvenirs du grand Frédéric, de son cheval, de ses levrettes et de Voltaire.

Descendu le 11 janvier à l'auberge, j'allai demeurer ensuite *Sous les Tilleuls*, dans l'hôtel qu'avait quitté M. le marquis de Bonnay, et qui appartenait à madame la duchesse de Dino : j'y fus reçu par MM. de Caux, de Flavigny et de Cussy[673], secrétaires de la légation.

Le 17 de janvier, j'eus l'honneur de présenter au roi les lettres de récréance de M. le marquis de Bonnay et mes lettres de créance. Le roi, logé dans une simple maison, avait pour toute distinction deux sentinelles à sa porte : entrait qui voulait ; on lui parlait *s'il était chez lui*. Cette simplicité des princes allemands contribue à rendre moins sensibles aux petits le nom et les prérogatives des grands. Frédéric-Guillaume[674] allait chaque jour, à la même heure, dans une carriole découverte qu'il conduisait lui-même, casquette en tête, manteau grisâtre sur le dos, fumer son cigare dans le parc. Je le rencontrais souvent et nous continuions nos promenades, chacun de notre côté. Quand il rentrait dans Berlin, la sentinelle de la porte de Brandebourg criait à tue-tête ; la garde prenait les armes et sortait ; le roi passait, tout était fini.

Dans la même journée, je fis ma cour au prince royal et aux princes

---

[673] Sur M. de Caux et M. de Cussy, voir, au tome I, la note 1 de la page 173 (note 7 du Livre IV de la Première Partie). — Maurice-Adolphe-Charles, vicomte de Flavigny (1799-1873). Après avoir rempli auprès du prince de Polignac les fonctions de secrétaire, il servit la monarchie de Juillet et entra à la Chambre des pairs le 25 décembre 1841. Représentant d'Indre-et-Loire à l'Assemblée législative de 1849 et membre de la droite monarchiste, il se rallia, après le coup d'État du 2 décembre, au gouvernement de Louis-Napoléon. Député au Corps législatif de 1852 à 1863, il se prononça avec énergie en faveur du pouvoir temporel du pape, ce qui lui valut de perdre la qualité de candidat officiel et de n'être pas réélu lors du renouvellement du 1er juin 1863.

[674] Frédéric-Guillaume III, né le 3 août 1770, veuf de la reine Louise, morte le 19 juillet 1810. Il était monté sur le trône le 16 novembre 1797. Il eut pour successeur, en 1840, Frédéric-Guillaume IV, son fils. Un autre de ses fils a été l'empereur Guillaume Ier.

ses frères, jeunes militaires fort gais. Je vis le grand-duc Nicolas et la grande-duchesse, nouvellement mariés et auxquels on donnait des fêtes. Je vis aussi le duc et la duchesse de Cumberland[675], le prince Guillaume[676], frère du roi, le prince Auguste de Prusse[677], longtemps notre prisonnier : il avait voulu épouser madame Récamier ; il possédait l'admirable portrait que Gérard avait fait d'elle et qu'elle avait échangé avec le prince pour le tableau de Corinne.

Je m'étais empressé de chercher M. Ancillon[678]. Nous nous connaissions mutuellement par nos ouvrages. Je l'avais rencontré à Paris avec le prince royal son élève[679] ; il était chargé à Berlin, par intérim, du portefeuille des affaires étrangères pendant l'absence de M. le comte de Bernstorff. Sa vie était très touchante : sa femme avait perdu la vue : toutes les portes de sa maison étaient ouvertes ; la pauvre aveugle se promenait de chambre en chambre parmi des fleurs, et se reposait au hasard comme un rossignol en cage : elle chantait bien et mourut tôt.

M. Ancillon, de même que beaucoup d'hommes illustres de la Prusse, était d'origine française : ministre protestant, ses opinions avaient d'abord été très libérales ; peu à peu il se refroidit. Quand je le retrouvai à Rome en 1828, il était revenu à la monarchie tempérée et il a rétrogradé jusqu'à la monarchie absolue. Avec un amour éclairé des sentiments généreux, il avait la haine et la peur des révolutionnaires : c'est cette haine qui l'a poussé vers le despotisme, afin d'y demander abri. Ceux qui vantent encore 1793 et qui en admirent les crimes ne comprendront-ils jamais combien

---

[675] Ernest-Auguste, duc de Cumberland, cinquième fils du roi d'Angleterre George III, né en 1771, mort en 1851, était le troisième des princes de la maison de Hanovre qui ait porté ce titre. Il avait épousé en 1815 la princesse Frédérique-Caroline-Sophie de Mecklembourg-Strélitz, née le 2 mars 1778, veuve en premières noces du prince Louis de Prusse et divorcée d'avec son second mari, prince de Salms-Braunfels. Elle s'était d'abord fiancée au duc de Cambridge, septième fils de George III, puis avait rompu avec lui pour épouser le duc de Cumberland. En 1837, le duc Ernest-Auguste a été appelé au trône de Hanovre, la loi salique en vigueur dans ce pays empêchant la reine Victoria de réunir les deux couronnes sur sa tête, comme ses prédécesseurs.

[676] Frédéric-Guillaume-Charles, frère du roi, né le 3 juillet 1783, marié le 12 janvier 1804 à Amélie-Marianne de Hesse-Hombourg.

[677] Fils du prince Ferdinand de Prusse et neveu du grand Frédéric. Il avait été fait prisonnier, le 10 octobre 1806, au combat de Saalfeld, où son frère aîné le prince Louis avait été tué.

[678] Jean-Pierre-Frédéric Ancillon (1766-1837), historien et homme d'État prussien, descendant de parents français émigrés à la suite de la révocation de l'édit de Nantes. Il avait publié en 1803 un Tableau des révolutions du système politique de l'Europe, qui lui fit prendre rang parmi les meilleurs historiens de l'époque. En 1806, il fut chargé par Guillaume III de l'éducation du prince royal, et en 1814 il vint à Paris avec son élève. Il devint en 1831 ministre des Affaires étrangères.

[679] Frédéric-Guillaume, né le 15 octobre 1795. Il succéda à son père en 1840, sous le nom de Frédéric-Guillaume IV et mourut le 1er janvier 1861.

l'horreur dont on est saisi pour ces crimes est un obstacle à l'établissement de la liberté ?

Il y eut une fête à la cour, et là commencèrent pour moi des honneurs dont j'étais bien peu digne. Jean Bart avait mis pour aller à Versailles un habit de drap d'or doublé de drap d'argent, ce qui le gênait beaucoup. La grande-duchesse, aujourd'hui l'impératrice de Russie, et la duchesse de Cumberland choisirent mon bras dans une marche polonaise : mes romans du monde commençaient. L'air de la marche était une espèce de pot-pourri composé de plusieurs morceaux, parmi lesquels, à ma grande satisfaction, je reconnus la chanson du roi Dagobert : cela m'encouragea et vint au secours de ma timidité. Ces fêtes se répétèrent ; une d'elles surtout eut lieu dans le grand palais du roi. Ne voulant pas en prendre le récit sur mon compte, je le donne tel qu'il est consigné dans le *Morgenblatt* de Berlin par madame la baronne de Hohenhausen :

« Berlin, le 22 mars 1821.

« *Morgenblatt* (Feuille du matin), n° 70.

« Un des personnages remarquables qui assistaient à cette fête était le vicomte de Chateaubriand, ministre de France, et, quelle que fût la splendeur du spectacle qui se développait à leurs yeux, les belles Berlinoises avaient encore des regards pour l'auteur d'*Atala*, ce superbe et mélancolique roman, où l'amour le plus ardent succombe dans le combat contre la religion. La mort d'Atala et l'heure du bonheur de Chactas, pendant un orage dans les antiques forêts de l'Amérique, dépeint avec les couleurs de Milton, resteront à jamais gravées dans la mémoire de tous les lecteurs de ce roman. M. de Chateaubriand écrivit *Atala* dans sa jeunesse péniblement éprouvée par l'exil de sa patrie : de là cette profonde mélancolie et cette passion brûlante qui respirent dans l'ouvrage entier. À présent, cet homme d'État consommé a voué uniquement sa plume à la politique. Son dernier ouvrage, *la Vie et la Mort du duc de Berry,* est tout à fait écrit dans le ton qu'employaient les panégyristes de Louis XIV.

« M. de Chateaubriand est d'une taille assez petite, et pourtant élancée. Son visage ovale a une expression de piété et de mélancolie. Il a les cheveux et les yeux noirs : ceux-ci brillent du feu de son esprit qui se prononce dans ses traits. »

Mais j'ai les cheveux blancs : pardonnez donc à madame la baronne de Hohenhausen de m'avoir croqué dans mon bon temps, bien qu'elle m'octroie déjà des années. Le portrait est d'ailleurs fort joli ; mais je dois à ma sincérité de dire qu'il n'est pas ressemblant.

L'hôtel Sous les Tilleuls, *Unter den Linden,* était beaucoup trop grand pour moi, froid et délabré : je n'en occupais qu'une petite partie.

Parmi mes collègues, ministres et ambassadeurs, le seul remarquable était M. d'Alopeus.[680] J'ai depuis rencontré sa femme et sa fille à Rome auprès de la grande-duchesse Hélène : si celle-ci eût été à Berlin au lieu de la grande-duchesse Nicolas, sa belle-sœur, j'aurais été plus heureux.

M. d'Alopeus, mon collègue, avait la douce manie de se croire adoré. Il était persécuté par les passions qu'il inspirait : « Ma foi, disait-il, je ne sais ce que j'ai ; partout où je vais, les femmes me suivent. Madame d'Alopeus s'est attachée obstinément à moi. » Il eût été excellent saint-simonien. La société privée, comme la société publique, a son allure : dans la première, ce sont toujours des attachements formés et rompus, des affaires de famille, des morts, des naissances, des chagrins et des plaisirs particuliers ; le tout varié d'apparences selon les siècles. Dans l'autre, ce sont toujours des changements de ministres, des batailles perdues ou gagnées, des négociations avec les cours, des rois qui s'en vont, ou des royaumes qui tombent.

Sous Frédéric II, électeur de Brandebourg, surnommé *Dent de Fer ;* sous Joachim II, empoisonné par le Juif Lippold ; sous Jean Sigismond, qui réunit à son électorat le duché de Prusse ; sous Georges-Guillaume, l'*Irrésolu,* qui, perdant ses forteresses, laissait Gustave-Adolphe s'entretenir avec les dames de sa cour et disait : « Que faire ? ils ont des canons ; » sous le Grand-Électeur, qui ne rencontra dans ses États que des monceaux de cendres, lesquels empêchaient l'herbe de croître, qui donna audience à l'ambassadeur tartare dont l'interprète avait un nez de bois et les oreilles coupées ; sous son fils, premier roi de Prusse, qui, réveillé en sursaut par sa femme, prit la fièvre de peur et en mourut ; sous tous ces règnes, les divers mémoires ne laissent voir que la répétition des mêmes aventures dans la société privée.

Frédéric-Guillaume Ier, père du grand Frédéric, homme dur et bizarre, fut élevé par madame de Rocoules, la réfugiée : il aima une jeune femme qui ne put l'adoucir ; son salon fut une tabagie. Il nomma le bouffon Gundling président de l'Académie royale de Berlin ; il fit enfermer son fils dans la citadelle de Custrin, et Quatt eut la tête tranchée devant le jeune prince ; c'était la vie privée de ce temps. Le grand Frédéric, monté sur le

---

[680] Le comte David d'Alopeus (1769-1831). Après avoir été ministre de Russie à la cour de Suède, puis à la cour de Wurtemberg, il devint, en 1813, commissaire général des armées alliées, et fut alors fixé par ses fonctions au quartier général des souverains confédérés. Sa femme, qui l'y accompagnait, se fit autant remarquer par sa beauté que par les grâces de son esprit. En 1815, le comte d'Alopeus fut gouverneur de la Lorraine, pour la Russie, et fit preuve dans ce nouveau poste de la plus louable modération. Nommé peu de temps après ministre plénipotentiaire de Russie à la cour de Berlin, il resta dans cette ville jusqu'à sa mort, arrivée le 13 juin 1831. — Sa fille. Mlle Alexandrine d'Alopeus, épousa Albert de la Ferronnays, l'un des fils du comte de la Ferronnays, l'ami de Chateaubriand. Elle est l'héroïne du Récit d'une sœur, de Mme Augustus Craven.

trône, eut une intrigue avec une danseuse italienne, la Barbarini, seule femme dont il s'approcha jamais : il se contenta de jouer de la flûte la première nuit de ses noces sous la fenêtre de la princesse Élisabeth de Brunswick lorsqu'il l'épousa. Frédéric avait le goût de la musique et la manie des vers. Les intrigues et les épigrammes des deux poètes, Frédéric et Voltaire, troublèrent madame de Pompadour, l'abbé de Bernis et Louis XV. La margrave de Bayreuth[681] était mêlée dans tout cela avec de l'amour, comme en pouvait avoir un poète. Des cercles littéraires chez le roi, puis des chiens sur des fauteuils malpropres ; puis des concerts devant des statues d'Antinoüs ; puis des grands dîners ; puis beaucoup de philosophie ; puis la liberté de la presse et des coups de bâton ; puis enfin un homard ou un pâté d'anguille qui mit fin aux jours d'un vieux grand homme, lequel voulait vivre : voilà de quoi s'occupa la société privée de ce temps de lettres et de batailles. — Et, nonobstant, Frédéric a renouvelé l'Allemagne, établi un contre-poids à l'Autriche, et changé tous les rapports et tous les intérêts politiques de la Germanie.

Dans les nouveaux règnes nous trouvons le Palais de marbre, madame Rietz[682] avec son fils, Alexandre, comte de La Marche, la baronne de Stoltzenberg, maîtresse du margrave Schwed, autrefois comédienne, le prince Henri[683] et ses amis suspects, mademoiselle Voss, rivale de madame Rietz, une intrigue de bal masqué entre un jeune Français et la femme d'un général prussien, enfin madame de F..., dont on peut lire l'aventure dans l'*Histoire secrète de la cour de Berlin*[684] : qui sait tous ces noms ? qui se rappellera les nôtres ? Aujourd'hui, dans la capitale de la Prusse, c'est à peine si des octogénaires ont conservé la mémoire de cette génération passée.

---

[681] Sophie-Wilhelmine, margravine de Bayreuth (1709-1758), fille du roi de Prusse Frédéric-Guillaume Ier et sœur du grand Frédéric. Elle épousa en 1731 l'héritier du margraviat de Bayreuth. Voltaire a écrit une Ode sur sa mort. Elle a laissé des Mémoires qui vont de 1706 à 1742 et qui renferment les plus intéressants détails sur l'intérieur de la cour de Prusse. La Correspondance de cette princesse avec Frédéric II a été imprimée dans les Œuvres de ce dernier (tome XXVII).

[682] Wilhelmine Enke, femme Rietz, comtesse de Lichtenau (1754-1820). Fille d'un musicien de la chapelle royale de Prusse, elle devint à seize ans la maîtresse du prince royal, fils du grand Frédéric, qui lui fit épouser un de ses valets de chambre nommé Rietz, et qui, devenu roi en 1786 sous le nom de Frédéric-Guillaume II, la revêtit du titre de comtesse de Lichtenau. Elle a écrit des Mémoires, qui ont été traduits en français (1809).

[683] Le prince Henri de Prusse, frère du grand Frédéric, né en 1726. Il contribua puissamment aux succès de son frère pendant la guerre de Sept ans. Ami de la France, et surtout de ses philosophes, dont il partageait, comme son frère, les idées antichrétiennes, il était venu à Paris en 1788 pour y passer la fin de sa vie ; mais la Révolution le força de s'éloigner. Il mourut à son château de Rheinsberg en 1802.

[684] Histoire secrète de la cour de Berlin, par Mirabeau.

La société à Berlin me convenait par ses habitudes : entre cinq et six heures on *allait en soirée ;* tout était fini à neuf, et je me couchais tout juste comme si je n'eusse pas été ambassadeur. Le sommeil dévore l'existence, c'est ce qu'il y a de bon : « Les heures sont longues, et la vie est courte, » dit Fénelon. M. Guillaume de Humboldt[685], frère de mon illustre ami le baron Alexandre[686], était à Berlin : je l'avais connu ministre à Rome ; suspect au gouvernement à cause de ses opinions, il menait une vie retirée ; pour tuer le temps, il apprenait toutes les langues et même tous les patois de la terre. Il retrouvait les peuples, habitants anciens d'un sol, par les dénominations géographiques du pays. Une de ses filles parlait indifféremment le grec ancien ou le grec moderne ; si l'on fût tombé dans un bon jour, on aurait pu deviser à table en sanscrit.

Adelbert de Chamisso demeurait au Jardin-des-Plantes, à quelque distance de Berlin. Je le visitai dans cette solitude, où les plantes gelaient en serre. Il était grand, d'une figure assez agréable. Je me sentais un attrait pour cet exilé, voyageur comme moi : il avait vu ces mers du pôle où je m'étais flatté de pénétrer. Émigré comme moi, il avait été élevé à Berlin en qualité de page. Adelbert, parcourant la Suisse, s'arrêta un moment à Coppet. Il se trouva dans une partie sur le lac, où il pensa périr. Il écrivait ce jour-là même : « Je vois bien qu'il faut chercher mon salut sur les grandes mers. »

M. de Chamisso avait été nommé par M. de Fontanes, professeur à Napoléonville[687] ; puis professeur de grec à Strasbourg ; il repoussa l'offre par ces nobles paroles : « La première condition pour travailler à l'instruction de la jeunesse est l'indépendance : bien que j'admire le génie de Bonaparte, il ne peut me convenir. » Il refusa de même les avantages que lui offrait la Restauration : « Je n'ai rien fait pour les Bourbons, disait-il, et je ne puis recevoir le prix des services et du sang de mes pères. Dans ce siècle, chaque homme doit pourvoir à son existence. » On conserve dans la famille de M. de Chamisso ce billet écrit au Temple, de la main de Louis XVI : « Je recommande M. de Chamisso, un de mes fidèles serviteurs, à mes frères. » Le roi martyr avait caché ce petit billet dans son sein pour le

---

[685] Charles-Guillaume, baron de Humboldt (1767-1835). Il fut successivement ministre ou ambassadeur en Espagne, à Rome, à Vienne, en Angleterre. Il prit part, comme plénipotentiaire de la Prusse, aux congrès de Châtillon, de Vienne, d'Aix-la-Chapelle, et fut l'un des signataires de la paix de Paris en 1814. Son principal ouvrage, comme philologue, est un traité sur la Langue kawi dans l'île de Java. Ses Essais esthétiques sont considérés comme un des chefs-d'œuvre de la critique allemande.

[686] Frédévic-Henvi-Alexandre, baron de Humboldt (1769-1859), auteur du Cosmos, essai d'une description physique du monde, l'une des plus grandes œuvres de ce siècle.

[687] Napoléon-Vendée.

faire remettre à son premier page, Chamisso, oncle d'Adelbert[688].

L'ouvrage le plus touchant peut-être de cet enfant des muses, caché sous les armes étrangères et adopté des bardes de la Germanie, ce sont ces vers qu'il fit d'abord en allemand et qu'il traduisit en vers français, sur le château de Boncourt, sa demeure paternelle :

Je rêve encore à mon jeune âge
Sous le poids de mes cheveux blancs ;
Tu me poursuis, fidèle image,
Et renais sous la faux du Temps.
Du sein d'une mer de verdure
S'élève ce noble château.
Je reconnais et sa toiture,

Et ses tours avec ses créneaux ;

Ces lions de nos armoiries
Ont encor leurs regards d'amour.
Je vous souris, gardes chéries,
Et je m'élance dans la cour.
Voilà le sphinx à la fontaine,
Voilà le figuier verdoyant ;
Là s'épanouit l'ombre vaine
Des premiers songes de l'enfant.
De mon aïeul, dans la chapelle,
Je cherche et revois le tombeau ;
Voilà la colonne à laquelle
Pendent ses armes en faisceau.
Ce marbre que le soleil dore,
Et ces caractères pieux,
Non, je ne puis les lire encore,
Un voile humide est sur mes yeux.
Fidèle château de mes pères,
Je te retrouve tout en moi !
Tu n'es plus ; superbe naguères,
La charrue a passé sur toi !...
Sol que je chéris, sois fertile,

---

[688] Le 10 août 1792, les deux frères aînés de Chamisso, Hippolyte et Charles, se trouvaient auprès de Louis XVI. Charles, blessé en défendant le roi, fut sauvé par un homme du peuple ; peu de temps après, il reçut une épée qu'avait portée l'infortuné monarque, et un billet ainsi conçu : « Je recommande à mon frère M. de Chamisso, un de mes fidèles serviteurs ; il a plusieurs fois exposé sa vie pour moi. LOUIS. » — Notice sur Chamisso, par Jean-Jacques Ampère (Littératures et Voyages, p. 227).

Je te bénis d'un cœur serein ;
Bénis, quel qu'il soit, l'homme utile

Dont le soc sillonne ton sein.

Chamisso bénit le laboureur qui laboure le sillon dont il a été dépouillé ; son âme devait habiter les régions où planait mon ami Joubert. Je regrette Combourg, mais avec moins de résignation, bien qu'il ne soit pas sorti de ma famille. Embarqué sur le vaisseau armé par le comte de Romanzof, M. de Chamisso découvrit, avec le capitaine Kotzebue, le détroit à l'est du détroit de Behring, et donna son nom à l'une des îles d'où Cook avait entrevu la côte de l'Amérique. Il retrouva au Kamtchatka le portrait de madame Récamier sur porcelaine,[689] et le petit conte *Peter Schlemihl*, traduit en hollandais. Le héros d'Adelbert, Peter Schlemihl, avait vendu son ombre au diable : j'aurais mieux aimé lui vendre mon corps.

Je me souviens de Chamisso comme du souffle insensible qui faisait légèrement fléchir la tige des brandes que je traversai en retournant à Berlin.

D'après un règlement de Frédéric II, les princes et princesses du sang à Berlin ne voient pas le corps diplomatique ; mais, grâce au carnaval, au mariage du duc de Cumberland avec la princesse Frédérique de Prusse, sœur de la feue reine, grâce encore à une certaine inflexion d'étiquette que l'on se permettait, disait-on, à cause de ma personne, j'avais l'occasion de me trouver plus souvent que mes collègues avec la famille royale. Comme je visitais de fois à autre *le grand palais,* j'y rencontrais la princesse Guillaume[690] : elle se plaisait à me conduire dans les appartements. Je n'ai jamais vu un regard plus triste que le sien ; dans les salons inhabités derrière le château, sur la Sprée, elle me montrait une chambre hantée à certains jours par une dame blanche, et, en se serrant contre moi avec une certaine frayeur, elle avait l'air de cette dame blanche. De son côté, la duchesse de Cumberland me racontait qu'elle et sa sœur la reine de Prusse, toutes deux encore très jeunes, avaient entendu leur mère qui venait de mourir leur parler sous ses rideaux fermés.

---

[689] Chamisso avait fait partie, de 1815 à 1818, de l'expédition d'exploration dans les mers du Nord, entreprise par Otto Kotzebue, sous les auspices du chancelier russe Romanzof. Un gracieux souvenir de la France l'attendait au Kamtchatka. « Je vis, dit-il, pour la première fois un portrait que j'ai souvent retrouvé depuis sur des vaisseaux américains, et que leur commerce a répandu sur les côtes et dans les îles de l'Océan Pacifique, le portrait de Mme Récamier, cette aimable amie de Mme de Staël, auprès de laquelle j'avais eu le bonheur de vivre longtemps. Il était peint sur verre par une main chinoise assez délicate. »

[690] Amélie-Marianne de Hesse-Hombourg, femme du prince Guillaume et belle-sœur du roi.

Le roi, en présence duquel je tombais en sortant de mes visites de curieux, me menait à ses oratoires : il m'en faisait remarquer les crucifix et les tableaux, et rapportait à moi l'honneur de ces innovations, parce qu'ayant lu, me disait-il, dans le *Génie du Christianisme,* que les protestants avaient trop dépouillé leur culte, il avait trouvé juste ma remarque : il n'était pas encore arrivé à l'excès de son fanatisme luthérien.

Le soir à l'Opéra j'avais une loge auprès de la loge royale, placée en face du théâtre. Je causais avec les princesses ; le roi sortait dans les entr'actes ; je le rencontrais dans le corridor, il regardait si personne n'était autour de nous et si l'on ne pouvait nous entendre ; il m'avouait alors tout bas sa détestation de Rossini et son amour pour Gluck. Il s'étendait en lamentations sur la décadence de l'art et surtout sur ces gargarismes de notes destructeurs du chant dramatique : il me confiait qu'il n'osait dire cela qu'à moi, à cause des personnes qui l'environnaient. Voyait-il venir quelqu'un, il se hâtait de rentrer dans sa loge.

Je vis jouer la *Jeanne d'Arc* de Schiller : la cathédrale de Reims était parfaitement imitée[691]. Le roi, sérieusement religieux, ne supportait qu'avec peine sur le théâtre la représentation du culte catholique. M. Spontini, l'auteur de *la Vestale,* avait la direction de l'Opéra[692]. Madame Spontini, fille de M. Érard[693], était agréable, mais elle semblait expier la volubilité du langage des femmes par la lenteur qu'elle mettait à parler : chaque mot divisé en syllabes expirait sur ses lèvres ; si elle avait voulu vous dire : *Je vous aime,* l'amour d'un Français aurait pu s'envoler entre le commencement et la fin de ces trois mots. Elle ne pouvait pas finir mon nom, et elle n'arrivait pas au bout sans une certaine grâce.

Une réunion publique musicale avait lieu deux ou trois fois la semaine. Le soir, en revenant de leur ouvrage, de petites ouvrières, leur

---

[691] Au lendemain de cette représentation, Chateaubriand écrivait à Mme de Duras : « J'ai été voir jouer la Jeanne d'Arc de Schiller. C'est un mélodrame, mais un mélodrame superbe. La cérémonie du sacre est admirable. Quand j'ai vu la cathédrale de Reims et que j'ai entendu le chant religieux, au moment de la consécration de Charles VII, j'ai pleuré sans comprendre un mot de ce qu'on disait. Quel peuple que ce peuple français ! Comme il occupe les autres peuples ! Et quelle honte de ne plus retrouver de La Hire que sur les théâtres étrangers ! Schiller chante Jeanne et Voltaire la déshonore. »

[692] Gaspard Spontini (1778-1851), auteur des opéras de la Vestale (1807) et de Fernand Cortez (1809). Il était depuis 1820 directeur de l'Opéra de Berlin. Après la mort de son protecteur Frédéric-Guillaume III, il revint à Paris, où il avait été élu à l'unanimité membre de l'Académie des beaux-arts dès 1839.

[693] Sébastien Érard, facteur de pianos (1752-1831). Il perfectionna le piano, l'orgue et la harpe, construisit les premiers pianos à queue (1796) et à double échappement (1823) ; inventa les harpes à fourchette (1789) et le mécanisme à double mouvement pour harpe (1810). Il réussit à rendre expressif le jeu de l'orgue au moyen de la seule pression du doigt (1827).

panier au bras, des garçons ouvriers portant les instruments de leurs métiers, se pressaient pêle-mêle dans une salle ; on leur donnait en entrant un feuillet noté, et ils se joignaient au chœur général avec une précision étonnante. C'était quelque chose de surprenant que ces deux ou trois cents voix confondues. Le morceau fini, chacun reprenait le chemin de sa demeure. Nous sommes bien loin de ce sentiment de l'harmonie, moyen puissant de civilisation ; il a introduit dans la chaumière des paysans de l'Allemagne une éducation qui manque à nos hommes rustiques : partout où il y a un piano, il n'y a plus de grossièreté.

Vers le 13 de janvier, j'ouvris le cours de mes dépêches avec le ministre des affaires étrangères. Mon esprit se plie facilement à ce genre de travail : pourquoi pas ? Dante, Arioste et Milton n'ont-ils pas aussi bien réussi en politique qu'en poésie ? Je ne suis sans doute ni Dante, ni Arioste, ni Milton ; l'Europe et la France ont vu néanmoins par le *Congrès de Vérone* ce que je pourrais faire.

Mon prédécesseur à Berlin me traitait en 1816 comme il traitait M. de Lameth dans ses petits vers au commencement de la révolution[694]. Quand on est si aimable, il ne faut pas laisser derrière soi de registres, ni avoir la rectitude d'un commis quand on n'a pas la capacité d'un diplomate. Il arrive, dans les temps où nous vivons, qu'un coup de vent envoie dans votre place celui contre lequel vous vous étiez élevé ; et comme le devoir d'un ambassadeur est d'abord de connaître les archives de l'ambassade, voilà qu'il tombe sur les notes où il est arrangé de main de maître. Que voulez-vous ? ces esprits profonds, qui travaillaient au succès de la bonne cause, ne pouvaient pas penser à tout.

EXTRAITS DES REGISTRES DE M. DE BONNAY.
N° 64.
22 novembre 1816.

« Les paroles que le roi a adressées au bureau nouvellement formé de la Chambre des pairs ont été connues et approuvées de toute l'Europe. On m'a demandé s'il était possible que des hommes dévoués au roi, que des personnes attachées à sa personne et occupant des places dans sa maison, ou dans celles de nos princes, eussent pu en effet donner leurs suffrages pour porter M. de Chateaubriand à la secrétairerie. Ma réponse a été que le scrutin étant secret, personne ne pouvait connaître les votes particuliers. « Ah ! s'est écrié un homme principal, si le roi pouvait en être assuré,

---

694 Charles de Lameth, l'un des principaux membres du côté gauche à la Constituante, s'était couvert de ridicule, au mois de mars 1790, en dirigeant, comme membre du comité de surveillance, une expédition nocturne contre le couvent des Annonciades de Pontoise, pour y rechercher M. de Barentin, frère de l'abbesse. Le marquis de Bonnay, prédécesseur de Chateaubriand à Berlin, avait composé à cette occasion un poème héroï-comique, des plus spirituels, la Prise des Annonciades.

j'espère que l'accès des Tuileries serait aussitôt fermé à ces serviteurs infidèles. » J'ai cru que je ne devais rien répondre, et je n'ai rien répondu. »

15 octobre 1816.

« Il en sera de même, monsieur le duc, de la mesure du 5 et de celle du 20 septembre : l'une et l'autre ne trouvent en Europe que des approbateurs. Mais ce qui étonne, c'est de voir que de très purs et très dignes royalistes continuent de se passionner pour M. de Chateaubriand, malgré la publication d'un livre qui établit en principe que le roi de France, en vertu de la Charte, n'est plus qu'un être moral, essentiellement nul et sans volonté propre. Si tout autre que lui avait avancé une pareille maxime, les mêmes hommes, non sans apparence de raison, l'auraient qualifié de jacobin. »

Me voilà bien remis à ma place. C'est du reste une bonne leçon ; cela rabat notre orgueil, en nous apprenant ce que nous deviendrons après nous.

Par les dépêches de M. de Bonnay et par celles de quelques autres ambassadeurs appartenant à l'ancien régime, il m'a paru que ces dépêches traitaient moins des affaires diplomatiques que des anecdotes relatives à des personnages de la société et de la cour : elles se réduisaient à un journal louangeur de Dangeau ou satirique de Tallemant. Aussi Louis XVIII et Charles X aimaient-ils beaucoup mieux les lettres amusantes de mes collègues que ma correspondance sérieuse. J'aurais pu rire et me moquer comme mes devanciers ; mais le temps où les aventures scandaleuses et les petites intrigues se liaient aux affaires était passé. Quel bien aurait-il résulté pour mon pays du portrait de M. de Hardenberg[695], beau vieillard blanc comme un cygne, sourd comme un pot, allant à Rome sans permission, s'amusant de trop de choses, croyant à toutes sortes de rêveries, livré en dernier lieu au magnétisme entre les mains du docteur Koreff[696] que je rencontrais à cheval trottant dans les lieux écartés entre le diable, la médecine et les muses ?

Ce mépris pour une correspondance frivole me fait dire à M. Pasquier dans ma lettre du 13 février 1821, n° 13 :

« Je ne vous ai point parlé, monsieur le baron, selon l'usage, des réceptions, des bals, des spectacles, etc ; je ne vous ai point fait de petits portraits et d'inutiles satires ; j'ai tâché de faire sortir la diplomatie du commérage. Le règne du commun reviendra, lorsque le temps

---

[695] Charles-Auguste, prince de Hardenberg (1750-1822). Ministre des Affaires étrangères depuis 1806, il fut nommé en 1810 chancelier d'État, et signa en 1814 la paix de Paris. Il assista comme plénipotentiaire aux Congrès d'Aix-la-Chapelle, de Carlsbad, de Vienne et de Vérone. Le roi de Prusse l'avait créé prince en 1814.
[696] David-Frédéric Koreff (1783-1851), célèbre médecin allemand. Il était né à Breslau. Il fut pendant quelque temps le secrétaire du prince de Hardenberg, qui l'avait en particulière amitié. Il mourut à Paris, où il avait fini par se fixer, et où il n'était pas moins connu par son esprit original que par son inépuisable charité.

extraordinaire sera passé : aujourd'hui il ne faut peindre que ce qui doit vivre et n'attaquer que ce qui menace. »

Berlin m'a laissé un souvenir durable, parce que la nature des récréations que j'y trouvai me reporta au temps de mon enfance et de ma jeunesse ; seulement, des princesses très réelles remplissaient le rôle de ma Sylphide. De vieux corbeaux, mes éternels amis, venaient se percher sur les tilleuls devant ma fenêtre ; je leur jetais à manger : quand ils avaient saisi un morceau de pain trop gros, ils le rejetaient avec une adresse inimaginable pour en saisir un plus petit ; de manière qu'ils pouvaient en prendre un autre un peu plus gros, et ainsi de suite jusqu'au morceau capital qui, à la pointe de leur bec, le tenait ouvert, sans qu'aucune des couches croissantes de la nourriture pût tomber. Le repas fait, l'oiseau chantait à sa manière : *cantus cornicum ut secla vetusta*. J'errais dans les espaces déserts de Berlin glacé ; mais je n'entendais pas sortir de ses murs, comme des vieilles murailles de Rome, de belles voix de jeunes filles. Au lieu de capucins à barbe blanche traînant leurs sandales parmi des fleurs, je rencontrais des soldats qui roulaient des boules de neige.

Un jour, au détour de la muraille d'enceinte, Hyacinthe[697] et moi nous nous trouvâmes nez à nez avec un vent d'est si perçant, que nous fûmes obligés de courir dans la campagne pour regagner la ville à moitié morts. Nous franchîmes des terrains enclos, et tous les chiens de garde nous sautaient aux jambes en nous poursuivant. Le thermomètre descendit ce jour là à 22 degrés au-dessous de glace. Un ou deux factionnaires, à Potsdam, furent gelés.

De l'autre côté du parc était une ancienne faisanderie abandonnée ; — les princes de Prusse ne chassent point. Je passais un petit pont de bois sur un canal de la Sprée, et je me trouvais parmi les colonnes de sapin qui faisaient le portique de la faisanderie. Un renard, en me rappelant ceux du mail de Combourg, sortait par un trou pratiqué dans le mur de la réserve, venait me demander de mes nouvelles et se retirait dans son taillis.

Ce qu'on nomme le parc, à Berlin, est un bois de chênes, de bouleaux, de hêtres, de tilleuls et de blancs de Hollande. Il est situé à la porte de Charlottenbourg et traversé par la grande route qui mène à cette résidence royale. À droite du parc est un Champ de Mars ; à gauche des guinguettes.

Dans l'intérieur du parc, qui n'était pas alors percé d'allées régulières, on rencontrait des prairies, des endroits sauvages et des bancs de hêtre sur lesquels la Jeune Allemagne avait naguère gravé, avec un couteau, des cœurs percés de poignards : sous ces cœurs poignardés on lisait le nom de *Sand*[698]. Des bandes de corbeaux, habitant les arbres aux

---

[697] Hyacinthe Pilorge, secrétaire de Chateaubriand.
[698] Charles-Louis Sand (1795-1819), étudiant de l'Université d'Iéna, qui, le 23 mars 1819, à Manheim, avait assassiné le célèbre écrivain Auguste de Kotzebue, qu'il

approches du printemps, commencèrent à ramager. La nature vivante se ranimait avant la nature végétale, et des grenouilles toutes noires étaient dévorées par des canards, dans les eaux cà et là dégelées : ces rossignols-là *ouvraient le printemps dans les bois* de Berlin. Cependant, le parc n'était pas sans quelques jolis animaux : des écureuils circulaient sur les branches ou se jouaient à terre, en se faisant un pavillon de leur queue. Quand j'approchais de la fête, les acteurs remontaient le tronc des chênes, s'arrêtaient dans une fourche et grognaient en me voyant passer au-dessous d'eux. Peu de promeneurs fréquentaient la futaie dont le sol inégal était bordé et coupé de canaux. Quelquefois je rencontrais un vieil officier goutteux qui me disait, tout réchauffé et tout réjoui, en me parlant du pâle rayon de soleil sous lequel je grelottais : « Ça pique ! » De temps en temps je trouvais le duc de Cumberland, à cheval et presque aveugle, arrêté devant un blanc de Hollande contre lequel il était venu se cogner le nez. Quelques voitures attelées de six chevaux passaient : elles portaient ou l'ambassadrice d'Autriche, ou la princesse de Radzivill et sa fille, âgée de quinze ans, charmante comme une de ces nues à figure de vierge qui entourent la lune d'Ossian. La duchesse de Cumberland faisait presque toujours la même promenade que moi : tantôt elle revenait de secourir dans une chaumière une pauvre femme de Spandau, tantôt elle s'arrêtait et me disait gracieusement qu'elle avait voulu me rencontrer ; aimable fille des trônes descendue de son char comme la déesse de la nuit pour errer dans les forêts ! Je la voyais aussi chez elle : elle me répétait qu'elle me voulait confier son fils, ce petit *Georges*[699] devenu le prince que sa cousine Victoria aurait, dit-on, désiré placer à ses côtés sur le trône de l'Angleterre.

La princesse Frédérique a traîné depuis ses jours aux bords de la Tamise, dans ces jardins de Kew qui me virent jadis errer entre mes deux acolytes, l'illusion et la misère. Après mon départ de Berlin, elle m'a honoré d'une correspondance ; elle y peint d'heure en heure la vie d'un habitant de ces bruyères où passa Voltaire, où mourut Frédéric, où se cacha ce Mirabeau qui devait commencer la révolution dont je fus la victime. L'attention est captivée en apercevant les anneaux par qui se touchent tant d'hommes inconnus les uns aux autres.

Voici quelques extraits de la correspondance qu'ouvre avec moi madame la duchesse de Cumberland :

---

regardait comme le suppôt de l'absolutisme. Le capitaine Otto de Kotzebue, que nous avons vu tout à l'heure diriger l'expédition dans les mers du Nord, dont fit partie Chamisso, était le fils d'Auguste de Kotzebue.

[699] Le fils de la duchesse de Cumberland, né en 1819, devint roi de Hanovre, en 1851, sous le nom de George V. Ayant pris parti contre la Prusse, dans la guerre de cet état contre l'Autriche, et ayant été battu, il fut déposé, et son royaume annexé à la Prusse (1866). Son fils porte aujourd'hui en Angleterre le titre de duc de Cumberland. Il a épousé la princesse Thyra de Danemark, sœur de la princesse de Galles.

« 19 avril[700], jeudi.

« Ce matin, à mon réveil, on m'a remis le *dernier* témoignage de votre souvenir ; plus tard j'ai passé devant votre maison, j'y ai vu des fenêtres ouvertes comme de coutume, tout était à la même place, excepté vous ! Je ne puis vous dire ce que cela m'a fait éprouver ! Je ne sais plus maintenant où vous trouver ; chaque instant vous éloigne davantage ; le seul point fixe est le 26, jour où vous comptez arriver, et le souvenir que je vous conserve.

« Dieu veuille que vous trouviez tout changé pour le mieux et pour vous et pour le bien général ! Accoutumée aux sacrifices, je saurai encore porter celui de ne plus vous revoir, si c'est pour votre bonheur et celui de la France. »
22.

« Depuis *jeudi* j'ai passé devant votre maison tous les jours pour aller à l'église ; j'y ai bien prié pour vous. Vos fenêtres sont constamment ouvertes, cela me touche : qui est-ce qui a pour vous cette attention à suivre vos goûts et vos ordres, malgré votre absence ? Il me prend l'idée, quelquefois, que vous n'êtes pas parti ; que des affaires vous arrêtent, ou que vous avez voulu écarter les *importuns* pour en finir à votre aise. Ne croyez pas que cela soit un reproche : il n'y a que ce moyen ; mais si cela est, veuillez me le confier. »
23.

« Il fait aujourd'hui une chaleur si prodigieuse, même à l'église, que je ne puis faire ma promenade à l'heure ordinaire : cela m'est bien égal *à présent*. Le cher petit bois n'a plus de charme pour moi, tout le monde m'y ennuie ! Ce changement subit du froid au chaud est commun dans le nord ; les habitants ne tiennent pas, par leur modération de caractère et de sentiments, du climat. »
24.

« La nature est bien embellie ; toutes les feuilles ont poussé depuis votre départ : j'aurais voulu qu'elles fussent venues deux jours plus tôt, pour que vous ayez pu emporter dans votre souvenir une image plus riante de votre séjour ici. »
« Berlin, 12 mai 1821.

« Dieu merci, voilà enfin une lettre de vous ! Je savais bien que vous ne pouviez m'écrire plus tôt ; mais, malgré tous les calculs que faisait ma raison, trois semaines ou pour mieux dire vingt-trois jours sont bien longs pour l'amitié dans la privation, et rester sans nouvelles ressemble au plus triste exil : il me restait pourtant le souvenir et l'espérance. »
« Le 15 mai.

---

[700] 19 avril 1821. Chateaubriand était parti pour Paris, afin d'assister au baptême du duc de Bordeaux.

« Ce n'est pas de mon étrier, comme le Grand Turc, mais toujours de mon lit, que je vous écris ; mais cette retraite m'a donné tout le temps de réfléchir au nouveau régime que vous voulez faire tenir à Henri V. J'en suis très contente ; le lion rôti ne pourra que lui faire grand bien ; je vous conseille seulement de le faire commencer par le cœur. Il faudra faire manger de l'agneau à l'autre de vos élèves (Georges) pour qu'il ne fasse pas trop le diable à quatre. Il faut absolument que ce plan d'éducation se réalise et que Georges et Henri V deviennent bons amis et bons alliés. »

Madame la duchesse de Cumberland continua de m'écrire des eaux d'Ems, ensuite des eaux de Schwalbach, et après de Berlin, où elle revint le 22 septembre de l'année 1821. Elle me mandait d'Ems : « Le couronnement en Angleterre se fera sans moi ; je suis peinée que le roi ait fixé, pour se faire couronner, le jour le plus triste de ma vie : celui auquel j'ai vu mourir cette sœur adorée (la reine de Prusse)[701]. La mort de Bonaparte m'a aussi fait penser aux souffrances qu'il lui a causées. »

« De Berlin, le 22 septembre.

« J'ai déjà revu ces grandes allées solitaires. Que je vous serai redevable, si vous m'envoyez, comme vous me le promettez, les vers que vous avez faits pour Charlottenbourg ! J'ai aussi repris le chemin de la maison dans le bois où vous eûtes la bonté de m'aider à secourir la pauvre femme de Spandau ; que vous êtes bon de vous souvenir de ce nom ! Tout me rappelle des temps heureux. Il n'est pas nouveau de regretter le bonheur.

« Au moment où j'allais expédier cette lettre, j'apprends que le roi a été détenu en mer par des tempêtes, et probablement repoussé sur les côtes de l'Irlande ; il n'était pas arrivé à Londres le 14 ; mais vous serez instruit de son retour plus tôt que nous.

« La pauvre princesse Guillaume a reçu aujourd'hui la triste nouvelle de la mort de sa mère, la landgrave douairière de Hesse-Hombourg. Vous voyez comme je vous parle de tout ce qui concerne notre famille ; veuille le ciel que vous ayez de meilleures nouvelles à me donner ! »

Ne semblerait-il pas que la sœur de la belle reine de Prusse me parle de *notre famille* comme si elle avait la bonté de m'entretenir de mon aïeule, de ma tante et de mes obscurs parents de Plancouët ? La famille royale de France m'a-t-elle jamais honoré d'un sourire pareil à celui de cette famille royale étrangère, qui pourtant me connaissait à peine et ne me devait rien ? Je supprime plusieurs autres lettres affectueuses : elles ont quelque chose de souffrant et de contenu, de résigné et de noble, de familier et d'élevé ; elles servent de contre-poids à ce que j'ai dit de trop sévère peut-être sur les races souveraines. Mille ans en arrière, et la princesse Frédérique étant fille de Charlemagne eût emporté la nuit

---

[701] Le couronnement de George IV, roi d'Angleterre, eut lieu le 19 juillet 1821. La reine Louise de Prusse était morte le 19 juillet 1810.

Éginhard sur ses épaules, afin qu'il ne laissât sur la neige aucune trace.

Je viens de relire ce livre en 1840 : je ne puis m'empêcher d'être frappé de ce continuel roman de ma vie. Que de destinées manquées ! Si j'étais retourné en Angleterre avec le petit Georges, l'héritier possible de cette couronne, j'aurais vu s'évanouir le nouveau songe qui aurait pu me faire changer de patrie, de même que si je n'eusse pas été marié je serais resté une première fois dans la patrie de Shakespeare et de Milton. Le jeune duc de Cumberland, qui a perdu la vue, n'a point épousé sa cousine la reine d'Angleterre. La duchesse de Cumberland est devenue reine de Hanovre : où est-elle ? est-elle heureuse ? où suis-je ? Grâce à Dieu, dans quelques jours, je n'aurai plus à promener mes regards sur ma vie passée, ni à me faire ces questions. Mais il m'est impossible de ne pas prier le ciel de répandre ses faveurs sur les dernières années de la princesse Frédérique[702].

Je n'avais été envoyé à Berlin qu'avec le rameau de la paix, et parce que ma présence jetait le trouble dans l'administration ; mais, connaissant les inconstances de la fortune et sentant que mon rôle politique n'était pas fini, je surveillais les événements : je ne voulais pas abandonner mes amis. Je m'aperçus bientôt que la réconciliation entre le parti royaliste et le parti ministériel n'avait pas été sincère ; des défiances et des préjugés restaient ; on ne faisait pas ce qu'on m'avait promis : on commençait à m'attaquer. L'entrée au conseil de MM. de Villèle et Corbière avait excité la jalousie de l'extrême droite ; elle ne marchait plus sous la bannière du premier, et celui-ci, dont l'ambition était impatiente, commençait à se fatiguer. Nous échangeâmes quelques lettres. M. de Villèle regrettait d'être entré au conseil : il se trompait ; la preuve que j'avais vu juste, c'est qu'un an ne s'était pas écoulé qu'il devint ministre des finances, et que M. de Corbière eut l'intérieur[703]'.

Je m'expliquai aussi avec M. le baron Pasquier ; je lui mandais, le 10 février 1821 :

« J'apprends de Paris, monsieur le baron, par le courrier arrivé ce matin 9 février, qu'on a trouvé mauvais que j'eusse écrit de Mayence au prince de Hardenberg, ou même que je lui eusse envoyé un courrier. Je n'ai point écrit à M. de Hardenberg et encore moins lui ai-je envoyé un courrier. Je désire, monsieur le baron, que l'on m'évite des tracasseries. Quand mes services ne seront plus agréables, on ne peut me faire un plus grand plaisir que de me le dire tout rondement. Je n'ai ni sollicité ni désiré la mission dont on m'a chargé ; ce n'est ni par goût ni par choix que j'ai accepté un honorable exil, mais pour le bien de la paix. Si les royalistes se sont ralliés au ministère, le ministère n'ignore pas que j'ai eu le bonheur de

---

[702] La reine de Hanovre mourut au mois de juillet 1841.
[703] Le 14 décembre 1822, MM. de Villèle et Corbière étaient devenus, le premier, ministre des finances, et le second, ministre de l'intérieur.

contribuer à cette réunion. J'aurais quelque droit de me plaindre. Qu'a-t-on fait pour les royalistes depuis mon départ ? Je ne cesse d'écrire pour eux : m'écoute-t-on ? Monsieur le baron, j'ai, grâce à Dieu, autre chose à faire dans la vie qu'à assister à des bals. Mon pays me réclame, ma femme malade a besoin de mes soins, mes amis redemandent leur guide. Je suis au-dessus ou au-dessous d'une ambassade et même d'un ministère d'État. Vous ne manquerez pas d'hommes plus habiles que moi pour conduire les affaires diplomatiques ; ainsi il serait inutile de chercher des prétextes pour me faire des chicanes. J'entendrai à demi mot ; et vous me trouverez disposé à rentrer dans mon obscurité. »

Tout cela était sincère : cette facilité à tout planter là, et à ne regretter rien, m'eût été une grande force, eussé-je eu quelque ambition.

Ma correspondance diplomatique avec M. Pasquier allait son train : continuant de m'occuper de l'affaire de Naples[704], je disais :

Nº 15.

« 20 février 1821.

« L'Autriche rend un service ; aux monarchies en détruisant l'édifice jacobin des Deux-Siciles ; mais elle perdrait ces mêmes monarchies, si le résultat d'une expédition salutaire et obligée était la conquête d'une province ou l'oppression d'un peuple. Il faut affranchir Naples de l'indépendance démagogique, et y établir la liberté monarchique ; y briser des fers, et non pas y porter des chaînes. Mais l'Autriche ne veut pas de constitution à Naples : qu'y mettra-t-elle ? des hommes ? où sont-ils ? Il suffira d'un curé libéral et de deux cents soldats pour recommencer.

« C'est après l'occupation volontaire ou forcée que vous devez vous interposer pour faire établir à Naples un gouvernement constitutionnel où toutes les libertés sociales soient respectées. »

J'avais toujours conservé en France une prépondérance d'opinion qui m'obligeait à porter mes regards sur l'intérieur. J'osai soumettre ce plan à mon ministre :

« Adopter franchement le gouvernement constitutionnel.

« Présenter le renouvellement septennal, sans prétendre conserver une partie de la Chambre actuelle, ce qui serait suspect, ni garder le tout, ce qui est dangereux.

---

[704] Le 2 juillet 1820, une révolution militaire avait éclaté à Naples. Les carbonari, vaste association secrète qui couvrait de son réseau une grande partie de l'Italie, avaient gagné l'armée. Le général Pepe avait obligé le roi des Deux-Siciles, Ferdinand Ier, à proclamer une constitution calquée sur celle que les révolutionnaires venaient d'établir en Espagne. Les Autrichiens entrèrent à Naples le 23 mars 1821. Les principaux auteurs du mouvement cherchèrent un refuge sur des vaisseaux étrangers. Le parlement se sépara, et la vente suprême des carbonari prononça elle-même sa dissolution. Ferdinand, qui avait dû quitter sa capitale le 10 décembre 1820, y rentra le 15 mai 1821.

« Renoncer aux lois d'exception, source d'arbitraire, sujet éternel de querelles et de calomnies.

« Affranchir les communes du despotisme ministériel. »

Dans ma dépêche du 3 mars, nº 18, je revenais sur l'Espagne ; je disais :

« Il serait possible que l'Espagne changeât promptement sa monarchie en république : sa Constitution doit porter son fruit. Le roi ou fuira ou sera massacré ou déposé ; il n'est pas homme assez fort pour s'emparer de la révolution. Il est possible encore que cette même Espagne subsistât pendant quelque temps dans l'état populaire, si elle se formait en républiques fédératives, agrégation à laquelle elle est plus propre que tout autre pays par la diversité de ses royaumes, de ses mœurs, de ses lois et même de son langage. »

L'affaire de Naples revient encore trois ou quatre fois. Je fais observer (6 mars, nº 19) :

« Que la légitimité n'a pu jeter de profondes racines dans un État qui a changé si souvent de maîtres, et dont les habitudes ont été bouleversées par tant de révolutions. Les affections n'ont pas eu le temps de naître, les mœurs de recevoir l'empreinte uniforme des siècles et des institutions. Il y a dans la nation napolitaine beaucoup d'hommes corrompus ou sauvages qui n'ont aucun rapport entre eux, et qui ne sont attachés à la couronne que par de faibles liens : la royauté, pour être respectée, est trop près du lazzarone et trop loin du Calabrais. Pour établir la liberté démocratique, les Français eurent trop de vertus militaires ; les Napolitains n'en auront pas assez. »

Enfin, je dis quelques mots du Portugal et de l'Espagne encore.

Le bruit se répandait que Jean VI s'était embarqué à Rio-Janeiro pour Lisbonne[705]. C'était un jeu de la fortune digne de notre temps qu'un roi de Portugal allant chercher auprès d'une révolution en Europe un abri contre une révolution en Amérique, et passant au pied du rocher où était retenu le conquérant qui le contraignit autrefois de se réfugier dans le Nouveau-Monde.

« Tout est à craindre de l'Espagne, disais-je (17 mars, nº 21) ; la révolution de la Péninsule parcourra ses périodes, à moins qu'il ne se lève

---

[705] Jean VI, empereur du Brésil et roi de Portugal (1767-1826). Fils de Pierre III et de la reine Marie, il fut nommé régent du royaume de Portugal, en 1792, lorsque sa mère tomba en démence. Attaqué en 1807 par les armées françaises, il se retira avec la famille royale au Brésil, colonie portugaise, et y prit le titre d'empereur. Proclamé roi du Portugal en 1816, à la mort de sa mère, il ne quitta pas cependant Rio-de-Janeiro, et ce fut seulement en 1821 qu'il revint à Lisbonne. Il se vit contraint à son arrivée de sanctionner une constitution proposée par les Cortès ; mais il l'abolit deux ans après. Pendant qu'il était en Portugal, le Brésil se déclara indépendant, et ne lui laissa que le vain titre d'empereur. Il laissa en mourant deux fils, don Pedro (Pierre IV) et don Miguel, célèbres par leur inimitié.

un bras capable de l'arrêter ; mais ce bras, où est-il ? c'est toujours là la question. »

Le bras, j'ai eu le bonheur de le trouver en 1823 : c'est celui de la France.

Je retrouve avec plaisir, dans ce passage de ma dépêche du 10 avril, nᵒ 26, ma jalouse antipathie contre les alliés et ma préoccupation pour la dignité de la France ; je disais à propos du Piémont :

« Je ne crains nullement la prolongation des troubles du Piémont dans ses résultats immédiats ; mais elle peut produire un mal éloigné en motivant l'intervention militaire de l'Autriche et de la Russie. L'armée russe est toujours en mouvement et n'a point reçu de contre-ordre.

« Voyez si, dans ce cas, il ne serait pas de la dignité et de la sûreté de la France de faire occuper la Savoie par vingt-cinq mille hommes, tout le temps que la Russie et l'Autriche occuperaient le Piémont. Je suis persuadé que cet acte de vigueur et de haute politique, en flattant l'amour-propre français, serait par cela seul très populaire et ferait un honneur infini aux ministres. Dix mille hommes de la garde royale et un choix fait sur le reste de nos troupes vous composeraient facilement une armée de vingt-cinq mille soldats excellents et fidèles : la cocarde blanche sera assurée lorsqu'elle aura revu l'ennemi.

« Je sais, monsieur le baron, que nous devons éviter de blesser l'amour-propre français et que la domination des Russes et des Autrichiens en Italie peut soulever notre orgueil militaire ; mais nous avons un moyen facile de le contenter, c'est d'occuper nous-mêmes la Savoie. Les royalistes seront charmés et les libéraux ne pourraient qu'applaudir en nous voyant prendre une attitude digne de notre force. Nous aurions à la fois le bonheur d'écraser une révolution démagogique et l'honneur de rétablir la prépondérance de nos armes. Ce serait mal connaître l'esprit français que de craindre de rassembler vingt-cinq mille hommes pour marcher en pays étranger, et pour tenir rang avec les Russes et les Autrichiens, comme puissance militaire. Je répondrais de l'événement sur ma tête. Nous avons pu rester neutres dans l'affaire de Naples : pouvons-nous l'être pour notre sûreté et pour notre gloire dans les troubles du Piémont ? »

Ici se découvre tout mon système : j'étais Français ; j'avais une politique assurée bien avant la guerre d'Espagne, et j'entrevoyais la responsabilité que mes succès mêmes, si j'en obtenais, feraient peser sur ma tête.

Tout ce que je rappelle ici ne peut sans doute intéresser personne ; mais tel est l'inconvénient des *Mémoires* : lorsqu'ils n'ont point de faits historiques à raconter, ils ne vous entretiennent que de la personne de l'auteur et vous en assomment. Laissons là ces ombres oubliées ! J'aime mieux rappeler que Mirabeau inconnu remplissait à Berlin en 1786 une mission ignorée[706], et qu'il fut obligé de dresser un pigeon pour annoncer au roi de France le dernier soupir du terrible Frédéric.

« Je fus dans quelque perplexité, dit Mirabeau. Il était sûr que les portes de la ville seraient fermées ; il était même possible que les ponts de l'île de Potsdam fussent levés aussitôt l'événement, et dans ce dernier cas on pouvait être aussi longtemps incertain que le nouveau roi le voudrait. Dans la première supposition, comment faire partir un courrier ? nul moyen d'escalader les remparts ou les palissades, sans s'exposer à une affaire ; les sentinelles faisant une chaîne de quarante en quarante pas derrière la palissade, que faire ? Si j'eusse été ministre, la certitude des symptômes mortels m'aurait décidé à expédier avant la mort, car que fait de plus le mot *mort* ? Dans ma position, le devais-je ? Quoi qu'il en fût, le plus important était de servir. J'avais de grandes raisons de me méfier de l'activité de notre légation. Que fais-je ? J'envoie sur un cheval vif et vigoureux un homme sûr à quatre milles de Berlin, dans une ferme, du pigeonnier de laquelle je possédais depuis quelques jours deux paires de pigeons, dont le retour avait été essayé, en sorte qu'à moins que les ponts de l'île de Potsdam ne fussent levés, j'étais sûr de mon fait.

« J'ai donc trouvé que nous n'étions pas assez riches pour jeter cent louis par la fenêtre ; j'ai renoncé à toutes mes belles avances qui m'avaient coûté quelque méditation, quelque activité, quelques louis, et j'ai lâché mes pigeons avec des *revenez*. Ai-je bien fait ? ai-je mal fait ? je l'ignore ; mais je « n'avais pas mission expresse, et l'on sait quelquefois mauvais gré de la surérogation. »

On enjoignait aux ambassadeurs d'écrire, pendant leur séjour à l'étranger, un *mémoire* sur l'état des peuples et des gouvernements auprès desquels ils étaient accrédités. Cette suite de mémoires pouvait être utile à l'histoire. Aujourd'hui on fait les mêmes injonctions, mais presque aucun agent diplomatique ne s'y soumet. J'ai été trop peu de temps dans mes ambassades pour mettre à fin de longues études ; néanmoins, je les ai ébauchées ; ma patience au travail n'a pas entièrement été stérile. Je trouve cette esquisse commencée de mes recherches sur l'Allemagne :

« Après la chute de Napoléon, l'introduction des gouvernements représentatifs dans la confédération germanique a réveillé en Allemagne ces premières idées d'innovation que la révolution y avait d'abord fait naître. Elles y ont fomenté quelque temps avec une grande violence : on avait appelé la jeunesse à la défense de la patrie par une promesse de liberté ; cette promesse avait été avidement reçue par des écoliers qui trouvaient dans leurs maîtres le penchant que les sciences ont eu dans ce siècle à seconder les théories libérales. Sous le ciel de la Germanie, cet amour de la liberté devint une espèce de fanatisme sombre et mystérieux

---

[706] Il donnait des conseils hardis qu'on n'écoutait pas à Versailles. Ch.

qui se propagea par des associations secrètes. Sand vint effrayer l'Europe. Cet homme, au reste, qui révélait une secte puissante, n'était qu'un enthousiaste vulgaire ; il se trompa et prit pour un esprit transcendant un esprit commun : son crime s'alla perdre sur un écrivain dont le génie ne pouvait aspirer à l'empire, et n'avait pas assez du conquérant et du roi pour mériter un coup de poignard.

« Une espèce de tribunal d'inquisition politique et la suppression de la liberté de la presse ont arrêté ce mouvement des esprits ; mais il ne faut pas croire qu'ils en aient brisé le ressort. L'Allemagne, comme l'Italie, désire aujourd'hui l'unité politique, et avec cette idée qui restera dormante plus ou moins de temps, selon les événements et les hommes, on pourra toujours, en la réveillant, être sûr de remuer les peuples germaniques. Les princes ou les ministres qui pourront paraître dans les rangs de la Confédération des États allemands hâteront ou retarderont la révolution dans ce pays, mais ils n'empêcheront point la race humaine de se développer : chaque siècle a sa race. Aujourd'hui il n'y a plus personne en Allemagne, ni même en Europe : on est passé des géants aux nains, et tombé de l'immense dans l'étroit et le borné. La Bavière, par les bureaux qu'a formés M. de Montgelas, pousse encore aux idées nouvelles, quoiqu'elle ait reculé dans la carrière, tandis que le landgraviat de Hesse n'admettait pas même qu'il y eût une révolution en Europe. Le prince qui vient de mourir voulait que ses soldats, naguère soldats de Jérôme Bonaparte, portassent de la poudre et des queues ; il prenait les vieilles modes pour les vieilles mœurs, oubliant qu'on peut copier les premières, mais qu'on ne rétablit jamais les secondes. »

A Berlin et dans le Nord, les monuments sont des forteresses ; leur seul aspect serre le cœur. Qu'on retrouve ces places dans des pays habités et fertiles, elles font naître l'idée d'une légitime défense ; les femmes et les enfants, assis ou jouant à quelque distance des sentinelles, contrastent assez agréablement ; mais une forteresse sur des bruyères, dans un désert, rappelle seulement des colères humaines : contre qui sont-ils élevés, ces remparts, si ce n'est contre la pauvreté et l'indépendance ? Il faut être moi pour trouver un plaisir à rôder au pied de ces bastions, à entendre le vent siffler dans ces tranchées, à voir ces parapets élevés en prévision d'ennemis qui peut-être n'apparaîtront jamais. Ces labyrinthes militaires, ces canons muets en face les uns des autres sur des angles saillants et gazonnés, ces vedettes de pierre où l'on n'aperçoit personne et d'où aucun œil ne vous regarde, sont d'une incroyable morosité. Si, dans la double solitude de la nature et de la guerre, vous rencontrez une pâquerette abritée sous le redan d'un glacis, cette aménité de Flore vous soulage. Lorsque, dans les châteaux de l'Italie, j'apercevais des chèvres appendues aux ruines, et la chevrière assise sous un pin à parasol ; quand, sur les murs du moyen âge dont Jérusalem est entourée, mes regards plongeaient dans la vallée de Cédron sur quelques femmes arabes qui gravissaient des escarpements parmi des cailloux ; le spectacle était triste sans doute, mais l'histoire était là et le silence du présent ne laissait que mieux entendre le bruit du passé.

J'avais demandé un congé à l'occasion du baptême du duc de Bordeaux. Ce congé m'étant accordé, je me préparais à partir : Voltaire, dans une lettre à sa nièce, dit qu'il voit couler la Sprée, que la Sprée se jette dans l'Elbe, l'Elbe dans la mer, et que la mer reçoit la Seine ; il descendait ainsi vers Paris. Avant de quitter Berlin, j'allai faire une dernière visite à Charlottenbourg : ce n'était ni Windsor, ni Aranjuez, ni Caserte, ni Fontainebleau : la villa appuyée sur un hameau, est environnée d'un parc anglais de peu d'étendue et d'où l'on découvre au dehors des friches. La reine de Prusse jouit ici d'une paix que la mémoire de Bonaparte ne pourra plus troubler. Quel bruit le conquérant fit jadis dans cet asile du silence, quand il y surgit avec ses fanfares et ses légions ensanglantées à Iéna ! C'est de Berlin, après avoir effacé de la carte le royaume de Frédéric le Grand, qu'il dénonça le blocus continental et prépara dans son esprit la campagne de Moscou ; ses paroles avaient déjà porté la mort au cœur d'une princesse accomplie : elle dort maintenant à Charlottenbourg, dans un caveau monumental ; une statue, beau portrait de marbre, la représente. Je fis sur le tombeau des vers que me denamdait la duchesse de Cumberland :

LE VOYAGEUR.
Sous les hauts pins qui protègent ces sources,
Gardien, dis-moi quel est ce monument nouveau ?
LE GARDIEN.
Un jour il deviendra le terme de tes courses :
Ô voyageur ! c'est un tombeau.
LE VOYAGEUR.
Qui repose en ces lieux ?
LE GARDIEN.
Un objet plein de charmes.
LE VOYAGEUR.
Qu'on aima ?
LE GARDIEN.
Qui fut adoré.
LE VOYAGEUR.
Ouvre-moi.
LE GARDIEN.
Si tu crains les larmes,
N'entre pas.
LE VOYAGEUR.
J'ai souvent pleuré.
De la Grèce ou de l'Italie

On a ravi ce marbre à la pompe des morts :
Quel tombeau l'a cédé pour enchanter ces bords ?
Est-ce Antigone ou Cornélie ?
LE GARDIEN.
La beauté dont l'image excite les transports
Parmi nos bois passa sa vie.
LE VOYAGEUR.
Qui pour elle, à ces murs de marbre revêtus.
Suspendit tour à tour ces couronnes fanées ?
LE GARDIEN.
Les beaux enfants dont ses vertus
Ici-bas furent couronnées.
LE VOYAGEUR.
On vient.
LE GARDIEN.
C'est un époux : il porte ici ses pas
Pour nourrir en secret un souvenir funeste
LE VOYAGEUR.
Il a donc tout perdu ?
LE GARDIEN.
Non : un trône lui reste.
LE VOYAGEUR.
Un trône ne console pas.

J'arrivai à Paris à l'époque des fêtes du baptême de M. le duc de Bordeaux[707]. Le berceau du petit-fils de Louis XIV dont j'avais eu l'honneur de payer le port a disparu comme celui du roi de Rome. Dans un temps différent de celui-ci, le forfait de Louvel eût assuré le sceptre à Henri V ; mais le crime n'est plus un droit que pour l'homme qui le commet.

Après le baptême de M. le duc de Bordeaux[708], on me réintégra enfin dans mon ministère d'État : M. de Richelieu me l'avait ôté, M. de Richelieu me le rendit ; la réparation ne me fut pas plus agréable que le tort

[707] On lit dans le Moniteur du 29 avril 1821 : « Paris, 28 avril. M. le vicomte de Chateaubriand, ministre plénipotentiaire de France à Berlin, est arrivé avant-hier à Paris. »

[708] Le baptême du duc de Bordeaux eut lieu à Notre-Dame, avec une grande solennité, le 1er mai 1821. Chateaubriand fut rétabli sur la liste des ministres d'État, MM. de Blacas et de Montesquiou furent créés ducs ; de nombreuses promotions furent faites dans l'ordre militaire et dans l'ordre civil. Il y eut une magnifique revue au Champ-de-Mars et une fête splendide à l'Hôtel de Ville. Les députés des trente-neuf bonnes villes de France y furent invités. La ville de Paris dota seize jeunes filles ; d'immenses secours furent prodigués aux pauvres.

ne m'avait blessé.

Tandis que je me flattais d'aller revoir mes corbeaux, les cartes se brouillèrent : M. de Villèle se retira. Fidèle à mon amitié et à mes principes politiques, je crus devoir rentrer dans la retraite avec lui. J'écrivis à M. Pasquier :

« Paris, ce 30 juillet 1821.

« Monsieur le baron,

« Lorsque vous voulûtes bien m'inviter à passer chez vous, le 14 de ce mois, ce fut pour me déclarer que ma présence était nécessaire à Berlin. J'eus l'honneur de vous répondre que MM. de Corbière et de Villèle paraissant se retirer du ministère, mon devoir était de les suivre. Dans la pratique du gouvernement représentatif, l'usage est que les hommes de la même opinion partagent la même fortune. Ce que l'usage veut, monsieur le baron, l'honneur me le commande, puisqu'il s'agit, non d'une faveur, mais d'une disgrâce. En conséquence, je viens vous réitérer par écrit l'offre que je vous ai faite verbalement de ma démission de ministre plénipotentiaire à la cour de Berlin : j'espère, monsieur le baron, que vous voudrez bien la mettre aux pieds du roi. Je supplie Sa Majesté d'en agréer les motifs, et de croire à ma profonde et respectueuse reconnaissance pour les bontés dont elle avait daigné m'honorer.

« J'ai l'honneur d'être, etc.,

« CHATEAUBRIAND. »

J'annonçai à M. le comte de Bernstorff l'événement qui interrompait nos relations diplomatiques ; il me répondit :

« Monsieur le vicomte,

« Bien que depuis longtemps je dusse m'attendre à l'avis que vous avez bien voulu me donner, je n'en suis pas moins péniblement affecté. Je connais et je respecte les motifs qui, dans cette circonstance délicate, ont déterminé vos résolutions ; mais, en ajoutant de nouveaux titres à ceux qui vous ont valu dans ce pays une estime universelle, ils augmentent aussi les regrets qu'on y éprouve par la certitude d'une perte longtemps redoutée et à jamais irréparable. Ces sentiments sont vivement partagés par le roi et la famille royale, et je n'attends que le moment de votre rappel pour vous le dire d'une manière officielle.

« Conservez-moi, je vous prie, souvenir et bienveillance, et agréez la nouvelle expression de mon inviolable dévouement et de la haute considération avec laquelle j'ai l'honneur d'être, etc., etc.

« BERNSTORFF.

« Berlin, le 25 août 1821. »

Je m'étais empressé d'exprimer mon amitié et mes regrets à M. Ancillon : sa très belle réponse (mon éloge à part) mérite d'être consignée ici :

« Berlin, le 22 septembre 1821.

« Vous êtes donc, monsieur et illustre ami, irrévocablement perdu pour nous ? Je prévoyais ce malheur, et cependant il m'a affecté, comme s'il avait été inattendu. Nous méritions de vous conserver et de vous posséder, parce que nous avions du moins le faible mérite de sentir, de reconnaître, d'admirer toute votre supériorité. Vous dire que le roi, les princes, la cour et la ville vous regrettent, c'est faire leur éloge plus que le vôtre ; vous dire que je me réjouis de ces regrets, que j'en suis fier pour ma patrie, et que je les partage vivement, ce serait rester fort au-dessous de la vérité, et vous donner une bien faible idée de ce que j'éprouve. Permettez-moi de croire que vous me connaissez assez pour lire dans mon cœur. Si ce cœur vous accuse, mon esprit non-seulement vous absout, mais rend encore hommage à votre noble démarche et aux principes qui vous l'ont dictée. Vous deviez à la France une grande leçon et un bel exemple ; vous lui avez donné l'une et l'autre en refusant de servir un ministère qui ne sait pas juger sa situation, ou qui n'a pas le courage d'esprit nécessaire pour en sortir. Dans une monarchie représentative, les ministres et ceux qu'ils emploient dans les premières places doivent former un tout homogène, et dont toutes les parties soient solidaires les unes des autres. Là, moins que partout ailleurs, on doit se séparer de ses amis ; on se soutient et l'on monte avec eux, ou descend et tombe de même. Vous avez prouvé à la France la vérité de cette maxime, en vous retirant avec messieurs de Villèle et Corbière. Vous lui avez appris en même temps que la fortune n'entre pas en considération quand il s'agit des principes ; et, certes, quand les vôtres n'auraient pas pour eux la raison, la conscience et l'expérience de tous les siècles, il suffirait des sacrifices qu'ils dictent à un homme tel que vous pour établir en leur faveur une présomption puissante aux yeux de tous ceux qui se connaissent en dignité.

« J'attends avec impatience le résultat des prochaines élections pour tirer l'horoscope de la France. Elles décideront de son avenir.

« Adieu, mon illustre ami ; faites quelquefois tomber des hauteurs que vous habitez quelques gouttes de rosée sur un cœur qui ne cessera de vous admirer et de vous aimer que lorsqu'il cessera de battre.
« ANCILLON. »

Attentif au bien de la France, sans plus m'occuper de moi ni de mes amis, je remis à cette époque la note suivante à Monsieur :
NOTE.

« Si le roi me faisait l'honneur de me consulter, voici ce que je proposerais pour le bien de son service et le repos de la France.

« Le centre gauche de la Chambre élective a satisfaction dans la nomination de M. Royer-Collard ; pourtant je croirais la paix plus assurée si l'on introduisait dans le conseil un homme de mérite pris dans cette opinion et choisi parmi les membres de la Chambre des pairs ou de la Chambre des députés.

« Placer encore dans le conseil un député du côté droit indépendant ;

« Achever de distribuer les directions dans cet esprit.

« Quant aux choses :

« Présenter dans un temps opportun une loi complète sur la liberté de la presse, dans laquelle loi la poursuite en tendance et la censure facultative seraient abolies ; préparer une loi communale ; compléter la loi sur la septennalité, en portant l'âge éligible à trente ans ; en un mot marcher la charte à la main, défendre courageusement la religion contre l'impiété, mais la mettre en même temps à l'abri du fanatisme et des imprudences d'un zèle qui lui font beaucoup de mal.

« Quant aux affaires du dehors, trois choses doivent guider les ministres du roi : l'honneur, l'indépendance et l'intérêt de la France.

« La France nouvelle est toute royaliste ; elle peut devenir toute révolutionnaire : que l'on suive les institutions, et je répondrais sur ma tête d'un avenir de plusieurs siècles ; que l'on viole ou que l'on tourmente ces institutions, et je ne répondrais pas d'un avenir de quelques mois.

« Moi et mes amis nous sommes prêts à appuyer de tout notre pouvoir une administration formée d'après les bases ci-dessus indiquées.

« CHATEAUBRIAND. »

Une voix où la femme dominait la princesse vint donner une consolation à ce qui n'était que le déplaisir d'une vie variant sans cesse. L'écriture de madame la duchesse de Cumberland était si altérée que j'eus quelque peine à la reconnaître. La lettre portait la date du 28 septembre 1821 : c'est la dernière que j'aie reçue de cette main royale[709]. Hélas ! les autres nobles amies qui dans ces temps me soutenaient à Paris ont quitté cette terre ! Resterai-je donc avec une telle obstination ici-bas, qu'aucune des personnes auxquelles je suis attaché ne puisse me survivre[710]? Heureux ceux sur qui l'âge fait l'effet du vin, et qui perdent la mémoire quand ils sont rassasiés de jours !

Les démissions de MM. de Villèle et de Corbière ne tardèrent pas à produire la dissolution du cabinet et à faire rentrer mes amis au conseil, comme je l'avais prévu : M. le vicomte de Montmorency fut nommé ministre des affaires étrangères, M. de Villèle ministre des finances, M. de Corbière ministre de l'intérieur[711]. J'avais eu trop de part aux derniers

---

[709] La princesse Frédérique, reine de Hanovre, vient de succomber après une longue maladie : la mort se trouve toujours dans la Note au bout de mon texte ! (Note de Paris, juillet 1841.) Ch.

[710] Voir l'Appendice no IV : La mort de Fontanes.

[711] La nomination du cabinet de droite parut au Moniteur du 15 décembre 1821. Il était ainsi composé : MM. de Villèle aux Finances, Corbière à l'Intérieur, le duc de Bellune à la Guerre, de Clermont-Tonnerre à la Marine, Mathieu de Montmorency

mouvements politiques et j'exerçais une trop grande influence sur l'opinion pour qu'on me pût laisser de côté. Il fut résolu que je remplacerais M. le duc Decazes à l'ambassade de Londres[712]. Louis XVIII consentait toujours à m'éloigner. Je l'allai remercier ; il me parla de son favori avec une constance d'attachement rare chez les rois ; il me *pria* d'effacer dans la tête de George IV les préventions que ce prince avait conçues contre M. Decazes, d'oublier moi-même les divisions qui avaient existé entre moi et l'ancien ministre de la police. Ce monarque, à qui tant de malheurs n'avaient pu arracher une larme, était ému de quelques souffrances dont pouvait avoir été affligé l'homme qu'il avait honoré de son amitié.

Ma nomination réveilla mes souvenirs : Charlotte revint à ma pensée ; ma jeunesse, mon émigration, m'apparurent avec leurs peines et leurs joies. La faiblesse humaine me faisait aussi un plaisir de reparaître connu et puissant là où j'avais été ignoré et faible. Madame de Chateaubriand, craignant la mer, n'osa passer le détroit, et je partis seul. Les secrétaires de l'ambassade m'avaient devancé.

LIVRE IX[713]

C'est à Londres, en 1822, que j'ai écrit de suite la plus longue partie de ces *Mémoires,* renfermant mon voyage en Amérique, mon retour en France, mon mariage, mon passage à Paris, mon émigration en Allemagne avec mon frère, ma résidence et mes malheurs en Angleterre depuis 1793 jusqu'à 1800. Là se trouve la peinture de la vieille Angleterre, et comme je retraçais tout cela lors de mon ambassade (1822), les changements survenus dans les mœurs et dans les personnages de 1793 à la fin du siècle me frappaient ; j'étais naturellement amené à comparer ce que je voyais en 1822 à ce que j'avais vu pendant les sept années de mon exil d'outre-Manche.

Ainsi ont été relatées par anticipation des choses que j'aurais à placer maintenant sous la propre date de ma mission diplomatique. Je vous ai parlé de mon émotion, des sentiments que me rappela la vue de ces lieux chers à ma mémoire ; mais peut-être n'avez-vous pas lu cette partie de mon livre ? Vous avez bien fait. Il me suffit maintenant de vous avertir de l'endroit où sont comblées les lacunes qui vont exister dans le récit actuel

---

aux Affaires étrangères, de Peyronnet à la Justice, M. de Lauriston, seul ministre restant, à la maison du Roi.

[712] On lit, dans le Moniteur du 10 janvier 1822 : « Paris, 9 Janvier. Sur la démission donnée par M. le duc Decazes, ambassadeur de France en Angleterre, le Roi, par ordonnance du 9 janvier, a nommé M. le vicomte de Chateaubriand, pair de France, ministre d'État, à l'ambassade de Londres, et M. le comte de Serre à l'ambassade du royaume des Deux-Siciles. »

[713] Ce livre a été écrit en 1839. — Il a été revu en décembre 1846.

de mon ambassade de Londres. Me voici donc, en écrivant en 1839, parmi les morts de 1822 et les morts qui précédèrent en 1793.

À Londres, au mois d'avril 1822, j'étais à cinquante lieues de madame Sutton. Je me promenais dans le parc de Kensington avec mes impressions récentes et l'ancien passé de mes jeunes années[714] : confusion de temps qui produit en moi une confusion de souvenirs ; la vie qui se consume mêle, comme l'incendie de Corinthe, l'airain fondu des statues des Muses et de l'Amour, des trépieds et des tombeaux.

Les vacances parlementaires continuaient quand je descendis à mon hôtel, Portland Place. Le sous-secrétaire d'État, M. Planta, me proposa, de la part du marquis de Londonderry, d'aller dîner à North-Cray, campagne du noble lord. Cette *villa,* avec un gros arbre devant les fenêtres du côté du jardin, avait vue sur quelques prairies ; un peu de bois taillis sur des collines distinguaient ce site des sites ordinaires de l'Angleterre. Lady Londonderry était très à la mode en qualité de marquise et de femme du premier ministre.

Ma dépêche du 12 avril, n° 4, raconte ma première entrevue avec lord Londonderry ; elle touche aux affaires dont je devais m'occuper.
« Londres, le 12 avril 1822.
« Monsieur le vicomte[715],

« Je suis allé avant-hier, mercredi, 10 du courant, à *North-Cray.* Je vais avoir l'honneur de vous rendre compte de ma conversation avec le marquis de Londonderry. Elle a duré une heure et demie avant dîner, et nous l'avons reprise après, mais moins à notre aise, parce que nous n'étions plus tête à tête.

« Lord Londonderry s'est d'abord informé des nouvelles de la santé du roi, avec une insistance qui décelait visiblement un intérêt politique ; rassuré par moi sur ce point, il a passé au ministère : « Il s'affermit, » m'a-t-il dit. J'ai répondu : « Il n'a jamais été ébranlé, et comme il appartient à une opinion, il restera le maître tant que cette opinion dominera dans les Chambres. » Cela nous a amenés à parler des élections : il m'a semblé frappé de ce que je lui disais sur l'avantage d'une session d'été pour rétablir l'ordre dans l'année financière ; il n'avait pas bien compris

---

[714] À peine arrivé à Londres, il écrivait à la duchesse de Duras : « J'ai été saisi de tristesse depuis que je suis ici. J'ai revu les rues que j'ai habitées, Kensington dont les arbres sont devenus énormes. L'épreuve est rude. Que de temps écoulé ! Ma maudite mémoire est telle que j'ai reconnu jusqu'à des marques que j'avais vues sur des bornes. Tout cela était pour moi comme d'hier. J'ai parcouru en voiture, au milieu de la foule, les allées de Hyde-Park, où j'errais à pied en composant Atala et René. Étais-je plus heureux ? mais au moins j'avais le temps d'attendre. Je reçois votre longue lettre. J'en avais grand besoin. Je ne puis soulever le poids que Londres a mis sur moi. Il me semble que je suis au fond d'un désert et que je ne dois plus revoir mes amis. Berlin était une merveille. »
[715] Le vicomte Mathieu de Montmorency, ministre des affaires étrangères.

jusqu'alors l'état de la question.

« La guerre entre la Russie et la Turquie est ensuite devenue le sujet de l'entretien. Lord Londonderry, en me parlant de soldats et d'armées, m'a paru être dans l'opinion de notre ancien ministère sur le danger qu'il y aurait pour nous à réunir de grands corps de troupe ; j'ai repoussé cette idée, j'ai soutenu qu'en menant le soldat français au combat, il n'y avait rien à craindre ; qu'il ne sera jamais infidèle à la vue du drapeau de l'ennemi ; que notre armée vient d'être augmentée ; qu'elle serait triplée demain, si cela était nécessaire, sans le moindre inconvénient ; qu'à la vérité quelques sous-officiers pourraient crier *Vive la Charte !* dans une garnison, mais que nos grenadiers crieraient toujours *Vive le roi !* sur le champ de bataille.

« Je ne sais si cette grande politique a fait oublier à lord Londonderry la traite des nègres ; il ne m'en pas dit un mot. Changeant de sujet, il m'a parlé du message par lequel le président des États-Unis engage le congrès à reconnaître l'indépendance des colonies espagnoles. « Les intérêts commerciaux, lui ai-je dit, en pourront tirer quelque avantage, mais je doute que les intérêts politiques y trouvent le même profit ; il y a déjà assez d'idées républicaines dans le monde. Augmenter la masse de ces idées, c'est compromettre de plus en plus le sort des monarchies en Europe. » Lord Londonderry a abondé dans mon sens, et il m'a dit ces mots remarquables : « *Quant à nous* (les Anglais), *nous ne sommes nullement disposés à reconnaître ces gouvernements révolutionnaires.* » Était-il sincère ?

« J'ai dû, monsieur le vicomte, vous rappeler textuellement une conversation importante. Toutefois, nous ne devons pas nous dissimuler que l'Angleterre reconnaîtra tôt ou tard l'indépendance des colonies espagnoles ; l'opinion publique et le mouvement de son commerce l'y forceront. Elle a déjà fait, depuis trois ans, des frais considérables pour établir secrètement des relations avec les provinces insurgées au midi et au nord de l'isthme de Panama.

« En résumé, monsieur le vicomte, j'ai trouvé dans M. le marquis de Londonderry un homme d'esprit, d'une franchise peut-être un peu douteuse ; un homme encore imbu du vieux système ministériel ; un homme accoutumé à une diplomatie soumise, et surpris, sans en être blessé, d'un langage plus digne de la France ; un homme enfin qui ne pouvait se défendre d'une sorte d'étonnement en causant avec un de ces royalistes que, depuis sept ans, on lui représentait comme des fous ou des imbéciles.

« J'ai l'honneur, etc. »

À ces affaires générales étaient mêlées, comme dans toutes les ambassades, des transactions particulières. J'eus à m'occuper des requêtes de M. le duc de Fitz-James[716], du procès du navire l'*Éliza-Ann*, des déprédations des pêcheurs de Jersey sur les bancs d'huîtres de Granville, etc., etc. Je regrettais d'être obligé de consacrer une petite case de ma cervelle aux dossiers des réclamants. Quand on fouille dans sa mémoire, il est dur de rencontrer MM. Usquin, Coppinger, Deliège et Piffre. Mais, dans quelques années, serons-nous plus connus que ces messieurs ? Un certain M. Bonnet étant mort en Amérique, tous les Bonnet de France m'écrivirent pour réclamer sa succession ; ces bourreaux m'écrivent encore ! Il serait temps toutefois de me laisser tranquille. J'ai beau leur répondre que le petit accident de la chute du trône étant survenu, je ne m'occupe plus de ce monde : ils tiennent bon et veulent hériter coûte que coûte.

Quant à l'Orient, il fut question de rappeler les divers ambassadeurs de Constantinople. Je prévis que l'Angleterre ne suivrait pas le mouvement de l'alliance continentale, je l'annonçai à M. de Montmorency. La rupture qu'on avait crainte entre la Russie et la Porte n'arriva pas : la modération d'Alexandre retarda l'événement. Je fis à ce propos une grande dépense d'allées et venues, de sagacité et de raisonnement ; j'écrivis maintes dépêches qui sont allées moisir dans nos archives avec le rendu compte d'événements non advenus. J'avais du moins l'avantage sur mes collègues de ne mettre aucune importance à mes travaux ; je les voyais sans souci s'engloutir dans l'oubli avec toutes les idées perdues des hommes.

Le Parlement reprit ses séances le 17 avril ; le roi revint le 18, et je lui fus présenté le 19. Je rendis compte de cette présentation dans ma dépêche du 19 ; elle se terminait ainsi :

---

[716] Édouard, duc de Fitz-James (1776-1838) appartenait à une famille de vieille noblesse qui descendait des Stuarts. Petit-fils du maréchal de France duc de Berwick, il émigra en Italie avec les siens dès le début de la Révolution, servit dans l'armée de Condé en qualité d'aide-de-camp du duc de Castries, rentra en France en 1801 et vécut dans la retraite jusqu'à la fin du régime impérial. Nommé pair de France le 4 juin 1814, il donna sa démission, lorsque fut votée la loi qui supprimait l'hérédité de la pairie (28 décembre 1831). De 1835 à sa mort, il fit partie de la Chambre des députés, siégea sur les bancs de la droite et se fit remarquer par son éloquence, à côté même de Berryer. « M. le duc de Fitz-James, dit Cormenin (Livre des orateurs, t. I, p. 130), a été le dernier des chevaliers-orateurs. Sa stature était haute et sa physionomie mobile et spirituelle. Il avait, à la tribune, les airs, le sans-gêne, le déboutonné d'un grand seigneur qui parle devant des bourgeois... Son discours était tissu de mots fins, et quelquefois il était hardi et coloré... C'était une nature forte et heureusement organisée, à laquelle il n'a manqué, autrefois que l'occasion, et depuis que la jeunesse. Du reste, grand dans ses sentiments comme dans son langage : plein de cet honneur qui est la vie même du gentilhomme, et de ce désintéressement qui préférait la pauvreté à une bassesse ; religieux, mais sans hypocrisie ; fier de son origine, mais préoccupé des droits et des besoins de la génération nouvelle : jaloux de la dignité de son pays et portant haut son cœur français. »

« S. M. B., par sa conversation serrée et variée, ne m'a pas laissé le maître de lui dire une chose dont le roi m'avait spécialement chargé ; mais l'occasion favorable et prochaine d'une nouvelle audience va se présenter. »

Cette *chose* dont le roi m'avait spécialement chargé auprès de George IV était relative à M. le duc Decazes. Plus tard je remplis mes ordres : je dis à George IV que Louis XVIII était affligé de la froideur avec laquelle l'ambassadeur de S. M. T. C. avait été reçu. George IV me répondit :

« Écoutez, monsieur de Chateaubriand, je vous l'avouerai : la mission de M. Decazes ne me plaisait pas ; c'était agir envers moi un peu cavalièrement. Mon amitié pour le roi de France m'a seule fait supporter un favori qui n'a d'autre mérite que celui de l'attachement de son maître. Louis XVIII a beaucoup compté sur ma bonne volonté et il a eu raison ; mais je n'ai pu pousser l'indulgence jusqu'à traiter M. Decazes avec une distinction dont l'Angleterre aurait été blessée. Cependant, dites à votre roi que je suis touché de ce qu'il vous a chargé de me représenter, et que je serai toujours heureux de lui témoigner mon attachement véritable. »

Enhardi par ces paroles, j'exposai à George IV tout ce qui me vint à l'esprit en faveur de M. Decazes. Il me répondit, moitié en anglais, moitié en français : « *À merveille ! you are a true gentleman.* » De retour à Paris, je rendis compte à Louis XVIII de cette conversation : il me parut reconnaissant. George IV m'avait parlé comme un prince bien élevé, mais comme un esprit léger ; il était sans amertume parce qu'il pensait à autre chose. Il ne fallait cependant pas se jouer à lui qu'avec mesure. Un de ses compagnons de table avait parié qu'il prierait George IV de tirer le cordon de la sonnette et que George IV obéirait. En effet, George IV tira le cordon et dit au *gentleman* de service : « Mettez monsieur à la porte. »

L'idée de rendre de la force et de l'éclat à nos armes me dominait toujours. J'écrivais à M. de Montmorency, le 13 avril : « Il m'est venu une idée, monsieur le vicomte, que je soumets à votre jugement : trouveriez-vous mauvais qu'en forme de conversation, en causant avec le prince Esterhazy[717], je lui fisse entendre que si l'Autriche avait besoin de retirer une partie de ses troupes, nous pourrions les remplacer dans le Piémont ? Quelques bruits répandus sur un prétendu rassemblement de nos troupes dans le Dauphiné m'offriraient un prétexte favorable. J'avais proposé à l'ancien ministère de mettre garnison en Savoie, lors de la révolte du mois de juin 1821 (voyez une de mes dépêches de Berlin). Il rejeta cette mesure, et je pense qu'il fit en cela une faute capitale. Je persiste à croire que la présence de quelques troupes françaises en Italie produirait un grand effet

---

[717] Le prince Paul Esterhazy, longtemps ambassadeur d'Autriche à Londres et, ainsi que le prince de Lieven, un des familiers de George IV, qui aimait à s'entourer d'étrangers.

sur l'opinion, et que le gouvernement du roi en retirerait beaucoup de gloire. »

Les preuves surabondent de la noblesse de notre diplomatie pendant la Restauration. Qu'importe aux partis ? N'ai-je pas lu encore ce matin, dans un journal de gauche, que l'*Alliance* nous avait forcés d'être ses gendarmes et de faire la guerre à l'Espagne[7], quand le *Congrès de Vérone* est là, quand les documents diplomatiques montrent d'une manière irrécusable que toute l'Europe, à l'exception de la Russie, ne voulait pas de cette guerre ; que non-seulement elle ne la voulait pas, mais que l'Angleterre la repoussait ouvertement, et que l'Autriche nous contrariait en secret par les mesures les moins nobles ? Cela n'empêchera pas de mentir de nouveau demain ; on ne se donnera pas même la peine d'examiner la question, de lire ce dont on parle *sciemment* sans l'avoir lu ! Tout mensonge répété devient une vérité : on ne saurait avoir trop de mépris pour les opinions humaines.

Lord J. Russell fit, le 25 d'avril, à la Chambre des communes, une motion sur l'état de la représentation nationale dans le Parlement : M. Canning la combattit. Celui-ci proposa à son tour un bill pour rapporter une partie de l'acte qui prive les pairs catholiques de leur droit de voter et de siéger à la Chambre. J'assistai à ces séances sur le sac de laine où le speaker m'avait fait asseoir. M. Canning assistait en 1822 à la séance de la Chambre des pairs qui rejeta son bill ; il fut blessé d'une phrase du vieux chancelier[718] ; celui-ci, parlant de l'auteur du bill, s'écria avec dédain : « On assure qu'il part pour les Indes : ah ! qu'il aille, *ce beau gentleman* (*this fine gentleman*) ! qu'il aille ! bon voyage ! » M. Canning me dit en sortant : « Je le retrouverai. »

Lord Holland[719] discourut très bien, sans rappeler toutefois M. Fox. Il tournait sur lui-même, en sorte qu'il présentait souvent le dos à l'assemblée

---

[718] John Ier comte Russell (1792-1878). Dès qu'il eut atteint sa majorité, il entra dans la vie politique en qualité de député de Tavistock (juillet 1813). Il a fait partie du Parlement jusqu'à sa mort, c'est-à-dire pendant soixante-cinq ans : membre de la Chambre des Communes de 1813 à 1860, et de la Chambre des lords de 1861 à 1878. L'un des principaux orateurs du parti libéral, il a occupé une place importante dans tous les cabinets whigs qui se sont succédé de 1835 à 1865.

[719] Chateaubriand a déjà eu occasion de citer lord Holland, au tome II, page 199 (Livre IX de la Première Partie et note 37) — Henri-Richard Vassall-Fox, troisième baron Holland (1773-1840) avait à peine un an quand il hérita de la pairie paternelle. Grand admirateur de la Révolution française et de Napoléon, il est toujours demeuré fermement attaché au parti whig. En 1797, il avait épousé lady Webster, née Vassall, qu'il avait connue à Florence, et avec laquelle il avait eu une liaison antérieure. Sir Godfrey Webster avait obtenu le divorce à son profit, et lord Holland avait dû lui payer 6 000 livres sterling de dommages et intérêts. Lady Holland jouissait d'une réputation d'esprit parfaitement méritée, et Holland-House a été pendant de longues années le rendez-vous de toutes les notabilités littéraires de l'époque.

et qu'il adressait ses phrases à la muraille. On criait : « *Hear ! hear !* » On n'était point choqué de cette originalité.

En Angleterre, chacun s'exprime comme il peut ; l'avocasserie est inconnue ; rien ne se ressemble ni dans la voix ni dans la déclamation des orateurs. On écoute avec patience ; on ne se choque pas quand le parleur n'a aucune facilité : qu'il bredouille, qu'il ânonne, qu'il cherche ses mots, on trouve qu'il a fait *a fine speech* s'il a dit quelques phrases de bon sens. Cette variété d'hommes restés tels que la nature les a faits finit par être agréable ; elle rompt la monotonie. Il est vrai qu'il n'y a qu'un petit nombre de lords et de membres de la Chambre des communes à se lever. Nous, toujours placés sur un théâtre, nous pérorons et gesticulons en sérieuses marionnettes. Ce m'était une étude utile que ce passage de la secrète et silencieuse monarchie de Berlin à la publique et bruyante monarchie de Londres : on pouvait retirer quelque instruction du contraste de deux peuples aux deux extrémités de l'échelle.

L'arrivée du roi, la rentrée du parlement, l'ouverture de la saison des fêtes, mêlaient les devoirs, les affaires et les plaisirs : on ne pouvait rencontrer les ministres qu'à la cour, au bal ou au parlement. Pour célébrer l'anniversaire de la naissance de Sa Majesté, je dînais chez lord Londonderry, je dînais sur la galère du lord-maire, qui remontait jusqu'à Richmond : j'aime mieux le Bucentaure en miniature à l'arsenal de Venise, ne portant plus que le souvenir des doges et un nom virgilien. Jadis émigré, maigre et demi-nu, je m'étais amusé, sans être Scipion, à jeter des pierres dans l'eau, le long de cette rive que rasait la barque dodue et bien fourrée du *Lord Mayor*.

Je dînais aussi dans l'est de la ville chez M. Rothschild de Londres, de la branche cadette de Salomon : où ne dînais-je pas ? Le roast-beef égalait la prestance de la tour de Londres ; les poissons étaient si longs qu'on n'en voyait pas la queue ; des dames, que je n'ai aperçues que là, chantaient comme Abigaïl[720]. J'avalais le tokai non loin des lieux qui me virent sabler l'eau à pleine cruche et quasi mourir de faim ; couché au fond de ma moelleuse voiture, sur de petits matelas de soie, j'apercevais ce Westminster dans lequel j'avais passé une nuit enfermé, et autour duquel je m'étais promené tout crotté avec Hingant et Fontanes. Mon hôtel, qui me coûtait 30 000 francs de loyer, était en regard du grenier qu'habita mon cousin de la Bouëtardais, lorsque, en robe rouge, il jouait de la guitare sur un grabat emprunté, auquel j'avais donné asile auprès du mien.

---

[720] « C'étaient, en effet, dit M. de Marcellus (Chateaubriand et son temps, p. 267), des chanteuses, actrices, danseuses même, réunies par M. de Rothschild de Londres dans un but tout hospitalier. Il connaissait le penchant inné du corps diplomatique pour les plaisirs auxquels ces dames président ; et il jugea leur société de nature à faire oublier à ses nobles convives la sévérité et la tristesse d'un séjour israélite. »

Il ne s'agissait plus de ces sauteries d'émigrés où nous dansions au son du violon d'un conseiller du parlement de Bretagne ; c'était Almack's dirigé par Colinet qui faisait mes délices ; bal public sous le patronage des plus grandes dames du West-end. Là se rencontraient les vieux et les jeunes dandys. Parmi les vieux brillait le vainqueur de Waterloo, qui promenait sa gloire comme un piège à femmes tendu à travers les quadrilles ; à la tête des jeunes se distinguait lord Clanwilliam[721], fils, disait-on, du duc de Richelieu. Il faisait des choses admirables : il courait à cheval à Richmond et revenait à Almack's après être tombé deux fois. Il avait une certaine façon de prononcer à la manière d'Alcibiade, qui ravissait. Les modes des mots, les affectations de langage et de prononciation, changeant dans la haute société de Londres presque à chaque session parlementaire, un honnête homme est tout ébahi de ne plus savoir l'anglais, qu'il croyait savoir six mois auparavant. En 1822 le fashionable devait offrir au premier coup d'œil un homme malheureux et malade ; il devait avoir quelque chose de négligé dans sa personne, les ongles longs, la barbe non pas entière, non pas rasée, mais grandie un moment par surprise, par oubli, pendant les préoccupations du désespoir ; mèche de cheveux au vent, regard profond, sublime, égaré et fatal ; lèvres contractées en dédain de l'espèce humaine ; cœur ennuyé, byronien, noyé dans le dégoût et le mystère de l'être.

Aujourd'hui ce c'est plus cela : le *dandy* doit avoir un air conquérant, léger, insolent ; il doit soigner sa toilette, porter des moustaches ou une barbe taillée en rond comme la fraise de la reine Élisabeth, ou comme le disque radieux du soleil ; il décèle la fière indépendance de son caractère en gardant son chapeau sur sa tête, en se roulant sur les sofas, en allongeant ses bottes au nez des ladies assises en admiration sur des chaises devant lui ; il monte à cheval avec une canne qu'il porte comme un cierge, indifférent au cheval qui est entre ses jambes par hasard. Il faut que sa santé soit parfaite, et son âme toujours au comble de cinq ou six félicités. Quelques dandys radicaux, les plus avancés vers l'avenir, ont une pipe.

Mais sans doute, toutes ces choses sont changées dans le temps même que je mets à les décrire. On dit que le dandy de cette heure ne doit plus savoir s'il existe, si le monde est là, s'il y a des femmes, et s'il doit saluer son prochain. N'est-il pas curieux de retrouver l'original du dandy sous Henri III : « Ces beaux mignons, dit l'auteur de l'*Isle des Hermaphrodites*, portoient les cheveux longuets, frisés et refrisés, remontans par-dessus leurs petits bonnets de velours, comme font les femmes, et leurs fraises de chemises de toile d'atour empesées et longues de demi-pied, de façon que voir leurs têtes dessus leurs fraises, il sembloit que ce fust le chef de saint Jean en un plat. »

---

[721] Lord Clanwilliam, sous-secrétaire d'État du Foreign-Office, était à cette époque le type du dandysme.

Ils partent pour se rendre dans la chambre de Henri III, « branlant tellement le corps, la tête et les jambes, que je croyois à tout propos qu'ils dussent tomber de leur long… Ils trouvoient cette façon là de marcher plus belle que pas une autre. »

Tous les Anglais sont fous par nature ou par ton.

Lord Clanwilliam a passé vite : je l'ai retrouvé à Vérone ; il est devenu après moi ministre d'Angleterre à Berlin. Nous avons suivi un moment la même route, quoique nous ne marchions pas du même pas.

Rien ne réussissait, à Londres, comme l'insolence, témoin d'Orsay, frère de la duchesse de Guiche : il s'était mis à galoper dans Hyde-Park, à sauter des barrières, à jouer, à tutoyer sans façon les dandys : il avait un succès sans égal, et, pour y mettre le comble, il finit par enlever une famille entière, père, mère et enfants.

Les ladies les plus à la mode me plaisaient peu ; il y en avait une charmante cependant, lady Gwydir : elle ressemblait par le ton et les manières à une Française. Lady Jersey se maintenait encore en beauté. Je rencontrais chez elle l'opposition. Lady Conyngham appartenait à l'opposition, et le roi lui-même gardait un secret penchant pour ses anciens amis. Parmi les patronesses d'Almack's, on remarquait l'ambassadrice de Russie.

La comtesse de Lieven[722] avait eu des histoires assez ridicules avec madame d'Osmond et George IV. Comme elle était hardie et passait pour être bien en cour, elle était devenue extrêmement fashionable. On lui croyait de l'esprit, parce qu'on supposait que son mari n'en avait pas ; ce qui n'était pas vrai : M. de Lieven était fort supérieur à madame. Madame de Lieven, au visage aigu et mésavenant, est une femme commune, fatigante, aride, qui n'a qu'un seul genre de conversation, la politique vulgaire ; du reste, elle ne sait rien, et elle cache la disette de ses idées sous l'abondance de ses paroles. Quand elle se trouve avec des gens de mérite,

---

[722] Dorothée Christophorowna de Benkendorf (1785-1855). Elle avait épousé Christophe Andréïëvitch, prince de Lieven, général dans l'armée russe, gouverneur du tsar Alexandre II et pendant vingt-deux ans ambassadeur à Londres. Le portrait qu'en trace ici Chateaubriand est trop poussé au noir. « Bien qu'étrangère, dit M. de Marcellus, elle dominait les filles d'Albion par une incontestable supériorité d'attitude et de manières. Elle savait causer de tout ; elle avait été fort jolie, et sa taille gardait encore beaucoup plus tard une grande élégance ; elle possédait une merveilleuse aptitude pour la musique ; sa mémoire lui rappelait des opéras entiers qu'elle exécutait à ravir sur le piano. » Justement réputée par son esprit et sa rare intelligence des affaires publiques, elle a été liée avec tout ce que son temps comptait de personnages éminents, dans tous les partis et dans toutes les nationalités. Castlereagh et Canning ont été particulièrement de ses amis, ainsi que le prince de Metternich ; lord Grey lui écrivait chaque matin de son lit un billet demi-politique, demi-galant. On lui a attribué une liaison avec George IV. À Paris, où elle s'était fixée après la mort de son mari, elle a été l'Égérie de M. Guizot qui passait toutes ses soirées chez elle.

sa stérilité se tait ; elle revêt sa nullité d'un air supérieur d'ennui, comme si elle avait le droit d'être ennuyée ; tombée par l'effet du temps, et ne pouvant s'empêcher de se mêler de quelque chose, la douairière des congrès est venue de Vérone donner à Paris, avec la permission de MM. les magistrats de Pétersbourg, une représentation des puérilités diplomatiques d'autrefois. Elle entretient des correspondances privées, et elle a paru très forte en mariages manqués. Nos novices se sont précipités dans ses salons pour apprendre le beau monde et l'art des secrets ; ils lui confient les leurs, qui, répandus par madame de Lieven, se changent en sourds cancans. Les ministres, et ceux qui aspirent à le devenir, sont tout fiers d'être protégés par une dame qui a eu l'honneur de voir M. de Metternich aux heures où le grand homme, pour se délasser du poids des affaires, s'amuse à effiloquer de la soie. Le ridicule attendait à Paris madame de Lieven. Un doctrinaire grave est tombé aux pieds d'Omphale : « Amour, tu perdis Troie. »

La journée de Londres était ainsi distribuée : à six heures du matin, on courait à une partie fine, consistant dans un premier déjeuner à la campagne ; on revenait déjeuner à Londres ; on changeait de toilette pour la promenade de Bond-Street ou de Hyde-Park ; on se rhabillait pour dîner à sept heures et demie ; on se rhabillait pour l'Opéra ; à minuit, on se rhabillait pour une soirée ou pour un raout. Quelle vie enchantée ! J'aurais préféré cent fois les galères. Le suprême bon ton était de ne pouvoir pénétrer dans les petits salons d'un bal privé, de rester dans l'escalier obstrué par la foule, et de se trouver nez à nez avec le duc de Somerset[723] ; béatitude où je suis arrivé une fois. Les Anglais de la nouvelle race sont infiniment plus frivoles que nous ; la tête leur tourne pour un *shaw* : si le bourreau de Paris se rendait à Londres, il ferait courir l'Angleterre. Le maréchal Soult n'a-t-il pas enthousiasmé les ladies[724], comme Blücher, de qui elles baisaient la moustache ? Notre maréchal, qui n'est ni Antipater, ni Antigonus, ni Seleucus, ni Antiochus, ni Ptolémée, ni aucun des capitaines-rois d'Alexandre, est un soldat distingué, lequel a pillé l'Espagne en se faisant battre, et auprès de qui des capucins ont redîmé leur vie pour des tableaux. Mais il est vrai qu'il a publié, au mois de mars 1814, une furieuse proclamation contre Bonaparte, lequel il recevait en triomphe quelques jours après : il a fait depuis ses pâques à Saint-Thomas-d'Aquin. On montre pour un schilling, à Londres, sa vieille paire de bottes.

Toute renommée vient vite au bord de la Tamise et s'en va de même. En 1822, je trouvai cette grande ville plongée dans les souvenirs de Bonaparte ; on était passé du dénigrement pour *Nic* à un enthousiasme

---

723 Édouard-Adolphe Saint-Maur, onzième duc de Somerset (1775-1855).
724 Le 23 avril 1838, Louis-Philippe nomma le maréchal Soult ambassadeur extraordinaire de France en Angleterre pour assister au couronnement de la reine Victoria. La population de Londres fit au maréchal une réception enthousiaste ; il fut le lion de toutes les fêtes. Le couronnement de la reine eut lieu le 20 juin 1838.

bête. Les mémoires de Bonaparte pullulaient ; son buste ornait toutes les cheminées ; ses gravures brillaient sur toutes les fenêtres des marchands d'images ; sa statue colossale, par Canova, décorait l'escalier du duc de Wellington. N'aurait-on pu consacrer un autre sanctuaire à Mars enchaîné ? Cette déification semble plutôt l'œuvre de la vanité d'un concierge que de l'honneur d'un guerrier. — Général, vous n'avez point vaincu Napoléon à Waterloo, vous avez seulement faussé le dernier anneau d'un destin déjà brisé[725].

Après ma présentation officielle à George IV, je le vis plusieurs fois. La reconnaissance des colonies espagnoles par l'Angleterre était à peu près décidée ; du moins les vaisseaux de ces États indépendants paraissaient devoir être reçus sous leur pavillon dans les ports de l'empire britannique. Ma dépêche du 7 mai rend compte d'une conversation que j'avais eue avec lord Londonderry, et des idées de ce ministre, cette dépêche, importante pour les affaires d'alors, serait presque sans intérêt pour le lecteur d'aujourd'hui. Deux choses étaient à distinguer dans la position des colonies espagnoles relativement à l'Angleterre et à la France : les intérêts commerciaux et les intérêts politiques. J'entre dans les détails de ces intérêts. « Plus je vois le marquis de Londonderry, disais-je à M. de Montmorency, plus je lui trouve de finesse. C'est un homme plein de ressources, qui ne dit jamais que ce qu'il veut dire ; on serait quelquefois tenté de le croire bonhomme. Il a dans la voix, le rire, le regard, quelque chose de M. Pozzo di Borgo. Ce n'est pas précisément la confiance qu'il inspire. »

La dépêche finit ainsi : « Si l'Europe est obligée de reconnaître les gouvernements de fait en Amérique, toute sa politique doit tendre à faire naître des monarchies dans le nouveau monde, au lieu de ces républiques révolutionnaires qui nous enverront leurs principes avec les produits de leur sol.

« En lisant cette dépêche, monsieur le vicomte, vous éprouverez sans doute comme moi un mouvement de satisfaction. C'est déjà avoir fait un grand pas en politique que d'avoir forcé l'Angleterre à vouloir s'associer avec nous dans des intérêts sur lesquels elle n'eût pas daigné nous consulter il y a six mois. Je me félicite en bon Français de tout ce qui tend à replacer notre patrie à ce haut rang qu'elle doit occuper parmi les nations étrangères. »

Cette lettre était la base de toutes mes idées et de toutes les

---

[725] « Cette apostrophe au duc de Wellington, dit M. de Marcellus (Chateaubriand et son temps, p. 272), me rappelle que, dans sa colère contre la statue que les ladies fashionnables dressèrent par souscription, œre feminino, au héros représenté sous les traits d'un Achille jeune et à demi-nu, M. de Chateaubriand me dit comme nous passions un jour dans ce coin de Hyde-Park : « Non, il n'a battu que le maréchal Soult ; il n'a point vaincu l'invincible, et il n'a été à Waterloo que l'exécuteur de la justice divine. »

négociations sur les affaires coloniales dont je m'occupai pendant la guerre d'Espagne, près d'un an avant que cette guerre éclatât.

Le 17 mai j'allai à Covent-Garden, dans la loge du duc d'York. Le roi parut. Ce prince, jadis détesté, fut salué par des acclamations telles qu'il n'en aurait pas autrefois reçu de semblables des moines, habitants de cet ancien couvent. Le 26, le duc d'York vint dîner à l'ambassade : George IV était fort tenté de me faire le même honneur ; mais il craignait les jalousies diplomatiques de mes collègues.

Le vicomte de Montmorency refusa d'entrer en négociations sur les colonies espagnoles avec le cabinet de Saint-James. J'appris, le 19 mai, la mort presque subite de M. le duc de Richelieu[726]. Cet honnête homme avait supporté patiemment sa première retraite du ministère ; mais les affaires venant à lui manquer trop longtemps, il défaillit parce qu'il n'avait pas une double vie pour remplacer celle qu'il avait perdue. Le grand nom de Richelieu n'a été transmis jusqu'à nous que par des femmes.

Les révolutions continuaient en Amérique. Je mandais à M. de Montmorency :

Nº 26.

« Londres, 28 mai 1822.

« Le Pérou vient d'adopter une constitution monarchique. La politique européenne devrait mettre tous ses soins à obtenir un pareil résultat pour les colonies qui se déclarent indépendantes. Les États-Unis craignent singulièrement l'établissement d'un empire au Mexique. Si le nouveau monde tout entier est jamais républicain, les monarchies de l'ancien monde périront. »

On parlait beaucoup de la détresse des paysans irlandais, et l'on dansait afin de les consoler. Un grand bal paré à l'Opéra occupait les âmes sensibles. Le roi, m'ayant rencontré dans un corridor, me demanda ce que je faisais là, et, me prenant par le bras, il me conduisit dans sa loge.

Le parterre anglais était, dans mes jours d'exil, turbulent et grossier ; des matelots buvaient de la bière au parterre, mangeaient des oranges, apostrophaient les loges. Je me trouvais un soir auprès d'un matelot entré ivre dans la salle ; il me demanda où il était ; je lui dis : « À Covent-Garden. — *Pretty garden, indeed !* » (Joli jardin, vraiment !) s'écria-t-il,

---

[726] À sa sortie du ministère, le duc de Richelieu avait projeté de faire, au printemps de 1822, un voyage à Vienne et à Odessa. Avant de partir, il était allé passer quelque temps au château de Courteille, auprès de sa femme et de sa belle-mère ; là, il se sentit assez sérieusement souffrant, et se hâta de rentrer à Paris. À peine y était-il arrivé qu'une congestion cérébrale le frappait. Son vieil ami, l'abbé Nicolle, accourut à son chevet, pendant que l'abbé Feutrier, curé de l'Assomption, lui administrait les derniers sacrements. Le duc parut s'associer aux prières qu'on faisait pour lui, et serra les mains de l'abbé Nicolle ; des larmes coulèrent de ses yeux ; puis il expira doucement, le 17 mai 1822, à onze heures du soir ; il était âgé de cinquante-cinq ans et huit mois (Souvenirs du duc de Rochechouart, p. 498).

saisi, comme les dieux d'Homère, d'un rire inextinguible.

Invité dernièrement à une soirée chez lord Lansdowne[727], Sa Majesté m'a présenté à une dame sévère, âgée de soixante-treize ans : elle était habillée de crêpe, portait un voile noir comme un diadème sur ses cheveux blancs, et ressemblait à une reine abdiquée. Elle me salua d'un ton solennel et de trois phrases estropiées du *Génie du christianisme* ; puis elle me dit avec non moins de solennité : « Je suis mistress Siddons. » Si elle m'avait dit : « Je suis lady Macbeth, » je l'aurais cru. Je l'avais vue autrefois sur le théâtre dans toute la force de son talent[728]. Il suffit de vivre pour retrouver ces débris d'un siècle jetés par les flots du temps sur le rivage d'un autre siècle.

Mes visiteurs français à Londres furent M. le duc et madame la duchesse de Guiche[729], dont je vous parlerai à Prague ; M. le marquis de Custine, dont j'avais vu l'enfance à Fervacques ; et madame la vicomtesse de Noailles, aussi agréable, spirituelle et gracieuse que si elle eût encore erré à quatorze ans dans les beaux jardins de Méréville.

On était fatigué de fêtes ; les ambassadeurs aspiraient à s'en aller en congé : le prince Esterhazy se préparait à partir pour Vienne ; il espérait être appelé au congrès, car on parlait déjà d'un congrès. M. Rothschild retournait en France après avoir terminé avec son frère l'emprunt russe de 23 millions de roubles. Le duc de Bedford[730] s'était battu avec l'immense duc de Buckingham[731], au fond d'un trou, dans Hyde-Park ; une chanson injurieuse contre le roi de France, envoyée de Paris et imprimée dans les

---

[727] Henry Petty-Fitz-Maurice, 3e marquis de Lansdowne (1780-1863). De 1830 à 1858, il a fait partie de tous les ministères whigs.

[728] Sarah Kemble, mistress Siddons (1755-1831), fille de Roger Kemble, directeur d'une troupe ambulante, et sœur du fameux acteur J. Kemble, épousa Siddons, acteur de la troupe de son père. Elle fut surnommée la Reine de la tragédie. Le rôle de lady Macbeth était son triomphe. Selon lord Byron, elle était la perfection même et réalisait l'idéal de la tragédienne. Elle quitta le théâtre dès 1799 pour se livrer aux lettres et à l'éducation de ses enfants.

[729] Antoine-Louis-Marie de Gramont, duc de Guiche (1755-1836) était, à la Révolution, capitaine aux gardes du corps. Il émigra avec sa famille en Angleterre, où il servit au 10e hussards ; il y était connu sous le nom de capitaine Gramont. Rentré en France avec le duc d'Angoulême, dont il fut le premier aide de camp, il devint successivement pair de France (4 juin 1814), général de division (8 août 1814), gouverneur de la 11e division militaire (30 septembre 1814). Après la révolution de juillet, il ne refusa pas le serment au nouveau gouvernement et resta à la Chambre haute jusqu'à sa mort. — Sa femme, la duchesse de Guiche, était la fille de la duchesse de Polignac. Son fils, le duc de Gramont, a été ministre des Affaires étrangères en 1870.

[730] L'un des chefs du parti whig, père de lord John Russell. Le duc de Bedford et son adversaire le duc de Buckingham moururent tous les deux en 1839.

[731] Grenville-Nugent-Temple-Brydges-Chandos, duc de Buckingham (1776-1839). Ami personnel de George IV, il avait été créé chevalier de la Jarretière en 1820 et duc de Buckingham en 1822.

gazettes de Londres, amusait la canaille radicale anglaise qui riait sans savoir de quoi.

Je partis le 6 juin pour Royal-Lodge où le roi était allé. Il m'avait invité à dîner et à coucher.

Je revis George IV le 12, le 13 et le 14, au lever, au drawing-room et au bal de sa Majesté. Le 24, je donnai une fête au prince et à la princesse de Danemarck : le duc d'York s'y était invité.

C'eût été une chose importante jadis que la bienveillance avec laquelle me traitait la marquise de Conyngham : elle m'apprit que l'idée du voyage de S. M. B. au continent n'était pas tout à fait abandonnée. Je gardai religieusement ce grand secret dans mon sein. Que de dépêches importantes sur cette parole d'une favorite au temps de mesdames de Verneuil, de Maintenon, des Ursins, de Pompadour ! Du reste, je me serais échauffé mal à propos pour obtenir quelques renseignements de la cour de Londres : en vain vous parlez, on ne vous écoute pas.

Lord Londonderry surtout était impassible : il embarrassait à la fois par sa sincérité de ministre et sa retenue d'homme. Il expliquait franchement de l'air le plus glacé sa *politique* et gardait un silence profond sur les faits. Il avait l'air indifférent à ce qu'il disait comme à ce qu'il ne disait pas ; on ne savait ce qu'on devait croire de ce qu'il montrait ou de ce qu'il cachait. Il n'aurait pas bougé quand vous lui auriez *lâché un saucisson dans l'oreille*, comme dit Saint-Simon.

Lord Londonderry avait un genre d'éloquence irlandaise qui souvent excitait l'hilarité de la Chambre des lords et la gaieté du public ; ses *blunders* étaient célèbres, mais il arrivait aussi quelquefois à des traits d'éloquence qui transportaient la foule, comme ses paroles à propos de la bataille de Waterloo : je les ai rappelées.

Lord Harrowby était président du conseil ; il parlait avec propriété, lucidité et connaissance des faits. On trouverait inconvenant à Londres qu'un président des ministres s'exprimât avec prolixité et faconde. C'était d'ailleurs un parfait gentleman pour le ton. Un jour, aux Pâquis, à Genève, on m'annonça un Anglais : lord Harrowby entra ; je ne le reconnus qu'avec peine : il avait perdu son ancien roi ; le mien était exilé. C'est la dernière fois que l'Angleterre de mes grandeurs m'est apparue.

J'ai mentionné M. Peel[732] et lord Westmoreland[733] dans le *Congrès de Vérone*.

---

[732] Sir Robert Peel (1788-1850), fils d'un très riche filateur de coton, que Pitt avait créé baronnet en 1800. Il fut élu député à vingt et un ans et prit place parmi les tories. En 1822, il était ministre de l'intérieur. Entré pour la première fois au ministère à l'âge de vingt-quatre ans, il fit successivement partie des cabinets Liverpool (de 1822 à 1827) et Wellington (de 1828 à 1830). De 1841 à 1848, il tint les rênes du gouvernement en qualité de premier ministre. Il était sur le point de revenir au pouvoir lorsqu'il mourut d'une chute de cheval dans sa soixante-deuxième année.

Je ne sais si lord Bathurst[734] descendait et s'il était petit-fils de ce comte Bathurst dont Sterne écrivait : « Ce seigneur est un prodige ; à 80 ans il a l'esprit et la vivacité d'un homme de 30, une disposition à se laisser charmer et le pouvoir de plaire au delà de tout ce que je connais. » Lord Bathurst, le ministre dont je vous entretiens, était instruit et poli ; il gardait la tradition des anciennes manières françaises de la bonne compagnie. Il avait trois ou quatre filles qui couraient, ou plutôt qui volaient comme des hirondelles de mer, le long des flots, blanches, allongées et légères. Que sont-elles devenues ? Sont-elles tombées dans le Tibre avec la jeune Anglaise de leur nom ?

Lord Liverpool[735] n'était pas, comme lord Londonderry, le principal ministre ; mais c'était le ministre le plus influent et le plus respecté. Il jouissait de cette réputation d'homme religieux et d'homme de bien, si puissante pour celui qui la possède ; on vient à cet homme avec la confiance que l'on a pour un père ; nulle action ne paraît bonne si elle n'est approuvée de ce personnage saint, investi d'une autorité très supérieure à celle des talents. Lord Liverpool était fils de Charles Jenkinson, baron de Hawkesbury, comte de Liverpool, favori de lord Bute. Presque tous les hommes d'État anglais ont commencé par la carrière littéraire, par des pièces de vers plus ou moins bons, et par des articles, en général excellents, insérés dans les revues. Il reste un portrait de ce premier comte de Liverpool lorsqu'il était secrétaire particulier de lord Bute ; sa famille en est fort affligée : cette vanité, puérile en tous temps, l'est sans doute encore beaucoup plus aujourd'hui ; mais n'oublions pas que nos plus ardents révolutionnaires puisèrent leur haine de la société dans des disgrâces de nature ou dans des infériorités sociales.

Il est possible que lord Liverpool, enclin aux réformes, et à qui M. Canning a dû son dernier ministère, fût influencé, malgré la rigidité de ses principes religieux, par quelque déplaisance de souvenirs. À l'époque où j'ai connu lord Liverpool, il était presque arrivé à l'illumination puritaine. Habituellement il demeurait seul avec une vieille sœur, à quelques lieues de Londres. Il parlait peu ; son visage était mélancolique ; il penchait souvent l'oreille, et il avait l'air d'écouter quelque chose de triste : on eût

---

[733] John Fane, comte de Westmoreland, mort en 1841. Il avait été, sous le ministère de William Pitt, lord-lieutenant d'Irlande. En 1822, il était gardien du sceau privé.

[734] Henri, comte de Bathurst (1762-1834). Appelé, en 1809, à faire partie du ministère, en qualité de secrétaire d'État pour la guerre et les colonies, il eut à prendre comme tel les mesures relatives au Captif de Sainte-Hélène. Sorti du ministère en 1825, il revint au pouvoir en 1828 avec les tories et eut la présidence du conseil, qu'il conserva jusqu'en 1830.

[735] Lord Liverpool remplissait dans le cabinet les fonctions de premier Lord de la Trésorerie. — Voir sur lui, au tome I, la note 1 de la page 321 (note 10 du Livre VI de la Première Partie).

dit qu'il entendait tomber ses dernières années, comme les gouttes d'une pluie d'hiver sur le pavé. Du reste, il n'avait aucune passion, et il vivait selon Dieu.

M. Croker, membre de l'Amirauté, célèbre comme orateur et comme écrivain, appartenait à l'école de M. Pitt, ainsi que M. Canning ; mais il était plus détrompé que celui-ci. Il occupait à White-Hall un de ces appartements sombres d'où Charles Ier était sorti par une fenêtre pour aller de plain-pied à l'échafaud. On est étonné quand on entre à Londres dans les habitations où siègent les directeurs de ces établissements dont le poids se fait sentir au bout de la terre. Quelques hommes en redingote noire devant une table nue, voilà tout ce que vous rencontrez : ce sont pourtant là les directeurs de la marine anglaise, ou les membres de cette compagnie de marchands, successeurs des empereurs du Mogol, lesquels comptent aux Indes deux cents millions de sujets.

M. Croker vint, il y a deux ans, me visiter à l'Infirmerie de Marie-Thérèse. Il m'a fait remarquer la similitude de nos opinions et de nos destinées. Des événements nous séparent du monde ; la politique fait des solitaires, comme la religion fait des anachorètes. Quand l'homme habite le désert, il trouve en lui quelque lointaine image de l'être infini qui, vivant seul dans l'immensité, voit s'accomplir les révolutions des mondes.

Dans le courant des mois de juin et de juillet, les affaires d'Espagne commencèrent à occuper sérieusement le cabinet de Londres. Lord Londonderry et la plupart des ambassadeurs montraient en parlant de ces affaires une inquiétude et presque une peur risible. Le ministère craignait qu'en cas de rupture nous ne l'emportassions sur les Espagnols ; les ministres des autres puissances tremblaient que nous ne fussions battus ; ils voyaient toujours notre armée prenant la cocarde tricolore.

Dans ma dépêche du 28 juin, n° 35, les dispositions de l'Angleterre sont fidèlement exprimées :

N° 35.

« Londres, ce 28 juin 1822.

« Monsieur le vicomte,

« Il m'a été plus difficile de vous dire ce que pense lord Londonderry, relativement à l'Espagne, qu'il ne me sera aisé de pénétrer le secret des instructions données à Sir W. A'Court[736] ; cependant je ne négligerai rien pour me procurer les renseignements que vous demandez par votre dernière dépêche, n° 18. Si j'ai bien jugé de la politique du cabinet anglais et du caractère de lord Londonderry, je suis persuadé que Sir W. A'Court n'a presque rien emporté d'écrit. On lui aura recommandé verbalement d'observer les partis sans se mêler de leurs querelles. Le cabinet de Saint-James n'aime point les Cortès, mais il méprise Ferdinand. Il ne fera

---

[736] Ambassadeur d'Angleterre à Madrid.

certainement rien pour les royalistes. D'ailleurs, il suffirait que notre influence s'exerçât sur une opinion pour que l'influence anglaise appuyât l'opinion contraire. Notre prospérité renaissante inspire une vive jalousie. Il y a bien ici, parmi les hommes d'État, une certaine crainte vague des passions révolutionnaires qui travaillent l'Espagne ; mais cette crainte se tait devant les intérêts particuliers : de telle sorte que si d'un côté la Grande-Bretagne pouvait exclure nos marchandises de la Péninsule, et que de l'autre elle pût reconnaître l'indépendance des colonies espagnoles, elle prendrait facilement son parti sur les événements, et se consolerait des malheurs qui pourraient accabler de nouveau les monarchies continentales. Le même principe qui empêche l'Angleterre de retirer son ambassadeur de Constantinople lui fait envoyer un ambassadeur à Madrid : elle se sépare des destinées communes, et n'est attentive qu'au parti qu'elle pourra tirer des révolutions des empires.

« J'ai l'honneur, etc. »

Revenant dans ma dépêche du 16 Juillet, n° 40, sur les nouvelles d'Espagne, je dis à M. de Montmorency :

N° 40.

« Londres, ce 16 juillet 1822.

« Monsieur le vicomte,

« Les journaux anglais, d'après les journaux français, donnent ce matin des nouvelles de Madrid jusqu'au 8 inclusivement. Je n'ai jamais espéré mieux du roi d'Espagne, et n'ai point été surpris. Si ce malheureux prince doit périr, le genre de la catastrophe n'est pas indifférent au reste du monde : le poignard n'abattrait que le monarque, l'échafaud pourrait tuer la monarchie. C'est déjà beaucoup trop que le jugement de Charles Ier et que celui de Louis XVI : le ciel nous préserve d'un troisième jugement qui semblerait établir par l'autorité des crimes une espèce de droit des peuples et un corps de jurisprudence contre les rois ! On peut maintenant s'attendre à tout : une déclaration de guerre de la part du gouvernement espagnol est au nombre des chances que le gouvernement français a dû prévoir. Dans tous les cas, nous serons bientôt obligés d'en finir avec le cordon sanitaire, car, une fois le mois de septembre passé, et la peste ne reparaissant pas à Barcelone, ce serait une véritable dérision que de parler encore d'un *cordon sanitaire ;* il faudrait donc avouer tout franchement une *armée,* et dire la raison qui nous oblige à maintenir cette armée. Cela n'équivaudra-t-il pas à une déclaration de guerre aux Cortès ? D'un autre côté, dissoudrons-nous le cordon sanitaire ? Cet acte de faiblesse compromettrait la sûreté de la France, avilirait le ministère, et ranimerait parmi nous les espérances de la faction révolutionnaire.

« J'ai l'honneur d'être, etc., etc., etc. »

Depuis le Congrès de Vienne et d'Aix-la-Chapelle, les princes de l'Europe avaient la tête tournée de congrès : c'était là qu'on s'amusait et qu'on se partageait quelques peuples. À peine le Congrès commencé à

Laybach et continué à Troppau était-il fini, qu'on songea à en convoquer un autre à Vienne, à Ferrare ou à Vérone, les affaires d'Espagne offraient l'occasion d'en hâter le moment. Chaque cour avait déjà désigné son ambassadeur.

Je voyais à Londres tout le monde se préparer à partir pour Vérone : comme ma tête était remplie des affaires d'Espagne, et comme je rêvais un plan pour l'honneur de la France, je croyais pouvoir être de quelque utilité au nouveau Congrès en me faisant connaître sous un rapport auquel on ne songeait pas. J'avais écrit dès le 24 mai à M. de Montmorency ; mais je ne trouvai aucune faveur. La longue réponse du ministre est évasive, embarrassée, entortillée ; un éloignement marqué pour moi s'y déguise mal sous la bienveillance ; elle finit par ce paragraphe :

« Puisque je suis en train de confidences, noble vicomte, je veux vous dire ce que je ne voudrais pas insérer dans une dépêche officielle, mais ce que m'ont inspiré quelques observations personnelles, et quelques avis aussi de personnes qui connaissent bien le terrain sur lequel vous êtes placé. N'avez-vous pas pensé le premier qu'il faut soigner, vis-à-vis du ministère anglais, certains effets de la jalousie et de l'humeur qu'il est toujours prêt à concevoir sur les marques directes de faveur auprès du roi, et de *crédit* dans la *société ?* Vous me direz s'il ne vous est pas arrivé d'en remarquer quelques traces. »

Par qui les plaintes de mon *crédit* auprès du roi et dans la *société* (c'est-à-dire, je suppose, auprès de la marquise de Conyngham) étaient-elles arrivées au vicomte de Montmorency ? Je l'ignore.

Prévoyant, par cette dépêche privée, que ma partie était perdue du côté du ministre des affaires étrangères, je m'adressai à M. de Villèle, alors mon ami, et qui n'inclinait pas beaucoup vers son collègue. Dans sa lettre du 5 mai 1822, il me répondit d'abord un mot favorable.
« Paris, le 5 mai 1822.

« Je vous remercie, me dit-il, de tout ce que vous faîtes pour nous à Londres ; la détermination de cette cour au sujet des colonies espagnoles ne peut influer sur la nôtre ; la position est bien différente ; nous devons éviter par-dessus tout d'être empêchés, par une guerre avec l'Espagne, d'agir ailleurs comme nous le devons, si les affaires de l'Orient amenaient de nouvelles combinaisons politiques en Europe.

« Nous ne laisserons pas déshonorer le gouvernement français par le défaut de participation aux événements qui peuvent résulter de la situation actuelle du monde ; d'autres pourront y intervenir avec plus d'avantages, aucun avec plus de courage et de loyauté.

« On se méprend fort, je crois, et sur les moyens réels de notre pays, et sur le pouvoir que peut encore exercer le gouvernement du roi dans les formes qu'il s'est prescrites ; elles offrent plus de ressources qu'on ne paraît le croire, et j'espère qu'à l'occasion nous saurons le montrer.

« Vous nous seconderez, mon cher, dans ces grandes circonstances si elles se présentent. Nous le savons et nous y comptons ; l'honneur sera pour tous, et ce n'est pas de ce partage dont il s'agit en ce moment, il se fera selon les services rendus ; rivalisons tous de zèle à qui en rendra de plus signalés.

« Je ne sais en vérité si ceci tournera à un congrès ; mais, en tout cas, je n'oublierai pas ce que vous m'avez dit.

« JH. DE VILLELE. »

Sur ce premier mot de bonne entente, je fis presser le ministre des finances par madame la duchesse de Duras ; elle m'avait déjà prêté l'appui de son amitié contre l'oubli de la cour en 1814. Elle reçut bientôt ce billet de M. de Villèle :

« Tout ce que nous disions est dit ; tout ce qu'il est dans mon cœur et dans mon opinion de faire pour le bien public et pour mon ami est fait et sera fait, soyez-en certaine. Je n'ai besoin ni d'être prêché, ni d'être converti, je vous le répète ; j'agis de conviction et de sentiment.

« Recevez, madame, l'hommage de mon affectueux respect. »

Ma dernière dépêche, en date du 9 août, annonçait à M. de Montmorency que lord Londonderry partirait du 15 au 20 pour Vienne. Le brusque et grand démenti aux projets des mortels me fut donné ; je croyais n'avoir à entretenir le conseil du roi T. C. que des affaires humaines, et j'eus à lui rendre compte des affaires de Dieu :

« Londres, 12 août 1822, à 4 heures de l'après-midi.

« *Dépêche transmise à Paris par le télégraphe de Calais.*

« Le marquis de Londonderry est mort subitement ce matin 12, à neuf heures du matin, dans sa maison de campagne de North-Cray. »

Nº 49

« Londres, 13 août 1822.

« Monsieur le vicomte,

« Si le temps n'a pas mis obstacle à ma dépêche télégraphique, et s'il n'est point arrivé d'accident à mon courrier extraordinaire, expédié hier à quatre heures, j'espère que vous avez reçu le premier sur le continent la nouvelle de la mort subite de Lord Londonderry.

« Cette mort a été extrêmement tragique. Le noble marquis était à Londres vendredi ; il sentit sa tête un peu embarrassée ; il se fit saigner entre les épaules. Après quoi il partit pour North-Cray, où la marquise de Londonderry était établie depuis un mois. La fièvre se déclara le samedi 10 et le dimanche 11 ; mais elle parut céder dans la nuit du dimanche au lundi, et, lundi matin 12, le malade semblait si bien, que sa femme, qui le gardait, crut pouvoir le quitter un moment. Lord Londonderry, dont la tête était égarée, se trouvant seul, se leva, passa dans un cabinet, saisit un rasoir, et du premier coup se coupa la jugulaire. Il tomba baigné dans son sang aux pieds d'un médecin qui venait à son secours.

« On cache autant qu'on le peut cet accident déplorable, mais il est parvenu défiguré à la connaissance du public et a donné naissance à des bruits de toute espèce.

« Pourquoi Londonderry aurait-il attenté à ses jours ? Il n'avait ni passions ni malheurs ; il était plus que jamais affermi dans sa place. Il se préparait à partir jeudi prochain. Il se faisait une partie de plaisir d'un voyage d'affaires. Il devait être de retour le 15 octobre pour des chasses arrangées d'avance et auxquelles il m'avait invité. La Providence en a ordonné autrement, et Lord Londonderry a suivi le duc de Richelieu. »

Voici quelques détails qui ne sont point entrés dans mes dépêches.

À son retour à Londres, George IV me raconta que lord Londonderry était allé lui porter le projet d'instruction qu'il avait rédigé pour lui-même, et qu'il devait suivre au Congrès. George IV prit le manuscrit pour mieux en peser les termes, et commença à le lire à haute voix. Il s'aperçut que lord Londonderry ne l'écoutait pas, et qu'il promenait ses yeux sur le plafond du cabinet : « Qu'avez-vous donc, mylord ? dit le roi. — Sire, répondit le marquis, c'est cet insupportable John (un jockey) qui est à la porte ; il ne veut pas s'en aller, quoique je ne cesse de le lui ordonner. » Le roi, étonné, ferma le manuscrit et dit : « Vous êtes malade, mylord : retournez chez vous ; faites-vous saigner. » Lord Londonderry sortit et alla acheter le canif avec lequel il se coupa la gorge.

Le 15 août, je continuai mes dires à M. de Montmorency :

« On a envoyé des courriers de toutes parts, aux eaux, aux bains de mer, dans les châteaux, pour chercher les ministres absents. Au moment où l'accident est arrivé, aucun d'eux n'était à Londres. On les attend aujourd'hui ou demain ; ils tiendront un conseil, mais ils ne pourront rien décider, car, en dernier résultat, c'est le roi qui leur nommera un collègue, et le roi est à Édimbourg. Il est probable que Sa Majesté britannique ne se pressera pas de faire un choix au milieu des fêtes. La mort du marquis de Londonderry est funeste à l'Angleterre : il n'était pas aimé, mais il était craint ; les radicaux le détestaient, mais ils avaient peur de lui. Singulièrement brave, il imposait à l'opposition qui n'osait pas trop l'insulter à la tribune et dans les journaux. Son imperturbable sang-froid, son indifférence profonde pour les hommes et pour les choses, son instinct de despotisme et son mépris secret pour les libertés constitutionnelles, en faisaient un ministre propre à lutter avec succès contre les penchants du siècle. Ses défauts devenaient des qualités à une époque où l'exagération et la démocratie menacent le monde.

« J'ai l'honneur, etc. »

« Londres, 15 août 1822.

« Monsieur le vicomte,

« Les renseignements ultérieurs ont confirmé ce que j'ai eu l'honneur de vous dire sur la mort du marquis de Londonderry, dans ma dépêche ordinaire d'avant-hier, n° 49. Seulement, l'instrument fatal avec lequel l'infortuné ministre s'est coupé la veine jugulaire est un canif, et non pas un rasoir comme je vous l'avais mandé. Le rapport du *coroner*, que vous lirez dans les journaux, vous instruira de tout. Cette enquête, faite sur le cadavre du premier ministre de la Grande-Bretagne, comme sur le corps d'un meurtrier, ajoute encore quelque chose de plus affreux à cet événement.

« Vous savez sans doute à présent, monsieur le vicomte, que lord Londonderry avait donné des preuves d'aliénation mentale quelques jours avant son suicide, et que le roi même s'en était aperçu. Une petite circonstance à laquelle je n'avais pas fait attention, mais qui m'est revenue en mémoire depuis la catastrophe, mérite d'être racontée. J'étais allé voir le marquis de Londonderry, il y a douze ou quinze jours. Contre son usage et les usages du pays, il me reçut avec familiarité dans son cabinet de toilette. Il allait se raser, et il me fit en riant d'un rire à demi sardonique l'éloge des rasoirs anglais. Je le complimentai sur la clôture prochaine de la session. Oui, dit-il, il faut que cela finisse ou que je finisse.
« J'ai l'honneur, etc. »

Tout ce que les radicaux d'Angleterre et les libéraux de France ont raconté de la mort de lord Londonderry, à savoir : qu'il s'était tué par désespoir politique, sentant que les principes opposés aux siens allaient triompher, est une pure fable inventée par l'imagination des uns, l'esprit de parti et la niaiserie des autres. Lord Londonderry n'était pas homme à se repentir d'avoir péché contre l'humanité, dont il ne se souciait guère, ni envers les lumières du siècle, pour lesquelles il avait un profond mépris : la folie était entrée par les femmes dans la famille Castlereagh.

Il fut décidé que le duc de Wellington, accompagné de lord Clanwilliam, prendrait la place de lord Londonderry au Congrès. Les instructions officielles se réduisaient à ceci : oublier entièrement l'Italie, ne se mêler en rien des affaires d'Espagne, négocier pour celles de l'Orient en maintenant la paix sans accroître l'influence de la Russie. Les chances étaient toujours pour M. Canning, et le portefeuille des affaires étrangères était confié par *intérim* à lord Bathurst, ministre des colonies.

J'assistai aux funérailles de lord Londonderry, à Westminster, le 20 août[737]. Le duc de Wellington paraissait ému ; lord Liverpool était obligé de se couvrir le visage de son chapeau pour cacher ses larmes. On entendit au dehors quelques cris d'insulte et de joie lorsque le corps entra dans

---

[737] On lit dans le Journal de Charles C.-F. Greville, secrétaire du Conseil Privé, sous la date du 19 août 1822 : « Les funérailles de Lord Londonderry auront lieu demain à l'abbaye de Westminster. Eu égard aux circonstances de sa mort, il eût peut-être été de meilleur goût d'éviter la pompe et la solennité de cette cérémonie, mais on défère en cela au désir exprimé par sa veuve, qui aurait considéré comme une offense à sa mémoire le refus de rendre à ses restes tous les honneurs d'usage. »

l'église[738] : Colbert et Louis XIV furent-ils plus respectés ? Les vivants ne peuvent rien apprendre aux morts ; les morts, au contraire, instruisent les vivants.

LETTRE DE M. DE MONTMORENCY.
« Paris, ce 17 août.

« Quoiqu'il n'y ait pas de dépêches bien importantes à confier à votre fidèle Hyacinthe, je veux cependant le faire repartir, noble vicomte, d'après votre propre désir et celui qu'il m'a exprimé, de la part de madame de Chateaubriand, de le voir promptement retourner auprès de vous. J'en profiterai pour vous adresser quelques mots plus confidentiels sur la profonde impression que nous avons reçue, comme à Londres, de cette terrible mort du marquis de Londonderry, et aussi, par la même occasion, sur une affaire à laquelle vous semblez mettre un intérêt bien exagéré et bien exclusif. Le conseil du roi en a profité et a fixé à ces jours-ci, immédiatement après la clôture qui a eu lieu ce matin même, la discussion des directions principales à arrêter, des instructions à donner, de même des personnes à choisir : la première question est de savoir si elles seront une ou plusieurs. Vous avez exprimé quelque part, ce me semble, de l'étonnement que l'on pût songer à…, non pas à vous préférer à lui, vous savez très bien qu'il ne peut pas être sur la même ligne pour nous. Si, après le plus mûr examen, nous ne croyions pas possible de mettre à profit la bonne volonté que vous nous avez montrée très franchement à cet égard, il faudrait sans doute pour nous déterminer de graves motifs que je vous communiquerais avec la même franchise : l'ajournement est plutôt favorable à votre désir, en ce sens qu'il serait tout à fait inconvenable, et pour vous et pour nous, que vous quittassiez Londres d'ici à quelques semaines et avant la décision ministérielle qui ne laisse pas d'occuper tous les cabinets. Cela frappe tellement tout le monde que quelques amis me disaient l'autre jour : Si M. de Chateaubriand était venu tout de suite à Paris, il aurait été assez contrariant pour lui d'être obligé de repartir pour Londres. Nous attendons donc cette nomination importante au retour d'Édimbourg. Le chevalier Stuart[739] disait hier que sûrement le duc de

---

[738] Dans une lettre à Madame de Duras, Chateaubriand lui disait : « J'arrive des funérailles de ce pauvre homme. Nous étions tous rangés autour de la fosse dans cette vieille église de Westminster. Le duc de Wellington qui a vu tant de morts paraissait abattu ; lord Liverpool se cachait le visage dans son chapeau. Un groupe de radicaux, hors de l'église, a agité ses drapeaux et poussé des cris de joie, en voyant passer le cadavre. Le peuple n'a pas répondu et a paru indigné. Je verrai longtemps ce grand cercueil, qui renfermait cet homme égorgé de ses propres mains, au plus haut point de la prospérité. Il faut se faire trappiste. »
[739] Charles Stuart, né le 2 janvier 1779, remplit les fonctions d'ambassadeur d'Angleterre près la cour de France de 1815 à 1824 et de 1828 à 1830. Il fut élevé

Wellington irait au Congrès ; c'est ce qu'il nous importe de savoir le plus tôt possible. M. Hyde de Neuville est arrivé hier bien portant. J'ai été charmé de le voir. Je vous renouvelle, noble vicomte, tous mes inviolables sentiments.

« MONTMORENCY. »

Cette nouvelle lettre de M. de Montmorency, mêlée de quelques phrases ironiques, me confirma pleinement qu'il ne voulait pas de moi au Congrès.

Je donnai un dîner le jour de la Saint-Louis en l'honneur de Louis XVIII, et j'allai voir Hartwell en mémoire de l'exil de ce roi ; je remplissais un devoir plutôt que je ne jouissais d'un plaisir. Les infortunes royales sont maintenant si communes qu'on ne s'intéresse guère aux lieux que n'ont point habités le génie ou la vertu. Je ne vis dans le triste petit parc d'Hartwell que la fille de Louis XVI.

Enfin, je reçus tout à coup de M. de Villèle ce billet inattendu qui faisait mentir mes prévisions et mettait fin à mes incertitudes :
« 27 août 1822.

« Mon cher Chateaubriand, il vient d'être arrêté qu'aussitôt que les convenances relatives au retour du roi à Londres vous le permettront, vous serez autorisé à vous rendre à Paris, pour de là pousser jusqu'à Vienne ou jusqu'à Vérone comme un des trois plénipotentiaires chargés de représenter la France au Congrès. Les deux autres seront MM. de Caraman et de la Ferronnays ; ce qui n'empêche pas M. le vicomte de Montmorency de partir après-demain pour Vienne, afin d'y assister aux conférences qui pourront avoir lieu dans cette ville avant le Congrès. Il devra revenir à Paris lors du départ des souverains pour Vérone.

« Ceci pour vous seul. Je suis heureux que cette affaire ait pris la tournure que vous désiriez ; de cœur tout à vous. »

D'après ce billet, je me préparai à partir.

Cette foudre qui tombe sans cesse à mes pieds me suivait partout. Avec lord Londonderry expira la vieille Angleterre, jusqu'alors se débattant au milieu des innovations croissantes. Survint M. Canning : l'amour-propre l'emporta jusqu'à parler à la tribune la langue du propagandiste. Après lui parut le duc de Wellington, conservateur qui venait démolir : quand l'arrêt des sociétés est prononcé, la main qui devait élever ne sait qu'abattre. Lord Grey[740], O'Connell[741], tous ces ouvriers en

à la pairie en 1828 sous le litre de lord Stuart de Rothesay. Il mourut à sa terre de Highcliff (Hampshire) le 7 novembre 1845.
[740] Charles, 2e comte Grey, d'abord lord Horwick (1764-1845). Entré aux Communes dès sa majorité, et enrôlé dans les rangs des whigs par la belle duchesse de Devonshire, qui mettait ses séductions au service de son parti, il y prit position comme adversaire acharné de Pitt. Premier lord de l'amirauté en 1806, puis ministre des Affaires étrangères à la mort de Fox, il ne rentra aux affaires que

ruines, travaillèrent successivement à la chute des vieilles institutions. Réforme parlementaire, émancipation de l'Irlande, toutes choses excellentes en soi, devinrent, par l'insalubrité des temps, des causes de destruction. La peur accrut les maux : si l'on ne s'était pas si fort effrayé des menaces, ou eût pu résister avec un certain succès.

Qu'avait besoin l'Angleterre de consentir à nos derniers troubles ? Renfermée dans son île et dans ses inimitiés nationales, elle était à l'abri. Qu'avait besoin le cabinet de Saint-James de redouter la séparation de l'Irlande ? L'Irlande n'est que la chaloupe de l'Angleterre : coupez la corde, et la chaloupe, séparée du grand navire, ira se perdre au milieu des flots. Lord Liverpool avait lui-même de tristes pressentiments. Je dînais un jour chez lui : après le repas nous causâmes à une fenêtre qui s'ouvrait sur la Tamise ; on apercevait en aval de la rivière une partie de la cité dont le brouillard et la fumée élargissaient la masse. Je faisais à mon hôte l'éloge de la solidité de cette monarchie anglaise pondérée par le balancement égal de la liberté et du pouvoir. Le vénérable lord, levant et allongeant le bras, me montra de la main la cité et me dit : « Qu'y a-t-il de solide avec ces villes énormes ? Une insurrection sérieuse à Londres, et tout est perdu. »

Il me semble que j'achève une course en Angleterre, comme celle que je fis autrefois sur les débris d'Athènes, de Jérusalem, de Memphis et de Carthage. En appelant devant moi les siècles d'Albion, en passant de renommée en renommée, en les voyant s'abîmer tour à tour, j'éprouve une espèce de douloureux vertige. Que sont devenus ces jours éclatants et tumultueux où vécurent Shakespeare et Milton, Henri VIII et Élisabeth, Cromwell et Guillaume, Pitt et Burke ? Tout cela est fini ; supériorités et médiocrités, haines et amours, félicités et misères, oppresseurs et opprimés, bourreaux et victimes, rois et peuples, tout dort dans le même silence et la même poussière. Quel néant sommes-nous donc, s'il en est ainsi de la partie la plus vivante de l'espèce humaine, du génie qui reste comme une ombre des vieux temps dans les générations présentes, mais qui ne vit plus par lui-même, et qui ignore s'il a jamais été !

Combien de fois l'Angleterre, dans l'espace de quelques cents ans, a-t-elle été détruite ? À travers combien de révolutions n'a-t-elle point passé pour arriver au bord d'une révolution plus grande, plus profonde et qui

---

comme premier ministre à la chute de Wellington en 1830. Dans l'intervalle, il avait été appelé par la mort de son père à la Chambre des lords. Après avoir attaché son nom à la grande réforme parlementaire de 1832, il quitta le pouvoir en 1834 et se retira à peu près complètement de la vie publique.

741 Daniel O'Connell (1775-1847). Élu en 1828 membre de la Chambre des Communes, après une lutte acharnée contre le candidat protestant, il ne put siéger parce qu'il refusa de prêter le serment de Test ; mais, aussitôt après l'émancipation des catholiques, qu'il n'avait cessé de réclamer et qui était en réalité son œuvre, il entra à la Chambre (1830). Orateur admirable, ardent patriote, fervent catholique, le libérateur de l'Irlande restera l'une des plus grandes figures de ce siècle.

enveloppera la postérité ! J'ai vu ces fameux parlements britanniques dans toute leur puissance : que deviendront-ils ? J'ai vu l'Angleterre dans ses anciennes mœurs et dans son ancienne prospérité : partout la petite église solitaire avec sa tour, le cimetière de campagne de Gray, partout des chemins étroits et sablés, des vallons remplis de vaches, des bruyères marbrées de moutons, des parcs, des châteaux, des villes : peu de grands bois, peu d'oiseaux, le vent de la mer. Ce n'étaient pas ces champs de l'Andalousie où je trouvais les vieux chrétiens et les jeunes amours parmi les débris voluptueux du palais des Mores au milieu des aloès et des palmiers.

Quid dignum memorare tuis, Hispania, terris
Vox humana valet ?

« Quelle voix humaine, ô Espagne ! est digne de remémorer tes rivages ?[742] »

Ce n'était pas là cette Campagne romaine dont le charme irrésistible me rappelle sans cesse ; ces flots et ce soleil n'étaient pas ceux qui baignent et éclaire le promontoire sur lequel Platon enseignait ses disciples, ce Sunium où j'entendis chanter le grillon demandant en vain à Minerve le foyer des prêtres de son temple ; mais enfin, telle qu'elle était, cette Angleterre, entourée de ses navires, couverte de ses troupeaux et professant le culte de ses grands hommes, était charmante et redoutable.

Aujourd'hui ses vallées sont obscurcies par les fumées des forges et des usines, ses chemins changés en ornières de fer ; et sur ces chemins, au lieu de Milton et de Shakespeare, se meuvent des chaudières errantes. Déjà les pépinières de la science, Oxford et Cambridge, prennent un air désert : leurs collèges et leurs chapelles gothiques, demi-abandonnés, affligent les regards ; dans leurs cloîtres, auprès des pierres sépulcrales du moyen âge, reposent oubliées les annales de marbre des anciens peuples de la Grèce ; ruines qui gardent les ruines.

À ces monuments, autour desquels commençait à se former le vide, je laissais la partie des jours printaniers que j'avais retrouvée ; je me séparais une seconde fois de ma jeunesse, au même bord où je l'avais abandonnée

---

[742] Chateaubriand — ses Mémoires le prouvent de reste — aimait les citations. Sa conversation en abondait quand elle dépassait les monosyllabes ou les lieux communs de la politesse. « Il ne faut pas croire, » disait-il un jour, à Londres, à M. de Marcellus, « que l'art des citations soit à la portée de tous les petits esprits qui, ne trouvant rien chez eux, vont puiser chez les autres. C'est l'inspiration qui donne les citations heureuses. La Mémoire est une Muse, ou plutôt c'est la mère des Muses, que Ronsard fait parler ainsi :
« Grèce est notre pays, Mémoire est notre Muse.
« Les plus grands écrivains du siècle de Louis XIV se sont nourris de citations. » Chateaubriand et son temps, p. 286.

autrefois : Charlotte avait tout à coup réapparu comme cet astre, la joie des ombres, qui, retardé par le cours des mois, se lèverait au milieu de la nuit. Si vous n'êtes pas trop las, cherchez dans ces *Mémoires* l'effet que produisit sur moi en 1822 la vision subite de cette femme. Lorsqu'elle m'avait remarqué autrefois, je ne connaissais point ces autres Anglaises dont la troupe venait de m'environner à l'heure de mon renom et de ma puissance : leurs hommages ont eu la légèreté de ma fortune. Aujourd'hui, après seize nouvelles années évanouies depuis mon ambassade de Londres, après tant de nouvelles destructions, mes regards se reportent sur la fille du pays de Desdémone et de Juliette : elle ne compte plus dans ma mémoire que du jour où sa présence inattendue ralluma le flambeau de mes souvenirs. Nouvel Épiménide, réveillé après un long sommeil, j'attache mes regards sur un phare d'autant plus radieux que les autres sont éteints sur le rivage ; un seul excepté brillera longtemps après moi.

Je n'ai point achevé tout ce qui concerne Charlotte dans les pages précédentes de ces *Mémoires* : elle vint avec une partie de sa famille me voir en France, lorsque j'étais ministre en 1823. Par une de ces misères inexplicables de l'homme, préoccupé que j'étais d'une guerre d'où dépendait le sort de la monarchie française, quelque chose sans doute aura manqué à ma voix, puisque Charlotte, retournant en Angleterre, me laissa une lettre dans laquelle elle se montre blessée de la froideur de ma réception. Je n'ai osé ni lui écrire ni lui renvoyer des fragments littéraires qu'elle m'avait rendus et que j'avais promis de lui remettre augmentés. S'il était vrai qu'elle eût eu une raison véritable de se plaindre, je jetterais au feu ce que j'ai raconté de mon premier séjour outre-mer.

Souvent il m'est venu en pensée d'aller éclaircir mes doutes ; mais pourrais-je retourner en Angleterre, moi qui suis assez faible pour n'oser visiter le rocher paternel sur lequel j'ai marqué ma tombe ? J'ai peur maintenant des sensations : le temps, en m'enlevant mes jeunes années, m'a rendu semblable à ces soldats dont les membres sont restés sur le champ de bataille ; mon sang, ayant un chemin moins long à parcourir, se précipite dans mon cœur avec une affluence si rapide que ce vieil organe de mes plaisirs et de mes douleurs palpite comme prêt à se briser. Le désir de brûler ce qui regarde Charlotte, bien qu'elle soit traitée avec un respect religieux, se mêle chez moi à l'envie de détruire ces *Mémoires* : s'ils m'appartenaient encore, ou si je pouvais les racheter, je succomberais à la tentation. J'ai un tel dégoût de tout, un tel mépris pour le présent et pour l'avenir immédiat[743], une si ferme persuasion que les hommes désormais,

---

[743] Ce pessimisme, dont les Mémoires renferment de si nombreux témoignages, l'auteur ne se faisait pas faute de le manifester également, presque en toute rencontre, dans ses conversations. En 1844, un jour que M. de Marcellus et lui faisaient quelques pas ensemble dans son petit jardin de la rue du Bac, il dit à son ami : « Le fleuve de la monarchie s'est perdu dans le sang à la fin du siècle

pris ensemble comme public (et cela pour plusieurs siècles), seront pitoyables, que je rougis d'user mes derniers moments au récit des choses passées, à la peinture d'un monde fini dont on ne comprendra plus le langage et le nom.

L'homme est aussi trompé par la réussite de ses vœux que par leur désappointement : j'avais désiré, contre mon instinct naturel, aller au Congrès ; profitant d'une prévention à M. de Villèle, je l'avais amené à forcer la main de M. de Montmorency. Eh bien ! mon vrai penchant n'était pas pour ce que j'avais obtenu ; j'aurais eu sans doute quelque dépit si l'on m'eût contraint de rester en Angleterre ; mais bientôt l'idée d'aller voir madame Sutton, de faire le voyage des trois royaumes, l'eût emporté sur le mouvement d'une ambition postiche qui n'adhère point à ma nature. Dieu en ordonna autrement et je partis pour Vérone : de là le changement de ma vie, de là mon ministère, la guerre d'Espagne, mon triomphe, ma chute, bientôt suivie de celle de la monarchie.

Un des deux beaux enfants pour lesquels Charlotte m'avait prié de m'intéresser en 1822 vient de venir me voir à Paris : c'est aujourd'hui le capitaine Sutton ; il est marié à une jeune femme charmante, et il m'a appris que sa mère, très malade, a passé dernièrement un hiver à Londres.

Je m'embarquai à Douvres le 8 de septembre 1822, dans le même port d'où, vingt-deux ans auparavant, M. *La Sagne,* le Neuchâtelois, avait fait voile. De ce premier départ, au moment où je tiens la plume, trente-neuf années sont accomplies. Lorsqu'on regarde ou qu'on écoute sa vie passée, on croit voir sur une mer déserte la trace d'un vaisseau qui a disparu ; on croit entendre les glas d'une cloche dont on n'aperçoit point la vieille tour.

Ici vient se placer dans l'ordre des dates le *Congrès de Vérone*, que j'ai publié en deux volumes à part[744]. Si on avait par hasard envie de le relire, on peut le trouver partout. Ma guerre d'Espagne, le grand événement politique de ma vie, était une gigantesque entreprise. La légitimité allait pour la première fois brûler de la poudre sous le drapeau blanc, tirer son premier coup de canon après ces coups de canon de l'empire qu'entendra la dernière postérité. Enjamber d'un pas les Espagnes, réussir sur le même sol où naguère les armées d'un conquérant avaient eu des revers, faire en six mois ce qu'il n'avait pu faire en sept ans, qui aurait pu prétendre à ce prodige ? C'est pourtant ce que j'ai fait ; mais par combien de malédictions ma tête a été frappée à la table de jeu où la Restauration m'avait assis !

---

dernier. Entraînés par les courants de la démocratie, à peine depuis avons-nous fait quelques haltes sur la boue des écueils. Mais le torrent nous submerge : et c'en est fait en France de la vraie liberté politique et de la dignité de l'homme. »
[744] Congrès de Vérone, Guerre d'Espagne, Négociations, Colonies espagnoles, par M. de Chateaubriand. Deux volumes in-8o, Paris, chez Delloye. 1838.

Imp. Dumas Vorxet

MADAME RÉCAMIER

J'avais devant moi une France ennemie des Bourbons et deux grands ministres étrangers, le prince de Metternich et M. Canning. Il ne se passait pas de jour que je ne reçusse des lettres qui m'annonçaient une catastrophe, car la guerre avec l'Espagne n'était pas du tout populaire, ni en France, ni en Europe. En effet, quelque temps après mes succès dans la Péninsule, ma chute ne tarda pas à arriver.

Dans notre ardeur après la dépêche télégraphique qui annonçait la délivrance du roi d'Espagne, nous autres ministres nous courûmes au château. Là j'eus un pressentiment de ma chute : je reçus sur la tête un seau d'eau froide qui me fit rentrer dans l'humilité de mes habitudes. Le roi et Monsieur ne nous aperçurent point. Madame la duchesse d'Angoulême, éperdue du triomphe de son mari, ne distinguait personne. Cette victime immortelle écrivit sur la délivrance de Ferdinand une lettre terminée par cette exclamation sublime dans la bouche de la fille de Louis XVI : « Il est donc prouvé qu'on peut sauver un roi malheureux ! »

Le dimanche, je retournai avant le conseil faire ma cour à la famille royale ; l'auguste princesse dit à chacun de mes collègues un mot obligeant : elle ne m'adressa pas une parole. Je ne méritais pas sans doute un tel honneur. Le silence de l'orpheline du Temple ne peut jamais être ingrat : le Ciel a droit aux adorations de la terre et ne doit rien à personne.

Je traînai ensuite jusqu'à la Pentecôte ; pourtant mes amis n'étaient pas sans inquiétude ; ils me disaient souvent : Vous serez renvoyé demain. Tout à l'heure si l'on veut, répondais-je. Le jour de la Pentecôte, 6 juin 1824, j'étais arrivé dans les premiers salons de Monsieur : un huissier vint me dire qu'on me demandait. C'était Hyacinthe, mon secrétaire. Il m'annonça en me voyant que je n'étais plus ministre. J'ouvris le paquet qu'il me présentait ; j'y trouvai ce billet de M. de Villèle :

« Monsieur le vicomte,

« J'obéis aux ordres du roi en transmettant de suite à Votre Excellence une ordonnance que Sa Majesté vient de rendre.

« Le sieur comte de Villèle, président de notre conseil des ministres, est chargé par intérim du portefeuille des affaires étrangères, en remplacement du sieur vicomte de Chateaubriand. »

Cette ordonnance était écrite de la main de M. de Rainneville[745], assez bon pour en être encore embarrassé devant moi. Eh ! mon Dieu ! est-ce que je connais M. de Rainneville ? Est-ce que j'ai jamais songé à lui ? Je le rencontre assez souvent. S'est-il jamais aperçu que je savais que l'ordonnance qui m'avait rayé de la liste des ministres était écrite de sa main ?

El pourtant qu'avais-je fait ? Où étaient mes intrigues et mon ambition ? Avais-je désiré la place de M. de Villèle en allant seul et caché me promener au fond du bois de Boulogne ? Ce fut cette vie étrange qui me perdit. J'avais la simplicité de rester tel que le ciel m'avait fait, et, parce que je n'avais envie de rien, on crut que je voulais tout. Aujourd'hui, je conçois très bien que ma vie à part était une grande faute. Comment ! vous ne voulez rien être ? Allez-vous-en ! Nous ne voulons pas qu'un homme méprise ce que nous adorons, et qu'il se croie en droit d'insulter à la médiocrité de notre vie.

Les embarras de la richesse et les inconvénients de la misère me suivirent dans mon logement de la rue de l'Université : le jour de mon congé, j'avais au ministère un immense dîner prié ; il me fallut envoyer des excuses aux convives, et faire replier dans ma petite cuisine à deux maîtres trois grands services préparés pour quarante personnes. Montmirel et ses aides se mirent à l'ouvrage, et, nichant casseroles, lèchefrites et bassines dans tous les coins, il mit son chef-d'œuvre réchauffé à l'abri. Un vieil ami vint partager mon premier repas de matelot mis à terre. La ville et la cour accoururent, car il n'y eut qu'un cri sur l'outrecuidance de mon renvoi après le service que je venais de rendre ; on était persuadé que ma disgrâce

---

[745] Alphonse-Valentin Vaysse, vicomte de Rainneville (1798-1864). Il était en 1824 maître des requêtes, directeur des bureaux près le ministre des finances, et l'un des plus habiles collaborateurs de M. de Villèle, qui ne tarda pas à en faire un conseiller d'État. Député de la Loire, de 1846 à 1848, il fit une opposition modérée au ministère Guizot, et quitta la vie politique à la révolution de février.

serait de courte durée ; on se donnait l'air de l'indépendance en consolant un malheur de quelques jours, au bout desquels on rappellerait fructueusement à l'infortuné revenu en puissance qu'on ne l'avait point abandonné.

On se trompait ; on en fut pour les frais de courage : on avait compté sur ma platitude, sur mes pleurnicheries, sur mon ambition de chien couchant, sur mon empressement à me déclarer moi-même coupable, à faire le pied de grue auprès de ceux qui m'avaient chassé : c'était mal me connaître. Je me retirai sans réclamer même le traitement qui m'était dû, sans recevoir ni une faveur ni une obole de la cour ; je fermai ma porte à quiconque m'avait trahi ; je refusai la foule condoléante et je pris les armes. Alors tout se dispersa ; le blâme universel éclata, et ma partie, qui d'abord avait semblé belle aux salons et aux antichambres, parut effroyable.

Après mon renvoi, n'eussé-je pas mieux fait de me taire ? La brutalité du procédé ne m'avait-elle pas fait revenir le public ? M. de Villèle a répété que la lettre de destitution avait été retardée ; par ce hasard, elle avait eu le malheur de ne m'être rendue qu'au château ; peut-être en fut-il ainsi ; mais, quand on joue, on doit calculer les chances de la partie ; on doit surtout ne pas écrire à un ami de quelque valeur une lettre telle qu'on rougirait d'en adresser une semblable au valet coupable qu'on jetterait sur le pavé, sans convenances et sans remords. L'irritation du parti Villèle était d'autant plus grande contre moi, qu'il voulait s'approprier mon ouvrage, et que j'avais montré de l'entente dans des matières qu'on m'avait supposé ignorer.

Sans doute, avec du silence et de la modération (comme on disait), j'aurais été loué de la race en adoration perpétuelle du portefeuille ; en faisant pénitence de mon innocence, j'aurais préparé ma rentrée au conseil. C'eût été mieux dans l'ordre commun ; mais c'était me prendre pour l'homme que point ne suis ; c'était me supposer le désir de ressaisir le timon de l'État, l'envie de faire mon chemin ; désir et envie qui dans cent mille ans ne m'arriveraient pas.

L'idée que j'avais du gouvernement représentatif me conduisit à entrer dans l'opposition ; l'opposition systématique me semble la seule propre à ce gouvernement ; l'opposition surnommée de *conscience* est impuissante. La conscience peut arbitrer un fait *moral,* elle ne juge point d'un fait *intellectuel.* Force est de se ranger sous un chef, appréciateur des bonnes et des mauvaises lois. N'en est-il ainsi, alors tel député prend sa bêtise pour sa conscience et la met dans l'urne. L'opposition dite de *conscience* consiste à flotter entre les partis, à ronger son frein, à voter même, selon l'occurrence, pour le ministère, à se faire magnanime en enrageant ; opposition d'imbécillités mutines chez les soldats, de capitulations ambitieuses parmi les chefs. Tant que l'Angleterre a été saine, elle n'a jamais eu qu'une opposition systématique : on entrait et l'on sortait avec ses amis ; en quittant le portefeuille on se plaçait sur le banc des attaquants. Comme on était censé s'être retiré pour n'avoir pas voulu accepter un système, ce système étant resté près de la couronne devait être nécessairement combattu. Or, les hommes ne représentant que des principes, l'opposition systématique ne voulait emporter que les *principes,* lorsqu'elle livrait l'assaut aux *hommes*[746].

Ma chute fit grand bruit : ceux qui se montraient les plus satisfaits en blâmaient la forme. J'ai appris depuis que M. de Villèle hésita ; M. de Corbière décida la question : « S'il rentre par une porte au conseil, dut-il dire, je sors par l'autre[747]. » On me laissa sortir : il était tout simple qu'on me préférât M. de Corbière. Je ne lui en veux pas : je l'importunais, il m'a fait chasser : il a bien fait.

Le lendemain de mon renvoi et les jours suivants, on lut dans le *Journal des Débats* ces paroles si honorables pour MM. Bertin :

« C'est pour la seconde fois que M. de Chateaubriand subit l'épreuve d'une destitution solennelle.

« Il fut destitué en 1816, comme ministre d'État, pour avoir attaqué, dans son immortel ouvrage de *la Monarchie selon la Charte,* la fameuse ordonnance du 5 septembre, qui prononçait la dissolution de la Chambre introuvable de 1815. MM. de Villèle et Corbière étaient alors de simples députés, chefs de l'opposition royaliste, et c'est pour avoir embrassé leur défense que M. de Chateaubriand devint la victime de la colère ministérielle.

---

[746] Ce petit couplet en l'honneur de l'opposition systématique n'est pas seulement très spirituel, il exprime encore une idée très juste et très vraie. Un des hommes qui ont le plus étudié et le mieux connu la théorie et la pratique du gouvernement représentatif, M. de Cormenin, dans son Livre des Orateurs, ne parle pas autrement que Chateaubriand : « Vous dites que vous êtes indépendants et que vous ne relevez que de votre conscience. C'est fier ! c'est beau ! Mais votre prétendue conscience n'est que de l'orgueil, votre prétendue indépendance n'est que de l'anarchie. Autant de têtes, autant d'opinions ; autant de soldats, autant de capitaines. Je vois des combattants, mais point d'armée ; je vois des opposants, mais point d'opposition. Sachez donc que toute opposition qui n'est pas systématique n'a pas de caractère, de principe, d'influence, de but, ni même de nom. Elle ne fait pas les affaires de la France, elle ne fait pas même les siennes. C'est un bariolage de couleurs rouges, bleues, jaunes, blanches, vertes, avec leurs teintes plus ou moins foncées. Le merveilleux tableau que cela fait ! » (Tome I, p. 64.)

[747] Le mot que rapporte ici Chateaubriand fut dit, non par M. de Corbière, mais par le baron de Damas, ministre de la guerre. On lit dans les Mémoires du comte de Villèle : « Après la signature du renvoi de M. de Chateaubriand, je dus assigner à mes collègues une réunion du conseil après la messe et la réception du Roi. Grande fut notre surprise d'entendre le baron de Damas se féliciter hautement de ce qui venait d'avoir lieu, en déclarant que si le Roi n'avait pas pris ce parti, il était bien résolu à signifier, à la première occasion, à M. de Chateaubriand, qu'il fallait que l'un des deux quittât le conseil. »

« En 1824, M. de Chateaubriand est encore destitué, et c'est par MM. de Villèle et Corbière, devenus ministres, qu'il est sacrifié. Chose singulière ! en 1816, il fut puni d'avoir parlé ; en 1824, on le punit de s'être tu ; son crime est d'avoir gardé le silence dans la discussion sur la loi des rentes. Toutes les disgrâces ne sont pas des malheurs ; l'opinion publique, juge suprême, nous apprendra dans quelle classe il faut placer M. de Chateaubriand ; elle nous apprendra aussi à qui l'ordonnance de ce jour aura été le plus fatale, ou du vainqueur ou du vaincu.

« Qui nous eût dit, à l'ouverture de la session, que nous gâterions ainsi tous les résultats de l'entreprise d'Espagne ? Que nous fallait-il cette année ? Rien que la loi sur la septennalité (mais la loi complète) et le budget. Les affaires de l'Espagne, de l'Orient et des Amériques, conduites comme elles l'étaient, prudemment et en silence, seraient éclaircies ; le plus bel avenir était devant nous ; on a voulu cueillir un fruit vert ; il n'est pas tombé, et on a cru remédier à de la précipitation par de la violence.

« La colère et l'envie sont de mauvais conseillers ; ce n'est pas avec les passions et en marchant par saccades que l'on conduit les États.

« *P.-S.* La loi sur la septennalité a passé, ce soir, à la Chambre des députés. On peut dire que les doctrines de M. de Chateaubriand triomphent après sa sortie du ministère. Cette loi, qu'il avait conçue depuis longtemps, comme complément de nos institutions, marquera à jamais, avec la guerre d'Espagne, son passage dans les affaires. On regrette bien vivement que M. de Corbière ait enlevé la parole, samedi, à celui qui était alors son illustre collègue. La Chambre des pairs aurait au moins entendu le chant du cygne.

« Quant à nous, c'est avec le plus vif regret que nous rentrons dans une carrière de combats, dont nous espérions être à jamais sortis par l'union des royalistes ; mais l'honneur, la fidélité politique, le bien de la France, ne nous ont pas permis d'hésiter sur le parti que nous devions prendre. »

Le signal de la réaction fut ainsi donné. M. de Villèle n'en fut pas d'abord trop alarmé ; il ignorait la force des opinions. Plusieurs années furent nécessaires pour l'abattre, mais enfin il tomba.

Je reçus du président du conseil une lettre qui réglait tout, et qui prouvait, à ma grande simplicité, que je n'avais rien pris de ce qui rend un homme respecté et respectable :

« Paris, 16 juin 1824.

« Monsieur le vicomte,

« Je me suis empressé de soumettre à Sa Majesté l'ordonnance par laquelle il vous est accordé décharge pleine et entière des sommes que vous avez reçues du trésor royal, pour dépenses secrètes, pendant tout le temps de votre ministère.

« Le roi a approuvé toutes les dispositions de cette ordonnance que j'ai l'honneur de vous transmettre ci-jointe en original.

« Agréez, monsieur le vicomte, etc. »

Mes amis et moi, nous expédiâmes une prompte correspondance :
M. DE CHATEAUBRIAND À M. DE TALARU[748].

« Paris, 9 juin 1824.

« Je ne suis plus ministre, mon cher ami ; on prétend que vous l'êtes. Quand je vous obtins l'ambassade de Madrid, je dis à plusieurs personnes qui s'en souviennent encore : « Je viens de nommer mon successeur. » Je désire avoir été prophète. C'est M. de Villèle qui a le portefeuille par intérim.

« CHATEAUBRIAND. »

M. DE CHATEAUBRIAND À M. DE RAYNEVAL[749].

« Paris, 16 juin 1824.

« J'ai fini, monsieur ; j'espère que vous en avez encore pour longtemps. J'ai tâché que vous n'eussiez pas à vous plaindre de moi.

« Il est possible que je me retire à Neuchâtel, en Suisse ; si cela arrive, demandez pour moi d'avance à Sa Majesté prussienne sa protection et ses bontés : offrez mon hommage au comte de Bernstorff, mes amitiés à M. Ancillon, et mes compliments à tous vos secrétaires. Vous, monsieur, je vous prie de croire à mon dévouement et à mon attachement très sincère.

« CHATEAUBRIAND. »

M. DE CHATEAUBRIAND À M. DE CARAMAN[750].

« Paris, 22 juin 1824.

« J'ai reçu, monsieur le marquis, vos lettres du 11 de ce mois. D'autres que moi vous apprendront la route que vous aurez à suivre désormais ; si elle est conforme à ce que vous avez entendu, elle vous mènera loin. Il est probable que ma destitution fera grand plaisir à M. de Metternich pendant une quinzaine de jours.

« Recevez, monsieur le marquis, mes adieux et la nouvelle assurance de mon dévouement et de ma haute considération.

---

[748] Louis-Justin-Marie, marquis de Talaru (1769-1850), pair de France et maréchal de camp. Il était ambassadeur à Madrid.

[749] François-Joseph-Maximilien Gérard, comte de Rayneval (1778-1836). Il était alors ambassadeur à Berlin. Quand éclata la révolution de juillet, il était ambassadeur à Vienne. Rappelé à Paris, il se tint d'abord à l'écart, mais ne tarda pas à se rallier au nouveau gouvernement. Casimir Périer le fit nommer ambassadeur à Madrid (février 1832). Sa santé s'étant gravement altérée en Espagne, il succomba, à Sainte-Ildefonse, le 16 août 1836, au cours d'un voyage qu'il fit pour rejoindre la reine Isabelle.

[750] Victor-Louis-Charles Riquet, marquis, puis duc de Caraman (1762-1839). Il était depuis 1816 ambassadeur à Vienne. Pair de France depuis 1815, maréchal de camp depuis 1830, il se rallia au gouvernement issu de la révolution de juillet. Malgré son grand âge, il accompagna le maréchal Clausel dans l'expédition de Constantine (octobre 1837), et vit périr, devant cette place, Victor de Caraman, son fils, qui commandait l'artillerie de siège.

« CHATEAUBRIAND. »
M. DE CHATEAUBRIAND À M. DE NEUVILLE[751].

« Paris, le 22 juin 1824.

« Vous aurez sans doute appris ma destitution. Il ne me reste qu'à vous dire combien j'étais heureux d'avoir avec vous des relations que l'on vient de briser. Continuez, monsieur et ancien ami, à rendre des services à votre pays, mais ne comptez pas trop sur la reconnaissance, et ne croyez pas que vos succès soient une raison pour vous maintenir au poste où vous vous faites tant d'honneur.

« Je vous souhaite, monsieur, tout le bonheur que vous méritez, et je vous embrasse.

« P.-S. — Je reçois à l'instant votre lettre du 5 de ce mois, où vous m'apprenez l'arrivée de M. de Mérona. Je vous remercie de votre bonne amitié ; soyez sûr que je n'ai cherché que cela dans vos lettres.
« CHATEAUBRIAND[752]. »
M. DE CHATEAUBRIAND À M. LE COMTE DE SERRE[753].

« Paris, le 23 juin 1824.

« Ma destitution vous aura prouvé, monsieur le comte, mon impuissance à vous servir ; il ne me reste qu'à faire des souhaits pour vous voir où vos talents vous appellent. Je me retire, heureux d'avoir contribué à rendre à la France son indépendance militaire et politique, et d'avoir introduit la septennalité dans son système électoral ; elle n'est pas telle que je l'aurais voulue ; le changement d'âge en était une conséquence nécessaire ; mais enfin le principe est posé ; le temps fera le reste, si toutefois il ne défait pas. J'ose me flatter, monsieur le comte, que vous

---

[751] Ambassadeur de France à Lisbonne.

[752] Un an plus tard, le 3 juillet 1825, le baron Hyde de Neuville annonçait à son tour à son ami Chateaubriand que son ambassade venait de lui être enlevée :
« Mon noble ami,
« Vous m'avez annoncé votre sortie du ministère. Je vous fais savoir à mon tour que je ne suis plus ambassadeur.
« On me frappe parce que je vous ai suivi. Tant mieux, cela doit resserrer nos liens d'amitié ; que Dieu soit loué, le Roi béni !
« The king can do wrong.
« Tout à vous,
« Hyde de Neuville. »
Il reçut la réponse suivante :
« Bravo ! mon cher ami, qu'ils s'en prennent à des hommes comme vous, et ils n'iront pas loin. Je ne puis vous offrir par quartiers les cinq mille francs que vous aviez mis à ma disposition ; mais j'ai encore quelques assiettes de porcelaine à votre service, et si vous en avez besoin, nous les vendrons.
« Pauvre France ! À vous plus que jamais.
« Chateaubriand. »
[753] Ambassadeur à Naples.

n'avez pas eu à vous plaindre de nos relations ; et moi je me féliciterai toujours d'avoir rencontré dans les affaires un homme de votre mérite.

« Recevez, avec mes adieux, etc.

« CHATEAUBRIAND. »

M. DE CHATEAUBRIAND À M. DE LA FERRONNAYS[754].

« Paris, le 24 juin 1824.

« Si par hasard vous étiez encore à Saint-Pétersbourg, monsieur le comte, je ne veux pas terminer notre correspondance sans vous dire toute l'estime et toute l'amitié que vous m'avez inspirées : portez-vous bien ; soyez plus heureux que moi, et croyez que vous me retrouverez dans toutes les circonstances de la vie. J'écris un mot à l'empereur.

« CHATEAUBRIAND[755]. »

La réponse à cet adieu m'arriva dans les premiers jours d'août. M. de La Ferronnays avait consenti aux fonctions d'ambassadeur sous mon ministère ; plus tard je devins à mon tour ambassadeur sous le ministère de M. de La Ferronnays : ni l'un ni l'autre n'avons cru monter ou descendre. Compatriotes et amis, nous nous sommes rendu mutuellement justice. M. de La Ferronnays a supporté les plus rudes épreuves sans se plaindre ; il est resté fidèle à ses souffrances et à sa noble pauvreté. Après ma chute, il a agi pour moi à Pétersbourg comme j'aurais agi pour lui : un honnête homme est toujours sûr d'être compris d'un honnête homme. Je suis heureux de produire ce touchant témoignage du courage, de la loyauté et de l'élévation d'âme de M. de La Ferronnays. Au moment où je reçus ce billet, il me fut une compensation très supérieure aux faveurs capricieuses et banales de la fortune. Ici seulement, pour la première fois, je crois devoir violer le secret honorable que me recommandait l'amitié.

---

[754] Ambassadeur à Saint-Pétersbourg.

[755] Chateaubriand eut sans doute à écrire bien d'autres lettres à l'occasion de son renvoi du ministère. Au comte de Montlosier, son ancien camarade d'émigration à Londres, qui lui avait fait parvenir, du fond de son Auvergne, une lettre de condoléances, il répondait, le 20 juin 1824, par ce joli billet :

« Je vous remercie, mon ancien ami. Si vous aviez été à Paris, j'aurais reçu avec reconnaissance les conseils de votre expérience et de vos lumières. Vos troupeaux sont moins difficiles à gouverner que ceux que je conduisais. Il vous reste au moins une montagne et des moutons. Moi, je n'ai qu'un grenier et deux chattes qui regretteront, je vous assure, plus que moi, le ministère. Il est dur de passer d'un perdreau à une souris. Aussi j'entre dans leurs peines. Au reste, vous voyez que l'on m'a mis à la porte, comme si j'avais volé la montre du roi sur la cheminée. Si vous entendez dire cela dans votre Auvergne, défendez-moi, je vous prie. Je vous assure que je suis sorti du ministère les mains nettes. Conservez-moi bien votre amitié et comptez à jamais sur la mienne.

« Chateaubriand. ».

M. DE LA FERRONNAYS À M. DE CHATEAUBRIAND.

« Saint-Pétersbourg, le 4 juillet 1824.

« Le courrier russe arrivé avant-hier m'a remis votre petite lettre du 16 ; elle devient pour moi une des plus précieuses de toutes celles que j'ai eu le bonheur de recevoir de vous ; je la conserve comme un titre dont je m'honore, et j'ai la ferme espérance et l'intime conviction que bientôt je pourrai vous le présenter dans des circonstances moins tristes. J'imiterai, monsieur le vicomte, l'exemple que vous me donnez, et ne me permettrai aucune réflexion sur l'événement qui vient de rompre d'une manière si brusque et si peu attendue les rapports que le service établissait entre vous et moi ; la nature même de ces rapports, la confiance dont vous m'honoriez, enfin des considérations bien plus graves, puisqu'elles ne sont pas exclusivement personnelles, vous expliqueront assez les motifs et toute l'étendue de mes regrets. Ce qui vient de se passer reste encore pour moi entièrement inexplicable ; j'en ignore absolument les causes, mais j'en vois les effets ; ils étaient si faciles, si naturels à prévoir, que je suis étonné que l'on ait si peu craint de les braver. Je connais trop cependant la noblesse des sentiments qui vous animent, et la pureté de votre patriotisme, pour n'être pas bien sûr que vous approuverez la conduite que j'ai cru devoir suivre dans cette circonstance ; elle m'était commandée par mon devoir, par mon amour pour mon pays, et même par l'intérêt de votre gloire ; et vous êtes trop Français pour accepter, dans la situation où vous vous trouvez, la protection et l'appui des étrangers. Vous avez pour jamais acquis la confiance et l'estime de l'Europe ; mais c'est la France que vous servez, c'est à elle seule que vous appartenez ; elle peut être injuste ; mais ni vous ni vos véritables amis ne souffriront jamais que l'on rende votre cause moins pure et moins belle en confiant sa défense à des voix étrangères. J'ai donc fait taire toute espèce de sentiments et de considérations particulières devant l'intérêt général ; j'ai prévenu des démarches dont le premier effet devait être de susciter parmi nous des divisions dangereuses, et de porter atteinte à la dignité du trône. C'est le dernier service que j'aie rendu ici avant mon départ ; vous seul, monsieur le vicomte, en aurez la connaissance ; la confidence vous en était due, et je connais trop la noblesse de votre caractère pour n'être pas bien sûr que vous me garderez le secret, et que vous trouverez ma conduite, dans cette circonstance, conforme aux sentiments que vous avez le droit d'exiger de ceux que vous honorez de votre estime et de votre amitié.

« Adieu, monsieur le vicomte : si les rapports que j'ai eu le bonheur d'avoir avec vous ont pu vous donner une idée juste de mon caractère, vous devez savoir que ce ne sont point les changements de situation qui peuvent influencer mes sentiments, et vous ne douterez jamais de l'attachement et du dévouement de celui qui, dans les circonstances actuelles, s'estime le plus heureux des hommes d'être placé par l'opinion au nombre de vos amis.

« MM. de Fontenay et de Pontcarré sentent vivement le prix du souvenir que vous voulez bien leur conserver : témoins, ainsi que moi, de l'accroissement de considération que la France avait acquis depuis votre entrée au ministère, il est tout simple qu'ils partagent mes sentiments et mes regrets. »

Je commençai le combat de ma nouvelle opposition immédiatement après ma chute ; mais il fut interrompu par la mort de Louis XVIII, et il ne reprit vivement qu'après le sacre de Charles X. Au mois de juillet, je rejoignis à Neuchâtel madame de Chateaubriand qui était allée m'y attendre. Elle avait loué une cabane au bord du lac. La chaîne des Alpes se déroulait nord et sud à une grande distance devant nous ; nous étions adossés contre le Jura dont les flancs noircis de pins montaient à pic sur nos têtes. Le lac était désert ; une galerie de bois me servait de promenoir. Je me souvenais de milord Maréchal[756]. Quand je montais au sommet du Jura, j'apercevais le lac de Bienne aux brises et aux flots de qui J.-J. Rousseau doit une de ses plus heureuses inspirations. Madame de Chateaubriand alla visiter Fribourg et une maison de campagne que l'on nous avait dit charmante, et qu'elle trouva glacée, quoiqu'elle fût surnommée la *Petite Provence*. Un maigre chat noir, demi-sauvage, qui pêchait de petits poissons en plongeant sa patte dans un grand seau rempli de l'eau du lac, était toute ma distraction. Une vieille femme tranquille, qui tricotait toujours, faisait, sans bouger de sa chaise, notre festin dans une huguenote[757]. Je n'avais pas perdu l'habitude du repas du rat des champs.

Neuchâtel avait eu ses beaux jours ; il avait appartenu à la duchesse de Longueville ; J.-J. Rousseau s'était promené en habit d'Arménien sur ses monts, et madame de Charrière[758], si délicatement observée par M. de

---

[756] Lord Keith (1685-1778), maréchal héréditaire d'Écosse, plus connu sous le nom de Milord Maréchal. S'étant déclaré pour les Stuarts, il avait dû quitter la Grande-Bretagne et s'était retiré en Prusse, où il avait gagné l'amitié de Frédéric II. Il était gouverneur de Neuchâtel, lorsque Rousseau, chassé de France, de Genève et du canton de Berne, vint se réfugier à Motiers-Travers au mois de juillet 1762. Milord Maréchal ne se borna pas à le couvrir de sa protection, allant jusqu'à l'appeler son fils ; il lui assura une rente viagère de six cents livres, dont quatre cents reversibles sur la tête de Mlle Le Vasseur, la compagne de Rousseau. D'Alembert a écrit un Éloge de Milord Maréchal (1779).

[757] Marmite de terre sans pieds où l'on fait cuire les viandes sans bruit, sur un fourneau, parce qu'on prétend que les huguenots de France avaient cette précaution pour éviter le scandale aux jours défendus (Dictionnaire de Littré).

[758] Isabelle-Agnès Van Tuyll, Mme de Saint-Hyacinthe de Charrière, née en 1745 à Utrecht. En 1767, elle épousa l'instituteur de son frère, de Charrière, gentilhomme vaudois, et alla résider avec lui en Suisse, près de Neuchâtel. Elle écrivit là, pour elle et pour ses amis, plutôt que pour le public, des romans dont la réputation ne se fit qu'après sa mort. Son premier ouvrage, les Lettres Neuchâteloises (1784), est un chef-d'œuvre, au jugement de Sainte-Beuve : « Un pathétique discret et doucement profond, dit-il, s'y mêle à la vérité railleuse, au ton naïf des

Sainte-Beuve, en avait décrit la société dans les *Lettres Neuchâteloises* : mais *Juliane,* mademoiselle de *La Prise, Henri Meyer*[759]*,* n'étaient plus là ; je n'y voyais que le pauvre Fauche-Borel[760], de l'ancienne émigration : il se jeta bientôt après par sa fenêtre. Les jardins peignés de M. Pourtalès[761] ne me charmaient pas plus qu'un rocher anglais élevé de main d'homme dans une vigne voisine en regard du Jura. Berthier, dernier prince de Neuchâtel[762], de par Bonaparte, était oublié malgré son petit Simplon du Val-de-Travers, et quoiqu'il se fût brisé le crâne de la même façon que Fauche-Borel.

La maladie du roi me rappela à Paris. Le roi mourut le 16 septembre, quatre mois à peine après ma destitution. Ma brochure ayant pour titre : *Le roi est mort : vive le roi !* dans laquelle je saluais le nouveau souverain[763], opéra pour Charles X ce que ma brochure *De Bonaparte et des*

---

personnages, à la vie familière et de petite ville prise sur le fait. Quelque chose du détail hollandais... avec une rapidité bien française... Rien qui sente l'auteur ; rien même qui sente le peintre. » Vinrent ensuite plusieurs autres romans, dont les meilleurs sont : Caliste ou Lettres écrites de Lausanne (1786), et les Trois femmes (1797). Sainte-Beuve a consacré à Mme de Charrière, dans ses Portraits de femmes, une de ses plus pénétrantes études.

[759] Personnages des Lettres Neuchâteloises.

[760] Louis Fauche-Borel (1762-1829) était imprimeur à Neuchâtel au moment de la Révolution française. Il se voua à la cause des Bourbons et fut jusqu'en 1814 un de leurs agents les plus actifs ; il leur servit notamment d'intermédiaire auprès de Pichegru, de Barras et de Moreau. Emprisonné sous le Directoire, jeté au Temple sous le Consulat, il ne sortit de cette dernière prison, après 18 mois de captivité, que sur la demande du roi de Prusse, qui le réclama comme un de ses sujets. Après la Restauration, il ne fut payé que d'ingratitude et retourna à Neuchâtel, où il vécut dans la misère et où il mit fin à ses jours en se précipitant par une fenêtre, comme le dit Chateaubriand. Il a laissé des Mémoires (1830, 4 vol. in-8o), qui renferment de curieuses révélations.

[761] Louis, comte de Pourtalès (1773-1848), gouverneur de Neuchâtel. Il était aussi riche que son compatriote Fauche-Borel était pauvre. Son père avait fait dans le commerce une fortune qui dépassait cent millions.

[762] Le maréchal Berthier avait été créé, le 31 mars 1806, prince souverain de Neuchâtel. En même temps, Napoléon lui faisait épouser la nièce du roi de Bavière ; en 1809, il le nommait vice-connétable et prince de Wagram. Berthier n'en fut pas moins des plus empressés à abandonner l'Empereur en 1814. À l'époque des Cent-Jours, il se retira à Bamberg, en Bavière, et, le 1er juin 1815, dans un accès de folie, il se précipita des fenêtres du château sur le pavé et se tua.

[763] Dans cette brochure, Chateaubriand parlait en ces termes de la mort de Louis XVIII : « Depuis longtemps, il est donné au peuple le plus brave d'avoir à sa tête les princes qui meurent le mieux : par les exemples de l'Histoire, on serait autorisé à dire : mourir comme un Bourbon, pour exprimer tout ce qu'un homme peut mettre de magnanimité dans sa dernière heure. Louis XVIII n'a point démenti cette intrépidité de famille. Après avoir reçu le saint Viatique au milieu de sa cour, le fils aîné de l'église a béni d'une main défaillante, mais d'un front serein, ce frère encore appelé à un lit funèbre, ce neveu qu'il nommait le fils de son choix, cette nièce deux fois orpheline, et cette veuve deux fois mère. »

Bourbons avait opéré pour Louis XVIII. J'allai chercher madame de Chateaubriand à Neuchâtel, et nous vînmes à Paris loger rue du Regard. Charles X popularisa l'ouverture de son règne par l'abolition de la censure ; le sacre eut lieu au printemps de 1825. « *Jà commençoient les abeilles à bourdonner, les oiseaux à rossignoler et les agneaux à sauteler.* »

Je trouve parmi mes papiers les pages suivantes écrites à Reims :
« Reims, 26 mai 1825.

« Le roi arrive après-demain : il sera sacré dimanche 29 ; je lui verrai mettre sur la tête une couronne à laquelle personne ne pensait en 1814 quand j'élevai la voix. J'ai contribué à lui ouvrir les portes de la France ; je lui ai donné des défenseurs, en conduisant à bien l'affaire d'Espagne ; j'ai fait adopter la Charte, et j'ai su retrouver une armée, les deux seules choses avec lesquelles le roi puisse régner au dedans et au dehors : quel rôle m'est réservé au sacre ? celui d'un proscrit. Je viens recevoir dans la foule un cordon prodigué, que je ne tiens pas même de Charles X. Les gens que j'ai servis et placés me tournent le dos. Le roi tiendra mes mains dans les siennes ; il me verra à ses pieds sans être ému, quand je prêterai mon serment, comme il me voit sans intérêt recommencer mes misères. Cela me fait-il quelque chose ? Non. Délivré de l'obligation d'aller aux Tuileries, l'indépendance compense tout pour moi.

« J'écris cette page de mes *Mémoires* dans la chambre où je suis oublié au milieu du bruit. J'ai visité ce matin Saint-Rémi et la cathédrale décorée de papier peint. Je n'aurai eu une idée claire de ce dernier édifice que par les décorations de la *Jeanne d'Arc* de Schiller, jouée devant moi à Berlin : des machines d'opéra m'ont fait voir au bord de la Sprée ce que des machines d'opéra me cachent au bord de la Vesle : du reste, j'ai pris mon divertissement parmi les vieilles races, depuis Clovis avec ses Francs et son pigeon descendu du ciel, jusqu'à Charles VII, avec Jeanne d'Arc.

> Je suis venu de mon pays
> Pas plus haut qu'une botte,
> Avecque mi, avecque mi,
> Avecque ma marmotte.

« Un petit sou, monsieur, s'il vous plaît !

« Voilà ce que m'a chanté, au retour de ma course, un petit Savoyard arrivé tout juste à Reims. « Et qu'es-tu venu faire ici ? lui ai-je dit. — Je suis venu au sacre, monsieur. — Avec ta marmotte ? — Oui monsieur, *avecque mi, avecque mi, avecque ma marmotte,* m'a-t-il répondu en dansant et en tournant. — Eh bien, c'est comme moi, mon garçon. »

« Cela n'était pas exact : j'étais venu au sacre sans marmotte, et une marmotte est une grande ressource ; je n'avais dans mon coffret que quelque vieille songerie qui ne m'aurait pas fait donner un petit sou par le passant pour la voir grimper autour d'un bâton.

« Louis XVII et Louis XVIII n'ont point été sacrés ; le sacre de Charles X vient immédiatement après celui de Louis XVI. Charles X assista au couronnement de son frère ; il représentait le duc de Normandie, Guillaume le Conquérant. Sous quels heureux auspices Louis XVI ne montait-il pas au trône ? Comme il était populaire en succédant à Louis XV ! Et pourtant, qu'est-il devenu ? Le sacre actuel sera la représentation d'un sacre, non un sacre : nous verrons le maréchal Moncey, acteur au sacre de Napoléon ; ce maréchal qui jadis célébra dans son armée la mort du tyran Louis XVI, nous le verrons brandir l'épée royale à Reims, en qualité de comte de Flandre ou de duc d'Aquitaine. À qui cette parade pourrait-elle faire illusion ? Je n'aurais voulu aujourd'hui aucune pompe : le roi à cheval, l'église nue, ornée seulement de ses vieilles voûtes et de ses vieux tombeaux ; les deux Chambres présentes, le serment de fidélité à la Charte prononcé à haute voix sur l'Évangile. C'était ici le renouvellement de la monarchie ; on la pouvait recommencer avec la liberté et la religion : malheureusement on aimait peu la liberté ; encore si l'on avait eu du moins le goût de la gloire !

> Ah ! que diront là-bas, sous les tombes poudreuses,
> De tant de vaillants rois les ombres généreuses ?
> Que diront Pharamond, Clodion et Clovis,
> Nos Pepins, nos Martels, nos Charles, nos Louis.
> Qui, de leur propre sang, à tous périls de guerre
> Ont acquis à leurs fils une si belle terre ?

« Enfin le sacre nouveau, où le pape est venu oindre un homme aussi grand que le chef de la seconde race, n'a-t-il pas, en changeant les têtes, détruit l'effet de l'antique cérémonie de notre histoire ? Le peuple a été amené à penser qu'un rite pieux ne dédiait personne au trône, ou rendait indifférent le choix du front auquel s'appliquait l'huile sainte. Les figurants à Notre-Dame de Paris, jouant pareillement dans la cathédrale de Reims, ne seront plus que les personnages obligés d'une scène devenue vulgaire : l'avantage demeurera à Napoléon qui envoie ses comparses à Charles X. La figure de l'Empereur domine tout désormais. Elle apparaît au fond des événements et des idées : les feuillets des bas temps où nous sommes arrivés se recroquevillent aux regards de ses aigles. »
« Reims, samedi[764], veille du sacre.

« J'ai vu entrer le roi ; j'ai vu passer les carrosses dorés du monarque qui naguère n'avait pas une monture ; j'ai vu rouler ces voitures pleines de courtisans qui n'ont pas su défendre leur maître. Cette tourbe est allée à l'église chanter le *Te Deum,* et moi je suis allé voir une ruine romaine et

---

[764] Samedi 28 mai 1825. Le sacre eut lieu le dimanche 29 mai.

me promener seul dans un bois d'ormeaux appelé *le bois d'Amour.* J'entendais de loin la jubilation des cloches, je regardais les tours de la cathédrale, témoins séculaires de cette cérémonie toujours la même et pourtant si diverse par l'histoire, les temps, les idées, les mœurs, les usages et les coutumes. La monarchie a péri, et la cathédrale a, pendant quelques années, été changée en écurie. Charles X, qui la revoit aujourd'hui, se souvient-il qu'il a vu Louis XVI recevoir l'onction aux mêmes lieux où il va la recevoir à son tour ? Croira-t-il qu'un sacre mette à l'abri du malheur ? Il n'y a plus de main assez vertueuse pour guérir les écrouelles, plus de sainte ampoule assez salutaire pour rendre les rois inviolables[765]. »

J'écrivis à la hâte ce qu'on vient de lire sur les pages demi-blanches d'une brochure ayant pour titre : *Le Sacre ; par Barnage de Reims, avocat,* et sur une lettre imprimée du grand référendaire, M. de Sémonville, disant : « Le grand référendaire a l'honneur d'informer sa seigneurie, monsieur le vicomte de Chateaubriand, que des places dans le sanctuaire de la cathédrale de Reims sont destinées et réservées pour ceux de MM. les pairs qui voudront assister le lendemain du sacre et couronnement de Sa Majesté à la cérémonie de la réception du chef et souverain grand maître des ordres du Saint-Esprit et de Saint-Michel et de la réception de MM. les chevaliers et commandeurs. »

Charles X avait eu pourtant l'intention de me réconcilier. L'archevêque de Paris lui parlant à Reims des hommes dans l'opposition, le roi avait dit : « Ceux qui ne veulent pas de moi, je les laisse. » L'archevêque reprit : « Mais, sire, M. de Chateaubriand ? — Oh ! celui-là, je le regrette. » L'archevêque demanda au roi s'il me le pouvait dire : le roi hésita, fit deux ou trois tours dans la chambre et répondit : « Eh bien, oui, dites-le-lui, » et l'archevêque oublia de m'en parler.

À la cérémonie des chevaliers des ordres, je me trouvai à genoux aux pieds du roi, dans le moment que M. de Villèle prêtait son serment. J'échangeai deux ou trois mots de politesse avec mon compagnon de chevalerie, à propos de quelque plume détachée de mon chapeau. Nous quittâmes les genoux du prince et tout fut fini. Le roi, ayant eu de la peine à ôter ses gants pour prendre mes mains dans les siennes, m'avait dit en riant : « Chat ganté ne prend point de souris. » On avait cru qu'il m'avait parlé longtemps, et le bruit de ma faveur renaissante s'était répandu. Il est probable que Charles X, s'imaginant que l'archevêque m'avait entretenu de sa bonne volonté, attendait de moi un mot de remercîment et qu'il fut choqué de mon silence.

Ainsi j'ai assisté au dernier sacre des successeurs de Clovis ; je

---

[765] Il y a bien du dépit dans ces pages sur le sacre. Charles X avait conservé M. de Villèle à la présidence du conseil ; il n'avait pas rappelé Chateaubriand : dès lors tout était mal.

l'avais déterminé par les pages où j'avais sollicité le sacre[766], et dépeint dans ma brochure *Le roi est mort : vive le roi !* Ce n'est pas que j'eusse la moindre foi à la cérémonie ; mais, comme tout manquait à la légitimité, il fallait pour la soutenir user de tout, vaille que vaille. Je rappelais cette définition d'Adalbéron[767] : « Le couronnement d'un roi de France est un intérêt public, non une affaire particulière : *publica sunt hæc negotia, non privata ;* » je citais l'admirable prière réservée pour le sacre : « Dieu, qui par tes vertus conseilles tes peuples, donne à celui-ci, ton serviteur, l'esprit de ta sapience ! Qu'en ces jours naisse à tous équité et justice : aux amis secours, aux ennemis obstacle, aux affligés consolation, aux élevés correction, aux riches enseignement, aux indigents pitié, aux pèlerins hospitalité, aux pauvres sujets paix et sûreté en la patrie ! Qu'il apprenne (le roi) à se commander soi-même, à modérément gouverner un chacun selon son état, afin, ô Seigneur ! qu'il puisse donner à tout le peuple exemple de vie à toi agréable. »

Avant d'avoir rapporté dans ma brochure, *Le roi est mort : vive le roi !* cette prière conservée par Du Tillet, je m'étais écrié : « Suplions humblement Charles X d'imiter ses aïeux : trente-deux souverains de la troisième race ont reçu l'onction royale. »

Tous mes devoirs étant remplis, je quittai Reims et je pus dire comme Jeanne d'Arc : « Ma mission est finie. »

LIVRE X[768]

Paris avait vu ses dernières fêtes : l'époque d'indulgence, de réconciliation, de faveur, était passée : la triste vérité restait seule devant nous.

Lorsque, en 1820, la censure mit fin au *Conservateur,* je ne m'attendais guère à recommencer quatre ans après la même polémique

---

[766] Chateaubriand avait dit, en effet, dans la brochure à laquelle il avait donné pour titre le vieux cri de la monarchie : Le roi est mort ! vive le Roi ! « Suplions humblement Charles X d'imiter ses aïeux : trente-deux souverains de la troisième race ont reçu l'onction royale, c'est-à-dire tous les souverains de cette race, hormis Jean Ier, qui mourut quatre jours après sa naissance, Louis XVII et Louis XVIII qui furent investis de la royauté, l'un dans la tour du Temple, l'autre sur la terre étrangère. Tous ces monarques furent sacrés à Reims : Henri IV le fut à Chartres, où l'on trouve encore dans les registres de la ville une dépense de 9 francs pour une pièce mise au pourpoint du roi : c'était peut-être à l'endroit du coup d'épée que le Béarnais reçut à la journée d'Aumale. » — Chateaubriand, en reproduisant cet écrit dans ses Œuvres complètes, ajoute la note suivante : « Je laisse ce paragraphe tel qu'il est, mais je dois dire que Louis le Gros fut sacré à Orléans. Henri et Louis le Gros ne furent pas sacrés à Reims ; le premier, parce que Reims était encore entre les mains de la Ligue, et le second parce que deux archevêques de Reims étaient en contestation pour le siège de cette métropole. »
[767] Archevêque de Reims. Ce fut lui qui sacra Hugues Capet.
[768] Ce livre a été écrit en 1839.

sous une autre forme et par le moyen d'une autre presse. Les hommes qui combattaient avec moi dans le *Conservateur* réclamaient comme moi la liberté de penser et d'écrire ; ils étaient dans l'opposition comme moi, dans la disgrâce comme moi, et ils se disaient mes amis. Arrivés au pouvoir en 1820, encore plus par mes travaux que par les leurs, ils se tournèrent contre la liberté de la presse : de persécutés ils devinrent persécuteurs ; ils cessèrent d'être et de se dire mes amis ; ils soutinrent que la licence de la presse n'avait commencé que le 6 de juin 1824, jour de mon renvoi du ministère ; leur mémoire était courte : s'ils avaient relu les opinions qu'ils prononcèrent, les articles qu'ils écrivirent contre un autre ministère et pour la liberté de la presse, ils auraient été obligés de convenir qu'ils étaient au moins en 1818 ou 1819 les sous-chefs de la licence.

D'un autre côté, mes anciens adversaires se rapprochèrent de moi. J'essayai de rattacher les partisans de l'indépendance à la royauté légitime, avec plus de fruit que je ne ralliai à la Charte les serviteurs du trône et de l'autel. Mon public avait changé. J'étais obligé d'avertir le gouvernement des dangers de l'absolutisme, après l'avoir prémuni contre l'entraînement populaire. Accoutumé à respecter mes lecteurs, je ne leur livrais pas une ligne que je ne l'eusse écrite avec tout le soin dont j'étais capable : tel de ces opuscules d'un jour m'a coûté plus de peine, proportion gardée, que les plus longs ouvrages sortis de ma plume. Ma vie était incroyablement remplie. L'honneur et mon pays me rappelèrent sur le champ de bataille. J'étais arrivé à l'âge où les hommes ont besoin de repos ; mais si j'avais jugé de mes années par la haine toujours croissante que m'inspiraient l'oppression et la bassesse, j'aurais pu me croire rajeuni.

Je réunis autour de moi une société d'écrivains pour donner de l'ensemble à mes combats. Il y avait parmi eux des pairs, des députés, des magistrats, de jeunes auteurs commençant leur carrière. Arrivèrent chez moi MM. de Montalivet[769], Salvandy[770], Duvergier de Hauranne[771], bien

---

[769] Marthe-Camille Bachasson, comte de Montalivet (1801-1880). Il hérita du titre de pair à la suite de la mort de son père (22 janvier 1823) et de celle de son frère aîné (12 octobre 1823), mais il ne fut admis à siéger à la Chambre haute que le 12 mai 1826, en raison de son âge. Dès la première année de son admission, il se montra le défenseur des idées constitutionnelles, et fit paraître (1827) une brochure intitulée : Un jeune pair de France aux Français de son âge. Plusieurs fois ministre de 1830 à 1839, il se consacra tout entier, à dater de 1839, à ses fonctions d'intendant général de la liste civile, qu'il occupa jusqu'au 24 février 1848. Élu sénateur inamovible le 14 février 1879, il mourut le 4 janvier 1880.

[770] Narcisse-Achille, comte de Salvandy (1795-1856). Il publia de 1824 à 1827 un grand nombre de brochures politiques et fut, à la même époque, l'un des principaux rédacteurs du Journal des Débats. On l'appelait le clair de lune de Chateaubriand, dont il imitait le style, non sans succès ; il arriva même parfois qu'on attribua au grand écrivain quelques-uns de ses articles. En 1835, il fut élu membre de l'Académie française. Deux fois ministre de l'instruction publique, d'avril 1837 à mars 1839, dans le cabinet Molé, et, de février 1845 à février 1848, dans le

d'autres qui furent mes écoliers et qui débitent aujourd'hui, comme choses nouvelles sur la monarchie représentative, des choses que je leur ai apprises et qui sont à toutes les pages de mes écrits. M. de Montalivet est devenu ministre de l'intérieur et favori de Philippe ; les hommes qui aiment à suivre les variations d'une destinée trouveront ce billet assez curieux :

« Monsieur le vicomte,

« J'ai l'honneur de vous envoyer le relevé des erreurs que j'avais trouvées dans le tableau de jugements en Cour royale qui vous a été communiqué. Je les ai vérifiées encore, et je crois pouvoir répondre de l'exactitude de la liste ci-jointe.

« Daignez, monsieur le vicomte, agréer l'hommage du profond respect avec lequel j'ai l'honneur d'être,

« Votre bien dévoué collègue et sincère admirateur,

« MONTALIVET. »

Cela n'a pas empêché mon *respectueux collègue et sincère admirateur*, M. le comte de Montalivet, en son temps si grand partisan de la liberté de la presse, de m'avoir fait entrer comme fauteur de cette liberté dans la geôle de M. Gisquet.

De ma nouvelle polémique qui dura cinq ans, mais qui finit par triompher, un abrégé fera connaître la force des idées contre les faits appuyés même du pouvoir. Je fus renversé le 6 juin 1824 ; le 21 j'étais descendu dans l'arène ; j'y restai jusqu'au 18 décembre 1826[772] : j'y entrai seul, dépouillé et nu, et j'en sortis victorieux. C'est de l'histoire que je fais ici en faisant l'extrait des arguments que j'employai.

EXTRAIT DE MA POLÉMIQUE APRÈS MA CHUTE.

« Nous avons eu le courage et l'honneur de faire une guerre dangereuse en présence de la liberté de la presse, et c'était la première fois que ce noble spectacle était donné à la monarchie. Nous nous sommes vite repentis de notre loyauté. Nous avions bravé les journaux lorsqu'ils ne

ministère Guizot, il signala son passage au pouvoir par de sages et libérales réformes et par son amour éclairé des lettres.

[771] Prosper-Léon Duvergier de Hauranne (1798-1881). Il prit, dans les dernières années de la Restauration, une part très active à la rédaction du journal le Globe. Député de 1831 à 1848, il joua, dans les chambres de la monarchie de Juillet, un rôle considérable, sans jamais être ministre, si ce n'est pendant quelques heures, le 23 février 1848. Représentant du peuple à l'Assemblée constituante de 1848 et à l'Assemblée législative de 1849, il s'y fit le champion des idées les plus conservatrices. Sous l'Empire, il se consacra tout entier à écrire une Histoire du gouvernement parlementaire en France, qui ne forme pas moins de dix volumes et qui lui valut d'être nommé, le 19 mai 1870, membre de l'Académie française.

[772] Les articles de Chateaubriand, du 21 juin 1824 au 18 décembre 1826, parurent dans le Journal des Débats.

pouvaient nuire qu'au succès de nos soldats et de nos capitaines ; il a fallu les asservir lorsqu'ils ont osé parler des commis et des ministres...

« Si ceux qui administrent l'État semblent complètement ignorer le génie de la France dans les choses sérieuses, ils n'y sont pas moins étrangers dans ces choses de grâces et d'ornements qui se mêlent, pour l'embellir, à la vie des nations civilisées.

« Les largesses que le gouvernement légitime répand sur les arts surpassent les secours que leur accordait le gouvernement usurpateur ; mais comment sont-elles départies ? Voués à l'oubli par nature et par goût, les dispensateurs de ces largesses paraissent avoir de l'antipathie pour la renommée ; leur obscurité est si invincible, qu'en approchant des lumières ils les font pâlir ; on dirait qu'ils versent l'argent sur les arts pour les éteindre, comme sur nos libertés pour les étouffer...

« Encore si la machine étroite dans laquelle on met la France à la gêne ressemblait à ces modèles achevés que l'on examine à la loupe dans le cabinet des amateurs, la délicatesse de cette curiosité pourrait intéresser un moment ; mais point : c'est une petite chose mal faite.

« Nous avons dit que le système suivi aujourd'hui par l'administration blesse le génie de la France : nous allons essayer de prouver qu'il méconnaît également l'esprit de nos institutions.

« La monarchie s'est rétablie sans efforts en France, parce qu'elle est forte de toute notre histoire, parce que la couronne est portée par une famille qui a presque vu naître la nation, qui l'a formée, civilisée, qui lui a donné toutes ses libertés, qui l'a rendue immortelle ; mais le temps a réduit cette monarchie à ce qu'elle a de réel. L'âge des fictions est passé en politique ; on ne peut plus avoir un gouvernement d'adoration, de culte et de mystère ; chacun connaît ses droits ; rien n'est possible hors des limites de la raison ; et jusqu'à la faveur, dernière illusion des monarchies absolues, tout est pesé, tout est apprécié aujourd'hui.

« Ne nous y trompons pas ; une nouvelle ère commence pour les nations ; sera-t-elle plus heureuse ? La Providence le sait. Quant à nous, il ne nous est donné que de nous préparer aux événements de l'avenir. Ne nous figurons pas que nous puissions rétrograder : il n'y a de salut pour nous que dans la Charte.

« La monarchie constitutionnelle n'est point née parmi nous d'un système écrit, bien qu'elle ait un Code imprimé ; elle est fille du temps et des événements, comme l'ancienne monarchie de nos pères.

« Pourquoi la liberté ne se maintiendrait-elle pas dans l'édifice élevé par le despotisme et où il a laissé des traces ? La victoire, pour ainsi dire encore parée des trois couleurs, s'est réfugiée dans la tente du duc d'Angoulême ; la légitimité habite le Louvre, bien qu'on y voie encore des aigles.

« Dans une monarchie constitutionnelle, on respecte les libertés publiques ; on les considère comme la sauvegarde du monarque, du peuple et des lois.

« Nous entendons autrement le gouvernement représentatif. On forme une compagnie (on dit même deux compagnies rivales, car il faut de la concurrence) pour corrompre des journaux à prix d'argent. On ne craint pas de soutenir des procès scandaleux contre des propriétaires qui n'ont pas voulu se vendre ; on voudrait les forcer à subir le mépris par arrêt des tribunaux. Les hommes d'honneur répugnant au métier, on enrôle, pour soutenir un ministère royaliste, des libellistes qui ont poursuivi la famille royale de leurs calomnies. On recrute tout ce qui a servi dans l'ancienne police et dans l'antichambre impériale ; comme chez nos voisins, lorsqu'on veut se procurer des matelots, on fait la presse dans les tavernes et les lieux suspects. Ces chiourmes d'écrivains libres sont embarquées dans cinq ou six journaux achetés, et ce qu'ils disent s'appelle l'*opinion publique* chez les ministres. »

Voilà, très en abrégé, et peut-être encore trop longuement, un *specimen* de ma polémique dans mes brochures et dans le *Journal des Débats* : on y retrouve tous les principes que l'on proclame aujourd'hui.

Lorsqu'on me chassa du ministère, on ne me rendit point ma pension de ministre d'État ; je ne la réclamai point ; mais M. de Villèle, sur une observation du roi, s'avise de me faire expédier un nouveau brevet de cette pension par M. de Peyronnet. Je la refusai. Ou j'avais droit à mon ancienne pension, ou je n'y avais pas droit : dans le premier cas, je n'avais pas besoin d'un nouveau brevet ; dans le second, je ne voulais pas devenir le pensionnaire du président du conseil.

Les Hellènes secouèrent le joug : il se forma à Paris un comité grec dont je fis partie. Le comité s'assemblait chez M. Ternaux[773], place des Victoires. Les sociétaires arrivaient successivement au lieu des délibérations. M. le général Sébastiani déclarait, lorsqu'il était assis, que c'était une *grosse affaire ;* il la rendait longue : cela déplaisait à notre positif président, M. Ternaux, qui voulait bien faire un châle pour Aspasie, mais qui n'aurait pas perdu son temps avec elle. Les dépêches de M. Fabvier faisaient souffrir le comité ; il nous grognait fort ; il nous rendait responsables de ce qui n'allait pas selon ses vues, nous qui n'avions pas gagné la bataille de Marathon. Je me dévouai à la liberté de la Grèce : il me semblait remplir un devoir filial envers une mère. J'écrivis une *Note ;* je m'adressai aux successeurs de l'empereur de Russie, comme je m'étais adressé à lui-même à Vérone. La *Note* a été imprimée et puis réimprimée à

---

[773] Louis-Guillaume Ternaux (1763-1833). célèbre industriel, député de 1818 à 1821 et de 1827 à 1831. Une ordonnance royale du 17 novembre 1819 lui conféra le titre de baron. On lui doit l'introduction en France des chèvres du Thibet, la fabrication des beaux cachemires, dits Ternaux, qui rivalisent avec ceux de l'Inde, et l'établissement de silos pour la conservation des grains. — M. Mortimer-Ternaux, à qui l'on doit l'excellente Histoire de la Terreur, était son neveu.

la tête de l'Itinéraire[774].

Je travaillais dans le même sens à la Chambre des pairs[775], pour mettre en mouvement un corps politique. Ce billet de M. Molé fait voir les obstacles que je rencontrais et les moyens détournés que j'étais obligé de prendre :

« Vous nous trouverez tous demain à l'ouverture, prêts à voler sur vos traces. Je vais écrire à Lainé si je ne le trouve pas. Il ne faut lui laisser prévoir que des phrases sur les Grecs ; mais prenez garde qu'on ne vous oppose les limites de tout amendement, et que, le règlement à la main, on ne vous repousse. Peut-être on vous dira de déposer votre proposition sur le bureau : vous pourriez le faire alors subsidiairement, et après avoir dit tout ce que vous avez à dire. Pasquier vient d'être assez malade, et je crains qu'il ne soit pas encore sur pied demain. Quant au scrutin, nous l'aurons. Ce qui vaut mieux que tout cela, c'est l'arrangement que vous avez fait avec vos libraires. Il est beau de retrouver par son talent tout ce que l'injustice et l'ingratitude des hommes nous avaient ôté.

« À vous pour la vie,
« MOLE. »

La Grèce est devenue libre du joug de l'islamisme ; mais, au lieu d'une république fédérative, comme je le désirais, une monarchie bavaroise s'est établie à Athènes. Or, comme les rois n'ont pas de mémoire, moi qui avais quelque peu servi la cause des Argiens, je n'ai plus entendu parler d'eux que dans Homère. La Grèce délivrée ne m'a pas dit : « Je vous remercie. » Elle ignore mon nom autant et plus qu'au jour où je pleurais sur ses débris en traversant ses déserts.

L'Hellénie non encore royale avait été plus reconnaissante. Parmi quelques enfants que le comité faisait élever se trouvait le jeune Canaris : son père, digne des marins de Mycale, lui écrivit un billet que l'enfant traduisit en français sur le papier blanc qui restait au bas du billet. Voici cette traduction :

« Mon cher enfant,

---

[774] Note sur la Grèce, 1825, in-8o. Elle reparut en 1826 avec de nouveaux développements. C'est un des plus éloquents écrits de Chateaubriand. La première édition était précédée de cet Avertissement : « Ce n'est point un livre, pas même une brochure qu'on publie ; c'est, sous une forme particulière, le prospectus d'une souscription, et voilà pourquoi il est signé : c'est un remerciement et une prière qu'un membre de la Société en faveur des Grecs adresse à la piété nationale ; il remercie des dons accordés ; il prie d'en apporter de nouveaux ; il élève la voix au moment de la crise de la Grèce ; et comme, pour sauver ce pays, les secours de la générosité des particuliers ne suffiraient peut-être pas, il cherche à procurer à une cause sacrée de plus puissants auxiliaires. »

[775] Opinion de M. le vicomte de Chateaubriand sur le projet de loi relatif à la répression des délits commis dans les Échelles du Levant. — Chambre des pairs, séance du 13 mars 1826.

« Aucun des Grecs n'a eu le même bonheur que toi : celui d'être choisi par la société bienfaisante qui s'intéresse à nous pour apprendre les devoirs de l'homme. Moi, je t'ai fait naître ; mais ces personnes recommandables te donneront une éducation qui rend véritablement homme. Sois bien docile aux conseils de ces nouveaux pères, si tu veux faire la consolation de celui qui t'a donné le jour. Porte-toi bien.

« Ton père,

« C. CANARIS.

« De Napoli de Romanie, le 5 septembre 1825. »

J'ai conservé le double texte comme la récompense du comité grec.

La Grèce républicaine avait témoigné ses regrets particuliers lorsque je sortis du ministère. Mme Récamier m'avait écrit de Naples le 29 octobre 1824 :

« Je reçois une lettre de la Grèce qui a fait un long détour avant de m'arriver. J'y trouve quelques lignes sur vous que je veux vous faire connaître ; les voici :

« *L'ordonnance du 6 juin nous est parvenue, elle a produit sur nos chefs la plus vive sensation. Leurs espérances les plus fondées étant dans la générosité de la France, ils se demandent avec inquiétude ce que présage l'éloignement d'un homme dont le caractère leur promettait un appui.* »

« Ou je me trompe ou cet hommage doit vous plaire. Je joins ici la lettre : la première page ne concernait que moi. »

On lira bientôt la vie de Mme Récamier : on saura s'il m'était doux de recevoir un souvenir de la patrie des Muses par une femme qui l'eût embellie.

Quant au billet de M. Molé donné plus haut, il fait allusion au marché que j'avais conclu relativement à la publication de mes *Œuvres complètes*. Cet arrangement aurait dû, en effet, assurer la paix de ma vie ; il a néanmoins tourné mal pour moi, bien qu'il ait été heureux pour les éditeurs auxquels M. Ladvocat, après sa faillite, a laissé mes Œuvres. En fait de Plutus ou de Pluton (les mythologistes les confondent), je suis comme Alceste, *je vois toujours la barque fatale ;* ainsi que William Pitt, et c'est mon excuse, je suis un panier percé ; mais je ne fais pas moi-même le trou au panier[776].

---

[776] Chateaubriand avait cédé au libraire Ladvocat la propriété de ses œuvres complètes, moyennant une somme de sept cent mille francs. « Pendant le reste du jour, dit un de ses biographes, l'abbé Clergeau, qui fut aussi son aumônier, l'éditeur refit ses calculs, qui se continuèrent toute la nuit, restée pour lui sans sommeil. Il s'était trompé ! Ce marché était pour lui un désastre. Dès le matin, il va trouver M. de Chateaubriand : « Monsieur le vicomte, je suis perdu. — Comment cela ? — Dans le contrat que j'ai passé hier avec vous, je suis en perte de 200 000 francs. — Vous arrivez à temps, car j'allais déléguer mes droits pour l'hospice

À la fin de la Préface générale de mes Œuvres, 1826, 1ᵉʳ volume, j'apostrophe ainsi la France :

« Ô France ! *mon cher pays et mon premier amour,* un de vos fils, au bout de sa carrière, rassemble sous vos yeux les titres qu'il peut avoir à votre bienveillance. S'il ne peut plus rien pour vous, vous pouvez tout pour lui, en déclarant que son attachement à votre religion, à votre roi, à vos libertés, vous fut agréable. Illustre et belle patrie, je n'aurais désiré un peu de gloire que pour augmenter la tienne. »

Mᵐᵉ de Chateaubriand, étant malade, fit un voyage dans le midi de la France, ne s'en trouva pas bien, revint à Lyon, où le docteur Prunelle la condamna. Je l'allai rejoindre ; je la conduisis à Lausanne, où elle fit mentir M. Prunelle. Je demeurai à Lausanne tour à tour chez M. de Sivry et chez Mᵐᵉ de Cottens, femme affectueuse, spirituelle et infortunée. Je vis Mᵐᵉ de Montolieu : elle demeurait retirée sur une haute colline ; elle mourait dans les illusions du roman, comme Mᵐᵉ de Genlis, sa contemporaine. Gibbon avait composé à ma porte son Histoire de l'empire romain : « C'est au milieu des débris du Capitole, écrit-il à Lausanne, le 27 juin 1787, que j'ai formé le projet d'un ouvrage qui a occupé et amusé près de vingt années de ma vie. » Mᵐᵉ de Staël avait paru avec Mᵐᵉ Récamier à Lausanne. Toute l'émigration, tout un monde fini s'était arrêté quelques moments dans cette cité riante et triste, espèce de fausse ville de Grenade. Mᵐᵉ de Duras en a retracé le souvenir dans ses *Mémoires* et ce billet m'y vint apprendre la nouvelle perte à laquelle j'étais condamné :
« Bex, 13 juillet 1826.

« C'en est fait, monsieur, votre amie[777] n'existe plus ; elle a rendu son âme à Dieu, sans agonie, ce matin à onze heures moins un quart. Elle s'était encore promenée en voiture hier au soir. Rien n'annonçait une fin aussi prochaine ; que dis-je, nous ne pensions pas que sa maladie dût se terminer ainsi. M. de Custine[778], à qui la douleur ne permet pas de vous écrire lui-même, avait encore été hier matin sur une des montagnes qui environnent Bex, pour faire venir tous les matins du lait des montagnes pour la chère malade.

« Je suis trop accablé de douleur pour pouvoir entrer dans de plus longs détails. Nous nous disposons pour retourner en France avec les restes précieux de la meilleure des mères et des amies. Enguerrand[779] reposera entre ses deux mères.

Marie-Thérèse qu'érige Mme de Chateaubriand. » Le grand écrivain donna, en effet, à l'hospice Marie-Thérèse, une grande partie des fonds qu'il toucha. La faillite du libraire Ladvocat lui fit perdre presque entièrement ceux qu'il s'était réservés pour « assurer la paix de sa vie ».

[777] La marquise de Custine.

[778] Astolphe de Custine, fils de la marquise.

[779] Louis-Philippe-Enguerrand de Custine, fils unique de Léontine de Saint-Simon de Courtomer et d'Astolphe de Custine, mort à l'âge de trois ans, le 2 janvier 1826.

« Nous passerons par Lausanne, où M. de Custine ira vous chercher aussitôt notre arrivée.

« Recevez, monsieur, l'assurance de l'attachement respectueux avec lequel je suis, etc.

« BERSTŒCHER.[780] »

Cherchez plus haut et plus bas ce que j'ai eu le bonheur et le malheur de rappeler relativement à la mémoire de Mme de Custine.

Les *Lettres écrites de Lausanne*[781], ouvrage de Mme de Charrière, rendent bien la scène que j'avais chaque jour sous les yeux, et les sentiments de grandeur qu'elle inspire : « Je me repose seule, dit la mère de Cécile, vis-à-vis d'une fenêtre ouverte qui donne sur le lac. Je vous remercie, montagnes, neige, soleil, de tout le plaisir que vous me faites. Je vous remercie, auteur de tout ce que je vois, d'avoir voulu que ces choses fussent si agréables à voir. Beautés frappantes et aimables de la nature ! tous les jours mes yeux vous admirent, tous les jours vous vous faites sentir à mon cœur. »

Je commençai à Lausanne, les *Remarques* sur le premier ouvrage de ma vie, l'*Essai sur les révolutions anciennes et modernes*. Je voyais de mes fenêtres les rochers de Meillerie : « Rousseau, écrivais-je dans une de ces *Remarques,* n'est décidément au-dessus des auteurs de son temps que dans une soixantaine de lettres de la *Nouvelle Héloïse,* dans quelques pages de ses *Rêveries* et de ses *Confessions*. Là, placé dans la véritable nature de son talent, il arrive à une éloquence de passion inconnue avant lui. Voltaire et Montesquieu ont trouvé des modèles de style dans les écrivains du siècle de Louis XIV ; Rousseau, et même un peu Buffon, dans un autre genre, ont créé une langue qui fut ignorée du grand siècle. »

De retour à Paris, ma vie se trouva occupée entre mon établissement, rue d'Enfer, mes combats renouvelés à la Chambre des pairs et dans mes brochures contre les différents projets de lois contraires aux libertés publiques ; entre mes discours et mes écrits en faveur des Grecs, et mon travail pour mes Œuvres complètes. L'empereur de Russie mourut[782], et avec lui la seule amitié royale qui me restât. Le duc de Montmorency était devenu gouverneur du duc de Bordeaux. Il ne jouit pas longtemps de ce pesant honneur : il expira le vendredi saint 1826, dans l'église de Saint-Thomas d'Aquin, à l'heure où Jésus expira sur la croix, il alla à Dieu avec le dernier soupir du Christ.

L'attaque était commencée contre les jésuites ; on entendit les déclamations banales et usées contre cet ordre célèbre, dans lequel, il faut

---

Il est enterré dans la chapelle du château de Fervacques entre sa mère et sa grand'mère.

[780] M. Berstœcher était l'ancien précepteur d'Astolphe de Custine.

[781] Caliste ou Lettres écrites de Lausanne, roman de Mme de Charrière.

[782] L'empereur Alexandre mourut à Taganrog, le 1er décembre 1825.

en convenir, règne quelque chose d'inquiétant, car un mystérieux nuage couvre toujours les affaires des jésuites.

À propos des jésuites, je reçus cette lettre de M. de Montlosier, et je lui fis la réponse qu'on lira après cette lettre.

Ne derelinquas amicum antiquum,

Novus enim non erit similis illi.(ECCLES.)

« Mon cher ami, ces paroles ne sont pas seulement d'une haute antiquité, elles ne sont pas seulement d'une haute sagesse ; pour le chrétien, elles sont sacrées. J'invoque auprès de vous tout ce qu'elles ont d'autorité. Jamais entre les anciens amis, jamais entre les bons citoyens, le rapprochement n'a été plus nécessaire. *Serrer ses rangs,* serrer entre nous tous les liens, exciter avec émulation tous nos vœux, tous nos efforts, tous nos sentiments, est un devoir commandé par l'état éminemment déplorable du roi et de la patrie. En vous adressant ces paroles, je n'ignore pas qu'elles seront reçues par un cœur que l'ingratitude et l'injustice ont navré ; et cependant je vous les adresse encore avec confiance, certain que je suis qu'elles se feront jour à travers toutes les nuées. En ce point délicat, je ne sais, mon cher ami, si vous serez content de moi ; mais, au milieu de vos tribulations, si par hasard j'ai entendu vous accuser, je ne me suis point occupé à vous défendre : je n'ai pas même écouté. Je me suis dit en moi-même : Et quand cela serait ? Je ne sais si Alcibiade n'eut pas un peu trop d'humeur quand il mit hors de sa propre maison le rhéteur qui ne put lui montrer les ouvrages d'Homère. Je ne sais si Annibal n'eut pas un peu trop de violence quand il jeta hors de son siège le sénateur qui parlait contre son avis. Si j'étais admis à dire ma façon de penser sur Achille, peut-être ne l'approuverais-je pas de s'être séparé de l'armée des Grecs pour je ne sais quelle petite fille qui lui fut enlevée. Après cela, il suffit de prononcer les noms d'Alcibiade, d'Annibal et d'Achille, pour que toute contention soit finie. Il en est de même aujourd'hui de l'*iracundus, inexorabilis* Chateaubriand. Quand on a prononcé son nom, tout est fini. Avec ce nom, quand je me dis moi-même : *il se plaint,* je sens s'émouvoir ma tendresse ; quand je me dis : *la France lui doit,* je me sens pénétré de respect. Oui, mon ami, *la France vous doit.* Il faut qu'elle vous doive encore davantage ; elle a recouvré de vous l'amour de la religion de ses pères : il faut lui conserver ce bienfait ; et pour cela, il faut la préserver de l'erreur de ses prêtres, préserver ces prêtres eux-mêmes de la pente funeste où ils se sont placés.

« Mon cher ami, vous et moi n'avons cessé depuis longues années de combattre. C'est de la prépondérance ecclésiastique se disant religieuse qu'il nous reste à préserver le roi et l'État. Dans les anciennes situations, le mal avec ses racines était au dedans de nous : on pouvait les circonvenir et s'en rendre maître. Aujourd'hui les rameaux qui nous couvrent au dedans ont leurs racines au dehors. Des doctrines couvertes du sang de Louis XVI et de Charles Ier ont consenti à laisser leur place à des doctrines teintes du sang d'Henri IV et d'Henri III. Ni vous ni moi ne supporterons sûrement cet état de choses ; c'est pour m'unir à vous, c'est pour recevoir de vous une approbation qui m'encourage, c'est pour vous offrir comme soldat mon cœur et mes armes, que je vous écris.

« C'est dans ces sentiments d'admiration pour vous et d'un véritable dévouement que je vous implore avec tendresse et aussi avec respect.
« Comte de MONTLOSIER. »

Randanne, 28 novembre 1825.
Paris, ce 3 décembre 1825.

« Votre lettre, mon cher et vieil ami, est très sérieuse, et pourtant elle m'a fait rire pour ce qui me regarde. Alcibiade, Annibal, Achille ! Ce n'est pas sérieusement que vous me dites tout cela. Quant à la petite fille du fils de Pélée, si c'est mon portefeuille dont il s'agit, je vous proteste que je n'ai pas aimé l'infidèle trois jours, et que je ne l'ai pas regrettée un quart d'heure. Mon ressentiment, c'est une autre affaire. M. de Villèle, que j'aimais sincèrement, cordialement, a non seulement manqué aux devoirs de l'amitié, aux marques publiques d'attachement que je lui ai données, aux sacrifices que j'avais faits pour lui, mais encore aux plus simples procédés.

« Le roi n'avait plus besoin de mes services, rien de plus naturel que de m'éloigner de ses conseils ; mais la manière est tout pour un galant homme, et comme je n'avais pas volé la montre du roi sur sa cheminée, je ne devais pas être *chassé* comme je l'ai été. J'avais fait seul la guerre d'Espagne et maintenu l'Europe en paix pendant cette période dangereuse ; j'avais par ce seul fait donné une armée à la légitimité, et, de tous les ministres de la Restauration, j'ai été le seul jeté hors de ma place sans aucune marque de souvenir de la couronne, comme si j'avais trahi le prince et la patrie. M. de Villèle a cru que j'accepterais ce traitement, il s'est trompé. J'ai été ami sincère, je resterai ennemi irréconciliable. Je suis malheureusement né : les blessures qu'on me fait ne se ferment jamais.

« Mais en voilà trop sur moi : parlons de quelque chose plus important. J'ai peur de ne pas m'entendre avec vous sur des objets graves, et j'en serais désolé ! Je veux la charte, toute la charte, les libertés publiques dans toute leur étendue. Les voulez-vous ?

« Je veux la religion comme vous ; je hais comme vous la congrégation et ces associations d'hypocrites qui transforment mes domestiques en espions, et qui ne cherchent à l'autel que le pouvoir. Mais je pense que le clergé, débarrassé de ces plantes parasites, peut très bien entrer dans un régime constitutionnel, et devenir même le soutien de nos institutions nouvelles. Ne voulez-vous pas trop le séparer de l'ordre politique ? Ici je vous donne une preuve de mon extrême impartialité. Le clergé, qui, j'ose le dire, me doit tant, ne m'aime point, ne m'a jamais défendu ni rendu aucun service. Mais qu'importe ? Il s'agit d'être juste et de voir ce qui convient à la religion et à la monarchie.

« Je n'ai pas, mon vieil ami, douté de votre courage ; vous ferez, j'en suis convaincu, tout ce qui vous paraîtra utile, et votre talent vous garantit le triomphe. J'attends vos nouvelles communications, et j'embrasse de tout mon cœur mon fidèle compagnon d'exil.

« CHATEAUBRIAND. »

Je repris ma polémique. J'avais chaque jour des escarmouches et des affaires d'avant-garde avec les soldats de la domesticité ministérielle ; ils ne se servaient pas toujours d'une belle épée. Dans les deux premiers siècles de Rome, on punissait les cavaliers qui allaient mal à la charge, soit qu'ils fussent trop gros ou pas assez braves, en les condamnant à subir une saignée : je me chargeais du châtiment.

« L'univers change autour de nous, disais-je : de nouveaux peuples paraissent sur la scène du monde ; d'anciens peuples ressuscitent au milieu des ruines ; des découvertes étonnantes annoncent une révolution prochaine dans les arts de la paix et de la guerre : religion, politique, mœurs, tout prend un autre caractère. Nous apercevons-nous de ce mouvement ? Marchons-nous avec la société ? Suivons-nous le cours du temps ? Nous préparons-nous à garder notre rang dans la civilisation transformée ou croissante ? Non : les hommes qui nous conduisent sont aussi étrangers à l'état des choses de l'Europe que s'ils appartenaient à ces peuples dernièrement découverts dans l'intérieur de l'Afrique. Que savent-ils donc ? La bourse ! et encore ils la savent mal. Sommes-nous condamnés à porter le poids de l'obscurité pour nous punir d'avoir subi le joug de la gloire ? »

La transaction relative à Saint-Domingue me fournit l'occasion de développer quelques points de notre droit public, auquel personne ne songeait.

Arrivé à de hautes considérations et annonçant la transformation du monde, je répondais à des opposants qui m'avaient dit : « Quoi ! nous pourrions être *républicains un jour ? radotage ! Qui est-ce qui rêve aujourd'hui la République ? etc., etc.*

« Attaché à l'ordre monarchique par raison, répliquais-je, je regarde la monarchie constitutionnelle comme le meilleur gouvernement possible à cette époque de la société.

« Mais si l'on veut tout réduire aux intérêts personnels, si l'on suppose que pour moi-même je croirais avoir tout à craindre dans un état républicain, on est dans l'erreur.

« Me traiterait-il plus mal que ne m'a traité la monarchie ? Deux ou trois fois dépouillé pour elle ou par elle, l'Empire, qui aurait tout fait pour moi si je l'avais voulu, m'a-t-il plus rudement renié ? J'ai en horreur la servitude ; la liberté plaît à mon indépendance naturelle ; je préfère cette liberté dans l'ordre monarchique, mais je la conçois dans l'ordre populaire. Qui a moins à craindre de l'avenir que moi ? J'ai ce qu'aucune révolution ne peut me ravir : sans place, sans honneurs, sans fortune, tout gouvernement qui ne serait pas assez stupide pour dédaigner l'opinion serait obligé de me compter pour quelque chose. Les gouvernements populaires surtout se composent des existences individuelles, et se font une valeur générale des valeurs particulières de chaque citoyen. Je serai toujours sûr de l'estime publique, parce que je ne ferai jamais rien pour la perdre, et je trouverais peut-être plus de justice parmi mes ennemis que chez mes prétendus amis.

« Ainsi, de compte fait, je serais sans frayeur des républiques, comme sans antipathie contre leur liberté : je ne suis pas roi ; je n'attends point de couronne ; ce n'est pas ma cause que je plaide.

« J'ai dit sous un autre ministère et à propos de ce ministère : qu'un matin on se mettrait à la fenêtre pour voir passer la monarchie.

« Je dis aux ministres actuels : « En continuant de marcher comme vous marchez, toute la révolution pourrait se réduire, dans un temps donné, *à une nouvelle édition de la Charte dans laquelle on se contenterait de changer seulement deux ou trois mots.* »

J'ai souligné ces dernières phrases pour arrêter les yeux du lecteur sur cette frappante prédiction. Aujourd'hui même que les opinions s'en vont à vau de route, que chaque homme dit à tort et à travers ce qui lui passe dans la cervelle, ces idées républicaines exprimées par un royaliste pendant la restauration sont encore hardies. En fait d'avenir, les prétendus esprits progressifs n'ont l'initiative sur rien.

Mes derniers articles ranimèrent jusqu'à M. de Lafayette qui, pour tout compliment, me fit passer une feuille de laurier. L'effet de mes opinions, à la grande surprise de ceux qui n'y avaient pas cru, se fit sentir depuis les libraires qui vinrent en députation chez moi, jusqu'aux hommes parlementaires les moins rapprochés d'abord de ma politique. La lettre donnée ci-dessous, en preuve de ce que j'avance, cause une sorte d'étonnement par la signature. Il ne faut faire attention qu'à la signification de cette lettre, au changement survenu dans les idées et dans la position de celui qui l'écrit et de celui qui la reçoit : quant au libellé, je suis *Bossuet* et *Montesquieu,* cela va sans dire ; nous autres auteurs, c'est notre pain quotidien, de même que les ministres sont toujours Sully et Colbert,

« Monsieur le vicomte,

« Permettez que je m'associe à l'admiration universelle : j'éprouve depuis trop longtemps ce sentiment pour résister au besoin de vous l'exprimer.

« Vous réunissez la hauteur de Bossuet à la profondeur de Montesquieu : vous avez retrouvé leur plume et leur génie. Vos articles sont de grands enseignements pour tous les hommes d'État.

« Dans le nouveau genre de guerre que vous avez créé, vous rappelez la main puissante de celui qui, dans d'autres combats, a aussi rempli le monde de sa gloire. Puissent vos succès être plus durables : ils intéressent la patrie et l'humanité.

« Tous ceux qui, comme moi, professent les principes de la monarchie constitutionnelle, sont fiers de trouver en vous leur plus noble interprète.

« Agréez, monsieur le vicomte, une nouvelle assurance de ma haute considération,

« HORACE SEBASTIANI.

« Dimanche, 30 octobre.[783] »

Ainsi tombaient à mes pieds amis, ennemis, adversaires, au moment de la victoire. Tous les pusillanimes et les ambitieux qui m'avaient cru perdu commençaient à me voir sortir radieux des tourbillons de poussière de la lice : c'était ma seconde guerre d'Espagne ; je triomphais de tous les partis intérieurs comme j'avais triomphé au dehors des ennemis de la France. Il m'avait fallu payer de ma personne, de même qu'avec mes dépêches j'avais paralysé et rendu vaines les dépêches de M. de Metternich et de M. Canning.

Le général Foy et le député Manuel[784] moururent et enlevèrent à l'opposition de gauche ses premiers orateurs. M. de Serre[785] et Camille Jordan descendirent également dans la tombe. Jusque dans le fauteuil de l'Académie, je fus obligé de défendre la liberté de la presse contre les larmoyantes supplications de M. de Lally-Tolendal. La loi sur la police de la presse, que l'on appela la *loi de justice et d'amour,* dut principalement sa chute à mes attaques. Mon *Opinion* sur le projet de cette loi est un travail historiquement curieux ; j'en reçus des compliments parmi lesquels deux noms sont singuliers à rappeler,

« Monsieur le vicomte,

« Je suis sensible aux remercîments que vous voulez bien m'adresser. Vous appelez obligeance ce que je regardais comme une dette, et j'ai été heureux de la payer à l'éloquent écrivain. Tous les vrais amis des lettres s'associent à votre triomphe et doivent se regarder comme solidaires de votre succès. De loin comme de près, j'y contribuerai de tout mon pouvoir, s'il est possible que vous ayez besoin d'efforts aussi faibles que les miens.

« Dans un siècle éclairé comme le nôtre, le génie est la seule puissance qui soit au-dessus des coups de la disgrâce ; c'est à vous, monsieur, qu'il appartenait d'en fournir la preuve vivante à ceux qui s'en

---

[783] 30 octobre 1825.

[784] Le général Foy mourut le 28 novembre 1825, et Manuel le 20 août 1827.

[785] M. de Serre mourut à Castellamare (Italie) le 21 juillet 1824. Camille Jordan était mort le 19 mai 1821.

réjouissent comme à ceux qui ont le malheur de s'en affliger.

« J'ai l'honneur d'être, avec la considération la plus distinguée, votre, etc., etc.

« ÉTIENNE. »

« Paris, ce 5 avril 1826.

« J'ai bien tardé, monsieur, à vous rendre grâce de votre admirable discours. Une fluxion sur les yeux, des travaux pour la Chambre, et plus encore les épouvantables séances de cette Chambre, me serviront d'excuse. Vous savez d'ailleurs combien mon esprit et mon âme s'associent à tout ce que vous dites et sympathisent avec tout le bien que vous essayez de faire à notre malheureux pays. Je suis heureux de réunir mes faibles efforts à votre puissante influence, et le délire d'un ministère qui tourmente la France et voudrait la dégrader, tout en m'inquiétant sur ses résultats prochains, me donne l'assurance consolante qu'un tel état de choses ne peut se prolonger. Vous aurez puissamment contribué à y mettre un terme, et si je mérite un jour qu'on place mon nom bien après le vôtre dans la lutte qu'il faut soutenir contre tant de folie et de crime, je m'estimerai bien récompensé.

« Agréez, monsieur, l'hommage d'une admiration sincère, d'une estime profonde et de la plus haute considération.

« BENJAMIN CONSTANT.

« Paris, ce 21 mai 1827. »

C'est au moment dont je parle que j'arrivai au plus haut point de mon importance politique. Par la guerre d'Espagne j'avais dominé l'Europe ; mais une opposition violente me combattait en France : après ma chute, je devins à l'intérieur le dominateur avoué de l'opinion. Ceux qui m'avaient accusé d'avoir commis une faute irréparable en reprenant la plume étaient obligés de reconnaître que je m'étais formé un empire plus puissant que le premier. La jeune France était passée tout entière de mon côté et ne m'a pas quitté depuis. Dans plusieurs classes industrielles, les ouvriers étaient à mes ordres, et je ne pouvais plus faire un pas dans les rues sans être entouré. D'où me venait cette popularité ? de ce que j'avais connu le véritable esprit de la France. J'étais parti pour le combat avec un seul journal, et j'étais devenu le maître de tous les autres. Mon audace me venait de mon indifférence : comme il m'aurait été parfaitement égal d'échouer, j'allais au succès sans m'embarrasser de la chute. Il ne m'est resté que cette satisfaction de moi-même, car que fait aujourd'hui à personne une popularité passée et qui s'est justement effacée du souvenir de tous ?

La fête du roi[786] étant survenue, j'en profitai pour faire éclater une loyauté que mes opinions libérales n'ont jamais altérée. Je fis paraître cet article :

« Encore une trêve du roi !

« Paix aujourd'hui aux ministres !

« Gloire, honneur, longue félicité et longue vie à Charles X ! c'est la Saint-Charles !

« C'est à nous surtout, vieux compagnons d'exil de notre monarque, qu'il faut demander l'histoire de Charles X.

« Vous autres, Français, qui n'avez point été forcés de quitter votre patrie, vous qui n'avez reçu un Français de plus que pour vous soustraire au despotisme impérial et au joug de l'étranger, habitants de la grande et bonne ville, vous n'avez vu que le prince heureux : quand vous vous pressiez autour de lui, le 12 avril 1814 ; quand vous touchiez en pleurant d'attendrissement des mains sacrées, quand vous retrouviez sur un front ennobli par l'âge et le malheur toutes les grâces de la jeunesse, comme on voit la beauté à travers un voile, vous n'aperceviez que la vertu triomphante, et vous conduisiez le fils des rois à la couche royale de ses pères.

« Mais nous, nous l'avons vu dormir sur la terre, comme nous sans asile, comme nous proscrit et dépouillé. Eh bien, cette bonté qui vous charme était la même ; il portait le malheur comme il porte aujourd'hui la couronne, sans trouver le fardeau trop pesant, avec cette bénignité chrétienne qui tempérait l'éclat de son infortune, comme elle adoucit l'éclat de sa prospérité.

« Les bienfaits de Charles X s'accroissent de tous les bienfaits dont nous ont comblés ses aïeux : la fête d'un roi très chrétien est pour les Français la fête de la reconnaissance : livrons-nous donc aux transports de gratitude qu'elle doit nous inspirer. Ne laissons pénétrer dans notre âme rien qui puisse un moment rendre notre joie moins pure ! Malheur aux hommes. . . . . ! Nous allions violer la trêve ! Vive le roi ! »

Mes yeux se sont remplis de larmes en copiant cette page de ma polémique, et je n'ai plus le courage d'en continuer les extraits. Oh ! mon roi ! vous que j'avais vu sur la terre étrangère, je vous ai revu sur cette même terre où vous alliez mourir ! Quand je combattais avec tant d'ardeur pour vous arracher à des mains qui commençaient à vous perdre, jugez, par les paroles que je viens de transcrire, si j'étais votre ennemi, ou bien le plus tendre et le plus sincère de vos serviteurs ! Hélas ! je vous parle et vous ne m'entendez plus[787].

---

[786] La fête du roi se célébrait le 4 novembre, le jour de la Saint-Charles.

[787] « Cette apostrophe pleine de tristesse et de sanglots, dit ici M. de Marcellus (Chateaubriand et son temps, p. 307), appelle dans nos yeux les larmes qui

Le projet de loi sur la police de la presse ayant été retiré, Paris illumina[788]. Je fus frappé de cette manifestation publique, pronostic mauvais pour la monarchie : l'opposition avait passé dans le peuple, et le peuple, par son caractère, transforme l'opposition en révolution.

La haine contre M. de Villèle allait croissant ; les royalistes, comme au temps du *Conservateur,* étaient redevenus, derrière moi, constitutionnels : M. Michaud m'écrivait :

« Mon honorable maître,

« J'ai fait imprimer hier l'annonce de votre ouvrage sur la censure ; mais l'article, composé de deux lignes, a été rayé par MM. les censeurs. M. Capefigue[789] vous expliquera pourquoi nous n'avons pas mis de blancs ou de noirs.

« Si Dieu ne vient à notre secours, tout est perdu ; la royauté est comme la malheureuse Jérusalem entre les mains des Turcs, à peine ses enfants peuvent-ils en approcher ; à quelle cause nous sommes-nous donc sacrifiés !

« MICHAUD. »

L'opposition avait enfin donné de l'irascibilité au tempérament froid de M. de Villèle, et rendu despotique l'esprit malfaisant de M. de Corbière. Celui-ci avait destitué le duc de Liancourt[790] de dix-sept places gratuites.

---

mouillaient les joues de l'auteur en l'écrivant ; et plus d'une fois j'ai surpris pleurant tout seul M. de Chateaubriand qui ne pleurait devant personne. »

[788] Adopté par la Chambre des députés, le 12 mars 1827, par 233 voix contre 134, la loi sur la presse avait été portée à la Chambre des pairs, qui nomma une commission nettement hostile. Le 17 avril, le gouvernement retira le projet. Dans la soirée, on donna un charivari à M. de Villèle aux cris de Vive le Roi ! Vivent les pairs ! À bas les ministres ! À bas les jésuites ! Une démonstration analogue eut lieu sous les fenêtres de la duchesse de Berry. Le 18, Paris illumina, une foule immense envahit les rues et les places, mêlant à ses cris de joie des cris de haine contre les jésuites et contre les ministres. Le 19, ces manifestations prirent un caractère plus sérieux. Il y eut des promenades d'étudiants portant des drapeaux ; les ouvriers imprimeurs parcoururent la ville en célébrant la victoire remportée sur le gouvernement ; les chiffonniers, à qui l'on avait persuadé que la nouvelle loi tuerait leur industrie, firent aussi leur démonstration, ce qui leur valut de recevoir une belle Épître de M. Viennet.

[789] Jean-Baptiste-Honoré-Raymond Capefigue (1802-1872), publiciste et historien. Il a publié, sur l'histoire de France, plus de cent volumes, qui, pour avoir été hâtivement composés, n'en ont pas moins une très réelle valeur. Ses meilleurs ouvrages sont : l'Europe pendant le Consulat et l'Empire de Napoléon (10 vol. in-8o) et l'Histoire de la Restauration (10 vol. in-8o). Il était, en 1827, un des rédacteurs de la Quotidienne.

[790] François-Alexandre-Frédéric de La Rochefoucauld, duc de Liancourt (1747-1827), député à l'Assemblée constituante de 1789, représentant à la Chambre des Cent-Jours, pair de France. À la tête d'un très grand nombre d'œuvres charitables, fondateur de la première caisse d'épargne de France, l'un des principaux propagateurs de l'enseignement mutuel, il jouissait d'une extrême popularité. Il

Le duc de Liancourt n'était pas un saint, mais on trouvait en lui un homme bienfaisant, à qui la philanthropie avait décerné le titre de vénérable ; par le bénéfice du temps, de vieux révolutionnaires ne marchent plus qu'avec une épithète comme les dieux d'Homère : c'est toujours le respectable M. tel, c'est toujours l'inflexible citoyen tel, qui, comme Achille, n'a jamais mangé de *bouillie* (a-chylos). À l'occasion du scandale arrivé au convoi de M. de Liancourt, M. de Sémonville[791] nous dit, à la Chambre des pairs : « Soyez tranquilles, messieurs, cela n'arrivera plus ; je vous conduirai moi-même au cimetière. »

Le roi, au mois d'avril 1827, voulut passer la revue de la garde nationale[792] au Champ de Mars. Deux jours avant cette fatale revue, poussé par mon zèle et ne demandant qu'à mettre bas les armes, j'adressai à Charles X une lettre qui lui fut remise par M. de Blacas et dont il m'accusa réception par ce billet :

« Je n'ai pas perdu un seul instant, monsieur le vicomte, pour remettre au roi la lettre que vous m'avez fait l'honneur de m'adresser pour Sa Majesté ; et si elle daigne me charger d'une réponse, je ne mettrai pas moins d'empressement à vous la faire parvenir.

« Recevez, monsieur le vicomte, mes compliments les plus sincères.
« BLACAS D'AULPS. »

« Ce 27 avril 1827, à 1 heure après midi.
AU ROI.
« Sire,

« Permettez à un sujet fidèle, que les moments d'agitation retrouveront toujours au pied du trône, de confier à Votre Majesté quelques réflexions qu'il croit utiles à la gloire de la couronne comme au bonheur et à la sûreté du roi.

« Sire, il n'est que trop vrai, il y a péril dans l'État, mais il est également certain que ce péril n'est rien si on ne contrarie pas les principes mêmes du gouvernement.

« Un grand secret, Sire, a été révélé : vos ministres ont eu le malheur d'apprendre à la France que ce peuple que l'on disait ne plus *exister* était

---

mourut le 27 mars 1827, et ses funérailles coïncidèrent avec l'agitation qui s'était produite à l'occasion de la loi sur la presse. Elles furent marquées par de pénibles incidents. Les élèves de l'École des arts et métiers de Châlons ayant voulu, malgré la défense du commissaire de police, porter eux-mêmes le cercueil et s'opposer à ce qu'il fût déposé sur le char, au sortir de l'église de l'Assomption, une lutte s'engagea entre eux et les soldats de l'escorte d'honneur envoyée aux obsèques du duc qui, comme officier général, avait droit à un bataillon. Au milieu de la bagarre, le cercueil tomba dans la boue, et les insignes de la pairie qui le décoraient furent foulés aux pieds.

[791] Le marquis de Sémonville, grand référendaire de la Chambre des pairs. Il conserva ces fonctions jusqu'au 31 septembre 1834 et fut alors remplacé par le duc Decazes.

[792] Elle eut lieu le 29 avril 1827.

tout vivant encore. Paris, pendant deux fois vingt-quatre heures, a échappé à l'autorité. Les mêmes scènes se répètent dans toute la France : les factions n'oublieront pas cet essai.

« Mais les rassemblements populaires, si dangereux dans les monarchies absolues, parce qu'elles sont en présence du souverain même, sont peu de chose dans la monarchie représentative, parce qu'elles ne sont en contact qu'avec des ministres ou des lois. Entre le monarque et les sujets se trouve une barrière qui arrête tout : les deux Chambres et les institutions publiques. En dehors de ces mouvements, le roi voit toujours son autorité et sa personne sacrée à l'abri.

« Mais, Sire, il y a une condition indispensable à la sûreté générale, c'est d'agir dans l'esprit des institutions : une résistance de votre conseil à cet esprit rendrait les mouvements populaires aussi dangereux dans la monarchie représentative qu'ils le sont dans la monarchie absolue.

« De la théorie je passe à l'application :

« Votre Majesté va paraître à la revue : elle y sera accueillie comme elle le doit ; mais il est possible qu'elle entende au milieu des cris de *vive le roi !* d'autres cris qui lui feront connaître l'opinion publique sur ses ministres.

« De plus, Sire, il est faux qu'il y ait à présent, comme on le dit, une faction républicaine ; mais il est vrai qu'il y a des partisans d'une monarchie illégitime : or, ceux-ci sont trop habiles pour ne pas profiter de l'occasion et ne pas mêler leurs voix le 29 à celle de la France pour donner le change.

« Que fera le roi ? cédera-t-il ses ministres aux acclamations populaires ? ce serait tuer le pouvoir. Le roi gardera-t-il ses ministres ? ces ministres feront retomber sur la tête de leur auguste maître toute l'impopularité qui les poursuit. Je sais bien que le roi aurait le courage de se charger d'une douleur personnelle pour éviter un mal à la monarchie ; mais on peut, par le moyen le plus simple, éviter ces calamités ; permettez-moi, Sire, de vous le dire : on le peut en se renfermant dans l'esprit de nos institutions : les ministres ont perdu la majorité dans la Chambre des pairs et dans la nation : la conséquence naturelle de cette position critique est leur retraite. Comment, avec le sentiment de leur devoir, pourraient-ils s'obstiner, en restant au pouvoir, à compromettre la couronne ? En mettant leur démission aux pieds de Votre Majesté, ils calmeront tout, ils finiront tout : ce n'est plus le roi qui cède, ce sont les ministres qui se retirent d'après tous les usages et tous les principes du gouvernement représentatif. Le roi pourra reprendre ensuite parmi eux ceux qu'il jugera à propos de conserver : il y en a deux que l'opinion honore, M. le duc de Doudeauville et M. le comte de Chabrol.

« La revue perdrait ainsi ses inconvénients et ne serait plus qu'un triomphe sans mélange. La session s'achèvera en paix au milieu des bénédictions répandues sur la tête de mon roi.

« Sire, pour avoir osé vous écrire cette lettre, il faut que je sois bien persuadé de la nécessité de prendre une résolution ; il faut qu'un devoir bien impérieux m'ait poussé. Les ministres sont mes ennemis ; je suis le leur ; je leur pardonne comme chrétien ; mais je ne leur pardonnerai jamais comme homme : dans cette position, je n'aurais jamais parlé au roi de leur retraite s'il n'y allait du salut de la monarchie.

« Je suis, etc.

« CHATEAUBRIAND. »

Madame la Dauphine et madame la duchesse de Berry furent insultées en se rendant à la revue ; le roi fut généralement bien accueilli ; mais une ou deux compagnies de la 6e légion crièrent : « À bas les ministres ! à bas les jésuites ! » Charles X offensé répliqua : « Je suis venu ici pour recevoir des hommages, non des leçons. » Il avait souvent à la bouche de nobles paroles que ne soutenait pas toujours la vigueur de l'action : son esprit était hardi, son caractère timide. Charles X, en rentrant au château, dit au maréchal Oudinot : « L'effet total a été satisfaisant. S'il y a quelques brouillons, la masse de la garde nationale est bonne : témoignez-lui ma satisfaction[793]. » M. de Villèle arriva. Des légions à leur retour avaient passé devant l'hôtel des finances et crié : À bas Villèle ! Le ministre, irrité par toutes les attaques précédentes, n'était plus à l'abri des mouvements d'une froide colère ; il proposa au conseil de licencier la garde nationale. Il fut appuyé de MM. de Corbière, de Peyronnet, de Damas et de Clermont-Tonnerre, combattu par M. de Chabrol, l'évêque d'Hermopolis et le duc de Doudeauville. Une ordonnance du roi prononça le licenciement[794], coup le plus funeste porté à la monarchie avant le dernier coup des journées de Juillet : si à ce moment la garde nationale ne se fût pas trouvée dissoute, les barricades n'auraient pas eu lieu. M. le duc de Doudeauville donna sa démission[795] ; il écrivit au roi une lettre motivée dans laquelle il annonçait l'avenir, que tout le monde, au reste, prévoyait.

Le gouvernement commençait à craindre ; les journaux redoublaient d'audace, et on leur opposait, par habitude, un projet de censure ; on parlait en même temps d'un ministère La Bourdonnaye[796], où aurait figuré M. de

---

[793] Le récit de Chateaubriand est pleinement confirmé par les Souvenirs inédits de la Duchesse de Reggio. Voir le Maréchal Oudinot, duc de Reggio, p. 466. — 1894.

[794] L'ordonnance de licenciement, signée par le roi le soir même le la revue, figure en première ligne dans le Moniteur du 30 avril.

[795] Le duc de La Rochefoucauld-Doudeauville était, depuis 1824, ministre de la maison du roi. M. de Chabrol, ministre de la marine, quoiqu'il eût été contraire au licenciement, continua à faire partie du ministère, ainsi que l'évêque d'Hermopolis (Mgr Frayssinous), ministre des affaires ecclésiastiques et de l'instruction publique, qui aurait voulu qu'on se contentât de dissoudre une ou deux légions.

[796] François-Régis, comte de La Bourdonnaye (1767-1839). Député de Maine-et-Loire de 1815 à 1830, il siégea constamment à l'extrême-droite. Au mois d'août 1829, il eut, dans le ministère Polignac, le portefeuille de l'intérieur, mais donna sa démission dès le 8 novembre de la même année, au moment où le prince de

Polignac. J'avais eu le malheur de faire nommer M. de Polignac ambassadeur à Londres, malgré ce qu'avait pu me dire M. de Villèle : en cette occasion il vit mieux et plus loin que moi. En entrant au ministère, je m'étais empressé de faire quelque chose d'agréable à MONSIEUR. Le président du conseil était parvenu à réconcilier les deux frères, dans la prévision d'un changement prochain de règne : cela lui réussit ; moi, en m'avisant une fois dans ma vie de vouloir être fin, je fus bête. Si M. de Polignac n'eût pas été ambassadeur, il ne serait pas devenu ministre des affaires étrangères.

M. de Villèle, obsédé d'un côté par l'opposition royaliste libérale, importuné de l'autre par les exigences des évêques, trompé par les préfets consultés, qui étaient eux-mêmes trompés, résolut de dissoudre la Chambre élective, malgré les trois cents qui lui restaient fidèles. Le rétablissement de la censure précéda la dissolution[797]. J'attaquai plus vivement que jamais ; les oppositions s'unirent ; les élections des petits collèges furent toutes contre le ministère ; à Paris la gauche triompha[798] ; sept collèges nommèrent M. Royer-Collard, et les deux collèges où se présenta M. de Peyronnet, ministre, le rejetèrent[799]. Paris illumina de nouveau : il y eut des scènes sanglantes ; des barricades se formèrent, et les troupes envoyées pour rétablir l'ordre furent obligées de faire feu : ainsi se préparaient les dernières et fatales journées[800]. Sur ces entrefaites, on reçut la nouvelle du

---

Polignac fut nommé président du conseil. Le 27 janvier 1830, il fut élevé à la pairie, six mois avant la révolution qui devait mettre fin à sa carrière politique. Cormenin a dit de lui, dans son Livre des orateurs (tome II, p. 7) : « À la tête des ultra-royalistes, brillait M. de La Bourdonnaye… Contre-révolutionnaire trempé à la manière des anciens conventionnels, subjugué par la raison d'État ; plus impérieux qu'habile, et qui ne manquait dans son langage, ni d'élévation ni de vigueur. »

[797] Le 22 juin 1827, la session avait été déclarée close ; le 24 juin, une ordonnance contre-signée par MM. de Villèle, Corbière et Peyronnet, rétablit la censure.

[798] La Chambre des députés fut dissoute le 5 novembre 1827. Les élections des collèges d'arrondissement eurent lieu le 17 novembre, et celles des collèges de département le 24. — À Paris, les huit candidats de la gauche furent nommés au premier tour de scrutin, c'étaient : MM. Benjamin Constant, Casimir Périer, Laffitte, Royer-Collard, Ternaux, baron Louis et de Schonen.

[799] Royer-Collard fut élu à Vitry, à Châlons, à Paris, à Lyon, à Neufchâteau (Vosges), à Melun et à Béziers. M. de Peyronnet, qui s'était présenté à Bourges et à Bordeaux, y éprouva un double échec.

[800] Le 19 novembre, la foule, particulièrement dans les quartiers Saint-Denis et Saint-Martin, parcourut les rues en criant : « Des lampions ! » et : « Vive la Charte ! Vivent les députés ! » Puis d'autres cris s'y joignirent, parmi lesquels on entendit ceux de : « Vive Napoléon » et : « Vive l'Empire ! » On cassait les vitres des maisons qui n'illuminaient pas, et des pétards étaient lancés contre les voitures. Quelques barricades s'élevèrent rue Saint-Denis. L'autorité envoya des gendarmes qui en renversèrent deux ; il fallut faire marcher la garde royale et tirer des feux de peloton pour en enlever trois autres. L'émeute recommença le 20 ; les barricades de la veille furent relevées, et beaucoup d'autres obstruaient les rues du quartier Saint-Denis. Elles furent détruites par la troupe de ligne. Quelques hommes furent

combat de Navarin[801], succès dont je pouvais revendiquer ma part. Les grands malheurs de la Restauration ont été annoncés par des victoires ; elles avaient de la peine à se détacher des héritiers de Louis le Grand.

La Chambre des pairs jouissait de la faveur publique par sa résistance aux lois oppressives ; mais elle ne savait pas se défendre elle-même : elle se laissa gorger de fournées[802] contre lesquelles je fus presque le seul à réclamer. Je lui prédis que ces nominations vicieraient son principe et lui feraient perdre à la longue toute force dans l'opinion : me suis-je trompé ? Ces fournées, dans le but de rompre une majorité, ont non seulement détruit l'aristocratie en France, mais elles sont devenues le moyen dont on se servira contre l'aristocratie anglaise ; celle-ci sera étouffée sous une nombreuse fabrication de toges, et finira par perdre son hérédité, comme la pairie dénaturée l'a perdue en France.

La nouvelle Chambre arrivée prononça son fameux refus de concours : M. de Villèle, réduit à l'extrémité, songea à renvoyer une partie de ses collègues et négocia avec MM. Laffitte et Casimir Périer. Les deux chefs de l'opposition de gauche prêtèrent l'oreille : la mèche fut éventée ; M. Laffitte n'osa franchir le pas ; l'heure du président sonna, et le portefeuille tomba de ses mains[803]. J'avais rugi en me retirant des affaires ; M. de Villèle se coucha : il eut la velléité de rester à la Chambre des députés ; parti qu'il aurait dû prendre, mais il n'avait ni une connaissance assez profonde du gouvernement représentatif, ni une autorité assez grande sur l'opinion extérieure, pour jouer un pareil rôle : les nouveaux ministres exigèrent son bannissement à la Chambre des pairs, et il l'accepta. Consulté sur quelques remplaçants pour le cabinet, j'invitai à prendre M. Casimir Périer et le général Sébastiani : mes paroles furent perdues.

M. de Chabrol, chargé de composer le nouveau ministère, me mit en tête de la liste : j'en fus rayé avec indignation par Charles X. M. Portalis[804],

---

tués et un assez grand nombre blessés et il fallut, pour rétablir l'ordre, recourir à un grand déploiement de forces.

[801] Le 20 octobre 1827.

[802] Le Moniteur du 6 novembre 1827, en même temps qu'il insérait l'ordonnance prononçant la dissolution de la Chambre des députés, en publiait une autre nommant soixante-seize pairs.

[803] M. de Villèle donna sa démission le 2 décembre 1827 ; elle fut acceptée par le roi le 6. Le nouveau cabinet ne put être constitué que le 4 janvier 1828. Les ordonnances nommant les nouveaux ministres parurent au Moniteur du 5 janvier.

[804] Joseph-Marie, comte Portalis (1778-1858). Conseiller d'État en 1808, comte de l'Empire et directeur général de la librairie en 1810, premier président de la Cour d'Angers en 1813, conseiller à la Cour de Cassation en 1815, pair de France en 1819, sous-secrétaire d'État au ministère de la Justice du 21 février 1820 au 14 décembre 1821, garde des sceaux le 4 janvier 1828, ministre des Affaires étrangères le 14 mai 1829, premier président de la Cour de cassation le 8 août

le plus misérable caractère qui fut oncques, fédéré pendant les Cent-Jours, rampant aux pieds de la légitimité dont il parla comme aurait rougi de parler le plus ardent royaliste, aujourd'hui prodiguant sa banale adulation à Philippe, reçut les sceaux. À la guerre, M. de Caux[805] remplaça M. de Clermont-Tonnerre. M. le comte Roy, l'habile artisan de son immense fortune, fut chargé des finances. Le comte de La Ferronnays, mon ami, eut le portefeuille des affaires étrangères. M. de Martignac entra au ministère de l'intérieur ; le roi ne tarda pas à le détester. Charles X suivait plutôt ses goûts que ses principes : s'il repoussait M. de Martignac à cause de son penchant aux plaisirs, il aimait MM. de Corbière et de Villèle qui n'allaient pas à la messe.

M. de Chabrol et l'évêque d'Hermopolis restèrent provisoirement au ministère. L'évêque, avant de se retirer, vint me voir ; il me demanda si je le voulais remplacer à l'instruction publique : « Prenez M. Royer-Collard, lui dis-je, je n'ai nulle envie d'être ministre ; mais si le roi me voulait absolument rappeler au conseil, je n'y rentrerais que par le ministère des affaires étrangères, en réparation de l'affront que j'y ai reçu. Or, je ne puis avoir aucune prétention sur ce portefeuille, si bien placé entre les mains de mon noble ami. »

Après la mort de M. Mathieu de Montmorency, M. de Rivière était devenu gouverneur du duc de Bordeaux ; il travaillait dès lors au renversement de M. de Villèle, car la partie dévote de la cour s'était ameutée contre le ministre des finances. M. de Rivière me donna rendez-vous rue de Taranne, chez M. de Marcellus, pour me faire inutilement la même proposition que me fit plus tard l'abbé Frayssinous. M. de Rivière mourut, et M. le baron de Damas lui succéda auprès de M. le duc de Bordeaux. Il s'agissait donc toujours de la succession de M. de Chabrol et de M. l'évêque d'Hermopolis. L'abbé Feutrier[806] évêque de Beauvais, fut installé au ministère des cultes, que l'on détacha de l'instruction publique, laquelle tomba à M. de Vatimesnil[807].

---

suivant. Il garda cette charge jusqu'au 18 décembre 1852 ; il était sénateur depuis le 26 janvier. Il mourut à Passy le 4 août 1858.

[805] Le vicomte de Caux, lieutenant-général, député du Nord. Il avait servi avec distinction dans l'arme du génie, et s'était également fait remarquer par ses qualités d'administrateur. Le 11 octobre 1832, le roi Louis-Philippe l'éleva à la dignité de pair de France. Le vicomte de Caux était le fils de M. de Caux de Blaquetot (1723-1793), lieutenant-général et directeur des fortifications sous Louis XVI, l'un des meilleurs officiers de notre corps du génie, qui était alors le premier de l'Europe.

[806] François-Jean-Hyacinthe, comte Feutrier (1785-1830), évêque de Beauvais depuis 1826. Il fut nommé ministre des Affaires ecclésiastiques le 4 mars 1828.

[807] Antoine-François-Henri Lefebvre de Vatimesnil (1789-1860). Attaché au parquet de la Seine dès 1815, il s'était fait remarquer par la maturité précoce de ses rares qualités, par une science profonde du droit, une argumentation méthodique, claire, pressante, une parole facile, pénétrante, fortement accentuée. « Vous avez fait

Restait le ministère de la marine : on me l'offrit ; je ne l'acceptai point. M. le comte Roy me pria de lui indiquer quelqu'un qui me fût agréable et que je choisirais dans la couleur de mon opinion. Je désignai M. Hyde de Neuville. Il fallait en outre trouver le précepteur de M. le duc de Bordeaux ; le comte Roy m'en parla : M. de Chéverus se présenta tout d'abord à ma pensée. Le ministre des finances courut chez Charles X ; le roi lui dit : « Soit : Hyde à la marine ; mais pourquoi Chateaubriand ne prend-il lui-même ce ministère ? Quant à M. de Chéverus, le choix serait excellent ; je suis fâché de n'y avoir pas pensé ; deux heures plus tôt, la chose était faite : dites-le bien à Chateaubriand, mais M. Tharin[808] est nommé. »

M. Roy me vint apprendre le succès de sa négociation ; il ajouta : « Le roi désire que vous acceptiez une ambassade ; si vous le voulez, vous irez à Rome. » Ce mot de Rome eut sur moi un effet magique ; j'éprouvai la tentation à laquelle les anachorètes étaient exposés dans le désert. Charles X, en prenant à la marine l'ami que je lui avais désigné, faisait les premières avances ; je ne pouvais plus me refuser à ce qu'il attendait de moi : je consentis donc encore à m'éloigner. Du moins, cette fois, l'exil me plaisait : *Pontificum veneranda sedes, sacrum solium.* Je me sentis saisi du désir de fixer mes jours, de l'envie de disparaître (même par calcul de renommée) dans la ville des funérailles, au moment de mon triomphe politique. Je n'aurais plus élevé la voix, sinon comme l'oiseau fatidique de Pline, pour dire chaque matin *Ave* au Capitole et à l'aurore. Il se peut qu'il fût utile à mon pays d'être débarrassé de moi : par le poids dont je me sens, je devine le fardeau que je dois être pour les autres. Les esprits de quelque puissance qui se rongent et se retournent sur eux-mêmes sont fatigants. Dante met aux enfers des âmes torturées sur une couche de feu. M. le duc de Laval, que j'allais remplacer à Rome[809], fut nommé à l'ambassade de Vienne.

---

oublier votre jeunesse par vos talents, » lui disait M. de Sèze, lorsqu'il fut installé comme avocat général à la Cour de cassation, le 18 août 1824. Orateur, jurisconsulte, membre de nos assemblées délibérantes, son nom demeurera inséparable des luttes judiciaires de la Restauration, des mémorables combats pour la revendication de la liberté religieuse et de la liberté d'enseignement (1844-1850), et de la loi sur l'assistance judiciaire dont il fut, à l'Assemblée législative, le véritable auteur (7 décembre 1850 — 22 janvier 1851).

[808] Il était évêque de Strasbourg.

[809] Chateaubriand partit pour Rome, comme nous le verrons au livre XII, le 14 septembre 1828. Un peu avant son départ, il lut, à la Chambre des pairs, dans la séance du 18 juin, l'éloge du comte de Sèze, mort le 2 mai précédent. Dans ses Mémoires, il ne dit rien de cet Éloge, qui n'a pas été reproduit dans ses Mélanges historiques, publiés en 1830. Il conviendra de réimprimer dans la prochaine édition de ses œuvres ces pages consacrées au défenseur de Louis XVI : elles sont parmi les plus belles que Chateaubriand ait écrites.

Avant de changer de sujet, je demande la permission de revenir sur mes pas et de me soulager d'un fardeau. Je ne suis pas entré sans souffrir dans le détail de mon long différend avec M. de Villèle. On m'a accusé d'avoir contribué à la chute de la monarchie légitime ; il me convient d'examiner ce reproche.

Les événements arrivés sous le ministère dont j'ai fait partie ont une importance qui le lie à la fortune commune de la France : il n'y a pas un Français dont le sort n'ait été atteint du bien que je puis avoir fait, du mal que j'ai subi. Par des affinités bizarres et inexplicables, par des rapports secrets qui entrelacent quelquefois de hautes destinées à des destinées vulgaires, les Bourbons ont prospéré tant qu'ils ont daigné m'écouter, quoique je sois loin de croire, avec le poète[810], que *mon éloquence a fait l'aumône à la royauté*. Sitôt qu'on a cru devoir briser le roseau qui croissait au pied du trône, la couronne a penché, et bientôt elle est tombée : souvent, en arrachant un brin d'herbe, on fait crouler une grande ruine.

Ces faits incontestables, on les expliquera comme on voudra ; s'ils donnent à ma carrière politique une valeur relative qu'elle n'a pas d'elle-même, je n'en tirerai point vanité, je ne ressens point une mauvaise joie du hasard qui mêle mon nom d'un jour aux événements des siècles. Quelle qu'ait été la variété des accidents de ma course aventureuse, où que les noms et les faits m'aient promené, le dernier horizon du tableau est toujours menaçant et triste.

. . . . Juga cœpta moveri
Silvarum, visæque canes ululare per umbram[811].

Mais si la scène a changé d'une manière déplorable, je ne dois, dit-on, accuser que moi-même : pour venger ce qui m'a semblé une injure, j'ai tout divisé, et cette division a produit en dernier résultat le renversement du trône. Voyons.

M. de Villèle a déclaré qu'on ne pouvait gouverner ni avec moi ni sans moi. Avec moi, c'était une erreur ; sans moi, à l'heure où M. de Villèle disait cela, il disait vrai, car les opinions les plus diverses me composaient une majorité.

M. le président du conseil ne m'a jamais connu. Je lui étais sincèrement attaché ; je l'avais fait entrer dans son premier ministère, ainsi que le prouvent le billet de remercîments de M. le duc de Richelieu et les autres billets que j'ai cités. J'avais donné ma démission de plénipotentiaire à Berlin, lorsque M. de Villèle s'était retiré. On lui persuada qu'à sa

---

810 Béranger, À M. de Chateaubriand (septembre 1831).
Son éloquence à ces rois fit l'aumône :
Prodigue fée, en ses enchantements,
Plus elle voit de rouille à leur vieux trône,
Plus elle y sème et fleurs et diamants.
811 Énéide, VI, v. 256-257.

seconde rentrée dans les affaires, je désirais sa place. Je n'avais point ce désir. Je ne suis point de la race intrépide, sourde à la voix du dévouement et de la raison. La vérité est que je n'ai aucune ambition ; c'est précisément la passion qui me manque, parce que j'en ai une autre qui me domine. Lorsque je priais M. de Villèle de porter au roi quelque dépêche importante, pour m'éviter la peine d'aller au château, afin de me laisser le loisir de visiter une chapelle gothique dans la rue Saint-Julien-le-Pauvre, il aurait été bien rassuré contre mon ambition, s'il eût mieux jugé de ma candeur puérile ou de la hauteur de mes dédains.

Rien ne m'agréait dans la vie positive, hormis peut-être le ministère des affaires étrangères. Je n'étais pas insensible à l'idée que la patrie me devrait, dans l'intérieur la liberté, à l'extérieur l'indépendance. Loin de chercher à renverser M. de Villèle, j'avais dit au roi : « Sire, M. de Villèle est un président plein de lumières ; Votre Majesté doit éternellement le garder à la tête de ses conseils. »

M. de Villèle ne le remarqua pas : mon esprit pouvait tendre à la domination, mais il était soumis à mon caractère ; je trouvais plaisir dans mon obéissance, parce qu'elle me débarrassait de ma volonté. Mon défaut capital est l'ennui, le dégoût de tout, le doute perpétuel. S'il se fût rencontré un prince qui, me comprenant, m'eût retenu de force au travail, il avait peut-être quelque parti à tirer de moi : mais le ciel fait rarement naître ensemble l'homme qui veut et l'homme qui peut. En fin de compte, est-il aujourd'hui une chose pour laquelle on voulût se donner la peine de sortir de son lit ? On s'endort au bruit des royaumes tombés pendant la nuit, et que l'on balaye chaque matin devant notre porte.

D'ailleurs, depuis que M. de Villèle s'était séparé de moi, la politique s'était dérangée : l'ultracisme contre lequel la sagesse du président du conseil luttait encore l'avait débordé. La contrariété qu'il éprouvait de la part des opinions intérieures et du mouvement des opinions extérieures le rendait irritable : de là la presse entravée, la garde nationale de Paris cassée, etc. Devais-je laisser périr la monarchie, afin d'acquérir le renom d'une modération hypocrite aux aguets ? Je crus très sincèrement remplir un devoir en combattant à la tête de l'opposition, trop attentif au péril que je voyais d'un côté, pas assez frappé du danger contraire. Lorsque M. de Villèle fut renversé, on me consulta sur la nomination d'un autre ministère. Si l'on eût pris, comme je le proposais, M. Casimir Périer, le général Sébastiani et M. Royer-Collard, les choses auraient pu se soutenir. Je ne voulus point accepter le département de la marine, et je le fis donner à mon ami M. Hyde de Neuville ; je refusai également deux fois l'instruction publique ; jamais je ne serais rentré au conseil sans être le maître. J'allai à Rome chercher parmi les ruines mon autre moi-même, car il y a dans ma personne deux êtres distincts, et qui n'ont aucune communication l'un avec l'autre.

J'en ferai pourtant loyalement l'aveu, l'excès du ressentiment ne me justifie pas selon la règle et le mot vénérable de vertu, mais ma vie entière me sert d'excuse.

Officier au régiment de Navarre, j'étais revenu des forêts de l'Amérique pour me rendre auprès de la légitimité fugitive, pour combattre dans ses rangs contre mes propres lumières, le tout sans conviction, par le seul devoir du soldat. Je restai huit ans sur le sol étranger, accablé de toutes les misères.

Ce large tribut payé, je rentrai en France en 1800. Bonaparte me rechercha et me plaça ; à la mort du duc d'Enghien, je me dévouai de nouveau à la mémoire des Bourbons. Mes paroles sur le tombeau de Mesdames à Trieste ranimèrent la colère du dispensateur des empires ; il menaça de me faire sabrer sur les marches des Tuileries. La brochure *De Bonaparte et des Bourbons* valut à Louis XVIII, de son aveu même, autant que cent mille hommes.

À l'aide de la popularité dont je jouissais alors, la France anticonstitutionnelle comprit les institutions de la royauté légitime. Durant les Cent Jours, la monarchie me vit auprès d'elle dans son second exil. Enfin, par la guerre d'Espagne, j'avais contribué à étouffer les conspirations, à réunir les opinions sous la même cocarde, et à rendre à notre canon sa portée. On sait le reste de mes projets : reculer nos frontières, donner dans le nouveau monde des couronnes nouvelles à la famille de saint Louis.

Cette longue persévérance dans les mêmes sentiments méritait peut-être quelques égards. Sensible à l'affront, il m'était impossible de mettre aussi de côté ce que je pouvais valoir, d'oublier tout à fait que j'étais le restaurateur de la religion, l'auteur du *Génie du christianisme*.

Mon agitation croissait nécessairement encore à la pensée qu'une mesquine querelle faisait manquer à notre patrie une occasion de grandeur qu'elle ne retrouverait plus. Si l'on m'avait dit : « Vos plans seront suivis ; on exécutera sans vous ce que vous aviez entrepris, » j'aurais tout oublié pour la France. Malheureusement j'avais la croyance qu'on n'adopterait pas mes idées ; l'événement l'a prouvé.

J'étais dans l'erreur peut-être, mais j'étais persuadé que M. le comte de Villèle ne comprenait pas la société qu'il conduisait ; je suis convaincu que les solides qualités de cet habile ministre étaient inadéquates à l'heure de son ministère : il était venu trop tôt sous la restauration. Les opérations de finances, les associations commerciales, le mouvement industriel, les canaux, les bateaux à vapeur, les chemins de fer, les grandes routes, une société matérielle qui n'a de passion que pour la paix, qui ne rêve que le confort de la vie, qui ne veut faire de l'avenir qu'un perpétuel aujourd'hui, dans cet ordre de choses, M. de Villèle eût été roi. M. de Villèle a voulu un temps qui ne pouvait être à lui, et, par honneur, il ne veut pas d'un temps qui lui appartient. Sous la Restauration, toutes les facultés de l'âme étaient vivantes ; tous les partis rêvaient de réalités ou de chimères ; tous, avançant ou reculant, se heurtaient en tumulte ; personne ne prétendait rester où il était ; la légitimité constitutionnelle ne paraissait à aucun esprit ému le dernier mot de la république ou de la monarchie. On sentait sous ses pieds remuer dans la terre des armées ou des révolutions qui venaient s'offrir pour des destinées extraordinaires. M. de Villèle était éclairé sur ce mouvement ; il voyait croître les ailes qui, poussant à la nation, l'allaient rendre à son élément, à l'air, à l'espace, immense et légère qu'elle est. M. de Villèle voulait retenir cette nation sur le sol, l'attacher en bas, mais il n'en eut jamais la force. Je voulais, moi, occuper les Français à la gloire, les attacher en haut, essayer de les mener à la réalité par des songes : C'est ce qu'ils aiment.

Il serait mieux d'être plus humble, plus prosterné, plus chrétien. Malheureusement je suis sujet à faillir ; je n'ai point la perfection évangélique : si un homme me donnait un soufflet, je ne tendrais pas l'autre joue.

Eussé-je deviné le résultat, certes je me serais abstenu ; la majorité qui vota la phrase sur le refus de concours ne l'eut pas votée, si elle eût prévu la conséquence de son vote. Personne ne désirait sérieusement une catastrophe, excepté quelques hommes à part. Il n'y a eu d'abord qu'une émeute, et la légitimité seule l'a transformée en révolution : le moment venu, elle a manqué de l'intelligence, de la prudence, de la résolution qui la pouvaient encore sauver. Après tout, c'est une monarchie tombée ; il en tombera bien d'autres : je ne lui devais que ma fidélité ; elle l'aura à jamais.

Dévoué aux premières adversités de la monarchie, je me suis consacré à ses dernières infortunes : le malheur me trouvera toujours pour second. J'ai tout renvoyé, places, pensions, honneurs ; et, afin de n'avoir rien à demander à personne, j'ai mis en gage mon cercueil. Juges austères et rigides, vertueux et infaillibles royalistes, qui avez mêlé un serment à vos richesses, comme vous mêlez le sel aux viandes de vos festins pour les conserver, ayez un peu d'indulgence à l'égard de mes amertumes passées, je les expie aujourd'hui à ma manière, qui n'est pas la vôtre. Croyez-vous qu'à l'heure du soir, à cette heure où l'homme de peine se repose, il ne sente pas le poids de la vie, quand ce poids lui est rejeté sur les bras ? Et cependant, j'ai pu ne pas porter le fardeau, j'ai vu Philippe dans son palais, du 1er au 6 août 1830, et je le raconterai en son lieu ; il n'a tenu qu'à moi d'écouter des paroles généreuses.

Plus tard, si j'avais pu me repentir d'avoir bien fait, il m'était encore possible de revenir sur le premier mouvement de ma conscience. M. Benjamin Constant, homme si puissant alors, m'écrivait le 20 septembre[812] : « J'aimerais bien mieux vous écrire sur vous que sur moi,

---

[812] Le 20 septembre 1830.

la chose aurait plus d'importance. Je voudrais pouvoir vous parler de la perte que vous faites essuyer à la France entière en vous retirant de ses destinées, vous qui avez exercé sur elle une influence si noble et si salutaire ! Mais il y aurait indiscrétion à traiter ainsi des questions personnelles, et je dois, en gémissant comme tous les Français, respecter vos scrupules. »

Mes devoirs ne me semblant point encore consommés, j'ai défendu la veuve et l'orphelin, j'ai subi les procès et la prison que Bonaparte, même dans ses plus grandes colères, m'avait épargnés. Je me présente entre ma démission à la mort du duc d'Enghien et mon cri pour l'enfant dépouillé ; je m'appuie sur un prince fusillé et sur un prince banni ; ils soutiennent mes vieux bras entrelacés à leurs bras débiles : royalistes, êtes-vous si bien accompagnés ?

Mais plus j'ai garrotté ma vie par les liens du dévouement et de l'honneur, plus j'ai échangé la liberté de mes actions contre l'indépendance de ma pensée ; cette pensée est rentrée dans sa nature. Maintenant, en dehors de tout, j'apprécie les gouvernements ce qu'ils valent. Peut-on croire aux rois de l'avenir ? faut-il croire aux peuples du présent ? L'homme sage et inconsolé de ce siècle sans conviction ne rencontre un misérable repos que dans l'athéisme politique. Que les jeunes générations se bercent d'espérances : avant de toucher au but, elles attendront de longues années ; les âges vont au nivellement général, mais ils ne hâtent point leur marche à l'appel de nos désirs : le temps est une sorte d'éternité appropriée aux choses mortelles ; il compte pour rien les races et leurs douleurs dans les œuvres qu'il accomplit.

Il résulte de ce qu'on vient de lire, que si l'on avait fait ce que j'avais conseillé ; que si d'étroites envies n'avaient préféré leur satisfaction à l'intérêt de la France ; que si le pouvoir avait mieux apprécié les capacités relatives, que si les cabinets étrangers avaient jugé, comme Alexandre, que le salut de la monarchie française était dans des institutions libérales ; que si ces cabinets n'avaient point entretenu l'autorité rétablie dans la défiance du principe de la charte, la légitimité occuperait encore le trône. Ah ! ce qui est passé est passé ! on a beau retourner en arrière, se remettre à la place que l'on a quittée, on ne retrouve rien de ce qu'on y avait laissé : hommes, idées, circonstances, tout s'est évanoui.

LIVRE XI[813]

Nous passons à l'ambassade de Rome, à cette Italie le rêve de mes jours. Avant de continuer mon récit, je dois parler d'une femme qu'on ne perdra plus de vue jusqu'à la fin de ces *Mémoires*. Une correspondance va

---

[813] Ce livre a été écrit à Paris en 1839.

s'ouvrir de Rome à Paris entre elle et moi : il faut donc savoir à qui j'écris, comment et à quelle époque j'ai connu madame Récamier.

Elle rencontra aux divers rangs de la société des personnages plus ou moins célèbres engagés sur la scène du monde ; tous lui ont rendu un culte. Sa beauté mêle son existence idéale aux faits matériels de notre histoire : lumière sereine éclairant un tableau d'orage.

Revenons encore sur des temps écoulés ; essayons à la clarté de mon couchant de dessiner un portrait sur le ciel où ma nuit qui s'approche va bientôt répandre ses ombres.

Une lettre, publiée dans le *Mercure* après ma rentrée en France en 1800, avait frappé madame de Staël. Je n'étais pas encore rayé de la liste des émigrés ; *Atala* me tira de mon obscurité. Madame Bacciochi (Élisa Bonaparte), à la prière de M. de Fontanes, sollicita et obtint ma radiation dont madame de Staël s'était occupée ; j'allai la remercier. Je ne me souviens plus si ce fut Christian de Lamoignon ou l'auteur de Corinne qui me présenta à madame Récamier son amie ; celle-ci demeurait alors dans sa maison de la rue du Mont-Blanc. Au sortir de mes bois et de l'obscurité de ma vie, j'étais encore tout sauvage ; j'osais à peine lever les yeux sur une femme entourée d'adorateurs.

Environ un mois après, j'étais un matin chez madame de Staël ; elle m'avait reçu à sa toilette ; elle se laissait habiller par mademoiselle Olive, tandis qu'elle causai en roulant dans ses doigts une petite branche verte. Entre tout à coup madame Récamier, vêtue d'une robe blanche ; elle s'assit au milieu d'un sofa de soie bleue. Madame de Staël, restée debout, continua sa conversation fort animée, et parlait avec éloquence ; je répondais à peine, les yeux attachés sur madame Récamier. Je n'avais jamais inventé rien de pareil, et plus que jamais je fus découragé : mon admiration se changea en humeur contre ma personne. Madame Récamier sortit, et je ne la revis plus que douze ans après.

Douze ans ! quelle puissance ennemie coupe et gaspille ainsi nos jours, les prodigue ironiquement à toutes les indifférences appelées attachements, à toutes les misères surnommées félicités ! Puis, par une autre dérision, quand elle en a flétri et dépensé la partie la plus précieuse, elle vous ramène au point de départ de vos courses. Et comment vous y ramène-t-elle ? l'esprit obsédé des idées étrangères, des fantômes importuns, des sentiments trompés ou incomplets d'un monde qui ne vous a laissé rien d'heureux. Ces idées, ces fantômes, ces sentiments s'interposent entre vous et le bonheur que vous pourriez encore goûter. Vous revenez le cœur souffrant de regrets, désolé de ces erreurs de jeunesse si pénibles au souvenir dans la pudeur des années. Voilà comme je revins après avoir été à Rome, en Syrie, après avoir vu passer l'empire, après être devenu l'homme du bruit, après avoir cessé d'être l'homme du silence. Madame Récamier qu'avait-elle fait ? quelle avait été sa vie ?

Je n'ai point connu la plus grande partie de l'existence à la fois éclatante et retirée dont je vais vous entretenir : force m'est donc de recourir à des autorités différentes de la mienne, mais elles seront irrécusables. D'abord madame Récamier m'a raconté des faits dont elle a été témoin et m'a communiqué des lettres précieuses. Elle a écrit, sur ce qu'elle a vu, des notes dont elle m'a permis de consulter le texte, et trop rarement de le citer. Ensuite madame de Staël dans sa correspondance, Benjamin Constant dans ses souvenirs, les uns imprimés, les autres manuscrits, M. Ballanche dans une notice sur notre commune amie, madame la duchesse d'Abrantès dans ses esquisses, madame de Genlis dans les siennes, ont abondamment fourni les matériaux de ma narration : je n'ai fait que nouer les uns aux autres tant de beaux noms, en remplissant les vides par mon récit, quand quelques anneaux de la chaîne des événements étaient sautés ou rompus.

Montaigne dit que les hommes vont béant aux choses futures : j'ai la manie de béer aux choses passées. Tout est plaisir, surtout lorsque l'on tourne les yeux sur les premières années de ceux que l'on chérit ; on allonge une vie aimée ; on étend l'affection que l'on ressent sur des jours que l'on a ignorés et que l'on ressuscite ; on embellit ce qui fut de ce qui est ; on recompose de la jeunesse.

J'ai vu à Lyon le *Jardin des Plantes* établi sur les ruines de l'amphithéâtre antique et dans les jardins de l'ancienne *abbaye de la Déserte,* maintenant abattue : le Rhône et la Saône sont à vos pieds ; au loin s'élève la plus haute montagne de l'Europe, première colonne milliaire de l'Italie, avec son écriteau blanc au-dessus des nuages. Madame Récamier[814] fut mise dans cette abbaye, elle y passa son enfance derrière une grille qui ne s'ouvrait sur l'église extérieure qu'à l'élévation de la messe. Alors on apercevait dans la chapelle intérieure du couvent des jeunes filles prosternées. La fête de l'abbesse était la fête principale de la communauté ; la plus belle des pensionnaires faisait le compliment d'usage : sa parure était ajustée, sa chevelure nattée, sa tête voilée et couronnée des mains de ses compagnes ; et tout cela en silence, car l'heure du lever était une de celles qu'on appelait du *grand silence* dans les monastères. Il va de suite que Juliette avait les honneurs de la journée. Son père et sa mère s'étant établis à Paris rappelèrent leur enfant auprès d'eux. Sur des brouillons écrits par madame Récamier je recueille cette note :

« La veille du jour où ma tante devait venir me chercher, je fus conduite dans la chambre de madame l'abbesse pour recevoir sa bénédiction. Le lendemain, baignée de larmes, je venais de franchir la porte que je ne me souvenais pas d'avoir vue s'ouvrir pour me laisser

---

[814] Jeanne-Françoise-Julie-Adélaïde Bernard était née à Lyon le 4 décembre 1777. De tous ces noms de baptême, le seul qui lui fût resté dans l'habitude était celui de Julie transformé en Juliette. — Son père, Jean Bernard, était notaire à Lyon ; il fut nommé, en 1784, receveur des finances à Paris.

entrer, je me trouvai dans une voiture avec ma tante, et nous partîmes pour Paris.

« Je quitte à regret une époque si calme et si pure pour entrer dans celle des agitations. Elle me revient quelquefois comme dans un vague et doux rêve, avec ses nuages d'encens, ses cérémonies infinies, ses processions dans les jardins, ses chants et ses fleurs. »

Ces heures sorties d'un pieux désert se reposent maintenant dans une autre solitude religieuse, sans avoir rien perdu de leur fraîcheur et de leur harmonie.

Benjamin Constant, l'homme qui a eu le plus d'esprit après Voltaire, cherche à donner une idée de la première jeunesse de madame Récamier : il a puisé dans le modèle dont il prétendait retracer les traits une grâce qui ne lui était pas naturelle.

« Parmi les femmes de notre époque, dit-il, que des avantages de figure, d'esprit ou de caractère ont rendues célèbres, il en est une que je veux peindre. Sa beauté l'a d'abord fait admirer ; son âme s'est ensuite fait connaître, et son âme a encore paru supérieure à sa beauté. L'habitude de la société a fourni à son esprit le moyen de se déployer, et son esprit n'est resté au-dessous ni de sa beauté ni de son âme.

« À peine âgée de quinze ans[815], mariée à un homme qui, occupé d'affaires immenses, ne pouvait guider son extrême jeunesse, madame Récamier se trouva presque entièrement livrée à elle-même dans un pays qui était encore un chaos.

« Plusieurs femmes de la même époque ont rempli l'Europe de leurs diverses célébrités. La plupart ont payé le tribut à leur siècle, les unes par des amours sans délicatesse, les autres par de coupables condescendances envers les tyrannies successives.

« Celle que je peins sortit brillante et pure de cette atmosphère qui flétrissait ce qu'elle ne corrompait pas. L'enfance fut d'abord pour elle une sauvegarde, tant l'auteur de ce bel ouvrage, faisait tourner tout à son profit. Éloignée du monde dans une solitude embellie par les arts, elle se faisait une douce occupation de toutes ces études charmantes et poétiques qui restent le charme d'un autre âge.

« Souvent aussi, entourée de jeunes compagnes, elle se livrait avec elles à des jeux bruyants. Svelte et légère, elle les devançait à la course ; elle couvrait d'un bandeau ses yeux qui devaient un jour pénétrer toutes les âmes. Son regard, aujourd'hui si expressif et si profond, et qui semble nous révéler des mystères qu'elle-même ne connaît pas, n'étincelait alors que d'une gaieté vive et folâtre. Ses beaux cheveux, qui ne peuvent se détacher sans nous remplir de trouble, tombaient alors, sans danger pour personne, sur ses blanches épaules. Un rire éclatant et prolongé interrompait souvent

---

[815] Et non treize ans, comme le portent les éditions précédentes.

ses conversations enfantines ; mais déjà l'on eût pu remarquer en elle cette observation fine et rapide qui saisit le ridicule, cette malignité douce qui s'en amuse sans jamais blesser, et surtout ce sentiment exquis d'élégance, de pureté, de bon goût, véritable noblesse native, dont les titres sont empreints sur les êtres privilégiés.

« Le grand monde d'alors était trop contraire à sa nature pour qu'elle ne préférât pas la retraite. On ne la vit jamais dans les maisons ouvertes à tout venant, seules réunions possibles quand toute société fermée eût été suspecte ; où toutes les classes se précipitaient, parce qu'on pouvait y parler sans rien dire, s'y rencontrer sans se compromettre ; où le mauvais ton tenait lieu d'esprit et le désordre de gaieté. On ne la vit jamais à cette cour du Directoire, où le pouvoir était tout à la fois terrible et familier, inspirant la crainte sans échapper au mépris.

« Cependant madame Récamier sortait quelquefois de sa retraite pour aller au spectacle ou dans les promenades publiques, et, dans ces lieux fréquentés par tous, ces rares apparitions étaient de véritables événements. Tout autre but de ces réunions immenses était oublié, et chacun s'élançait sur son passage. L'homme assez heureux pour la conduire avait à surmonter l'admiration comme un obstacle ; ses pas étaient à chaque instant ralentis par les spectateurs pressés autour d'elle ; elle jouissait de ce succès avec la gaieté d'un enfant et la timidité d'une jeune fille ; mais la dignité gracieuse, qui dans sa retraite la distinguait de ses jeunes amies, contenait au dehors la foule effervescente. On eût dit qu'elle régnait également par sa seule présence sur ses compagnes et sur le public. Ainsi se passèrent les premières années du mariage de madame Récamier, entre des occupations poétiques, des jeux enfantins dans la retraite, et de courtes et brillantes apparitions dans le monde. »

Interrompant le récit de l'auteur d'*Adolphe*, je dirai que, dans cette société succédant à la terreur, tout le monde craignait d'avoir l'air de posséder un foyer. On se rencontrait dans les lieux publics, surtout au *Pavillon d'Hanovre :* quand je vis ce pavillon, il était abandonné comme la salle d'une fête d'hier, ou comme un théâtre dont les acteurs étaient à jamais descendus. Là s'étaient retrouvées des jeunes échappées de prison à qui André Chénier avait fait dire :
Je ne veux point mourir encore.

Madame Récamier avait rencontré Danton allant au supplice, et elle vit bientôt après quelques-unes des belles victimes dérobées à des hommes devenus eux-mêmes victimes de leur propre fureur.

Je reviens à mon guide Benjamin Constant :

« L'esprit de madame Récamier avait besoin d'un autre aliment. L'instinct du beau lui faisait aimer d'avance, sans les connaître, les hommes distingués par une réputation de talent et de génie.

« M. de Laharpe, l'un des premiers, sut apprécier cette femme qui devait un jour grouper autour d'elle toutes les célébrités de son siècle. Il l'avait rencontrée dans son enfance, il la revit mariée, et la conversation de cette jeune personne de quinze ans eut mille attraits pour un homme que son excessif amour-propre et l'habitude des entretiens avec les hommes les plus spirituels de France rendaient fort exigeant et fort difficile.

« M. de Laharpe se dégageait auprès de madame Récamier de la plupart des défauts qui rendaient son commerce épineux et presque insupportable. Il se plaisait à être son guide : il admirait avec quelle rapidité son esprit suppléait à l'expérience et comprenait tout ce qu'il lui révélait sur le monde et sur les hommes. C'était au moment de cette conversion fameuse que tant de gens ont qualifiée d'hypocrisie. J'ai toujours regardé cette conversion comme sincère. Le sentiment religieux est une faculté inhérente à l'homme ; il est absurde de prétendre que la fraude et le mensonge aient créé cette faculté. On ne met rien dans l'âme humaine que ce que la nature y a mis. Les persécutions, les abus d'autorité en faveur de certains dogmes peuvent nous faire illusion à nous-mêmes et nous révolter contre ce que nous éprouverions si on ne nous l'imposait pas ; mais, dès que les causes extérieures ont cessé, nous revenons à notre tendance primitive : quand il n'y a plus de courage à résister, nous ne nous applaudissons plus de notre résistance. Or, la révolution ayant ôté ce mérite à l'incrédulité, les hommes que la vanité seule avait rendus incrédules purent devenir religieux de bonne foi.

« M. de Laharpe était de ce nombre ; mais il garda son caractère intolérant, et cette disposition amère qui lui faisait concevoir de nouvelles haines sans abjurer les anciennes. Toutes ces épines de sa dévotion disparaissaient cependant auprès de madame Récamier. »

Voici quelques fragments des lettres de M. de Laharpe à madame Récamier, dont Benjamin Constant vient de parler :

Samedi, 28 septembre.

« Quoi, madame, vous portez la bonté jusqu'à vouloir honorer d'une visite un pauvre proscrit comme moi ! C'est pour cette fois que je pourrais dire comme les anciens patriarches, à qui d'ailleurs je ressemble si peu, « qu'un ange est venu dans ma demeure ». Je sais bien que vous aimez à faire *œuvres de miséricorde ;* mais, par le temps qui court, tout *bien* est difficile, et celui-là comme les autres. Je dois vous prévenir, à mon grand regret, que venir seule est d'abord impossible pour bien des raisons ; entre autres, qu'avec votre jeunesse et votre figure dont l'éclat vous suivra partout, vous ne sauriez voyager sans une femme de chambre à qui la prudence me défend de confier le secret de ma retraite, qui n'est pas à moi seul. Vous n'auriez donc qu'un moyen d'exécuter votre généreuse résolution, ce serait de vous consulter avec madame de Clermont[816] qui vous amènerait un jour dans son petit castel champêtre, et de là il vous

---

[816] Madame de Clermont-Tonnerre.

serait très aisé de venir avec elle. Vous êtes faites toutes deux pour vous apprécier et pour vous aimer l'une et l'autre. . . . . Je fais dans ce moment-ci beaucoup de vers. En les faisant, je songe souvent que je pourrai les lire un jour à cette belle et charmante Juliette dont l'esprit est aussi fin que le regard, et le goût aussi pur que son âme. Je vous enverrais bien aussi le fragment d'*Adonis* que vous aimez, quoique devenu un peu profane pour moi ; mais je voudrais la promesse qu'il ne sortira pas de vos mains. . . . .

« Adieu, madame ; je me laisse aller avec vous à des idées que toute autre que vous trouverait bien extraordinaire d'adresser à une personne de seize ans, mais je sais que vos seize ans ne sont que sur votre figure[817]. »

« Samedi.

« Il y a bien longtemps, madame, que je n'ai eu le plaisir de causer avec vous, et si vous êtes sûre, comme vous devez l'être que c'est une de mes privations, vous ne m'en ferez pas de reproches. . .

« Vous avez lu dans mon âme ; vous y avez vu que j'y portais le deuil des malheurs publics et celui de mes propres fautes, et j'ai dû sentir que cette triste disposition formait un contraste trop fort avec tout l'éclat qui environne votre âge et vos charmes. Je crains même qu'il ne se soit fait apercevoir quelquefois dans le peu de moments qu'il m'a été permis de passer avec vous, et je réclame là-dessus votre indulgence. Mais à présent, madame, que la Providence semble nous montrer de bien près un meilleur avenir[818], à qui pourrais-je confier mieux qu'à vous la joie que me donnent des espérances si douces et que je crois si prochaines ? Qui tiendra une plus grande place que vous dans les jouissances particulières qui se mêleront à la joie publique ? Je serai alors plus susceptible et moins indigne des douceurs de votre charmante société, et combien je m'estimerai heureux de pouvoir y être encore pour quelque chose ! Si vous daignez mettre le même prix au fruit de mon travail, vous serez toujours la première à qui je m'empresserai d'en faire hommage. Alors plus de contradictions et d'obstacles ; vous me trouverez toujours à vos ordres, et personne, je l'espère, ne pourra me blâmer de cette préférence. Je dirai : Voilà celle qui, dans l'âge des illusions et avec tous les avantages brillants qui peuvent les excuser, a connu toute la noblesse et la délicatesse des procédés de la plus pure amitié, et au milieu de tous les hommages s'est souvenue d'un proscrit. Je dirai : Voilà celle dont j'ai vu croître la jeunesse et les grâces au milieu d'une corruption générale qui n'a jamais pu les atteindre ; celle dont la raison de seize ans a souvent fait honte à la

---

[817] Cette lettre est ainsi datée : De ma retraite de Corbeil, le samedi 28 septembre 1797. — La Harpe, proscrit après le coup d'État du 18 fructidor (4 septembre 1797), avait trouvé un asile à Corbeil, où Mme Récamier l'alla voir une fois.

[818] Cette lettre, qui ne porte d'autre indication de date que le mot samedi a dû être écrite quelques jours après le 18 brumaire.

mienne : et je suis sûr que personne ne sera tenté de me contredire. »

La tristesse des événements, de l'âge et de la religion, cachée sous une expression attendrie, offre dans ces lettres un singulier mélange de pensée et de style. Revenons encore au récit de Benjamin Constant :

« Nous arrivons à l'époque où madame Récamier se vit pour la première fois l'objet d'une passion forte et suivie. Jusqu'alors elle avait reçu des hommages unanimes de la part de tous ceux qui la rencontraient, mais son genre de vie ne présentait nulle part des centres de réunion où l'on fût sûr de la retrouver. Elle ne recevait jamais chez elle et ne s'était point encore formé de société où l'on pût pénétrer tous les jours pour la voir et essayer de lui plaire.

« Dans l'été de 1799, madame Récamier vint habiter le château de Clichy, à un quart de lieue de Paris. Un homme célèbre depuis par divers genres de prétentions, et plus célèbre encore par les avantages qu'il a refusés que par les succès qu'il a obtenus, Lucien Bonaparte, se fit présenter à elle.

« Il n'avait aspiré jusqu'alors qu'à des conquêtes faciles, et n'avait étudié pour les obtenir que les moyens de romans que son peu de connaissance du monde lui représentait comme infaillibles. Il est possible que l'idée de captiver la plus belle femme de son temps l'ait séduit d'abord. Jeune, chef d'un parti dans le conseil des Cinq-Cents, frère du premier général du siècle, il fut flatté de réunir dans sa personne les triomphes d'un homme d'État et les succès d'un amant.

« Il imagina de recourir à une fiction pour déclarer son amour à madame Récamier ; il supposa une lettre de *Roméo à Juliette ;* et l'envoya comme un ouvrage de lui à celle qui portait le même nom. »

Voici cette lettre de Lucien, connue de Benjamin Constant ; au milieu des révolutions qui ont agité le monde réel, il est piquant de voir un Bonaparte s'enfoncer dans le monde des fictions.

LETTRE DE ROMÉO À JULIETTE
par l'auteur de *la Tribu indienne*[819].

« Venise, 29 juillet.

« Roméo vous écrit, Juliette : si vous refusiez de me lire vous seriez plus cruelle que nos parents, dont les longues querelles viennent enfin de s'apaiser : sans doute ces affreuses querelles ne renaîtront plus. . . . . . Il y a peu de jours, je ne vous connaissais encore que par la renommée. Je vous avais aperçue quelquefois dans les temples et dans les fêtes ; je savais que vous étiez la plus belle ; mille bouches répétaient vos éloges, et vos attraits m'avaient frappé sans m'éblouir. . . . . . . Pourquoi la paix m'a-t-elle livré à

---

[819] Lucien Bonaparte venait de publier un roman intitulé la Tribu indienne, ou Édouard et Stellina. (Paris, 1799, 2 vol. in-18.)

votre empire ? la paix ! elle est dans nos familles, mais le trouble est dans mon cœur. . . . .

« Rappelez-vous ce jour où pour la première fois je vous fus présenté. Nous célébrions dans un banquet nombreux la réconciliation de nos pères. Je revenais du sénat où les troubles suscités à la République avaient produit une vive impression. . . Vous arrivâtes ; tous alors s'empressaient. Qu'elle est belle ! s'écriait-on. . . . .

« La foule remplit dans la soirée les jardins de Bedmar. Les importuns, qui sont partout, s'emparèrent de moi. Cette fois je n'eus avec eux ni patience ni affabilité : ils me tenaient éloigné de vous !… Je voulus me rendre compte du trouble qui s'emparait de moi. Je connus l'amour et je voulus le maîtriser… Je fus entraîné et je quittai avec vous ce lieu de fêtes.

« Je vous ai revue depuis ; l'amour a semblé me sourire. Un jour, assise au bord de l'eau, immobile et rêveuse, vous effeuilliez une rose ; seul avec vous, j'ai parlé… j'ai entendu un soupir… vaine illusion ! Revenu de mon erreur, j'ai vu l'indifférence au front tranquille assise entre nous deux… La passion qui me maîtrise s'exprimait dans mes discours, et les vôtres portaient l'aimable et cruelle empreinte de l'enfance et de la plaisanterie.

« Chaque jour je voudrais vous voir, comme si le trait n'était pas assez fixé dans mon cœur. Les moments où je vous vois seule sont bien rares, et ces jeunes Vénitiens qui vous entourent et vous parlent fadeur et galanterie me sont insupportables. Peut-on parler à Juliette comme aux autres femmes !

« J'ai voulu vous écrire ; vous me connaîtrez, vous ne serez plus incrédule ; mon âme est inquiète ; elle a soif de sentiment. Si l'amour n'a pas ému le vôtre ; si Roméo n'est à vos yeux qu'un homme ordinaire, oh ! je vous en conjure par les liens que vous m'avez imposés, soyez avec moi sévère par bonté ; ne me souriez plus, ne me parlez plus, repoussez-moi loin de vous. Dites-moi de m'éloigner, et si je puis exécuter cet ordre rigoureux, souvenez-vous au moins que Roméo vous aimera toujours ; que personne n'a jamais régné sur lui comme Juliette, et qu'il ne peut plus renoncer à vivre pour elle au moins par le souvenir. »

Pour un homme de sang-froid, tout cela est un peu moquable : les Bonaparte vivaient de théâtres, de romans et de vers ; la vie de Napoléon lui-même est-elle autre chose qu'un poème ?

Benjamin Constant continue en commentant cette lettre : « Le style de cette lettre est visiblement imité de tous les romans qui ont peint les passions, depuis Werther jusqu'à la Nouvelle Héloïse. Madame Récamier reconnut facilement, à plusieurs circonstances de détail, qu'elle-même était l'objet de la déclaration qu'on lui présentait comme une simple lecture. Elle n'était pas assez accoutumée au langage direct de l'amour pour être avertie par l'expérience que tout dans les expressions n'était peut-être pas sincère ; mais un instinct juste et sûr l'en avertissait ; elle répondit avec simplicité, avec gaieté même, et montra bien plus d'indifférence que d'inquiétude et de crainte. Il n'en fallut pas davantage pour que Lucien éprouvât réellement la passion qu'il avait d'abord un peu exagérée.

« Les lettres de Lucien deviennent plus vraies, plus éloquentes, à mesure qu'il devient plus passionné ; on y voyait bien toujours l'ambition des ornements, le besoin de se mettre en attitude ; il ne peut s'endormir sans se *jeter dans les bras de Morphée*. Au milieu de son désespoir, il se décrit livré aux grandes occupations qui l'entourent ; il s'étonne de ce qu'un homme comme lui verse des larmes ; mais dans tout cet alliage de déclamation et de phrases il y a pourtant de l'éloquence, de la sensibilité et de la douleur. Enfin, dans une lettre pleine de passion où il écrit à madame Récamier : « Je ne puis vous haïr, mais je puis me tuer, » il dit tout à coup en réflexion générale : « J'oublie que l'amour ne s'arrache pas, il s'obtient. » Puis il ajoute : « Après la réception de votre billet, j'en ai reçu plusieurs diplomatiques ; j'ai appris une nouvelle que le bruit public vous aura sans doute apprise. Les félicitations m'entourent, m'étourdissent... on me parle de ce qui n'est pas vous ! » Puis, encore une exclamation : « Que la nature est faible, comparée à l'amour ! »

« Cette nouvelle qui trouvait Lucien insensible était pourtant une nouvelle immense : le débarquement de Bonaparte à son retour d'Égypte.

« Un destin nouveau venait de débarquer avec ses promesses et ses menaces ; le dix-huit brumaire ne devait pas se faire attendre plus de trois semaines.

« À peine échappé au danger de cette journée, qui tiendra toujours une si grande place dans l'histoire, Lucien écrivait à madame Récamier : « Votre image m'est apparue !... Vous auriez eu ma dernière pensée. »

SUITE DU RÉCIT DE BENJAMIN CONSTANT.

« Madame Récamier contracta, avec une femme bien autrement illustre que M. de Laharpe n'était célèbre, une amitié qui devint chaque jour plus intime et qui dure encore.

« M. Necker, ayant été rayé de la liste des émigrés, chargea madame de Staël, sa fille, de vendre une maison qu'il avait à Paris. Madame Récamier l'acheta, et ce fut une occasion pour elle de voir madame de Staël[820].

---

[820] Comme le duc de Laval, un autre admirateur de Mme Récamier, Benjamin-Constant n'aimait pas les dates. Son écrit sur Mme Récamier n'en renferme pas une seule. Besoin nous est donc de préciser. À la fin de 1798, Mme de Staël fut chargée par son père, qui venait d'être rayé de la liste des émigrés, de vendre l'hôtel qu'il possédait rue du Mont-Blanc, aujourd'hui rue de la Chaussée-d'Antin, 7. M. Récamier était depuis longtemps en relations d'affaires avec M. Necker, il était son banquier, ainsi que celui de sa fille ; il acheta l'hôtel. L'acte de vente porte la date du 25 vendémiaire an VII (16 octobre 1798). La négociation de cette affaire

« La vue de cette femme célèbre la remplit d'abord d'une excessive timidité. La figure de madame de Staël a été fort discutée. Mais un superbe regard, un sourire doux, une expression habituelle de bienveillance, l'absence de toute affectation minutieuse et de toute réserve gênante ; des mots flatteurs, des louanges un peu directes, mais qui semblent échapper à l'enthousiasme, une variété inépuisable de conversation, étonnent, attirent et lui concilient presque tous ceux qui l'approchent. Je ne connais aucune femme et même aucun homme qui soit plus convaincu de son immense supériorité sur tout le monde, et qui fasse moins peser cette conviction sur les autres.

« Rien n'était plus attachant que les entretiens de madame de Staël et de madame Récamier. La rapidité de l'une à exprimer mille pensées neuves, la rapidité de la seconde à les saisir et à les juger ; cet esprit mâle et fort qui dévoilait tout, et cet esprit délicat et fin qui comprenait tout ; ces révélations d'un génie exercé communiquées à une jeune intelligence digne de les recevoir : tout cela formait une réunion qu'il est impossible de peindre sans avoir eu le bonheur d'en être témoin soi-même.

« L'amitié de madame Récamier pour madame de Staël se fortifia d'un sentiment qu'elles éprouvaient toutes deux, l'amour filial. Madame Récamier était tendrement attachée à sa mère, femme d'un rare mérite, dont la santé donnait déjà des craintes, et que sa fille ne cesse de regretter depuis qu'elle l'a perdue. Madame de Staël avait voué à son père un culte que la mort n'a fait que rendre plus exalté. Toujours entraînante dans sa manière de s'exprimer, elle le devient encore surtout quand elle parle de lui. Sa voix émue, ses yeux prêts à se mouiller de larmes, la sincérité de son enthousiasme, touchaient l'âme de ceux mêmes qui ne partageaient pas son opinion sur cet homme célèbre. On a fréquemment jeté du ridicule sur les éloges qu'elle lui a donnés dans ses écrits ; mais quand on l'a entendue sur ce sujet, il est impossible d'en faire un objet de moquerie, parce que rien de ce qui est vrai n'est ridicule. »

Les lettres de Corinne à son amie madame Récamier commencèrent à l'époque rappelée ici par Benjamin Constant : elles ont un charme qui tient presque de l'amour ; j'en ferai connaître quelques-unes.

« Coppet, 9 septembre.

« Vous souvenez-vous, belle Juliette, d'une personne que vous avez comblée de marques d'intérêt cet hiver, et qui se flatte de vous engager à redoubler l'hiver prochain ? Comment gouvernez-vous l'empire de la beauté ? On vous l'accorde avec plaisir, cet empire, parce que vous êtes éminemment bonne, et qu'il semble naturel qu'une âme si douce ait un charmant visage pour l'exprimer. De tous vos admirateurs, vous savez que

devint l'origine de la liaison qui s'établit entre Mme de Staël et Mme Récamier. (Souvenirs et Correspondance…, par Mme Lenormant, I, 23.)

je préfère Adrien de Montmorency[821]. J'ai reçu de ses lettres, remarquables par l'esprit et la grâce, et je crois à la solidité de ses affections, malgré le charme de ses manières. Au reste, ce mot de solidité convient à moi, qui ne prétends qu'à un rôle bien secondaire dans son cœur. Mais vous, qui êtes l'héroïne de tous les sentiments, vous êtes exposée aux grands événements dont on fait les tragédies et les romans. Le mien[822] s'avance au pied des Alpes. J'espère que vous le lirez avec intérêt. Je me plais à cette occupation. . . . . Au milieu de tous ces succès, ce que vous êtes et ce que vous resterez, c'est un ange de pureté et de beauté, et vous aurez le culte des dévots comme celui des mondains. . . . . . . Avez-vous revu l'auteur d'*Atala* ? Êtes-vous toujours à Clichy ? Enfin je vous demande des détails sur vous. J'aime à savoir ce que vous faites, à me représenter les lieux que vous habitez. Tout n'est-il pas tableau dans les souvenirs que l'on garde de vous ? Je joins, à cet enthousiasme si naturel pour vos rares avantages, beaucoup d'attrait pour votre société. Acceptez, je vous prie, avec bienveillance, tout ce que je vous offre, et promettez-moi que nous nous verrons souvent l'hiver prochain. »

« Coppet, 30 avril.

« Savez-vous que mes amis, belle Juliette, m'ont un peu flattée de l'idée que vous viendriez ici ? Ne pourriez-vous pas me donner ce grand plaisir ? Le bonheur ne m'a pas gâtée depuis quelque temps, et ce serait un retour de fortune que votre arrivée, qui me donnerait de l'espoir pour tout ce que je désire. Adrien et Mathieu disent qu'ils viendront. Si vous veniez avec eux, un mois de séjour ici suffirait pour vous montrer notre éclatante nature. Mon père dit que vous devriez choisir Coppet pour domicile, et que de là nous ferions nos courses. Mon père est très vif dans le désir de vous voir. Vous savez ce qu'on a dit d'Homère :

Par la voix des vieillards tu louas la beauté.

« Et indépendamment de cette beauté vous êtes charmante. »

Pendant la courte paix d'Amiens, madame Récamier fit avec sa mère un voyage à Londres. Elle eut des lettres de recommandation du vieux duc de Guignes, ambassadeur en Angleterre trente ans auparavant. Il avait conservé des correspondances avec les femmes les plus brillantes de son temps : la duchesse de Devonshire[823], lady Melbourne, la marquise de

---

[821] « Arbitre du goût et des bonnes manières », a dit Mme de Staël. Sous une apparence légère et mobile, le duc de Laval était un noble cœur et un esprit élevé. Il géra les plus grandes ambassades et fut partout à la hauteur de sa tâche.

[822] Le roman de Delphine, qui parut à la fin de 1802.

[823] Georgina Spenser, duchesse de Devonshire (1746-1806), célèbre par son esprit et sa beauté. Elle se mêla aux luttes politiques de son temps, soutint Fox et écrivit plusieurs poésies, dont la principale, le Passage du mont Saint-Gothard, a été traduite par Delille.

Salisbury, la margrave d'Anspach[824], dont il avait été amoureux. Son ambassade était encore célèbre, son souvenir tout vivant chez ces respectables dames.

Telle est la puissance de la nouveauté en Angleterre, que le lendemain les gazettes furent remplies de l'arrivée de la beauté étrangère. Madame Récamier reçut les visites de toutes les personnes à qui elle avait envoyé des lettres. Parmi ces personnes, la plus remarquable était la duchesse de Devonshire, âgée de quarante-cinq à cinquante ans. Elle était encore à la mode et belle, quoique privée d'un œil qu'elle couvrait d'une boucle de ses cheveux. La première fois que madame Récamier parut en public, ce fut avec elle. La duchesse la conduisit à l'opéra dans sa loge, où se trouvaient le prince de Galles, le duc d'Orléans et ses frères, le duc de Montpensier et le comte de Beaujolais : les deux premiers devaient devenir rois ; l'un touchait au trône, l'autre en était encore séparé par un abîme.

Les lorgnettes et les regards se tournèrent vers la loge de la duchesse. Le prince de Galles dit à madame Récamier que, si elle ne voulait être étouffée, il fallait sortir avant la fin du spectacle. À peine fut-elle debout, que les portes des loges s'ouvrirent précipitamment ; elle n'évita rien et fut portée par le flot de la foule jusqu'à sa voiture.

Le lendemain, madame Récamier alla au parc de Kensington, accompagnée du marquis de Douglas, plus tard duc d'Hamilton[825], et qui depuis a reçu Charles X à Holy-Rood, et de sa sœur la duchesse de

---

[824] Elisabeth Craven, margravine d'Anspach (1750-1828). Fille du comte de Berkeley, elle épousa d'abord lord Craven, dont elle eut sept enfants. Abandonnée par son mari, elle demanda le divorce, et quitta l'Angleterre pour voyager. Devenue veuve en 1790, elle épousa en secondes noces le margrave d'Anspach et vint demeurer avec lui en Angleterre, dans la terre de Brandebourg-House. Après la mort de ce prince (1806), elle recommença ses voyages et mourut à Naples à l'âge de 78 ans. Elle a composé des pièces de théâtre, un Voyage à Constantinople en passant par la Crimée, traduit trois fois en français, et des Mémoires fort curieux, qui parurent à Londres en 1825 et furent traduits, l'année suivante, par J.-T. Parisot (2 vol. in-8o).

[825] M. de Marcellus, à qui la France doit de posséder la Vénus de Milo, rencontrant ici le nom du duc d'Hamilton, en a profité, comme c'était son droit, pour nous conter cette jolie anecdote : « Ce premier des ducs écossais, mêlé au récit du voyage de Mme Récamier en Angleterre, s'était épris aussi des charmes de la Vénus de Milo, dès son entrée à Paris. Sachant que je l'avais enlevée, il m'en fit offrir, toute mutilée qu'elle était, dix mille livres sterling. Elle n'était pas à moi ; elle n'appartenait même plus à M. le marquis de Rivière, qui venait d'en faire don à Louis XVIII : quelques années après, la duchesse de Hamilton, que je recevais avec son fils et sa fille dans la jolie villa de Saltocchio, au pied des Apennins, me rappela, à la vue de quelques statues informes, cette passion qu'elle avait partagée pour la Vénus victorieuse. Mais quand j'avais dérobé mon idole à l'obscurité de Milo et aux empressements d'une frégate anglaise, arrivée quelques heures trop tard, ce n'était pas pour qu'un autre pays que le mien vînt à s'illuminer jamais de sa beauté. « (Chateaubriand et son temps, p. 316.)

Somerset. La foule se précipitait sur les pas de l'étrangère. Cette effet se renouvela toutes les fois qu'elle se montra en public ; les journaux retentissaient de son nom ; son portrait, gravé par Bartolozzi, fut répandu dans toute l'Angleterre. L'auteur d'*Antigone*, M. Ballanche, ajoute que des vaisseaux le portèrent jusque dans les îles de la Grèce : la beauté retournait aux lieux où l'on avait inventé son image. On a de madame Récamier une esquisse par David, un portrait en pied par Gérard, un buste par Canova. Le portrait est le chef-d'œuvre de Gérard ; mais il ne me plaît pas, parce que j'y reconnais les traits sans y reconnaître l'expression du modèle.

La veille du départ de madame Récamier, le prince de Galles et la duchesse de Devonshire lui demandèrent de les recevoir et d'amener chez elle quelques personnes de leur société. On fit de la musique. Elle joua avec le chevalier Marin, premier harpiste de cette époque, des variations sur un thème de Mozart. Cette soirée fut citée dans les feuilles publiques comme un concert que la belle étrangère avait donné en partant au prince de Galles.

Le lendemain elle s'embarqua pour La Haye, et mit trois jours à faire une traversée de seize heures. Elle m'a raconté que, pendant ces jours mêlés de tempêtes, elle lut de suite le *Génie du christianisme ;* je lui fus *révélé,* selon sa bienveillante expression : je reconnais là cette bonté que les vents et la mer ont toujours eue pour moi.

Près de La Haye, elle visita le château du prince d'Orange. Ce prince, lui ayant fait promettre d'aller voir cette demeure, lui écrivit plusieurs lettres dans lesquelles il parle de ses revers et de l'espoir de les vaincre : Guillaume Ier est en effet devenu monarque ; en ce temps-là on intriguait pour être roi comme aujourd'hui pour être député ; et ces candidats à la souveraineté se pressaient aux pieds de madame Récamier comme si elle disposait des couronnes.

Ce billet de Bernadotte, qui règne aujourd'hui sur la Suède, termina le voyage de madame Récamier en Angleterre.

« . . . .

« Les journaux anglais, en calmant mes inquiétudes sur votre santé, m'ont appris les dangers auxquels vous avez été exposée. J'ai blâmé d'abord le peuple de Londres dans son grand empressement ; mais, je vous l'avoue, il a été bientôt excusé, car je suis partie intéressée lorsqu'il faut justifier les personnes qui se rendent indiscrètes pour admirer les charmes de votre céleste figure.

« Au milieu de l'éclat qui vous environne et que vous méritez à tant de titres, daignez vous souvenir quelquefois que l'être qui vous est le plus dévoué dans la nature est

« BERNADOTTE. »

Madame de Staël, menacée de l'exil, tenta de s'établir à Maffliers, campagne à huit lieues de Paris[826]. Elle accepta la proposition que lui fit madame Récamier, revenue d'Angleterre, de passer quelques jours à Saint-Brice avec elle ; ensuite elle retourna dans son premier asile. Elle rend compte de ce qui lui arriva alors, dans les *Dix années d'exil*.

« J'étais à table, dit-elle, avec trois de mes amis, dans une salle où l'on voyait le grand chemin et la porte d'entrée. C'était à la fin de septembre[827], à quatre heures : un homme en habit gris, à cheval, s'arrête et sonne ; je fus certaine de mon sort ; il me fit demander ; je le reçus dans le jardin. En avançant vers lui, le parfum des fleurs et la beauté du soleil me frappèrent. Les sensations qui nous viennent par les combinaisons de la société sont si différentes de celle de la nature ! Cet homme me dit qu'il était le commandant de la gendarmerie de Versailles... Il me montra une lettre, signée de Bonaparte, qui portait l'ordre de m'éloigner à quarante lieues de Paris, et enjoignait de me faire partir dans les vingt-quatre heures, en me traitant cependant avec tous les égards dus à une femme d'un nom connu... Je répondis à l'officier de gendarmerie que partir dans les vingt-quatre heures convenait à des conscrits, mais non pas à une femme et à des enfants. En conséquence je lui proposai de m'accompagner à Paris où j'avais besoin de trois jours pour faire les arrangements nécessaires à mon voyage. Je montai donc dans ma voiture avec mes enfants et cet officier qu'on avait choisi comme le plus littéraire des gendarmes. En effet, il me fit des compliments sur mes écrits. « Vous voyez, lui dis-je, monsieur, où cela mène d'être femme d'esprit. Déconseillez-le, je vous prie, aux personnes de votre famille, si vous en avez l'occasion. » J'essayais de me monter par la fierté, mais je sentais la griffe dans mon cœur.

« Je m'arrêtai quelques instants chez madame Récamier. Je trouvai le général Junot, qui, par dévouement pour elle, promit d'aller le lendemain parler au premier Consul. Il le fit en effet avec la plus grande chaleur. . . . .

« La veille du jour qui m'était accordé, Joseph Bonaparte fit encore une tentative. . . . . .

« Je fus obligée d'attendre la réponse dans une auberge à deux lieues de Paris, n'osant pas rentrer chez moi dans la ville. Un jour se passa sans que cette réponse me parvînt. Ne voulant pas attirer l'attention sur moi en restant plus longtemps dans l'auberge où j'étais, je fis le tour des murs de Paris pour en aller chercher une autre, de même à deux lieues de Paris, mais sur une route différente. Cette vie errante, à quatre pas de mes amis et de ma demeure, me causait une douleur que je ne puis me rappeler sans frissonner. »

---

[826] Cette maison de campagne appartenait à Mme de la Tour, « personne vraiment bonne et spirituelle », à qui Mme de Staël avait été recommandée par M. Regnaud de Saint-Jean-d'Angély, alors président de la section de l'intérieur au Conseil d'État
[827] Septembre 1803.

Madame de Staël, au lieu de retourner à Coppet, partit pour son premier voyage d'Allemagne. À cette époque elle m'écrivit, sur la mort de madame de Beaumont, la lettre que j'ai citée dans mon premier voyage de Rome.

Madame Récamier réunissait chez elle, à Paris, ce qu'il y avait de plus distingué dans les partis opprimés et dans les opinions qui n'avaient pas tout cédé à la victoire. On y voyait les illustrations de l'ancienne monarchie et du nouvel empire : les Montmorency, les Sabran, les Lamoignon, les généraux Masséna, Moreau et Bernadotte ; celui-là destiné à l'exil, celui-ci au trône. Les étrangers illustres s'y rendaient aussi ; le prince d'Orange, le prince de Bavière, le frère de la reine de Prusse l'environnaient, comme à Londres le prince de Galles était fier de porter son châle. L'attrait était si irrésistible qu'Eugène de Beauharnais et les ministres mêmes de l'empereur allaient à ces réunions. Bonaparte ne pouvait souffrir le succès, même celui d'une femme. Il disait : « Depuis quand le conseil se tient-il chez madame Récamier ? »

Je reviens maintenant au récit de Benjamin Constant : « Depuis longtemps Bonaparte, qui s'était emparé du gouvernement, marchait ouvertement à la tyrannie. Les partis les plus opposés s'aigrissaient contre lui, et tandis que la masse des citoyens se laissait énerver encore par le repos qu'on lui promettait, les républicains et les royalistes désiraient un renversement. M. de Montmorency appartenait à ces derniers par sa naissance, ses rapports et ses opinions. Madame Récamier ne tenait à la politique que par son intérêt généreux pour les vaincus de tous les partis. L'indépendance de son caractère l'éloignait de la cour de Napoléon dont elle avait refusé de faire partie. M. de Montmorency imagina de lui confier ses espérances, lui peignit le rétablissement des Bourbons sous des couleurs propres à exciter son enthousiasme, et la chargea de rapprocher deux hommes importants alors en France, Bernadotte et Moreau, pour voir s'ils pouvaient se réunir contre Bonaparte. Elle connaissait beaucoup Bernadotte, qui depuis est devenu prince royal de Suède. Quelque chose de chevaleresque dans la figure, de noble dans les manières, de très fin dans l'esprit, de déclamatoire dans la conversation, en font un homme remarquable. Courageux dans les combats, hardi dans le propos, mais timide dans les actions qui ne sont pas militaires, irrésolu dans tous ses projets : une chose qui le rend très séduisant à la première vue, mais qui en même temps met un obstacle à toute combinaison de plan avec lui, c'est une habitude de haranguer, reste de son éducation révolutionnaire qui ne le quitte pas. Il a parfois des mouvements d'une véritable éloquence ; il le sait, il aime ce genre de succès, et quand il est entré dans le développement de quelque idée générale, tenant à ce qu'il a entendu dans les clubs ou à la tribune, il perd de vue tout ce qui l'occupe et n'est plus qu'un orateur passionné. Tel il a paru en France dans les premières années du règne de Bonaparte, qu'il a toujours haï et auquel il a toujours été suspect, et tel il s'est encore montré dans ces derniers temps, au milieu du bouleversement de l'Europe dont on lui doit toutefois l'affranchissement, parce qu'il a rassuré les étrangers en leur montrant un Français prêt à marcher contre le tyran de la France et sachant ne dire que ce qui pouvait influer sur sa nation.

« Tout ce qui offre à une femme le moyen d'exercer sa puissance lui est toujours agréable. Il y avait d'ailleurs, dans l'idée de soulever contre le despotisme de Bonaparte des hommes importants par leurs dignités et leur gloire, quelque chose de généreux et de noble qui devait tenter madame Récamier. Elle se prêta donc au désir de M. de Montmorency. Elle réunit souvent Bernadotte et Moreau chez elle. Moreau hésitait, Bernadotte déclamait. Madame Récamier prenait les discours indécis de Moreau pour un commencement de résolution, et les harangues de Bernadotte comme un signal de renversement de la tyrannie. Les deux généraux, de leur côté, étaient enchantés de voir leur mécontentement caressé par tant de beauté, d'esprit et de grâce. Il y avait en effet quelque chose de romanesque et de poétique dans cette femme si jeune, si séduisante, leur parlant de la liberté de leur patrie. Bernadotte répétait sans cesse à madame Récamier qu'elle était faite pour électriser le monde et pour créer des séides. »

En remarquant la finesse de cette peinture de Benjamin Constant, il faut dire que madame Récamier ne serait jamais entrée dans ces intérêts politiques sans l'irritation qu'elle ressentait de l'exil de madame de Staël. Le futur roi de Suède avait la liste des généraux qui tenaient encore au parti de l'indépendance, mais le nom de Moreau n'y était pas ; c'était le seul qu'on pût opposer à celui de Napoléon : seulement Bernadotte ignorait quel était ce Bonaparte dont il attaquait la puissance.

Madame Moreau donna un bal ; toute l'Europe s'y trouva, excepté la France ; elle n'y était représentée que par l'opposition républicaine. Pendant cette fête, le général Bernadotte conduisit madame Récamier dans un petit salon où le bruit de la musique seul les suivit et leur rappelait où ils étaient. Moreau passa dans ce salon ; Bernadotte lui dit après de longues explications : « Avec un nom populaire, vous êtes le seul parmi nous qui puisse se présenter appuyé de tout un peuple ; voyez ce que vous pouvez, ce que nous pouvons guidés par vous. » Moreau répéta ce qu'il avait dit souvent : « Qu'il sentait le danger dont la liberté était menacée, qu'il fallait surveiller Bonaparte, mais qu'il craignait la guerre civile. »

Cette conversation se prolongeait et s'animait ; Bernadotte s'emporta et dit au général Moreau : « Vous n'osez pas prendre la cause de la liberté ; eh bien, Bonaparte se jouera de la liberté et de vous. Elle périra malgré nos efforts, et vous, vous serez enveloppé dans sa ruine sans avoir combattu. » Paroles prophétiques !

La mère de madame Récamier était liée avec madame Hulot, mère de madame Moreau, et madame Récamier avait contracté avec cette dernière une de ces liaisons d'enfance qu'on est heureux de continuer dans le monde.

Pendant le procès du général Moreau, madame Récamier passait sa vie chez madame Moreau. Celle-ci dit à son amie que son mari se plaignait de ne l'avoir pas encore vue parmi le public qui remplissait la salle et le tribunal. Madame Récamier s'arrangea pour assister le lendemain de cette conversation à la séance. Un des juges, M. Brillat-Savarin[828], se chargea de la faire entrer par une porte particulière qui s'ouvrait sur l'amphithéâtre. En entrant elle releva son voile, parcourut d'un coup d'œil les rangs des accusés, afin d'y trouver Moreau. Il la reconnut, se leva et la salua. Tous les regards se tournèrent vers elle ; elle se hâta de descendre les degrés de l'amphithéâtre pour arriver à la place qui lui était destinée. Les accusés étaient au nombre de quarante-sept ; ils remplissaient les gradins placés en face des juges du tribunal. Chaque accusé était placé entre deux gendarmes : ces soldats montraient au général Moreau de la déférence et du respect.

On remarquait MM. de Polignac et de Rivière, mais surtout Georges Cadoudal. Pichegru, dont le nom restera lié à celui de Moreau, manquait pourtant à côté de lui, ou plutôt on y croyait voir son ombre, car on savait qu'il manquait aussi dans la prison.

Il n'était plus question de républicains, c'était la fidélité royaliste qui luttait contre le pouvoir nouveau ; toutefois, cette cause de la légitimité et de ses partisans nobles avait pour chef un homme du peuple, Georges Cadoudal. On le voyait là, avec la pensée que cette tête si pieuse, si intrépide, allait tomber sur l'échafaud ; que lui seul peut-être, Cadoudal, ne serait pas sauvé, car il ne ferait rien pour l'être. Il ne défendait que ses amis ; quant à ce qui le regardait particulièrement, il disait tout. Bonaparte ne fut pas aussi généreux qu'on le supposait : onze personnes dévouées à Georges périrent avec lui.

Moreau ne parla point. La séance terminée, le juge qui avait amené madame Récamier vint la reprendre. Elle traversa le parquet du côté

---

[828] Anthelme Brillat-Savarin (1755-1826). Député du Tiers aux États généraux pour le bailliage de Bugey et Valromey, il siégea parmi les modérés, émigra en 1793 et se retira en Suisse, puis à New-York, où il se créa des ressources en donnant des leçons de français et en tenant le premier violon dans un petit théâtre. Sous le Consulat, il fut nommé juge au Tribunal de Cassation (1er avril 1800). Il mourut conseiller à la Cour de Cassation le 2 février 1826, des suites d'un rhume contracté dans l'église de Saint-Denis, à la cérémonie expiatoire du 21 janvier. L'année précédente, il avait publié l'ouvrage qui a fait sa gloire, la Physiologie du goût. — Balzac, sans doute comme auteur de la Physiologie du mariage, lui a consacré une intéressante notice dans la Biographie universelle, de Michaud. « Brillat-Savarin, dit-il, offrait une des rares exceptions à la règle qui destitue de toute haute faculté intellectuelle les gens de haute taille ; quoique sa stature presque colossale lui donnât en quelque sorte l'air du tambour-major de la Cour de cassation, il était grand homme d'esprit, et son ouvrage se recommande par des qualités littéraires peu communes. »

opposé à celui par lequel elle était entrée, et longea le banc des accusés. Moreau descendit suivi de ses deux gendarmes ; il n'était séparé d'elle que par une balustrade. Il lui dit quelques paroles que dans son saisissement elle n'entendit point : elle voulut lui répondre, sa voix se brisa[829].

Aujourd'hui que les temps sont changés, et que le nom de Bonaparte semble seul les remplir, on n'imagine pas à combien peu encore paraissait tenir sa puissance. La nuit qui précéda la sentence, et pendant laquelle le tribunal siégea, tout Paris fut sur pied. Des flots de peuple se portaient au Palais de Justice. Georges ne voulut point de grâce ; il répondit à ceux qui voulaient la demander : « Me promettez-vous une plus belle occasion de mourir ? »

Moreau, condamné à la déportation, se mit en route pour Cadix, d'où il devait passer en Amérique. Madame Moreau alla le rejoindre. Madame Récamier était auprès d'elle au moment de son départ. Elle la vit embrasser son fils dans son berceau, et la vit revenir sur ses pas pour l'embrasser encore : elle la conduisit à sa voiture et reçut son dernier adieu.

Le général Moreau écrivit de Cadix cette lettre à sa généreuse amie :

« Chiclana (près Cadix), le 12 octobre 1804.

Madame,

« Vous apprendrez sans doute avec quelque plaisir des nouvelles de deux fugitifs auxquels vous avez témoigné tant d'intérêt. Après avoir essuyé des fatigues de tout genre, sur terre et sur mer, nous espérions nous reposer à Cadix, quand la fièvre jaune, qu'on peut en quelque sorte comparer aux maux que nous venions d'éprouver, est venue nous assiéger dans cette ville.

« Quoique les couches de mon épouse nous aient forcés d'y rester plus d'un mois pendant la maladie, nous avons été assez heureux pour nous préserver de la contagion ; un seul de nos gens en a été atteint.

« Enfin, nous sommes à Chiclana, très joli village à quelques lieues de Cadix, jouissant d'une bonne santé, et mon épouse en pleine convalescence après m'avoir donné une fille très bien portante.

« Persuadée que vous prendrez autant d'intérêt à cet événement qu'à tout ce qui nous est arrivé, elle me charge de vous en faire part et de la rappeler à votre amitié.

« Je ne vous parle pas du genre de vie que nous menons, il est excessivement ennuyeux et monotone ; mais au moins nous respirons en liberté, quoique dans le pays de l'inquisition.

« Je vous prie, madame, de recevoir l'assurance de mon respectueux attachement, et de me croire pour toujours

« Votre très humble et très obéissant serviteur,

---

[829] Dans les pages qui précèdent, Chateaubriand n'a fait que résumer le récit même de Mme Récamier, reproduit, plus tard en son entier par Mme Lenormant au tome Ier des Souvenirs, pages 103 et suivantes.

Cette lettre est datée de Chiclana, lieu qui sembla promettre avec de la gloire un règne assuré à M. le duc d'Angoulême : et pourtant il n'a fait que paraître sur ce bord aussi fatalement que Moreau, qu'on a cru dévoué aux Bourbons. Moreau au fond de l'âme était dévoué à la liberté ; lorsqu'il eut le malheur de se joindre à la coalition, il s'agissait uniquement à ses yeux de combattre le despotisme de Bonaparte. Louis XVIII disait à M. de Montmorency, qui déplorait la mort de Moreau comme une grande perte pour la couronne : « Pas si grande : Moreau était républicain. » Ce général ne repassa en Europe que pour trouver le boulet sur lequel son nom avait été gravé par le doigt de Dieu.

Moreau me rappelle un autre illustre capitaine, Masséna. Celui-ci allait à l'armée d'Italie ; il demanda à madame Récamier un ruban blanc de sa parure. Un jour elle reçut ce billet de la main de Masséna :

« Le charmant ruban donné par madame Récamier a été porté par le général Masséna aux batailles et au blocus de Gènes : il n'a jamais quitté le général et lui a constamment favorisé la victoire. »

Les antiques mœurs percent à travers les mœurs nouvelles dont elles font la base. La galanterie du chevalier noble se retrouvait dans le soldat plébéien ; le souvenir des tournois et des croisades était caché dans ces faits d'armes par qui la France moderne a couronné ses vieilles victoires. Cisher, compagnon de Charlemagne, ne se parait point aux combats des couleurs de sa dame : « Il portait, dit le moine de Saint-Gall, sept, huit et même neuf ennemis enfilés à sa lance comme des grenouillettes. » Cisher précédait, et Masséna suivait la chevalerie.

Madame de Staël apprit à Berlin la maladie de son père ; elle se hâta de revenir, mais M. Necker était mort[830] avant son arrivée en Suisse.

En ce temps-là arriva la ruine de M. Récamier[831] ; madame de Staël fut bientôt instruite de ce malheureux événement. Elle écrivit sur-le-champ à madame Récamier, son amie :

« Genève, 17 novembre[832].

---

[830] M. Necker mourut à Coppet le 9 avril 1804.

[831] La ruine de M. Récamier fut postérieure de deux ans à la mort de M. Necker. Elle se produisit dans l'automne de 1806. Par suite d'une série de circonstances, et plus particulièrement de l'état politique et financier de l'Espagne, la maison de banque de M. Récamier se trouva en présence de graves embarras. Pour les conjurer, il aurait suffi que la Banque de France fût autorisée à lui avancer un million, avance en garantie de laquelle il offrait de donner de très bonnes valeurs. Le prêt d'un million fut durement refusé, et la catastrophe eut lieu. M. Récamier abandonna à ses créanciers tout ce qu'il possédait, et en reçut ce témoignage de confiance et d'estime, d'être mis par eux à la tête de la liquidation de ses affaires. Sa femme vendit jusqu'à son dernier bijou. On se défit de l'argenterie, l'hôtel de la rue du Mont-Blanc fut mis en vente. Il fut acheté par M. Mosselmann.

[832] 17 novembre 1806.

« Ah ! ma chère Juliette, quelle douleur j'ai éprouvée par l'affreuse nouvelle que je reçois ! que je maudis l'exil qui ne me permet pas d'être auprès de vous, de vous serrer contre mon cœur ! Vous avez perdu tout ce qui tient à la facilité, à l'agrément de la vie ; mais s'il était possible d'être plus aimée, plus intéressante que vous ne l'étiez, c'est ce qui vous serait arrivé. Je vais écrire à M. Récamier, que je plains et que je respecte. Mais, dites-moi, serait-ce un rêve que de vous voir ici cet hiver ? Si vous vouliez, trois mois passés ici, dans un cercle étroit où vous seriez passionnément soignée ; mais à Paris aussi vous inspirez ce sentiment. Enfin, au moins à Lyon, ou jusqu'à mes *quarante lieues,* j'irai pour vous voir, pour vous embrasser, pour vous dire que je me suis senti pour vous plus de tendresse que pour aucune femme que j'aie jamais connue. Je ne sais rien vous dire comme consolation, si ce n'est que vous serez aimée et considérée plus que jamais et que les admirables traits de votre générosité et de votre bienfaisance seront connus malgré vous par ce malheur, comme ils ne l'auraient jamais été sans lui. Certainement, en comparant votre situation à ce qu'elle était, vous avez perdu ; mais s'il m'était possible d'envier ce que j'aime, je donnerais bien tout ce que je suis pour être vous. Beauté sans égale en Europe, réputation sans tache, caractère fier et généreux, quelle fortune de bonheur encore dans cette triste vie où l'on marche si dépouillé ! Chère Juliette, que notre amitié se resserre ; que ce ne soit plus simplement des services généreux qui sont tous venus de vous, mais une correspondance suivie, un besoin réciproque de se confier ses pensées, une vie ensemble. Chère Juliette, c'est vous qui me ferez revenir à Paris, car vous serez toujours une personne toute-puissante, et nous nous verrons tous les jours ; et comme vous êtes plus jeune que moi, vous me fermerez les yeux, et mes enfants seront vos amis. Ma fille a pleuré ce matin de mes larmes et des vôtres. Chère Juliette, ce luxe qui vous entourait, c'est nous qui en avons joui ; votre fortune a été la nôtre, et je me sens ruinée parce que vous n'êtes plus riche. Croyez-moi, il reste du bonheur quand on s'est fait aimer ainsi.

« Benjamin veut vous écrire ; il est bien ému. Mathieu de Montmorency m'écrit sur vous une lettre bien touchante. Chère amie, que votre cœur soit calme au milieu de tant de douleurs. Hélas ! ni la mort ni l'indifférence de vos amis ne vous menacent, et voilà les blessures éternelles. Adieu, cher ange, adieu ! J'embrasse avec respect votre visage charmant... »

Un intérêt nouveau se répandit sur madame Récamier : elle quitta la société sans se plaindre, et sembla faite pour la solitude comme pour le monde, Ses amis lui restèrent, « et cette fois, a dit M. Ballanche, *la fortune se retira seule* ».

Madame de Staël attira son amie à Coppet[833]. Le prince Auguste de Prusse, fait prisonnier à la bataille d'Eylau[834], se rendant en Italie, passa par Genève : il devint amoureux de madame Récamier. La vie intime et particulière appartenant à chaque homme continuait son cours sous la vie générale, l'ensanglantement des batailles et la transformation des empires. Le riche, à son réveil, aperçoit ses lambris dorés, le pauvre ses solives enfumées ; pour les éclairer il n'y a qu'un même rayon de soleil.

Le prince Auguste, croyant que madame Récamier pourrait consentir au divorce, lui proposa de l'épouser. Il reste un monument de cette passion dans le tableau de *Corinne* que le prince obtint de Gérard ; il en fit présent à madame Récamier comme un immortel souvenir du sentiment qu'elle lui avait inspiré, et de l'intime amitié qui unissait Corinne et Juliette[835].

L'été se passa en fêtes : le monde était bouleversé ; mais il arrive que le retentissement des catastrophes publiques, en se mêlant aux joies de la jeunesse, en redouble le charme ; on se livre d'autant plus vivement aux plaisirs qu'on se sent près de les perdre.

Madame de Genlis a fait un roman sur cet attachement du prince Auguste. Je la trouvai un jour dans l'ardeur de la composition. Elle demeurait à l'Arsenal, au milieu de livres poudreux, dans un appartement obscur. Elle n'attendait personne ; elle était vêtue d'une robe noire ; ses cheveux blancs offusquaient son visage ; elle tenait une harpe entre ses genoux, et sa tête était abattue sur sa poitrine. Appendue aux cordes de l'instrument, elle promenait ses deux mains pâles et amaigries sur l'autre côté du réseau sonore, dont elle tirait des sons affaiblis, semblables aux voix lointaines et indéfinissables de la mort. Que chantait l'antique sybille[836] ? elle chantait madame Récamier.

---

[833] Mme Récamier avait perdu sa mère le 20 janvier 1807. Elle passa les six premiers mois de son deuil dans une profonde retraite ; au milieu de l'été de 1807, elle consentit, sur les instances de Mme de Staël, à se rendre à Coppet.

[834] Ce n'est pas à la bataille d'Eylau (8 février 1807) que le prince Auguste fut fait prisonnier, mais bien, ainsi que nous avons déjà eu occasion de le dire, au combat de Saalfeldt, le 10 octobre 1806. — Le prince n'avait que vingt-quatre ans ; il était de cinq ans plus jeune que Mme Récamier.

[835] C'est seulement en 1818, après la mort de Mme de Staël, que le prince Auguste commanda à Gérard le célèbre tableau représentant Corinne au cap Misène. En échange de ce tableau, Mme Récamier lui envoya son portrait, peint également par Gérard. Le prince l'avait placé dans la galerie de son palais, à Berlin ; il ne s'en sépara qu'à sa mort. D'après ses dernières volontés, ce portrait fut renvoyé à Mme Récamier en 1845, et, dans la lettre que le prince lui écrivait trois mois avant sa mort, en pleine santé, mais comme frappé d'un pressentiment, se trouvent ces paroles : « L'anneau que vous m'avez donné me suivra dans la tombe. » — Souvenirs et Correspondance, I, 151.

[836] M. F. Barrière, l'éditeur de la Collection des Mémoires sur le 18e et le 19e siècle, eut occasion vers ce même temps de visiter Mme de Genlis ; il décrit en ces termes l'appartement de « l'antique sibylle » : — « Nous la trouvâmes dans un appartement de bien médiocre apparence et surtout bien mal tenu. Mme de Genlis

MADAME DE GENLIS

Elle l'avait d'abord haïe, mais dans la suite elle avait été vaincue par la beauté et le malheur. Madame de Genlis venait d'écrire cette page sur madame Récamier, en lui donnant le nom d'Athénaïs :

« Le prince entra dans le salon, conduit par madame de Staël. Tout à coup la porte s'entr'ouvre, Athénaïs s'avance. À l'élégance de sa taille, à l'éclat éblouissant de sa figure, le prince ne peut la méconnaître, mais il s'était fait d'elle une idée toute différente : il s'était représenté cette femme si célèbre par sa beauté, fière de ses succès, avec un maintien assuré, et cette espèce de confiance que ne donne que trop souvent ce genre de

---

était assise devant une table de bois de sapin, noircie par le temps et l'usage. Cette table offrait le bizarre assemblage d'une foule d'objets en désordre ; on y voyait pêle-mêle des brosses à dents, un tour en cheveux, deux pots de confitures entamés, des coquilles d'œufs, des peignes, un petit pain, de la pommade, un demi-rouleau de sirop de capillaire, un reste de café au lait dans une tasse ébréchée, des fers propres à gaufrer des fleurs en papier, un bout de chandelle, une guirlande commencée à l'aquarelle, un peu de fromage de Brie, un encrier en plomb, deux volumes bien gras et deux carrés de papier sur lesquels étaient griffonnés des vers. » Avant-Propos des Mémoires de Mme de Genlis.

célébrité ; et il voyait une jeune personne timide s'avancer avec embarras et rougir en paraissant. Le plus doux sentiment se mêla à sa surprise.

« Après dîner on ne sortit point, à cause de la chaleur excessive ; on descendit dans la galerie pour faire de la musique jusqu'à l'heure de la promenade. Après quelques accords brillants et des sons harmoniques d'une douceur enchanteresse, Athénaïs chanta en s'accompagnant sur la harpe. Le prince l'écouta avec ravissement, et, lorsqu'elle eut fini, il la regarda avec un trouble inexprimable en s'écriant : Et des talents ! »

Madame de Staël, dans la force de la vie, aimait madame Récamier ; madame de Genlis, dans sa décrépitude, retrouvait pour elle les accents de sa jeunesse ; l'auteur de *Mademoiselle de Clermont*[837] plaçait la scène de son roman à Coppet[838], chez l'auteur de Corinne, rivale qu'elle détestait ; c'était une merveille. Une autre merveille est de me voir écrire ces détails. Je parcours des lettres qui me rappellent des temps où je vivais solitaire et inconnu. Il fut du bonheur sans moi, aux rivages de Coppet, que je n'ai pas vus depuis sans quelque mouvement d'envie. Les choses qui me sont échappées sur la terre, qui m'ont fui, que je regrette, me tueraient si je ne touchais à ma tombe ; mais, si près de l'oubli éternel, vérités et songes sont également vains ; au bout de la vie tout est jour perdu.

Madame de Staël partit une seconde fois pour l'Allemagne[839]. Ici recommence une série de lettres à madame Récamier, peut-être encore plus charmantes que les premières.

Il n'y a rien dans les ouvrages imprimés de madame de Staël qui approche de ce naturel, de cette éloquence, où l'imagination prête son expression aux sentiments. La vertu de l'amitié de madame Récamier devait être grande, puisqu'elle sut faire produire à une femme de génie ce qu'il y avait de caché et de non révélé encore dans son talent. On devine au

---

[837] Mademoiselle de Clermont est le meilleur ouvrage de Mme de Genlis ; il avait paru en 1802.

[838] La nouvelle de Mme de Genlis, dont parle ici Chateaubriand, a paru seulement en 1832 sous le titre d'Athénaïs ou le Château de Coppet en 1807.

[839] Dans l'automne de 1807. On lit, au sujet de ce voyage, dans les notes de M. Auguste de Staël : « Depuis son voyage à Berlin, si cruellement interrompu par la mort de son père, ma mère n'avait pas cessé d'étudier la littérature et la philosophie allemandes ; mais un nouveau séjour lui était nécessaire pour achever le tableau de ce pays qu'elle se proposait de présenter à la France. Dans l'automne de 1807, elle partit pour Vienne, et elle y retrouva, dans la société du prince de Ligne, dans celle de la maréchale Lubomirska, etc., cette urbanité de manières, cette facilité de conversation qui avaient tant de charme à ses yeux. Le gouvernement autrichien, épuisé par la guerre, n'avait pas alors la force d'être oppresseur pour son propre compte, et cependant il conservait envers la France une attitude qui n'était pas sans indépendance et sans dignité. Ceux que poursuivait la haine de Napoléon pouvaient encore trouver à Vienne un asile ; aussi l'année que ma mère y passa fut-elle la plus calme dont elle eût joui depuis son exil. » Avertissement de M. de Staël fils, en tête de la seconde partie de Dix années d'exil.

surplus dans l'accent triste de madame de Staël un déplaisir secret, dont la beauté devait être naturellement la confidente, elle qui ne pouvait jamais recevoir de pareilles blessures.

Madame de Staël étant rentrée en France vint, au printemps de 1810, habiter le château de Chaumont sur les bords de la Loire, à quarante lieues de Paris, distance déterminée pour le rayon de son bannissement. Madame Récamier la rejoignit dans cette campagne.

Madame de Staël surveillait alors l'impression de son ouvrage sur l'Allemagne : lorsqu'il fut près de paraître, elle l'envoya à Bonaparte avec cette lettre :

« Sire,

« Je prends la liberté de présenter à Votre Majesté mon ouvrage sur l'Allemagne. Si elle daigne le lire, il me semble qu'elle y trouvera la preuve d'un esprit capable de quelques réflexions et que le temps a mûri. Sire, il y a douze ans que je n'ai vu Votre Majesté et que je suis exilée. Douze ans de malheurs modifient tous les caractères, et le destin enseigne la résignation à ceux qui souffrent. Prête à m'embarquer, je supplie Votre Majesté de m'accorder une demi-heure d'entretien. Je crois avoir des choses à lui dire qui pourront l'intéresser, et c'est à ce titre que je la supplie de m'accorder la faveur de lui parler avant mon départ. Je me permettrai seulement une chose dans cette lettre : c'est l'explication des motifs qui me forcent à quitter le continent, si je n'obtiens pas de Votre Majesté la permission de vivre dans une campagne assez près de Paris pour que mes enfants y puissent demeurer. La disgrâce de Votre Majesté jette sur les personnes qui en sont l'objet une telle défaveur en Europe, que je ne puis faire un pas sans en rencontrer les effets. Les uns craignent de se compromettre en me voyant, les autres se croient des Romains en triomphant de cette crainte. Les plus simples rapports de la société deviennent des services qu'une âme fière ne peut supporter. Parmi mes amis, il en est qui se sont associés à mon sort avec une admirable générosité ; mais j'ai vu les sentiments les plus intimes se briser contre la nécessité de vivre avec moi dans la solitude, et j'ai passé ma vie depuis huit ans entre la crainte de ne pas obtenir des sacrifices, et la douleur d'en être l'objet. Il est peut-être ridicule d'entrer ainsi dans le détail de ses impressions avec le souverain du monde ; mais ce qui vous a donné le monde, Sire, c'est un souverain génie. Et en fait d'observation sur le cœur humain, Votre Majesté comprend depuis les plus vastes ressorts jusqu'aux plus délicats. Mes fils n'ont point de carrière, ma fille a treize ans ; dans peu d'années il faudra l'établir : il y aurait de l'égoïsme à la forcer de vivre dans les insipides séjours où je suis condamnée. Il faudrait donc aussi me séparer d'elle ! Cette vie n'est pas tolérable et je n'y sais aucun remède sur le continent. Quelle ville puis-je choisir où la disgrâce de Votre Majesté ne mette pas un obstacle invincible à l'établissement de mes enfants comme à mon repos personnel ? Votre Majesté ne sait peut-être pas elle-même la peur que les exilés font à la plupart des autorités de tous les pays, et j'aurais dans ce genre des choses à lui raconter qui dépassent sûrement ce qu'elle aurait ordonné. On a dit à Votre Majesté que je regrettais Paris à cause du Musée et de Talma : c'est une agréable plaisanterie sur l'exil, c'est-à-dire sur le malheur que Cicéron et Bolingbroke ont déclaré le plus insupportable de tous ; mais quand j'aimerais les chefs-d'œuvre des arts que la France doit aux conquêtes de Votre Majesté, quand j'aimerais ces belles tragédies, images de l'héroïsme, serait-ce à vous, Sire, à m'en blâmer ? Le bonheur de chaque individu ne se compose-t-il pas de la nature de ses facultés ? et si le ciel m'a donné du talent, n'ai-je pas l'imagination qui rend les jouissances des arts et de l'esprit nécessaires ? Tant de gens demandent à Votre Majesté des avantages réels de toute espèce ! pourquoi rougirais-je de lui demander l'amitié, la poésie, la musique, les tableaux, toute cette existence idéale dont je puis jouir sans m'écarter de la soumission que je dois au monarque de la France ? »

Cette lettre inconnue méritait d'être conservée[840]. Madame de Staël n'était pas, ainsi qu'on l'a prétendu, une ennemie aveugle et implacable. Elle ne fut pas plus écoutée que moi, lorsque je me vis obligé de m'adresser aussi à Bonaparte pour lui demander la vie de mon cousin Armand. Alexandre et César auraient été touchés de cette lettre d'un ton si haut, écrite par une femme si renommée ; mais la confiance du mérite qui se juge et s'égalise à la domination suprême, cette sorte de familiarité de l'intelligence qui se place au niveau du maître de l'Europe pour traiter avec lui de couronne à couronne, ne parurent à Bonaparte que l'arrogance d'un amour-propre déréglé. Il se croyait bravé par tout ce qui avait quelque grandeur indépendante ; la bassesse lui semblait fidélité, la fierté révolte ; il ignorait que le vrai talent ne reconnaît de Napoléons que dans le génie ; qu'il a ses entrées dans les palais comme dans les temples, parce qu'il est immortel.

Madame de Staël quitta Chaumont et retourna à Coppet ; madame Récamier s'empressa de nouveau de se rendre auprès d'elle ; M. Mathieu de Montmorency lui resta également dévoué. L'un et l'autre en furent punis ; ils furent frappés de la peine même qu'ils étaient allés consoler : les

---

[840] Chateaubriand ne donne pas la date de cette lettre. Elle doit être du mois de septembre 1810. Mme de Staël dit en effet, dans ses Dix années d'exil (seconde partie, chapitre premier) : « Le 23 septembre (1810), je corrigeai la dernière épreuve de l'Allemagne : après six ans de travail, ce m'était une vraie joie de mettre le mot fin à mes trois volumes. Je fis la liste des cent personnes à qui je voulais les envoyer dans les différentes parties de la France et de l'Europe ; j'attachais un grand prix à ce livre, que je croyais propre à faire connaître des idées nouvelles à la France : il me semble qu'un sentiment élevé sans être hostile l'avait inspiré, et qu'on y trouvait un langage qu'on ne parlait plus. »

quarante lieues de distance de Paris leur furent infligées[841].

Madame Récamier se retira à Châlons-sur-Marne[842], décidée dans son choix par le voisinage de Montmirail[843], qu'habitaient MM. de La Rochefoucauld-Doudeauville.

Mille détails de l'oppression de Bonaparte se sont perdus dans la tyrannie générale : les persécutés redoutaient de voir leurs amis, crainte de les compromettre ; leurs amis n'osaient les visiter, crainte de leur attirer quelque accroissement de rigueur. Le malheureux proscrit, devenu un pestiféré, séquestré du genre humain, demeurait en quarantaine dans la haine du despote. Bien reçu tant qu'on ignorait votre indépendance d'opinion, sitôt qu'elle était connue tout se retirait ; il ne restait autour de vous que des autorités épiant vos liaisons, vos sentiments, vos correspondances, vos démarches : tels étaient ces temps de bonheur et de liberté.

Les lettres de madame de Staël révèlent les souffrances de cette époque, où les talents étaient menacés à chaque instant d'être jetés dans un cachot, où l'on ne s'occupait que des moyens de s'échapper, où l'on aspirait à la fuite comme à la délivrance : quand la liberté a disparu, il reste un pays, mais il n'y a plus de patrie.

En écrivant à son amie qu'elle ne désirait pas la voir, dans l'appréhension du mal qu'elle lui pourrait apporter, madame de Staël ne disait pas tout : elle était mariée secrètement à M. de Rocca[844], d'où résultait une complication d'embarras dont la police impériale profitait. Madame Récamier, à qui madame de Staël croyait devoir taire ses nouveaux soucis, s'étonnait à bon droit de l'obstination qu'elle mettait à lui interdire l'entrée de son château de Coppet : blessée de la résistance de madame de Staël, pour laquelle elle s'était déjà sacrifiée, elle n'en persistait pas moins dans sa résolution de la rejoindre.

Toutes les lettres qui auraient dû retenir madame Récamier ne firent que la confirmer dans son dessein : elle partit et reçut à Dijon ce billet fatal :

---

[841] C'est au mois de septembre 1811 que cet ordre d'exil fut signifié à Mme Récamier ; un ordre semblable était notifié en même temps à M. Mathieu de Montmorency.

[842] En arrivant à Châlons, elle s'établit d'abord à l'auberge de la Pomme-d'Or, qu'elle abandonna bientôt pour prendre, rue du Cloître, un petit appartement, qui avait au moins l'avantage d'être commode et silencieux.

[843] Le château de Montmirail, magnifique habitation des La Rochefoucauld-Doudeauville, située dans la commune de Montmirail (département de la Marne).

[844] Mme de Staël, alors âgée de 45 ans, avait contracté, en 1811, un mariage secret avec M. de Rocca, jeune officier de 27 ans, remarquablement beau, du caractère le plus noble, et qui (lorsqu'elle le connut à Genève) semblait mourant des suites de cinq blessures qu'il avait reçues. M. de Rocca ne survécut qu'un an à Mme de Staël et mourut en 1818.

« Je vous dis adieu, cher ange de ma vie, avec toute la tendresse de mon âme. Je vous recommande Auguste[845] : qu'il vous voie et qu'il me revoie. Vous êtes une créature céleste. Si j'avais vécu près de vous, j'aurais été trop heureuse : le sort m'entraîne. Adieu[846]. »

Madame de Staël ne devait plus retrouver Juliette que pour mourir. Le billet de madame de Staël frappa d'un coup de foudre la voyageuse : fuir subitement, s'en aller avant d'avoir pressé dans ses bras celle qui accourait pour se jeter dans ses adversités, n'était-ce point de la part de madame de Staël une résolution cruelle ? Il paraissait à madame Récamier que l'amitié aurait pu être moins *entraînée par le sort*.

Madame de Staël alla chercher l'Angleterre en traversant l'Allemagne et la Suède[847] : la puissance de Napoléon était une autre mer qui séparait Albion de l'Europe, comme l'Océan la sépare du monde.

Auguste, fils de madame de Staël, avait perdu son frère, tué en duel d'un coup de sabre[848] ; il se maria et eut un fils : ce fils, âgé de quelques mois, l'a suivi dans la tombe. Avec Auguste de Staël s'est éteinte la postérité masculine d'une femme illustre, car elle ne revit pas dans le nom honorable, mais inconnu, de Rocca.

Madame Récamier demeurée seule, pleine de regrets, chercha d'abord à Lyon, sa ville natale, un premier abri[849] : elle y rencontra madame de Chevreuse[850], autre bannie. Madame de Chevreuse avait été

---

[845] Auguste-Louis de Staël-Holstein, fils aîné de Mme de Staël, né à Paris le 31 août 1790, mort à Coppet le 11 novembre 1827. Il s'occupa spécialement d'agronomie et d'améliorations sociales. Ses œuvres, recueillies par sa sœur, la duchesse de Broglie, ont été publiées en 1829 (3 vol. in-8o).

[846] Ce billet, dont Chateaubriand n'indique pas la date, fut écrit au moment où Mme de Staël allait quitter la Suisse pour se rendre en Allemagne. Elle partit de Coppet le 23 mai 1812. (Dix années d'exil, 2e partie, chapitre V).

[847] Partie de Coppet, comme nous venons de le voir, le 23 mai 1812, Mme de Staël se rendit à Vienne, qu'elle dut bientôt quitter pour échapper aux tracasseries de la police autrichienne, mise en mouvement par la police de Napoléon. À la fin de juin, elle partait pour la Pologne, et, le 14 juillet 1812, elle entrait en Russie. Après avoir visité successivement Kiew, Moscou, Saint-Pétersbourg, elle s'embarqua à Abo pour Stockholm. Elle passa huit mois en Suède, pendant lesquels elle écrivit ses Dix années d'exil. Peu de temps après, elle partit pour Londres, et c'est là qu'elle publia, en 1813, son ouvrage sur l'Allemagne. Pendant son séjour en Angleterre, elle eut une entrevue avec Louis XVIII : « Nous aurons, annonçait-elle alors à un ami, un roi très favorable à la littérature. »

[848] Le second fils de Mme de Staël fut tué en duel en 1813.

[849] Mme Récamier quitta Châlons au mois de juin 1812, pour aller à Lyon auprès d'une sœur de son mari, Mme Delphin-Récamier.

[850] La duchesse de Chevreuse, née Narbonne-Pelet, était la belle-fille du duc Albert de Luynes. Tandis que son beau-père avait dû se laisser faire sénateur (1er septembre 1803), elle avait dû consentir à être dame du palais de l'impératrice Joséphine (1806). Deux ans plus tard, au moment de l'arrestation de la famille royale d'Espagne, l'Empereur voulut placer la duchesse de Chevreuse auprès de la reine captive ; elle répondit qu'elle pouvait bien être prisonnière, mais qu'elle ne

forcée par l'Empereur et ensuite par sa propre famille d'entrer dans la nouvelle société. Vous trouveriez à peine un nom historique qui ne consentît à perdre son honneur plutôt qu'une forêt. Une fois engagée aux Tuileries, madame de Chevreuse avait cru pouvoir dominer dans une cour sortie des camps : cette cour cherchait, il est vrai, à s'instruire des airs de jadis, dans l'espoir de couvrir sa récente origine ; mais l'allure plébéienne était encore trop rude pour recevoir des leçons de l'impertinence aristocratique. Dans une révolution qui dure et qui a fait son dernier pas, comme par exemple à Rome, le Patriciat, un siècle après la chute de la république, put se résigner à n'être plus que le sénat des empereurs ; le passé n'avait rien à reprocher aux empereurs du présent, puisque ce passé était fini ; une égale flétrissure marquait toutes les existences. Mais en France les nobles qui se transformèrent en chambellans se hâtèrent trop ; l'empire nouvellement né disparut avant eux, et ils se retrouvèrent en face de la vieille monarchie ressuscitée.

Madame de Chevreuse, attaquée d'une maladie de poitrine, sollicita et n'obtint pas la faveur d'achever ses derniers jours à Paris ; on n'expire pas quand et où l'on veut[851]: Napoléon ; qui faisait tant de décédés n'en aurait pas fini avec eux s'il leur eût laissé le choix de leur tombeau.

Madame Récamier ne parvenait à oublier ses propres chagrins qu'en s'occupant de ceux des autres ; par la connivence charitable d'une sœur de la Miséricorde, elle visitait secrètement à Lyon les prisonniers espagnols. Un d'entre eux, brave et beau, chrétien comme le Cid, s'en allait à Dieu : assis sur la paille, il jouait de la guitare ; son épée avait trompé sa main. Sitôt qu'il apercevait sa bienfaitrice, il lui chantait des romances de son pays, n'ayant pas d'autre moyen de la remercier. Sa voix affaiblie et les sons confus de l'instrument se perdaient dans le silence de la prison. Les compagnons du soldat, à demi enveloppés de leurs manteaux déchirés, leurs cheveux noirs pendants sur leurs visages hâves et bronzés, levaient des yeux fiers du sang castillan, humides de reconnaissance, sur l'exilée qui leur rappelait une épouse, une sœur, une amante, et qui portait le joug de la même tyrannie.

L'Espagnol mourut. Il put dire comme Zarviska, le jeune et valeureux poète polonais : « Une main inconnue fermera ma paupière ; le tintement d'une cloche étrangère annoncera mon trépas, et des voix qui ne seront pas celles de ma patrie prieront pour moi. »

Mathieu de Montmorency vint à Lyon visiter madame Récamier. Elle

---

serait jamais geôlière. Cette fière réponse lui valut son exil, et de cet exil elle devait mourir.

[851] « La duchesse de Chevreuse est morte du serrement de cœur que son exil lui a causé. Elle ne put obtenir de Napoléon, lorsqu'elle était mourante, la permission de retourner une dernière fois à Paris, pour consulter son médecin et revoir ses amis. » Mme de Staël, Considérations sur la Révolution française, IVe partie, chap. VIII.

connut alors M. Camille Jordan et M. Ballanche, dignes de grossir le cortège des amitiés attachées à sa noble vie.

Madame Récamier était trop fière pour demander son rappel. Fouché l'avait longtemps et inutilement pressée d'orner la cour de l'empereur : on peut voir les détails de ces négociations de palais dans les écrits du temps. Madame Récamier se retira en Italie[852] ; M. de Montmorency l'accompagna jusqu'à Chambéry. Elle traversa le reste des Alpes, n'ayant pour compagne de voyage qu'une petite nièce âgée de sept ans, aujourd'hui madame Lenormant.

Rome était alors une ville de France, capitale du département du Tibre. Le pape gémissait prisonnier à Fontainebleau, dans le palais de François Ier.

Fouché, en mission en Italie, commandait dans la cité des Césars, de même que le chef des eunuques noirs dans Athènes : il n'y fit que passer[853] ; on installa M. de Norvins[854] en qualité de préfet de police : le mouvement était sur un autre point de l'Europe.

Conquise sans avoir vu son second Alaric, la ville éternelle se taisait, plongée dans ses ruines. Des artistes demeuraient seuls sur cet amas de siècles. Canova reçut madame Récamier comme une statue grecque que la France rendait au musée du Vatican : pontife des arts, il l'inaugura aux honneurs du Capitole, dans Rome abandonnée.

Canova avait une maison à Albano ; il l'offrit à madame Récamier ; elle y passa l'été. La fenêtre à balcon de sa chambre était une de ces grandes croisées de peintre qui encadrent le paysage. Elle s'ouvrait sur les ruines de la *villa de Pompée ;* au loin, par dessus des oliviers, on voyait le soleil se coucher dans la mer. Canova revenait à cette heure ; ému de ce beau spectacle, il se plaisait à chanter, avec un accent vénitien et une voix agréable, la barcarolle : *O pescator dell'onda ;* madame Récamier l'accompagnait sur le piano. L'auteur de Psyché et de la Madeleine se délectait à cette harmonie, et cherchait dans les traits de Juliette le type de la Béatrix qu'il rêvait de faire un jour. Rome avait vu jadis Raphaël et Michel-Ange couronner leurs modèles dans de poétiques orgies, trop librement racontées par Cellini : combien leur était supérieure cette petite scène décente et pure entre une femme exilée et ce Canova, si simple et si doux !

---

[852] Au printemps de 1813.

[853] Sur le séjour de Fouché à Rome en 1813, voir, à l'Appendice du tome III du Mémorial de Norvins, les très curieuses pages intitulées : Fouché à Rome.

[854] Jacques Marquet de Montbreton, baron de Norvins (1769-1854). Son Histoire de Napoléon (1827, 4 vol. in-8o), après avoir joui d'une grande vogue, est aujourd'hui oubliée. Ses Mémoires, publiés en 1896 par M. Lanzac de Laborie sous le titre : Mémorial de J. de Norvins (3 vol. in-8o) resteront. Parmi les nombreux Mémoires publiés en ces dernières années, ils méritent de tenir un des premiers rangs, à côté de ceux du chancelier Pasquier et du général Marbot.

Plus solitaire que jamais, Rome en ce moment portait le deuil de veuve : elle ne voyait plus passer en la bénissant ces paisibles souverains qui rajeunissaient ses vieux jours de toutes les merveilles des arts. Le bruit du monde s'était encore une fois éloigné d'elle ; Saint-Pierre était désert comme le Colisée.

J'ai lu les lettres éloquentes qu'écrivait à son amie la femme la plus illustre de nos jours passés ; lisez les mêmes sentiments de tendresse exprimés avec la plus charmante naïveté, dans la langue de Pétrarque, par le premier sculpteur des temps modernes. Je ne commettrai pas le sacrilège d'essayer de les traduire.

« Domenica mattina.

« Dio eterno ? siamo vivi, o siamo morti ? lo voglio esser vivo, almeno par scriveri ; si, lo vuole il mio cuore, anzi mi comanda assolulamente di farlo. Oh ! se'l conoscete bene a fondo questo povero cuor mio, quanto, quanto mai ve ne persuadereste ! Ma per disgrazia mia pare ch'egli sia alquanto all' oscuro per voi. Pazienza ! Ditemi almeno come state disalute, se di più non volete dire ; benchè mi abbiate promesso di scrivere a di scrivermi dolce. Io davvero che avrei voluto vedervi personalmente in questi giorni, ma non vi poteva essere alcuna via di poterlo fare ; anzi su di questo vi dirò a voce delle cose curiose. Conviene dunque che mi contenti, a forza, di vidervi in spirito. In questo modo sempre mi siete presente, sempre vi veggo, sempre vi parlo, vi dico tante, tante cose, ma tutte, tutte al vento, tutte ! Pazienza anche di questo ! gran fatto che la cosa abbia d'andare sempre in questo modo ! voglio intanto però che siate certa, certissima che l'anima mia vi ama molto più assai di quello che mai possiate credere ed imaginare. »

Madame Récamier avait secouru les prisonniers espagnols à Lyon ; une autre victime de ce pouvoir qui la frappait la mit à même d'exercer à Albano son humeur compatissante : un pêcheur, accusé d'intelligence avec les sujets du pape, avait été jugé et condamné à mort. Les habitants d'Albano supplièrent l'étrangère réfugiée chez eux d'intercéder pour ce malheureux. On la conduisit à la geôle ; elle y vit le prisonnier ; frappée du désespoir de cet homme, elle fondit en larmes. Le malheureux la supplia de venir à son secours, d'intercéder pour lui, de le sauver ; prière d'autant plus déchirante, qu'il y avait impossibilité de l'arracher au supplice. Il faisait déjà nuit, et il devait être fusillé au lever du jour.

Cependant, madame Récamier, bien que persuadée de l'inutilité de ses démarches, n'hésita pas. On lui amène une voiture, elle y monte sans l'espérance qu'elle laissait au condamné. Elle traverse la campagne infestée de brigands, parvient à Rome, et ne trouve point le directeur de la police. Elle l'attendit deux heures au palais Fiano ; elle comptait les minutes d'une vie dont la dernière approchait. Quand M. de Norvins arriva, elle lui expliqua l'objet de son voyage. Il lui répondit que l'arrêt était prononcé, et qu'il n'avait pas les pouvoirs nécessaires pour le faire suspendre.

Madame Récamier repartit le cœur navré ; le prisonnier avait cessé de vivre lorsqu'elle approcha d'Albano. Les habitants attendaient la Française sur le chemin ; aussitôt qu'ils la reconnurent, ils coururent à elle. Le prêtre qui avait assisté le patient lui en apportait les derniers vœux : il remerciait *la dama*, qu'il n'avait cessé de chercher des yeux en allant au lieu de l'exécution ; il lui recommandait de prier pour lui ; car un chrétien n'a pas tout fini et n'est pas hors de crainte quand il n'est plus. Madame Récamier fui conduite par l'ecclésiastique à l'église, où la suivit la foule des belles paysannes d'Albano. Le pêcheur avait été fusillé à l'heure où l'aurore se levait sur la barque, maintenant sans guide, qu'il avait coutume de conduire sur les mers, et aux rivages qu'il avait accoutumé de parcourir.

Pour se dégoûter des conquérants, il faudrait savoir tous les maux qu'ils causent ; il faudrait être témoin de l'indifférence avec laquelle on leur sacrifie les plus inoffensives créatures dans un coin du globe où ils n'ont jamais mis le pied. Qu'importaient aux succès de Bonaparte les jours d'un pauvre faiseur de filets des États romains ? Sans doute, il n'a jamais su que ce chétif pêcheur avait existé ; il a ignoré, dans le fracas de sa lutte avec les rois, jusqu'au nom de sa victime plébéienne.

Le monde n'aperçoit en Napoléon que des victoires ; les larmes dont les colonnes triomphales sont cimentées ne tombent point de ses yeux. Et moi, je pense que de ces souffrances méprisées, de ces calamités des humbles et des petits, se forment dans les conseils de la Providence les causes secrètes qui précipitent du faîte le dominateur. Quand les injustices particulières se sont accumulées de manière à l'emporter sur le poids de la fortune, le bassin descend. Il y a du sang muet et du sang qui crie : le sang des champs de bataille est bu en silence par la terre ; le sang pacifique répandu rejaillit en gémissant vers le ciel ; Dieu le reçoit et le venge. Bonaparte tua le pêcheur d'Albano ; quelques mois après il était banni chez les pêcheurs de l'île d'Elbe, et il est mort parmi ceux de Sainte-Hélène[855].

Mon souvenir vague, à peine ébauché dans les pensées de madame Récamier, lui apparaissait-il au milieu des steppes du Tibre et de l'Anio ? J'avais déjà passé à travers ces solitudes mélancoliques ; j'y avais laissé une tombe honorée des larmes des amis de Juliette. Lorsque la fille de M. de Montmorin (madame de Beaumont) mourut en 1803, madame de Staël et M. Necker m'écrivaient des lettres de regrets ; on a vu ces lettres. Ainsi je recevais à Rome, avant presque d'avoir connu madame Récamier, des lettres datées de Coppet ; c'est le premier indice d'une affinité de

---

[855] Sur cet épisode du pêcheur d'Albano, voyez Souvenirs et Correspondance tirés des papiers de Madame Récamier, tome I, pages 236-239. C'est au mois de septembre 1813 que fut fusillé le pêcheur d'Albano. Un mois après, au mois d'octobre, Napoléon perdait son Empire dans les plaines de Leipsick.

destinée. Madame Récamier m'a dit aussi que ma lettre de 1804 à M. de Fontanes lui servait de guide en 1814, et qu'elle relisait assez souvent ce passage :

« Quiconque n'a plus de lien dans la vie doit venir demeurer à Rome. Là, il trouvera pour société une terre qui nourrira ses réflexions et occupera son cœur, et des promenades qui lui diront toujours quelque chose. La pierre qu'il foulera aux pieds lui parlera ; la poussière que le vent élèvera sous ses pas renfermera quelque grandeur humaine. S'il est malheureux, s'il a mêlé les cendres de ceux qu'il aima à tant de cendres illustres, avec quel charme ne passera-t-il pas du sépulcre des Scipions au dernier asile d'un ami vertueux !... S'il est chrétien, ah ! comment pourrait-il alors s'arracher de cette terre qui est devenue sa patrie, de cette terre qui a vu naître un second empire, plus saint dans son berceau, plus grand dans sa puissance que celui qui l'a précédé ; de cette terre où les amis que nous avons perdus, dormant avec les martyrs aux catacombes, sous l'œil du père des fidèles, paraissent devoir se réveiller les premiers dans leur poussière et semblent plus voisins des cieux[856] ? »

Mais en 1814, je n'étais pour madame Récamier qu'un *cicerone* vulgaire, appartenant à tous les voyageurs ; plus heureux en 1823, j'avais cessé de lui être étranger, et nous pouvions causer ensemble des ruines romaines.

À Naples, où madame Récamier se rendit en automne[857], cessèrent les occupations de la solitude. À peine fut-elle descendue à l'auberge, que les ministres du roi Joachim accoururent. Murat, oubliant la main qui changea sa cravache en sceptre, était prêt à se joindre à la coalition. Bonaparte avait planté son épée au milieu de l'Europe, comme les Gaulois plantaient leur glaive au milieu du *mallus*[858] : autour de l'épée de Napoléon s'étaient rangés en cercle des royaumes qu'il distribuait à sa famille. Caroline avait reçu celui de Naples. Madame Murat n'était pas un camée antique aussi élégant que la princesse Borghèse ; mais elle avait plus de physionomie et plus d'esprit que sa sœur. À la fermeté de son caractère on reconnaissait le sang de Napoléon. Si le diadème n'eût pas été pour elle l'ornement de la

---

[856] Lettre à M. de Fontanes. — « Un jour, à Rome, comme je rappelais à M. de Chateaubriand cette page que je savais par cœur, et qu'il avait tracée vingt-cinq ans auparavant : « Je ne pourrais pas écrire ainsi aujourd'hui, me dit-il ; il faut pour cela être jeune et malheureux. » M. de Marcellus, Chateaubriand et son temps, p. 321.

[857] Mme Récamier se rendit à Naples dans les premiers jours de décembre 1813.

[858] C'est un souvenir de l'épisode de Velléda, où se trouve cette phrase : « On planta une épée nue pour indiquer le centre du Mallus ou du conseil. » — Et l'auteur ajoutait, dans une note : « J'ai suivi quelques auteurs qui pensent que les Gaulois avaient, ainsi que les Goths, l'usage de planter une épée nue au milieu de leur conseil. (Ammien Marcellin, lib. XXXII, cap. II, p. 622.) Du mot mallus est venu notre mot mail ; et le mail est encore aujourd'hui un lieu bordé d'arbres. »

tête d'une femme, il eût encore été la marque du pouvoir d'une reine.

Caroline reçut madame Récamier avec un empressement d'autant plus affectueux que l'oppression de la tyrannie se faisait sentir jusqu'à Portici. Cependant, la ville qui possède le tombeau de Virgile et le berceau du Tasse, cette ville où vécurent Horace et Tite-Live, Boccace et Sannazar, où naquirent Durante et Cimarosa, avait été embellie par son nouveau maître. L'ordre s'était rétabli : les lazzaroni ne jouaient plus à la boule avec des têtes pour amuser l'amiral Nelson et lady Hamilton. Les fouilles de Pompéi s'étaient étendues ; un chemin serpentait sur le Pausilippe, dans les flancs duquel j'avais passé en 1803[859] pour aller m'enquérir à Literne de la retraite de Scipion. Ces royautés nouvelles d'une dynastie militaire avaient fait renaître la vie dans des pays où se manifestait auparavant la moribonde langueur d'une vieille race. Robert Guiscard, Guillaume Bras de Fer, Roger et Tancrède semblaient être revenus, moins la chevalerie.

Madame Récamier était à Naples au mois de février 1814 : où étais-je donc alors ? dans ma *Vallée-aux-Loups,* commençant l'histoire de ma vie. Je m'occupais des jeux de mon enfance au bruit des pas des soldats étrangers. La femme dont le nom devait clore ces *Mémoires* errait sur les marines de Baïes. N'avais-je pas un pressentiment du bien qui m'arriverait un jour de cette terre, alors que je peignais la séduction parthénopéenne dans les *Martyrs :*

« Chaque matin, aussitôt que l'aurore commençait à paraître, je me rendais sous un portique. Le soleil se levait devant moi ; il illuminait de ses feux les plus doux la chaîne des montagnes de Salerne, le bleu de la mer parsemé des voiles blanches du pêcheur, les îles de Caprée, d'Œnaria et de Prochyta, le cap de Misène et Baïes avec tous ses enchantements.

« Des fleurs et des fruits humides de rosée sont moins suaves et moins frais que le paysage de Naples sortant des ombres de la nuit. J'étais toujours surpris, en arrivant au portique, de me trouver au bord de la mer, car les vagues dans cet endroit faisaient à peine entendre le léger murmure d'une fontaine ; en extase devant ce tableau, je m'appuyais contre une colonne, et sans pensée, sans désir, sans projet, je restais des heures entières à respirer un air délicieux. Le charme était si profond, qu'il me semblait que cet air divin transformait ma propre substance, et qu'avec un plaisir indicible je m'élevais vers le firmament comme un pur esprit... Attendre ou chercher la beauté, la voir s'avancer dans une nacelle et nous sourire du milieu des flots ; voguer avec elle sur la mer, dont nous semions la surface de fleurs ; suivre l'enchanteresse au fond de ces bois de myrthe et dans les champs heureux où Virgile plaça l'Élysée : telle était l'occupation de nos jours...

« Peut-être est-il des climats dangereux à la vertu par leur extrême

---

[859] La date exacte de l'excursion de Chateaubriand à Literne est : Janvier 1804.

volupté ; et n'est-ce point ce que voulut enseigner une fable ingénieuse en racontant que Parthénope fut bâtie sur le tombeau d'une sirène ? L'éclat velouté de la campagne, la tiède température de l'air, les contours arrondis des montagnes, les molles inflexions des fleuves et des vallées, sont à Naples autant de séductions pour les sens, que tout repose et que rien ne blesse...

« Pour éviter les ardeurs du Midi, nous nous retirions dans la partie du palais bâtie sous la mer. Couchés sur des lits d'ivoire, nous entendions murmurer les vagues au-dessus de nos têtes ; si quelque orage nous surprenait au fond de ces retraites, les esclaves allumaient des lampes pleines du nard le plus précieux de l'Arabie. Alors entraient de jeunes Napolitaines qui portaient des roses de Pæstum dans des vases de Nola ; tandis que les flots mugissaient au dehors, elles chantaient en formant devant nous des danses tranquilles qui me rappelaient les mœurs de la Grèce : ainsi se réalisaient pour nous les fictions des poètes ; on eût cru voir les jeux des Néréides dans la grotte de Neptune[860] »

Madame Récamier rencontra à Naples le comte de Neipperg[861] et le duc de Rohan-Chabot : l'un devait monter au nid de l'aigle, l'autre revêtir la pourpre. On a dit de celui-ci qu'il avait été voué au rouge, ayant porté l'habit de chambellan, l'uniforme de chevau-léger de la garde et la robe de cardinal.

Le duc de Rohan était fort joli ; il roucoulait la romance, lavait de petites aquarelles et se distinguait par une étude coquette de toilette. Quand il fut abbé, sa pieuse chevelure, éprouvée au fer, avait une élégance de martyr. Il prêchait à la brune, dans des oratoires sombres, devant des dévotes, ayant soin, à l'aide de deux ou trois bougies artistement placées, d'éclairer en demi-teinte, comme un tableau, son visage pâle.

On ne s'explique pas de prime abord comment des hommes que leurs noms rendaient bêtes à force d'orgueil s'étaient mis aux gages d'un *parvenu*. En y regardant de près, on trouve que cette aptitude à entrer en condition découlait naturellement de leurs mœurs : façonnés à la domesticité, point n'avaient souci du changement de livrée, pourvu que le

---

[860] Les Martyrs, livre V

[861] Adam-Albert, comte de Neipperg (1775-1829), général autrichien. Il avait déjà été employé par M. de Metternich dans plusieurs missions délicates, lorsqu'au mois de juillet 1814 il fut désigné par l'empereur François II pour être attaché à l'ex-impératrice Marie-Louise. Il ne tarda pas à conquérir les bonnes grâces de cette princesse, qui s'éprit de lui, bien qu'une blessure reçue à la guerre l'eût privé d'un œil et l'obligeât à porter un bandeau noir qui coupait son front en deux. Au mois d'avril 1816, elle prit possession du duché de Parme, et M. de Neipperg devint le grand-maître de son palais, en attendant de devenir son mari. Elle l'épousa morganatiquement et en eut plusieurs enfants. L'Almanach de Gotha relate officiellement le mariage du général comte de Neipperg avec « Marie-Louise, duchesse de Parme, Plaisance et Guastalla, veuve de Napoléon Ier, empereur des Français, née archiduchesse d'Autriche ».

maître fut logé au château à la même enseigne. Le mépris de Bonaparte leur rendait justice : ce grand soldat, abandonné des siens, disait à une grande dame : « Au fond, il n'y a que vous autres qui sachiez servir. »

La religion et la mort ont passé l'éponge sur quelques faiblesses, après tout bien pardonnables, du cardinal de Rohan. Prêtre chrétien, il a consommé à Besançon son sacrifice, secourant le malheureux, nourrissant le pauvre, vêtant l'orphelin et usant en bonnes œuvres sa vie, dont une santé déplorable abrégeait naturellement le cours.

Lecteur, si tu t'impatientes de ces citations, de ces récits, songe d'abord que tu n'as peut-être pas lu mes ouvrages, et qu'ensuite je ne t'entends plus ; je dors dans la terre que tu foules ; si tu m'en veux, frappe sur cette terre, tu n'insulteras que mes os. Songe de plus que mes écrits font partie essentielle de cette existence dont je déploie les feuilles. Ah ! que mes tableaux napolitains n'avaient-ils un fonds de vérité ! Que la fille du Rhône n'était-elle la femme réelle de mes délices imaginaires ! Mais non : si j'étais Augustin, Jérôme, Eudore, je l'étais seul, mes jours devancèrent les jours de l'amie de Corinne en Italie. Heureux si j'avais pu étendre ma vie entière sous ses pas comme un tapis de fleurs ! Ma vie est rude, et ses aspérités blessent. Puissent du moins mes heures expirantes refléter l'attendrissement et le charme dont elle les a remplies sur celle qui fut aimée de tous et dont personne n'eut jamais à se plaindre !

Murat, roi de Naples, né le 25 mars 1767 à la Bastide, près Cahors, fut envoyé à Toulouse pour y faire ses études. Il se dégoûta des lettres, s'enrôla dans les chasseurs des Ardennes, déserta et se réfugia à Paris. Admis dans la garde constitutionnelle de Louis XVI, il obtint, après le licenciement de cette garde, une sous-lieutenance dans le 12e régiment de chasseurs à cheval. À la mort de Robespierre, il fut destitué comme terroriste[862] ; même chose arriva à Bonaparte, et les deux soldats demeurèrent sans ressources. Murat rentra en grâce au 13 vendémiaire, et devint aide de camp de Napoléon. Il fit sous lui les premières campagnes d'Italie, prit la Valteline et la réunit à la République Cisalpine ; il eut part à l'expédition d'Égypte et se signala à la bataille d'Aboukir. Revenu en France avec son maître, il fut chargé de jeter à la porte le conseil des Cinq-Cents. Bonaparte lui donna en mariage sa sœur Caroline. Murat commandait la cavalerie à la bataille de Marengo. Gouverneur de Paris lors de la mort du duc d'Enghien, il gémit tout bas d'un assassinat qu'il n'eut pas le courage de blâmer tout haut.

---

[862] Après la mort de l'Ami du Peuple, Murat, par le simple changement d'une lettre, transforma son nom en celui de Marat. Il est si fier de son invention que, dans une lettre qu'il écrit le 18 novembre 1793 et où il presse l'exécution d'un « modérantiste », il appose quatre fois sa nouvelle signature : Marat. (Frédéric Masson, Napoléon et sa famille, tome I, p. 311.)

Beau-frère de Napoléon[863] et maréchal de l'empire, Murat entra à Vienne en 1805[864] ; il contribua aux victoires d'Austerlitz, d'Iéna, d'Eylau et de Friedland, devint grand-duc de Berg[865] et envahit l'Espagne en 1808.

Napoléon le rappela et lui donna la couronne de Naples. Proclamé roi des Deux-Siciles le 1er août 1808, il plut aux Napolitains par son faste, son costume théâtral, ses cavalcades et ses fêtes.

Appelé en qualité de grand vassal de l'empire à l'invasion de la Russie, il reparut dans tous les combats et se trouva chargé du commandement de la retraite de Smolensk à Wilna. Après avoir manifesté son mécontentement, il quitta l'armée à l'exemple de Bonaparte, et vint se réchauffer au soleil de Naples, comme son capitaine au foyer des Tuileries. Ces hommes de triomphe ne pouvaient s'accoutumer aux revers. Alors commencèrent ses liaisons avec l'Autriche. Il reparut encore aux camps de l'Allemagne en 1813, retourna à Naples après la perte de la bataille de Leipzig et renoua ses négociations austro-britanniques. Avant d'entrer dans une alliance complète, Murat écrivit à Napoléon une lettre que j'ai entendu lire à M. de Mosbourg[866] : il disait à son beau-frère, dans cette lettre, qu'il avait retrouvé la Péninsule fort agitée, que les Italiens réclamaient leur indépendance nationale ; que si elle ne leur était pas rendue, il était à craindre qu'ils ne se joignissent à la coalition de l'Europe et n'augmentassent ainsi les dangers de la France. Il suppliait Napoléon de faire la paix, seul moyen de conserver un empire si puissant et si beau. Que si Bonaparte refusait de l'écouter, lui Murat, abandonné à l'extrémité de l'Italie, se verrait forcé de quitter son royaume ou d'embrasser les intérêts de la liberté italienne. Cette lettre très raisonnable resta plusieurs mois sans réponse ; Napoléon n'a donc pu reprocher justement à Murat de l'avoir trahi.

Murat, obligé de choisir promptement, signa, le 11 janvier 1814, avec la cour de Vienne, un traité : il s'obligeait à fournir un corps de trente mille hommes aux alliés. Pour prix de cette défection, on lui garantissait son royaume napolitain et son droit de conquête sur les Marches pontificales. Madame Murat avait révélé cette importante transaction à madame

---

[863] Il avait épousé Caroline Bonaparte le 20 janvier 1800.

[864] Le 13 novembre 1805.

[865] Le 15 mars 1806.

[866] Jean-Michel-Laurent Agar, comte de Mosbourg (1771-1844) était un compatriote et un camarade d'études de Murat, qui l'attacha à sa fortune, l'appela en 1806 au ministère des finances de sa principauté de Berg, lui fit épouser une de ses nièces et lui donna le titre et la dotation du comté de Mosbourg. En 1808, il suivit à Naples le nouveau roi et y prit, comme à Dusseldorf, le portefeuille des finances, qu'il conserva pendant presque toute la durée du règne. Député du Lot après 1830, il fut élevé à la pairie le 3 octobre 1837. — Le comte de Mosbourg avait réuni, pour écrire la vie de Joachim Murat, des documents qui viennent d'être utilisés en partie par le comte Murat dans son livre sur Murat, lieutenant de l'Empereur en Espagne. 1897.

Récamier. Au moment de se déclarer ouvertement, Murat, fort ému, rencontra madame Récamier chez Caroline et lui demanda ce qu'elle pensait du parti qu'il avait à prendre ; il la priait de bien peser les intérêts du peuple dont il était devenu le souverain. Madame Récamier lui dit : « Vous êtes Français, c'est aux Français que vous devez rester fidèle. » La figure de Murat se décomposa ; il repartit : « Je suis donc un traître ? qu'y faire ? il est trop tard ! » Il ouvrit avec violence une fenêtre et montra de la main une flotte anglaise entrant à pleines voiles dans le port.

Le Vésuve venait d'éclater et jetait des flammes. Deux heures après, Murat était à cheval à la tête de ses gardes ; la foule l'environnait en criant : « Vive le roi Joachim ! » Il avait tout oublié ; il paraissait ivre de joie. Le lendemain, grand spectacle au théâtre Saint-Charles ; le roi et la reine furent reçus avec des acclamations frénétiques, inconnues des peuples en deçà des Alpes. On applaudit aussi l'envoyé de François II : dans la loge du ministre de Napoléon, il n'y avait personne ; Murat en parut troublé, comme s'il eût vu au fond de cette loge le spectre de la France.

L'armée de Murat, mise en mouvement le 16 février 1814, force le prince Eugène à se replier sur l'Adige. Napoléon, ayant d'abord obtenu des succès inespérés en Champagne, écrivait à sa sœur Caroline des lettres qui furent surprises par les alliés et communiquées au Parlement d'Angleterre par lord Castlereagh ; il lui disait : « Votre mari est très brave sur le champ de bataille ; mais il est plus faible qu'une femme ou qu'un moine quand il ne voit pas l'ennemi. Il n'a aucun courage moral. Il a eu peur et il n'a pas hasardé de perdre en un instant ce qu'il ne peut tenir que par moi et avec moi. »

Dans une autre lettre adressée à Murat lui-même, Napoléon disait à son beau-frère : « Je suppose que vous n'êtes pas de ceux qui pensent que le lion est mort ; si vous faisiez ce calcul, il serait faux. . . Vous m'avez fait tout le mal que vous pouviez depuis votre départ de Wilna. Le titre de roi vous a tourné la tête ; si vous désirez le conserver, conduisez-vous bien. »

Murat ne poursuivit pas le vice-roi sur l'Adige ; il hésitait entre les alliés et les Français, selon les chances que Bonaparte semblait gagner ou perdre.

Dans les champs de Brienne[867], où Napoléon fut élevé par l'ancienne monarchie, il donnait en l'honneur de celle-ci le dernier et le plus admirable de ses sanglants tournois. Favorisé des *carbonari,* Joachim tantôt veut se déclarer libérateur de l'Italie, tantôt espère la partager entre lui et Bonaparte devenu vainqueur.

Un matin, le courrier apporta à Naples la nouvelle de l'entrée des Russes à Paris. Madame Murat était encore couchée, et madame Récamier,

---

[867] Le 29 janvier 1814.

assise à son chevet, causait avec elle ; on déposa sur le lit un énorme tas de lettres et de journaux. Parmi ceux-ci se trouvait mon écrit *De Bonaparte et des Bourbons*. La reine s'écria : « Ah ! voilà un ouvrage de M. de Chateaubriand ; nous le lirons ensemble. » Et elle continua à décacheter ses lettres.

Madame Récamier prit la brochure, et après y avoir jeté les yeux au hasard, elle la remit sur le lit et dit à la reine : « Madame, vous la lirez seule, je suis obligée de rentrer chez moi. »

Napoléon fut relégué à l'île d'Elbe ; l'Alliance, avec une rare habileté, l'avait placé sur les côtes de l'Italie. Murat apprit qu'on cherchait au Congrès de Vienne à le dépouiller des États qu'il avait néanmoins achetés si cher ; il s'entendit secrètement avec son beau-frère, devenu son voisin. On est toujours étonné que les Napoléon aient des parents : qui sait le nom d'Aridée, frère d'Alexandre ? Pendant le cours de l'année 1814, le roi et la reine de Naples donnèrent une fête à Pompéi ; on exécuta une fouille au son de la musique : les ruines que faisaient déterrer Caroline et Joachim ne les instruisaient pas de leur propre ruine ; sur les derniers bords de la prospérité, on n'entend que les derniers concerts du songe qui passe.

Lors de la paix de Paris, Murat faisait partie de l'Alliance, le Milanais ayant été rendu à l'Autriche : les Napolitains se retirèrent dans les Légations romaines. Quand Bonaparte, débarqué à Cannes, fut entré à Lyon, Murat, perplexe, ayant changé d'intérêts, sortit des Légations et marcha avec quarante mille hommes vers la haute Italie, pour faire diversion en faveur de Napoléon[868]. Il refusa à Parme les conditions que les Autrichiens effrayés lui offraient encore : pour chacun de nous il est un moment critique ; bien ou mal choisi, il décide de notre avenir. Le baron de Firmont repousse les troupes de Murat, prend l'offensive et les mène battant jusqu'à Macerata[869]. Les Napolitains se débandèrent ; leur général-roi rentre dans Naples, accompagné de quatre lanciers[870]. Il se présente à sa femme et lui dit : « Madame, je n'ai pu mourir. » Le lendemain, un bateau le conduit vers l'île d'Ischia ; il rejoint en mer une pinque chargée de quelques officiers de son état-major, et fait voile avec eux pour la France.

Madame Murat, demeurée seule, montra une présence d'esprit admirable. Les Autrichiens étaient au moment de paraître : dans le passage d'une autorité à l'autre, un intervalle d'anarchie pouvait être rempli de désordres. La régente ne précipite point sa retraite ; elle laisse le soldat allemand occuper la ville et fait pendant la nuit éclairer ses galeries. Le peuple, apercevant du dehors la lumière, pensant que la reine est encore là, reste tranquille. Cependant, Caroline sort par un escalier secret et s'embarque. Assise à la poupe du vaisseau, elle voyait sur la rive resplendir

---

[868] Le 28 mars 1815.

[869] Le 3 mai.

[870] Le 19 mai.

illuminé le palais désert dont elle s'éloignait, image du rêve brillant qu'elle avait eu pendant son sommeil dans la région des fées.

Caroline rencontra la frégate qui ramenait Ferdinand[871]. Le vaisseau de la reine fugitive fit le salut, le vaisseau du roi rappelé ne le rendit pas : la prospérité ne reconnaît pas l'adversité sa sœur. Ainsi les illusions, évanouies pour les uns, recommencent pour les autres ; ainsi se croisent dans les vents et sur les flots les inconstantes destinées humaines : riantes ou funestes, le même abîme les porte ou les engloutit.

Murat accomplissait ailleurs sa course. Le 25 mai 1815, à dix heures du soir, il aborda au golfe Juan, où son beau-frère avait abordé. La fortune faisait jouer à Joachim la parodie de Napoléon. Celui-ci ne croyait pas à la force du malheur et au secours qu'il apporte aux grandes âmes : il défendit au roi détrôné l'accès de Paris ; il mit au lazaret cet homme attaqué de la peste des vaincus ; il le relégua dans une maison de campagne, appelée *Plaisance*, près de Toulon. Il eût mieux fait de moins redouter une contagion dont il avait été lui-même atteint : qui sait ce qu'un soldat comme Murat aurait pu changer à la bataille de Waterloo ?

Le roi de Naples, dans son chagrin, écrivait à Fouché le 19 juin 1815 :

« Je répondrai à ceux qui m'accusent d'avoir commencé les hostilités trop tôt, qu'elles le furent sur la demande formelle de l'empereur, et que, depuis trois mois il n'a cessé de me rassurer sur ses sentiments, en accréditant des ministres près de moi, en m'écrivant qu'il comptait sur moi et qu'il ne m'abandonnerait jamais. Ce n'est que lorsqu'on a vu que je venais de perdre avec le trône les moyens de continuer la puissante diversion qui durait depuis trois mois, qu'on veut égarer l'opinion publique en insinuant que j'ai agi pour mon propre compte et à l'insu de l'empereur. »

Il y eut dans le monde une femme généreuse et belle ; lorsqu'elle arriva à Paris, madame Récamier la reçut et ne l'abandonna point dans des temps de malheur. Parmi les papiers qu'elle a laissés, on a trouvé deux lettres de Murat du mois de juin 1815 ; elles sont utiles à l'histoire.

« 6 juin 1815.

« J'ai perdu pour la France la plus belle existence ; j'ai combattu pour l'empereur ; c'est pour sa cause que ma femme et mes enfants sont en captivité. La patrie est en danger, j'offre mes services ; on en ajourne l'acceptation. Je ne sais si je suis libre ou prisonnier. Je dois être enveloppé dans la ruine de l'empereur s'il succombe, et on m'ôte les moyens de le servir et de servir ma propre cause. J'en demande les raisons ; on répond obscurément et je ne puis me faire juge de ma position. Tantôt je ne puis me rendre à Paris, où ma présence ferait tort à l'empereur ; je ne saurais aller à l'armée, où ma présence réveillerait trop l'attention du soldat. Que

---

[871] Ferdinand IV (comme roi de Naples ; Ier comme roi des Deux-Siciles).

faire ? attendre : voilà ce qu'on me répond. On me dit, d'un autre côté, qu'on ne me pardonne pas d'avoir abandonné l'empereur l'année dernière, tandis que des lettres de Paris disaient, quand je combattais récemment pour la France : « *Tout le monde ici est enchanté du roi.* » L'empereur m'écrivait : « *Je compte sur vous, comptez sur moi ; je ne vous abandonnerai jamais.* » Le roi Joseph m'écrivait : « *L'Empereur m'ordonne de vous écrire de vous porter rapidement sur les Alpes.* » Et quand, en arrivant, je lui témoigne des sentiments généreux, et que je lui offre de combattre pour la France, je suis envoyé dans les Alpes. Pas un mot de consolation n'est adressé à celui qui n'eut jamais d'autre tort envers lui que d'avoir trop compté sur des sentiments généreux, sentiments qu'il n'eut jamais pour moi.

« Mon amie, je viens vous prier de me faire connaître l'opinion de la France et de l'armée à mon égard. Il faut savoir tout supporter et mon courage me rendra supérieur à tous les malheurs. Tout est perdu hors l'honneur ; j'ai perdu le trône, mais j'ai conservé toute ma gloire ; je fus abandonné par mes soldats, qui furent victorieux dans tous les combats, mais je ne fus jamais vaincu. La désertion de vingt mille hommes me mit à la merci de mes ennemis ; une barque de pêcheur me sauva de la captivité, et un navire marchand me jeta en trois jours sur les côtes de France. »

« Sous Toulon, 18 juin 1815.

« Je viens de recevoir votre lettre. Il m'est impossible de vous dépeindre les différentes sensations qu'elle m'a fait éprouver. J'ai pu un instant oublier mes malheurs. Je ne suis occupé que de mon amie, dont l'âme noble et généreuse vient me consoler et me montrer sa douleur. Rassurez-vous, tout est perdu, mais l'honneur reste ; ma gloire survivra à tous mes malheurs, et mon courage saura me rendre supérieur à toutes les rigueurs de ma destinée : n'ayez rien à craindre de ce côté. J'ai perdu trône et famille sans m'émouvoir ; mais l'ingratitude m'a révolté. J'ai tout perdu pour la France, pour son empereur, par son ordre, et aujourd'hui il me fait un crime de l'avoir fait. Il me refuse la permission de combattre et de me venger, et je ne suis pas libre sur le choix de ma retraite : concevez-vous tout mon malheur ? que faire ? quel parti prendre ? Je suis Français et père : comme Français, je dois servir ma patrie ; comme père, je dois aller partager le sort de mes enfants : l'honneur m'impose le devoir de combattre, et la nature me dit que je dois être à mes enfants. À qui obéir ? Ne puis-je satisfaire à tous deux ? Me sera-t-il permis d'écouter l'un ou l'autre ? Déjà l'empereur me refuse des armées ; et l'Autriche m'accordera-t-elle les moyens d'aller rejoindre mes enfants ? les lui demanderai-je, moi qui n'ai jamais voulu traiter avec ses ministres ? Voilà ma situation : donnez-moi des conseils. J'attendrai votre réponse, celle du duc d'Otrante et de Lucien, avant de prendre une détermination. Consultez bien l'opinion sur ce que l'on croit qu'il me convient de faire, car je ne suis pas libre sur le choix de ma retraite ; on revient sur le passé et on me fait un crime d'avoir, par ordre, perdu mon trône, quand ma famille gémit dans la captivité. Conseillez-moi ; écoutez la voix de l'honneur, celle de la nature, et, en juge impartial, ayez le courage de m'écrire ce qu'il faut que je fasse. J'attendrai votre réponse sur la route de Marseille à Lyon. »

Laissant de côté les vanités personnelles et ces illusions qui sortent du trône, même d'un trône où l'on ne s'est assis qu'un moment, ces lettres nous apprennent quelle idée Murat se faisait de son beau-frère.

Bonaparte perd une seconde fois l'empire ; Murat vagabonde sans asile sur ces mêmes plages qui ont vu errer la duchesse de Berry. Des contrebandiers consentent, le 22 août 1815, à le passer, lui et trois autres, à l'île de Corse. Une tempête l'accueille : la balancelle qui faisait le service entre Bastia et Toulon le reçoit à son bord. À peine a-t-il quitté son embarcation, qu'elle s'entrouvre. Surgi à Bastia le 25 août, il court se cacher au village de Vescovato, chez le vieux Colonna-Ceccaldi. Deux cents officiers le rejoignirent avec le général Franceschetti. Il marche sur Ajaccio : la ville maternelle de Bonaparte seule tenait encore pour son fils ; de tout son empire Napoléon ne possédait plus que son berceau. La garnison de la citadelle salue Murat et le veut proclamer roi de Corse : il s'y refuse ; il ne trouve d'égal à sa grandeur que le sceptre des Deux-Siciles. Son aide de camp Macirone lui apporte de Paris la décision de l'Autriche en vertu de laquelle il doit quitter le titre de roi et se retirer à volonté dans la Bohème ou la Moldavie. « Il est trop tard, répondit Joachim ; mon cher Macirone, le dé en est jeté. » Le 28 septembre, Murat cingle vers l'Italie ; sept bâtiments étaient chargés de ses deux cent cinquante serviteurs : il avait dédaigné de tenir à royaume l'étroite patrie de l'homme immense ; plein d'espoir, séduit par l'exemple d'une fortune au-dessus de la sienne, il parlait de cette île d'où Napoléon était sorti pour prendre possession du monde : ce ne sont pas les mêmes lieux, ce sont les génies semblables qui produisent les mêmes destinées.

Une tempête dispersa la flotille ; Murat fut jeté le 8 octobre dans le golfe de Sainte-Euphémie, presque au moment où Bonaparte abordait le rocher de Sainte-Hélène[872].

De ses sept prames, il ne lui en restait plus que deux, y compris la sienne. Débarqué avec une trentaine d'hommes, il essaye de soulever les populations de la côte ; les habitants font feu sur sa troupe. Les deux prames gagnent le large ; Murat était trahi. Il court à un bateau échoué ; il essaye de le mettre à flot ; le bateau reste immobile. Entouré et pris, Murat, outragé du même peuple qui se tuait naguère à crier : « Vive le roi Joachim ! » est conduit au château de Pizzo. On saisit sur lui et ses compagnons des proclamations insensées : elles montraient de quels rêves les hommes se bercent jusqu'à leur dernier moment.

---

[872] Napoléon arriva à Sainte-Hélène le 15 octobre.

Tranquille dans sa prison, Murat disait : « Je ne garderai que mon royaume de Naples : mon cousin Ferdinand conservera la seconde Sicile. » Et dans ce moment une commission militaire condamnait Murat à mort. Lorsqu'il apprit son arrêt, sa fermeté l'abandonna quelques instants ; il versa des larmes et s'écria : « Je suis Joachim, roi des Deux-Siciles ! » il oubliait que Louis XVI avait été roi de France, le duc d'Enghien petit-fils du grand Condé, et Napoléon arbitre de l'Europe : la mort compte pour rien ce que nous fûmes.

Un prêtre est toujours un prêtre, quoi qu'on dise et qu'on fasse ; il vient rendre à un cœur intrépide la force défaillie. Le 13 octobre 1815, Murat, après avoir écrit à sa femme, est conduit dans une salle du château de Pizzo, renouvelant dans sa personne romanesque les aventures brillantes ou tragiques du moyen âge. Douze soldats, qui peut-être avaient servi sous lui, l'attendaient disposés sur deux rangs. Murat voit charger les armes, refuse de se laisser bander les yeux, choisit lui-même, en capitaine expérimenté, le poste où les balles le peuvent mieux atteindre.

Couché en joue, au moment du feu, il dit : « Soldats, sauvez le visage ; visez au cœur ! » Il tombe, tenant dans ses mains les portraits de sa femme et de ses enfants : ces portraits ornaient auparavant la garde de son épée. Ce n'était qu'une affaire de plus que le brave venait de vider avec la vie.

Les genres de mort différents de Napoléon et de Murat conservent les caractères de leur existence.

Murat, si fastueux, fut enterré sans pompe à Pizzo, dans une de ces églises chrétiennes, dont le sein charitable reçoit miséricordieusement toutes les cendres.

Madame Récamier, revenant en France, traversa Rome au moment où le pape y rentrait[873]. Dans une autre partie de ces *Mémoires,* vous avez conduit Pie VII, mis en liberté à Fontainebleau, jusqu'aux portes de Saint-Pierre. Joachim, encore vivant, allait disparaître, et Pie VII reparaissait. Derrière eux, Napoléon était frappé : la main du conquérant laissait tomber le roi et relevait le pontife.

Pie VII fut reçu avec des cris qui ébranlaient les ruines de la ville des ruines. On dételas sa voiture, et la foule le traîna jusqu'aux degrés de l'église des apôtres. Le Saint-Père ne voyait rien, n'entendait rien ; ravi en esprit, sa pensée était loin de la terre ; sa main se levait seulement sur le peuple par la tendre habitude des bénédictions. Il pénétra dans la basilique au bruit des fanfares, au chant du *Te Deum,* aux acclamations des Suisses de la religion de Guillaume Tell. Les encensoirs lui envoyaient des parfums qu'il ne respirait pas ; il ne voulut point être porté sur le pavois à l'ombre du dais et des palmes ; il marcha comme un naufragé

---

873 Pie VII fit son entrée solennelle à Rome le 25 mai 1814.

accomplissant un vœu à Notre-Dame-de-Bon-Secours, et chargé par le Christ d'une mission qui devait renouveler la face de la terre. Il était vêtu d'une robe blanche ; ses cheveux, restés noirs malgré le malheur et les ans, contrastaient avec la pâleur de l'anachorète. Arrivé au tombeau des apôtres, il se prosterna : il demeura plongé, immobile et comme mort, dans les abîmes des conseils de la Providence. L'émotion était profonde, des protestants témoins de cette scène pleuraient à chaudes larmes.

Quel sujet de méditations ! Un prêtre infirme, caduc, sans force, sans défense, enlevé du Quirinal, transporté captif au fond des Gaules ; un martyr, qui n'attendait plus que sa tombe, délivré des mains de Napoléon qui pressait le globe, reprenant l'empire d'un monde indestructible, quand les planches d'une prison d'outremer se préparaient pour ce formidable geôlier des peuples et des rois !

Pie VII survécut à l'empereur ; il vit revenir au Vatican les chefs-d'œuvre, amis fidèles qui l'avaient accompagné dans son exil. Au retour de la persécution, le pontife septuagénaire, prosterné sous la coupole de Saint-Pierre, montrait à la fois toute la faiblesse de l'homme et la grandeur de Dieu.

En descendant les Alpes de la Savoie, madame Récamier trouva au Pont-de-Beauvoisin le drapeau blanc et la cocarde blanche. Les processions de la Fête-Dieu, parcourant les villages, semblaient être revenues avec le roi très chrétien. À Lyon, la voyageuse tomba au milieu d'une fête pour la Restauration. L'enthousiasme était sincère. À la tête des réjouissances paraissaient Alexis de Noailles[874] et le colonel Clary, beau-frère de Joseph Bonaparte. Ce qu'on raconte aujourd'hui de la froideur et de la tristesse dont la légitimité fut accueillie à la première Restauration est une impudente menterie. La joie fut générale dans les diverses opinions, même parmi les conventionnels, même parmi les impérialistes, les soldats exceptés ; leur noble fierté souffrait de ces revers. Aujourd'hui que le poids du gouvernement militaire ne se sent plus, que les vanités se sont réveillées, il faut nier les faits, parce qu'ils ne s'arrangent pas avec les théories du moment. Il convient à un système que la nation ait reçu les Bourbons avec horreur, et que la Restauration ait été un temps d'oppression et de misère. Cela conduit à de tristes réflexions sur la nature humaine. Si les Bourbons avaient eu le goût et la force d'opprimer, ils se pouvaient flatter de conserver longtemps le trône. Les violences et les injustices de Bonaparte, dangereuses à son pouvoir en apparence, le

---

[874] Alexis-Louis-Joseph, comte de Noailles (1783-1835). Il avait été emprisonné en 1809 pour avoir répandu la bulle d'excommunication de Pie VII contre les auteurs et complices de l'usurpation des États romains. Au mois de mai 1814, lorsque Mme Récamier traversa Lyon, Alexis de Noailles y était avec le titre de commissaire royal. Il vint la voir, et l'ayant accompagnée dans une fête donnée au palais Saint-Pierre en l'honneur du retour des Bourbons, il fut, ainsi que la belle exilée, l'objet d'une sorte d'ovation.

servirent en effet : on s'épouvante des iniquités, mais on s'en forge une grande idée ; on est disposé à regarder comme un être supérieur celui qui se place au-dessus des lois.

Madame de Staël, arrivée à Paris avant madame Récamier, lui avait écrit plusieurs fois ; ce billet seul était parvenu à son adresse :

« Paris, 20 mai 1814.

« Je suis honteuse d'être à Paris sans vous, cher ange de ma vie : je vous demande vos projets. Voulez-vous que j'aille au-devant de vous à Coppet, où je vais rester quatre mois ? Après tant de souffrances, ma plus douce perspective c'est vous, et mon cœur vous est à jamais dévoué. Un mot sur votre départ et votre arrivée. J'attends ce mot pour savoir ce que je ferai. Je vous écris à Rome, à Naples, etc. »

Madame de Genlis, qui n'avait jamais eu de rapports avec madame Récamier, s'empressa de s'approcher d'elle. Je trouve dans un passage l'expression d'un vœu qui, réalisé, eût épargné au lecteur mon récit.

« 11 octobre.

« Voilà, madame, le livre que j'ai eu l'honneur de vous promettre. J'ai marqué les choses que je désire que vous lisiez. . . . . Venez, madame, pour me conter votre histoire *en ces termes,* comme on fait dans les romans. Puis ensuite je vous demanderai de l'écrire en forme de souvenirs qui seront remplis d'intérêt, parce que dans la plus grande jeunesse vous avez été jetée, avec une figure ravissante, un esprit plein de finesse et de pénétration, au milieu de ces tourbillons d'erreurs et de folies ; que vous avez tout vu, et qu'ayant conservé, durant ces orages, des sentiments religieux, une âme pure, une vie sans tache, un cœur sensible et fidèle à l'amitié, n'ayant ni envie, ni passions haineuses, vous peindrez tout avec les couleurs les plus vraies. Vous êtes un des phénomènes de ce temps-ci, et certainement le plus aimable.

« Vous me montrerez *vos souvenirs ;* ma vieille expérience vous offrira quelques conseils, et vous ferez un ouvrage utile et délicieux. N'allez pas me répondre : *Je ne suis pas capable, etc., etc. ;* je ne vous passerai jamais des lieux communs ; ils sont indignes de votre esprit. Vous pouvez jeter sans remords les yeux sur le passé ; c'est en tout temps le plus beau des droits ; dans celui où nous sommes, c'est inappréciable. Profitez-en pour l'instruction de la jeune personne que vous élevez ; ce sera pour elle votre plus grand bienfait.

« Adieu, madame, permettez-moi de vous dire que je vous aime et que je vous embrasse de toute mon âme. »

Maintenant que madame Récamier est rentrée dans Paris[875], je vais retrouver pendant quelque temps mes premiers guides.

---

[875] Elle arriva à Paris le 1er Juin 1814.

La reine de Naples, inquiète des résolutions du congrès de Vienne, écrivit à madame Récamier pour qu'elle lui découvrît un homme capable de traiter ses intérêts à Vienne. Madame Récamier s'adressa à Benjamin Constant, et le pria de rédiger un mémoire. Cette circonstance eut sur l'auteur de ce mémoire l'influence la plus malheureuse ; un sentiment orageux fut la suite d'une entrevue. Sous l'empire de ce sentiment, Benjamin Constant, déjà violent antibonapartiste, comme on le voit dans *l'Esprit de conquête*[876], laissa déborder des opinions dont les événements changèrent bientôt le cours. De là une réputation de mobilité politique funeste aux hommes d'État.

Madame Récamier, tout en admirant Bonaparte, était restée fidèle à sa haine contre l'oppresseur de nos libertés et contre l'ennemi de madame de Staël. Quant à ce qui la regardait elle-même, elle n'y pensait pas et elle eût fait bon marché de son exil. Les lettres que Benjamin Constant lui écrivit à cette époque serviront d'étude sinon du cœur humain, du moins de la tête humaine : on y voit tout ce que pouvait faire d'une passion un esprit ironique et romanesque, sérieux et poétique. Rousseau n'est pas plus véritable, mais il mêle à ses amours d'imagination une mélancolie sincère et une rêverie réelle.

Cependant Bonaparte était descendu à Cannes ; la perturbation de son approche commençait à se faire sentir. Benjamin Constant envoya ce billet à madame Récamier :

« Pardon si je profite des circonstances pour vous importuner ; mais l'occasion est trop belle. Mon sort sera décidé dans quatre ou cinq jours sûrement ; car quoique vous aimiez à ne pas le croire pour diminuer votre intérêt, je suis certainement, avec Marmont, Chateaubriand et Lainé, l'un des quatre hommes les plus compromis de France. Il est donc certain que, si nous ne triomphons pas, je serai dans huit jours ou proscrit et fugitif, ou dans un cachot, ou fusillé. Accordez-moi donc, pendant les deux ou trois jours qui précéderont la bataille, le plus que vous pourrez de votre temps et de vos heures. Si je meurs, vous serez bien aise de m'avoir fait ce bien, et vous seriez fâchée de m'avoir affligé. Mon sentiment pour vous est ma vie ; un signe d'indifférence me fait plus de mal que ne pourra le faire dans quatre jours mon arrêt de mort. Et quand je sens que le danger est un moyen d'obtenir de vous un signe d'intérêt, je n'en éprouve que de la joie.

« Avez-vous été contente de mon article, et savez-vous ce qu'on en dit ? »

Benjamin Constant avait raison, il était aussi compromis que moi : attaché à Bernadotte, il avait servi contre Napoléon ; il avait publié son écrit *De l'esprit de conquête*, dans lequel il traitait le *tyran* plus mal que je

---

[876] L'Esprit de conquête et d'usurpation dans ses rapports avec la civilisation européenne fut publié, dans les premiers mois de 1814, en Allemagne, où se trouvait alors Benjamin Constant ; il ne rentra en France qu'avec les Bourbons.

ne le traitais dans ma brochure *De Bonaparte et des Bourbons*. Il mit le comble à ses périls en parlant dans les gazettes.

Le 19 mars, au moment où Bonaparte était aux portes de la capitale, il fut assez ferme pour signer dans le *Journal des Débats* un article terminé par cette phrase : « Je n'irai pas, misérable transfuge, me traîner d'un pouvoir à l'autre, couvrir l'infamie par le sophisme, et balbutier des mots profanes pour racheter une vie honteuse[877]. »

Benjamin Constant écrivait à celle qui lui avait inspiré ces nobles sentiments : « Je suis bien aise que mon article ait paru ; on ne peut au moins en soupçonner aujourd'hui la sincérité. Voici un billet que l'on m'écrit après l'avoir lu : si j'en recevais un pareil d'une autre, je serais gai sur l'échafaud. »

Madame Récamier s'est toujours reprochée d'avoir eu, sans le vouloir, une pareille influence sur une destinée honorable. Rien, en effet, n'est plus malheureux que d'inspirer à des caractères mobiles ces résolutions énergiques qu'ils sont incapables de tenir.

Benjamin Constant démentit le 20 mars son article du 19. Après avoir fait quelques tours de roues pour s'éloigner, il revint à Paris et se laissa prendre aux séductions de Bonaparte[878]. Nommé conseiller d'État, il effaça ses pages généreuses en travaillant à la rédaction de l'*Acte additionnel*[879].

Depuis ce moment il porta au cœur une plaie secrète ; il n'aborda plus avec assurance la pensée de la postérité ; sa vie attristée et défleurie n'a pas peu contribué à sa mort. Dieu nous garde de triompher des misères dont les natures les plus élevées ne sont point exemptes ! Le ciel ne nous donne des talents qu'en y attachant des infirmités : expiations offertes à la sottise et à l'envie. Les faiblesses d'un homme supérieur sont ces victimes noires que l'antiquité sacrifiait aux dieux infernaux, et pourtant ils ne se laissent jamais désarmer.

Madame Récamier était restée en France pendant les Cent-Jours, où la reine Hortense l'invitait à demeurer ; la reine de Naples lui offrait, au contraire, un asile en Italie. Les Cent-Jours passèrent. Madame de Krüdener suivit les alliés, arrivés de nouveau à Paris. Elle était tombée du roman dans le mysticisme ; elle exerçait un grand empire sur l'esprit de l'empereur de Russie.

---

[877] Voir le texte de cet article au tome III, note 1 de la page 489 (note 16 du Livre IV de la Troisième Partie).

[878] Dès le 6 avril 1815, le Journal de l'Empire annonça que M. Benjamin Constant était un des membres de la Commission constitutionnelle.

[879] Dans ses Mémoires sur les Cent-Jours, Benjamin prétend qu'il n'est pas l'auteur de l'Acte additionnel. « C'est jouer sur les mots, dit M. Henry Houssaye (1815, t. 1, p. 542) ; sans doute il y eut plus d'un article modifié ou ajouté par l'empereur et par la Commission, mais l'Acte additionnel, dans son ensemble, n'en est pas moins l'œuvre de Benjamin Constant. »

Madame de Krüdener logeait dans un hôtel du faubourg Saint-Honoré. Le jardin de cet hôtel s'étendait jusqu'aux Champs-Élysées. Alexandre arrivait *incognito* par une porte du jardin, et des conversations politico-religieuses finissaient par de ferventes prières. Madame de Krüdener m'avait invité à l'une de ces sorcelleries célestes : moi, l'homme de toutes les chimères, j'ai la haine de la déraison, l'abomination du nébuleux et le dédain des jongleries ; on n'est pas parfait. La scène m'ennuya ; plus je voulais prier, plus je sentais la sécheresse de mon âme. Je ne trouvais rien à dire à Dieu, et le diable me poussait à rire. J'avais mieux aimé madame de Krüdener lorsque, environnée de fleurs et habitante encore de cette chétive terre, elle composait *Valérie*. Seulement, je trouvais que mon vieil ami M. Michaud, mêlé bizarrement à cette idylle, n'avait pas assez du berger, malgré son nom. Madame de Krüdener, devenue séraphin, cherchait à s'entourer d'anges ; la preuve en est dans ce billet charmant de Benjamin Constant à madame Récamier :

« Jeudi.

« Je m'acquitte avec un peu d'embarras d'une commission que madame de Krüdener vient de me donner. Elle vous supplie de venir la moins belle que vous pourrez. Elle dit que vous éblouissez tout le monde, et que par là toutes les âmes sont troublées et toutes les attentions impossibles. Vous ne pouvez pas déposer votre charme ; mais ne le rehaussez pas. Je pourrais ajouter bien des choses sur votre figure à cette occasion, mais je n'en ai pas le courage. On peut être ingénieux sur le charme qui plaît, mais non sur celui qui tue. Je vous verrai tout à l'heure ; vous m'avez indiqué cinq heures, mais vous ne rentrerez qu'à six, et je ne pourrai vous dire un mot. Je tâcherai pourtant d'être aimable encore cette fois. »

Le duc de Wellington ne prétendait-il pas aussi à l'honneur d'attirer un regard de Juliette ? Un de ses billets que je transcris n'a de curieux que la signature :

« À Paris, ce 13 janvier.

« J'avoue, madame, que je ne regrette pas beaucoup que les affaires m'empêchent de passer chez vous après dîner, puisque, à chaque fois que je vous vois, je vous quitte plus pénétré de vos agréments et moins disposé à donner mon attention *à la politique !!!* »

« Je passerai chez vous demain à mon retour de chez l'abbé Sicard, en cas que vous vous y trouvassiez et malgré l'effet que ces visites dangereuses produisent sur moi.
« Votre très fidèle serviteur,

« WELLINGTON. »

À son retour de Waterloo, entrant chez madame Récamier, le duc de Wellington s'écria : « Je l'ai bien battu ! » Dans un cœur français, son succès lui aurait fait perdre la victoire, eût-il pu jamais y prétendre.

Ce fut à une douloureuse époque pour l'illustration de la France que je retrouvai madame Récamier ; ce fut à l'époque de la mort de madame de Staël. Rentrée à Paris après les Cent-Jours, l'auteur de *Delphine* était redevenue souffrante ; je l'avais revue chez elle et chez madame la duchesse de Duras. Peu à peu, son état empirant, elle fut obligée de garder le lit. Un matin, j'étais allé chez elle rue Royale ; les volets des fenêtres étaient aux deux tiers fermés ; le lit, rapproché du mur du fond de la chambre, ne laissait qu'une ruelle à gauche ; les rideaux, retirés sur les tringles, formaient deux colonnes au chevet. Madame de Staël, à demi assise, était soutenue par des oreillers. Je m'approchai, et quand mon œil se fut un peu accoutumé à l'obscurité, je distinguai la malade. Une fièvre ardente animait ses joues. Son beau regard me rencontra dans les ténèbres, et elle me dit : « *Bonjour, my dear Francis*. Je souffre, mais cela ne m'empêche pas de vous aimer. » Elle étendit sa main que je pressai et baisai. En relevant la tête, j'aperçus au bord opposé de la couche, dans la ruelle, quelque chose qui se levait blanc et maigre : c'était M. de Rocca, le visage défait, les joues creuses, les yeux brouillés, le teint indéfinissable ; il se mourait ; je ne l'avais jamais vu, et ne l'ai jamais revu. Il n'ouvrit pas la bouche ; il s'inclina, en passant devant moi ; on n'entendait point le bruit de ses pas : il s'éloigna à la manière d'une ombre. Arrêtée un moment à la porte, *la nueuse idole frôlant les doigts* se retourna vers le lit pour ajourner madame de Staël. Ces deux spectres qui se regardaient en silence, l'un debout et pâle, l'autre assis et coloré d'un sang prêt à redescendre et à se glacer au cœur, faisaient frissonner.

Peu de jours après, madame de Staël changea de logement. Elle m'invita à dîner chez elle, rue Neuve-des-Mathurins : j'y allai ; elle n'était point dans le salon et ne put même assister au dîner ; mais elle ignorait que l'heure fatale était si proche. On se mit à table. Je me trouvai assis auprès de madame Récamier. Il y avait douze ans que je ne l'avais rencontrée, et encore ne l'avais-je aperçue qu'un moment. Je ne la regardais point, elle ne me regardait pas ; nous n'échangions pas une parole. Lorsque, vers la fin du dîner, elle m'adressa timidement quelques paroles sur la maladie de madame de Staël, je tournai un peu la tête et je levai les yeux. Je craindrais de profaner aujourd'hui par la bouche de mes années, un sentiment qui conserve dans ma mémoire toute sa jeunesse, et dont le charme s'accroît à mesure que ma vie se retire. J'écarte mes vieux jours pour découvrir derrière ces jours des apparitions célestes, pour entendre du bas de l'abîme les harmonies d'une région plus heureuse.

Madame de Staël mourut[880]. Le dernier billet qu'elle écrivit à madame de Duras était tracé en grandes lettres dérangées comme celles d'un enfant. Un mot affectueux s'y trouvait pour *Francis*. Le talent qui

---

[880] Le 14 juillet 1817.

expire saisit davantage que l'individu qui meurt : c'est une désolation générale dont la société est frappée ; chacun au même moment fait la même perte.

Avec madame de Staël s'abattit une partie considérable du temps où j'avais vécu : telles de ces brèches, qu'une intelligence supérieure en tombant forme dans un siècle, ne se referment jamais. Sa mort fit sur moi une impression particulière, à laquelle se mêlait une sorte d'étonnement mystérieux : c'était chez cette femme illustre que j'avais connu madame Récamier, et, après de longs jours de séparation, madame de Staël réunissait deux personnes voyageuses devenues presque étrangères l'une à l'autre : elle leur laissait à un repas funèbre son souvenir et l'exemple de son attachement immortel.

J'allai voir madame Récamier rue Basse-du-Rempart, et ensuite rue d'Anjou. Quand on s'est rejoint à sa destinée, on croit ne l'avoir jamais quittée : la vie, selon l'opinion de Pythagore, n'est qu'une réminiscence. Qui, dans le cours de ses jours, ne se remémore quelques petites circonstances indifférentes à tous, hors à celui qui se les rappelle ? À la maison de la rue d'Anjou il y avait un jardin, dans ce jardin un berceau de tilleuls, entre les feuilles desquels j'apercevais un rayon de lune, lorsque j'attendais madame Récamier : ne me semble-t-il pas que ce rayon est à moi, et que si j'allais sous les mêmes abris, je le retrouverais ? Je ne me souviens guère du soleil que j'ai vu briller sur bien des fronts.

J'étais au moment d'être obligé de vendre *la Vallée-aux-Loups*, que madame Récamier avait louée, de moitié avec M. de Montmorency.

De plus en plus éprouvée par la fortune, madame Récamier se retira bientôt à l'Abbaye-aux-Bois[881].

La duchesse d'Abrantès parle ainsi de cette demeure :

« L'Abbaye-aux-Bois avec toutes ses dépendances, ses beaux jardins, ses vastes cloîtres dans lesquels jouaient de jeunes filles de tous les âges, au regard insoucieux, à la parole folâtre, l'Abbaye-aux-Bois n'était connue que comme une sainte demeure à laquelle une famille pouvait confier son espoir ; encore ne l'était-elle que par les mères ayant un intérêt au delà de sa haute muraille. Mais, une fois que la sœur Marie avait fermé la petite porte surmontée d'un attique, limite du saint domaine, on traversait la grande cour qui sépare le couvent de la rue, non-seulement comme un terrain neutre, mais étranger.

« Aujourd'hui il n'en va pas ainsi : le nom de l'Abbaye-aux-Bois est devenu populaire ; sa renommée est générale et familière à toutes les

---

881 C'est en 1819 que Mme Récamier se retira à l'Abbaye-aux-Bois, dans un petit appartement au troisième étage, carrelé, incommode, dont l'escalier était des plus rudes à monter, ce qui ne l'empêchait pas d'être gravi chaque jour par les plus grandes dames du faubourg Saint-Germain et par tout ce que Paris comptait d'illustrations.

classes. La femme qui y vient pour la première fois en disant à ses gens : « À l'Abbaye-aux-Bois, » est sûre de n'être pas questionnée par eux pour savoir de quel côté ils doivent tourner . . . .

« D'où lui est venue, en aussi peu de temps, une renommée si positive, une illustration si connue ? Voyez-vous deux petites fenêtres tout en haut, dans les combles, là, au-dessus des larges fenêtres du grand escalier ? c'est une des petites chambres de la maison. Eh bien ! c'est pourtant dans son enceinte que la renommée de *l'Abbaye-aux-Bois* a pris naissance, c'est de là qu'elle est descendue, qu'elle est devenue populaire. Et comment ne l'aurait-elle pas été lorsque toutes les classes de la société savaient que dans cette chambre habitait un être dont la vie était déshéritée de toutes les joies, et qui néanmoins avait des paroles consolantes pour tous les chagrins, des mots magiques pour adoucir toutes les douleurs, des secours pour toutes les infortunes ?

« Lorsque du fond de sa prison Coudert entrevit l'échafaud, quelle fut la pitié qu'il invoqua ? « Va chez madame Récamier, dit-il à son frère, dis-lui que je suis innocent devant Dieu… elle comprendra ce témoignage… » et Coudert fut sauvé. Madame Récamier, associa à son action libérale cet homme qui possède en même temps le talent et la bonté : M. Ballanche seconda ses démarches, et l'échafaud dévora une victime de moins.

« C'était presque une merveille présentée à l'étude de l'esprit humain que cette petite cellule dans laquelle une femme, dont la réputation est plus qu'européenne, était venue chercher du repos et un asile convenable. Le monde est ordinairement oublieux de ceux qui ne le convient plus à leurs festins ; il ne le fut pas pour celle qui, jadis, au milieu de ses joies, écoutait encore plus une plainte que l'accent du plaisir. Non-seulement la petite chambre du troisième de l'Abbaye-aux-Bois fut toujours le but des courses des amis de madame Récamier, mais, comme si le prestigieux pouvoir d'une fée eût adouci la raideur de la montée, ces mêmes étrangers, qui réclamaient comme une faveur d'être admis dans l'élégant hôtel de la Chaussée-d'Antin, sollicitaient encore la même grâce. C'était pour eux un spectacle vraiment aussi remarquable qu'aucune rareté de Paris, de voir, dans un espace de dix pieds sur vingt, toutes les opinions, réunies sous une même bannière, marcher en paix et se donner presque la main. Le vicomte de Chateaubriand racontait à Benjamin Constant les merveilles inconnues de l'Amérique. Mathieu de Montmorency, avec cette urbanité personnelle à lui-même, cette politesse chevaleresque de tout ce qui porte son nom, était aussi respectueusement attentif pour madame Bernadotte allant régner en Suède, qu'il l'aurait été pour la sœur d'Adélaïde de Savoie, fille d'Humbert aux Blanches-Mains, cette veuve de Louis le Gros qui avait épousé un de ses ancêtres. Et l'homme des temps féodaux n'avait aucune parole amère pour l'homme des jours libres.

« Assises à côté l'une de l'autre sur le même divan, la duchesse du faubourg Saint-Germain devenait polie pour la duchesse impériale ; rien n'était heurté dans cette cellule unique. Lorsque je revis madame Récamier dans cette chambre, je revenais à Paris, d'où j'avais été longtemps absente. C'était un service que j'avais à lui demander, et j'allais à elle avec confiance. Je savais bien par des amis communs à quel degré de force s'était porté son courage ; mais j'en manquais en la voyant là, sous les combles, aussi paisible, aussi calme que dans les salons dorés de la rue du Mont-Blanc.

« Eh quoi ! me dis-je, toujours des souffrances ! Et mon œil humide s'arrêtait sur elle avec une expression qu'elle dut comprendre. Hélas ! mes souvenirs franchissaient les années, ressaisissaient le passé ! Toujours battue de l'orage, cette femme, que la renommée avait placée tout en haut de la couronne de fleurs du siècle, depuis dix ans voyait sa vie entourée de douleurs, dont le choc frappait à coups redoublés sur son cœur et la tuait !...

« Lorsque, guidée par d'anciens souvenirs et un attrait constant, je choisis l'Abbaye-aux-Bois pour mon asile, la petite chambre du troisième n'était plus habitée par celle que j'aurais été y chercher : madame Récamier occupait alors un appartement plus spacieux. C'est là que je l'ai vue de nouveau. La mort avait éclairci les rangs des combattants autour d'elle, et, de tous ces champions politiques, M. de Chateaubriand était, parmi ses amis, presque le seul qui eût survécu. Mais vint à sonner aussi pour lui l'heure des mécomptes et de l'ingratitude royale. Il fut sage ; il dit adieu à ces faux semblants de bonheur et abandonna l'incertaine puissance tribunitienne pour en ressaisir une plus positive.

« On a déjà vu que dans ce salon de l'Abbaye-aux-Bois il s'agite d'autres intérêts que des intérêts littéraires, et que ceux qui souffrent peuvent tourner vers lui un regard d'espérance. Dans l'occupation constante où je suis, depuis quelques mois, de ce qui a rapport à la famille de l'empereur, j'ai trouvé quelques documents qui ne me paraissent pas hors d'œuvre en ce moment.

« La reine d'Espagne se trouvait dans l'obligation absolue de rentrer en France. Elle écrivit à madame Récamier pour la prier de s'intéresser à la demande qu'elle faisait de venir à Paris. M. de Chateaubriand était alors au ministère, et la reine d'Espagne, connaissant la loyauté de son caractère, avait toute confiance dans la réussite de sa sollicitation. Cependant la chose était difficile, parce qu'il y avait une loi qui frappait toute cette famille malheureuse, même dans ses membres les plus vertueux. Mais M. de Chateaubriand avait en lui ce sentiment d'une noble pitié pour le malheur, qui lui fit écrire plus tard ces mots touchants :

> Sur le compte des grands je ne suis pas suspect :
> Leurs malheurs seulement attirent mon respect.
> Je hais ce Pharaon, que l'éclat environne ;
> Mais s'il tombe, à l'instant j'honore sa couronne ;

Il devient, à mes yeux, roi par l'adversité ;
Des pleurs je reconnais l'auguste autorité :
Courtisan du malheur, etc. etc.[882].

« M. de Chateaubriand écouta les intérêts d'une personne malheureuse ; il interrogea son devoir, qui ne lui imposa pas la crainte de redouter une faible femme, et, deux jours après la demande qui lui fut adressée, il écrivit à madame Récamier que madame Joseph Bonaparte pouvait rentrer en France, demandant où elle était, afin de lui adresser par M. Durand de Mareuil, notre ministre alors à Bruxelles, la permission de venir à Paris sous le nom de la comtesse de Villeneuve. Il écrivit en même temps à M. de Fagel.

« J'ai rapporté ce fait avec d'autant plus de plaisir qu'il honore à la fois celle qui demande et le ministre qui oblige : l'une par sa noble confiance, l'autre par sa noble humanité[883]. »

Madame d'Abrantès loue beaucoup trop ma conduite, qui ne valait même pas la peine d'être remarquée ; mais, comme elle ne raconte pas tout sur l'Abbaye-aux-Bois, je vais suppléer à ce qu'elle a oublié ou omis.

Le capitaine Roger[884], autre Coudert, avait été condamné à mort. Madame Récamier m'avait associé à son œuvre pie pour le sauver. Benjamin Constant était également intervenu en faveur de ce compagnon de Caron, et il avait remis au frère du condamné la lettre suivante pour madame Récamier :

« Je ne me pardonnerais pas, madame, de vous importuner toujours, mais ce n'est pas ma faute s'il y a sans cesse des condamnations à mort. Cette lettre vous sera remise par le frère du malheureux Roger, condamné avec Caron. C'est l'histoire la plus odieuse et la plus connue. Le nom seul mettra M. de Chateaubriand au fait. Il est assez heureux pour être à la fois le premier talent du ministère et le seul ministre sous lequel le sang n'ait pas coulé. Je n'ajoute rien ; je m'en remets à votre cœur. Il est bien triste de n'avoir presque à vous écrire que pour des affaires douloureuses ; mais vous me pardonnez, je le sais, et je suis sûr que vous ajouterez un malheureux de plus à la nombreuse liste de ceux que vous avez sauvés.

« Mille tendres respects.

« B. CONSTANT.

---

[882] Ces vers sont, en effet, de Chateaubriand, dans sa tragédie de Moïse, acte III, scène IV.

[883] Histoire des Salons de Paris. Tableaux et portraits du grand monde, sous Louis XVI, le Directoire, le Consulat et l'Empire, la Restauration et le règne de Louis-Philippe Ier, par la duchesse d'Abrantès, tome VII, 1838.

[884] Roger, ancien lieutenant (et non capitaine), avait pris part, avec le lieutenant-colonel Caron, au complot de Colmar. Le 23 février 1823, la Cour d'assises de la Moselle le condamna à mort. Sa peine fut commuée en celle de vingt ans de travaux forcés. Envoyé au bagne de Toulon, il obtint grâce entière, au bout de deux ans.

« Paris, 1ᵉʳ mars 1823. »

Quand le capitaine Roger fut mis en liberté, il s'empressa de témoigner sa reconnaissance à ses bienfaiteurs. Un après-dîner j'étais chez madame Récamier, comme de coutume : tout à coup apparaît cet officier. Il nous dit, avec un accent du Midi : « Sans votre intercession, ma tête roulait sur l'échafaud. » Nous étions stupéfaits, car nous avions oublié nos mérites ; il s'écriait, rouge comme un coq : « Vous ne vous souvenez pas ?... Vous ne vous souvenez pas ?... » Nous faisions vainement mille excuses de notre peu de mémoire : il partit, entre-choquant les éperons de ses bottes, furieux de ce que nous ne nous souvenions pas de notre bonne action, comme s'il eût eu à nous reprocher sa mort.

Vers cette époque, Talma demanda à madame Récamier à me rencontrer chez elle pour s'entendre avec moi sur quelques vers de l'*Othello* de Ducis, qu'on ne lui permettait pas de dire tels qu'ils étaient. Je laissai les dépêches et je courus au rendez-vous ; je passai la soirée à refaire avec le moderne Roscius les vers malencontreux : il me proposait un changement, je lui en proposais un autre ; nous rimions à l'envi ; nous nous retirions à la croisée ou dans un coin pour tourner et retourner un hémistiche. Nous eûmes beaucoup de peine à tomber d'accord pour le sens ou pour l'harmonie. Il eût été assez curieux de me voir, moi, ministre de Louis XVIII, lui, Talma, roi de la scène, oubliant ce que nous pouvions être, jouter de verve en donnant au diable la censure et toutes les grandeurs du monde. Mais si Richelieu faisait représenter ses drames en lâchant Gustave-Adolphe sur l'Allemagne, ne pouvais-je pas, humble secrétaire d'État, m'occuper des tragédies des autres en allant chercher l'indépendance de la France à Madrid ?

Madame la duchesse d'Abrantès, dont j'ai salué le cercueil dans l'église de Chaillot, n'a peint que la demeure *habitée* de madame Récamier ; je parlerai de l'asile *solitaire*. Un corridor noir séparait deux petites pièces. Je prétendais que ce vestibule était éclairé d'un jour doux. La chambre à coucher était ornée d'une bibliothèque, d'une harpe, d'un piano, du portrait de madame de Staël et d'une vue de Coppet au clair de lune ; sur les fenêtres étaient des pots de fleurs. Quand, tout essoufflé après avoir grimpé trois étages, j'entrais dans la cellule aux approches du soir, j'étais ravi : la plongée des fenêtres était sur le jardin de l'Abbaye, dans la corbeille verdoyante duquel tournoyaient des religieuses et couraient des pensionnaires. La cime d'un acacia arrivait à la hauteur de l'œil. Des clochers pointus coupaient le ciel, et l'on apercevait à l'horizon les collines de Sèvres. Le soleil mourant dorait le tableau et entrait par les fenêtres ouvertes. Madame Récamier était à son piano ; l'*angelus* tintait : les sons de la cloche, « qui semblait pleurer le jour qui se mourait, *il giorno pianger che si muore*, » se mêlaient aux derniers accents de l'invocation à la nuit de *Roméo et Juliette*, de Steibelt[885]. Quelques oiseaux se venaient coucher dans les jalousies relevées de la fenêtre ; je rejoignais au loin le silence et la solitude, par-dessus le tumulte et le bruit d'une grande cité.

Dieu, en me donnant ces heures de paix, me dédommageait de mes heures de trouble ; j'entrevoyais le prochain repos que croit ma foi, que mon espérance appelle. Agité au dehors par les occupations politiques ou dégoûté par l'ingratitude des cours, la placidité du cœur m'attendait au fond de cette retraite, comme le frais des bois au sortir d'une plaine brûlante. Je retrouvais le calme auprès d'une femme, de qui la sérénité s'étendait autour d'elle, sans que cette sérénité eût rien de trop égal, car elle passait au travers d'affections profondes. Hélas ! les hommes que je rencontrais chez madame Récamier, Mathieu de Montmorency, Camille Jordan, Benjamin Constant, le duc de Laval, ont été rejoindre Hingant, Joubert, Fontanes, autres absents d'une autre société absente. Parmi ces amitiés successives se sont élevés de jeunes amis, rejetons printaniers d'une vieille forêt où la coupe est éternelle. Je les prie, je prie M. Ampère, qui lira ceci quand j'aurai disparu, je leur demande à tous de me conserver quelque souvenir ; je leur remets le fil de la vie dont Lachésis laisse échapper le bout sur mon fuseau. Mon inséparable camarade de route, M. Ballanche, s'est trouvé seul au commencement et à la fin de ma carrière ; il a été témoin de mes liaisons rompues par le temps, comme j'ai été témoin des siennes entraînées par le Rhône : les fleuves minent toujours leurs bords.

Le malheur de mes amis a souvent penché sur moi, et je ne me suis jamais dérobé au fardeau sacré : le moment de la rémunération est arrivé ; un attachement sérieux daigne m'aider à supporter ce que leur multitude ajoute de pesanteur à des jours mauvais. En approchant de ma fin, il me semble que tout ce qui m'a été cher m'a été cher dans madame Récamier, et qu'elle était la source cachée de mes affections. Mes souvenirs de divers âges, ceux de mes songes comme ceux de mes réalités, se sont pétris, mêlés, confondus, pour faire un composé de charmes et de douces souffrances dont elle est devenue la forme visible. Elle règle mes sentiments, de même que l'autorité du ciel a mis le bonheur, l'ordre et la paix dans mes devoirs.

---

[885] Daniel Steibelt, pianiste et compositeur, né à Berlin en 1765, mort à Saint-Pétersbourg en 1823. Il vint en 1790 à Paris, où il balança le succès de Pleyel. Le 10 septembre 1793, en pleine Terreur, il fit représenter sur le Théâtre de l'Opéra-Comique national, avec un vif succès, Roméo et Juliette. « M. de Chateaubriand, dit M. de Marcellus, p. 328, partageait l'affection que nos grand'mères ont portée à l'habile pianiste, au point qu'il me fallut pour lui plaire chercher à Londres une romance de Steibelt, intitulée : « La plus belle des belles », et la lui faire entendre sur mon piano dans nos soirées de solitude. N'était-ce pas encore dans sa pensée un hommage à Mme Récamier ? »

Je l'ai suivie, la voyageuse, par le sentier qu'elle a foulé à peine ; je la devancerai bientôt dans une autre patrie. En se promenant au milieu de ces *Mémoires*, dans les détours de la basilique que je me hâte d'achever, elle pourra rencontrer la chapelle qu'ici je lui dédie ; il lui plaira peut-être de s'y reposer : j'y ai placé son image.

Printed in Poland
by Amazon Fulfillment
Poland Sp. z o.o., Wrocław
07 May 2024

23327c15-a9d8-411c-ac1d-869fd0dda35cR01